MW01141464

THIRD EDITION
Bravo!

Communication, Grammaire, Culture et Littérature

Judith A. Muyskens
University of Cincinnati

Linda L. Harlow
The Ohio State University

Michèle Vialet
University of Cincinnati

Jean-François Brière
State University of New York at Albany

HH Heinle & Heinle Publishers
Boston, Massachusetts 02116 U.S.A.

• Boston • Albany • Bonn • Cincinnati • Detroit • Madrid • Melbourne • Mexico City •
• New York • Paris • San Francisco • Singapore • Tokyo • Toronto • Washington •

ITP® A division of International Thomson Publishing, Inc.
The ITP logo is a trademark under license.

The publication of **BRAVO!**, Third Edition, was directed by the members of the Heinle & Heinle College Foreign Language Publishing Team:

Editorial Director: Wendy Nelson
Market Development Director: Tracie Edwards
Production Services Coordinator: Gabrielle B. McDonald
Developmental Editor: Amy Baron

Also participating in the publication of this program were:

Publisher: Vincent P. Duggan
Project Managers: Kris Swanson and Anita Raducanu
Compositor: Prepress, Inc.
Photo/Video Specialist: Jonathan Stark
Associate Editor: Beatrix Mellauner
Production Assistant: Lisa LaFortune
Manufacturing Coordinator: Wendy Kilborn
Photo Coordinator: Lisa LaFortune
Illustrator: Anne Carter
Interior Designer: Circa 86
Cover Illustration: *L'Estaque*, 1905 by André Derain, Giraudon/Art Resource, NY
Cover Designer: Circa 86

Library of Congress Cataloging-in-Publication Data
Bravo! / Judith A. Muyskens ... [et. al.]. —3rd ed. Student text.
    p.   cm.
  ISBN 0-8384-7988-X
  1. French language—Textbooks for foreign speakers—English.
I. Muyskens, Judith A.
PC2129.E5M86 1997   97-49675
448.2'421—dc21   CIP

Manufactured in the United States of America

ISBN: 0-8384-7988-X (Student's Edition)

ISBN: 0-8384-8172-8 (Instructor's Annotated Edition)

10   9   8   7   6   5   4   3   2   1

▶ INSTRUCTOR'S GUIDE

CONTENTS

Bravo!

. . . success for intermediate French students

HOW WILL YOUR INTERMEDIATE FRENCH STUDENTS BENEFIT FROM . . .

a program that recognizes that "all students are not equal"?

What is the biggest problem instructors face with intermediate students? . . .That students come to class with different levels of preparedness. *Bravo!*, Third Edition, is carefully crafted to strengthen students with weak preparation while providing challenges for more skilled students.

- *La grammaire à réviser* provides a targeted grammar review at the beginning of each chapter.

- The *Dossier personnel* teaches a process-writing approach so all levels of students can express themselves creatively.

- A text-based video shows real people speaking French in natural surroundings.

- Internet activities provide an interactive environment for students who want to immerse themselves in francophone culture.

- Added cultural and literary readings (*Intermède culturel*) supported by reading *strategies* reflect the renewed interest in literature and high culture.

INSTRUCTOR'S ANNOTATED EDITION

THIRD EDITION
Bravo!

SYSTEME-D · INTERNET

MUYSKENS · HARLOW · VIALET · BRIÈRE

HOW WILL YOUR INTERMEDIATE FRENCH STUDENTS BENEFIT FROM . . .

a manageable one-book program?

Why give students an excuse to forget their books at home? *Bravo!* combines communication, grammar, culture, and literature into one book so students have no reason to come to class unprepared!

And what about structure? The chapter organization in *Bravo!* revolves around specific functions and themes and gives students a roadmap to learning!

- Students begin each chapter by reviewing grammar in *La grammaire à réviser.*
- Chapters are divided into three function-based lessons, and each lesson contains culture, language, and process-writing instruction *(Dossier personnel).*
- The *Synthèse* pulls it all together with open-ended oral and written activities, text-tied video activities, cultural exploration on the World Wide Web, and the final draft of students' writing assignment *(Revision finale).*
- Students read authentic cultural and literature selections in the *Intermède culturel*, where they acquire reading strategies that prepare them for upper-division study.

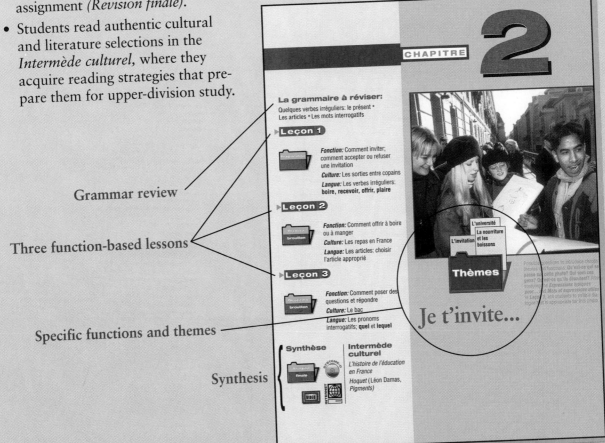

Grammar review

Three function-based lessons

Specific functions and themes

Synthesis

How will your Intermediate French Students benefit from . . .

contemporary vocabulary organized by function?

Students sound "more French" when they study with *Bravo!*, thanks to its unique approach to vocabulary. Students listen to dialogues in the *Conversations*, then expand on these real-world interchanges by learning current expressions in *Expressions typiques pour...* The whole phrases of *Expressions typiques pour...* are then supported by *Mots et expressions utiles*, thematically-organized vocabulary lists that reflect the most contemporary language. Lastly, *Mise en pratique* sections put it all together by showing how vocabulary is used in a practical context.

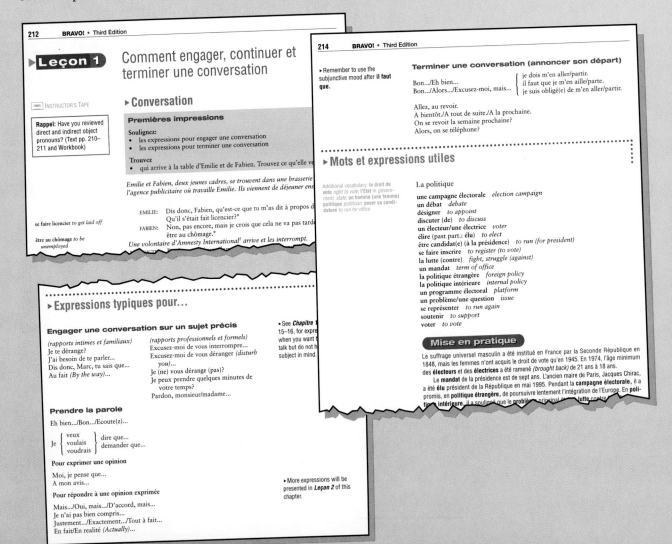

---

212   BRAVO! • Third Edition

▶ Leçon 1

Comment engager, continuer et terminer une conversation

INSTRUCTOR'S TAPE

Rappel: Have you reviewed direct and indirect object pronouns? (Text pp. 210–211 and Workbook)

▶ Conversation

Premières impressions

Soulignez:
• les expressions pour engager une conversation
• les expressions pour terminer une conversation

Trouvez
• qui arrive à la table d'Emilie et de Fabien. Trouvez ce qu'elle ve

Emilie et Fabien, deux jeunes cadres, se trouvent dans une brasserie l'agence publicitaire où travaille Emilie. Ils viennent de déjeuner ens

se faire licencier *to get laid off*

EMILIE: Dis donc, Fabien, qu'est-ce que tu m'as dit à propos di
          Qu'il s'était fait licencier?°

être au chômage *to be unemployed*

FABIEN: Non, pas encore, mais je crois que cela ne va pas tarde
          être au chômage.°

Une volontaire d'Amnesty International¹ arrive et les interrompt.

▶ Expressions typiques pour...

Engager une conversation sur un sujet précis

(rapports intimes et familiaux)
Je te dérange?
J'ai besoin de te parler...
Dis donc, Marc, tu sais que...
Au fait *(By the way)...*

(rapports professionnels et formels)
Excusez-moi de vous interrompre...
Excusez-moi de vous déranger *(disturb you)...*
Je (ne) vous dérange (pas)?
Je peux prendre quelques minutes de votre temps?
Pardon, monsieur/madame...

▶ See *Chapitre* 15–16, for expre when you want t talk but do not h subject in mind.

Prendre la parole

Eh bien.../Bon.../Ecoute(z)...

Je { veux
     voulais
     voudrais } dire que...
                demander que...

Pour exprimer une opinion

Moi, je pense que...
A mon avis...

Pour répondre à une opinion exprimée

Mais.../Oui, mais.../D'accord, mais...
Je n'ai pas bien compris...
Justement.../Exactement.../Tout à fait...
En fait/En réalité *(Actually)...*

▶ More expressions will be presented in *Leçon 2* of this chapter.

---

214   BRAVO! • Third Edition

▶ Remember to use the subjunctive mood after **il faut que**.

Terminer une conversation (annoncer son départ)

Bon.../Eh bien...
Bon.../Alors.../Excusez-moi, mais...

{ je dois m'en aller/partir.
  il faut que je m'en aille/parte.
  je suis obligé(e) de m'en aller/partir.

Allez, au revoir.
A bientôt./A tout de suite./A la prochaine.
On se revoit la semaine prochaine?
Alors, on se téléphone?

▶ Mots et expressions utiles

Additional vocabulary: **le droit de vote** *right to vote;* **l'Etat** m *government, state;* **un homme (une femme) politique** *politician;* **poser sa candidature** *to run for office*

La politique

une campagne électorale *election campaign*
un débat *debate*
désigner *to appoint*
discuter (de) *to discuss*
un électeur/une électrice *voter*
élire (past part.: élu) *to elect*
être candidat(e) (à la présidence) *to run (for president)*
se faire inscrire *to register (to vote)*
la lutte (contre) *fight, struggle (against)*
un mandat *term of office*
la politique étrangère *foreign policy*
la politique intérieure *internal policy*
un programme électoral *platform*
un problème/une question *issue*
se représenter *to run again*
soutenir *to support*
voter *to vote*

Mise en pratique

Le suffrage universel masculin a été institué en France par la Seconde République en 1848, mais les femmes n'ont acquis le droit de vote qu'en 1945. En 1974, l'âge minimum des **électeurs** et des **électrices** a été ramené *(brought back)* de 21 ans à 18 ans.

Le **mandat** de la présidence est de sept ans. L'ancien maire de Paris, Jacques Chirac, a été **élu** président de la République en mai 1995. Pendant la **campagne électorale**, il a promis, en **politique étrangère**, de poursuivre lentement l'intégration de l'Europe. En poli- tique intérieure, il a souligné que le problème principal était la lutte contre

HOW WILL YOUR INTERMEDIATE FRENCH STUDENTS BENEFIT FROM . . .

compelling speaking activities?

Students need to engage in meaningful communication in order to acquire language, and *Bravo!* features three main opportunities to do this. The visual cues and high-interest topics of the *Activités* stimulate language production as students work in pairs and groups to complete guided and open-ended activities. Students also engage in meaningful dialogue when they read and answer the thought-provoking questions about culture in the *Liens culturels*. Later in the lesson, the more challenging, open-ended activities in *Interactions* provide opportunities for creative communication as students draw on language and structures learned in the lesson.

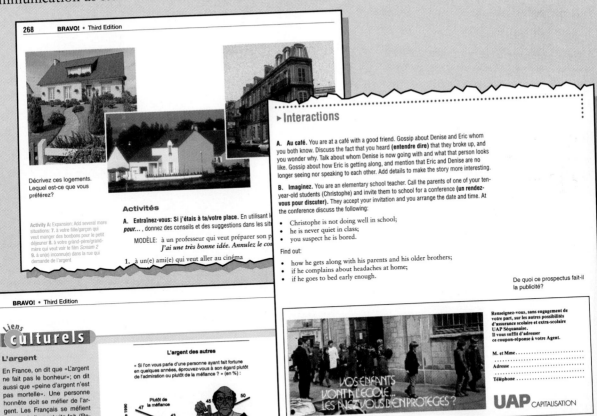

268   BRAVO! • Third Edition

Décrivez ces logements. Lequel est-ce que vous préférez?

Activités

Activity A: Expansion: Add several more situations: **7.** à votre fille/garçon qui veut manger des bonbons pour le petit déjeuner **8.** à votre grand-père/grand-mère qui veut voir le film *Scream 2* **9.** à un(e) inconnu(e) dans la rue qui demande de l'argent

A. Entraînez-vous: Si j'étais à ta/votre place. En utilisant l[...] ***pour...*** , donnez des conseils et des suggestions dans les sit[...]

MODÈLE: à un professeur qui veut préparer son p[...] *J'ai une très bonne idée. Annulez le co[...]*

1. à un(e) ami(e) qui veut aller au cinéma

▶ Interactions

A.   Au café. You are at a café with a good friend. Gossip about Denise and Eric whom you both know. Discuss the fact that you heard (**entendre dire**) that they broke up, and you wonder why. Talk about whom Denise is now going with and what that person looks like. Gossip about how Eric is getting along, and mention that Eric and Denise are no longer seeing nor speaking to each other. Add details to make the story more interesting.

B.   Imaginez. You are an elementary school teacher. Call the parents of one of your ten-year-old students (Christophe) and invite them to school for a conference (**un rendez-vous pour discuter**). They accept your invitation and you arrange the date and time. At the conference discuss the following:

* Christophe is not doing well in school;
* he is never quiet in class;
* you suspect he is bored.

Find out:

* how he gets along with his parents and his older brothers;
* if he complains about headaches at home;
* if he goes to bed early enough.

De quoi ce prospectus fait-il la publicité?

---

270   BRAVO! • Third Edition

Liens culturels

L'argent

En France, on dit que «L'argent ne fait pas le bonheur»; on dit aussi que «peine d'argent n'est pas mortelle». Une personne honnête doit se méfier de l'argent. Les Français se méfient surtout de l'argent vite fait. (Regardez l'image.) Il faut dire, cependant, que la France est fascinée par l'argent et qu'elle est fière de ses Rothschild et de ses Wendel. En fait, les salaires des gens riches sont souvent un sujet de conversation à la télévision. Les statistiques officielles montrent qu'il y a un accroissement des inégalités de revenues. Beaucoup de Français sont choqués par les salaires exorbitants de certaines personnalités des médias.

L'argent des autres

« Si l'on vous parle d'une personne ayant fait fortune en quelques années, éprouvez-vous à son égard plutôt de l'admiration ou plutôt de la méfiance ? » : (en %) :

Plutôt de la méfiance
47   45   50

43
42

Plutôt de l'admiration
38   34

34

Septembre 1984 | Juin 1986 | Avril 1989 | Juillet 1990

L'Expansion/Sofres, septembre 1990

Quelle est l'attitude des Américains envers l'argent? Est-elle en train de changer?

Adapté de l'*Express* (1er mars 1985, p. 29) et Gérard Mermet, *Francoscopie 1995* (Larousse, pp. 307–311).

Renseignez-vous, sans engagement de votre part, sur les autres possibilités d'assurance scolaire et extra-scolaire UAP Séquanaise.
Il vous suffit d'adresser ce coupon-réponse à votre Agent.

M. et Mme . . . .
Adresse . . . .
Téléphone . . . .

VOS ENFANTS VONT À L'ÉCOLE... LES AVEZ-VOUS BIEN PROTÉGÉS ?

UAP CAPITALISATION

HOW WILL YOUR INTERMEDIATE FRENCH STUDENTS BENEFIT FROM . . .

a refresh-and-expand approach to grammar?

The intermediate level poses the problem of how to apply material that students have—theoretically—seen before without turning the intermediate sequence into a complete re-hash of the first year. The *Bravo!* program recognizes the intermediate student's need to review and refresh learned structures. In the chapter-opening *La grammaire à réviser*, students prepare by reviewing familiar material in an organized way. This in turn builds confidence so students are ready to take on new forms and structures when they are presented in *La grammaire à apprendre*, which appears in each of the chapter's three lessons. Unfamiliar grammar points are presented through clear explanations and through examples. The result? . . . Students are fully prepared to engage in meaningful communication!

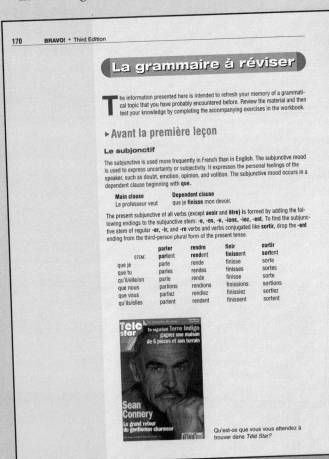

La grammaire à réviser

The information presented here is intended to refresh your memory of a grammatical topic that you have probably encountered before. Review the material and then test your knowledge by completing the accompanying exercises in the workbook.

▶ Avant la première leçon

Le subjonctif

The subjunctive is used more frequently in French than in English. The subjunctive mood is used to express uncertainty or subjectivity. It expresses the personal feelings of the speaker, such as doubt, emotion, opinion, and volition. The subjunctive mood occurs in a dependent clause beginning with **que**.

Main clause	Dependent clause
Le professeur veut	que je **finisse** mon devoir.

The present subjunctive of all verbs (except **avoir** and **être**) is formed by adding the following endings to the subjunctive stem: **-e, -es, -e, -ions, -iez, -ent**. To find the subjunctive stem of regular **-er, -ir,** and **-re** verbs and verbs conjugated like **sortir**, drop the **-ent** ending from the third-person plural form of the present tense.

	parler	rendre	finir	sortir
STEM:	parlent	rendent	finissent	sortent
que je	parle	rende	finisse	sorte
que tu	parles	rendes	finisses	sortes
qu'il/elle/on	parle	rende	finisse	sorte
que nous	parlions	rendions	finissions	sortions
que vous	parliez	rendiez	finissiez	sortiez
qu'ils/elles	parlent	rendent	finissent	sortent

En regardant *Terre Indigo* gagnez une maison de 6 pièces et son terrain

Télé star

Sean Connery

Le grand retour du gentleman charmeur

Qu'est-ce que vous vous attendez à trouver dans *Télé Star?*

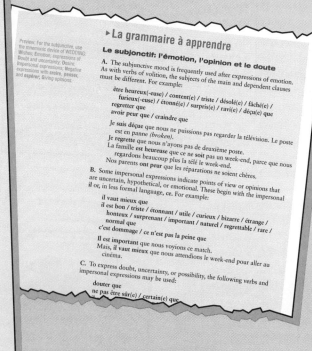

Preview: For the subjunctive, use the mnemonic device of WEDDING: Wishes; Emotion; expressions of Doubt and uncertainty; Desire; Impersonal expressions; Negative expressions with croire, penser, and espérer; Giving opinions.

▶ La grammaire à apprendre

Le subjonctif: l'émotion, l'opinion et le doute

A. The subjunctive mood is frequently used after expressions of emotion. As with verbs of volition, the subjects of the main and dependent clauses must be different. For example:

être heureux(-euse) / content(e) / triste / désolé(e) / fâché(e) / furieux(-euse) / étonné(e) / surpris(e) / ravi(e) / déçu(e) que

avoir peur que / craindre que

Je suis déçue que nous ne puissions pas regarder la télévision. Le poste est en panne *(broken)*.
Je regrette que nous n'ayons pas de deuxième poste.
La famille est heureuse que ce ne soit pas un week-end, parce que nous regardons beaucoup plus la télé le week-end.
Nos parents ont peur que les réparations ne soient chères.

B. Some impersonal expressions indicate points of view or opinions that are uncertain, hypothetical, or emotional. These begin with the impersonal il or, in less formal language, ce. For example:

il vaut mieux que
il est bon / triste / étonnant / utile / curieux / bizarre / étrange / honteux / surprenant / important / naturel / regrettable / rare / normal que
c'est dommage / ce n'est pas la peine que

Il est important que nous voyions ce match.
Mais, il vaut mieux que nous attendions le week-end pour aller au cinéma.

C. To express doubt, uncertainty, or possibility, the following verbs and impersonal expressions may be used:

douter que
ne pas être sûr(e) / certain(e) que

HOW WILL YOUR INTERMEDIATE FRENCH STUDENTS BENEFIT FROM . . .

cultural competence?

Students in the global community want to know about everyday life in France and other francophone countries. The cultural readings in the *Liens culturels* are the ideal length to spark students' interest without boring them with too many facts or details. Accompanied by stimulating questions and photos, the *Liens culturels* explore a variety of interesting subjects from daily-life culture. You can then expand their cultural knowledge through the more extensive readings in the *Intermède culturel*, containing colorful photos and provocative information about art, history, fashion, and other cultural topics, along with authentic French and francophone literature. For a look at real French speakers, the *Bravo!* text-based video sharpens students' cultural awareness. And for completely up-to-the-minute culture, visit the *Bravo!* website for guided activities through authentic French-language web sites.

 Activités vidéo

INTERNET http://bravo.heinle.com

INTERMÈDE CULTUREL

I. La Seconde Guerre mondiale et les émissions radiophoniques

Avant la lecture
- Que savez-vous de la Seconde Guerre mondiale?
- Connaissez-vous Charles de Gaulle?
- Quel rôle est-ce qu'il a joué pendant la Seconde Guerre mondiale?

Le général de Gaulle au micro de la BBC, le 18 juin 1940

collapse

Show a tape or film on the war, if possible. Supplement the reading with maps and background materials.

skirmishes

En 1939, une crise diplomatique éclate quand Hitler envahit la Pologne et puis marche vers l'U.R.S.S. Le 3 septembre, le Royaume-Uni et la France déclarent la guerre à l'Allemagne. Après avoir pris Varsovie (la capitale de la Pologne) le 28 septembre, les Allemands dirigent leurs forces armées contre la France, la Belgique et les Pays-Bas. L'hiver 1940 est relativement calme (il n'y a que des escarmouches°), mais en avril et mai 1940 le Danemark et la Norvège sont envahis par l'armée allemande. Le 10 et le 12 mai, Hitler prend les Pays-Bas et la Belgique.

Dès le 6 juin, les Allemands percent le front français et le 10 juin, le gouvernement français quitte Paris et s'établit à Tours, puis à Bordeaux. L'armée bat en retraite et huit millions de Français abandonnent leurs maisons et partent en exode vers le Sud.

Pour arrêter la débâcle,° le géné Weygand et le maréchal Pétain propos une armistice avec les Allemands. Cep dant, Reynaud et de Gaulle veulent éta le gouvernement français en Afrique nord ou en Bretagne.

Les Français suivent, heure par he le drame. Tous sont à l'écoute des ém sions radiophoniques qui vont joue rôle très important dans cette guerre 17 juin à 12 h 30, le maréchal Pétain clare à la radio:

C'est le cœur serré que je vous dis aujourd'hui qu'il faut cesser le combat. Je me suis adressé cette nuit à l'adversaire pour lui demander s'il est prêt à rechercher avec nous, entre soldats, après la lutte et dans l'honneur, les moyens de mettre un terme aux hostilités...

Liens culturels

La presse: les journaux

En matière d'information, la presse est considérée comme le média le plus crédible par les Français. Pourtant *(However)*, entre 1980 et 1990, les quotidiens ont enregistré une baisse de leurs ventes. Maintenant le nombre de lecteurs s'est stabilisé. Aujourd'hui 53,4% des Français lisent régulièrement un quotidien.

En 1993, les journaux quotidiens nationaux les plus importants par leur tirage étaient: *l'Equipe* (un quotidien sportif—1,9 million de lecteurs), *le Parisien* (un journal qui exploite le sensationnel—1,8 million de lecteurs dans la région parisienne et l'Oise), *le Monde* (un journal sérieux avec 1,8 million de lecteurs dans la région parisienne et l'Oise), *Libération* (un quotidien de gauche—887 000 lecteurs) et *France-Soir*

(un quotidien de droite—680 000 lecteurs).

La presse: les magazines

Les magazines français se sont adaptés au monde actuel avec intelligence et imagination. Chaque année de nouveaux titres tentent de s'installer dans les «créneaux» *(niches)* ouverts par les centres d'intérêt des Français. Les sujets s'étendent de l'aventure à l'informatique en passant par le golf ou la planche à voile. La presse française compte aujourd'hui plus de 3 000 magazines, et 95,5 pour cent des Français lisent régulièrement un magazine. Il est intéressant de noter que la presse pour les jeunes et la presse sportive connaissent une forte progression *(are experiencing a large increase)*, et que le secteur des loisirs est celui qui progresse le plus vite.

Comparez la presse préférée des Américains avec ce que vous avez appris sur la presse française.

Adapté de Gérard Mermet, *Francoscopie 1997* (Larousse, pp. 386–388).

HOW WILL YOUR INTERMEDIATE FRENCH STUDENTS BENEFIT FROM . . .

process-writing instruction?

Are you and your upper-level colleagues disappointed with students' writing? In *Bravo!*, the *Dossier personnel* provides a strong framework for writing skills. This section builds writing skills in four steps: *Préparation* in Lesson 1, *Premier brouillon* (First draft) in Lesson 2, *Deuxième brouillon* (Second draft) in Lesson 3, and the *Révision finale* (Final draft) in the *Synthèse*. The process-writing in *Bravo!* provides a step-by-step framework for students to develop not only writing but critical thinking skills. The **Système-D Writing Assistant for French** helps students write completely-edited essays at the end of every chapter. This extensive writing practice gives students excellent preparation for upper-level French courses!

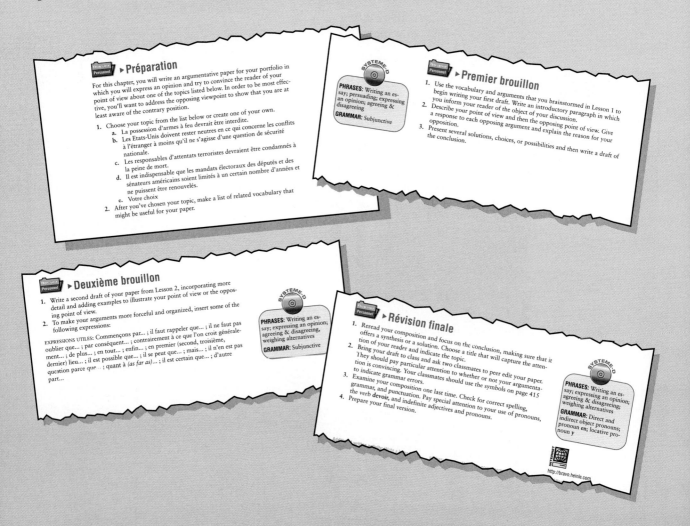

Dossier Personnel ▸ Préparation

For this chapter, you will write an argumentative paper for your portfolio in which you will express an opinion and try to convince the reader of your point of view about one of the topics listed below. In order to be most effective, you'll want to address the opposing viewpoint to show that you are at least aware of the contrary position.

1. Choose your topic from the list below or create one of your own.
   a. La possession d'armes à feu devrait être interdite.
   b. Les Etats-Unis doivent rester neutres en ce qui concerne les conflits à l'étranger à moins qu'il ne s'agisse d'une question de sécurité nationale.
   c. Les responsables d'attentats terroristes devraient être condamnés à la peine de mort.
   d. Il est indispensable que les mandats électoraux des députés et des sénateurs américains soient limités à un certain nombre d'années et ne puissent être renouvelés.
   e. Votre choix
2. After you've chosen your topic, make a list of related vocabulary that might be useful for your paper.

SYSTEME-D

PHRASES: Writing an essay; persuading; expressing an opinion; agreeing & disagreeing

GRAMMAR: Subjunctive

Dossier Personnel ▸ Premier brouillon

1. Use the vocabulary and arguments that you brainstormed in Lesson 1 to begin writing your first draft.
2. Write an introductory paragraph in which you inform your reader of the object of your discussion. Describe your point of view and then the opposing point of view. Give a response to each opposing argument and explain the reason for your opposition.
3. Present several solutions, choices, or possibilities and then write a draft of the conclusion.

Dossier Personnel ▸ Deuxième brouillon

1. Write a second draft of your paper from Lesson 2, incorporating more detail and adding examples to illustrate your point of view or the opposing point of view.
2. To make your arguments more forceful and organized, insert some of the following expressions:

EXPRESSIONS UTILES: Commençons par... ; il faut rappeler que... ; il ne faut pas oublier que... ; par conséquent... ; contrairement à ce que l'on croit généralement... ; de plus... ; en tout... ; enfin... ; en premier (second, troisième, dernier) lieu... ; il est possible que... ; il se peut que... ; mais... ; il n'en est pas question parce que... ; quant à *(as far as)*... ; il est certain que... ; d'autre part...

SYSTEME-D

PHRASES: Writing an essay; expressing an opinion; agreeing & disagreeing, weighing alternatives

GRAMMAR: Subjunctive

Dossier Personnel ▸ Révision finale

1. Reread your composition and focus on the conclusion, making sure that it offers a synthesis or a solution. Choose a title that will capture the attention of your reader and indicate the topic.
2. Bring your draft to class and ask two classmates to peer edit your paper. They should pay particular attention to whether or not your argumentation is convincing. Your classmates should use the symbols on page 415 to indicate grammar errors.
3. Examine your composition one last time. Check for correct spelling, grammar, and punctuation. Pay special attention to your use of pronouns, the verb **devoir**, and indefinite adjectives and pronouns.
4. Prepare your final version.

SYSTEME-D

PHRASES: Writing an essay; expressing an opinion; agreeing & disagreeing; weighing alternatives

GRAMMAR: Direct and indirect object pronouns; pronoun en; locative pronoun y

http://bravo.heinle.com

HOW WILL YOUR INTERMEDIATE FRENCH STUDENTS BENEFIT FROM . . .

pulling it all together with technology?

Students demand learning opportunities in technology, and the *Bravo!* program provides technology for all four skill areas! The text-based video gives students insight into real-life situations while providing listening comprehension and speaking practice through video-based activities. Filmed on location in France, Quebec, and Guadeloupe, the video sharpens students' cultural awareness *and* builds skills. The Système-D Writing Assistant for French enhances students' writing ability by giving them tools to sharpen their vocabulary and use of language. And the *Bravo!* text-based Internet activities connect students with sites in France, the Caribbean, and Africa! Students can interface with real people and places, learning about culture while practicing reading and writing skills!

INTERNET
http://bravo.heinle.com

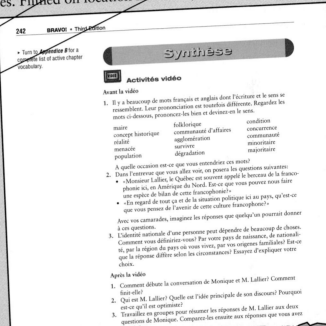

► Turn to **Appendice B** for a complete list of active chapter vocabulary.

Synthèse

Activités vidéo

Avant la vidéo

1. Il y a beaucoup de mots français et anglais dont l'écriture et le sens se ressemblent. Leur prononciation est toutefois différente. Regardez les mots ci-dessous, prononcez-les bien et devinez-en le sens.

maire	folklorique	condition
concept historique	communauté d'affaires	concurrence
réalité	agglomération	communauté
menacée	survivre	minoritaire
population	dégradation	majoritaire

A quelle occasion est-ce que vous entendriez ces mots?

2. Dans l'entrevue que vous allez voir, on posera les questions suivantes:
   • «Monsieur Lallier, le Québec est souvent appelé le berceau de la francophonie ici, en Amérique du Nord. Est-ce que vous pouvez nous faire une espèce de bilan de cette francophonie?»
   • «En regard de tout ça et de la situation politique ici au pays, qu'est-ce que vous pensez de l'avenir de cette culture francophone?»

   Avec vos camarades, imaginez les réponses que quelqu'un pourrait donner à ces questions.

3. L'identité nationale d'une personne peut dépendre de beaucoup de choses. Comment vous définiriez-vous? Par votre pays de naissance, de nationalité, par la région du pays où vous vivez, par vos origenes familiales? Est-ce que la réponse diffère selon les circonstances? Essayez d'expliquer votre choix.

Après la vidéo

1. Comment débute la conversation de Monique et M. Lallier? Comment finit-elle?
2. Qui est M. Lallier? Quelle est l'idée principale de son discours? Pourquoi est-ce qu'il est optimiste?
3. Travaillez en groupes pour résumer les réponses de M. Lallier aux deux questions de Monique. Comparez-les ensuite aux réponses que vous avez imaginées.

HOW WILL YOUR INTERMEDIATE FRENCH STUDENTS BENEFIT FROM . . .

comprehensive instructor support?

Whether it's the handy instructor annotations in the margin of the Instructor's Annotated Edition, with everything from additional grammar exercises to suggestions for communicative activities, or guidelines for lesson planning in the Instructor's Guide, *Bravo!* was designed to meet the needs of programs with many instructors and not enough preparation time. The concise chapter-opening grammar reference (*La grammaire à réviser*), the step-by-step process-writing development (*Dossier personnel*), the addition of literary and cultural readings, and the new text-tied video with activities were all included in the third edition of *Bravo!* in response to suggestions from instructors on how to meet the needs of varied classes and diverse teaching styles.

Bravo! . . . success for intermediate French students

▶ Introduction

The Third Edition of **BRAVO! Communication, Grammaire, Culture et Littérature** and its accompanying ancillary materials comprise a complete second-year program at the college level that emphasizes the functional use of language as a means of achieving proficiency in French. The program was designed to be used over two semesters or three quarters; however, the individual components may be used to meet specific instructional needs. For example, the main text and workbook can be used for an intensive one-semester or one-quarter course in which the instructor wishes to focus on composition and conversation skills or grammar review.

The **BRAVO!** program was created with a focus on how language is used. For that reason, it is organized around the different communicative uses to which language can be put, and chapters of the book center on high-frequency functions of language, such as agreeing, disagreeing, complaining, and apologizing. The use of language in context, including linguistic, social, and situational contexts, is evident throughout all of the program's student components. Expressions, vocabulary, and grammar were selected according to what is needed to carry out each organizing function of language. Thus, the language forms related to settings, social roles, and topics that are likely to be needed the most when performing a given language function are presented and practiced in contextualized activities in order for students to acquire the skills they need to perform that task. Additionally, through a variety of contexts, students become aware of a range of sociocultural language use.

Another unique feature of the program is the division of grammar study into: (1) a simple "review" grammar of structures that should have been fairly well mastered by the end of first-year French, with streamlined explanations for at-home study *(La grammaire à réviser);* and (2) intermediate-level grammatical instruction for in-class discussion and practice *(La grammaire à apprendre).* By means of this two-pronged approach, students with widely divergent skills and knowledge in French will be able to come to class on a more equal footing—since those with less prior knowledge spend more time on the review—and instructors do not feel compelled to review actively with students all the grammar from the first year.

The exploration of culture that is begun in most first-year books is continued in the **BRAVO!** intermediate-level program as well. *Liens culturels* ("little c" readings), *Intermède culturel* ("big C" readings), and realia with interactive cross-cultural questions are abundant throughout the book.

A process approach to writing is incorporated in the *Dossier personnel,* set up to carefully build upon students' writing skills. Students are taken through a series of steps, writing multiple drafts of a paper, and refining and improving their paper with each new step.

Finally, a cyclical approach to language learning (rather than a linear organization) provides a built-in review across chapters. Frequently recurring language functions organize the text. Students are exposed to these same language functions in new contexts, along with recycled vocabulary and structures, throughout the book.

BRAVO! begins each chapter with a list of objectives that details the review grammar topics, functional objectives, grammatical structures, cultural topics, and basic theme(s) to be emphasized. In *La grammaire à réviser,* simple grammar points for review are presented in English along with charts and examples. For students needing additional grammatical review, exercises and an answer key are provided in the Workbook/Lab Manual.

▶**Leçon 1**   ▶**Leçon 2**   ▶**Leçon 3**

The chapter itself is divided into three **leçons,** each beginning with a *Conversation.* A prereading activity, called *Premières impressions,* precedes the *Conversation,* providing practice in skimming and scanning for information. The *Conversation* in each of the three **leçons** is used to illustrate the functions, vocabulary, cultural focus, and grammatical principles within each **leçon.** By means of the *Observation et analyse* section, students check their comprehension of the conversation, make inferences, and analyze the conversation according to various sociocultural aspects of communication. The *Réactions* questions invite students to provide their personal thoughts on the topics discussed during the *Conversation.*

Common expressions used to communicate each function of language are contained in the *Expressions typiques pour...* section. Student annotations in the margins provide additional sociocultural and grammatical information related to the expressions. Thematic vocabulary related to the functions and theme(s) is presented in the *Mots et expressions utiles.* A paragraph or dialogue, called *Mise en pratique,* follows the vocabulary section to provide a context for use of the words. Activities to promote immediate use of the two sets of expressions follow. A complete listing of the active vocabulary items from all three **leçons** of each chapter is provided in *Appendice B.*

▶ La grammaire à apprendre

One or two grammar points useful in carrying out the functions emphasized in each **leçon** are presented in English in *La grammaire à apprendre.* Student annotations in the margins provide helpful hints and learning strategies for studying the grammar. The *Activités* that follow enable the learner to practice the new structures in contexts that tie the grammatical concepts to functional performance in a natural context.

Practical and up-to-date cultural information related to the functions and themes is presented in the *Liens culturels* sections. Items of realia are also interspersed throughout each chapter to add to students' cultural knowledge. The *Liens culturels* sections are accompanied by questions or statements that help students develop cultural insights or make cross-cultural comparisons.

The *Interactions* section at the end of each **leçon** gives students the opportunity to put into practice the functional expressions, vocabulary, and grammar structures taught during the **leçon.** In a similar fashion, the oral and written activities of the *Synthèse* at the end of each chapter promote assimilation of all chapter material.

The *Dossier personnel* that appears within each *Interactions* section and in the *Synthèse* is a writing activity, carried throughout the chapter, that constitutes an additional step in the student's portfolio of personal writing. In the *Préparation,* students are directed to write a specific type of paper (e.g., personal narrative, descriptive, argumentative) and are given a choice of topics relating to chapter material. A brainstorming activity is then presented, along with directions to share ideas with a classmate. In the *Premier brouillon,* students are taken step-by-step through

the process of writing a first draft. The *Deuxième brouillon* gives additional hints and suggestions for the writing of the second draft (e.g., incorporate more detail, add examples). A list of new *Expressions utiles* is provided for students to incorporate as they wish. The *Révision finale* section asks students to reread the paper, making changes to reflect still other suggestions. They are then directed to have two classmates peer edit the paper, using symbols to indicate grammar errors. Students check for spelling, punctuation, and the specific grammar points studied in the chapter, and then prepare their final version.

An *Activités vidéo* section, complete with pre- and postviewing activities, is included in the *Synthèse* and accompanies segments of the text-specific videotape. The videotape—narrated footage and interviews shot on location in France, Quebec, and Guadeloupe—is an opportunity for students to view and listen to real language as it is spoken by francophone speakers of all ages in many cultural settings.

The *Activités Internet* provide a way for students seeking to further their knowledge of French and the francophone world to harness the vast resources of the World Wide Web. Students are given the opportunity at the end of each chapter to surf the Web and engage in a variety of fun and interesting oral and written activities using World Wide Web resources.

▍INTERMÈDE ⬛CULTUREL⬛

The *Intermède culturel* begins with a "big C" reading designed to provide students with knowledge about French civilization. Art, history, education, cinema, and winemaking are just a few of the topics dealt with in this section. Questions before the reading pique students' interest and draw out their previous knowledge of the subject; comprehension and expansion activities following the reading check their reading comprehension and allow them to apply it in different contexts.

A literary reading completes each *Intermède culturel.* These readings were chosen from the second edition of **BRAVO! Culture et Littérature** based on user feedback. Prereading activities prepare students to read by activating their background knowledge of the topic and teaching them useful reading strategies such as skimming, scanning, predicting, using the context, and understanding word formation. Postreading activities check comprehension, encourage discussion of themes, and enable students to synthesize what they have read.

BRAVO! Cahier d'exercices et Manuel de laboratoire contains both written and oral exercises to accompany each chapter in the main text. Each chapter is divided into three sections:

- **Exercices écrits:** This section contains written review grammar exercises and written chapter grammar exercises. For self-correction, an answer key is found at the back of the student's workbook.
- **Exercices de laboratoire:** The Audio Tape Program provides oral and listening activities to practice the chapter grammar, as well as recordings of the *Conversations* and instruction and practice in phonetics.
- *Compréhension:* These authentic recordings—interviews, conversations, radio newscasts, advertisements, weather reports, and the like—are designed to enable students to practice listening to the French language as it is used today. Accompa-

nied by worksheets in the Workbook/Lab Manual, these activities are assigned at the end of each chapter.

The Tapescript of the entire Audio and Video Program, available in CD-ROM and paper formats, is provided as a separate component, along with an answer key to the activities that require a written response.

The **BRAVO!** Testing Program contains two sample tests per chapter that focus on listening comprehension, culture, and writing and one supplementary sight reading test per chapter. Two versions each of three comprehensive exams (covering chapters 1–3, 4–6, and 7–10) and supplementary reading tests are also included in the Testing Program.

The **BRAVO!** Instructor's Tape contains the *Conversations* from each **leçon** for all chapters. Instructors wishing to play a conversation in class will find it very convenient to have all conversations together on one tape.

The Instructor's Annotated Edition of the text provides additional suggestions and teaching tips throughout each chapter.

▶ Constructing a Course Syllabus

BRAVO! is designed to allow flexibility in the classroom. Textbooks are, of course, only one part of the actual classroom experience. They are useful as a guide to the learning environment, and with the **BRAVO!** Workbook/Lab Manual, Audio Tape Program, and Videotape available from Heinle & Heinle, instructors can design a course that is lively and geared to the needs of their particular situations.

Overall division of the text

Division of the text across two semesters or three quarters is proposed as follows:

Semester I:	5 chapters
Semester II:	5 chapters
Quarter I:	3 chapters
Quarter II:	3 chapters
Quarter III:	4 chapters

A course meeting four times a week

(forty times per quarter; sixty times per semester)

Possible syllabus design:

Day 1

Leçon 1: *La grammaire à réviser; Conversation; Expressions typiques pour... , Mots et expressions utiles,* and *Activités;* preview *La grammaire à apprendre* content

Day 2

Leçon 1: *La grammaire à apprendre; Activités, Interactions, Dossier personnel: Préparation*

Day 3

Leçon 2: *La grammaire à réviser; Conversation; Expressions typiques pour... , Mots et expressions utiles,* and *Activités;* preview *La grammaire à apprendre* content

Day 4:

Leçon 2: *La grammaire à apprendre; Activités, Interactions,* preview reading

Day 5

Intermède culturel reading (**culture** or **littérature**) (*Dossier personnel: Premier brouillon,* completed out of class)

Day 6:

Leçon 3: *La grammaire à réviser; Conversation; Expressions typiques pour... , Mots et expressions utiles,* and *Activités;* preview *La grammaire à apprendre* content

Day 7

Leçon 3: *La grammaire à apprendre; Activités, Interactions;* preview *Intermède culturel* reading

Day 8

Intermède culturel reading (**culture** or **littérature**) (*Dossier personnel: Deuxième brouillon,* completed out of class)

Day 9

Synthèse: Activités vidéo, orales, écrites; Lab Manual: *Compréhension*

Day 10

Synthèse: Activités Internet, Dossier personnel: Révision finale; review for chapter test

Day 11

Test on **BRAVO!**, Chapter 1, Lessons 1–3.

Continuing this pace would allow instructors ten extra days across three quarters or two semesters to review, give quizzes, and use other supplementary materials as they wish.

During the third quarter, in a class meeting four days a week, instructors will need to finish four chapters of the book instead of three. Those instructors may wish to give fewer tests, to exclude parts of chapters or the last chapter, or to use fewer readings. Another possibility includes spending three weeks on Chapters 7 and 8 and presenting the last two chapters during two weeks each.

A course meeting five days a week

Instructors who use the **BRAVO!** program five days a week (fifty times per quarter, seventy-five times per semester) with the eleven-day chapter plan, will have an additional day per chapter, making a total of twenty extra days across two semesters or three quarters. This time can be used for oral testing, more class interaction, additional readings from the French press, e-mail exchanges, or expanded group editing of compositions.

A course meeting three days a week

For courses meeting three days a week (thirty times per quarter, forty-five times per semester), it is recommended that nine meetings per chapter be scheduled. A possible schedule is as follows:

Day 1

Leçon 1: *La grammaire à réviser; Conversation; Expressions typiques pour... , Mots et expressions utiles,* and *Activités;* preview *La grammaire à apprendre* content

Day 2

Leçon 1: *La grammaire à apprendre; Activités, Interactions, Dossier personnel: Préparation*

Day 3

Leçon 2: *La grammaire à réviser; Conversation; Expressions typiques pour... , Mots et expressions utiles,* and *Activités;* preview *La grammaire à apprendre* content

Day 4

Leçon 2: *La grammaire à apprendre; Activités, Interactions;* preview *Intermède culturel* reading

Day 5

Intermède culturel reading (**culture** or **littérature**) (*Dossier personnel: Premier brouillon,* completed out of class)

Day 6

Leçon 3: *La grammaire à réviser; Conversation; Expressions typiques pour... , Mots et expressions utiles,* and *Activités;* preview *La grammaire à apprendre* content

Day 7

Leçon 3: *La grammaire à apprendre; Activités, Interactions;* preview *Intermède culturel* reading (*Dossier personnel: Deuxième brouillon,* completed out of class)

Day 8

Synthèse: Activités, as time permits; *Dossier personnel: Révision finale;* review for chapter test

Day 9:

Test on **BRAVO!**, Chapter 1, Lessons 1–3.

Quarter system: use the schedule laid out here in the first and second quarters. During the third quarter, when four chapters remain to be completed, instructors can cut some readings or give fewer quizzes and examinations. Some may choose to omit parts of each chapter (such as in-class discussion of *La grammaire à réviser* material), parts of Chapters 7–10, or Chapter 10 in its entirety.

Semester system: Instructors on the semester system may want to give quizzes instead of tests, give a midterm and final only, or adjust the material covered as necessary for their program.

Intensive courses

Some schools will use **BRAVO!** for intensive language courses, presenting the material in one quarter or semester. Instructors of these programs may need to focus on the most important points in each chapter or omit a couple of chapters. Other possibilities are to choose between the cultural and literary readings, to allow for just one in-class writing activity for the *Dossier personnel,* to test students every two or three chapters rather than after each chapter, or to administer only a midterm and final examination.

Conclusion

The authors believe that instructors should modify the use of their textbooks as they see fit. It is important to note, however, that coverage of the textbook should not be the focus. Students should be allowed time to practice the functions and grammar as frequently as necessary to master them. Proficiency will best be attained by emphasizing the material provided for interaction and role-play activities. Each instructor will best be able to gauge how this can be done for his or her students.

▶ Teaching with the BRAVO! Program

BRAVO!, Third Edition, is divided into ten chapters. Each chapter contains the following components:

List of objectives

The first page of each chapter contains a summary of the review grammar topics, the cultural topics, the functional objectives of each of the three leçons, the grammatical structures, and the basic chapter theme(s), along with a photo that relates to the chapter objectives. Instructors and students may wish to use this page as an introduction.

La grammaire à réviser

This section of the book serves as a review grammar reference. Grammar topics normally emphasized in first-year books that relate to the performance of the functional objectives for each leçon are presented in this section for students to review before beginning a chapter. These topics are frequently presented in chart form, along with a brief explanation and contextualized examples. Review exercises to accompany each topic, along with an answer key, are provided in the Workbook.

Students entering a second-year course with a fairly good understanding of basic grammar concepts (for example, formation of regular verbs) will probably spend a minimal amount of time at home reviewing these topics and doing the review exercises as needed. A student who has not previously mastered these topics, or whose first-year course did not cover the material at the end of the book, will need to spend a longer period of time reading through the explanations and doing all of the exercises. Using this method, it is hoped that students coming from varying backgrounds will be able to begin a new chapter on a more equal footing—that is, with a fairly good understanding of many simple grammar points—so that class time can be spent using these structures functionally as well as practicing new material.

The instructor can verify that students have indeed completed the review work by giving a short quiz at the beginning of the class, or by collecting the completed review exercises from the Workbook. A quick mechanical exercise to review students' understanding of the material in *La grammaire à réviser* may also serve as a warm-up for the class. As an alternative to using *La grammaire à réviser* for at-home review, instructors wishing to emphasize grammar in their course may choose to teach these topics actively in class.

Conversation

Each of the three leçons in the chapter begins with a conversation used to illustrate the functions, vocabulary, cultural focus, and grammatical principles within each leçon. The *Conversations* have been adapted from recordings of native speakers who were provided with the functions of language, themes, and settings and asked to assume roles. Students will, therefore, find models of spontaneous discourse where fillers, slang, and pause words are used and where interruptions are made. The three *Conversations* form a unit or story within each chapter. A *Rappel* note at the top of each conversation reminds students to review the corresponding prerequisite grammar located in *La grammaire à réviser* before beginning the leçon. The questions listed under *Premières impressions* direct students to skim and scan the conversation for specific information—such as expressions used to carry out major functions of language or a particular fact—before doing a closer reading of the text. Unfamiliar vocabulary words are marked with a degree (°) symbol and are translated in the margin. Vocabulary items to be emphasized because of their topical and cultural significance are also translated in the *Mots et expressions utiles* section.

Students can prepare the *Premières impressions* and the *Conversation* before coming to class and listen to the *Conversation* in the Audio Tape Program, if possible. In class, the instructor may want to give students a few minutes to review the *Conversation* and then proceed to a quick check of the *Premières impressions* questions and a discussion of the *Observation et analyse/Réactions* sections (see p. IG-18). Or, students can work in small groups in the classroom and do a dramatic reading of the *Conversation,* with individuals taking different character roles. Then each group can analyze and discuss the *Conversation* using exercises in the *Observation et analyse/Réactions* sections. Instructors may also want to bring in the Instructor's Tape in order to play the *Conversation* in class. Students can listen to the recording and work with the *Observation et analyse/Réactions* sections in small groups.

Observation et analyse/Réactions

These sections serve a variety of goals. The first three or four questions of the *Observation et analyse* check students' comprehension of the dialogue by asking factual content questions. The last question provides practice in reading between the lines. Using clues in the sociolinguistic environment, students are asked to infer relationships between characters, age, socioeconomic status, truth value of statements made by the characters, past events, and emotional states. The *Réactions* questions ask students to react in a personal way to the principal topics of the conversation.

These activities can be prepared in advance by students and checked by the instructor in class, or they may be done as an in-class activity with students working alone or in small groups. In the latter case, the instructor should ask individual groups to report a summary of their responses to the full group. Regardless of the method used, it is very important that students discuss the conversation by means of the *Observation et analyse/Réactions* exercises so that they preview the uses of the major functions, vocabulary, and grammar to be learned and have the opportunity to infer meaning from the text as well as to personally react to the topics discussed.

Expressions typiques pour... , Mots et expressions utiles, Mise en pratique, and Activités

The *Expressions typiques pour...* section contains commonly used expressions and vocabulary needed to communicate a particular speech act or group of related functions. Language for both formal and informal styles of expression is presented, as well as pertinent sociocultural information related to the functions (for example, why expressions used to accept compliments in French differ from those used to accept compliments in English).

Student annotations in the margins provide additional usage tips or grammatical information related to the functional expressions.

The *Mots et expressions utiles* section provides thematic vocabulary generated from activities that relate to the functions and/or chapter themes (for example, in what situations one commonly performs these functions, with whom, when, and why). A

story or brief dialogue, called *Mise en pratique,* immediately follows each vocabulary section and demonstrates the use of many of the thematic vocabulary words. A variety of *Activités* enable students to practice using both functional and vocabulary expressions in different contexts and at different levels of formality.

The instructor can preview this material in class by asking students to come up with ways that they already know to express a given function of language (for example, how would you ask in French your friend's opinion about something? How would you agree or disagree with that opinion?). The instructor may also get students to generate known vocabulary related to the functions and themes. Once this is accomplished, new expressions and vocabulary can be presented. Instructors should be sure to point out, if pertinent, language usage at different levels of formality. In this way, the instructor can build on previous knowledge and reduce learner anxiety since students will see that they already know many expressions related to performing different speech acts.

Students may learn the *Expressions typiques pour...* and the *Mots et expressions utiles* and read the contextualized *Mise en pratique* to better understand how the new vocabulary may be used. Then they may prepare the *Activités* at home. How the instructor checks the exercises in class the next day depends on the type of activity. Instructors may wish to begin class each day by working with the **Entraînez-vous** activities, having students perform the first two items as a full group and then the rest in pairs (written preparation is also helpful). A fill-in-the-blank vocabulary exercise can be checked orally, or answers can be put on an overhead transparency so that students can check their own work while the instructor walks around the room and verifies that they did the exercises. Most of the *Activités,* however, are open-ended exercises in which students practice using the functional expressions to carry out specific tasks with a partner. This method ensures maximum student participation. Students choose language for informal and formal relationships according to the details given in each context. (For example, a request to pass the salt during a family dinner will differ from a request for information from a bus driver.)

In a similar way, the *Questions indiscrètes* activities are personalized questions related to the functions and thematic vocabulary that can be completed with a partner and summarized for the class. Instructors may also choose to have students do some of the exercises in writing. Some exercises lend themselves best to a full-group activity, such as the game in Chapter 3, Lesson 2, p. 102, where students must ask descriptive questions about the contents of someone's purse or pocket in order to guess what the objects are.

Finally, one other method for practicing vocabulary words is to teach students the strategy of **circumlocution:** that is, the ability to describe and talk around the word for an object, a person, or a concept without actually using the word. This strategy is very useful in the target language environment when the learner does not know how to say something. Thus, many of the *Activités* following the *Mots et expressions utiles* ask students to provide the word for which a description is given or have students give a description for a word from the list. At the end of a chapter, a good activity to practice circumlocution is a modified version of the old television game show "Password." Instructors select words from the complete chapter list in *Appendice B* and write two copies of each on small slips of paper. The class is divided into two teams, and four chairs are placed in the center of the room so that two chairs face the other two chairs. Two players are chosen from each team to begin the game and sit in the center chairs. One member of each team receives the same word and for five points must describe the word, to as great an extent as possible in French, to his or her partner so that the partner can guess the word. After twenty seconds, if the word has not been guessed, the second team gets a chance at the same word for four points. If they are unsuccessful, the first team tries again for three points, and so on. If neither team has guessed the word by the time it reaches zero, the rest of the class can guess. Once the word has been guessed correctly, a new set of words is shown to the team members who originally had to guess the first word. New teams are chosen after each member has had a chance at both giving and guessing a word, and the team with the most points wins when time is called. This game is particularly effective at enabling students to improve their descriptive skills and getting students to say as much as they can in a limited time period.

La grammaire à apprendre

Grammatical principles directly related to the performance of the functions that organize each **leçon** are presented in English to minimize misunderstanding by the student. These grammar points differ from those in *La grammaire à réviser* in that students are not expected to have mastered them at the end of the first year of language study. Pertinent learning strategies to help students master the new material and additional helpful information are presented in the margins. The *Activités* that follow enable the students to practice the grammatical concepts first in structured settings and then in more open-ended activities. The activities attempt to simulate natural conversation and focus on the **leçon** functions so that students get practice performing these functions while using the new grammar. Many of these activities are based on authentic texts that have been adapted for use in the **BRAVO!** program.

Instructors may wish to preview the grammar in class on the first day of a new **leçon,** being sure to link its significance to the performance of the function emphasized. An inductive approach can be used, where examples of the new grammatical structures are given in questions or statements on a transparency. Students are asked to analyze them for their grammatical function. The *Activités* can be assigned for homework, as well as the corresponding exercises in the Workbook. On the second day, students' questions can be answered, exercises checked, and pertinent small-group activities completed, in much the same way as described earlier for the activities accompanying the *Expressions typiques pour...* and *Mots et expressions utiles* sections.

Liens culturels and authentic materials

Each **leçon** contains items of realia and a *Liens culturels* section chosen for their cultural significance and relation to the functions and theme(s) being taught. These features give students insights into what French speakers and contemporary French society are like. They are meant to add to the cultural knowledge typically gained by the learner during the first year of language study. The accompanying questions enable students to develop cultural insights and make cross-cultural comparisons.

Students may be assigned the cultural readings for homework. Then, in class, the instructor can have students summarize the contents in French or English, express a reaction or opinion, or make cross-cultural comparisons by discussing the questions that accompany the *Liens culturels* reading or the piece of realia. At times, an item of realia also serves as the basis for one of the *Activités*.

Interactions

The end of each **leçon** contains two role-play situations, called *Interactions,* which promote real language use and are comparable to many of the situations used in the ACTFL Oral Proficiency Interview for intermediate learners. These activities, performed in groups of varying sizes, encourage the use of the functional expressions, vocabulary, grammar, and culture of the **leçon.**

Instructors can have students perform the *Interactions* in class in small groups and then have selected groups present their work to the class. The *Interactions* can also be assigned for out-of-class work with a conversation partner. Occasionally an *Interaction* requires a communicative writing assignment, such as writing a postcard, letter, or advertisement. These can be assigned as either in-class or out-of-class tasks. The final product can then be passed out to other classmates, who respond to it orally or in writing. The focus of these activities is on the functional use of language to perform realistic tasks.

Dossier personnel

This new addition to the Third Edition of **BRAVO!** provides a systematic means for students to improve their writing abilities in French, a much-needed skill at the intermediate level, particularly when intermediate-level courses are viewed as a bridge to third-year literature and culture courses. The basic concept is to gradually create a portfolio of student writing that builds upon previous work, not only within a chapter, but from chapter to chapter.

Students begin with the *Préparation* stage, in which they are given a description of the type of paper they are to write, a choice of topics, and directions to brainstorm a list of vocabulary (and sometimes points of view), which are then shared with a classmate to gain additional ideas. This activity is located at the end of the *Interactions* for **Leçon 1,** but could also be completed during work with the *Mots et expressions utiles.* The *Préparation* can be done entirely in class, or students can draft the list of vocabulary at home to share and revise with a partner in class.

The *Premier brouillon* stage takes students step-by-step through the process of writing an introductory paragraph, middle paragraphs, and a conclusion, using the vocabulary and ideas generated in the *Préparation* activity. The *Deuxième brouillon* stage asks students to write a second draft, incorporating additional hints and suggestions on how to refine the paper. Vocabulary specific to the type of paper being written is presented as *Expressions utiles* for students to use as they wish to make the paper stronger. Both the *Premier brouillon* and *Deuxième brouillon* stages are designed to be assigned for out-of-class work, although those courses meeting five days a week could spend some in-class time working on them.

In the *Révision finale* stage, students work on their final drafts. They reread the paper, making changes to reflect additional suggestions. As an in-class activity, teachers can place students into groups of two to four and have them peer edit their papers for content, style, vocabulary and grammar, using the symbols located in *Appendice A* to indicate grammar errors. Students can then continue working on their papers at home, using the suggestions of their classmates (after verifying that they are accurate!) and checking for spelling, punctuation, and the specific grammar points studied in the chapter. Instructors can then ask students to prepare their final version, which they hand in, along with the previous drafts and comments from their classmates.

Synthèse

End-of-chapter activities, including listening/viewing, oral, and written tasks, are presented in the *Synthèse,* which, as its name implies, is provided to enable students to synthesize all functions, vocabulary, and grammatical topics introduced throughout all three **leçons** of the chapter. Important functions and structures from previous chapters are recycled and combined with current material in different sociocultural contexts. The listening/viewing, oral, and written activities ensure that any material that students may have originally memorized will be used again in a meaningful and functional way by the end of the chapter.

Parts or all of this section, depending on time available and the course emphasis, can be assigned after the three **leçons** are completed. The *Activités vidéo* include pre- and postviewing activities to enable students to successfully access this text-specific video of authentic material. Instructors can show video segments during class or assign them for out-of-class use in a video lab to save in-class time. For some chapters, instructors may want to work with the video on the day that a reading from the *Intermède culturel* is discussed, depending on the topic. Activities may be checked in class and/or collected by the instructor.

Similar to the *Interactions,* the oral activities of the *Synthèse* section can be performed in small groups and then summarized or presented in front of the entire class. In general, these activities are more open-ended than the *Interactions* and often require synthesizing the review material as well as the new chapter information. The written activities are usually more extensive than those contained in the *Interactions* and are an excellent source for composition topics.

The *Activités Internet* are represented in the *Synthèse* by an icon. Students are directed to the Heinle & Heinle home page to complete various activities related to chapter themes. These activities can be done outside of class, although in those classrooms equipped with computers and video projection screens, the instructor may want to demonstrate to students how to get started.

Intermède culturel

Although located at the end of the chapter, the readings in the *Intermède culturel* can be taught at any time during the chapter. The *Culture* reading focuses on "big C" culture topics such as history, art, and *haute couture,* while the *Littérature* reading is a poem, extract from a short story, novel, or play, or even an entire short story. Both have prereading activities that prepare students to read by activating their background knowledge of the topic. In addition, the literature readings teach useful reading strategies such as skimming, scanning, predicting, using context, and understanding word formation. Postreading activities check comprehension, encourage discussion of themes, and enable students to synthesize and apply what they have read to new contexts. Instructors should explain to their students that the careful completion of these activities will enable them to read more efficiently, with a focus on meaning, and to enjoy the reading process better.

Ideally, the prereading activities should be done in class in small groups at the end of the second day of a **leçon,** to prepare students for the reading. To check their work, instructors can have students present a summary of their discussions to the whole class, or, alternatively, have a student read a question and call on a classmate to answer it. At home, students should then read the text and prepare the postreading activities, and the next class day would be spent on discussing the reading and doing the postreading activities. Depending on the chapter (and if time permits),

instructors may want to work with the video segment if it has a strong link to the reading.

BRAVO! Cahier d'exercices et Manuel de laboratoire

The written part of the Workbook/Lab Manual contains: (1) exercises to accompany *La grammaire à réviser* (the review grammar), and (2) activities to practice the new grammar of all three **leçons.** The workbook contains a variety of writing formats coordinated with the functions and themes of each chapter. An answer key is provided.

Instructors should assign the review grammar exercises as needed, and students should complete them *before* beginning a new **leçon.** The written activities that correspond to the **leçon** grammar should be assigned *after* the grammar has been previewed. Students can be directed to self-correct the workbook answers, using the answer key at the back of the workbook. Instructors should collect the workbook chapters, checking that students have completed and self-corrected the exercises. Then instructors should correct those personalized exercises for which no answer key is provided because answers will vary.

The Audio Tape Program consists of the *Exercices de laboratoire* and the *Compréhension.* The *Exercices de laboratoire* provide listening practice of the introductory *Conversation* in each **leçon** and a review of phonetics. Oral and listening practice of each of the main grammar topics of the **leçon** is also included on the tape. Instructors may want to assign the *Exercices de laboratoire* portions of each **leçon** along with the *Exercices écrits* after each grammar point is introduced. A synthesis of the functions, vocabulary, and grammar of the chapter is provided through a dictation, which can be assigned after all three **leçons** are completed.

The *Compréhension* section of the Audio Tape Program is comprised of authentic listening materials related to chapter functions and themes. Audio recordings, which include interviews, conversations, radio commercials, weather and news reports, surveys, and train and airport announcements, enable each student to have easy access to the French language as it is spoken today in natural contexts. Supplementary exercise worksheets located in the Workbook accompany these listening materials and direct students to listen for specific purposes. The script for the *Compréhension,* as well as an answer key to the worksheets, is available in the Tapescript.

Instructors should assign the chapter recordings (three to five per chapter) upon completion of the three **leçons.** Students should not expect to understand every word they hear, and they should be directed to listen to a recording as many times as necessary in order to extract the essential information. Answers to the corresponding listening exercise worksheets in the Workbook can be checked in class or collected by the instructor. These recordings can also be used as a springboard for other related activities (for example, after working with a radio ad selling electronic appliances, students could role play a clerk/customer scene in a store that sells similar appliances). If desired, a recording can also be played in class and worked on as a teacher-directed activity; however, care should be taken so that flexibility is not lost in this approach: the individual student's needs ought to direct at what point and how often a recording is replayed. Such an in-class activity is better done as either a prelistening activity—that is, a means of setting the scene for students' individual listening activity outside of class—or as a final check on students' comprehension after they have already worked with the recording at home. To provide additional listening practice, a slightly altered version of one of the recordings can be read in class by the instructor. Students can check their understanding by completing the *Compréhension* Worksheets, directing them to listen for specific information.

► Lesson Planning

The following lesson plans for Chapter 2 are an example of how to integrate the various components of the **BRAVO!** program. Plans are based on using the main text and its components on a four-day-a-week schedule. Adjustments should be made for other programs.

Lesson planning is necessary, of course, in order to meet course goals. The authors suggest that a typical class hour provide for three types of activities: review of the previous day's work in a warm-up activity, practice of the material assigned for the day through meaningful and communicative activities, and a preview of the material assigned for the following day. If time allows, a cool-down activity is appropriate so that students leave the class in a relaxed mood.

Plans assume that your class begins at 10:00 and lasts 50 minutes.

DAY 1

La grammaire à réviser—Avant la première leçon; Conversation 1; Expressions typiques pour... , Mots et expressions utiles, and *Activités;* preview *La grammaire à apprendre* content

(Homework assigned the previous day was to study *La grammaire à réviser* for Lesson 1, pages 42–44, and do the accompanying exercises in the Workbook. Students were also asked to listen to the tape of *Conversation 1* and to practice the *Expressions typiques pour...* and *Mots et expressions utiles.* The written assignment was activity B in the Workbook.)

10:00–10:10 Warm-up. If you gave a test on Chapter 1, you may want to start by discussing that. Then, in order to check the students' work on the material in *La grammaire à réviser,* you can ask questions using the irregular verbs presented. Examples:

Parlons de vos activités de tous les jours.
Le matin: Jusqu'à quelle heure est-ce que vous dormez?
A quelle heure est-ce que vous prenez le petit déjeuner?
Est-ce que vous voulez vous réveiller plus tôt?
Est-ce que vous croyez que le petit déjeuner soit important?

Les cours: A quelle heure est-ce que vous allez à l'université?
Est-ce que vous êtes toujours à l'heure pour vos cours?
Selon vous, est-ce qu'il vaut mieux étudier le soir ou l'après-midi?
Où est-ce que vous faites vos devoirs?
Qu'est-ce que vous lisez pour vos cours?
Pour quels cours est-ce que vous écrivez beaucoup de dissertations?

10:10–10:20 *Conversation.* Present the setting of the *Conversation.* Have students do the *Premières impressions* activities. Point out that the expressions marked with a degree symbol (°) are glossed in the margin. For variety, you may want to bring in the instructor's tape for *Conversation 1.* Have students listen to the tape and proceed to the questions presented in *Observation et analyse* on page 48. Students may work in pairs to answer the questions and those in the *Réactions* section. Have them discuss the invitation on page 48.

10:20–10:35 *Expressions typiques pour...* and *Mots et expressions utiles.* Before proceeding to the *Activités* section, you may wish to model pronunciation of some of the more difficult expressions. Use activity A, page 51, as an initial activity. Check answers on activity B by presenting possible answers on a transparency or having students give their responses. You may, of course, prefer to collect the homework. Activities C and D could be done by asking students not to refer back to the new vocabulary in order to test their memories.

10:35–10:40 Preview *La grammaire à apprendre* content. Preview the lesson for the next day (irregular verbs **boire, recevoir, offrir,** and **plaire**). Present these verbs in the context of inviting someone to do something. For example, you can dictate the following story:

J'invite un ami à boire un coup avec moi au café. Je reçois rarement des amis à la maison. Je lui offre un thé et ça lui plaît.

After students have written down the story, have them underline the irregular verbs. Tell them they will study these and other verbs like them that evening. Assign page 52 for study. Ask students to prepare activity B, page 54, in writing and to prepare the related exercises for Chapter 2, Lesson 1, in the Workbook.

10:40–10:50 Cool-down. Ask students to read the *Liens culturels* on page 54. Have them summarize the reading in French or English and compare dating habits in America and France.

DAY 2

La grammaire à apprendre, Activités, Interactions, Dossier personnel: Préparation

10:00–10:05 Warm-up. Begin with a review of yesterday's material, especially of the *Expressions typiques pour...*. Ask students to close their books and do the following activity.

> **Jouez les rôles.**
> **Que dit-il?** Vous invitez votre grand-père chez vous pour le dîner. Il répond...
> **Que dit-elle?** Vous invitez votre petite nièce au cinéma. Elle répond...
> **Que dit-il?** Vous invitez un nouveau collègue au café. Il répond...

10:05–10:20 *La grammaire à apprendre* and *Activités.* Do activity A, page 53, with books closed to check student learning of the previous evening. You may wish to check written activity B or collect it. Have students do activity C, page 54, in small groups or pairs and report some of their answers to the entire group.

10:20–10:30 *Interactions.* In order to practice the grammar and functional expressions in the context of real language, ask students to work in pairs. Have them choose *Interactions* activity A or B, page 55, to act out. Ask two or three groups to present their activity to the class.

10:30–10:45 Ask students to begin the *Dossier personnel: Préparation.* Mention that they will list two of their favorite restaurants or classes. The goal of the writing in this chapter is to practice comparing and contrasting. Ask them to share their lists with a classmate who will help them brainstorm more ideas.

10:45–10:50 Preview Lesson 2. Introduce the function of offering food and drink. Ask students to give some ways of doing this. Give a few examples from the text, page 58. Assign *La grammaire à réviser* for

Lesson 2, pages 44–45 and the accompanying exercises in the Workbook. Advise students that definite and indefinite articles will be reviewed. In addition, the partitive article, useful for talking about food and drink, will be practiced. Assign *Conversation 2, Expressions typiques pour...,* and *Mots et expressions utiles,* reminding students to listen to the *Conversation* in the Audio Tape Program and to do the *Premières impressions* activities. Assign activity A, page 60, as written homework.

DAY 3

La grammaire à réviser—Avant la deuxième leçon; Conversation 2; Expressions typiques pour..., Mots et expressions utiles, and *Activités;* preview *La grammaire à apprendre* content

10:00–10:10 Warm-up. Review the verbs on page 52, handing out copies of the following cards for an in-class review activity.

Carte 1

Chez moi. Complétez les phrases et posez les questions suivantes à un(e) camarade de classe.

Quand / recevoir / tu / quelqu'un / à / maison?

Que / offrir / tu / le plus souvent / à / amis / quand / ils / venir / chez toi?

Que / boire / tu / le plus souvent / quand / amis / être / chez toi?

Carte 2

Chez moi. Complétez les phrases et posez les questions suivantes à un(e) camarade de classe.

Quel / sorte / personnes / aimer / tu / inviter?

Quel / sorte / attitude / te / plaire / chez un invité?

Quel / sorte / personnes / ne jamais / inviter / tu?

10:10–10:20 *Conversation.* Have students read the *Conversation* on pages 56–57 in groups of three, doing a dramatic reading of the roles of Eric, Isabelle, and Mme Fournier. Afterwards, ask them to take turns answering the *Observation et analyse* questions in groups of three. Have students share their answers to the *Réactions.*

10:20–10:30 *Expressions typiques pour..., Mots et expressions utiles,* and *Activités.* Do activity C as a whole group to review the vocabulary words. Have students do activity B, D, or E with a partner. At the end, if time allows, ask a few students to play their roles for the whole class, choosing either activity D or E.

10:30–10:40 Preview *La grammaire à apprendre* content for Lesson 2 using the following dehydrated sentence activity. Write the activity on a transparency so that the entire class can do it and talk about their choices.

> **Une invitation.**
> Je / inviter / amis / à / maison / ce soir. / Nous / servir / hors-d'œuvres / et vin blanc. Je / préférer / vin blanc. Ensuite / il y a / beaucoup / légumes / parce que je / adorer / légumes. On / préparer / poulet / aussi. Comme dessert / je / servir / framboises. Framboises / être bonnes. Nous / ne... pas / prendre / café. Il / être / tard.

10:40–10:50 Cool-down. As a final activity, ask students to read the *Liens culturels,* page 62. Answer the question as a group. If possible, bring in silverware and bread and ask a student to demonstrate what he or she learned in the reading. Assign pages 62–64 in the text to be studied. Ask students to prepare the Workbook activities and to do activity A, page 64 in the text, in writing.

DAY 4

La grammaire à apprendre, Activités, Interactions, preview *Intermède* reading (*culture* or *littérature*)

10:00–10:10 Warm-up. Review the vocabulary by having students turn to the menu on page 61 and answer the questions. Discuss the drinks. Ask which drinks they would offer to their great aunt, their little cousin, their mother, a good friend, etc. Have them play the roles, demonstrating for the whole class.

10:10–10:25 *La grammaire à apprendre* and *Activités.* Ask students some simple personalized questions to initiate practice of the articles: **A quelle heure est-ce que vous prenez le petit déjeuner? Et le déjeuner? Et le dîner? Qu'est-ce que vous mangez au déjeuner? Et au dîner? Et le soir, pendant que vous étudiez, qu'est-ce que vous buvez? Et le matin, qu'est-ce que vous buvez?**

Check homework activity A, page 64, or collect it. Do activities B and C, page 65, as a whole class. In pairs, have students work on activity D. Ask several students to provide a two-line résumé.

10:25–10:35 *Interactions.* Ask students to choose a new partner for the *Interactions* activities, page 66 (both A and B, if time allows). Ask several students to play their roles for the class.

10:35–10:50 Introduce one of the *Intermède culturel* readings: either the cultural reading, **L'histoire de l'éducation en France,** or the literary reading, **Hoquet.** [For the purposes of this model lesson plan, we will choose the cultural reading.] Assign the reading, *Compréhension,* and *Expansion.*

DAY 5

Intermède culturel; preview Lesson 3; *Dossier personnel: Premier brouillon* completed out of class

10:00–10:10 Warm-up. Review the grammar from the previous day by asking students to do a simple sentence builder on a transparency. For example:

A	B	C
Le matin	je	(ne... pas)
A midi	les étudiants	
Le soir	les professeurs	
Au restaurant	?	
?		

D	E
prendre	verre de lait
boire	bière
préférer	pizza
commander	hamburgers
?	canard
	?

10:10–10:20 *Intermède culturel.* Use the *Compréhension* questions in the book if you did not assign them for homework.

Ask students to respond to the following questions regarding the reading:

1. A quelle époque l'éducation en France a-t-elle commencé?
2. Quel rôle Charlemagne a-t-il joué dans l'éducation?
3. Que savez-vous sur la Sorbonne?
4. A quelle époque la laïcité est-elle entrée dans les écoles?

10:20–10:40 *Expansion.* Have students present very short (30-second) summaries of their research on another university or the history of education in a francophone country.

10:40–10:50 Preview Lesson 3. Ask students to prepare *La grammaire à réviser* on page 46. Inform them that they will practice asking and answering questions in Lesson 3. You may wish to review the interrogative adverbs (**où, à quelle heure, quand, combien, combien de, comment,** and **pourquoi**) with them. Ask them to listen to the tape of *Conversation 3* and to study the *Expressions typiques pour...* and *Mots et expressions utiles,* pages 68–69. Model pronunciation of some of the more difficult words and expressions. Assign activity B, page 71, as written work. Remind students that the *Premier brouillon* is to be completed at this time also.

DAY 6

La grammaire à réviser—Avant la troisième leçon; Conversation 3; Expressions typiques pour..., Mots et expressions utiles, and *Activités;* preview *La grammaire à apprendre*

10:00–10:15 Warm-up. Briefly review the education reading. Ask students to review the history of education in the United States, in French if possible.

Practice *La grammaire à réviser* by having students make up a personalized question to ask someone in the class using **à quelle heure, où, combien, combien de, comment, quand, pourquoi,** etc.

10:15–10:25 Conversation. Have students give their answers to the *Premières impressions* activities. Ask three students to read the *Conversation* on page 67 aloud. Ask the *Observation et analyse* questions of the whole class. Have them work with a partner on the *Réactions,* page 68.

10:25–10:35 *Expressions typiques pour..., Mots et expressions utiles,* and *Activités.* Use activity A, page 70, to practice the *Expressions typiques pour....* Add the additional situations in the teacher annotation.

(à un agent de police) où se trouve le musée d'Orsay

(à votre petit[e] cousin[e]) à quelle heure il/elle va se coucher

(à votre grand-mère) combien d'argent elle peut vous prêter

Review the *Mots et expressions utiles* by doing activity B, page 71. Collect homework.

10:35–10:40 Preview *La grammaire à apprendre* content. Present the interrogative pronouns for the next day by asking several questions that you have written on a transparency:

Qui est-ce que vous invitez souvent à la maison? Qui vous rend souvent visite? Qu'est-ce que vous buvez souvent? Avec qui est-ce que vous parlez souvent au téléphone? Quelle est votre profession? votre nationalité? Lequel de ces acteurs est-ce que vous préférez? (Will Smith, Tom Cruise, Brad Pitt, Sean Connery) Laquelle de ces chanteuses préférez-vous? (Whitney Houston, Aretha Franklin, Melissa Etheridge, Alanis Morrisette)

After students have answered the questions, ask them to talk about the grammatical function of each interrogative pronoun as you underline it on the transparency. As an assignment for the next class, have them study pages 71–73 and write out activity B, page 72, and activity A, pages 73–74. Assign the corresponding Workbook activities.

10:40–10:50 Cool-down. Have students do the following **Trouvez quelqu'un qui** activity using the *Expressions typiques pour...* in Lesson 3 and previous material from Chapter 2. Give them a handout of the activity to use in class.

Trouvez quelqu'un...
- qui sait où se trouve le musée Beaubourg.
- qui sait qui a inventé la guillotine.
- qui sait qui a inventé la pénicilline.
- qui connaît les fromages de France.
- qui préfère le vin français au vin de Californie.
- qui a jamais bu du Marie-Brizard.
- qui souffre d'allergies.
- qui a déjà vu une exposition d'art à Paris.
- qui ne reçoit jamais d'amis à la maison.

DAY 7

La grammaire à apprendre, Activités, Interactions; preview *Intermède culturel—Hoquet*

10:00–10:10 Warm-up. If possible, use a videotape of a train station or train trip to review the *Expressions typiques pour...* on pages 68–69. If this is not feasible, give students a situation to role play. Have them ask someone at a **guichet** (their partner) if she or he could tell them what time the train for Lyon leaves, how much a round-trip ticket costs, if a discount is possible, if she or he can indicate from where the train leaves, and where one must go to have the ticket canceled.

Begin review of the interrogative pronouns on pages 71–73 by asking students to name an interrogative pronoun and give its grammatical function. Make a list of these on the board as students name them.

10:10–10:25 *La grammaire à apprendre* and *Activités.* Do activity A, page 72, as a whole-class activity. Check written homework activity B, if you wish, or have students hand it in.

Review the forms of **quel** and **lequel** by writing them on the board as students give them orally. Collect homework activity A, pages 73–74, and do activity B or C as a whole class. Ask students to work in groups of three to do activity D.

10:25–10:40 *Interactions.* Have students work in pairs to do activity A of the *Interactions* section, page 75. Ask two or three groups to play the roles in front of the entire class.

10:40–10:50 *Avant la lecture* activities in the *Intermède culturel.* Have students turn to the prereading activities for "Hoquet." Use the *Sujets à discuter* questions for whole-class discussion. Ask students to work with a partner on the *Stratégies de lecture.* Assign "Hoquet" and the *Après la lecture—Compréhension* exercises for homework.

DAY 8

Intermède culturel—Hoquet; *Après la lecture* activities; *Synthèse* activities; preview *Compréhension;* preview *Dossier personnel: Deuxième brouillon*

10:00–10:10 Warm-up. To begin class, use *Interactions* activity B, page 75, to review the interrogative pronouns.

10:10–10:35 *Intermède culturel*—"Hoquet." Begin by looking at the map of South America in the book. Ask students to discuss what other countries surround **La Guyane française.** Use postreading activity B, page 84, as another check on comprehension (10 minutes). Have students work in groups of four or five to do activity C (10 minutes). Ask them to find one new partner for the *Interactions* activity. You may wish to give them a few minutes to write their responses first because this activity is quite complex (5 minutes).

10:35–10:45 *Dossier personnel: Deuxième brouillon.* Briefly discuss this draft with the students. They should be adding a rhetorical question to their paper and using the expressions suggested in the book. If

you have time, have students work on their draft at this time. Ask them to be prepared to bring their compositions in for peer editing two days later (day 10).

10:45–10:50 Assign the *Synthèse—Activités vidéo, Activités orales* and *Activité ecrite,* and the Lab Manual—*Compréhension* activities. You could also preview the Lab Manual—*Compréhension* section for Chapter 2 by playing the first section (**Au Bec Fin**) and asking students to get the gist of this recording of a phone-answering machine. Ask them to listen for the hours of the restaurant and the days Au Bec Fin is closed. Assign the entire tape segment for Chapter 2 for the next day. Remind students that they will not understand every word and that they should stop the tape and replay it whenever necessary. Assign the corresponding exercises in the Workbook/Lab Manual.

DAY 9

Synthèse—Activités vidéo, Activités orales, Activité écrite; Lab Manual—*Compréhension*

10:00–10:10 Warm-up. Review the reading by inviting, if possible, a French-speaking person to discuss the colonization of the French-speaking world.

10:10–10:20 Lab Manual—*Compréhension.* Check the answers found in the back of the Tapescript. If you wish, play sections of the tape in class.

In order to provide additional listening practice, you can rewrite one section of the tape and read it to the students in class, asking them to listen for information. An example of a phone message follows:

> **L'atelier de maître Marcel.**
> Ici L'atelier de maître Marcel. Bonjour. Nous sommes ouverts à la clientèle de onze heures à 22h30. Nous acceptons vos réservations à partir de dix-huit heures pour le dîner. Nous ne prenons pas de réservations pour le déjeuner. Nous sommes fermés le lundi. En espérant le plaisir de votre visite très bientôt.

Provide students with the following form that tells them what information to listen for:

LE RESTAURANT «L'ATELIER DE MAÎTRE MARCEL»
Horaires:
Horaires des réservations:
Jour de fermeture:

10:20–10:30 Do the *Activités orales* in small groups.

10:30–10:40 Work with the *Activités vidéo* in class. Bring in the videotape and ask students to practice listening for comprehension.

10:40–10:50 Preview the Web activities, reminding students that they will find the activities on Heinle & Heinle's Web page. Remind students to bring in their composition for final revision.

DAY 10

Synthèse—Activités Internet, Dossier personnel: Révision finale; review for chapter test

10:00–10:10 Warm-up. Begin by discussing the *Liens culturels* on page 70 if you have not done so previously. Have students answer some of the questions.

10:10–10:20 Use the Web activities. If you have an electronic classroom, you can have students working in small groups on the Web. If you do not have such a laboratory, bring in hard copies of the materials and review those with the students.

10:20–10:40 *Dossier personnel: Révision finale.* Ask students to work in pairs or groups of three to peer edit their composition drafts. They should read each other's compositions, looking for topic sentences, clear organization of supporting sentences, and proper attention to audience. They should pay particular attention to whether the composition clearly meets the goals of comparing and contrasting two things and whether the choice between them is clear. Remind students to make the changes this evening and to check their composition for correct spelling and grammar before handing it in the next day.

10:40–10:50 Review for the text. Begin by describing the format of the test so students know how to study. Use activities in the text that you were not able to use beforehand. If questions arise regarding the functions and grammar, clear those up before the exam. Remind students to hand in the final version of their composition the next day.

DAY 11

Test on Chapter 2, Lessons 1–3, and *Intermède culturel* readings (see Testing Program)

▶ Testing

The sample tests in the Testing Program are not meant to be prescriptive, and in fact, many other formats can be devised. However, the authors have tried to select formats that reflect the philosophy upon which the **BRAVO!** program is based. In keeping with this philosophy, test items use meaningful language in natural contexts centered around the functions and themes emphasized in each chapter. Items are related to real-life situations so that students can demonstrate their ability to perform realistic tasks. Although some items can be characterized as convergent (only one right answer) and others are more open-ended, test items are generally presented, as Omaggio Hadley recommends, in "discourse-length frames"[1] rather than in single-sentence frames with no sequence between items. A variety of formats is used to enhance student interest and ability to perform well. As Mueller states, "No matter what the format, in testing as in teaching, *variety of activity and of pace are crucial* for keeping students alert and interested."[2]

The old adage "test what you teach" is evident throughout the tests, in that many test items have a similar appearance to activities in the text and Workbook/Lab Manual. We avoid mechanical test items. In 1976, Bartz stated "If the message to the students in today's classroom is that they should be able to communicate in the foreign language, tests that measure their ability to communicate must be administered."[3] More recently, Cohen talked about assessment as meaningful involvement. He noted that for assessment to be meaningful, "the goals of the assessment tasks need to reflect the goals of the course, and these goals need to be made clear to the students."[4] Instructors will also notice that students are tested on their abilities to recognize and produce different styles of expression. This type of item reflects the **BRAVO!** program's focus on the role of sociocultural aspects of communication in language use.

For further ideas on constructing test items, instructors are referred to the works listed in the References section beginning on page IG-47 of this Instructor's Manual. The Testing Program for **BRAVO!** provides two sample tests and a supplementary sight reading test for each chapter. In addition, two versions of three sample comprehensive exams are included that provide models for testing material in Chapters 1–3, 4–6, and 7–10. However, just as components of the **BRAVO!** program can be used in varying ways to serve individual instructional needs, so should test construction be modified to meet the needs of each instructor's use of the program's components.

Oral testing

Students' speaking skills often go untested, primarily because of the additional time involved in testing each student individually. In fact, Harlow and Caminero examined the place of oral testing in large language institutions. They found from surveys done at sixty-seven randomly chosen universities that lack of time and the logistical aspects of administering oral tests were the two most common reasons for not testing speaking proficiency.[5] However, when using a textbook series such as **BRAVO!**, in which the emphasis is on functional use of the language, instructors are strongly encouraged to test oral proficiency. Students need to be given the opportunity to demonstrate that they *can* function effectively in the language, not just on written tests but also in a face-to-face oral situation, particularly since they spend a great deal of time in class on oral activities. Gonzalez Pino calls achievement tests that are proficiency oriented "prochievement" tests.[6]

[1]Alice C. Omaggio Hadley, *Teaching Language in Context,* Second Edition (Boston: Heinle & Heinle, 1993), page 312.

[2]Marlies Mueller, "Interactive Testing: Time to Be a Test Pilot," in *Interactive Language Teaching,* edited by Wilga M. Rivers (Cambridge: Cambridge University Press, 1987), page 125.

[3]Walter H. Bartz, "Testing Communicative Competence," in *Teaching for Communication in the Foreign Language Classroom,* edited by R. Schulz (Lincolnwood, Ill.: National Textbook Company, 1976), pages 52–53.

[4]Andrew D. Cohen, *Assessing Language Ability in the Classroom,* Second Edition (Boston: Heinle & Heinle, 1994), page 13.

[5]See Linda L. Harlow and Rosario Caminero, "Oral Testing of Beginning Language Students at Large Universities: Is It Worth the Trouble?" *Foreign Language Annals,* vol. 23, no. 6 (December 1990), pages 489–501, for a full description of the grading system and formats used. Harlow and Caminero also address the obstacles to oral testing and provide some useful solutions.

[6]Barbara Gonzalez Pino, "Prochievement Test of Speaking," *Foreign Language Annals,* vol. 22, no. 5 (October 1989), page 488.

Given the time constraints that all instructors face, students' oral skills do not need to be tested at the end of every chapter. Instead, instructors can choose to test one to three times a term, pooling items from the chapters tested. Thus, the sample test items given for Chapter 2 in this section may either be used alone or combined with other items to test material in Chapter 1 or 3.

Students can be tested alone or in pairs. Instructors should choose whichever method best serves their own needs as well as those of their students. Fifteen- to twenty-minute appointments should be set up with individual students; twenty- to thirty-minute appointments if students are tested in pairs. Gonzalez Pino suggests that a tester use half-hour segments on three different days.[1] Just as in conversation, instructors should begin each oral test with a warm-up consisting of easy small-talk type questions to put students at ease and to get them thinking in French and conclude each oral test with a cool-down at a comfortable level of language proficiency to allow students to leave the oral test feeling successful.

Although many types of oral testing formats can be constructed—oral reports, picture descriptions, retelling a story, and more—the authors have chosen to create items using probably the two most common oral test formats: personalized questions and role play. However, "formats used to test speaking must naturally derive from the formats one used to have students practice speaking in class."[2]

In the first part, *Questions indiscrètes,* students respond to a set of personalized questions that are on a chosen theme, using chapter expressions, grammar, and vocabulary. As stated earlier, these can be combined with sets of questions from Chapters 1 and 3. Instructors should give students an indication ahead of time of the types of questions that will be asked, for example, "You might be asked to discuss your preferences of eating and drinking." Each set of questions is numbered. During the oral test, students randomly choose a number from a deck of cards, which indicates the set of questions to be used. In this way, all questions are related to the same theme and thus have coherence for both instructor and student. Students respond to each question in French, while the instructor takes notes and mentally assesses the student's response. It is important that instructors not give critical evaluation aloud after each student response since this only tends to make students nervous and to make the conversation less authentic.

In the second part of the exam, *Jouez les rôles,* role-play situations are copied onto index cards. Students randomly choose a card, collect their thoughts, and then enter into the imaginary scene with either another student, if two are tested at once, or with the instructor. (During a paired test, both students choose cards. Students take turns initiating their role-play scene.)

Both the *Questions indiscrètes* and *Jouez les rôles* cards should act as a stimulus for conversation and not be restrictive. Students should feel free to expand on their thoughts and the questions throughout the exam, and instructors should follow up on student responses whenever possible, as long as participants stay within the allotted time frame.

A variety of scoring formats can be devised to assign a formal evaluation at the end of the speaking test. The following is one suggested format that works well with the approach used in the **BRAVO!** series. As indicated on the sample scoring sheet, page IG-32, both parts of the exam are scored separately. In each part, the instructor assigns an overall grade of A to E for each of the four categories: vocabulary, grammar, pronunciation, and fluency. The chart on the bottom portion of the scoring sheet enables the instructor to then convert the letter grade to a number grade. The range provided allows the instructor to give finer nuances of evaluation (for example, if B = 4 to 4.4, an evaluation of B- could be assigned a score of 4, B a score of 4.2, and B+ a score of 4.4). The instructor then multiplies each number grade by the number indicated to arrive at a score that is weighted by level of importance. The sum of the weighted scores in each part is 100 if all categories receive a grade of 5.0 (A+). A final oral exam grade is then calculated by dividing the sum of the scores of both parts by 2.

---

[1]Gonzalez Pino, page 493.
[2]Gonzalez Pino, page 488.

This system of evaluating and weighting the scores, adopted from Omaggio Hadley,[1] is based on research done by Higgs and Clifford[2] using the FSI Oral Proficiency Interview. Gonzalez Pino presents another rating system for college students. It is similar to the one proposed by Omaggio Hadley but uses a different type of grading scale.[3] In addition, the Collaboration, Articulation, and Assessment Project (CAAP) in Ohio, made up of high school teachers and university professors, has developed a third type of speaking rubric, funded by the Fund for the Improvement of Post Secondary Education (FIPSE) and administered by the Foreign Language Center at The Ohio State University. The CAAP holistic scoring rubric for speaking proficiency presents scores 1–9 as a continuum, not as a percentage.[4] All three systems are presented on the following pages.

---

[1]Omaggio Hadley, page 471.

[2]Theodore V. Higgs and Ray Clifford, "The Push Toward Communication," in *Curriculum, Competence, and the Foreign Language Teacher,* ACTFL Foreign Language Series, vol. 13 (Lincolnwood, Ill.: National Textbook Company, 1982), pages 57–59.

[3]Gonzalez Pino, page 492.

[4]From "The Collaborative Articulation and Assessment Project: Calibration Session." Presented by Elizabeth Farrar and Linda Morrison. April 11, 1997, Columbus, OH.

Speaking Test—Score Sheet

Name _____   Date _____

Part A   **Part B**

NOTES   NOTES

VOCABULARY: VOCABULARY:
Letter grade   _____   _____   Letter grade   _____
Number grade   _____ × 7 = _____   Number grade   _____ × 7 = _____

GRAMMAR: GRAMMAR:
Letter grade   _____   Letter grade   _____
Number grade   _____ × 6 = _____   Number grade   _____ × 6 = _____

PRONUNCIATION: PRONUNCIATION:
Letter grade   _____   Letter grade   _____
Number grade   _____ × 4 = _____   Number grade   _____ × 4 = _____

FLUENCY: FLUENCY:
Letter grade   _____   _____   Letter grade   _____
Number grade   _____ × 3 = _____   Number grade   _____ × 3 = _____

TOTAL =   _____   TOTAL =   _____

A = 4.5–5.0
B = 4.0–4.4
C = 3.5–3.9
D = 3.0–3.4
E = Below 3.0

Adapted from Omaggio Hadley, pages 344–352

Oral Language Rating Scale I—College Version (60–100 passing)

	A+	A	B	C	D	F
Name:		Class:			Score:	
Date:		Test:			NOTES:	
Communication (Did you understand what was said to you? Are you talking about the right thing? Can you be understood despite errors? Have you conveyed your idea?)	40	37	34	31	28	25
Accuracy (reasonable to inadequate grammatical correctness)	20	18	16	14	12	10
Fluency (flow vs. hesitation)	10	9	8	7	6	5
Vocabulary (adequate vs. inadequate)	20	18	16	14	12	10
Pronunciation (good to bad)	19	9	8	7	6	5

Adapted from Gonzalez Pino, page 492

CAAP SCORING RUBRIC FOR SPEAKING ASSESSMENT

9–8   DEMONSTRATES HIGH PROFICIENCY
Excellent command of the language:
Few or no grammatical errors
Strong attempts at more complicated structures
Extensive use of vocabulary, including idiomatic expressions
Articulate, flowing speech
Good intonation and largely accurate pronunciation with slight accent
Thorough response with interesting and pertinent detail

7–6   CLEARLY DEMONSTRATES PROFICIENCY
Good command of the language:
Minor grammatical errors
Some attempts at more complicated structures
Adequate use of vocabulary and idiomatic expressions
Some gaps in fluency
Acceptable intonation and pronunciation with distinctive accent
Thorough response with sufficient detail

5–4   DEMONSTRATES PROGRESS TOWARD PROFICIENCY
Comprehensible expression:
Some serious grammatical errors
Reliance on simple structures
Limited vocabulary marked with some anglicisms
Unnatural hesitations
Errors in intonation and pronunciation with heavy accent
Some detail, but not sufficient

3–2   DEMONSTRATES STRONG NEED FOR INTERVENTION
Limited command of the language:
Serious grammatical errors
Limited grammatical structures
Limited vocabulary marked by frequent anglicisms that force interpretation by the listener
Errors in intonation and pronunciation that interfere with listener's comprehension
General, narrow response

1   UNACCEPTABLE
Response falls below the above descriptions or is inappropriate

Sample Speaking Test Items
for *Chapitre 2*

A. Questions indiscrètes

1. **Préférences**
   a. Quelle boisson est-ce que vous buvez quand vous allez dans un bar ou en boîte?
   b. Combien coûte-t-elle en général?
   c. Nommez une boisson que vous ne buvez jamais. Expliquez.
   d. Est-ce que vous prenez souvent des amuse-gueule? Pourquoi ou pourquoi pas?
   e. Qu'est-ce que vous mangez quand vous avez très faim? Et quand vous êtes nerveux(-euse)?

2. **Invitations**
   a. Quand vous recevez des amis chez vous, qu'est-ce que vous leur offrez à boire et à manger?
   b. Est-ce que vous invitez souvent votre petit(e) ami(e) au restaurant? Si oui, à quel restaurant? Si non, pourquoi pas?
   c. Etes-vous déjà allé(e) à un restaurant qui vous a déplu? Expliquez.
   d. Quand vous sortez avec votre petit(e) ami(e), où est-ce que vous allez le plus souvent?
   e. Où est-ce que vous préférez aller avec votre petit(e) ami(e) quand vous avez beaucoup d'argent?

3. **L'université et l'enseignement**
   a. A quelle occasion est-ce que vous n'assistez pas aux cours?
   b. Est-ce que vous avez déjà séché un cours? Ensuite avez-vous inventé une excuse? Quelle sorte d'excuse avez-vous inventée?
   c. En quoi est-ce que vous vous spécialisez? Pourquoi?
   d. Quelle(s) sorte(s) de cours est-ce que vous préférez? Pourquoi?
   e. Qui paie vos frais d'inscription?

B. Jouez les rôles

1. Invite your friend to a concert this evening. He or she will say that he or she is unable to come, so set up another outing for which you are both free. Establish where you will go, the date, time, and place you will meet.

2. It's your mother's/father's birthday. As a special treat, you have decided to invite him/her to your apartment and cook his/her favorite foods. Role play the dinner from when he/she arrives to when he/she departs.

3. Your French teacher tells you today that he or she will be absent from school for the next three days. Since you have an informal relationship with your teacher, and he or she has always said that he or she would answer any of the students' questions provided they were phrased in French, you decide to ask him or her five questions about this mysterious absence.

4. Call your friend on the telephone. You get a wrong number on the first try, so call again. Invite him or her to see a photography exhibit. Your friend will ask pertinent questions such as what date, what time, and where to meet. You respond and suggest going to a nightclub or café afterwards.

Test Items for *Intermède culturel*

General formats for testing reading are suggested below.

1. **Items to test knowledge of reading strategies**
   Students can be given sentences or paragraphs and asked to determine the meaning of unknown words by using the reading strategies they have studied, such as context clues, cognates, root words, prefixes, and sentence structure.

2. **Items to test comprehension of reading passages**
   Ideally, instructors should select or slightly adapt reading passages that come from authentic documents since students are accustomed to these texts from working with **BRAVO!** Formats to test comprehension should resemble those used in the *Compréhension* or *Après la lecture* sections and include items such as information and multiple-choice questions, sentence and outline completion, true/false statements, sentence builders, summarization, and the reordering of events.

3. **Items to test knowledge of the reading selections in BRAVO!**
   To test how well students assimilate the readings discussed in class, ask them to summarize the contents of a passage, state the author's point of view, or provide descriptions of characters. Writing and conversational skills can be evaluated by such tasks as giving personal reactions to the readings, stating an opinion of the topic discussed, and rewriting the ending to a story.

4. **Items to test conversational and writing skills**
   The readings themselves, along with the *Interactions* activities following the literary readings, are an excellent source for items to test oral skills, such as personalized questions, role-play situations, and **pour ou contre** debate questions. Writing skills can be evaluated by giving students composition topics related to the reading passages in which they compare, contrast, react to a writer's opinion, react to the characters, or imagine different endings.

5. **Items to test vocabulary knowledge**
   In addition to the regular vocabulary lists in the text, instructors may assign for active learning all new vocabulary found in the *Avant la lecture* sections of the literary reading as well as selected items from reading glosses. This vocabulary can be tested using formats similar to those found in the vocabulary section of the chapter test, such as modified cloze paragraphs and definition writing in the target language. Other formats include matching, multiple choice, translation, and open-ended completion.

▶ Working Toward the Communicative Classroom

Introduction

The main goal of the **BRAVO!** program is to provide practice that will help students gain proficiency in French. This goal cannot be achieved without attention to several issues. First and foremost, an atmosphere for communication must be established. One way to do this is by focusing on the process of communication rather than on the structure of the language itself. Rivers says, for example, that "Spontaneous communication and free interaction are possible in any language only when teachers and their students have built up a warm, uninhibited, confident, sympathetic relationship and when such a relationship exists among students themselves."[1]

The building of this ambiance should be the highest priority of a language teacher. As an instructor, you may want to examine your attitudes toward students and teaching: Do you like teaching a second language? Are you interested in finding out about your students? Are you willing to not be the center of the class? Are you willing to listen to what students say rather than only how they say it? Do you want your students to get to know each other? Teachers must be aware that their own attitudes serve as a model for their students: if teachers treat students with warmth and understanding, that is how their students will treat each other. In their recent book entitled *The Elements of Teaching,* Banner and Cannon point out that "(t)eachers are ethical not only because the trusteeship role of instruction requires it; teachers are ethical so that their students can learn how to be ethical, too. Teachers exhibit pleasure in the classroom not only to enhance learning but also to exhibit to their students the delight that comes with acquiring and using knowledge."[2] Campbell suggests that although most teachers have a genuine love of foreign languages, some project less and less enthusiasm without realizing it as they grow older. She advocates that in order to motivate students, teachers must continue to make a conscious effort to transmit the passion for foreign languages that led them to choose foreign language teaching as a career.[3]

In addition to teacher attitudes, the activities planned, error-correction style, and testing formats go a long way toward proving to students what is really important to you as an instructor. If you say that you are interested in communication, but you do no small-group or collaborative work, students will not have the practice necessary to develop their skills. If you correct every word when students speak, they will know that your focus is not on the message but on the method of expression. If you give tests that require almost exclusively discrete-point grammar knowledge, you are sending a powerful message about how and what your students should really study.

The following sections are provided to help instructors prepare a classroom for effective communication and interaction.

Focus on Small-Group Discussion

BRAVO! has been designed around functions of language. Functions, or the purposes for which language is used, give speakers the opportunity to talk in a wide variety of contexts. These functions, in fact, provide a reason to talk—a very essential component in the organization of discussions.

At the intermediate level, instruction can be even less teacher-centered and include many activities that are less guided than those at the beginning level.[4] Nunan in *The Learner-Centred Classroom* and Birckbichler and Corl point out that instructors

---

[1]Wilga Rivers, *Speaking in Many Tongues* (New York: Cambridge University Press, 1983), page ix.

[2]James M. Banner, Jr., and Harold C. Cannon, *The Elements of Teaching* (New Haven: Yale University Press, 1997), page 5.

[3]See Christine M. Campbell, "Motivating Unenthusiastic Foreign Language Students: Meeting the Challenge," in *Creative Approaches in Foreign Language Teaching,* edited by W. Hatfield (Lincolnwood, Ill.: National Textbook Company, 1992), pages 81–91, for thirteen suggestions on motivating students.

[4]See Linda L. Harlow and Judith A. Muyskens, "Priorities for Intermediate-Level Language Instruction," *Modern Language Journal,* 78, ii (1994), pages 141–154.

should inform students of the goals of their classroom and then provide activities to meet those goals. At this level, many of those activities will include small groups.[1]

Dividing the class into small discussion groups of two to five students decentralizes the teaching process and allows the students to participate more frequently. As has been often pointed out, in a class of thirty students, where the teacher asks questions and students answer, students will talk an average of two minutes in the hour. In just ten or twenty minutes of group work, however, each student has ten or twenty minutes of individual production and practice.

Organization is the key to effective small-group work. Students should be prepared linguistically for all small-group activities. You should, therefore, organize activities based on the functions and grammar previously learned. When presenting an activity, read the directions as a class before dividing into groups. Make sure that students have clear in their minds what they are to do. Specify what strategies you expect them to use. If, for example, you would like them to brainstorm individually before beginning a role play, state this at the outset. Before some activities, it is helpful to have several students provide a model for the whole class. If there are limitations to the activities, make these clear to students before they start. In some cases, you may wish to assign the roles they will play before they divide into groups.

Selection of group members can be done in several ways. For one, students can self select. At times, you may wish to select the groups randomly or deliberately. When you deliberately select students, you may want to put creative thinkers and students who follow through together. You may also wish to use homogeneous or heterogeneous groups. (See the following section in this manual, "Focus on Cooperative Learning," regarding heterogeneous grouping.) Knerr and James suggest that it is best to change groups often so that students have the opportunity to meet and work with as many of their classmates as possible.[2]

While the activity is in progress, your role is to circulate. You should clarify directions or contexts, listen for native language use, and supply useful vocabulary. At times you will need to provide ideas or play devil's advocate to get the conversation rolling. If necessary, you can provide corrective hints when errors are slowing progress. The time you spend working with small groups helps students feel they are receiving individual attention. If students do not stay on task, you may want to change groups or stay with that group for some time to redirect their discussion. If the task is not working, stop to clarify directions or abandon it. If the task has gone on a while and students seem to have lost interest, it is probably time to bring it to a close.

The decision to stop an activity depends on many issues. At times, you will want to end while students are still excited; other times, they may all need to finish. For groups that work quickly, have other activities on hand to assign as soon as they are done. This may include an additional activity in the book or on a handout, an elaboration of the work they have just completed, or a start on the assignment for the next day. It is necessary to be flexible. Some specialists suggest stopping when you hear the first English being spoken.

In order to hold students accountable for their work, time should be set aside for feedback after each activity. Students may perform their role play, display a product, or give a résumé of their work for the entire class. If a student recorder is used, she or he can report to the whole class. At times, asking one or two questions from the activity can be done as a check. Ur states, "In most cases a brief full class session is needed and some sort of rounding-off summary by the teacher."[3]

Many types of activities can be performed in small groups. The authors of the **BRAVO!** program

[1]See David Nunan, *The Learner-Centred Curriculum* (Cambridge: Cambridge University Press, 1988), pages 1–9; Diane W. Birckbichler and Kathryn A. Corl, "Perspectives on Proficiency: Teachers, Students, and the Materials That They Use," in *Reflecting on Proficiency from the Classroom Perspective,* edited by June K. Phillips, Northeast Conference Reports (Lincolnwood, Ill.: National Textbook Company, 1993), pages 55–86.

[2]Jennifer L. Knerr and Charles J. James, "Partner Work and Small-Group Work for Cooperative and Communicative Learning," in *Focus on the Foreign Language Learner: Priorities and Strategies,* edited by L. Strasheim (Lincolnwood, Ill.: National Textbook Company, 1991), pages 54–68.

[3]See Penny Ur, *Discussions That Work: Task-centred Fluency Practice* (London: Cambridge University Press, 1981), pages 12–24, for a thorough discussion of the factors of a good discussion.

have provided several types, among them role-play activities. Ur states that role-play activities "add a significant dimension to the 'standard' discussion."[1] In addition, the "limits of language use are enormously widened."[2] Students can show feelings of anger, sorrow, and joy; they can become grandparents, children, and authority figures; and they can practice language in formal and informal settings. For these reasons, role-play activities add much to the communicative classroom.

Other types of small-group activities include the following:

1. Drilling to stress the *Expressions typiques pour...,* *Mots et expressions utiles,* or *La grammaire à apprendre* structures (Structured communicative activities, where accuracy and communication are the goals, can be done in groups of three with one student acting as a monitor to provide corrective feedback.[3])
2. Practicing the *Conversations*
3. Asking and answering the *Observation et analyse/Réactions* questions
4. Working on Workbook or handout activities on the material in *La grammaire à réviser*
5. Working with the *Compréhension* section of the Lab Program or the *Activités vidéo*
6. Giving and taking dictation
7. Making plans for projects
8. Speaking with invited native speakers
9. Describing visuals or pictures
10. Correcting compositions (See "Focus on Process Writing and Peer Editing" in this guide.)
11. Writing a creative story
12. Doing the pre- and postreading activities from the *Intermède culturel* readings
13. Summarizing the *Intermède culturel* readings
14. Discussing characters or ideas in the readings
15. Doing the Web activities
16. Practicing for a test

Many of the activities in **BRAVO!** can be adapted to small-group work, even when not indicated as such in the book. Small-group activities provide the opportunity for students to interact in the classroom, an essential component of the communicative classroom.

Focus on Cooperative Learning

Because language is communication, or a "vehicle for the communicating of ideas, emotions, and experiences,"[4] the spirit of cooperation within a classroom needs to be developed. "In cooperative learning, all succeed because each has something unique to contribute to the enterprise...."[5]

"Almost any foreign language task that students normally do alone, in pairs, or in regular small groups is suitable for cooperative learning."[6] What is important, and what makes these activities different from other small-group activities, is the structure. The instruction focuses on positive interdependence and shared responsibility. Students work with each other rather than compete.

Bruschke and Archer-Kath give tips for beginning cooperative work. For example, they suggest giving one paper, book, or pencil to a group, and asking for one written product. This forces students to create a product that belongs to the entire group, rather than presenting a compilation of individually written pieces. Types of activities can include speaking in pairs but adding a third person to listen, comment, or ask questions; any role-play situation; group puzzles or group decision-making activities; activities that are based on visuals and that encourage divergent thinking; peer writing activities, such as filling out forms, doing puzzles, designing a questionnaire or responding to one; any pre- or postreading activity; any listening activity where students identify topics, sequence pictures, draw maps, take messages, or write down answers. In performing these activities, groups are to work together to come up with a single

---

[1]Ur, page 23.

[2]Ur, page 9.

[3]See Ken Fleak, "Moving Toward Accuracy: Using the Student Monitor Sheet with Communicative Activities," *Foreign Language Annals,* vol. 25, no. 2 (April 1992), pages 173–178, for a more thorough discussion of this technique.

[4]Wilga Rivers, *Communicating Naturally in a Second Language* (New York: Cambridge University Press, 1983), page 77.

[5]Rivers, *Communicating Naturally,* page 77.

[6]Dorothea Bruschke and Julie Archer-Kath, "Types of Learning and Major Interaction Patterns: Sociological Styles/Grouping Patterns," paper presented at the Central States Conference on the Teaching of Foreign Languages, Nashville, April 1989, handout, page 11.

product. To do this, they will need to convince the other members to accept their point of view and come to an agreement.

In order to control activities, expectations of what the group should accomplish need to be clear. Bruschke and Archer-Kath suggest the following: (1) have everyone contribute and help; (2) have everyone listen to others; (3) encourage everyone in the group to participate; (4) praise helpful actions or good ideas; (5) ask for help if you need it; (6) check to make sure everyone understands; (7) stay with your group; and (8) use quiet voices.[1]

Cooperative activities benefit from grouping students in a heterogeneous manner (1 strong; 1 not-so-strong; 1 in-between). Role assignments help to control the social process. The student who talks too much can become the recorder so that she or he does not dominate the conversation; a negative student can be made the praiser; the quiet student can serve as the leader; another student can be a checker.

Last of all, by having students reflect on the group process, the spirit of cooperation is stressed. Some questions to ask at the end of a cooperative learning activity are: What did your group do well in working together today? What could your group do better tomorrow? Such questions could also be asked of the individual or the whole class.[2]

The focus on social support, shared responsibility, and shared leadership promotes higher self-esteem, a richer second-language experience, and positive attitudes toward the language.[3]

Focus on Error Correction

When students are speaking in small groups, it is normal for them to make mistakes. Many instructors, however, are bothered by this lack of control over errors. Remember that part of the expectation for these small-group activities is that students will correct each other, or that, through practice, they will self-correct. As you circulate, you may wish to note errors and review them at a later time. If the mistakes are causing the small-group activity to deteriorate, you will want to give the correction hints immediately.

What is most important is the manner in which errors are corrected. If an instructor overcorrects or interrupts, students will lose concentration and lose the enjoyment of communicating. The authors believe, however, that some focus on accuracy is important, and some errors do need to be corrected.

For intermediate students, there are several criteria to apply before correcting. They are as follows: (1) Those errors that create a misunderstanding or lack of comprehension are especially important to correct. (2) A frequent error the entire class or an individual student is making should be corrected in order to help students move to a more accurate use of the language. (3) In addition, during activities that focus on a specific grammar point or structure, mistakes made in using that structure should be corrected to avoid confusion among students.[4]

There are several helpful correction techniques. First of all, rather than immediately giving the correct answer or interrupting, it is best to pause for three to seven seconds. During this time, many students are often able to correct their own errors. Students who correct themselves will remember the pattern for a longer time.

Other techniques for dealing with mistakes or misunderstandings can be presented with the help of an example. Imagine that you have just asked the question: **Qu'est-ce que vous ferez après avoir terminé vos cours aujourd'hui?** The possible reactions are:

1. *Blank stare.* There are times that students may not have heard the question. If this seems to be the case, repeat the question again. If you think that the student probably did not understand the question, rephrase it: **Qu'est-ce que vous allez faire après les cours aujourd'hui?**

   In both cases, do not embarrass the student; handle the situation in a positive, calm manner.

2. *Still no answer.* If the student still cannot answer, she or he may still not understand or simply may not know what she or he is going to do later in the day. One way to progress is to use yourself as a model: **Moi, je vais me reposer.** If you do not

---

[1]Bruschke and Archer-Kath, page 15.

[2]Bruschke and Archer-Kath, page 15.

[3]Bruschke and Archer-Kath, page 7.

[4]See Joel Walz, "Error Correction Techniques for the FL Classroom," *CAL Language in Education: Theory and Practice*, vol. 5, no. 50 (1982), pages 10–12, for a more thorough discussion.

want to continue working with this student because you fear embarrassment or loss of interest in the others, move to someone else: **Et vous, Marc?** or **Et vous, Marc, que ferez-vous après avoir terminé vos cours aujourd'hui?** If this student gives an answer, comment on it and move on. You may or may not want to go back to the first student questioned, depending on personal preferences or the personality of the particular student.

At times, you may realize that a student does not understand a key word. You can then provide hints by giving a gesture, by writing the key word on the board, or by providing a synonym.

3. *Incomprehensible answer.* At times a student may answer, but you do not understand what he or she said. Rather than asking the student to explain and perhaps causing an awkward situation, try to ask a question about the answer. For example, in answer to the demonstration question, a student may say: **J'irai au....** You can then ask why she or he is going there. For example: **Pourquoi est-ce que vous y allez?** Student: **Je dois gagner de l'argent.** Vous: **Où travaillez-vous?**

4. *Mistake in answer.* If the answer is understandable but contains an error, other options may apply. In response to **J'irai travail,** you can offer the clue: **Préposition?** Simply stating a one-word grammatical hint will help the students think about their mistakes and may aid them in providing the correct response.

One of the more useful techniques is to provide the correction in a comment. If you reply to **J'irai travail** with **Oh, vous irez au travail. Où travaillez-vous?,** the student hears the correct form and is often able to register the correction. This is done so that time is not wasted and so that the focus remains on the message.

The decision of which strategy to use depends, in part, on the student. Some students want to be corrected; others just want to talk. As previously mentioned, the type of activity being performed will determine the strategy as well. When communication is the goal, less correction should be made; when practice on a specific point is the aim, correction of that structure should take place. Many decisions will need to be made in a short time. With practice, teachers will make their choices more quickly and easily. The essential point is that correction is made with students remaining motivated to communicate and interact in the language.[1]

Focus on Process Writing and Peer Editing

This edition of **BRAVO!** has a strong focus on process writing. As is explained in the Introduction to this instructor's material, each activity of the *Dossier personnel* is a step toward writing a draft of a composition. Writing is an intellectual, dynamic process that is best broken down for students.[2] This is an approach to writing that was developed based on first-language composing procedures. Silva says: "Translated into the classroom context, this approach calls for providing a positive, encouraging, and collaborative workshop environment within which students, with ample time and minimal interference, can work through their composing processes."[3] In other words, composing means thinking.

The teacher plays the role of helping the student find viable topics, generating ideas and information, focusing, and planning structure and procedures. In addition, she/he will provide students the opportunity to write multiple drafts and then revise by adding, deleting, modifying, and rearranging ideas. Last of all, the teacher should suggest that students edit work on the level of vocabulary, sentence structure, grammar, and mechanics.[4] Teachers should note that in this process, the most important thing is the student; the composition or the product is almost secondary. Mention is also frequently made, in the various steps in **BRAVO!**, of the audience. Instructors will want to mention the importance of gearing writing to the reader.

[1]Joel Walz (previously cited) and Elizabeth Joiner, "Training Prospective Teachers in the Correction of Students' Errors," *French Review,* vol. 49, no. 2 (1975) provide thorough discussions of error correction techniques.

[2]Barbara Kroll, ed., *Second Language Writing: Research Insights for the Classroom* (Cambridge: Cambridge University Press, 1990), page 8.

[3]See Tony Silva, "Second Language Composition Instruction," in *Second Language Writing,* page 15.

[4]Silva, page 15.

When working on the *Révision finale,* you may wish to have students do peer editing. This is effective in the intermediate classroom and promotes a cooperative spirit. Most specialists agree that the best way to learn to write is to write often and that the more one reads, the better one writes. When students begin to write, it is easiest for them to write about themselves. This implies the use of journal writing, making lists, writing observations, etc. Sentence-embedding exercises can be useful to help students write complex sentences in which they link sentences with relative pronouns. As students advance, they can also practice writing description, narration, exposition, and argumentation. The *Dossier personnel* section leads students through these stages of writing and promotes group work in writing. Small groups can be used in several ways for composition work: students can assess their work, solve problems, and generate new ideas in a collaborative setting. Brainstorming is a useful activity that can be done in groups to create ideas before students begin a specific assignment. Other projects include writing appropriate topic sentences, expanding on a topic sentence, revising a paragraph, or writing an essay together. All students should be asked to work for the good of the others, reducing any competition that may exist. Much of what has been mentioned previously about small-group work and cooperative work applies to composition work in groups: students should have a clear idea of the goals and strategies to be used. They must be able to reach consensus and resolve conflicts. A short follow-up to the main task should be done when possible.

Groups are most effective for composition at the peer-proofreading or -editing stage. Using this technique, students become actively involved in the process of writing and are, in turn, more likely to remember the concepts they have used.[1] When doing this for the first time, use models on a transparency. As you go over the models in class, maintain a helpful, warm attitude to allay any fears the students may have.

Group editing can be done in several ways, but the most common steps are to:

1. *Read the writing carefully.* The student author may read his or her work, or the instructor may read it if the student wishes to remain anonymous. At the beginning, several students may wish to have their work read by someone else. As time progresses, however, most students will begin to read their own work.

2. *Give a summary.* The class makes a summary of the work and gives initial responses to it. The class questions new vocabulary or confusing syntax.

3. *Correct each sentence.* The writing is read sentence by sentence; grammar and syntax corrections are made. A key to evaluative comments is provided for students in *Appendice A.*

4. *Give other constructive comments.* Students look at other elements of prose style. They determine whether sentences are long enough or if vocabulary and syntax are repeated too often. Students comment on paragraphing, topic and summary sentences, descriptions, and transitions.

5. *Give an overall summary.* The class gives a general overview of whether the composition fulfills expectations and whether it accomplishes its goals.

You can do three or four compositions in one class hour if the entire class works together. If students work in twos, threes, or fours, all compositions can be done during the hour. Students should follow the five-step process in their groups. Before switching to small-group editing, it is helpful to do at least one session for the entire class in order to provide a model. Your role will be to circulate while students are working. You will find that, initially, students may speak in English. This could change by mid-year when they have developed more confidence in their speaking and writing skills.

Instructors will need to evaluate the compositions after peer revision. They should mark additional errors and comment on style and content. Because students need to know that grammar and vocabulary are not the only important elements, Gaudiani suggests giving two to four grades to cover the

[1]See Claire Gaudiani, "Teaching Writing in the Foreign Language Curriculum," *CAL Language in Education: Theory and Practice*, vol. 5, no. 43 (1981), for a complete discussion of the peer-editing process.

categories of grammar/vocabulary, style, content, and organization. In addition to the group correction, she suggests that students rewrite their compositions "an infinite number of times."[1]

The process of writing is important to the development of the students' language skills and intellectual development. Peer editing or small-group editing focuses on this process. Even if time is not available to use peer editing every week, all students will benefit from some exposure to it. The authors suggest that you provide as much time as possible for the entire writing process. See the list of references immediately following this section for more articles on this topic.

The following scales might be helpful for evaluating writing. These were adapted by the Ohio State University Foreign Language Center from the Columbus Public Schools' Writing Rubric.

[1]Gaudiani, page 22.

Evaluation of Writing

	Vocabulary	Grammar/Usage	Organization/Style	Communication of Ideas
5	Excellent and appropriate control and choice of vocabulary; variety of words used	Excellent control of grammar, spelling, and punctuation; very few errors	Sentence lengths and patterns varied; tone consistent; writing contains related ideas; writing follows logical plan with a clear sense of beginning and closure	Relevant and appropriate response to task, content communicated well; appropriate length
4	Good control and choice of vocabulary; moderate variety of words	Good control of grammar, spelling, and punctuation; some avoidable errors	Sentence lengths and patterns show some variety; tone is generally consistent; most ideas are related; writing usually follows a logical plan with some sense of beginning and closure	Generally good content, though topic may not be fully explored; appropriate length
3	Fair control and choice of vocabulary; minimal variety of words used	Fair control of grammar, spelling, and punctuation; many errors	Sentence lengths and/or patterns are seldom varied; tone is inconsistent or shows lack of involvement; ideas are often unrelated; writing often strays from a logical plan with a weak sense of beginning or lack of closure	Adequate content, though repetitious and simplistic; not long enough
2	Poor control and choice of vocabulary; definite lack of variety	Excessive grammar, spelling, and punctuation errors	Sentence lengths and patterns are repetitious; tone is lifeless and shows no involvement; writing follows no logical plan	Inadequate development of ideas and content; poor ability to communicate; brevity compromises message
1	Incomprehensible	Meaning blocked; text dominated by errors	No evidence of organization or style	No relevance to task; not enough to evaluate

Adapted from Columbus Public Schools' Writing Rubric by The Ohio State University Foreign Language Center

Teaching and Learning with Technology

Much is being written about the future of teaching and learning with technology. It is certain that education will change because of the impact of the global academic village, campus-wide fiber optic backbones, the Internet, electronic mail, the electronic classroom, distance learning, interactive multimedia, and language translation hardware and software. What is not clear is how much the various uses of technology will influence what happens daily in the classroom and whether students will learn better because of technology. As foreign language teachers, however, we must be willing to explore the latest information technologies and utilize the materials that are available to us. Some universities are, in fact, moving toward models of independent learning using computer-assisted instruction and the World Wide Web.

Recent reports show evidence that technology has an impact on student learning of culture and on students' oral and writing skills.[1] In the 1997 volume of the American Association of University Supervisors and Coordinators, instructors will find several articles on technology and learning. In that volume, Kern notes, for example, the importance of the three "social" uses of computer technology—synchronous conferencing, e-mail, and MOO (Multiple use domains Object Oriented) environments. MOOs allow students and faculty to converse in writing with single individuals or with groups. He points out how these techniques stimulate writing production while varying social roles and interaction for the teacher and the students.[2] In the same volume, Beauvois describes the effects of electronic communication on the oral achievement of fourth-semester French students. In her study, she found that the use of a local area network and a communication software module caused a significant difference in the oral skills development of students on three oral examinations.[3] Finally, Bernhardt and Kamil point out that technology is playing an important role in helping students get more information. At Stanford, the German Studies first-year program provides "a working knowledge of the broad historical outline of the history of the German-speaking peoples."[4] Along with reading assignments, students participate in discussions of each chapter on the World Wide Web. They are required to post a comment in English for each chapter. They are then asked to comment on each other's postings. Because the experience is in English, students can discuss at an intellectual level appropriate to their age and understanding.

The 1997 volume of the ACTFL Foreign Language Education Series also contains several articles on the use of technology in language learning, especially for reading, speaking, writing, and cultural learning and practice.[5]

Students of **BRAVO!** are provided with Internet activities from the Heinle & Heinle home page. As noted in the Introduction, these activities can be done outside the classroom or, if your institution has an electronic classroom, during class time. These oral and written activities are a means of personalizing instruction for the students and motivating them to practice French in a stimulating medium.

If possible, instructors using **BRAVO!** can develop a list-serv for their students that would provide the opportunity for them to carry on a conversation outside of the classroom. Chat rooms and other online activities are important means of stimulating language use.

Teaching Culture and Literature at the Intermediate Level

The intermediate language course plays an important role in the well-articulated language program.[6] Students sometimes perceive intermediate material as

---

[1]See articles in the 1997 volume of the American Association of University Supervisors and Coordinators entitled *New Ways of Learning and Teaching: Focus on Technology and Foreign Language Education,* edited by Judith A. Muyskens (Boston: Heinle & Heinle, 1997).

[2]Richard G. Kern, "Technology, Social Interaction, and Foreign Language Literacy," in *New Ways of Learning and Teaching,* pp. 57–92.

[3]Margaret Healy Beauvois, "Write to Speak: The Effects of Electronic Communication on the Oral Achievement of Fourth-Semester French Students," in *New Ways of Learning and Teaching,* pp. 93–115.

[4]Elizabeth Bernhardt and Michael Kamil, "Enhancing Foreign Culture Learning Through Electronic Discussion," in *New Ways of Learning and Teaching,* pp. 39–55.

[5]See Michael D. Bush, editor, *Technology-Enhanced Language Learning* (Lincolnwood, Ill.: National Textbook Company, 1997).

[6]See Linda L. Harlow and Judith A. Muyskens, "Priorities for Intermediate-Level Language Instruction," *Modern Language Journal,* 78, ii (1994), pages 141–154.

too difficult. The instructor, on the other hand, has as a primary goal to prepare students for the next levels of study, which often include the study of "big C" culture (civilization, history, art, etc.) and literature. **BRAVO!** strives, through its carefully chosen *Intermède culturel* passages, to help students in this transition. Because the study of culture and literature is often not a priority for students, it is important that faculty plan carefully how to present and work with these materials.[1] A review of the literature will reveal to instructors many helpful approaches to culture and literature.

Galloway, in her article entitled "Toward a Cultural Reading of Authentic Texts," describes cultures as "powerful human creations, affording their members a shared identity, a cohesive framework for selecting, constructing, and interpreting perceptions, and for assigning value and meaning in consistent fashion." She describes the possibilities of intellectual growth through the resolution of cultural conflict.

Her four levels of cultural awareness are as follows: (1) superficial stereotypes, (2) significant and subtle contrasts I (through cultural conflicts), (3) significant and subtle contrasts II (through intellectual analysis), and (4) awareness as insider. She provides several helpful task formats for thinking, looking, learning, and integrating that would expand any instructor's repertoire for the teaching of authentic texts in the second language, whether the texts are cultural or literary. The authors encourage instructors to read this very informative article.[2]

Conclusion

The authors believe that if instructors focus on the topics discussed, an atmosphere of communication and sharing can be established. Students will leave the class with a feeling of accomplishment. They will be pleased with the development of their language skills in continuing with the language.

---

[1] Harlow and Muyskens, page 146.

[2] See Vicki Galloway, "Toward a Cultural Reading of Authentic Texts," in *Languages for a Multicultural World in Transition,* edited by Heidi Byrnes (Lincolnwood, Ill.: National Textbook Company, 1992), pages 87–121.

▶ References

Armstrong, Kimberly M. and Cindy Yetter-Vassot. "Transforming Teaching through Technology." *Foreign Language Annals,* vol. 27 (1994), pages 475–486.

Banner, James M., Jr., and Harold C. Cannon. *The Elements of Teaching.* New Haven: Yale University Press, 1997.

Barnett, Marva. "Writing as Process." *French Review,* vol. 63 (1989), pages 31–44.

Bartz, Walter H. "Testing Communicative Competence." In *Teaching for Communication in the Foreign Language Classroom,* edited by R. Schulz. Lincolnwood, Ill.: National Textbook Company, 1976.

Beauvois, Margaret Healy. "Write to Speak: The Effects of Electronic Communication on the Oral Achievement of Fourth-Semester French Students." In *New Ways of Learning and Teaching: Focus on Technology and Foreign Language Education,* edited by Judith A. Muyskens. Boston: Heinle & Heinle, 1997, pages 93–115.

Bernhardt, Elizabeth and Michael Kamil. "Enhancing Foreign Culture Learning through Electronic Discussion." In *New Ways of Learning and Teaching: Focus on Technology and Foreign Language Education,* edited by Judith A. Muyskens. Boston: Heinle & Heinle, 1997, pages 39–55.

Birckbichler, Diane W. and Kathryn A. Corl. "Perspectives on Proficiency: Teachers, Students, and the Materials That They Use." In *Reflecting on Proficiency from the Classroom Perspective,* edited by June K. Phillips. Northeast Conference Reports. Lincolnwood, Ill.: National Textbook Company, 1993, pages 55–86.

Brumfit, Christopher and Keith Johnson, ed. *The Communicative Approach to Language Teaching.* Oxford: Oxford University Press, 1979.

Bruschke, Dorothea and Julie Archer-Kath. "Types of Learning and Major Interaction Patterns: Sociological Styles/Grouping Patterns." Paper presented at the Central States Conference on the Teaching of Foreign Languages. Nashville, April 1989.

Bush, Michael D., ed. *Technology-Enhanced Language Learning.* Lincolnwood, Ill.: National Textbook Company, 1997.

Campbell, Christine. "Motivating Unenthusiastic Foreign Language Students: Meeting the Challenge." In *Creative Approaches in Foreign Language Teaching,* edited by W. Hatfield. Lincolnwood, Ill.: National Textbook Company, 1992, pages 81–91.

Canale, Michael and Merrill Swain. *Communicative Approaches to Second Language Teaching and Testing.* Toronto: Ontario Ministry of Education, 1979.

Cohen, Andrew D. *Assessing Language Ability in the Classroom,* Second Edition. Boston: Heinle & Heinle, 1994.

Danesi, Marcel and Anthony Mollica. "From Right to Left: A 'Bimodal' Perspective of Language Teaching." *Canadian Modern Language Review,* vol. 45 (1988), pages 76–90.

Debeyser, Robert M. "The Effect of Error Correction on L2 Grammar Knowledge and Oral Proficiency." *Modern Language Journal,* vol. 77 (1993), pages 501–514.

Farrar, Elizabeth and Linda Morrison. "The Collaborative Articulation and Assessment Project: Calibration Session." Paper presented at the Central States Conference on the Teaching of Foreign Languages, Columbus, Ohio, April 1997.

Finocchiaro, Mary and Christopher Brumfit. *The Functional-Notional Approach: From Theory to Practice.* New York: Oxford University Press, 1983. (See especially Chapter 9, "Evaluation," pages 185–206.)

Fleak, Ken. "Moving Toward Accuracy: Using the Student Monitor Sheet with Communicative Activities." *Foreign Language Annals,* vol. 25, no. 2 (April 1992), pages 173–178.

Frommer, Judith G. and Wayne Ishikawa. "Alors... euh... on parle français?" *French Review,* vol. 53, no. 4 (March 1980), pages 501–506.

Galloway, Vicki. "Toward a Cultural Reading of Authentic Texts." In *Languages for a Multicultural*

World in Transition, edited by Heidi Byrnes. Lincolnwood, Ill.: National Textbook Company, 1992, pages 87–121.

Gaudiani, Claire. "Teaching Writing in the Foreign Language Curriculum." *CAL Language in Education: Theory and Practice,* vol. 5, no. 43 (1981).

Gonzalez Pino, Barbara. "Prochievement Test of Speaking." *Foreign Language Annals,* vol. 22, no. 5 (1989), pages 487–496.

Harlow, Linda and Rosario Caminero. "Oral Testing of Beginning Language Students at Large Universities: Is It Worth the Trouble?" *Foreign Language Annals,* vol. 23, no. 6 (December 1990), pages 489–501.

Harlow, Linda and Judith A. Muyskens. "Priorities for Intermediate-Level Language Instruction." *Modern Language Journal,* vol. 78, number ii (1994), pages 141–154.

Higgs, Theodore V. and Ray Clifford. "The Push Toward Communication." In *Curriculum, Competence, and the Foreign Language Teacher.* ACTFL Foreign Language Series, vol. 13. Lincolnwood, Ill.: National Textbook Company, 1982, pages 57–79.

Joiner, Elizabeth. "Training Prospective Teachers in the Correction of Students' Errors." *French Review,* vol. 49, no. 2 (1975).

Joiner, Elizabeth G. and Patricia B. Westphal. *Developing Communication Skills.* Rowley, Mass.: Newbury House, 1978.

Kern, Richard G. "Technology, Social Interaction, and Foreign Language Literacy." In *New Ways of Learning and Teaching: Focus on Technology and Foreign Language Education,* edited by Judith A. Muyskens. Boston: Heinle & Heinle, 1997, pages 57–92.

Knerr, Jennifer and Charles J. James. "Partner Work and Small-Group Work for Cooperative and Communicative Learning." In *Focus on the Foreign Language Learner: Priorities and Strategies,* edited by L. Strasheim. Lincolnwood, Ill.: National Textbook Company, 1991, pages 54–68.

Kroll, Barbara, ed. *Second Language Writing: Research Insights for the Classroom.* Cambridge: Cambridge University Press, 1990.

Linder, Cathy. *Oral Communication Testing: A Handbook for the Foreign Language Teacher.* Lincolnwood, Ill.: National Textbook Company, 1977.

Magnan, Sally. "Teaching and Testing Proficiency in Writing: Skills to Transcend the Second-Language Classroom." In *Proficiency, Curriculum, Articulation: The Ties That Bind,* edited by A.C. Omaggio. Middlebury, Vermont: Reports of the Northeast Conference on the Teaching of Foreign Languages, 1985.

Mueller, Marlies. "Interactive Testing: Time to Be a Test Pilot." In *Interactive Language Teaching,* edited by Wilga M. Rivers. Cambridge: Cambridge University Press, 1987, pages 124–138.

Nunan, David. *The Learner-Centred Curriculum.* Cambridge: Cambridge University Press, 1988.

Omaggio Hadley, Alice C. *Teaching Language in Context,* Second Edition. Boston: Heinle & Heinle, 1993. (See especially Chapter 9, "Classroom Testing," pages 412–480.)

Rivers, Wilga. *Communicating Naturally in a Second Language.* New York: Cambridge University Press, 1983.

Rivers, Wilga. *Speaking in Many Tongues.* New York: Cambridge University Press, 1983.

Rivers, Wilga. *Teaching French: A Practical Guide,* Second Edition. Lincolnwood, Ill.: National Textbook Company, 1988. (See especially Chapter 10, "Testing and Assessment," pages 313–339.)

Silva, Tony. "Second Language Composition Instruction." In *Second Language Writing: Research Insights for the Classroom,* edited by Barbara Kroll. Cambridge: Cambridge University Press, 1990, page 15.

Underhill, Nic. *Testing Spoken Language: A Handbook of Oral Testing Techniques.* Cambridge: Cambridge University Press, 1987.

Ur, Penny. *Discussions That Work: Task-centred Fluency Practice.* London: Cambridge University Press, 1981.

Walz, Joel. "Error Correction Techniques for the FL Classroom." *CAL Language in Education: Theory and Practice,* vol. 5, no. 5 (1982).

Zamel, Vivian. "The Composing Processes of Advanced ESL Students: Six Case Studies." *TESOL Quarterly,* vol. 17, no. 2 (1983), pages 165–187.

THIRD EDITION

Bravo!

Communication, Grammaire, Culture et Littérature

Judith A. Muyskens
University of Cincinnati

Linda L. Harlow
The Ohio State University

Michèle Vialet
University of Cincinnati

Jean-François Brière
State University of New York at Albany

HH Heinle & Heinle Publishers
Boston, Massachusetts 02116 U.S.A.

• Boston • Albany • Bonn • Cincinnati • Detroit • Madrid • Melbourne • Mexico City •
• New York • Paris • San Francisco • Singapore • Tokyo • Toronto • Washington •

I(T)P® A division of International Thomson Publishing, Inc.
The ITP logo is a trademark under license.

The publication of **BRAVO!**, Third Edition, was directed by the members of the Heinle & Heinle College Foreign Language Publishing Team:

Editorial Director: Wendy Nelson
Market Development Director: Tracie Edwards
Production Services Coordinator: Gabrielle B. McDonald
Developmental Editor: Amy Baron

Also participating in the publication of this program were:

Publisher: Vincent P. Duggan
Project Managers: Kris Swanson and Anita Raducanu
Compositor: Prepress, Inc.
Photo/Video Specialist: Jonathan Stark
Associate Editor: Beatrix Mellauner
Production Assistant: Lisa LaFortune
Manufacturing Coordinator: Wendy Kilborn
Photo Coordinator: Lisa LaFortune
Illustrator: Anne Carter
Interior Designer: Circa 86
Cover Illustration: *L'Estaque*, 1905 by André Derain, Giraudon/Art Resource, NY
Cover Designer: Circa 86

Library of Congress Cataloging-in-Publication Data
Bravo! / Judith A. Muyskens ... [et. al.]. —3rd ed. Student text.
    p.   cm.
  ISBN 0-8384-7988-X
   1. French language—Textbooks for foreign speakers—English.
 I. Muyskens, Judith A.
PC2129.E5M86 1997   97-49675
448.2'421—dc21   CIP

Manufactured in the United States of America

ISBN: 0-8384-7988-X (Student's Edition)
ISBN: 0-8384-8172-8 (Instructor's Annotated Edition)

10 9 8 7 6 5 4 3 2 1

Sommaire

Table des matières

Heureux de faire votre connaissance

Thème: *Le voyage*

Expressions typiques pour...	Mots et expressions utiles	Liens culturels
	Saluer, Présenter quelqu'un, Se présenter, Prendre congé	Saluer/Prendre congé	Arrivées et départs
	Discuter	Les voyages, La conversation	La vie privée/la vie publique
	Demander à quelqu'un de faire quelque chose, Proposer de l'aide, Accepter une offre d'aide, Refuser une offre d'aide	L'argent, Rendre un service, Le voyage	Demander un service

Je t'invite...

Thèmes: *L'invitation, L'université, La nourriture et les boissons*

Expressions typiques pour...	Mots et expressions utiles	Liens culturels
	Inviter: Accepter l'invitation, Refuser l'invitation	L'invitation, Qui?, Quand?, Où?	Les sorties entre copains
	Offrir à boire ou à manger, Accepter, Refuser, Resservir	La nourriture et les boissons, Au repas	Les repas en France
	Poser des questions et répondre	L'enseignement	Le bac

La grammaire à réviser L'adjectif possessif, L'adjectif qualificatif, Les verbes pronominaux

**La grammaire
à apprendre**

C'est vs il/elle est, Les
pronoms possessifs

 Practice describing
people, places, and things

Préparation

Synthèse

 Activités vidéo

 Révision finale:
Focus on the tone

**Intermède
culturel**

Culture: Allons, enfants de la
patrie: la Révolution française
de 1789

Littérature: *Je t'épouse* par
Mariama Bâ

L'adjectif qualificatif,
La position des adjectifs

Premier brouillon

Les verbes pronominaux

Deuxième brouillon

La grammaire à réviser Le passé composé, L'imparfait, Le plus-que-parfait

**La grammaire
à apprendre**

Le passé composé

 Write a personal
narrative

Préparation

Synthèse

 Activités vidéo

 Révision finale:
Focus on unity
within paragraphs

**Intermède
culturel**

Culture: Les châteaux

Littérature: *La Fanette* par
Jacques Brel

L'emploi de l'imparfait, L'emploi du passé composé, Comparaison entre l'imparfait et le
passé composé

Premier brouillon

L'emploi du plus-que-parfait

Deuxième brouillon

Thèmes: *Les médias (la presse, la télévision, la radio)*

Thèmes: *Les actualités, Les arts*

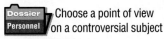

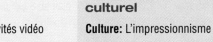

La grammaire à réviser Le futur

La grammaire à apprendre

 Write a formal business letter

		Synthèse	Intermède culturel
L'usage du futur, Le futur antérieur	Préparation	Activités vidéo	**Culture:** L'économie en France
		Révision finale: Focus on the unity of the whole letter	**Littérature:** *Knock* par Jules Romains
Les phrases conditionnelles	Premier brouillon		
Le subjonctif après les conjonctions	Deuxième brouillon		

La grammaire à réviser L'expression négative de base: **ne… pas**, Les pronoms relatifs: **qui** et **que**

La grammaire à apprendre

 Write a fictional narrative: fairy tale, science fiction, or suspense

		Synthèse	Intermède culturel
La négation	Préparation	Activités vidéo	**Culture:** La vie à Château d'Yquem n'est jamais facile
		Révision finale: Focus on creating the right impression	**Littérature:** *Une Vie de boy* par Ferdinand Oyono
Prépositions exigées par certains verbes, Les prépositions et les noms géographiques	Premier brouillon		
Les pronoms relatifs	Deuxième brouillon		

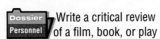

▶ Preface

Introduction

The Third Edition of **BRAVO! Communication, Grammaire, Culture et Littérature** is an intermediate program created to provide students with the opportunity to *use* their language skills in a highly functional way and to bridge the gap between intermediate and upper division work. It is different from other comprehensive intermediate programs in a variety of ways. Special features include:

- organization of chapter materials around high-frequency functions of language;
- expressions, vocabulary, and grammar selected according to what is needed to carry out each organizing function of language;
- division of chapter content into three **leçons**, with built-in lesson planning and culminating activities for each **leçon**;
- contextualized activities that relate to real-life situations;
- a focus on culture (photographs, authentic documents, and *Liens culturels* readings develop cultural insights and provide information on the practical, everyday culture of the French-speaking world; *Intermède culturel* readings provide information on the civilization of France and francophone countries, e.g., historical events, art, architecture, societal institutions);
- Web-based Internet activities related to chapter functions and themes that explore up-to-the-minute culture through task-based format;
- a new video that builds both listening comprehension and cultural competence;
- a literary reading with corresponding *avant* and *après la lecture* activities to develop further skills in reading comprehension and literary analysis;
- a process-oriented writing component, *Dossier personnel,* that enables students to expand their writing skills in an organized fashion;
- a *Compréhension* section in the Lab Program consisting of authentic recordings, such as radio ads, interviews, weather and news reports, that are intended to stretch students' listening skills;
- a video component at the end of each chapter to enhance listening comprehension skills through thematically related authentic video segments;

Philosophy and Approach

The approach used in developing **BRAVO! Communication, Grammaire, Culture et Littérature** originally came from a desire on the part of the authors to make intermediate-level study of French an opportunity for the learner to actively use the language rather than spend time reviewing the entire grammatical system. The following beliefs guided their writing:

- **The goal of functional use of language is aided by an organization centered around the different communicative uses to which language can be put.** Thus, functions of language, such as expressing opinions, persuading, and apologizing, are the point of departure for each chapter.
- **Language is not used in a vacuum.** The settings, social roles, and topics likely to be needed most when performing given language functions are presented and practiced to allow students to become aware of language use in different sociocultural contexts.
- **Students come to an intermediate class with widely divergent skills and knowledge of French.** Because of this, instructors often spend time in class reviewing *everything,* even when this goes beyond the individual needs of students. By means of the separate review grammar section *La grammaire à réviser,* comprised of simple grammar points that students are expected to have mastered by the end of the beginning-level courses, students will be able to review prerequisite grammar at home, spending as much time as needed. Instructors can then use class time for practicing new material. The result is a more productive, motivating experience for learners and instructors alike.
- **Exploration of the French culture, begun in most first-year books, should be continued at the intermediate level as well.** Thus, culture plays an important role in **BRAVO!** A *Liens culturels* section is included in each **leçon,** and every chapter concludes with an *Intermède culturel.* Authentic documents with interactive questions are frequent throughout chapters and illustrate various aspects of culture.
- **A distinction should be made between language for productive and receptive use.** Material on the

video and in the *Compréhension* section of the Lab Program, and some WWW sources were produced for native speaker audiences. Thus, it is understood that students will not need to produce everything that they hear on the tape. Rather, the accompanying activities in the Workbook guide students to listen for specific purposes and, thus, give them practice in using context to extract the essential information without understanding every word.

- **A cyclical approach to language learning rather than a linear organization provides a built-in review across chapters.** In BRAVO! Communication, Grammaire, Culture et Littérature, Third Edition, important language functions, themes, and structures are recycled throughout the program.

- **Learning to write well is a process not learned overnight.** Writing multiple drafts of a paper following a step-by-step approach produces better writing skills than simply writing one product for the instructor. Thus students are directed to complete drafts of their papers at least four times during every chapter, incorporating new strategies and techniques each time.

Major Changes in the Third Edition

The authors collected reactions to the Second Edition from instructors and students who have used the book. Based on this input and on their own experience and insights, they decided to make the following changes:

- The **BRAVO!** package has been reconfigured and now combines communication, grammar, culture, and literature in a one-book format.

- Each *Conversation* has been shortened substantially and updated in order to make it more useful in class and more focused on upcoming functions, structures, and themes.

- Lists of *Expressions typiques pour...* and *Mots et expressions utiles* have been shortened to make their study more manageable. The *Divers* section is now included in each **leçon** in addition to the end list to make it more noticeable.

- The distinction between review grammar and chapter grammar has been made clearer with the use of new titles: *La grammaire à réviser* and *La grammaire à apprendre*.

- The *Liens culturels* readings have been updated and new ones added, so that there is now one in every **leçon**.

- A *Dossier personnel* has been added to each **leçon**. By means of this process-approach to writing, students have multiple opportunities to build and refine their writing skills to help bridge the gap between second and third year level language, literature, and culture courses.

- **Système-D** indicators are placed throughout the book to guide students with access to this program in their use of it.

- An *Activités vidéo* section has been added to the *Synthèse* to enable students to practice listening skills with authentic video segments.

- An *Activités Internet* section links World Wide Web resources to oral and written activities coordinated with chapter material.

- *Intermède culturel* sections provide a longer reading in French culture, focusing on such topics as art, history, architecture, and society, and literary reading (continued from the former **BRAVO! Culture et Littérature** reader, based on strong user feedback) to develop students' analytical and context skills.

- The Student Activity Tape from previous editions has been combined with the Audio Tape Program and titled *Compréhension*. To simplify the number of components in the **BRAVO!** program, students now do the entire Audio Tape Program at once.

- Teacher annotations provide additional information and teaching tips.

Chapter Organization

BRAVO! Communication, Grammaire, Culture et Littérature, Third Edition, is composed of ten chapters whose format is presented below:

List of objectives   Each chapter begins with a list of specific instructional objectives—the functions of language, the grammar, the cultural topics, and the themes—for each of the three lessons in the chapter.

La grammaire à réviser   Grammatical structures that students should review before beginning the chapter are presented in this section. Brief presentations of the grammar topics are given in English. Charts and examples are also used to aid students in quick review. For students needing extra review, exercises are provided in the Workbook/Lab Manual.

Conversation   Each dialogue is preceded by the *Premières impressions* section that provides practice in skimming and scanning for information. The conversation in each of the three **leçons** illustrates the functions, vocabulary, cultural focus, and grammatical principles within each **leçon.** The three conversations often form a unit or story within the chapter. New vocabulary words are glossed in the margin to provide for immediate understanding of the dialogue.

The *Observation et analyse* questions check comprehension of the *Conversation* by asking for information and inferences. In addition, the *Réactions* questions invite students to provide their personal thoughts on the topics discussed during the conversation.

Expressions typiques pour... and Mots et expressions utiles

The *Expressions typiques pour...* section contains commonly used expressions and vocabulary needed to communicate a particular speech act or function, or a group of related functions. Language for both formal and informal styles of expression is presented.

The *Mots et expressions utiles* section provides thematic vocabulary related to the functions and/or the chapter theme(s). These words are to be learned for active use. A paragraph or dialogue, called *Mise en pratique,* follows the vocabulary section to provide a context for use of the words.

An *Activités* section provides practice using these expressions by asking students to create conversations in different contexts or by identifying contexts for the expressions. All formats are contextualized and communicative.

La grammaire à apprendre

Grammar principles directly related to the functions appear in each **leçon.** They are presented in English to maximize understanding by the student. Examples are translated into English when necessary.

The *Activités* to practice the grammatical concepts proceed from structured to more open ended. They attempt to simulate natural conversation. Many of these activities are adapted from authentic texts. Small-group activities provide students with additional practice.

Liens culturels and authentic material

Each **leçon** contains realia and a *Liens culturels* section, which have been chosen for their cultural significance and their relation to the function being taught. The cultural information is practical and up-to-date, providing abundant demographic information. It gives students insights about French speakers and contemporary French society. These sections are accompanied by questions or statements to develop cultural insights or cross-cultural comparisons.

Interactions

The *Interactions* section at the end of each **leçon** contains role-play activities. These interactions are designed to promote real language use in interesting contexts. Many of these situations are comparable to those used in the ACTFL Oral Proficiency Interview for intermediate learners. These activities encourage use of the functional expressions and vocabulary, grammar, and culture of the **leçon.**

Dossier personnel

Each writing activity constitutes an additional step in the student's portfolio of personal writing. In the *Préparation,* students are directed to write a specific type of paper (e.g., personal narrative, description, argumentative) and are given a choice of topics relating to chapter material. A brainstorming activity involving vocabulary and sometimes arguments or points of view is then presented, along with directions to share ideas with a classmate. In the *Premier brouillon,* students are taken step-by-step through the process of writing a first draft. In the *Deuxième brouillon,* additional hints and suggestions are given for the writing of the second draft (e.g., incorporate more detail, add examples). New *Expressions utiles* that would make the type of paper stronger are provided for students to incorporate as they wish. The *Révision finale* section asks students to reread the paper, making changes to reflect still other suggestions. They are then directed to have two classmates peer edit the paper, using symbols to indicate grammar errors. Students are asked to check for spelling, punctuation, and the specific grammar points studied in the chapter, and then are told to prepare their final version.

Synthèse

The end-of-chapter activities are combined in the *Synthèse* section, which, as the name implies, is provided to enable students to synthesize all functions, vocabulary, and grammatical topics introduced throughout the chapter. These listening, viewing, oral, and written tasks serve as culminating activities so that any material that may have been originally memorized will be used in a meaningful and functional way by the end of the chapter.

End Matter

The following appendices and indexes are included in **BRAVO! Communication, Grammaire, Culture et Littérature,** Third Edition:

Appendice A: Evaluation des compositions
Appendice B: Vocabulaire
Appendice C: Expressions supplémentaires
Appendice D: Les temps littéraires
Appendice E: Les verbes

Lexique français-anglais

Indice A: Expressions typiques pour...

Indice B: Mots et expressions utiles

Indice C: Grammaire

Appendice A provides a list of grammar codes for students to use during peer editing sessions. *Appendice B* is a complete list of the active French vocabulary for each chapter. The authors have chosen to provide supplementary expressions such as dates, months, numbers, weather expressions, seasons, and telephone expressions in *Appendice C*. Instructors may wish to refer students to this section or may use it actively in class at some point. Indexes of functional expressions, thematic vocabulary, and grammar conclude the main text of the BRAVO! program.

Other BRAVO! Components

BRAVO! is used in conjunction with several ancillary components. Together they comprise a comprehensive, integrated learning system.

- BRAVO! **Cahier d'exercices et Manuel de laboratoire,** Third Edition, by Jan Solberg, Linda Harlow, and Judith Muyskens contains the following sections for each chapter:
  —*Exercices écrits*
  —*Exercices de laboratoire*
  —*Compréhénsion*

Written exercises practice the *La grammaire à reviser* grammar and the grammar of the three **leçons.** There are a variety of writing formats coordinated with the themes and functions of the chapter. All activities are contextualized and some are based on realia. An answer key for the *La grammaire à reviser* activities and the *Exercices écrits* is provided at the back of the Workbook/Lab Manual to aid students in their individual study.

The Audio Tape Program provides listening practice of the introductory *Conversation* of each **leçon** in the student text and a review of phonetics. The sounds featured in the phonetics section are those that are most difficult for learners of French and which, therefore, require the most practice. Oral and listening practice of each of the main grammar topics of the **leçons** is provided on tape, as well as a dictation passage to synthesize functions, vocabulary, and grammar of the chapter. The *Compréhension* section consists of authentic listening materials to enable students to have access to French in natural contexts. These include interviews, conversations, radio commercials, weather and news reports, and train and airport announcements. The *Exercices de laboratoire* and *Compréhension* are accompanied by worksheets in the Workbook/Lab Manual.

- A Videotape of authentic materials shot live in France, Quebec, and Guadeloupe is available for use with each chapter and is accompanied by the *Activités vidéo* in the *Synthèse* of the main text.
- A Tapescript of the entire Audio Tape Program is also available. At the end of the Tapescript, an answer key to the *Exercices de laboratoire* activities, the *Compréhension* activities, and the *Activités vidéo* is provided.
- An Instructor's Tape provides the *Conversations* recordings separate from the rest of the Audio Tape Program for convenient use in class.
- An Instructor's Annotated Edition that gives hints for teaching and lesson planning as well as supplementary activities is also provided.
- A Testing Program by David E. Aldstadt, Jr., Linda Harlow, and Judith Muyskens is available, which includes two test versions per chapter and three comprehensive examinations.

▶ Acknowledgments

The publishers and authors would again like to thank those professional friends who participated in reviewing the manuscript.

Richard Anderson, *Hartnell College*

Helene Collins, *University of Washington*

Martine Debaisieux, *University of Wisconsin, Madison*

Jacqueline Edwards, *Spelman College*

Linda Emanuel, *Lock Haven University*

Marie Fossier, *Marquette University*

Betty Guthrie, *University of California, Irvine*

Sue Henrickson, *Arizona State University*

Ann Kelly, *Emory University*

Cheryl Krueger, *University of Virginia*

Leona Leblanc, *Florida State University*

Laurel Mayo, *University of Texas, Arlington*

Jeff Morgenstein, *Hudson High School*

Judy Redenbaugh, *Costa Mesa High School*

Deborah Roe, *Penn Hills High School*

Lauren Schryver, *Castilleja School*

Stuart Smith, *Austin Community College*

Marie-Agnes Sourieau, *Fairfield University*

Marie-Noelle Werner, *University of Wisconsin, Milwaukee*

Michelle Wright, *University of Miami*

Marion Yudow, *Rutgers University*

Many other individuals deserve our thanks for their support and help. Among them are: the teachers and students at Ohio State University and the University of Cincinnati for their many suggestions; especially Cecilia Linehan for her invaluable assistance with some of the cultural readings; Nicole Dicop-Hineline, whose careful reading assured the text's linguistic and cultural accuracy; Camilla Ayers for her work on the index; Catherine White for her work on the end vocabulary and text permissions; Kris Swanson and Anita Raducanu for their guidance during the stages of production; Gabrielle McDonald for her coordination of the production; Wendy Nelson and the marketing staff at Heinle & Heinle for their support; Amy Baron for her perceptive suggestions and help in all facets of the project; Stan Galek for providing the initial inspiration; and most of all to our spouses, John Herraghty, Joe Harlow, Mel Cohen, and Eloise Brière, for the encouragement and support that kept us going to the end.

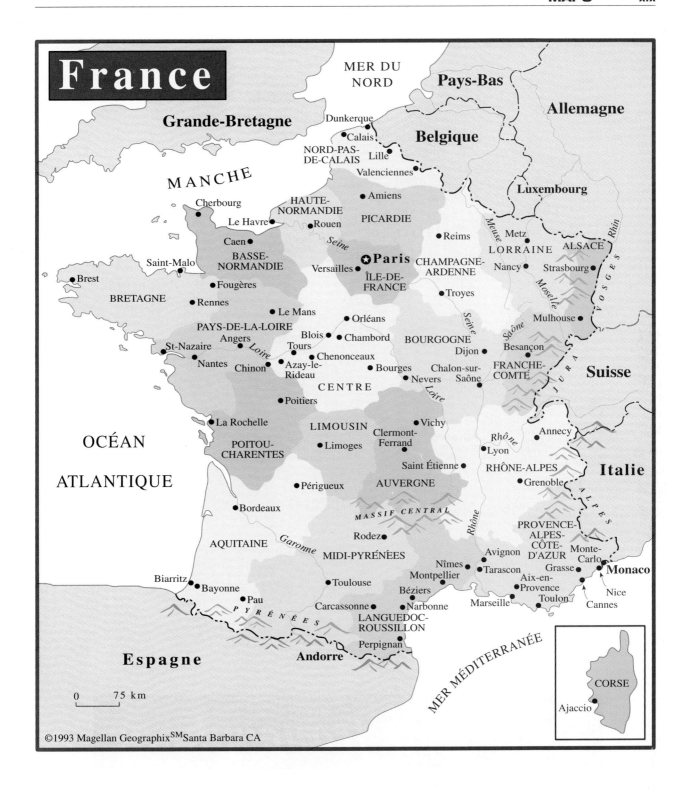

France

Grande-Bretagne

MER DU NORD

Pays-Bas

Allemagne

MANCHE

Dunkerque

Calais

Belgique

NORD-PAS-DE-CALAIS

Lille

Valenciennes

Luxembourg

Amiens

Cherbourg

HAUTE-NORMANDIE

PICARDIE

Le Havre

Rouen

Reims

Metz

Caen

Seine

LORRAINE

ALSACE

Saint-Malo

BASSE-NORMANDIE

★ Paris

Versailles

ÎLE-DE-FRANCE

CHAMPAGNE-ARDENNE

Nancy

Strasbourg

Meuse

Rhin

V O S G E S

Brest

Fougères

Troyes

Moselle

BRETAGNE

Rennes

Mulhouse

Le Mans

Orléans

Seine

PAYS-DE-LA-LOIRE

Blois

Chambord

BOURGOGNE

Dijon

Besançon

Saône

J U R A

St-Nazaire

Angers

Tours

Loire

Chenonceaux

Chalon-sur-Saône

FRANCHE-COMTÉ

Suisse

Nantes

Chinon

Azay-le-Rideau

Bourges

Nevers

CENTRE

Loire

Poitiers

Vichy

Annecy

La Rochelle

LIMOUSIN

Clermont-Ferrand

Rhône

OCÉAN

POITOU-CHARENTES

Limoges

Lyon

ATLANTIQUE

RHÔNE-ALPES

Italie

Saint Étienne

Grenoble

Périgueux

AUVERGNE

Bordeaux

MASSIF CENTRAL

Rhône

PROVENCE-ALPES-CÔTE-D'AZUR

A L P E S

Monte-Carlo

AQUITAINE

Garonne

Rodez

MIDI-PYRÉNÉES

Avignon

Grasse

Monaco

Biarritz

Bayonne

Nîmes

Tarascon

Aix-en-Provence

Nice

Pau

Toulouse

Montpellier

Béziers

Toulon

Cannes

PYRÉNÉES

Carcassonne

Narbonne

Marseille

Espagne

LANGUEDOC-ROUSSILLON

Perpignan

Andorre

MER MÉDITERRANÉE

0   75 km

CORSE

Ajaccio

©1993 Magellan Geographix^SM Santa Barbara CA

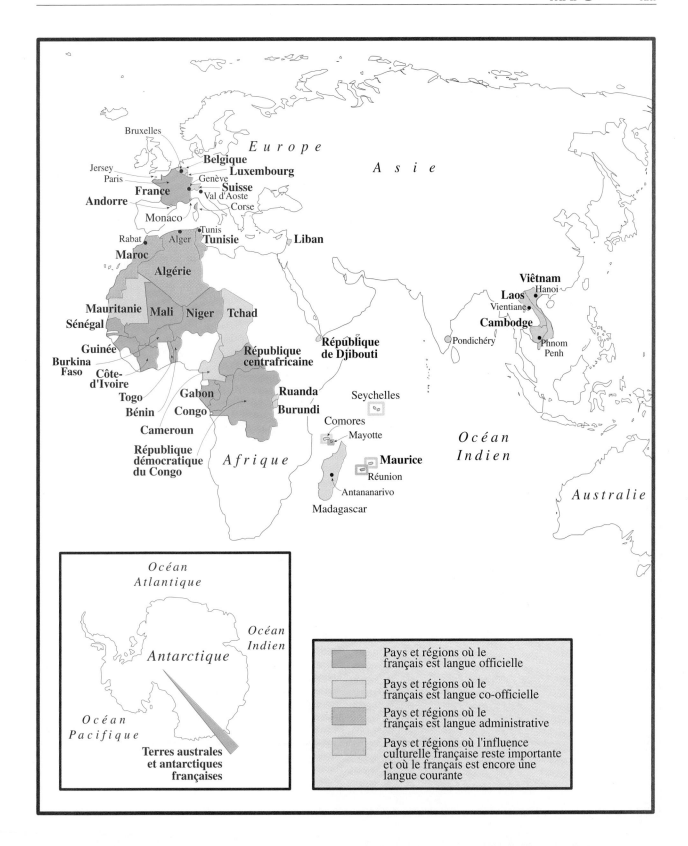

Bruxelles
Europe
Belgique
Luxembourg
Jersey
Paris
Genève
France
Suisse
Asie
Val d'Aoste
Andorre
Corse
Monaco
Tunis
Rabat
Alger
Tunisie
Liban
Maroc
Algérie
Viêtnam
Hanoi
Laos
Vientiane
Mauritanie
Mali
Niger
Tchad
Cambodge
Sénégal
Phnom
Penh
Guinée
Pondichéry
Burkina
Faso
République
centrafricaine
République
Côte-
d'Ivoire
de Djibouti
Togo
Gabon
Ruanda
Seychelles
Bénin
Congo
Burundi
Comores
Océan
Cameroun
Mayotte
Indien
République
démocratique
du Congo
Afrique
Maurice
Réunion
Australie
Antananarivo
Madagascar

Océan
Atlantique

Océan
Indien

Antarctique

Océan
Pacifique

Terres australes
et antarctiques
françaises

Pays et régions où le
français est langue officielle

Pays et régions où le
français est langue co-officielle

Pays et régions où le
français est langue administrative

Pays et régions où l'influence
culturelle française reste importante
et où le français est encore une
langue courante

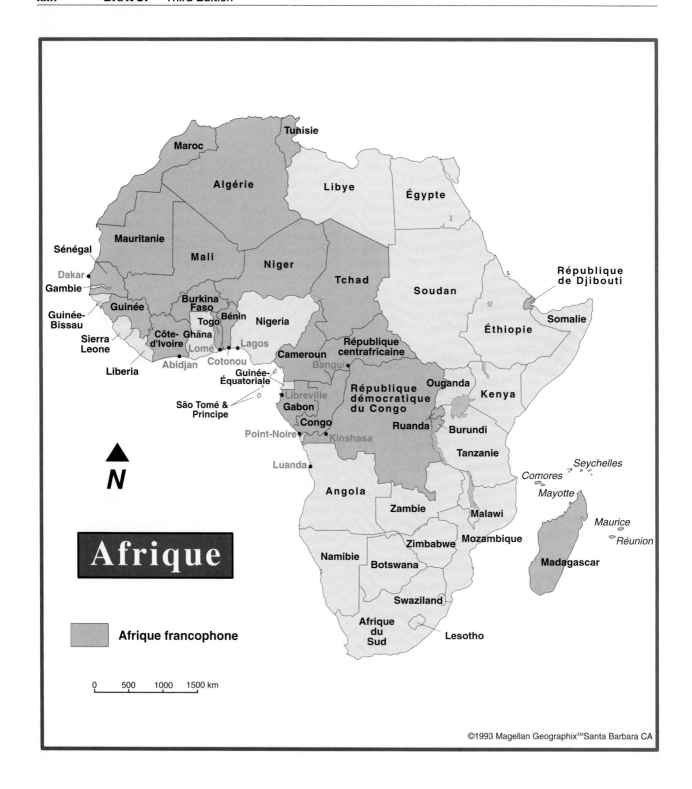

Afrique

Afrique francophone

0   500   1000   1500 km

©1993 Magellan Geographix℠Santa Barbara CA

 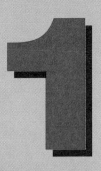

Use the picture to give a context to the theme and function of this chapter. Ask the following questions: **Qu'est-ce que les gens se disent? Où sont-ils? Est-ce qu'ils se connaissent bien?** After studying the *Expressions typiques pour...* and *Mots et expressions utiles* in *Leçons 1* and *2*, ask students to write a dialogue for the picture.

La grammaire à réviser:

Les verbes: le présent • Poser une question • L'impératif

▶ Leçon 1

Fonction: Comment saluer, se présenter et prendre congé

Culture: Arrivées et départs

Langue: Les verbes irréguliers: **suivre, courir, mourir, rire, conduire, savoir, connaître**

▶ Leçon 2

Fonction: A vous de discuter

Culture: La vie privée/la vie publique

Langue: Les expressions de temps • Les noms

▶ Leçon 3

Fonction: Comment demander ou offrir un service

Culture: Demander un service

Langue: Le conditionnel

Synthèse

Intermède culturel

Paris

Le Cancre (Jacques Prévert, *Paroles*)

Le voyage

Thème

Heureux de faire votre connaissance

La grammaire à réviser

The information presented here is intended to refresh your memory of various grammatical topics that you have probably encountered before. Review the material and then test your knowledge by completing the accompanying exercises in the workbook.

▶ Avant la première leçon

Les verbes: le présent

A.   Verbes en *-er*

parler *(to speak)*

je parl**e**	nous parl**ons**
tu parl**es**	vous parl**ez**
il/elle/on parl**e**	ils/elles parl**ent**

Most verbs that end in **-er** in the infinitive are conjugated like **parler.**

B.   Changements orthographiques dans certains verbes en *-er*

Some **-er** verbs require spelling changes in the stem of certain persons to reflect changes in pronunciation.

• e → è

acheter *(to buy)*

j'ach**è**te	nous achetons
tu ach**è**tes	vous achetez
il/elle/on ach**è**te	ils/elles ach**è**tent

Like **acheter: lever** *(to raise, lift up)*, **élever** *(to bring up [a child], raise)*, **mener** *(to take; to lead)*, **amener** *(to bring)*, **emmener** *(to take, take away)*

• é → è

préférer *(to prefer)*

je préf**è**re	nous préférons
tu préf**è**res	vous préférez
il/elle/on préf**è**re	ils/elles préf**è**rent

Like **préférer: considérer** *(to consider)*, **espérer** *(to hope)*, **posséder** *(to possess, own)*, **répéter** *(to repeat)*

• l → ll or t → tt

appeler *(to call)*

j'appe**ll**e	nous appelons
tu appe**ll**es	vous appelez
il/elle/on appe**ll**e	ils/elles appe**ll**ent

Like **appeler: jeter** *(to throw, throw away)*, **rappeler** *(to remind; to call back)*

- **y → i**

  ennuyer *(to bore)*

j'ennu**i**e	nous ennuyons
tu ennu**i**es	vous ennuyez
il/elle/on ennu**i**e	ils/elles ennu**i**ent

  Like **ennuyer: envoyer** *(to send)*, **nettoyer** *(to clean)*. For verbs like **essayer** *(to try)* and **payer** *(to pay)*, the change from **y** to **i** is optional (both spellings are acceptable—**essaie/essaye**).

- **c → ç** (when followed by the letters **a** or **o**)

  commencer *(to begin)*

je commence	nous commen**ç**ons
tu commences	vous commencez
il/elle/on commence	ils/elles commencent

  Like **commencer: agacer** *(to get on someone's nerves; to provoke)*, **avancer** *(to advance)*, **lancer** *(to throw)*, **placer** *(to place)*, **remplacer** *(to replace)*

- **g → ge** (when followed by the letters **a** or **o**)

  manger *(to eat)*

je mange	nous man**ge**ons
tu manges	vous mangez
il/elle/on mange	ils/elles mangent

  Like **manger: changer** *(to change)*, **voyager** *(to travel)*, **nager** *(to swim)*, **ranger** *(to tidy up; to put away)*, **venger** *(to avenge)*

C. **Verbes en -*ir***

  finir *(to finish)*

je fin**is**	nous fin**issons**
tu fin**is**	vous fin**issez**
il/elle/on fin**it**	ils/elles fin**issent**

  Like **finir: bâtir** *(to build)*, **choisir** *(to choose)*, **obéir** *(to obey)*, **remplir** *(to fill, fill out)*, **réunir** *(to gather; to join)*, **réfléchir** *(to reflect)*, **réussir** *(to succeed)*, **punir** *(to punish)*

D. **Verbes en -*re***

  rendre *(to give back; to return)*

je rend**s**	nous rend**ons**
tu rend**s**	vous rend**ez**
il/elle/on rend	ils/elles rend**ent**

  Like **rendre: attendre** *(to wait for)*, **défendre** *(to defend)*, **descendre** *(to descend, go down)*, **entendre** *(to hear)*, **perdre** *(to lose)*, **répondre** *(to answer)*, **vendre** *(to sell)*

Poser une question

A. Formation

The following are ways to ask yes/no questions:

* Use rising intonation
    Vous parlez français?
    Vous ne parlez pas anglais?
* Follow the statement with **n'est-ce pas?**
    Vous parlez français, n'est-ce pas?
* Begin the statement with **est-ce que**
    Est-ce que vous parlez français?
    Est-ce qu'il parle français?
    Est-ce qu'il ne parle pas anglais?
* Invert the order of the subject and verb
    Parlez-vous français? N'êtes-vous pas français?
    Parle-t-elle anglais? Ne parle-t-elle pas français?

In the third-person singular, a **-t-** is inserted between the verb and pronoun when the preceding verb ends in a vowel.

When the question has a *noun subject*, the third-person pronoun that corresponds to the noun subject is attached to the verb:

Martine est-elle étudiante?

NOTE: When **je** is the subject of the sentence, it is seldom inverted. **Est-ce que** is usually used:

Est-ce que je suis en retard?

Quelles questions est-ce que cet homme pose?

B. Emploi

In spoken French, there has been a transition to using rising intonation to ask questions, especially yes/no questions. For example, instead of **Est-ce que tu sais l'heure?,** most speakers will say **Tu sais l'heure? Est-ce que** is used in spoken French, but to a much lesser degree than rising intonation.

Inversion is used primarily in formal, written French. You will need to recognize those forms for reading and will want to practice them in order to write formal letters and compositions.

▶ Avant la troisième leçon

L'impératif

The imperative is used to give directions, orders, requests, or suggestions. There are three forms of the imperative in French. To form the imperative, drop the subject pronoun. Note that the **s** is dropped in the **tu** form of **-er** verbs.

A. Formes régulières

	parler	**finir**	**attendre**
tu form:	Parle!	Finis!	Attends!
nous form:	Parlons!	Finissons!	Attendons!
vous form:	Parlez!	Finissez!	Attendez!

B. Formes irrégulières

	être	**avoir**	**savoir**	**vouloir**
tu form:	sois	aie	sache	veuille
nous form:	soyons	ayons	sachons	veuillons
vous form:	soyez	ayez	sachez	veuillez

NOTE: In negative commands, the **ne** precedes the verb; the **pas** follows it:

> **N'**oublie **pas** notre rendez-vous!
> *Don't forget our meeting!*

> **Ne** sois **pas** en retard!
> *Don't be late!*

Comment saluer, se présenter et prendre congé

🔲 INSTRUCTOR'S TAPE

Rappel: Have you reviewed the present tense of regular and stem-changing verbs? Did you practice forming yes/no questions? (Text p. 4 and Workbook)

être d'un certain âge *to be middle-aged* / une couchette *cot, train bed* / s'installer *to get settled*

Remind students to study the material in *La grammaire à réviser* for the first leçon before coming to class. Tell them that many of the verbs they will review are probably familiar to them: regular verbs ending in -er, -ir, and -re. Remind them that they may have to review *more* closely the verbs that have spelling changes. Suggest that students write the verbs out to practice.

When you present the *Conversation,* describe, draw on the board, or show slides of a compartment in a French train so that students can imagine the setting. As you do the *Conversation* during the first day in class, model the pronunciation for students. Then have them read the dialogue in groups of five, each taking the role of one of the speakers.

une place de libre *an unoccupied seat*

déranger *to bother*

▶ Conversation

Premières impressions

Soulignez:
• des expressions formelles et informelles pour saluer et présenter quelqu'un

Trouvez:
• la destination de Charles (le Français), de Nancy (l'Américaine) et des Kairet (les Belges)
• la nationalité de Laurence

Dans le compartiment du train il y a une Américaine qui voyage avec un ami français et un couple belge d'un certain âge.° Ils parlent tous français, bien sûr! Ils se réveillent le matin après avoir passé la nuit en couchette° dans un wagon-lit. Pendant qu'ils s'installent° pour la journée, ils se saluent.

M. KAIRET:	Qu'est-ce qui se passe? Où est-on? Quelle heure est-il?
MME KAIRET:	Je ne sais pas, mais c'est fou ce que l'on dort bien dans ces trains quand même!
M. KAIRET:	Je n'arrive pas à trouver ma montre!
CHARLES:	Bonjour, monsieur, bonjour, madame. Je me présente. Je m'appelle Charles Moiset.
M. KAIRET:	Enchanté. Monsieur Kairet. Permettez-moi de vous présenter ma femme, Madame Kairet.
CHARLES:	Enchanté de faire votre connaissance.
MME KAIRET:	Bonjour!
M. KAIRET:	Euh, vous avez l'heure, s'il vous plaît?
CHARLES:	Oui, il est huit heures et demie. Ah, voilà mon amie, Nancy. Nancy, je te présente M. et Mme Kairet.
M. KAIRET:	Bonjour, mademoiselle. Comment allez-vous?
NANCY:	Bonjour, madame, bonjour, monsieur. Je suis heureuse de faire votre connaissance.
CHARLES:	Nancy et moi allons jusqu'en Grèce.
MME KAIRET:	Oh, en Grèce! Quel beau pays!
LAURENCE:	*(une jeune Française qui vient d'entrer)* Est-ce qu'il y a une place de libre?°
M. KAIRET:	Oui, certainement, là, à côté de la porte.
LAURENCE:	Excusez-moi de vous déranger.° J'ai vu que la place n'était pas réservée. C'est la seule dans cette voiture. Je me présente. Je m'appelle Laurence Delage.
CHARLES:	Bonjour, Laurence.

A suivre

Observation et analyse

1. Comment Mme Kairet a-t-elle dormi?
2. Pourquoi M. Kairet demande-t-il l'heure à Charles?
3. Où vont Charles et Nancy?
4. Expliquez l'emploi de **tu** et **vous** des voyageurs.

Réactions

1. Avez-vous jamais voyagé en train? Si oui, avez-vous aimé votre voyage en train? Expliquez.
2. Voudriez-vous visiter la Grèce? l'Italie? Expliquez.

As you preview the *Expressions typiques pour…*, have students greet several classmates. Afterwards, ask them to introduce their classmates to each other. This will serve as a good opener on the first day of class. Go over the student annotation **Tutoyer ou vouvoyer?** with students, discussing the different contexts where **tu** and **vous** are used.

• •

▶ Expressions typiques pour…

Saluer *(rapports intimes et familiaux)*

—Salut/Bonjour, Marc/Sylvie.
$\left\{ \begin{array}{l} \text{Ça va?} \\ \text{Comment ça va?} \end{array} \right.$

—Salut/Bonjour.
$\left\{ \begin{array}{l} \text{Oui, ça va.} \\ \text{Très bien.} \\ \text{Ça va bien, merci.} \\ \text{Pas mal, merci.} \end{array} \right\}$ Et toi?

Saluer *(rapports professionnels et formels)*

—Bonjour, monsieur/madame/mademoiselle. Comment allez-vous?
—Très bien, merci. Et vous-même?

Présenter quelqu'un *(rapports intimes et familiaux)*

Avant les présentations

Tu connais Jeanine?
Vous vous connaissez?

Vous ne vous connaissez pas, je crois.

Les présentations

J'aimerais te présenter...
Je te présente Julien, mon frère.
Sylvie, voici Georges, un copain de fac.
Martine, Georges. Georges, Martine.

$\left\{ \begin{array}{l} \textbf{Répondre aux présentations} \\ \\ \text{Salut!} \\ \text{Enchanté(e).} \\ \text{Très heureux (heureuse).} \end{array} \right.$

Présenter quelqu'un *(rapports professionnels et formels)*

Avant les présentations

Vous connaissez M. Marchand?
Est-ce que vous vous connaissez?
Vous vous êtes déjà rencontrés?

▶ **Tutoyer ou vouvoyer?** This is not always an easy choice, because strict rules do not exist and changes within French society continue to influence modern use of **tu/vous.** Age, socioeconomic background, status, familiarity can all have an influence on the choice of pronoun. In general, though, **tu** is used: within families • between adults and children • among children • among friends • with pets • among relatives • among young people in almost any situation • among people who are on a first-name basis.

Vous is used among: • people who don't know each other • brief acquaintances • speakers in situations clearly marked for status, such as customer/shopkeeper, student/teacher.

The workplace is the area of most controversy where usage is still difficult to define. When in doubt, use **vous**.

▸ You will need to actively learn the *Expressions typiques pour...* and the *Mots et expressions utiles* in order to complete the activities.

Les présentations

Je voudrais/J'aimerais vous présenter Sylvie Riboni.
Permettez-moi de vous présenter ma femme, Sylvie.
Je vous présente Georges Marchand.

Répondre aux présentations

Je suis heureux(-euse) de faire votre connaissance *(meet)*.
Très heureux(-euse)/content(e) de vous connaître *(meet)*.
Enchanté(e) de vous rencontrer *(meet)*.

Se présenter

Je me présente. Je m'appelle...
Je me permets de me présenter. Je m'appelle...

Prendre congé *(To take leave)* *(rapports intimes et familiaux)*

Salut!   Au revoir!   Ciao! (salutation italienne utilisée par les jeunes)

On peut ajouter...

Bonne journée.   Bonne soirée.   Bon week-end.
Bonnes vacances.   Bon retour.   A la prochaine *(until next time)*.

Prendre congé *(rapports professionnels et formels)*

Au revoir, monsieur/madame.

▸ These expressions can also be used in informal situations.

On peut ajouter...

A demain.   A lundi.   A tout à l'heure.
A ce soir.   A bientôt.   Alors, dans quinze jours...

· ·

▸Mots et expressions utiles

Saluer/Prendre congé

à la prochaine   *until next time*
(se) connaître   *to meet, get acquainted with; to know*
(s')embrasser   *to kiss; to kiss each other*
faire la bise   *(familiar) to kiss*
faire la connaissance (de)   *to meet, make the acquaintance (of)*

(se) rencontrer   *to meet (by chance); to run into*
(se) retrouver   *to meet (by prior arrangement)*
(se) revoir   *to meet; to see again*

Divers

une couchette   *cot, train bed*
s'installer   *to get settled*

une place de libre   *an unoccupied seat*

Please see page IG-18 in the Instructor's Guide at the front of this book for an explanation of how to incorporate the **Mise en pratique** section into the classroom.

Mise en pratique

Tu ne pourras jamais deviner qui j'**ai rencontré** hier à la bibliothèque. Je devais y **retrouver** mon amie Catherine, mais elle a oublié notre rendez-vous. En l'attendant, tu ne sais pas qui j'ai vu entrer dans la salle? Georges Pivot! Tu te souviens de lui? Celui dont j'**ai fait la connaissance** l'été passé? Nous **nous sommes connus** à la plage pendant nos vacances d'août. Mais depuis, je ne l'**ai jamais revu**. Bon, alors nous **nous sommes embrassés**, nous avons parlé longtemps, et puis nous avons décidé de **nous revoir** la semaine prochaine. Quelle histoire, hein?

• •

Activités

Activities A and B: These activities can be done in pairs or small groups.

A. Entraînez-vous: Présentations. Utilisez les *Expressions typiques pour...* pour faire les présentations suivantes.

1. votre mère à un professeur
2. vous-même au président de votre université au cours d'une réception pour les nouveaux étudiants
3. votre meilleur(e) ami(e) à un(e) autre ami(e) devant le cinéma
4. un(e) collègue de bureau *(fellow office worker)* à votre femme/mari pendant un cocktail
5. un(e) camarade de classe à votre tante Madeleine

B. Conversation entre étudiants. Complétez les phrases avec les *Mots et expressions utiles.* Vous pouvez utiliser une expression plusieurs fois. Faites les changements nécessaires.

Par hasard, Anne et Sylvie se (s') _____ entre deux cours. Comme ce sont des amies d'enfance, elles se (s') _____ et décident de l'heure à laquelle elles peuvent _____ plus tard.
—Veux-tu me _____ après le cours?
—D'accord, mais je n'aurai pas *(will not have)* beaucoup de temps. Je dois _____ Monique à une heure. Elle s'installe dans sa nouvelle chambre et je vais l'aider à déménager *(to move).*
—J'aimerais bien _____ de Monique. Est-ce que je peux t'accompagner?
—Bien sûr! On a toujours besoin de bras quand on déménage! Et puis, tu verras, elle est vraiment sympa.

C. Les scènes. En groupes de trois, jouez les scènes suivantes où vous saluez et faites des présentations.

MODÈLE: En cours: Bonjour, Stéphanie...
     —Bonjour, Stéphanie. Comment ça va?
     —Ça va bien, merci. Et toi, ça va?
     —Oui, très bien. Ecoute, tu connais Christophe?
     —Non, je ne pense pas.
     —Eh bien, Stéphanie, je te présente Christophe. Christophe, Stéphanie.
     —Enchanté.
     —Enchantée.

1. Dans la rue: Bonjour, Monsieur Dupont. Vous connaissez ma tante... ?
2. En ville, avant une réunion d'étudiants: Je me présente. Je m'appelle...
3. Dans une salle de jeux électroniques: Salut. Je m'appelle... Voici...

D. Dans la salle de classe. Trouvez une personne dans la salle de classe que vous ne connaissez pas. Présentez-vous *(Present yourself)* à cette personne. Maintenant, présentez cette personne à quelqu'un d'autre ou laissez cette personne vous présenter à un(e) autre étudiant(e). (N'oubliez pas de vous serrer la main!) Circulez dans la classe jusqu'à ce que vous ayez fait la connaissance de la plupart *(most of)* des étudiants. Après les présentations, essayez de vous rappeler les noms des autres étudiants. Le professeur vous aidera. Commencez par: **Il/Elle s'appelle...**

Liens culturels

Arrivées et départs

Les Français ont une manière particulière de marquer l'existence des autres. Cela se manifeste parce que l'on pourrait appeler un sens approfondi des arrivées et des départs. Lorsque les Français voient des amis pour la première fois de la journée, ils leur serrent la main ou ils les embrassent. En les quittant, ils leur donnent à nouveau une poignée de main ou ils les embrassent.

La coutume de s'embrasser est la norme entre amis et membres de la même famille. Les hommes se serrent plus souvent la main. La tradition exige *(demands)* souvent trois bises. Quelquefois c'est quatre bises ou deux seulement. C'est une question de région ou d'habitude personnelle. Le plus souvent on commence par la joue *(cheek)* droite.

Que ferait un Américain en retrouvant un groupe d'amis qu'il voit pour la première fois de la journée?

Liens culturels: Have students look at the picture and imagine the topic of the reading. Ask them how they greet friends and family.

(continued on page 11)

▸ La grammaire à apprendre

Les verbes irréguliers: *suivre, courir, mourir, rire, conduire, savoir* et *connaître*

A. You have already reviewed the present tense of the regular verbs ending in -er, -ir, and -re, as well as some stem-changing -er verbs. The following irregular verbs may not be quite so familiar to you, but can be used in talking about yourself or everyday life.

- **suivre** *(to follow;* — **un cours** *to take a course)*   participe passé: **suivi**

je **suis**	nous **suivons**
tu **suis**	vous **suivez**
il/elle/on **suit**	ils/elles **suivent**

Like **suivre: vivre** *(to live)*   participe passé: **vécu**

Nous **suivons** Marc qui rentre chez lui. Il **vit** près d'ici.

- **courir** *(to run)*   participe passé: **couru**
je **cours**	nous **courons**
tu **cours**	vous **courez**
il/elle/on **court**	ils/elles **courent**

  Elle **court** dans un marathon à Paris.

- **mourir** *(to die)*   participe passé: **mort**
je **meurs**	nous **mourons**
tu **meurs**	vous **mourez**
il/elle/on **meurt**	ils/elles **meurent**

  Je **meurs** de faim. Dînons tout de suite!

- **rire** *(to laugh)*   participe passé: **ri**
je **ris**	nous **rions**
tu **ris**	vous **riez**
il/elle/on **rit**	ils/elles **rient**

  Like **rire: sourire** *(to smile)*

  Je **ris** quand je vois de vieux films de Jerry Lewis.

- **conduire** *(to drive)*   participe passé: **conduit**
je **conduis**	nous **conduisons**
tu **conduis**	vous **conduisez**
il/elle/on **conduit**	ils/elles **conduisent**

  Like **conduire: construire** *(to construct)*, **détruire** *(to destroy)*, **séduire** *(to seduce; to charm; to bribe)*

  Cette étudiante **conduit** une Renault.

- **savoir** *(to know from memory or from study; to know how to do something; to be aware of)*   participe passé: **su**
je **sais**	nous **savons**
tu **sais**	vous **savez**
il/elle/on **sait**	ils/elles **savent**

- **connaître** *(to know; to be acquainted with, be familiar with; to meet, get acquainted with)*   participe passé: **connu**
je **connais**	nous **connaissons**
tu **connais**	vous **connaissez**
il/elle/on **connaît**	ils/elles **connaissent**

  Like **connaître: apparaître** *(to appear, come into view; to become evident)*, **disparaître** *(to disappear)*, **paraître** *(to seem; to come out)*

B. The verbs **savoir** and **connaître** both mean *to know*. It will be important, however, to distinguish when to use one versus the other.

- **Connaître** is always used to indicate acquaintance with or familiarity with people, works of art, music, places, academic subjects, or theories:

Est-ce que vous connaissez la Belgique?[1]

(continued from page 10)
1. Nous / vivre / Paris / depuis longtemps. Nous / connaître / toutes / petites / rues. Je / connaître / petit restaurant / franco-africain dans le 5ième arrondissement. On / se / retrouver... 2. Marc / courir / pendant / une heure chaque jour. Je / lui / dire / que / ce / ne... pas / être / bon / pour la santé, mais / il / disparaître / tous les jours / entre dix-huit heures et dix-neuf heures. 3. Mes parents / construire / nouvelle / maison de campagne / en Normandie. Mon père / faire / travail / lui-même. Ma mère / ne... pas / arrêter / de décrire / ce que / il / faire. Je / mourir / d'ennui a l'écouter. 4. Ce sourire... je / rire / en voyant / ce petit sourire. Même quand / je / devoir / la / discipliner, elle / sourire. 5. Elle / me / écrire / lettres incroyables. Elle / me / dire / qu'elle / séduire beaucoup / garçons américains. Je / savoir / que / ce / ne... pas / être / possible. Elle / ne... pas / parler anglais!
(continued on page 12)

---

[1] La Belgique est un pays d'Europe situé au nord de la France. Sur ses 10 100 000 d'habitants, 57,89% sont d'expression néerlandaise *(Dutch)*, 32,04% d'expression française, 0,68% d'expression allemande et 9,40% sont bilingues. *(Quid 1996, p. 1084b)*

(continued from page 11)
After completing these sentences, ask students whether they think the gathering is social or professional. Have them defend their positions.

Laura **connaît** assez bien les Français. Elle **connaît** aussi assez bien Paris.
Laura knows French people rather well. She is also quite familiar with Paris.

NOTE: In past tenses **connaître** sometimes means *to meet* in the sense of getting to know someone or getting acquainted with someone:

Où **avez-vous connu** les Durand?
Where did you meet the Durands?

- **Savoir** means to know from memory or study:

Sait-elle la date de la fête nationale en France?
Does she know the date of the national holiday in France?

Oui, elle la **sait.**
Yes, she knows it.

NOTE: **Savoir** may be used before a relative clause or before an infinitive. Before an infinitive it means to know how to do something:

Elle **sait** où se trouve la tour Eiffel.
She knows where the Eiffel Tower is located.

Elle **sait** conduire dans Paris.
She knows how to drive in Paris.

Activités

A. Voyage. Un groupe de jeunes Français organise un voyage en Belgique pour les vacances de Pâques. Ils expliquent ce qu'ils vont faire et comment ils vont organiser le voyage. Pour chacune des observations suivantes, remplacez le sujet en italique par les sujets entre parenthèses, et faites les modifications nécessaires.

1. Bruxelles est à 242 kilomètres de Paris. Est-ce que *nous* prenons la voiture de mes parents? (Marc / tu / vous)
2. D'accord, si c'est *Pauline* qui conduit! (Marc et Manon / je / tu) Et si *nous* suivons la route de Mons à Bruxelles. (on / vous / tu)
3. *Je* connais bien Bruxelles. (Vous / Manon et Marc / Tu)
4. *Je* sais que Christian veut nous faire visiter le jardin botanique et le parc de Bruxelles. (Nous / Tu / On)
5. *Il* court souvent dans les parcs, n'est-ce pas? (Tu / On / Vous)
6. *Je* meurs d'envie de voir le défilé du Carnaval. (Tu / Manon / Nous)

B. Un mot. Vous travaillez dans un hôtel. Une Anglaise a laissé un mot *(message)* pour le propriétaire. Vous le traduisez en français.

Mrs. Robinson called. She asked for the address of the hotel. She doesn't know where the hotel is located (**se trouver**) because she does not know Paris well. She does not know how to drive, so (**donc**) she will take a taxi from the airport. She met your brother in London last year. She is looking forward to (**Elle se réjouit à l'idée de**) meeting you.

C. Interview. Utilisez les suggestions suivantes pour poser des questions à votre professeur ou aux autres étudiants de la classe. Donnez un résumé de l'interview.

1. combien / cours / suivre
2. est-ce que / courir
3. quelle / ville / connaître / bien
4. que / savoir / bien / faire
5. au cours de *(during)* / quel / émission télévisée / rire
6. à qui / écrire / lettres
7. où / vouloir / vivre

· ·

▶ Interactions

Use the following information to create conversations with a partner. Try to use the vocabulary and grammar from *Leçon 1* as much as possible.

A. Au café. A friend and you are at a café. You meet a friend from your class at the Sorbonne. Greet him/her. Introduce him/her to your other friend. Talk about what courses you are taking. Say that you are writing a composition for a class for tomorrow. At the end of the conversation, you notice it's getting late. What do you say as you are leaving?

B. Au travail. You are entering your office with a client (**client[e]**). The manager (**directeur/directrice**) is passing by. You greet him/her. You introduce him/her to your client. Ask if he/she knows where the files on Mr. Bricard are. He/She does not know. Thank him/her and say something appropriate as you leave.

 ▶ **Préparation**

In this chapter, you will write a résumé, or summary, of an article from a newspaper or magazine. If possible, choose a travel topic to go along with the chapter theme. In order to do this well, you'll want to shorten and simplify the account, focusing on the most important points.

1. First choose what you will summarize. Consider the following:
   a. a news piece in a newspaper or magazine or on the Web
   b. a TV movie or film review
   c. an editorial from a newspaper or magazine
2. Make a list of possible sources or articles to summarize.
3. Discuss your choice with a classmate and give him/her advice.
4. Plan a time to find your article or review.

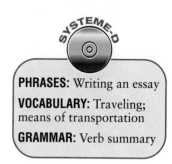

PHRASES: Writing an essay
VOCABULARY: Traveling; means of transportation
GRAMMAR: Verb summary

A vous de discuter

 INSTRUCTOR'S TAPE

Have students play the roles of Mme Kairet, Laurence, Charles, and Nancy for the whole class. Then ask students to work in groups of three to answer the *Observation et analyse/Réactions* questions. Two students can ask and answer the questions; the third can serve as recorder, corrector, and then reporter.

▶ Conversation (suite)

Premières impressions

Soulignez:
* trois sujets de discussion différents

Trouvez:
* quel temps il fait en Italie en ce moment

Dans le train. Le temps passe... les passagers discutent.

MME KAIRET: Laurence, vous allez loin?

LAURENCE: Je descends à Florence. Je fais un documentaire sur la ville et sur les environs. La région est si pittoresque et si riche en histoire de l'art. Après Florence, j'irai en Turquie. Et vous?

CHARLES: Nous allons en Grèce. C'est la première fois que vous allez en Turquie?

LAURENCE: Non, ce sera mon deuxième voyage. Je vais faire un documentaire sur Istanbul. Cela m'intéresse beaucoup, et je fais du free-lance pour une station de télé régionale—Rhône-Alpes.

MME KAIRET: *(regardant par la fenêtre)* Ah, c'est joli quand même par ici...

NANCY: Oui, le paysage° est très beau.

MME KAIRET: C'est vrai. L'Italie, c'est un de mes pays préférés. On y vient pour les vacances chaque année depuis plus de dix ans.

CHARLES: Est-ce qu'il y fait chaud à cette époque-ci?

MME KAIRET: Oui, il y fait chaud mais l'air est sec. Ça va nous faire du bien.° Et vous, est-ce que vous resterez à Athènes?

NANCY: Non. Nous voulons visiter le plus d'endroits possible. Nous avons terminé nos études à l'université et nous prenons nos premières vacances...

CHARLES: Un peu de soleil, cela nous fera du bien.

A suivre

le paysage *countryside*

Ça va nous faire du bien. *That's going to do us some good.*

Observation et analyse

1. Quels sont les projets *(plans)* de Laurence?
2. Pourquoi est-ce que Charles et Nancy prennent des vacances maintenant?
3. Est-ce que Charles et Nancy se connaissent bien? Expliquez.
4. Depuis quand est-ce que les Kairet vont en vacances en Italie?
5. Quel âge les Kairet ont-ils probablement, d'après ce que vous savez d'eux?

Réactions

1. De quoi est-ce que vous parlez quand vous passez du temps avec des gens que vous ne connaissez pas bien?
2. De quoi est-ce que vous parlez avec ceux que vous connaissez bien?
3. De quoi parleraient cinq jeunes Américains dans un train pendant trois heures?

▶ Expressions typiques pour...

Discuter

Sans sujet défini de conversation, on parle du temps qu'il fait, de l'endroit où l'on se trouve et de ce qui s'y passe. Voici quelques sujets typiques:

- Le temps

  Quel temps fait-il?[2]   Vilain temps, non?
  Quel beau temps!   Quel sale temps!
  Comme il fait beau/mauvais/   Est-ce qu'il pleuvra demain?
     chaud/froid! Belle journée, vous ne trouvez
          pas?

- L'heure

  Quelle heure est-il?   Vous auriez l'heure, s'il vous
  Il est tôt/tard.   plaît?
                                 Le temps passe vite quand on
                                    bavarde *(chats)*.

As you preview these expressions, have students think of other topics or additional comments they would add while making small talk. Discuss what subjects are taboo or too indiscreet to mention while chatting in North America. Compare these to the topics generally avoided while making small talk in France. Ask students to begin a personal vocabulary list for their use throughout the quarter or semester.

De quoi est-ce qu'ils se parlent?

---

[2] In informal spoken French today, speakers eliminate the inversion when asking questions. For example, instead of **Quel temps fait-il?**, they are more likely to say: **Quel temps il fait?** Another example: **D'où est-il?** will often be stated **D'où il est?** or even **Il est d'où?** **Est-ce que** is also used, although less often than rising intonation.

- Les éléments du lieu
  le paysage: C'est intéressant. C'est joli.
  C'est vraiment triste comme endroit.
  les gens: Elle est gentille. Cette robe vous/lui va bien.
  C'est choquant, ce qu'ils portent/font.
  l'ambiance: On est bien ici. J'aime bien cet endroit.

- Ce qui se passe dans cet endroit
  Que font-ils là-bas?
  De quoi parlent-ils?

Quand on ne connaît pas très bien quelqu'un, mais qu'on essaie de mieux le connaître, on peut aborder *(touch on)* les sujets suivants:

- La santé
  Je suis un peu fatigué(e) ces jours-ci.
  Vous avez/Tu as l'air en forme *(look in good shape).*

- Les études—si on est étudiant(e)
  Depuis quand étudiez-vous/étudies-tu le français?
  Combien de cours suivez-vous/suis-tu?
  Comment est votre/ton professeur de français?

- Les actualités *(current events)*
  Vous avez/Tu as lu le journal ce matin?
  Vous avez/Tu as entendu parler de ce qui s'est passé?

- Les sports
  Est-ce que vous faites/tu fais du sport?
  Vous aimez/Tu aimes les sports?

- D'autres idées
  les loisirs *(leisure activities),* la musique, l'enseignement et votre attitude envers l'enseignement, la politique et vos opinions politiques, vos expériences personnelles, le travail

Avec ceux qu'on connaît bien, on peut parler des choses mentionnées ci-dessus ou de la vie privée:
  Qu'est-ce que tu feras ce soir?
  Tu as beaucoup de boulot *(work)?*
  Tu as passé une bonne journée?

▸ Mots et expressions utiles

Les voyages

un aller-retour   *round-trip ticket*
annuler   *to void, cancel*
l'arrivée   *arrival*
un billet (aller) simple   *one-way ticket*
un demi-tarif   *half-fare*
le départ   *departure*
desservi(e)   *served*
les frais d'annulation m pl   *cancellation fees*
le guichet   *ticket window, office; counter*
un horaire   *schedule*
indiquer   *to show, direct, indicate*
partir en voyage d'affaires   *to leave on a*
       business trip
le quai   *platform*
une réduction   *discount*
les renseignements m pl   *information*
un tarif   *fare, rate*
valable   *valid*
un vol   *flight; theft*

La conversation

les actualités f pl   *current events*
avoir l'air   *to look, have the*
       appearance of
bavarder   *to chat*
le boulot   *(familiar) work*
être en forme   *to be in good shape*
les loisirs m pl   *leisure activities*
le paysage   *countryside*

Provide this additional travel vocabulary: **atterrir** *to land;* **la consigne** *checkroom;* **décoller** *to take off;* **la destination** *destination*

ORLY / NEW YORK

Air France offre un vol quotidien Paris / New York.
Aéroport de départ Orly Sud
Aéroport d'arrivée NEWARK

Les caractéristiques de ce vol
Avec un départ à 10h30 d'Orly Sud, ce vol est le premier de la journée vers New York.
Une arrivée à NEWARK à 12h35. Cet horaire permet d'offrir des correspondances pratiques vers de nombreuses villes des USA. A cette heure de faible encombrement, les filtres de douane et de police sont franchis aisément.

De NEWARK à MANHATTAN
2 arrivées en bus: la 8th Avenue /42nd Street et au World Trade Center. Départ toutes les 15 minutes. Trajet en 30 mn. En hélicoptère jusqu'à la 34th East River.

PARIS / NEW YORK AVEC AIR FRANCE:
Le choix des aéroports
– au départ de Paris: Orly Sud ou Charles de Gaulle 2
– à l'arrivée à New York: Newark ou J.F. Kennedy
Le choix des horaires
– 10h30 : Orly Sud / Newark, quotidien
– 11h00 : Concorde - CDG / J.F. Kennedy, quotidien
– 13h00 : CDG / J.F. Kennedy, quotidien
– 17h30 : CDG / J.F. Kennedy, quotidien*

*Sauf le mardi du 5 avril au 15 juin et du 27 septembre au 23 octobre

AIR FRANCE Nº 1 VERS LES ETATS UNIS

Edité par FCE JY Conception Réalisation TAO Mars 1992

Mise en pratique

—Tu as entendu les nouvelles?
—Non, quoi?
—Il y a une guerre des prix sur les plus grandes lignes aériennes! On peut avoir une **réduction** sur presque tous les **vols** intérieurs en ce moment.
—Ce n'est pas vrai?
—Si! Moi, je vais **annuler** tous mes rendez-vous de vendredi afin de pouvoir passer un long week-end à la plage. J'ai déjà acheté mon **aller-retour.** Regarde!
—Hmm... Ça me plairait beaucoup de rendre visite à mon petit ami. Merci beaucoup pour les **renseignements**!

Please see page IG-18 in the Instructor's Guide at the front of this book for an explanation of how to incorporate the **Mise en pratique** section into the classroom.

Activités

A. Entraînez-vous: Discutez. De quoi parleriez-vous avec les personnes suivantes? Choisissez un ou deux sujets de conversation tirés de la liste des *Expressions typiques pour...*

1. votre professeur dans l'ascenseur sur le campus
2. un(e) camarade de classe devant la salle de classe
3. un(e) collègue de bureau pendant un cocktail
4. votre mère pendant le dîner
5. votre fille/fils pendant le bain
6. une personne dans le train
7. un Martien dans sa soucoupe volante *(flying saucer)*

B. A la gare Saint-Lazare. Un voyageur américain veut utiliser son Eurailpass pour la première fois. Complétez ses phrases avec les *Mots et expressions utiles* appropriés. Faites les accords nécessaires.

—Pardon, monsieur... J'ai besoin de quelques _____ sur mon Eurailpass. Pourriez-vous m' _____, par exemple, où il faut aller pour valider la carte? Je l'ai achetée il y a quatre mois. Est-ce que vous sauriez si elle est toujours _____? Si je veux l'annuler, y aura-t-il des _____? Pourriez-vous aussi m'aider à comprendre les _____ de trains? Je voudrais savoir quel est le prochain _____ pour Rouen, et quelles autres villes sont _____ pendant le trajet... Je vous remercie, monsieur. Vous êtes bien aimable.

C. Dis-moi, s'il te plaît... Thérèse, qui a six ans, va accompagner sa mère en voyage d'affaires. Pendant que sa mère fait leurs valises, Thérèse lui pose sans cesse des questions. Jouez le rôle de sa mère et expliquez-lui ce que veulent dire les mots suivants qui se trouvent sur leurs billets d'avion.

1. un aller-retour
2. un vol
3. un demi-tarif
4. une réduction

Horaire

DU 31 Mai AU 26 Sept.

SNCF

Paris – Nice

- **Paris**
- Dijon
- Mâcon
- Lyon
- Valence
- Orange
- Avignon
- Arles
  Marseille
- Cannes
- Juan-les-Pins
- Antibes
- Cagnes-sur-Mer
- **Nice**

Cette fiche ne comporte que les horaires pour les relations au départ d'une localité ● à destination des localités ●

551A

D. Circulez. Circulez dans la salle de classe et parlez avec vos camarades. Choisissez au moins trois des sujets suivants: les actualités, le temps, les loisirs, la politique, la vie à l'université, ce qui se passe dans la salle de classe. N'oubliez pas d'utiliser les expressions données pour saluer et prendre congé. Après, parlez de votre expérience en tenant compte des questions suivantes.

1. Avec combien de personnes est-ce que vous avez parlé?
2. De quoi avez-vous préféré parler? Pourquoi?
3. Est-ce qu'il était difficile de commencer une discussion avec quelqu'un? Expliquez.
4. Est-ce que vous préférez parler de sujets comme le temps, les sports et les actualités, ou de votre vie de tous les jours et de sujets plus intimes?

▶ La grammaire à apprendre

Les expressions de temps

- When you want to ask a question regarding how long an action that began in the past has continued into the present, you use an expression with **depuis**.

  Depuis quand êtes-vous en France?
  How long have you been in France?

  Depuis combien de temps est-ce que vous jouez au tennis?
  How long have you been playing tennis?

- Questions such as these are answered in the present tense with **depuis**. In English, **depuis** is translated as *for* when a period of time is given.

  Je suis en France **depuis** six mois.
  I have been in France for six months.

  Je joue au tennis **depuis** treize ans.
  I have been playing tennis for thirteen years.

- When you answer using a specific point in time or date, **depuis** means *since*.

  Je suis en France **depuis** le 5 juin.
  I've been in France since June 5th.

- The expressions **il y a... que, ça fait... que,** and **voilà... que** have the same meaning as **depuis** when used with the present tense, but notice the different word order.

  Il y a six mois **que** je suis en France.
  I've been in France for six months.

  Voilà treize ans **que** je joue au tennis.
  I've been playing tennis for thirteen years.

  Ça fait trois heures **que** je travaille.
  I've been working for three hours.

As you preview time expressions, have students think of leisure-time activities or hobbies that they enjoy. Ask them to make statements about how long they have been doing those activities. Use yourself as a model first: **Je joue au tennis depuis quinze ans. Voilà vingt ans que j'étudie le francais. Il y a dix ans que je suis prof de français.**

NOTE: When you use **il y a** followed by a period of time and without **que**, it means *ago*. A past tense must be used with this construction.

> J'ai pris des cours de tennis **il y a** treize ans.
> *I took tennis lessons thirteen years **ago**.*

Pendant combien de temps is used when asking about the duration of an action that is completed.

> **Pendant combien de temps** ont-ils étudié aux Etats-Unis?
> ***How long** did they study in the United States?*

> Ils ont étudié aux Etats-Unis **pendant** deux ans.
> *They studied in the United States **for** two years.*

When asking about the duration of a repeated action in the present, the expression **passer du temps** is used.

> Combien **de temps** est-ce que vous **passez** à lire le journal?
> *How much **time** do you **spend** reading the newspaper?*

> Je **passe** une heure par jour à le lire.
> *I **spend** an hour a day reading it.*

Activities A–C: Have students do at least one of the activities in small groups.

Activités

A. **Répétitions.** Martine est très égoïste! Elle parle tout le temps de ce qu'elle fait et elle répète chaque phrase au moins une fois. Transformez chacune des phrases suivantes. Choisissez parmi les modèles proposés.

> MODÈLE: Ça fait six ans que je joue au volley-ball.
> *Il y a six ans que je joue au volley-ball.*
> *Voilà six ans que je joue au volley-ball.*
> *Je joue au volley-ball depuis six ans.*

1. J'étudie l'anglais depuis douze ans.
2. Il y a quatre mois que Mme Marchand me trouve indispensable. J'enseigne l'anglais à ses enfants.
3. Ça fait déjà cinq ans que je donne des leçons d'anglais.
4. Voilà onze ans que je joue au tennis.
5. Il y a six ans que je suis joueuse de tennis professionnel.
6. Je gagne beaucoup de tournois de tennis depuis cinq ans.

Activity B: This can be a good cooperative learning experience: Two students answer the questions and a third serves as praiser, checker, or recorder.

B. **Une histoire.** Lisez cette petite histoire et répondez aux questions.

Depuis l'âge de quatre ans la petite Karine, qui a sept ans, va à beaucoup de fêtes d'anniversaire. Elle semble les adorer et on adore l'avoir comme invitée. Sa mère, par contre, n'aime pas acheter des cadeaux ou trouver une jolie robe pour chaque anniversaire! En plus, lorsqu'elle emmène *(brings)* Karine à une fête qui commence à deux heures, elle ne peut en général pas partir avant trois heures parce que les autres parents la retiennent en bavardant avec elle. Au mois de décembre, la maman a dit à sa petite Karine qu'elle ne pouvait plus aller à ces fêtes d'anniversaire. La petite lui a demandé tout de suite qui viendrait fêter son anniversaire si elle n'allait plus chez les autres. Sa mère a compris que Karine avait raison. Nous sommes en mars et Karine continue à aller à des fêtes d'anniversaire!

1. Depuis combien d'années Karine fête-t-elle les anniversaires de ses camarades?
2. Pendant combien de temps la mère doit-elle rester avec Karine?
3. Quand la mère a-t-elle dit à Karine qu'elle ne pouvait plus aller aux fêtes d'anniversaire? Combien de temps cela fait-il?
4. Pourquoi la mère a-t-elle changé d'avis?

C. Ne soyez pas indiscrets! Posez les questions suivantes à un(e) ami(e). Donnez un résumé de ses réponses à la classe. Ne posez pas les dernières questions si vous les trouvez trop indiscrètes!

1. Depuis combien de temps tu es à l'université?
2. Depuis quand tu étudies le français?
3. Combien de temps est-ce que tu passes chaque jour à étudier pour ce cours?
4. Quel sport est-ce que tu préfères? Depuis combien de temps est-ce que tu fais ce sport?
5. Quelle musique est-ce que tu préfères? Depuis quand est-ce que tu préfères cette musique?
6. Quel parti politique est-ce que tu préfères? Depuis quand?
7. Est-ce que tu as déjà échoué à un examen? Si oui, il y a combien de temps?
8. Qu'est-ce que tu faisais il y a trois heures? il y a trois mois? il y a trois ans?
9. Qui est-ce que tu n'aimes pas du tout? Depuis quand?
10. A quel moment dans ta vie est-ce que tu t'es senti(e) le/la plus heureux(-euse)?

Quelles questions est-ce que tu trouves trop indiscrètes? Pourquoi?

Activity C: Follow-up: Tabulate which questions, if any, they found too indiscreet. Based on their reading of the *Liens culturels*, have students hypothesize which questions French people might have found too indiscreet at an initial meeting.

Liens culturels: Introduce the idea of private life in France with slides of homes surrounded by walls and of windows with closed shutters. See if students can use these images to make generalizations about privacy in France. Then ask them to read the *Liens culturels* passage.

Liens culturels

La vie privée/la vie publique

Les Français accordent énormément d'importance à la vie privée, qui est mieux protégée du regard public qu'aux Etats-Unis. On observe comme un code tacite du silence dans ce domaine. Il y a une séparation très nette entre la vie privée et la vie publique. Personne ne pose de questions trop personnelles. Par exemple, on ne demande pas à un(e) Français(e): «Quel est votre métier?» ou «Qu'est-ce que vous avez fait hier soir?» ou «Combien est-ce que vous gagnez?» Il est permis, néanmoins, de lui demander ses opinions. Les opinions appartiennent à tout le monde, donc il n'y a pas de danger sérieux. Toutefois, il est bon d'être prudent. Ne demandez pas: «Etes-vous socialiste?» Dites plutôt: «Que pensez-vous de la nationalisation des banques?» Si la personne que vous interrogez ne veut pas se compromettre, elle peut avoir recours à une réponse évasive.

En quelle saison est-ce que vous préférez voyager? Expliquez.

▶ La grammaire à apprendre

Les noms

A. Le genre des noms

All nouns in French have a gender: masculine or feminine. When you learn a noun, it is beneficial to memorize the article with it in order to learn the gender. If you are not sure of the gender of a word, look it up in the dictionary.

- As a general rule, the gender of a noun referring to a person or animal is determined by the sex of the person or animal:

  un homme/une femme   un roi/une reine   un bœuf/une vache

- The names of languages, trees, metals, days, months, and seasons are usually masculine:

  le français   le chêne *(oak)*   le cuivre *(copper)*
  le lundi   le printemps

- The names of continents, countries, provinces, and states ending in unaccented -e are usually feminine:

  la France   la Caroline du Nord   l'Australie
  EXCEPTIONS: le Mexique   le Maine

- Certain endings to nouns may give clues as to their genders. The following are common masculine and feminine endings:

Masculin		**Féminin**			
-age	un paysage	-ance	une ambiance	-ette	une couchette
-ail	un travail	-ence	une conférence	-oire	une histoire
-al	un journal	-ture	une lecture	-ière	une matière
-asme	le sarcasme	-son	une chanson	-ie	la géographie
-ism	le communisme	-ion	une expression	-ié	la pitié
-eau	un bureau	-tion	l'inscription	-ée	une journée
-et	un objet	-esse	la vitesse	-té	la santé
-ier	un cahier	-ace	une place	-anse	une danse
-ent	l'argent	-ade	une salade	-ense	la défense
-ment	un appartement				

- Some nouns that refer to people can be changed from masculine to feminine by adding an **e** to the masculine form:

  un ami → une amie
  un assistant → une assistante
  un étudiant → une étudiante
  un avocat → une avocate

- Nouns with certain endings form the feminine in other ways:

-(i)er	-(i)ère	-on/-en	-onne/-enne
un banquier	une banquière	un patron	une patronne
un ouvrier	une ouvrière	un musicien	une musicienne
un boulanger	une boulangère	un pharmacien	une pharmacienne
un couturier	une couturière		

-eur	-euse	-et	-ette
un chanteur	une chanteuse	un cadet	une cadette
un danseur	une danseuse		

-teur	-trice	-f	-ve
un acteur	une actrice	un veuf	une veuve
un directeur	une directrice		

-x	-se	-eau	-elle
un époux	une épouse	un jumeau	une jumelle

- Some nouns have the same gender whether they refer to males or females:

  un mannequin   une vedette
  un auteur   une personne

- A few nouns denoting professions have no feminine form. These are usually the professions that were traditionally male. For clarity, the phrase **une femme** is added:

  une femme cadre   une femme médecin
  une femme professeur[3]   une femme ingénieur

---

[3] In spoken language, students will say **une prof.**

Stress to students the importance of learning the endings of these nouns. Learning them will make differentiating between genders much easier. Clarify meaning and model the pronunciation of the more difficult words as you preview this section. Be sure to point out words that change meaning depending on gender. Give the rhythm for the saying in the footnote on page 24.

The feminine personal pronoun can also be used:
Mon médicin m'a dit qu'**elle** va déménager.

- Several French nouns have different meanings in the masculine and feminine:

un aide	*helper*	**une aide**	*help, aid*
un critique	*critic*	**une critique**	*criticism*
un livre	*book*	**une livre**	*pound*
un tour	*trip*	**une tour**	*tower*
un poste	*job; radio, television set*	**une poste**	*post office*

B.   Le pluriel des noms

- Generally, nouns are made plural by adding **s**:
  un homme → des hommes   une femme → des femmes

- Nouns ending in **-s, -x,** or **-z** do not change in the plural:
  un pays → des pays   un nez → des nez

- Nouns ending in **-eu, -au,** and **-eau** take an **x** in the plural:
  un cheveu → des cheveux   l'eau → des eaux
  EXCEPTION: un pneu → des pneus

- Seven nouns ending in **-ou** take an **x**:
  un bijou → des bijoux *(jewels)*
  un caillou → des cailloux *(pebbles, stones)*
  un chou → des choux *(cabbages)*
  un genou → des genoux *(knees)*
  un hibou → des hiboux *(owls)*
  un joujou → des joujoux *(toys)*
  un pou → des poux[4] *(lice)*

NOTE: All others add **s**:   un trou → des trous *(holes)*
                    un clou → des clous *(nails)*

- Nouns ending in **-al** and **-ail** change to **-aux**:
  un journal → des journaux   un travail → des travaux
  EXCEPTIONS: un festival → des festivals
                    un carnaval → des carnavals
                    un détail → des détails
                    un chandail → des chandails

- Certain nouns are always plural in French:
  les gens   les vacances   les mathématiques

- Some plurals are completely irregular:
  un ciel → des cieux   mademoiselle → mesdemoiselles
  un œil → des yeux   madame → mesdames
  monsieur → messieurs

---

[4] For generations French children have learned this short list by heart and it has become a cultural joke: **bijou-caillou-chou-genou-hibou-joujou-pou.**

- A compound noun is a noun formed by two or more words connected by a hyphen. The formation of the plural depends on the words that make up the compound noun. In general, if the first word is a verb, it doesn't take the plural. It is best to look up compound nouns in the dictionary when making them plural. For example:

  le beau-frère → les beaux-frères
  le gratte-ciel → les gratte-ciel

- The plural of family names in French is indicated by the plural definite article. No **s** is added to the family name itself:

  Les Martin ont salué des amis dans la rue.
  The Martins greeted some friends in the street.

Activités

A. La vie est dure. Vous essayez d'apprendre à votre petite fille que les filles peuvent faire le même travail que les hommes. Corrigez-la, en suivant le modèle.

MODÈLE: directeur
  Votre fille: Les hommes sont directeurs!
  Vous: Oui. Et un jour tu seras peut-être directrice.

1. chanteur
2. homme d'affaires
3. ingénieur
4. avocat
5. artisan
6. pharmacien
7. patron
8. couturier

B. Quel est le genre? Vous faites une composition en classe dans votre cours de français. Vous ne savez pas le genre de certains des mots que vous voulez utiliser et le professeur ne vous permet pas d'utiliser le dictionnaire. Servez-vous donc de votre connaissance des terminaisons pour décider du genre de chaque mot.

compétition / serment / russe / Louisiane / loyauté / animal / pilier / tristesse / carnet / cuillère / couteau / Colombie / lion / couture / marxisme / sondage / victoire / fusée / fourchette

C. Une lettre. Un jeune Français écrit pour la première fois à un correspondant américain. Complétez ses phrases. Attention aux articles.

Lyon, le 5 janvier

Cher Jack,

Je / être / de Lyon. Je / aller / aller / à New York cet été. Ma sœur / être / critique de musique / très connu / à New York. Ce / être / ancien / chanteur / d'Opéra. Le mari / de / sœur / être / banquier / important / qui / travailler / à la Banque nationale de Paris à New York. Ils me feront faire / tour / de / ville. Je / vouloir / absolument / voir / les deux / grand / tour / de Manhattan! Peut-être que / je / pouvoir / faire / ta / connaissance / en juillet. En attendant, je / vouloir / aller / tout de suite / à / poste.

A bientôt, j'espère.

Michel

Activity C: Follow-up: Ask students to write out the letter in pairs. Afterwards, have students be Jack or Jackie and answer the letter written to them. They can either read their responses to the class or turn them in. Use these responses as listening comprehension activities.

Additional activity: Select two teams of three or four students and have them stand in front of the class. Elect one person from the class to be judge. Explain to them that you will say a noun and ask for its opposite gender or its plural. Each team will attempt to come up with the answer first and write it on the board. The team that gets it correct first wins a point. Use both easy and difficult nouns. Example: **cadet/cadette; caillou; conversation; époux/épouse; gratte-ciel; histoire; monsieur; œil; patronne/patron; paysage; tour; vedette**

▶ Interactions

Use the following information to create conversations with a partner. Try to use the vocabulary and grammar from *Leçon 2* as much as possible.

A. Dans l'ascenseur *(elevator).* You are in an elevator with a classmate and the elevator gets stuck between two floors. Your classmate explains that he/she is somewhat claustro-phobic **(claustrophobe).** In order to keep him/her from getting more agitated, you decide to make small talk.

- Talk about your classes, your grades, your teachers, etc.
- Discuss your interests. Do you have any common interests?
- Ask a question or make a comment based on something you've observed about the other person or something the other person has said.
- Discuss how long you've been waiting in the elevator.

Quand vous êtes dans un ascenseur, est-ce que vous parlez avec les autres?

Activity B: Follow-up: Ask students to jot down quickly or say aloud the things that they remember about each student. See who remembers the most. The next day, ask them questions about a few of the students. These follow-up activities will stress the importance of listening to each other.

Additional activity: Have students imagine that on a trip (in a train or plane), they have been seated next to the president of the university. Have them role play the travel conversation.

B. Présentations. Make the acquaintance of someone in the class. Talk with him/her about where he/she lives, his/her favorite leisure activities, and where he/she would like to travel. Afterwards, introduce him/her to the other students in the class.

▶ Premier brouillon

1. Read over your article from Lesson 1 several times. Underline the most important points or outline the article so that you focus on the most important points.
2. Use those points to begin writing your summary. Make sure that you have reduced the article by one-third. One way to do this is to eliminate any examples or restating of the same idea.
3. As you write, check that you have retained the same tone, style, and person as the original text.

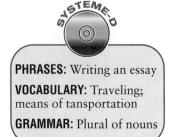

PHRASES: Writing an essay
VOCABULARY: Traveling; means of transportation
GRAMMAR: Plural of nouns

►Leçon 3   Comment demander ou offrir un service

►Conversation (conclusion)

⊏▭⊐ INSTRUCTOR'S TAPE

Premières impressions

Soulignez:

• des expressions pour demander et offrir un service

Trouvez:

• qui déjeune au wagon-restaurant

Rappel: Have you reviewed the formation and the use of the imperative? (Text p. 5 and Workbook)

Dans le train. Il est presque midi. Tout le monde commence à avoir faim.

NANCY:	Il fait vraiment chaud ici! Si ça ne vous dérangeait° pas, est-ce que vous pourriez ouvrir la fenêtre?
M. KAIRET:	Ouvrir la fenêtre? Mais ça va faire un courant d'air, avec la porte qui est ouverte.
MME KAIRET:	Juste un petit moment, chéri. Je sais que tu ne te sens pas très bien, mais ça nous fera du bien. Ça changera l'air. Et puis l'air frais, c'est vivifiant.°
M. KAIRET:	Je n'y arrive pas... C'est bloqué, je crois.
MME KAIRET:	Est-ce que tu veux que je t'aide de ce côté, pendant que tu pousses la poignée?° Attends, je vais t'aider. Allons-y... Voilà, si on pousse en même temps, hein, attends... ça y est. Voilà! C'est bon.
NANCY:	Merci, je me sens déjà mieux.
MME KAIRET:	Dis, Marcel, tu n'as pas un peu faim? Il est quelle heure, à propos?° Ah, c'est vrai, tu n'as pas ta montre!
NANCY:	Il est midi et demi.
MME KAIRET:	Ah oui, je me disais bien que c'était l'heure du déjeuner. On va prendre quelque chose au wagon-restaurant? Vous venez avec nous?
NANCY:	Nous, en fait, nous avons nos sandwichs dans nos sacs. Je pense qu'on va déjeuner ici. Tu veux descendre° notre sac, Charles?
CHARLES:	OK... Tu pourrais me donner un coup de main? Tiens là... Pendant que je soulève° la valise, tu tires° le sac vers toi.
NANCY:	Comme ça?
CHARLES:	Oui, voilà. Ça y est. Attention. Je vais le prendre maintenant... Il est lourd!
MME KAIRET:	Bien, alors, nous, euh... nous, on va au wagon-restaurant. A tout à l'heure...
NANCY:	Oui, à tout à l'heure. Bon appétit!
MME KAIRET:	Merci. A vous aussi...

déranger *to bother*

vivifiant *invigorating*

la poignée *handle*

à propos *by the way*

descendre *to bring down*

soulever *to lift (up)* / **tirer** *to pull*

As you preview, tell students that this is the conclusion to the story that has continued throughout this chapter. For variety, you can play the Instructor's Tape of the *Conversation* in class and have students answer the *Observation et analyse/Réactions* questions as a whole group. Remind them to review the imperative in *La grammaire à réviser.*

Observation et analyse

1. Est-ce que M. Kairet est heureux d'ouvrir la fenêtre? Comment sa femme intervient-elle?
2. Que vont faire les jeunes pour le déjeuner? et les Kairet?
3. Quel service Nancy demande-t-elle à M. Kairet? Quel service demande-t-elle à Charles? Que dit Charles pour demander son aide? En quoi ces demandes diffèrent-elles?

Réactions

1. Qu'est-ce que vous faites quand vous vous trouvez dans une situation où vous devez déranger quelqu'un?
2. Donnez plusieurs exemples de situations dans lesquelles vous demandez ou offrez un service à quelqu'un. En quoi est-ce que votre façon de vous exprimer change selon les situations?

▸ Expressions typiques pour…

Preview the expressions by dividing students into two groups. Ask one group to write down all the situations in which you might request a service. Ask the other group to write down all the ways one could request a service in English or French. Then ask a student from the first group to read one of the situations and a student from the second group to read one of the ways of requesting a service. The results should underline the importance of context and register when asking for a service in both English and French, which can then lead to a discussion on the use of the conditional tense.

Demander à quelqu'un de faire quelque chose
(rapports intimes et familiaux)

Est-ce que tu pourrais m'aider à mettre cette valise sur le porte-bagages *(suitcase rack)*, s'il te plaît?
Tu peux ouvrir la fenêtre, s'il te plaît?
Excuse-moi, papa/maman, mais tu pourrais me prêter *(lend)* ta voiture?
Tu veux me donner un morceau de pain, s'il te plaît?
Tu ne voudrais pas m'aider à nettoyer les fenêtres?
Chéri, donne-moi un petit coup de main! *(familiar — give me a hand)*

Demander à quelqu'un de faire quelque chose
(rapports professionnels et formels)

Vous voulez bien ouvrir la fenêtre, s'il vous plaît?
Pardon, est-ce que vous pourriez ouvrir la fenêtre, s'il vous plaît?
Excusez-moi de vous déranger, madame/monsieur, mais j'ai un problème...
Pardon, madame/monsieur, est-ce que vous pourriez m'aider à mettre cette valise sur le porte-bagages?
Est-ce que cela vous embêterait *(bother)* si on enlevait *(took down)* cette valise?
Excusez-moi, madame/monsieur, est-ce que vous auriez la gentillesse de me dire où se trouve la réception?

Proposer de l'aide
(rapports intimes et familiaux)

Tu veux que je t'accompagne?
Tu veux que j'en parle au directeur?
Je te donne un coup de main? *(familiar)*
Tu as besoin d'un coup de main?
Je peux t'aider? Laisse-moi t'aider.

Proposer de l'aide
(rapports professionnels et formels)

Je vous aide.
Je pourrais vous aider?
Si vous voulez, je peux vous accompagner.
Si cela peut vous rendre service, je veux bien m'en charger.
Laissez-moi vous aider.

Accepter une offre d'aide

Oui, je vous remercie.
Oui, d'accord. Merci.
Oui, c'est très gentil. Merci.
Oui, c'est sympa. *(familiar)*
Merci, ça va beaucoup mieux.

Refuser une offre d'aide

Ça va, merci.
Merci. Je peux le faire moi-même.
Merci, mais ce n'est pas nécessaire.
C'est très gentil, mais j'ai presque terminé.
Non, non. Je crois que ça va.
Merci, mais ce n'est pas la peine.
    (Don't bother.)

▶Mots et expressions utiles

L'argent

une carte de crédit   *a credit card*
le chèque de voyage   *traveler's check*
le chéquier   *checkbook*
emprunter   *to borrow*

encaisser   *to cash (a check)*
le portefeuille   *wallet, billfold; portfolio*
un prêt   *a loan*
prêter   *to lend*

Mise en pratique

—Jeanne, j'ai un petit problème. Je n'ai plus d'argent! J'ai oublié d'**encaisser un chèque de voyage** et je n'ai pas apporté mon **chéquier.** Pourrais-tu me **prêter** de l'argent pour le déjeuner?
—Bien sûr! J'ai ma **carte de crédit.** Je peux bien t'offrir le déjeuner.
—Merci! Tu es vraiment sympa!

Please see page IG-18 in the Instructor's Guide at the front of this book for an explanation of how to incorporate the **Mise en pratique** section into the classroom.

Rendre un service

Ce n'est pas la peine.   *Don't bother.*
déranger   *to bother*

donner un coup de main à quelqu'un *(familiar) to give someone a hand*
embêter   *to bother*

Le voyage

descendre   *to go down; to get off (train, etc.); to bring down (luggage)*
enlever   *to take something out, off, down*
monter   *to go up; to get on (train, etc.); to bring up (luggage)*
le porte-bagages   *suitcase rack*
le quai   *(train) platform*

Additional vocabulary for **Le voyage:** **une malle** *trunk;* **un porteur** *carrier;* **prendre le train** *to take the train;* **une salle d'attente** *waiting room*

Divers

une poignée   *handle*

à propos   *by the way*

Mise en pratique

—Tu es prête? Nous n'avons que quelques minutes avant de partir.
—Oui. Euh... non! J'ai laissé un sac sur le **porte-bagages. Donne-moi un coup de main,** s'il te plaît... Voilà. Merci.

Liens culturels

Demander un service

Quand vous voulez demander à un(e) Français(e) de vous rendre un service, certaines tournures de phrases sociolinguistiques et socioculturelles peuvent vous aider à réussir, surtout dans les situations formelles. Premièrement, au point de vue sociolinguistique, utilisez des mots comme «Pardon, monsieur/madame», «Excusez-moi de vous déranger», «Auriez-vous la gentillesse/la bonté de... , s'il vous plaît?» De plus, pour être plus poli, employez le conditionnel. «Est-ce que vous pourriez me dire... ?» Enfin, notez que l'on peut utiliser «est-ce que» ou l'inversion pour formuler des demandes dans les situations formelles (mais «est-ce que» est plus souvent utilisé). Dans les situations in-

formelles, utilisez l'intonation ou «est-ce que»: «Tu pourrais m'aider, s'il te plaît? Est-ce que tu pourrais m'aider, s'il te plaît?»

Au point de vue socioculturel, il faut noter que les Français demandent facilement un service de leur famille. La personne à qui on demande un service fera tout son possible pour répondre à la demande même si elle perd beaucoup de temps ou dépense de l'argent. Mais en général, on ne rend pas ce genre de service à n'importe qui...

Un étranger/Une étrangère en France qui a besoin d'aide ou d'un service doit faire très attention à la façon dont il/elle formule sa demande. Sinon, le Français/la Française refusera, n'en saura rien ou fera des excuses. Pour vous débrouiller

dans n'importe quelle situation, souvenez-vous de deux choses très importantes: Faites d'abord des compliments à la personne à qui vous allez demander de l'aide. Deuxièmement, utilisez les dix mots les plus importants pour un étranger/une étrangère en France: «Excusez-moi de vous déranger, monsieur/madame, mais j'ai un problème...» Si vous utilisez cette phrase, vous montrerez que vous êtes bien élevé(e). De plus on saura que vous êtes une personne qui respecte les autres et donc qui sera respectée par les Français. Par conséquent, vous recevrez tout ce vous voulez—ou presque tout.

(Phillips, 1993; Harlow, 1990; Geis and Harlow, 1995).

Liens culturels: Before having students read the cultural section on asking for favors, ask them the following: 1. Demandez-vous souvent un service à un(e) ami(e)? A quelle occasion? 2. Aimez-vous qu'on vous demande un service?

Activity A: Add other situations: 7. un chauffeur de taxi / vous (ou votre femme) allez avoir un bébé, 8. un(e) ami(e) / vous avez perdu vos notes de classe, 9. à la douane / vous avez perdu votre passeport

Activités

A. Entraînez-vous: De l'aide. Trouvez deux façons de demander de l'aide à chacune des personnes suivantes. Variez, bien sûr, vos expressions.

> MODÈLE: une amie / vous n'avez pas d'argent
> *Excuse-moi, Monique, je voudrais te demander un grand service.*
> *Tu pourrais me prêter de l'argent?*
> *Tu peux me prêter de l'argent, s'il te plaît?*

1. votre mère / votre voiture ne marche pas
2. un agent de police / vous avez perdu votre portefeuille
3. dans l'autobus / vous ne savez pas où descendre
4. à l'ambassade de France / vous avez besoin d'un visa tout de suite
5. la concierge / vous allez en vacances
6. un dîner en famille / votre viande n'est pas assez salée

B. Offrir de l'aide. Maintenant, imaginez que vous voulez aider la personne dans cette situation difficile.

1. votre mère / sa voiture ne marche pas
2. un ami / il a perdu son portefeuille

3. dans l'autobus / une personne âgée essaie de mettre un gros paquet sur le porte-bagages
4. une amie / elle doit partir à la campagne parce que son père est très malade

C. Jouez le rôle. Choisissez maintenant une des situations de l'exercice A ou B, et jouez les rôles avec un(e) camarade de classe. N'oubliez pas de saluer et de prendre congé d'une façon adaptée à la situation.

D. Imaginez. Demandez de l'aide à quelqu'un dans les contextes suivants. Imaginez un problème, puis sa solution.

> MODÈLES: en classe
> *Excuse-moi. Je n'ai pas de stylo. Tu peux m'en prêter un?* OU:
> *Excusez-moi, Monsieur Goudin. Je n'ai pas entendu la dernière phrase. Auriez-vous la gentillesse de la répéter?*

1. dans un train
2. à la bibliothèque
3. au restaurant
4. à la banque
5. à l'hôpital
6. au travail

Activity C: Add other contexts: **dans la rue, à la poste, dans une boutique.** Have students propose contexts, imagining situations in the past when they have asked for help. Ask them to bring in magazine pictures or drawings of settings where one would ask for help. See photo on page 4 as a model.

▶ La grammaire à apprendre

Le conditionnel

Formation

The conditional in French is useful when making a request or asking for favors. It is equivalent to a compound verb form in English (*would* + infinitive).

> Je **voudrais** un renseignement, s'il vous plaît.
> *I would like some information, please.*

To form the conditional, add the imperfect endings (**-ais, -ais, -ait, -ions, -iez, -aient**) to the infinitive. Notice that the final **e** of **-re** verbs is dropped before adding the endings.

- Verbes réguliers

	parler	**finir**	**rendre**
je	parler**ais**	finir**ais**	rend**rais**
tu	parler**ais**	finir**ais**	rend**rais**
il/elle/on	parler**ait**	finir**ait**	rend**rait**
nous	parler**ions**	finir**ions**	rend**rions**
vous	parler**iez**	finir**iez**	rend**riez**
ils/elles	parler**aient**	finir**aient**	rend**raient**

> **J'aimerais** bien parler avec le propriétaire.
> *I would like to talk with the owner.*

When previewing with students, stress the importance of the conditional for being polite in French. Point out also that it is used in formal requests for getting things done.

- Changements orthographiques dans certains verbes en **-er**

  Some **-er** verbs undergo changes in the infinitive before the endings are added:

  > Verbs like **acheter:** j'achèterais; nous lèverions
  > Verbs like **essayer:** j'essaierais; vous paieriez
  > Verbs like **appeler:** j'appellerais; ils jetteraient

- Verbes irréguliers

  The following verbs have irregular stems:

aller:	j'**irais**	devoir:	je **devrais**
avoir:	j'**aurais**	envoyer:	j'**enverrais**
courir:	je **courrais**	être:	je **serais**
faire:	je **ferais**	savoir:	je **saurais**
falloir:	il **faudrait**	tenir:	je **tiendrais**
mourir:	je **mourrais**	valoir:	il **vaudrait**
pleuvoir:	il **pleuvrait**	venir:	je **viendrais**
pouvoir:	je **pourrais**	voir:	je **verrais**
recevoir:	je **recevrais**	vouloir:	je **voudrais**

  > Je **voudrais** trois billets aller-retour, s'il vous plaît.
  > *I would like three round-trip tickets, please.*

Emploi

- The conditional is often used to express wishes or requests.

  > Maman, tu **pourrais** m'aider à faire mes devoirs?
  > *Mom, could you help me with my homework?*

- It also lends a tone of deference or politeness, which makes a request less abrupt.

  > **Pourriez**-vous me dire où se trouve la poste, s'il vous plaît?
  > *Could you please tell me where the post office is?*

- Often, expressions such as **Pardon, madame** or **Excusez-moi, monsieur** are used to make a request more polite.

  > **Pardon, monsieur, auriez**-vous la gentillesse de m'indiquer où se trouve la rue Victor Hugo?
  > *Pardon me, sir, would you be so kind as to show me where Victor Hugo Street is?*

- The conditional of the verb **devoir** corresponds to *should* in English. It is frequently used to give advice.

  > Vous **devriez** bien étudier pour cet examen!
  > *You should study hard for this test!*

- The use of the conditional to indicate a hypothetical fact that is the result of some condition will be presented in *Chapitre 7*.

Activités

Activities A–D: Do at least one of these activities in small groups.

A. Soyez poli(e)! Vous êtes en voyage. Vous avez besoin d'un billet. Mettez ces phrases au conditionnel.

1. Je veux de l'aide.
2. Pouvez-vous m'aider à acheter un billet?
3. Je peux vous poser une question?
4. Il me faut un billet aller-retour.
5. Ça te plaît de voyager en première classe.
6. Vous devez m'envoyer des renseignements sur les tarifs réduits à mon adresse permanente.

B. Les voyages. Si nous pouvions voyager (n'importe où)...

MODÈLE: Nous visitons des pays exotiques.
Nous visiterions des pays exotiques.

1. Marianne passe tout son temps à faire du ski en Suisse.
2. Mes autres amis choisissent l'Espagne.
3. Je connais les pays d'Asie à fond.
4. Tu suis tes cours de langue avec beaucoup plus d'enthousiasme.
5. Nous n'avons plus le temps d'aller en cours.
6. Nous sommes très sensibles aux différences culturelles.

C. Dans le métro. On parle très peu aux étrangers dans le métro, mais on entend de temps en temps les phrases suivantes. Pour les compléter, mettez les verbes ci-dessous au conditionnel.

pouvoir / vouloir / savoir / devoir / avoir

Activity D: Have students brainstorm as many possibilities as they can for each completion item. Ask groups to report back their favorite answers.

1. _____-vous la gentillesse de me céder votre place? J'ai mal aux jambes.
2. _____-vous ouvrir la fenêtre? Il fait vraiment chaud ici.
3. _____-vous l'heure, monsieur?
4. Vous _____ vous asseoir, madame. Vous êtes pâle comme tout.
5. Est-ce que je _____ m'asseoir à côté de vous, monsieur?

D. Si c'était possible... Complétez les phrases suivantes. Comparez vos réponses à celles de vos camarades de classe.

1. Ça me plairait de...
2. Vous devriez...
3. Je voudrais...
4. Il me faudrait...
5. J'aimerais...

La femme ne sait pas quelle ligne de métro elle doit prendre. Imaginez la conversation qu'elle tient.

▶ Interactions

Use the following information to create conversations with a partner. Try to use the vocabulary and grammar from *Leçon 3* as much as possible.

A. Une situation embarrassante. You are on a trip and have left your briefcase in a taxi. You are leaving France in two days and you want to try to convince the company to send it to your address in the States. Describe your briefcase completely, of course, and what was in it. If the company finds it and will not send it to you, ask if they would give it to your brother who will come to France in two weeks. Make the necessary arrangements, using all your politest expressions.

B. Soyez ferme! There are times in life when one should not be polite. A persistent street vendor is trying to sell you something in the Jardin des Tuileries. Be firm but not abusive. Explain that you just arrived in France and do not want to buy too many things. Ask him if he would be so kind as to let you go **(laisser partir).** Explain that he should leave you alone **(laisser tranquille)** or you are going to call for help **(appeler quelqu'un à l'aide).**

 ▶ **Deuxième brouillon**

1. Write a second draft of your paper from Lesson 1, trying to condense even more and focusing on only the main points.
2. Because your goal is to give only the main points, use some of the following expressions to help you focus your summary and to shorten it.
   EXPRESSIONS UTILES: L'idée fondamentale de l'auteur est... ; L'intérêt de cet article provient de / réside dans... ; Cet article se compose de *(nombre de)* parties / idées principales; L'action peut être résumée ainsi: ... ; Le point de vue de l'auteur est... ; Le style de l'auteur est... ; L'article se termine par... ; En conclusion...

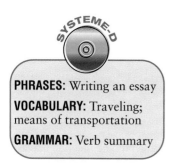

▶ Turn to *Appendice B* for a complete list of active chapter vocabulary.

Synthèse

 Activités vidéo

Avant la vidéo

1. Aux Etats-Unis comment est-ce qu'on se salue? Qu'est-ce qu'on dit? Dans quelles circonstances est-ce qu'on se serre la main et dans quelles circonstances est-ce qu'on s'embrasse? A quelle réaction peut-on s'attendre si la façon de saluer est inappropriée à la situation?
2. Est-ce que les Américains aiment voyager en train? Pourquoi?

Après la vidéo

1. Faites une liste des diverses rencontres filmées et décrivez les différentes façons de saluer. Expliquez ce qui se serait passé lors de ces rencontres si elles avaient eu lieu aux Etats-Unis.

2. Pourquoi est-ce que les Français aiment voyager en train?
3. Quels sont les avantages du TGV?

Activités orales

A. **Ah, le temps!** In your dream you are in a situation where you can find no topic of conversation other than the weather. Role play the situation with a classmate. Discuss the following:

- today's weather
- what yesterday's weather was like; what tomorrow's will be
- the same season last year
- the weather in other parts of the country or in Europe

B. **Dîner avec une vedette.** You have won an evening on the town with your favorite actor/actress. You go out to dinner at the best restaurant in town. Greet him/her. Make small talk. Include a discussion of the following:

- why he/she became an actor/actress
- what his/her future plans (**projets**) are
- his/her films that you admired
- his/her personal life (brothers/sisters, leisure activities, etc.)
- if he/she could sign your menu (**menu,** *m*)
- if you could visit his/her home

Activity B: Have students decide which actor or actress they will be. You can ask them to expand on the role play by introducing a third party who interrupts them during the meal.

Activité écrite

Un(e) correspondant(e). You have a new pen pal. Write a short letter introducing yourself. Tell your pen pal about the region in which you live, your family, your interests, and your life (at school or at work). Ask him/her questions about his/her life. Begin the letter with **Cher/Chère…** and end with **Amicalement.**

Révision finale: If you wish, ask students if there are volunteers to have their compositions serve as models for the first group edit. (You will need to have these volunteers prepare their compositions on a transparency or photocopy them. Use fifteen minutes of class time to follow the peer-editing techniques proposed in "Focus on Process Writing and Peer Editing" starting on page IG-41 in the Instructor's Guide at the front of this book.

 ▶ **Révision finale**

1. Reread your summary and think about your audience. Decide whether they will need more information than you have given to understand your summary. Anticipate any questions they may have.
2. Next be sure you provide the title, author, dates of publication, and other bibliographical information.
3. Bring your draft to class and ask two classmates to peer edit your paper. They should pay particular attention to whether you have included the main thesis of the article and any main ideas. Your classmates should use the symbols on page 415 to indicate grammar errors.
4. Examine your composition one last time. Check for correct spelling, grammar, and punctuation. Pay special attention to your use of irregular verbs, nouns, time expressions, and the conditional.
5. Prepare your final version.

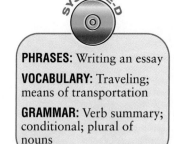

PHRASES: Writing an essay

VOCABULARY: Traveling; means of transportation

GRAMMAR: Verb summary; conditional; plural of nouns

http://bravo.heinle.com

INTERMÈDE CULTUREL

I. Paris

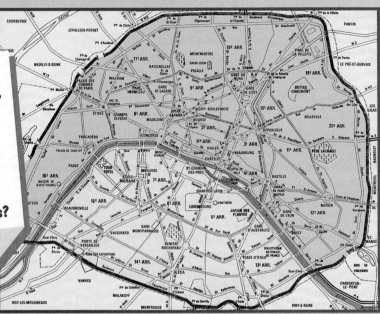

Avant la lecture

- Connaissez-vous la tour Eiffel? Notre-Dame de Paris? le Marais?

- Quelles idées évoquent Paris? Pourquoi?

- Imaginez que vous faites un voyage à Paris. Où allez-vous?

Show a video of Paris, if possible, or bring in a literary passage or a song on Paris. Assign the reading for out-of-class work.

Lisez la description de Gisèle Halimi quand elle est venue à Paris pour la première fois. (Née en Afrique du Nord dans une famille juive, elle est venue à Paris pour faire ses études. Elle habite toujours Paris et elle est maintenant une avocate célèbre à la Cour de Paris, présidente de «Choisir la Cause des Femmes», ancien député à l'Assemblée nationale, ancienne ambassadrice de France à l'UNESCO.) Ce passage est tiré du Lait de l'oranger, *son autobiographie:*

La tour Eiffel

magnet

Lait de l'oranger

«J'arrivai* à Paris en 1945. J'avais dix-huit ans. Je quittais pour la première fois ma Tunisie natale.

«La guerre était finie, mais l'environnement restait d'exception, cartes de rationnement, moyens de transport difficiles, vêtements introuvables. Les séquelles de l'occupation allemande marquaient le pays et les esprits.

«Je m'en moquais. Seule la grande émotion de «toucher» enfin la France me submergeait. Ce pays que j'avais construit en moi, à partir de mes lectures, de mes images, de mes fantasmes, me devenait terre et lumière. J'allais m'y intégrer, m'y fondre avec volupté. La tour Eiffel me mettait les larmes aux yeux, Notre-Dame, tel un aimant,° me tenait immobile de longues heures sur le parvis, je me perdais, éblouie, dans le Marais. A chaque rue, chaque place, je voyais surgir des vieux hôtels le Roi-Soleil et Racine.»

*The **passé simple** is a past tense like the **passé composé**. It is used in literary texts. See *Appendice D.*

La cathédrale Notre-Dame

Savez-vous que la tour Eiffel est le monument le plus connu de France? Elle a été construite pour l'Exposition universelle de 1889 à Paris. L'ingénieur Gustave Eiffel, spécialiste des constructions métalliques, a proposé de construire l'édifice le plus haut du monde. Il aurait déclaré: «La France sera la seule nation dont le drapeau aura une hampe° de 300 mètres!» A partir de ce jour-là, la conception de l'architecture a changé mais en 1889, de nombreuses personnes détestaient ce monstre métallique. En 1909, à la fin de la concession,° on parlait même de démolir la Tour! Elle a néanmoins survécu. Elle symbolise aujourd'hui Paris et a été copiée partout dans le monde.

Notre-Dame, une cathédrale magnifique dont la construction a commencé en 1163 sous Louis VII le Jeune, a été terminée en 1250 sous Saint Louis (Louis IX). La beauté de cette cathédrale tient à l'équilibre de ses proportions et à la pureté de ses lignes. Il a fallu près de cent ans pour la construire. Regardez les différentes étapes des travaux:

La grande rosace était la plus grande qu'on ait osé percer à l'époque. Son dessin a été copié par les maîtres d'œuvres de l'époque.

Le Marais est le quartier situé entre la rue du Temple, les Grands Boulevards et la Seine. La place des Vosges, construite sous Henri IV, au début du XVIIème siècle, en est le centre.

A l'époque, une immense place carrée était une idée nouvelle. La Cour du Roi s'y est réunie pour célébrer le mariage de Louis XIII. Centre de la vie élégante, la place Royale attirait le beau monde et les curieux. C'est en 1800 qu'on a rebaptisé «la Place» place des Vosges.

pole

granting of land

La place des Vosges

Compréhension

1. Parlez de la réaction de Gisèle Halimi à son arrivée à Paris.
2. Pour quelle occasion la tour Eiffel a-t-elle été construite?
3. Combien de temps a duré la construction de Notre-Dame de Paris?
4. Décrivez l'importance de la place des Vosges.

Expansion

Pensez à un bâtiment ou à un monument américain qui a choqué les gens au début. Décrivez les premières réactions des gens. Comment ces réactions ont-elles évolué?

Before reading the poem, have students draw the scene as they imagine it, based on the title.

II. *Le Cancre* par Jacques Prévert

Avant la lecture

Sujets à discuter

1. Avez-vous souvent envie *(feel like)* d'étudier? Quand? Connaissez-vous quelqu'un pour qui étudier est un véritable enfer *(hell)*?
2. Etes-vous toujours attentif(-ve) en classe? Si non, quels sont les moments où votre attention tend à baisser? De qui/A quoi rêvez-vous *(daydream)* dans ces situations-là?
3. Imaginez que vous vous ennuyez horriblement en classe. S'il était possible de faire quelque chose de dramatique pour mettre fin à la classe, que feriez-vous?

Stratégies de lecture

Techniques poétiques: la ponctuation et le rythme
A. Dans ce poème, remarquez l'absence de ponctuation qui est typique de certains poèmes modernes. Quel est l'effet de ce manque de ponctuation?
B. Le rythme aussi est important dans un poème. Pour trouver le rythme des vers *(lines)* de ce poème, comptez le nombre de syllabes dans chaque vers. (Par exemple, «Il dit non avec la tête» a sept syllabes.) Vous allez remarquer quelques changements dans le rythme du poème. Pourquoi Prévert change-t-il ce rythme? D'après ces change-ments de rythme, en combien de parties peut-on diviser ce poème?

*J*acques Prévert (1900–1977) was a very popular French poet and screen-writer who wrote about ordinary subjects and the "simple life." In his poetry he criticizes oppression, pretentiousness, and conventions; he champions freedom, love, and goodness. In the following poem, Prévert sym-pathizes with a **cancre**, a student who does not want to study.

Le Cancre

Il dit non avec la tête
mais il dit oui avec le cœur
il dit oui à ce qu'il aime
il dit non au professeur
5 il est debout
on le questionne
et tous les problèmes sont posés
soudain le fou rire le prend
et il efface° tout   fait disparaître
10 les chiffres° et les mots   numbers
les dates et les noms
les phrases et les pièges°   traps
et malgré° les menaces du maître   in spite of
sous les huées° des enfants prodiges°   cris hostiles / exception-
15 avec des craies de toutes les couleurs   nellement précoces
sur le tableau noir du malheur
il dessine le visage du bonheur.

Jacques Prévert, *Paroles*

Qu'est-ce qui se passe dans cette classe? Qui parle? A quoi est-ce que les élèves pensent?

Après la lecture

Compréhension

A.   Observation et analyse. Répondez aux questions suivantes.

1. Qu'est-ce qui se passe dans la classe du cancre?
2. Pourquoi l'élève interrompt-il la leçon?
3. Qu'est-ce qu'il efface?
4. Quelle est la réaction des meilleurs élèves quand il efface tout?
5. Pourquoi dit-il «le tableau noir du malheur»?

B.   Contrastes. Ce poème est composé de contrastes. Complétez la liste suivante.

Contrastes

non avec la tête   _____
oui à ce qu'il aime   _____
les menaces du maître   _____
tableau noir du malheur   _____

C.   Réactions. Donnez votre réaction.

1. Avez-vous jamais eu une réaction comme celle du cancre pendant un cours ou dans une autre situation? Expliquez.
2. Quelle serait votre réaction si un(e) élève de votre classe agissait comme le cancre?

Activities A and B: Have students work in small groups.

Interactions

A.   Le système d'éducation. Prévert a quitté l'école à quinze ans. A l'aide du poème, expliquez quelles peuvent être les raisons de ce départ précoce. Quel est le visage du bonheur pour lui? Et pour vous?

B.   Le cours idéal. Décrivez le professeur et les cours idéaux. Pensez à la matière; les livres; le style d'enseignement (conférence, travaux pratiques); la personnalité du professeur; etc.

La grammaire à réviser:

Quelques verbes irréguliers: le présent •
Les articles • Les mots interrogatifs

L'université
La nourriture et les boissons
L'invitation

Thèmes

Possible questions to introduce chapter
themes and functions: **Qu'est-ce qui se
passe sur cette photo? Qui sont ces
gens? Qu'est-ce qu'ils discutent?** After
studying the *Expressions typiques
pour…* and *Mots et expressions utiles*
in *Leçon 1,* ask students to write a dialogue that is appropriate for this photo.

Je t'invite...

La grammaire à réviser

The information presented here is intended to refresh your memory of various grammatical topics that you have probably encountered before. Review the material and then test your knowledge by completing the accompanying exercises in the workbook.

▶ Avant la première leçon

Quelques verbes irréguliers: le présent

A. Les plus communs

- **avoir** *(to have)*

j'ai	nous avons
tu as	vous avez
il/elle/on a	ils/elles ont

- **être** *(to be)*

je suis	nous sommes
tu es	vous êtes
il/elle/on est	ils/elles sont

- **aller** *(to go)*

je vais	nous allons
tu vas	vous allez
il/elle/on va	ils/elles vont

- **faire** *(to do; to make)*

je fais	nous faisons
tu fais	vous faites
il/elle/on fait	ils/elles font

B. Verbes en -*ir*

- **partir** *(to leave)*

je pars	nous partons
tu pars	vous partez
il/elle/on part	ils/elles partent

Like **partir: sortir** *(to go out);* **mentir** *(to lie)*

- **dormir** *(to sleep)*

je dors	nous dormons
tu dors	vous dormez
il/elle/on dort	ils/elles dorment

- **servir** *(to serve)*

je sers	nous servons
tu sers	vous servez
il/elle/on sert	ils/elles servent

- **venir** *(to come)*

je viens	nous venons
tu viens	vous venez
il/elle/on vient	ils/elles viennent

Like **venir**: **revenir** *(to come back)*; **devenir** *(to become)*; **tenir** *(to hold)*; **retenir** *(to hold back)*

NOTE: **venir de + infinitif** = *to have just done something*

C. Verbes en *-re*

- **mettre** *(to put; to put on)*

je mets	nous mettons
tu mets	vous mettez
il/elle/on met	ils/elles mettent

Like **mettre**: **permettre** *(to permit)*; **promettre** *(to promise)*; **battre** *(to beat)*

- **dire** *(to say; to tell)*

je dis	nous disons
tu dis	vous dites
il/elle/on dit	ils/elles disent

Like **dire**: **lire** *(to read) (except for the regular* **vous** *form:* vous lisez*)*

- **écrire** *(to write)*

j'écris	nous écrivons
tu écris	vous écrivez
il/elle/on écrit	ils/elles écrivent

Like **écrire**: **décrire** *(to describe)*; **s'inscrire à/pour** *(to join; to sign up for)*

- **prendre** *(to take)*

je prends	nous prenons
tu prends	vous prenez
il/elle/on prend	ils/elles prennent

Like **prendre**: **comprendre** *(to understand)*; **apprendre** *(to learn)*; **surprendre** *(to surprise)*

D. Verbes en *-oir(e)*

- **pouvoir** *(to be able)*

je peux	nous pouvons
tu peux	vous pouvez
il/elle/on peut	ils/elles peuvent

- **vouloir** *(to wish; to want)*

je veux	nous voulons
tu veux	vous voulez
il/elle/on veut	ils/elles veulent

- **devoir** *(to have to; to owe)*

je dois	nous devons
tu dois	vous devez
il/elle/on doit	ils/elles doivent

- **croire** *(to believe)*

je crois	nous croyons
tu crois	vous croyez
il/elle/on croit	ils/elles croient

  Like **croire: voir** *(to see)*

- **valoir** *(to be worth)*

je vaux	nous valons
tu vaux	vous valez
il/elle/on vaut	ils/elles valent

NOTE: The third-person singular form is most often used: **il vaut.**

  valoir mieux *(to be better)*

  valoir la peine *(to be worth the trouble)*

- **falloir** *(to be necessary)*
  il faut

- **pleuvoir** *(to rain)*
  il pleut

▶ Avant la deuxième leçon

Les articles

A. L'article défini

	Singulier	Pluriel
Masculin	le restaurant	les restaurants
Féminin	la gare	les gares
Voyelle ou *h* muet	l'ami	les amis
	l'amie	les amies
	l'hôtel	les hôtels

The definite article contracts with **à** *(at, to, in)* and **de** *(from, of, about)* as follows:

- Definite article with **à**

	Singulier	Pluriel
Masculin	au restaurant	aux restaurants
Féminin	à la gare	aux gares
Voyelle ou *h* muet	à l'hôtel	aux hôtels

- Definite article with **de**

	Singulier	Pluriel
Masculin	du restaurant	des restaurants
Féminin	de la gare	des gares
Voyelle ou *h* muet	de l'hôtel	des hôtels

B. L'article indéfini

	Singulier	Pluriel
Masculin	un hôtel	des hôtels
Féminin	une gare	des gares

C. Le partitif

The partitive article is used with a noun to indicate part of a whole. In English, we use the words *some* or *any* or nothing at all in place of the partitive article. The partitive article in French is a combination of **de** and the definite article.

	Singulier	**Pluriel**
Masculin	du pain	des fruits
Féminin	de la crème	des framboises
Voyelle ou *h* muet	de l'eau	des hors-d'œuvre

Some grammarians do not consider the plural form **des** as a true partitive. They regard it as the plural indefinite article. In practical usage, there is no difference.

Restaurant

CHEZ PAUL

"Le Bistrot Traditions"

13, rue de Charonne   Tél. 01.47.00.34.57
75011 PARIS

Ouvert tous les jours, midi et soir (commande jusqu'à 0h30)

Combien de fois par mois est-ce que vous allez au restaurant? Combien de fois est-ce que vous voudriez y aller?

D. Les expressions de quantité

Expressions of quantity are followed by **de** plus the noun. The article is omitted.

assez de	*enough*
autant de	*as much, as many*
beaucoup de	*many, a lot of*
combien de	*how many, how much*
moins de	*less, fewer*
peu de	*few, little*
plus de	*more*
tant de/tellement de	*so much, so many*
trop de	*too much*
une boîte (un paquet) de	*a box, can (a package) of*
une bouteille (une tasse, etc.) **de**	*a bottle (a cup, etc.) of*
une cuillerée de	*a spoonful of*
une douzaine de	*a dozen of*
un kilo (une livre, etc.**) de**	*a kilo (a pound, etc.) of*
un litre de	*a liter of*
un morceau de	*a piece of*
une paire de	*a pair of*
un peu de	*a little*
une tranche de	*a slice of*

Ce café a **beaucoup de** clients.
This café has many customers.
Il reste **peu de** vin dans son verre.
There is only a little wine left in his/her glass.

EXCEPTIONS: **Bien de, la plupart de, la plus grande partie de,** and **la majorité de** are followed by and combined with the definite article:

La plupart des clients boivent du vin.
Most of the customers are drinking wine.

▶ Avant la troisième leçon

Les mots interrogatifs

où *(where)*
à quelle heure *(when, at what time)*
quand *(when)*
combien *(how much)*
combien de *(how much, how many)*
comment *(how)*
pourquoi *(why)*

Où est-ce que je peux trouver une épicerie?
A quelle heure est-ce que l'épicerie ouvre?
Quand arrivent les pommes de terre nouvelles?
Combien coûte un kilo de bananes?
Combien de kilos voulez-vous?
Comment sont les pêches aujourd'hui?
Pourquoi est-ce que tout est si cher?

NOTE: Both **est-ce que** and inversion are correct in spoken and written information questions, although **est-ce que** is much more common. In spoken French, the following patterns are also increasingly heard:

Un kilo de bananes coûte **combien?**
Pourquoi tout est si cher?

▶Leçon 1   Comment inviter; comment accepter ou refuser une invitation

See sample lesson plans for Ch.2, beginning on p. IG–23 in the Instructor's Guide for thorough coverage of this chapter and for additional activities.

▶ Conversation

🔲 INSTRUCTOR'S TAPE

Premières impressions

Soulignez:
• des expressions pour inviter, accepter et refuser une invitation

Trouvez:
• où habite Eric

Rappel: Have you reviewed the present tense of common irregular verbs? (Text pp. 42–44 and Workbook)

C'est la rentrée.° Isabelle et Eric, amis d'enfance, ne se sont pas vus depuis plusieurs années. Maintenant étudiants à l'université, ils se retrouvent comme par hasard dans le même cours de maths et s'attendent à la sortie de la salle de classe.

la rentrée *start of the new school year*

ISABELLE:	Eh, Eric, salut! Qu'est-ce que tu fais là?
ERIC:	Isabelle, c'est toi? Ça fait longtemps!
ISABELLE:	Oui, euh... à peu près dix ans, hein?
ERIC:	Eh oui, dis donc! Ça va?
ISABELLE:	Oui, ça va bien. Enfin, ça va, quoi! Je trouve qu'il est dur, ce cours! Pas toi?
ERIC:	Si, moi aussi, j'ai du mal. Euh... dis-moi, qu'est-ce que tu fais mercredi?
ISABELLE:	Ecoute, mercredi, en principe, euh, je n'ai rien de prévu.° Mais, attends, je vais vite vérifier° dans mon agenda° ... Ah, ben non, attends... non, j'ai mon cours d'aérobic mercredi soir. Pourquoi?
ERIC:	Ben, maman fait un repas, alors je pensais que tu pourrais venir, peut-être... pour le dîner.
ISABELLE:	Ah! Oui, cela me ferait vraiment plaisir de la revoir! Ça fait longtemps! Oh, oui, mais alors, mercredi, malheureusement, je ne peux pas. Euh... jeudi?
ERIC:	Oui, pourquoi pas?
ISABELLE:	Alors, à quelle heure?
ERIC:	Je ne sais pas, sept heures, sept heures et demie. Ça te va?
ISABELLE:	Oui, très bien. Vous habitez toujours au 36...
ERIC:	En bas de la rue, c'est ça.
ISABELLE:	Très bien, d'accord.
ERIC:	Super! Je confirme avec maman et je te passe un coup de fil,° OK?
ISABELLE:	OK. Ciao!

▶The French tend to use many pause words (i.e., conversational fillers) in oral speech, such as **ben, euh, alors,** and **écoute.** You will study them in *Chapitre 4.*

ne rien avoir de prévu *to have no plans* / **vérifier** *to check* / **un agenda** *engagement calendar*

passer un coup de fil *to give (someone) a telephone call*

A suivre

Observation et analyse

1. Où a lieu *(takes place)* cette conversation?
2. Pourquoi est-ce qu'Eric et Isabelle sont surpris de se revoir?
3. Quels sont les détails de l'invitation: le jour, l'heure, l'endroit, ce qu'ils vont faire?
4. Approximativement quel âge ont Eric et Isabelle? Se connaissent-ils bien? Comment le savez-vous?

Réactions

1. Imaginez que vous rencontrez un(e) vieil(le) ami(e) que vous n'avez pas vu(e) depuis longtemps. Expliquez. Est-ce que vous invitez cette personne à faire quelque chose avec vous? Qu'est-ce que vous lui proposez de faire?
2. Quelle est l'invitation la plus intéressante (bizarre, ennuyeuse) que vous ayez jamais reçue? Expliquez.

De quelle sorte d'invitation s'agit-il? Est-ce que vous accepteriez cette invitation? Expliquez.

Au cours de la séance solennelle
présidée par Madame Michéle GENDREAU-MASSALOUX
Recteur-Chancelier des Universités de Paris,

Le diplôme de Docteur Honoris Causa
de l'Université de Paris-Sorbonne sera décerné

à Sir John BOARDMAN
*Professeur en Art et Archéologie classique
à l'Universitié d'Oxford*

* * *

à M. Wolf LEPENIES
*Professeur de Sociologie
Recteur du Wissenschaftskolleg de Berlin*

le Recteur Jean-Pierre POUSSOU
Président de l'Université de Paris-Sorbonne

et le Conseil de l'Université
vous prient de leur faire l'honneur d'assister à la
séance solennelle de l'Université:

Vendredi 17 juin à 15 heures

Cette cérémonie sera suivie d'une réception.

Cette invitation strictement personnelle sera exigée à l'entrée:
47, rue des Ecoles
75005 PARIS

▶ Expressions typiques pour…

Inviter

(rapports intimes et familiaux)

Si tu es libre, je t'invite au restaurant.
J'ai envie *(feel like)* d'aller au ciné.
  Ça t'intéresse? / Ça te dit? /
  Ça te va?
Qu'est-ce que tu fais ce soir? Tu
  veux venir avec nous?
Si tu étais libre, tu pourrais dîner à
  la maison.

Accepter l'invitation

Oui, c'est une bonne idée.
Entendu!
D'accord. Je veux bien.
Oui, je suis libre. Allons-y!
* Je n'ai rien de prévu.
* Ça me ferait plaisir de…

Refuser l'invitation

* Malheureusement, je ne peux pas ce
  soir-là.
  Tu sais, je n'ai pas le temps ce soir,
  mais…
* Ce n'est pas possible: je suis pris(e)
  (not available).
* Ce serait sympa, mais…

▸ Many of the expressions for
accepting and refusing an
invitation can be used in both
formal and informal contexts,
particularly those that are
starred.

▸ Remember to use the **vous**
form when addressing more
than one person.

Inviter

(rapports professionnels et formels)

Pourriez-vous venir dîner au
  restaurant?
Ça vous intéresserait de…
Nous aimerions vous inviter à…
On se fera un plaisir de vous
  recevoir.

Accepter l'invitation

Ça me ferait grand plaisir.
Volontiers. *(Gladly.)* Je serais
  enchanté(e) de venir.
J'accepte avec plaisir. Merci.
Je vous remercie. *(Thank you.)* C'est
  gentil à vous.

Refuser l'invitation

* Je suis désolé(e) *(sorry)*, mais…
* Merci beaucoup, mais je ne suis pas
  libre.
  C'est gentil de votre part, mais j'ai
  malheureusement quelque chose
  de prévu *(I have plans)*.

▶ Mots et expressions utiles

L'invitation

un agenda   *engagement calendar*
avoir envie de (+ infinitif)   *to feel like (doing something)*
avoir quelque chose de prévu   *to have plans*

donner rendez-vous à quelqu'un   *to make an appointment with someone*
emmener quelqu'un   *to take someone (somewhere)*
être pris(e)   *to be busy (not available)*
ne rien avoir de prévu   *to have no plans*
passer un coup de fil à quelqu'un   *to telephone someone*
poser un lapin à quelqu'un   *(familiar) to stand someone up*
prévoir/projeter de (+ infinitif)   *to plan on (doing something)*
les projets m pl   *plans*
   faire des projets   *to make plans*
regretter/être désolé(e)   *to be sorry*
remercier   *to thank someone*
vérifier   *to check*

Qui?

le chef   *head, boss*
un/une collègue   *fellow worker*
un copain/une copine   *a friend*
le directeur/la directrice   *director*
le/la patron(ne)   *boss*

Quand?

dans une heure/deux jours   *in an hour/two days*
samedi en huit/en quinze   *a week/two weeks from Saturday*
la semaine prochaine/mardi prochain   *next week/next Tuesday*
tout de suite   *right away*

Où?

aller au cinéma/à un concert/au théâtre   *to go to a movie/a concert/the theater*
aller à une soirée   *to go to a party*
aller en boîte   *to go to a nightclub*
aller voir une exposition de photos/de sculptures   *to go see a photography/sculpture exhibit*
prendre un verre/un pot   *(familiar) to have a drink*

Divers

la rentrée   *start of the new school year*
volontiers   *gladly, willingly*

Mise en pratique

Quelle journée! Mon **patron m'a donné rendez-vous** à onze heures ce matin afin de discuter de nos **projets** pour un nouveau compte *(account)*. Eh bien, j'ai travaillé presque toute la nuit pour me préparer et, par conséquent, j'ai peu dormi. Tu sais ce qui est arrivé? Il **m'a posé un lapin!** Il a dû oublier notre rendez-vous (il ne l'a sûrement pas noté dans son **agenda),** et il est parti. A son retour, il m'a dit qu'il **était** vraiment **désolé.** Qu'est-ce que je pouvais lui dire? C'est mon **patron!**

Activités

A. Entraînez-vous: Invitons. Invitez chacune des personnes suivantes, de deux ou trois façons différentes. Aidez-vous des *Expressions typiques pour...*

1. un(e) bon(ne) copain/copine à manger dans un restaurant
2. votre nouveau voisin à dîner chez vous
3. un(e) nouvel(le) employé(e) de votre entreprise à manger à la cafétéria
4. les parents de votre petit(e) ami(e), dont vous venez de faire la connaissance, à dîner chez vous dimanche soir
5. votre grand-mère à passer le week-end chez vous

B. Une leçon de vocabulaire... Aidez votre camarade de classe à apprendre le nouveau vocabulaire en lui donnant un synonyme pour chaque expression. Utilisez les *Mots et expressions utiles.*

1. ne pas aller à un rendez-vous que l'on a avec quelqu'un
2. ne pas être pris(e)
3. désirer faire quelque chose
4. quelqu'un avec qui on travaille
5. le patron
6. boire quelque chose ensemble
7. le contraire de **la semaine passée**
8. être désolé(e)
9. téléphoner à quelqu'un
10. dire merci

C. Conversation entre amis après les cours. Complétez la conversation suivante avec les *Mots et expressions utiles.* Faites les changements nécessaires.

GAËLLE: Est-ce que ça vous intéresse de _____ au café Tantin? J'ai soif!

SYLVIE: C'est une bonne idée. Mais je ne peux pas y rester trop longtemps. Je _____ de retrouver Robert _____ deux heures devant le musée d'Orsay.

MARC: C'est qui, Robert? Un de tes _____ de bureau?

SYLVIE: Oui, et il est très sympa. Si j'arrive en retard, il pensera probablement que je lui *(passé composé)* _____.

GAËLLE: Et toi, Thérèse?

THÉRÈSE: Zut! Je _____, je ne peux pas y aller; j'ai quelque chose _____. En fait, je suis déjà en retard. Au revoir!

THOMAS: Je pense aller voir _____ Picasso ce soir. Quels sont tes _____, Sara? Ça t'intéresse d'y aller?

SARA: Oui, mais je suis _____. J'ai promis à ma petite sœur de l'_____ au cinéma pour voir le nouveau film de Disney.

D. Imaginez. Acceptez ou refusez chacune des invitations suivantes en variant vos réponses. Si vous refusez, donnez une raison. Attention au degré de respect dont vous devez faire preuve.

1. (à M. Journès) Pourriez-vous venir prendre l'apéritif avec nous dimanche?
2. (à un[e] collègue) Ça vous intéresserait d'aller au concert ce soir?
3. (à un[e] copain/copine) Tu es libre demain soir? Viens dîner chez moi.
4. (à votre cousin[e]) Je t'invite à voir la nouvelle pièce de Fernando Arrabal ce week-end.
5. (à votre petit[e] ami[e]) J'ai envie d'aller à la brasserie Turbot après le cours. Tu as quelque chose de prévu?

▶La grammaire à apprendre

Les verbes irréguliers: *boire, recevoir, offrir et plaire*

You have already reviewed the present tense of some very common irregular verbs in *La grammaire à réviser.* The following irregular verbs are important in contexts related to inviting, as well as offering food and drink.

- **boire** *(to drink)*   participe passé: **bu**
je **bois**	nous **buvons**
tu **bois**	vous **buvez**
il/elle/on **boit**	ils/elles **boivent**

  D'habitude, je **bois** du café le matin, mais hier j'**ai bu** du thé.

▶When a **c** is followed by **a, o,** or **u,** a **cédille (ç)** is added under it to keep the soft **c** sound. In a few words, such as **vécu,** the **c** sound is meant to be hard, and thus no **cédille** is used.

- **recevoir** *(to receive; to entertain)*   participe passé: **reçu**
je **reçois**	nous **recevons**
tu **reçois**	vous **recevez**
il/elle/on **reçoit**	ils/elles **reçoivent**

  Like **recevoir**: **décevoir** *(to disappoint)*, **apercevoir** *(to notice, see)*

  Je **reçois** beaucoup de coups de téléphone, mais je n'en **ai** jamais **reçu** de cet homme dont tu parles.

- **offrir** *(to offer)*   participe passé: **offert**
j'**offre**	nous **offrons**
tu **offres**	vous **offrez**
il/elle/on **offre**	ils/elles **offrent**

  Like **offrir**: **ouvrir** *(to open)*, **souffrir** *(to suffer)*

  Ma grand-mère **souffre** d'arthrose. Elle en **a souffert** toute sa vie, la pauvre.

- **plaire** *(to please)*   participe passé: **plu**
Most common forms:	il/elle/on **plaît**	ils/elles **plaisent**

  Like **plaire**: **déplaire** *(to displease)*

  Est-ce que ce restaurant te **plaît?**
  Do you like this restaurant? (Does this restaurant please you?)

NOTE: An indirect object is always used with **plaire** (something or someone is pleasing *to* someone), and thus the word order is the opposite of that in English:

Les mauvaises manières du garçon lui **ont déplu.**
He/She didn't like the waiter's bad manners.
(The waiter's bad manners displeased him/her.)

En 1960 il y avait plus de 200 000 cafés et bistros en France. Aujourd'hui il n'en reste plus que 70 000. *(Francoscopie 1997,* p. 203)

D'après vous, pourquoi est-ce que les cafés et les bistros en France sont en train de disparaître?

Activités

A. Au restaurant. Vous entendez des fragments de conversation. Remplacez les sujets en italique par les sujets entre parenthèses, et faites les changements nécessaires pour compléter les phrases suivantes.

1. *Tu* bois du scotch, n'est-ce pas? (Vous / Elle / Antoine et Adrien)
2. *L'ambiance de ce restaurant* me plaît beaucoup. (Les tableaux / Les nouveaux prix ne... pas / Ce quartier)
3. *Nous* ouvrons bientôt un bistro. (Ils / On / Mon cousin et moi)
4. *Je vous* offre une boisson. (Est-ce que vous me... ? / Le patron nous / Nous vous)
5. *L'attitude du garçon me* déplaît. (Le service nous / Les sports américains ne vous... pas / Votre proposition ne nous... pas, au contraire)

Liens culturels

Les sorties entre copains

Les jeunes Français de vingt ans ou moins n'ont pas l'habitude de sortir en couple. Les sorties à deux sont moins courantes. Si un garçon passe chercher une fille chez elle, c'est en général dans le but de rejoindre un groupe d'amis à un endroit prévu et de décider ensemble de ce qu'ils veulent faire.

Liens culturels: Have students compare dating habits in America and France.

B. Chez Chantal. Chantal reçoit des amis. Dans les extraits suivants de leurs conversations, remplissez les blancs avec la forme appropriée d'un de ces verbes.

recevoir / boire / décevoir / offrir / ouvrir / souffrir / plaire / déplaire

1. Hélène, qu'est-ce que tu _____ ce soir? Du vin?
2. Marc, je peux t'_____ quelque chose à boire aussi?
3. Est-ce que ce vin blanc vous _____?
4. Nous _____ rarement des amis, vous savez. Mon mari et moi travaillons tous les deux et, malheureusement comme tout le monde, nous _____ de la maladie qui s'appelle «le manque de temps»!
5. Et les filles de Marc? Qu'est-ce qu'elles _____? Du coca, comme toujours?
6. Mais qu'est-ce qu'on entend? C'est un disque d'Edith Piaf? J'espère que ses chansons ne vous _____ pas...
7. Bon, tout est enfin prêt. Je vous _____ un repas très simple, mais à la française!

C. Questions indiscrètes. Posez les questions suivantes à un(e) ami(e). Donnez un résumé de ses réponses à la classe.

1. Qu'est-ce que tu bois quand tu vas à une soirée?
2. Que préfères-tu boire après avoir travaillé au soleil?
3. Qu'est-ce que tu bois quand tu manges une pizza? des sandwichs?
4. Tu ouvres une bouteille de vin ou de champagne au réveillon du Nouvel An?
5. Tu souffres de maux de tête ou même de crises de nerfs *(fits of hysterics)* quand tu reçois des amis chez toi? quand tu passes des examens?

▶ Interactions

Use the following information to create conversations with a partner. Try to use the vocabulary and grammar from *Leçon 1* as much as possible.

A. Je t'invite. Your partner is a friend. Greet him/her and make small talk. Invite him/her to have lunch at your house. Your friend accepts. Find out what he/she usually drinks with meals and if he/she likes French cooking. Suggest a date and time. Your friend thanks you for the invitation and you respond accordingly.

B. Invitation à dîner. Call your partner (your mother-in-law who lives in another city) and make small talk. Invite her to spend next weekend at your house. There is an exhibit of impressionist painters **(des peintres impressionnistes)** at the local museum, and you know she likes impressionist art. She politely declines and gives a reason. You suggest the following weekend and she accepts. Set the time and day of arrival. She thanks you for the invitation and you respond politely.

▶ See *Appendice C* for expressions related to telephone behavior.

Activity B: You might want to model the expressions and have students practice them in pairs before working on the **Interactions** activities.

▶ Préparation

In this chapter, you will use comparison and contrast to organize your writing. One benefit of comparison and contrast is that it can be used to help the reader make a decision.

1. Write down the names of two of your favorite restaurants or two of the courses that you are currently taking. In this paper you will be comparing and contrasting both restaurants or both courses with the intention of allowing the reader to make an informed choice.
2. After you have chosen your topic, write a list of similarities and a list of differences between the two restaurants or courses that you are going to describe. Consider the following aspects of your topic and any others that you can think of:
   restaurants: type of food, price, service, atmosphere, size of restaurant, placement of tables
   courses: subjects, teachers, requirements, grades, structure of the classes, tests, projects
3. Show your lists to at least one classmate who will help you brainstorm further ideas.

VOCABULARY: Restaurant; studies, courses; university

Comment offrir à boire ou à manger

⊑⊒ INSTRUCTOR'S TAPE

Rappel: Have you reviewed definite articles, indefinite articles, partitive articles, and expressions of quantity? (Text pp. 44–46 and Workbook)

▶ Conversation (suite)

Premières impressions

Soulignez:
- des expressions pour offrir à boire et à manger, pour accepter ou refuser et pour resservir *(to offer a second helping)*

Trouvez:
- ce qu'on va manger comme entrée[1]
- le fromage qu'Isabelle choisit

C'est jeudi soir chez les Fournier. Eric, Isabelle et Mme Fournier se parlent avant le dîner.

un amuse-gueule *appetizer* / **un apéritif** *before-dinner drink*

ERIC:	Ben, écoute, Isabelle, assieds-toi, je vais chercher les amuse-gueule.° Je te sers un apéritif°?
ISABELLE:	Oui, volontiers, oui!
ERIC:	Un petit kir,[2] peut-être?
ISABELLE:	Un petit kir, oui, j'adore ça!
ERIC:	Et toi, maman?
MME FOURNIER:	Oui, je veux bien, merci... Ah, voilà nos kirs!
ISABELLE:	Merci beaucoup, Eric. A votre santé!
ERIC:	Merci. A la tienne! Tchin-tchin!°

Tchin-tchin! *(familiar) Cheers!*

Pendant le repas...

MME FOURNIER:	Voilà l'entrée avec des cœurs d'artichauts...
ISABELLE:	Hmm... J'adore les artichauts!
MME FOURNIER:	Oui, c'est la saison en ce moment.
ISABELLE:	C'est vraiment un repas délicieux. Les côtelettes de veau° sont un vrai régal.°
MME FOURNIER:	Oh, vous savez, c'est tout simple, hein! Ce n'est vraiment pas grand-chose à faire.
ERIC:	Tu reprends des légumes peut-être?
ISABELLE:	Oui, volontiers. Les haricots verts sont si tendres.

les côtelettes de veau *veal chops*
un régal *treat, pleasure*

▶ Note that this response to a compliment is typical for the French, who tend to minimize compliments in order not to appear egotistical. See **Chapitre 10** for more information.

Un peu plus tard...

MME FOURNIER:	Est-ce que je peux vous servir du fromage? J'ai pris un petit peu de tout. Du brie, du chèvre°...
ISABELLE:	Oh, vous savez, je crois vraiment que je ne peux plus...

le chèvre *goat's milk cheese*

---

[1] Bien que le mot **entrée** signifie le plat principal d'un repas en anglais, il désigne en français le plat servi avant le plat principal.
[2] Un apéritif populaire qui se compose de vin blanc et de crème de cassis *(black currant liqueur).*

On fabrique 325 fromages différents en France. Pourquoi est-ce que les Français produisent tant de fromages, à votre avis?

MME FOURNIER: Laissez-vous tenter° par ce petit chèvre que j'achète chez mon fromager, et qui est toujours excellent!

ISABELLE: Bon, d'accord. Alors, un tout petit peu! Par pure gourmandise,° vraiment.

A suivre

tenter *to tempt; to try*

par pure gourmandise *for the love of food/eating*

Observation et analyse

1. Qu'est-ce qu'on dit avant de boire?
2. Que servent les Fournier comme apéritif? comme entrée? comme viande? comme légume? Que servent-ils d'autre?
3. Pourquoi est-ce que Mme Fournier a décidé de préparer des artichauts pour ce dîner?
4. Quand on est invité à dîner chez les Français, le repas typique (en général) comporte comme ici: une entrée ou des crudités, un plat principal, des légumes, de la salade verte, du fromage, un dessert (souvent des fruits) et du café pour les adultes. Pensez-vous que toutes les préparations pour le dîner ont dérangé Mme Fournier? Expliquez.

Réactions

1. Normalement, qu'est-ce que vous buvez avant un grand dîner? et après?
2. Avez-vous jamais mangé du brie? du chèvre? Si oui, comment avez-vous trouvé le goût de ces fromages?
3. Est-ce que les Français et les Américains accordent la même importance au fromage? Expliquez.

▶ Expressions typiques pour...

Offrir à boire ou à manger
(rapports intimes et familiaux)

Je t'offre/te sers quelque chose à
   boire/à manger?
On se boit un petit apéro?[3]
Tu veux du café?
Tu mangeras bien quelque chose?

Offrir à boire ou à manger
(rapports professionnels et formels)

Est-ce que je peux vous servir
   quelque chose?
Vous prendrez bien l'apéritif?
Vous laisserez-vous tenter par ce
   dessert au chocolat?
Que puis-je vous servir?

▶ These expressions for accepting food and drink can be used in both formal and informal contexts.

Accepter
Oui, merci. Je veux bien.
Oui, merci bien.
Oui, volontiers.
Avec plaisir.
Je me laisse tenter. *(I'll give in to
   temptation.)*
Je veux bien, mais c'est par pure
   gourmandise.

Refuser
Non, merci. Ça va comme ça.
Ce sera tout pour moi, merci.
Merci.[4]
Je n'ai plus faim, merci.
Merci, mais je crois vraiment que je
   ne peux plus. *(I've had enough.)*

Resservir
(rapports intimes et familiaux)

Encore un peu de vin?
Tu en reprends un petit peu?
Je te ressers?

Resservir
(rapports professionnels et formels)

Vous allez bien reprendre un peu de
   quiche?
Puis-je vous resservir?

---

[3] (familiar) shortened form of **apéritif**
[4] with slight shake of the head to indicate "no, thank you."

▶ Mots et expressions utiles

La nourriture et les boissons

L'Atrium
vous propose...

Buffet froid°

Assiette de charcuterie° 45,40   /   Assiette-jambon de Paris 37,40
Œuf dur° mayonnaise 20,85

SALADES COMPOSÉES°

Salade de saison° 21,00   /   Thon° et pommes de terre à l'huile 30,65
Salade niçoise (thon, anchois°, œuf, pommes de terre, tomate, poivron vert°) 50,40
Artichauts vinaigrette 26,65

ŒUFS

Omelette nature° 30,90   /   Omelette jambon 33,75

Buffet chaud°

VIANDES

Côtelettes de porc° 40,40   /   Côtes d'agneau° aux herbes 70,50
Brochette de poulet 60,40   /   Steak frites 45,40   /   Lapin° forestier 45,15
Veau° à la crème 55,80

LÉGUMES°

Asperges° 15,65   /   Choucroute° 43,15   /   Épinards° 12,70   /   Petits pois° 12,70
Haricots verts° 17,65

PÂTES° 21,35

FROMAGES°

Chèvre° 18,95   /   Fromage blanc 19,95   /   Gruyère, Camembert 18,95
Yaourt° 15,00   /   Roquefort 20,00

Gourmandises°

DESSERTS

Tarte aux pommes° 25,20   /   Crème caramel 20,00
Coupe de fruits au Cointreau° 20,25

GLACES-SORBETS°

Poire Belle Hélène (poire, glace vanille, sauce chocolat, chantilly°, amandes grillées) 30,85
Banana Split (glace vanille, fraise, chocolat, banane, chantilly) 33,85

Vins (au verre)

Côtes-du-Rhône 15,20   /   Beaujolais 20,00   /   Sauvignon 15,20
Bordeaux blanc 15,20

Bières

Pression° 10,00   /   Heineken 16,50   /   Kronenbourg 15,20

Boissons fraîches

¼ Perrier° 18,00   /   ¼ Vittel° 18,00   /   Fruits frais pressés 20,00
Lait froid 12,00   /   Orangina° 18,00

Service 15% compris. Nous acceptons la «Carte Bleue». La direction n'est pas responsable des objets oubliés dans l'établissement.

cold dishes

cold cuts
hard-boiled egg

salads
seasonal salad / tuna
anchovies / green pepper

plain

warm dishes

pork chops / lamb chops
rabbit
veal

vegetables
asparagus / sauerkraut / spinach / peas / green beans

noodles, pasta

cheeses
goat cheese
yogurt

delicacies

apple pie
fruit salad with Cointreau

ice cream-sherbert
whipped cream

draft

sparkling mineral water / mineral water / orange soft drink

Au repas

accueillir   *to welcome, greet*
un amuse-gueule   *appetizer, snack*
un apéritif   *a before-dinner drink*
A votre/ta santé! (A la vôtre!/A la tienne!)   *To your health!*
une boisson gazeuse   *carbonated drink*
Bon appétit!   *Have a nice meal!*
la gastronomie   *the art of good cooking*
un gourmet   *one who enjoys eating but eats only good quality food*
quelqu'un de gourmand   *one who loves to eat and will eat anything, especially sweets*
resservir   *to offer a second helping*
Tchin-tchin!   *(familiar) Cheers!*

Mise en pratique

Hmm... qu'est-ce que je pourrais prendre... ? Du **veau à la crème** avec des **asperges?** Ou une salade de **thon,** d'**anchois** et de tomates? Une **tarte aux pommes** ou un **sorbet?** Un petit verre de **vin** ou une **boisson gazeuse.** Hmm... C'est tellement difficile de choisir!

• •

Activités

▶ **Offrir** in this context means that you are going to buy your friend a drink.

Ask students to bring food products from the francophone world to have a French picnic in the classroom. As they volunteer to bring different items, one student can be in charge of writing the menu for the day. During the picnic, students practice functions and grammar from Chs. 1 and 2 as they greet, make small talk, offer and ask for help, and offer food and drink.

A. Entraînez-vous: Au café. Qu'allez-vous offrir à ces personnes? Utilisez la liste des boissons à la page 59 comme guide. Employez aussi les différentes boissons de la liste à la page 61.

    MODÈLE: Vous emmenez un ami au café.
            Je t'offre un coca?

1. Vous emmenez un(e) client(e) au restaurant.
2. Vous invitez un(e) collègue à la maison pour prendre quelque chose à boire.
3. Vous allez en boîte avec des copains.
4. Votre patron(ne) prend l'apéritif chez vous.
5. Votre grand-mère est au café avec vous.

B. Oui ou non. Allez-vous accepter ou refuser? Avec un(e) partenaire, jouez les scènes suivantes. Variez vos réponses en tenant compte de votre interlocuteur.

1. Un(e) ami(e) vous offre l'apéritif.
2. Votre mère vous offre du lait chaud et vous détestez ça.
3. Le professeur de français vous offre un morceau de fromage de chèvre pendant une petite fête dans la salle de classe.
4. L'ambassadeur de France vous offre un kir à un cocktail officiel.
5. Un(e) collègue vous invite à prendre un pot.
6. Le patron (La patronne) vous offre un chocolat chaud. Vous êtes allergique au chocolat.

BOISSONS

Eau minérale	½ L 1 L		Bière 1664 Kronenbourg 25 cl	18 F
Perrier 33 cl		18 F	Ricard-Pontarlier 2 cl	15 F
Badoit-Vittel	18 F 20 F		Martini 5 cl	18 F
Evian	20 F		Whisky 4 cl	35 F
Jus de fruits		18 F	Baby Whisky 2 cl	18 F
Coca Cola		18 F	Gin 2,5 cl	30 F
Schweppes		18 F	Porto 4 cl	30 F
Orangina		18 F	Cognac 4 cl	35 F
Limonade ¼ L		15 F	Vin rouge Bt "Btes Côtes"	55 F
Café-Thé		10 F	Vin rouge Bt "Santenay"	95 F
Infusion-Chocolat		10 F	Bouteille de champagne	225 F
Vin rouge Pichet 25 cl		15 F	½ Bouteille de champagne	100 F
Vin rouge Pichet 50 cl		25 F		

PRIX NETS

Notre prestation servie sur plateau étant assurée par le personnel accueil, une légère attente est possible, nous vous remercions de votre patience.

Quelles boissons est-ce que vous préférez? Lesquelles est-ce que vous prenez le plus souvent?

C. Sur le vocabulaire. Le serveur se trompe! Trouvez son erreur dans les phrases suivantes.

1. Aujourd'hui, comme salades, nous avons... une salade au crabe / une salade niçoise / une omelette nature / du thon et des pommes de terre à l'huile.
2. Comme plat de viande... du poulet / un steak / du lapin / une assiette de charcuterie.
3. Comme dessert... des côtes d'agneau / une crème caramel / une poire Belle Hélène / de la tarte.
4. Et pour boire... une pression / des coupes de fruits / des boissons gazeuses / des fruits frais pressés.
5. Maintenant, c'est à vous de créer un exemple! Faites une liste de quatre plats dont l'un ne s'accorde pas avec les autres.

D. Imaginez. Utilisez les nouveaux mots de vocabulaire et ceux que vous avez appris auparavant pour imaginer les repas suivants.

1. Décrivez le déjeuner de quelqu'un qui a toujours un énorme appétit.
2. Imaginez le repas de deux végétariens.
3. Vous invitez Jacques Pepin à dîner chez vous. Qu'est-ce que vous préparez?
4. Décrivez votre repas préféré.

E. Vous désirez? Utilisez le menu à la page 59 pour jouer les rôles de client(e) et serveur/serveuse au restaurant. Attention! Vous n'avez que 200 F à dépenser!

Liens culturels

Les repas en France

Pendant le repas, gardez les mains sur la table de chaque côté de votre assiette. Vous mettrez le pain directement sur la table. Sauf pendant le petit déjeuner, mangez-le sans beurre en petits morceaux que vous détachez discrètement. Les tartines du petit déjeuner se mangent entières et avec du beurre et de la confiture.

En France, on fait souvent resservir les invités et il est poli de reprendre un peu de l'un des plats (même en petite quantité). Il est aussi poli de refuser en disant que c'est très bon mais qu'on n'a plus faim. Les repas français sont plus longs que les repas américains parce qu'en général, les Français ne mangent pas entre les repas. Les enfants, cependant, prennent un goûter en rentrant de l'école, et

de plus en plus de jeunes grignotent *(snack)* au lieu de déjeuner.

Après le repas, restez pour bavarder avec vos hôtes. Si vous fumez, offrez des cigarettes aux autres. En partant, complimentez l'hôte/l'hôtesse pour son repas.

En quoi les habitudes américaines sont-elles différentes?

Liens culturels: Bring in silverware and bread and ask a student to demonstrate what she or he learned in the reading.

Ask students some simple, personalized questions to initiate practice of the articles: **A quelle heure prenez-vous le petit déjeuner? Et le déjeuner? Et le dîner? Qu'est-ce que vous mangez au déjeuner? Et au dîner? Et le soir, pendant que vous étudiez, qu'est-ce que vous buvez? Et le matin?**

▶ La grammaire à apprendre

Les articles: choisir l'article approprié

You have reviewed the various types and forms of articles in *La grammaire à réviser.* The focus will now be on choosing the proper article.

A. The partitive article (**du, de la, de l', des**) is used to indicate that you want *some* part of a quantity. It is used for "mass" nouns, things that cannot be or are not usually counted.

> D'abord, il commande **des** crudités et **du** pain. Ensuite, il prend **du** lapin, **des** asperges et **de la** salade.
> *First of all, he orders some raw vegetables and bread. Next he has rabbit, asparagus, and salad.*

NOTE: A partitive article is also used when mentioning abstract qualities attributed to people:

> Le serveur a **de la** patience avec ce client.
> *The waiter has patience (is patient) with this customer.*

B. The definite article (**le, la, l', les**) is used to:

- designate a specific object
  > Peux-tu me passer **le** sel et **le** poivre, papa? Et **l'**eau, s'il te plaît?
  > *Can you pass me the salt and pepper, Dad? And the water, please?*

- express general likes, dislikes, and preferences
  > Comme boisson, j'aime **l'**eau minérale, Evian ou Perrier, et **le** café.
  > *As for drinks, I like mineral water, Evian or Perrier, and coffee.*

- make generalizations about objects, people, or abstract subjects
  > J'admire **la** patience et **la** compétence chez un serveur.
  > *I admire patience and competence in a waiter.*
  > **Les** vins français sont plus secs que **les** vins américains.
  > *French wines are drier than American wines.*

The definite article is also used with geographical names (countries, continents, mountains, lakes, rivers), names of seasons, names of languages, titles (e.g., **le commandant Cousteau**), and names of subjects and leisure activities (**les maths/la natation**).

C. The indefinite article (**un, une, des**) is used to talk about something that is not specified or specific and corresponds to the English *a, an,* and *some.* If you can count the number of items you are mentioning, you will often use the indefinite article.

> Il y a **une** orange, **une** banane et **des** raisins dans la salade.
> *There are an orange, a banana, and some grapes in the salad.*
> Achetons **un** fromage de chèvre et **un** camembert.
> *Let's buy a goat's milk cheese and a camembert.*

When speaking French, you will normally use **des** with a plural noun to express indefiniteness. In English we often omit this article.

> Le brie et le camembert sont **des** fromages à pâte molle.
> *Brie and camembert are soft cheeses.*

D. It can be difficult to differentiate between the definite article and the partitive article, especially when the definite article is used in a general sense. The statement **les pommes sont bonnes** means that all apples, or apples in general, are good. When talking in general terms the definite article is usually used. Common verbs used with the definite article to state a preference are **admirer, adorer, aimer, détester, préférer,** and **aimer mieux.**

> Elle préfère **le** Beaujolais.
> *She prefers Beaujolais wine.*

Il y a des pommes sur la table implies that *there are some apples on the table*. The possible use of *some* in English should give you the hint that the partitive article is appropriate. Sometimes, however, it is not used in English.

Je mange souvent **des** pommes.
I often eat apples.

The partitive is often used with the following verbs: **acheter, avoir, boire, demander, donner, manger, prendre,** and **vendre.**

Elle boit souvent **du** vin rouge.
She often drinks red wine.

Observe these examples to help you discern the correct article:

L'article défini	**L'article partitif**
Elle adore **la** bière.	Elle vend **de la** bière dans son supermarché.
Il déteste **le** lait.	Il prend **du** lait seulement dans son café le matin.

NOTE: If you want to say that you like some type of food or drink, the following constructions can be used:

J'aime **certains** fromages.
Il y a **des** fromages que j'aime (et **d'autres** que je n'aime pas).

E. As you may remember, when you use an expression of quantity, no article follows **de.** The same is true for a negative expression of quantity.

Il reste un peu **de** jus d'orange.
There is a little orange juice left.
Il y a **du** jus d'orange dans le réfrigérateur.
There is some orange juice in the refrigerator.
Il n'y a pas **de** jus d'orange dans le congélateur.
There is no orange juice in the freezer.
Tu veux **du** café, alors?
Do you want some coffee, then?
Non merci, je ne veux pas **de** café.
No thank you, I don't want any coffee.

Activités

A. Conversation au café. Le café est un endroit très bruyant! On dirait que tout le monde parle en même temps. Complétez les fragments de conversation suivants. N'oubliez pas de conjuguer les verbes et d'ajouter les articles appropriés.

1. Tu / préférer / boire / boissons gazeuses / ou / boissons alcoolisées?
2. Nous / commander / coca.
3. Moi, je / ne... jamais / prendre / boissons alcoolisées. Je / prendre / eau minérale.
4. Anglais / à cette table là-bas / boire / trop / vin!
5. Serveuse / avoir / patience / avec / Anglais, n'est-ce pas?

B.   Une lettre. Edouard vient de recevoir une lettre d'Amérique, mais elle a été endommagée *(damaged)* pendant son transport et quelques passages ne sont pas très lisibles. Aidez Edouard à lire la lettre en remplissant les blancs avec l'article défini ou indéfini, le partitif ou **de**, selon le cas.

le 4 novembre

Cher Edouard,

   Dans ta dernière lettre, tu m'as demandé _____ nouvelles d'Allal. Tu sais qu'il devait partir le 8 septembre. Il a été très heureux de son séjour. _____ semaine dernière, il a tenu à remercier ses amis pour tout ce qu'ils avaient fait pour lui pendant son séjour aux Etats-Unis. Il a décidé de nous inviter à prendre _____ «brunch» chez lui. Il voulait servir _____ repas français, marocain et américain. Il a servi _____ jus d'orange et _____ café au début. Il a mis beaucoup _____ pain sur _____ table. Il a préparé _____ belle omelette décorée avec _____ olives et _____ tranches _____ tomates. _____ viande était assaisonnée avec _____ épices arabes. _____ dessert était bien américain—_____ «bananas splits»! Nous avons accompagné le tout d'un bon thé à la menthe. Dommage que tu n'aies pas pu être des nôtres.
   Grosses bises,

Jessica

C.   Généralisations. Utilisez des stéréotypes pour compléter les phrases suivantes.

1.   Aux Etats-Unis, on mange souvent...
2.   Au contraire, en France, on préfère...
3.   Avec les repas, les Américains prennent souvent...
4.   Mais les Français boivent...
5.   Les Américains pensent que les Français ne... pas...
6.   Mais les Français pensent que les Américains mangent trop...

D.   Questions indiscrètes? Posez les questions suivantes à un(e) ami(e). Donnez un résumé de ses réponses à la classe.

1.   LE PETIT DÉJEUNER: A quelle heure est-ce que tu prends le petit déjeuner? Qu'est-ce que tu bois? Qu'est-ce que tu manges?
2.   LE DÉJEUNER: Où est-ce que tu déjeunes quand tu es sur le campus? Qu'est-ce que tu manges le plus souvent? Qu'est-ce que tu préférerais manger si tu avais plus de temps ou plus d'argent?
3.   LE GOÛTER *(snack around 4 P.M.):* Tu prends un goûter? Et quand tu étais petit(e)? Tu grignotes *(Do you snack)* souvent entre les repas?
4.   LE DÎNER: A quelle heure est-ce que tu dînes? Qu'est-ce que tu prends au dîner? Tu invites souvent des amis à dîner? Parle de ce que tu leur sers.

▶ Interactions

Use the following information to create conversations with a partner. Try to use the vocabulary and grammar from *Leçon 2* as much as possible.

A. Invitation à la maison. You want to invite a special friend to eat at your home. Before that day arrives, ask if he/she:

1. prefers meat or fish
2. enjoys French wine
3. likes coffee
4. watches television during meals
5. can leave (**laisser**) his/her dog at home
6. likes desserts

B. Invitation au café. You invite a good friend to have an aperitif with you in a neighborhood café.

1. Ask him/her what you can buy him/her to drink.
2. Discuss the weather and daily activities.
3. Offer him/her another drink.
4. Ask about his/her family or some mutual friends you haven't seen in a while.
5. Give a reason why you must leave.

▶ To form comparisons in French, follow these models:
plus/moins/aussi + adjective
+ **que**
plus/moins/aussi + adverb
+ **que**
plus de/moins de/autant de
+ noun + **que**
For more information, see
Chapitre 9, pp. 354–356.

▶ Premier brouillon

1. Use the characteristics that you brainstormed in Lesson 1 to begin writing your first draft. Write an introductory paragraph in which you acquaint the reader with your topic.
2. In your second paragraph, present the similarities between the two restaurants or courses.
3. In your third paragraph, describe the differences between the two.
4. Write a draft of your concluding paragraph in which you summarize your main points. You may want to recommend one of the two restaurants or courses or allow the reader to make his or her own decision.

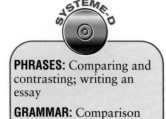

PHRASES: Comparing and contrasting; writing an essay

GRAMMAR: Comparison que

►Leçon 3 Comment poser des questions et répondre

► Conversation (conclusion)

INSTRUCTOR'S TAPE

Rappel: Have you reviewed interrogative expressions? (Text p. 46 and Workbook)

Premières impressions

Soulignez:
• des mots spécifiquement utilisés pour poser des questions

Trouvez:
• où est M. Fournier en ce moment
• où est le frère d'Isabelle

Après le repas, Isabelle, Eric et Mme Fournier se sont assis dans le salon. Ils sont en train de discuter de choses et d'autres.°

discuter de choses et d'autres *to talk about this and that*

ISABELLE: Oh, c'était délicieux, madame. Vous êtes un vrai cordon-bleu.° Merci beaucoup.

un vrai cordon-bleu *gourmet cook*

MME FOURNIER: De rien, cela m'a fait plaisir de vous revoir.

ISABELLE: Oui, moi aussi. Et M. Fournier, où est-il?

MME FOURNIER: Ah, il est parti en voyage d'affaires à Boston. Il voyage beaucoup avec son travail.

ERIC: C'est vrai. On ne le voit plus jamais ou presque. Il a toujours un congrès° quelque part.

un congrès *conference*

MME FOURNIER: Il y a tellement de choses qui changent en médecine. Il faut rester au courant. Et avec ses responsabilités de chef du service de cardiologie, il n'a pas le choix.

ISABELLE: Oui, pour ma mère, c'est pareil.° Elle voyage tout le temps pour son travail. C'est fou!

pareil *same*

MME FOURNIER: Oui, d'ailleurs comment va-t-elle?

ISABELLE: Elle va bien. Le petit cabinet de comptabilité qu'elle a créé il y a longtemps s'est beaucoup agrandi. Donc, ça prend tout son temps...

ERIC: Et ton frère, Christian, qu'est-ce qu'il devient?°

Qu'est-ce qu'il devient? *(familiar) What's become of him?*

ISABELLE: Christian, euh... eh bien, il est professeur d'histoire, comme il le voulait, mais il prend une année sabbatique en ce moment pour donner des conférences° sur son nouveau livre.

une conférence *lecture*

MME FOURNIER: Ah, très bien... Bon, quand mon mari sera de retour, on se fera un plaisir de vous recevoir à nouveau.

ISABELLE: Oui, ça me fera très plaisir aussi! C'est vraiment gentil.

ERIC: Allez, je te raccompagne en voiture...

ISABELLE: Volontiers... Bon, alors, merci beaucoup, madame.

Observation et analyse

1. Quelle est la profession de M. Fournier? et celle de Christian?
2. Que pensent Eric et Isabelle des voyages de leurs parents?
3. Décrivez le frère d'Isabelle.
4. Quelle invitation est-ce qu'Isabelle reçoit?
5. Quel est le statut socio-économique des familles d'Eric et d'Isabelle?

Réactions

1. Est-ce que votre père ou votre mère part souvent en voyage d'affaires? Si oui, quelle est la réaction des enfants? Quelles questions est-ce qu'il/elle pose à son retour?
2. Quelle sorte de questions est-ce que vous posez quand vous n'avez pas vu quelqu'un depuis longtemps?

▶ Expressions typiques pour...

Poser des questions et répondre

• In general, when seeking information from someone, you should first use expressions that lead up to questions so as not to appear too rude or blunt. For example:

A un(e) inconnu(e)
Pardon, monsieur. Pourriez-vous me dire... ?
Excusez-moi, madame, mais est-ce que vous savez... ?
J'aimerais savoir... , s'il vous plaît.

A votre ami(e)
Est-ce que tu peux m'indiquer...
Est-ce que tu sais...
Dis-moi, s'il te plaît...
Excuse-moi, mais...

• Asking questions can take many forms. You may wish to request information about time, location, manner, number, or cause, as in the following situation:

VOYAGE À PARIS: Où se trouve la tour Eiffel?
Il y a un ascenseur pour y monter?
Mon Dieu! Pourquoi il y a tant de touristes ici?

• Or you may wish to ask about persons or things:

Qui va monter avec moi? Mimi?
Qu'est-ce que tu fais? Allons-y!
Regarde la belle vue! Lequel de tous ces bâtiments est notre hôtel?

• Most answers to requests for information are fairly straightforward:

—Est-ce que vous savez où se trouve la sortie?
—Mais oui, mademoiselle. Là-bas, au fond à droite.

• However, an affirmative answer to a negative question requires the use of **si,** instead of **oui:**

—Ce billet *(ticket)* n'est plus valable *(valid)*?
—**Si,** mademoiselle, il l'est toujours.

▸ Mots et expressions utiles

L'enseignement

assister à un cours   to *attend a class*
une conférence   *a lecture*
un congrès   *a conference*
se débrouiller   to *manage, get along*
échouer à   to *fail*
facultatif (facultative)   *elective; optional*
les frais d'inscription m pl   *registration fees*
une leçon particulière   *a private lesson*
une lecture   *a reading*
manquer un cours   to *miss a class*
une matière   *a subject, course*
la note[5]   *grade*
obligatoire   *required*
passer un examen   to *take an exam*
rater   to *flunk*
rattraper   to *catch up*

redoubler un cours   to *repeat a course*
réussir à un examen   to *pass an exam*
réviser (pour)   to *review (for)*
sécher un cours   to *cut a class*
se spécialiser en   to *major in*
tricher   to *cheat*

Divers

discuter de choses et d'autres   to *talk about this and that*
pareil(le)   *same*

Additional vocabulary: **un cours magistral** *lecture course;* **manifester** *to protest; to demonstrate;* **préparer (un examen)** *to prepare, study for an exam;* **se présenter à (un examen)** *to be a candidate for an exam;* **la rentrée (des classes)** *beginning of the school year;* **les travaux dirigés (TD)** m pl *recitation;* **les travaux pratiques (TP)** m pl *exercises*

Mise en pratique

Mes parents me disent que si j'**échoue à** mes examens de fin d'année, ils ne paieront plus mes **frais d'inscription.** Oh, mais ce sont des soucis *(worries)* inutiles! Je **me débrouille bien** dans mes cours. Je n'**ai manqué** que deux ou trois **cours** ce semestre, j'**ai assisté à** toutes les **conférences** et j'ai fait toutes les **lectures,** même dans les **matières facultatives,** et mes **notes** sont bonnes. Mais je dois **réviser pour** l'examen final parce que j'ai pris du retard la semaine passée. Il y avait beaucoup de boulot au magasin où je travaille et j'ai fait des heures supplémentaires. Il faut que je **rattrappe.** Je ne veux tout de même pas **rater** le dernier examen!

---

[5] En France, les notes vont de 0 à 20: 17–20 = **très bien;** 14–16 = **bien;** 12–13 = **assez bien;**
10–11 = **passable;** moins de 10 = **insuffisant** (ne permet pas de passer dans la classe supérieure)

Liens culturels

Le bac

«Passe ton bac d'abord!» est la litanie que des générations de parents ont déversé *(have poured out)* sur des générations de lycéens. Le bac, l'examen qui marque la fin des études du lycée, est le visa nécessaire à l'entrée dans la vie professionnelle. Il ouvre les portes des universités et entrouvre *(half opens)* celles des grandes écoles.[6] En 1995 67.1 pour cent des lycéens réussissent le bac, mais il faut dire que ce n'est pas sans effort. Il y a des «recettes» *(recipes)* pour réussir qui sont publiées. Les respectables *Annales Vuibert* tiennent une large part du marché. Il y a aussi des manuels de révision: *Anabac, Prépabac, Point*

Bac. Des compagnies privées offrent des leçons particulières; le centre national d'enseignement offre des cours de soutien *(support);* il y a aussi des séjours linguistiques à l'étranger pour perfectionner les langues étudiées. Le Minitel[7] dispense aussi des conseils sur l'orientation et fournit des exercices et révisions pour le bac. L'existence d'un fort taux de chômage *(high rate of unemployment)* provoque beaucoup d'anxiété dans toutes les familles. Comme il y a un grand nombre de clients potentiels, il y a aussi une grande industrie du bac.

En juin 1996, *l'Express* a préparé un «grand quiz» pour que les parents et leurs enfants puis-

sent vérifier s'ils ont le niveau du bac. Ils pouvaient choisir 60 questions selon leur profil en tant que littéraires, scientifiques ou économistes. Voici plusieurs questions dans les catégories Histoire, Géographie et Anglais:

• En quelle année le mur de Berlin a-t-il été édifié?
• Quel président des Etats-Unis a été contraint à la démission en 1974?
• Combien y a-t-il d'états aux Etats-Unis?
• Quel est le pays qui connaît aujourd'hui la plus forte croissance économique?

Est-ce que vous pourriez réussir au bac?

Activités

A. Entraînez-vous: La recherche de renseignements. Posez les questions suivantes de manière courtoise en utilisant les *Expressions typiques pour...*

MODÈLE: (à un[e] inconnu[e]) où se trouve le musée Pablo Picasso
—*Pardon, monsieur: Pourriez-vous me dire où se trouve le musée Pablo Picasso?*

1. (à votre ami[e]) à quelle heure est notre cours d'anglais
2. (à votre ami[e]) où l'on peut acheter un CD-ROM encyclopédie
3. (à un[e] inconnu[e]) combien coûtent les livres pour le cours de philosophie
4. (à un[e] inconnu[e]) où je pourrais trouver la salle où a lieu la conférence du Professeur Rousset
5. (à votre ami[e]) à quelle heure ouvre la cafétéria

---

[6] Les grandes écoles sont des écoles supérieures spécialisées et prestigieuses où l'on peut être admis en réussissant à un examen très compétitif que l'on prépare pendant deux ans (minimum) après le bac. (Exemples: Ecole polytechnique, Ecoles normales supérieures, Hautes Etudes commerciales.)

[7] Le Minitel (nom composé où **tel** vient de **terminal** ou **téléphone**) est un terminal qui permet de consulter une banque de données vidéotex. Il est commercialisé par France Télécom. De plus en plus de Français en possèdent un à la maison et l'utilisent dans leur vie quotidienne, pour savoir l'horaire des trains, avoir le bulletin-météo, etc.

B. Vous êtes le prof. Vos élèves ne comprennent pas les mots suivants. Aidez-les en leur donnant un synonyme pour chaque élément du premier groupe et un antonyme pour les éléments du deuxième groupe. Utilisez les ***Mots et expressions utiles.***

Synonymes

1. une réunion professionnelle
2. un discours littéraire ou scientifique
3. une évaluation
4. se présenter à un examen
5. parler de beaucoup de choses différentes
6. quelque chose qu'on lit

Antonymes

1. assister à un cours
2. obligatoire
3. une matière obligatoire
4. réussir à un examen
5. différent

Additional activity: Trouvez quelqu'un...
• qui sait qui a inventé la guillotine
• qui sait qui a inventé la pénicilline
• qui connaît les fromages de France
• qui préfère le vin français au vin de Californie
• qui a jamais bu du Marie-Brizard
• qui souffre d'allergies
• qui a déjà vu une exposition d'art à Paris
• qui ne reçoit jamais d'amis à la maison

▶La grammaire à apprendre

Les pronoms interrogatifs

When forming information questions in French with interrogative pronouns, different forms are used according to whether you are referring to persons or things, and whether you are referring to a subject, direct object, or object of a preposition. Either **est-ce que** or inversion can be used, although **est-ce que** is more common. (See contexts below where neither is used.)

A. Questions sur les gens *(who/whom)*
Regardless of how it is used in the question, **qui** will be appropriate.

- **Qui** emmène papa à l'aéroport? *(subject)*
  Neither inversion nor **est-ce que** is used. **Qui est-ce qui** is an alternate form, although the simple **qui** is more commonly used.

- **Qui** est-ce qu'il va rencontrer au congrès? *(direct object)*
  Qui va-t-il rencontrer au congrès?

- Chez **qui** est-ce qu'il compte rester? *(object of preposition)*
  Chez **qui** compte-t-il rester?

  Questions about objects of prepositions begin with the preposition, contrary to spoken English.

  NOTE: **Qui** does *not* contract: **Qui** est ici?

B. Questions sur les choses *(what)*
The manner in which the word *what* is used in the sentence determines which interrogative expression is used. Note the different forms used below.

- **Qu'est-ce qui** se passe? *(subject)*
  Neither inversion nor **est-ce que** is used.

- **Qu'est-ce que** tu bois?
  Que bois-tu? *(direct object)*

  Short questions with a noun subject and simple tense use the order **que** + verb + subject: **Que** boivent tes amis?

  NOTE: **Que** contracts to **qu'** before a vowel or mute **h**: **Qu'**as-tu bu?

Begin review of the interrogative pronouns by asking students to name an interrogative pronoun and give its grammatical function. Make a list of these on the board as students name them.

- Avec **quoi** est-ce que nous pouvons ouvrir cette bouteille? *(object of preposition)*
  Avec **quoi** pouvons-nous ouvrir cette bouteille?

C. **Demander une définition**
  Qu'est-ce que c'est?   *What is it?*
  Qu'est-ce que la démocratie?   *What is democracy?*
  Qu'est-ce que c'est que la démocratie?   *What is democracy?*
  La démocratie, c'est quoi?   *(familiar) What is democracy?*

  In all four cases, you are asking for a definition or explanation of what something is.

Activités

A. Imaginez. Vous vous trouvez à une soirée organisée par le patron de votre fiancé(e). L'hôtesse et les invités vous ont posé beaucoup de questions. Voici vos réponses. Imaginez les questions qui ont inspiré chacune de vos réponses.

1. Je voudrais *un coca*, s'il vous plaît.
2. Je suis venu(e) avec *ma fiancée Nathalie (mon fiancé Christophe).*
3. Ça? *Oh, ce ne sont que les initiales de mon nom.*
4. Malheureusement, *on ne passe pas grand-chose d'intéressant* au cinéma ce soir.
5. En dehors de mon travail, je m'intéresse surtout au *cinéma et au théâtre.*
6. C'est *un ami de Bruno.*

B. Au restaurant. Dans un restaurant, vous entendez le garçon poser les questions suivantes. Remplissez les blancs avec **qui, que, quoi,** etc., selon le cas. N'oubliez pas d'utiliser **est-ce que** si nécessaire.

1. Bonjour, monsieur. _____ aimeriez-vous manger aujourd'hui? *(What)*
2. _____ vous voudriez boire? *(What)*
3. Pardon, monsieur, mais _____ a commandé la salade niçoise? *(who)*
4. _____ vous plairait comme dessert? *(What)*
5. _____ vous a recommandé ce restaurant? *(Who)*
6. _____ je pourrais vous apporter? *(What)*
7. «Une Cadillac»? _____? *(What is it?)* Une boisson?
8. De _____ est-ce qu'un kir se compose? *(Of what)*

▶La grammaire à apprendre

Quel et lequel

A. Quel *(what, which)*

	Singulier	Pluriel
Masculin	quel	quels
Féminin	quelle	quelles

Quel is an interrogative *adjective* and thus must agree in number and gender with the noun it modifies.

Quel vol est-ce que vous prenez?
A **quelle** porte d'embarquement *(departure gate)* est-ce qu'il faut aller?

Quel is also used when asking someone to identify or describe himself/herself or his/her belongings. The construction **quel + être +** *noun* asks *what (which) is/are.*

Quelle est votre nationalité?
Quels sont vos bagages?

NOTE: In the above examples, the noun that **quel** modifies follows the verb **être.**

Quelle est votre nationalité? = **Quelle** nationalité avez-vous?

When asking for identification, **quel + être +** *noun* is used; when asking for a definition, **qu'est-ce que** is used.

—**Quelle est** votre profession?
—Je suis herboriste.
—**Qu'est-ce qu'**un herboriste?
—C'est quelqu'un qui vend des plantes médicinales.

B. Lequel *(which one, which)*

	Singulier	Pluriel
Masculin	lequel	lesquels
Féminin	laquelle	lesquelles

Lequel is an interrogative *pronoun* that agrees in number and gender with the noun it stands for. It always refers to one, or more than one, of a pair or group.

Vous connaissez une des sœurs Dupont? **Laquelle?**
Lequel de ces garçons est son frère? Je ne le reconnais pas sur cette photo.

Lequel contracts with **à** and **de** in the same manner as the definite article.

auquel, à laquelle
auxquels, auxquelles   *to, at, in which one*
—Je m'intéresse à plusieurs clubs sociaux de l'université.
—Moi aussi! **Auxquels** est-ce que tu t'intéresses?

duquel, de laquelle
desquels, desquelles   *of, about, from which one*
—J'étais en train de parler d'un film que j'ai vu récemment.
—Ah, oui? **Duquel** parlais-tu?

Activités

A. L'inscription. Vous allez suivre des cours à la Sorbonne cet été, mais vous avez plusieurs questions à poser en ce qui concerne votre inscription. Remplissez les blancs avec une forme de **quel**.

1. _____ est la date du premier jour des cours?
2. _____ sont les frais d'annulation si je décide de ne pas y aller?

3. _____ sorte d'hébergement est disponible pour les étudiants étrangers?

4. _____ sont les activités culturelles organisées par l'université?

Maintenant, remplissez les blancs avec une forme de **lequel.**

5. Madame, vous avez mentionné la possibilité d'une bourse de la ville. J'ai des renseignements sur plusieurs bourses. De _____ est-ce que vous parliez?

6. Je sais que je dois remplir un de ces formulaires, mais _____?

B. Au café. Un groupe d'amis se retrouvent dans un café près de l'université. Ils discutent de choses et d'autres. Remplissez les blancs avec une forme de **quel** ou de **lequel.**

1. —Je suis sortie avec un des maîtres-assistants hier soir.
   —Vraiment! Avec _____?

2. —Nous avons vu un film.
   —_____ film avez-vous vu?

3. —J'aime la plupart de mes cours ce semestre.
   —_____ est-ce que tu aimes le mieux?

4. —Vous savez, j'ai raté mon examen de... *(bruit à l'extérieur)* aujourd'hui.
   —Comment? _____ examen est-ce que tu as raté?

5. —_____ de ces bières est à moi?

C. Chez Marie. Marie et son amie Alice sont en train de parler de leurs enfants. Complétez la conversation en remplissant les blancs avec une forme de **quel** ou de **lequel,** selon le cas.

—Je sais qu'on ne doit pas comparer ses enfants, mais il faut dire que de mes deux enfants, Paul est l'athlète et Marc est l'intellectuel.
—Ah, oui? _____ est le plus âgé?
—Paul a trois ans de plus que Marc.
—_____ est-ce que j'ai vu avec toi l'autre jour?
—_____ jour?
—Tu te souviens, devant la boulangerie... ?
—Ah, oui, c'était Marc. Tiens! Voilà quelques photos d'eux.
—Elles sont bien, ces photos, surtout ces deux-là. Et toi, _____est-ce que tu préfères?
—Je les aime toutes. Mais parlons de tes enfants. _____ âge a Cécile?
—Elle aura dix-neuf ans dans un mois.
—En _____ année de fac est-elle?
—Elle est en deuxième année et toujours à Bordeaux.

D. Question de goût! Demandez à votre partenaire ses préférences en ce qui concerne les sujets ci-dessous. Utilisez une forme de **quel,** puis de **lequel,** selon le modèle.

MODÈLE: la musique
  —*Quelle musique est-ce que tu préfères?*
  —*Laquelle de ces musiques est-ce que tu préfères: le rock ou le jazz?*

1. les sports
2. l'art
3. la cuisine
4. les boissons
5. les moyens de transport
6. les automobiles

▸ Interactions

Use the following information to create situations with a partner. Try to use the vocabulary and grammar from *Leçon 3* as much as possible.

A. La vie universitaire. You and your best friend are attending two different universities and have just gotten together for the first time since going away. Ask five to ten questions about your friend's new university life (for example, classes, teachers, food, dorms, social activities). Be sure to use a variety of interrogative expressions in your questions.

B. Une question d'argent. Your boyfriend/girlfriend wants to borrow $100 from you. You really like this person and, in fact, may be in love with him/her. But you have several questions to ask before lending the money. Ask five to ten questions. Your boyfriend/girlfriend will answer.

 ▸ Deuxième brouillon

1. Write a second draft of your paper from Lesson 2, incorporating more detail and adding examples to clarify the comparisons and contrasts.
2. You might want to add a rhetorical question or two to your paper to add interest.
3. To strengthen the comparisons and contrasts, use some of the following expressions:
   EXPRESSIONS UTILES: de la même façon *(similarly)*... , similaire à... , partager les mêmes caractéristiques... , en commun avec... , se ressembler... , paraître *(to seem)*... , en revanche *(on the other hand)*... , par contraste avec... , par opposition à... , différent de... , se distinguer de *(to differ from)*...

PHRASES: Writing an essay

GRAMMAR: Interrogative adjective **quel;** interrogative adverbs; interrogative pronoun **lequel, laquelle;** interrogative pronoun **que, quoi;** interrogative pronoun **qui**

▸ Turn to **Appendice B** for a complete list of active chapter vocabulary.

Synthèse

 Activités vidéo

Avant la vidéo

1. Quand vous sortez avec vos amis, comment savez-vous qui va payer?
2. Si vous ne voulez pas ou ne pouvez pas accompagner vos amis, comment est-ce que vous refusez leur invitation?
3. En quelle année est-ce que votre université a été fondée? Est-elle située à la campagne ou en ville? Quels sont les avantages et les inconvénients de cet emplacement?
4. Comment se passe la vie estudiantine dans votre université? Comment est-ce qu'on paye ses études aux Etats-Unis?

Après la vidéo

1. Comment la jeune femme sait-elle qu'elle ne doit pas payer? Pourquoi Sébastien ne paye-t-il pas? Comment est-ce qu'Hélène et Sébastien remercient Laurent?
2. Sébastien propose que tout le monde aille au cinéma. Pourquoi est-ce qu'ils n'y vont pas? Laurent ne peut pas aller au concert. Comment s'explique-t-il?
3. Où se trouve la Sorbonne? Quand est-ce qu'elle a été fondée? Quels sujets étudient les étudiants dans la vidéo?
4. Comment est-ce qu'ils trouvent la vie estudiantine à la Sorbonne? Quels sont leurs problèmes financiers?

Activités orales

A. A table. In a group of three, one person plays the role of host/hostess and the other two are the guests. Role play a dinner scene in which the host/hostess offers a wide variety of food and drink and insists that no one leave the table hungry. The guests eventually depart, thanking their host/hostess for the excellent meal.

▸ See **Appendice C** for expressions related to telephone behavior.

B. Est-ce que tu es libre… ? You call up your babysitter, Anne, and ask her to sit for your one-year-old child. You get a wrong number the first time, but finally reach her on the second try. Ask if she has plans Saturday night and if not, if she can baby-sit **(garder mon fils/ma fille).** She will ask you pertinent questions, such as what time and for how long. You respond and tell her what time you will pick her up **(aller la chercher).**

PHRASES: Requesting something; writing a letter (formal)

VOCABULARY: Studies, courses; university

GRAMMAR: Conditional; subjunctive

Activité écrite

Une requête. You are the representative for l'**Union nationale des étudiants français (UNEF),** a group that advocates student rights. You must write a very polite letter to the president of the university stating that the students are not happy and that they would like to make several requests. Using the phrases found in the poster on page 77, request that free choice of university be maintained, as well as state validation of diploma types. Say that you would not like an increase in tuition. In addition, ask if they could improve **(améliorer)** the food in the cafeteria **(restaurants universitaires).** Finally, request a meeting **(rendez-vous,** m**)** to discuss your concerns. Begin with: **Monsieur le Président** or **Madame la Présidente.** Finish with **Veuillez agréer, Monsieur le Président/Madame la Présidente, l'expression de mes sentiments respectueux.**

▶ Révision finale

1. Reread your paper and focus on the beginning and ending sentence of each paragraph, making sure that they are clear to the reader. Note that the beginning sentence should introduce your ideas and the ending sentence should be a way of providing closure or transition to the next paragraph.
2. Bring your draft to class and ask two classmates to peer edit your paper. They should pay particular attention to whether or not the paper enables the reader to make a decision. Your classmates should use the symbols on page 415 to indicate grammar errors.
3. Examine your composition one last time. Check for correct spelling, grammar, and punctuation. Pay special attention to your use of articles, irregular verbs such as **offrir, servir,** and **plaire,** and interrogatives if you included any rhetorical questions.
4. Prepare your final version.

PHRASES: Writing an essay

GRAMMAR: Definite article le, la, l', les; indefinite article un, une, des; partitive du, de la, des

http://bravo.heinle.com

INTERMÈDE CULTUREL

I. L'histoire de l'éducation en France

La Sorbonne

Avant la lecture

• A quel âge avez-vous commencé vos études? Avez-vous étudié dans une école privée ou une école publique? Avez-vous déjà eu l'occasion de visiter un collège, un lycée ou une université en France? Quelles différences avez-vous remarquées entre les lycées ou les universités des deux pays?

L'histoire de l'éducation en France est complexe. Elle est marquée d'une part par les luttes entre l'Eglise et l'Etat, d'autre part par les conflits modernes entre ceux qui s'attachent à l'humanisme classique et croient que l'enseignement secondaire (au lycée) doit préparer aux exigences de l'enseignement supérieur (à l'université) et ceux qui souhaitent organiser un enseignement réaliste et moderne qui préparerait les gens aux exigences de la vie.

L'histoire de l'éducation en France commence même avant le Ier siècle av. J.-C. quand la France s'appelait alors la Gaule et faisait partie de l'Empire Romain. C'est vers le VIe siècle que l'Eglise et les premières écoles chrétiennes, motivées en partie par le souci de convertir les Barbares, commencent à prendre la relève des écoles antiques. Le règne de Charlemagne (742–814) a favorisé l'œuvre éducative de l'Eglise. L'empereur a contribué par ailleurs au renouveau des études littéraires en faisant de sa Cour un centre international de haute culture.

Ce n'est qu'aux XIIe et XIIIe siècles que se sont édifiées les premières universités. La Sorbonne, qui est aujourd'hui un établissement public d'enseignement supérieur, à Paris, au Quartier Latin, a été fondée en 1257 par Robert de Sorbon, un théologien français, pour permettre aux écoliers pauvres d'accéder à l'enseignement. (Le nom «Quartier Latin» est dû à la langue employée par les écoliers à l'époque.) Le

L'amphithéâtre
Richelieu à
la Sorbonne

collège de la Sorbonne est devenu le centre des études théologiques et, en tant que tribunal écclésiastique, la plus haute autorité religieuse du monde chrétien après le pape. A travers son histoire, la Sorbonne a été souvent au centre des controverses sociales et politiques. Elle s'est opposée aux jésuites au XVIᵉ siècle, aux jansénistes aux XVIIᵉ siècle, et aux philosophes du XVIIIᵉ siècle. Paris a aujourd'hui un grand nombres d'autres universités dont certaines, par exemple, l'Ecole polytechnique, sont très prestigieuses.

C'est surtout au XIXᵉ siècle que l'Eglise a commencé à perdre son pouvoir et que la France a poursuivi une politique de laïcité dans l'enseignement. Jules Ferry (1832–1893), Paul Bert (1833–1886) et leurs compagnons se sont proposés d'assurer l'avenir de la démocratie et de garantir la stabilité sociale en organisant un enseignement primaire gratuit, obligatoire et laïque. Ils ont voulu que tous les enfants, âgés de 6 à 13 ans reçoivent une éducation en école publique ou privée. C'est aussi au XIXᵉ siècle que l'éducation des filles s'est améliorée. En 1850, le champ de l'enseignement primaire s'est élargi pour permettre l'accès aux filles et en 1880, la promulgation° de la loi Camille Sée a permis aux filles d'accéder à l'enseignement secondaire.

Comme aux siècles précédents, l'organisation scolaire en France au XXᵉ siècle subit des remaniements au fur et à mesure que la société évolue. Une explosion scolaire (plus d'enfants font des études et celles-ci se sont allongées) qui a commencé à partir de 1930 a provoqué plusieurs changements tels que la réforme Berthoin qui, en 1959, a prolongé jusqu'à 16 ans l'obligation scolaire. Une des grandes crises de l'enseignement français au XXᵉ siècle a atteint son apogée en 1968 et ne s'est résolue qu'avec le passage d'Edgar Faure au ministère (1968–1969) et une profonde réforme des universités.

Dans les nombreux pays aujourd'hui francophones, les systèmes d'éducation ont subi des changements radicaux surtout lors des périodes de colonisation et de décolonisation par les Français. La Conférence des ministres de l'Education nationale (CONFEMEN) de 32 pays francophones a eu lieu à Dakar en 1995. Un des sujets discutés a été le besoin de réformer l'école en Afrique, dans le but de réduire le fossé qui sépare l'école de la société et donc de la culture africaine. Une des décisions majeures concernant cette réforme est le choix de la langue d'enseignement (c'est-à-dire le français ou les langues africaines) car la langue est importante dans l'enracinement de l'individu dans sa culture et dans l'affirmation de son identité culturelle.

enactment

Additional comprehension questions: 1. A quelle époque l'éducation en France a-t-elle commencé? 2. Quel rôle Charlemagne a-t-il joué dans l'education? 3. Que savez-vous sur la Sorbonne? 4. A quelle époque la laïcité est-elle entrée dans les écoles?

Après la lecture

Compréhension

1. Comment Charlemagne a-t-il contribué à l'enseignement en France au Moyen Age?
2. La Sorbonne a été fondée en quelle année? par qui? pour quelle raison?
3. Qui est Edgar Faure? Pourquoi est-il important dans l'histoire de l'enseignement en France?
4. Qu'est-ce qui s'est passé à Dakar en 1995?

Expansion

Choisissez un des pays francophones et partagez avec la classe les résultats de vos recherches sur l'histoire de l'enseignement ou sur une université connue de ce pays (par exemple, l'Université Cheikh Anta Diop à Dakar ou l'Université Laval à Québec).

II. *Hoquet* par Léon Damas

Begin by looking at the map of South America. Ask students to discuss what other countries surround La Guyane française.

Avant la lecture

Sujets à discuter

1. Où se trouve la Guyane française?
2. Pour vous, que signifie le mot **désastre?** Pouvez-vous citer des exemples de désastres récents dans le monde?
3. Quand vous étiez petit(e), quelle sorte d'enfant est-ce que vos parents voulaient que vous soyez? Est-ce qu'ils étaient très exigeants *(demanding)?*
4. Décrivez une société raciste. Utilisez les mots suivants comme guide: l'inégalité/égalité, les classes sociales, la hiérarchie des races, les riches et les pauvres, l'injustice, la naissance, des préjugés contre, distinguer entre les races dites supérieures et les races dites inférieures.

Amérique du Sud

LA GUYANE FRANÇAISE

Stratégies de lecture

A. Trouvez les détails. Parcourez le texte et trouvez les mots qui décrivent le fils tel que la mère voulait qu'il soit. Faites une liste de ces mots.

B. Technique poétique: la répétition. La répétition est une technique très utilisée par les poètes. Combien de fois trouvez-vous le mot **désastre** dans ce texte? Quels autres mots sont souvent répétés dans le poème? Quel est l'effet de ces répétitions?

Maintenant, pouvez-vous deviner l'attitude de l'auteur? le thème du poème?

L'ENSEIGNEMENT SUPÉRIEUR PUBLIC A PARIS

ACADÉMIE DE PARIS
SORBONNE

1992 93

205 183 étudiants
11 500 élèves de CPGE
9 550 élèves de STS

8 Universités (et 2 IUT)
4 Instituts Universitaires Professionnalisés
1 Institut Universitaire de Formation des Maîtres
8 Bibliothèques Interuniversitaires
8 Bibliothèques Universitaires
Ecole Normale Supérieure
12 Grands Etablissements :
- Collège de France
- Conservatoire National des Arts et Métiers (CNAM)
- Ecole des Hautes Etudes en Sciences Sociales (EHESS)
- Ecole Nationale des Chartes
- Ecole Nationale Supérieure des Arts et Métiers (ENSAM)
- Ecole Pratique des Hautes Etudes (EPHE)
- Institut d'Etudes Politiques de Paris (IEP)
- Institut National des Langues et Civilisations Orientales (INALCO)
- Institut de Physique du Globe de Paris
- Museum National d'Histoire Naturelle
- Observatoire de Paris
- Palais de la Découverte

Ecole Française d'Extrême Orient
Ecole Nationale Supérieure des Arts et Techniques du Théâtre

LES DIPLOMES

BACCALAUREAT (public et privé)	14 019 Bacs d'enseignement général / 3 734 Bacs technologiques / 1 619 Bacs professionnels
B.T.S. (public et privé)	5 678
D.U.T.	635
1ER CYCLE UNIVERSITAIRE	12 543 D.E.U.G - D.E.U.S.T.
2EME CYCLE UNIVERSITAIRE	13 584 Licences / 11 732 Maîtrises / 324 M.S.T. / 143 Magistères
3EME CYCLE UNIVERSITAIRE	4 333 D.E.S.S. / 6 746 D.E.A. / 1 896 Doctorats

B.T.S.   : Brevet de Technicien Supérieur
D.E.U.G.   : Diplôme d'Etudes Universitaires Générales
D.E.A.   : Diplôme d'Etudes Approfondies
M.S.T.   : Maîtrise de Sciences et Techniques
D.U.T.   : Diplôme Universitaire de Technologie
D.E.S.S.   : Diplôme d'Etudes Supérieures Spécialisées
D.E.U.S.T. : Diplôme d'Etudes Universitaires Scientifiques et Techniques

imprimerie badina (1) 48 75 42 72

Parmi les 12 Grandes Etablissements, lequel est-ce que vous trouvez le plus intéressant?

In the French colonial empire until the mid-twentieth century, mulattoes were seen to be closer to white people than black people. They formed a small local middle class and often shared Europeans' racial prejudices towards blacks. As a consequence, they attempted to assimilate with whites by adopting their customs, life style, and language (French instead of Creole). In this autobiographical poem, Léon Damas, a mulatto writer born in 1912 in French Guyana (South America), recalls how his mother educated him.

Hoquet°

  Hiccup

Et j'ai beau avaler° sept gorgées° d'eau
trois à quatre fois par vingt-quatre heures
me revient mon enfance
dans un hoquet secouant°
5 mon instinct
tel le flic° le voyou°

Désastre
parlez-moi de désastre

  in spite of swallowing / mouthfuls

  shaking up

  policier (familier) / hoodlum

is broken
is not wasted

sweat

bone

gets along without / burps
toothpick
to blow one's nose

in full view of
straight

sweep

vêtements

shame
oh my God!

Ma mère voulant d'un fils très bonnes manières
10   à table
        Les mains sur la table
        le pain ne se coupe pas
        le pain se rompt°
        le pain ne se gaspille pas°
15   le pain de Dieu
        le pain de la sueur° du front de votre père
        le pain du pain

        Un os° se mange avec mesure et discrétion
        un estomac doit être sociable
20   et tout estomac sociable
        se passe de° rots°
        une fourchette n'est pas un cure-dents°
        défense de se moucher°
        au su
25   au vu de° tout le monde
        et puis tenez-vous droit°
        un nez bien élevé
        ne balaie° pas l'assiette

        Et puis et puis
30   et puis au nom du Père
                        du Fils
                        du Saint-Esprit
        à la fin de chaque repas

        Et puis et puis
35   et puis désastre
parlez-moi du désastre
parlez-m'en

Ma mère voulant d'un fils mémorandum
        Si votre leçon d'histoire n'est pas sue
40   vous n'irez pas à la messe
        dimanche
        avec vos effets° des dimanches

        Cet enfant sera la honte° de notre nom
        cet enfant sera notre nom de Dieu°
45   Taisez-vous
        Vous ai-je ou non dit qu'il vous fallait parler français
        le français de France
        le français du français
        le français français

50   Désastre
     parlez-moi du désastre
     parlez-m'en

Ma mère voulant d'un fils
fils de sa mère
55   Vous n'avez pas salué voisine
    encore vos chaussures de sales
    et que je vous y reprenne dans la rue
    sur l'herbe ou la Savane[8]

    à l'ombre du Monument aux Morts
60   à jouer
    à vous ébattre° avec Untel°
    avec Untel qui n'a pas reçu le baptême

frolic / so-and-so

Désastre
parlez-moi du désastre
65 parlez-m'en

Ma mère voulant d'un fils très do
    très ré
    très mi
    très fa
70   très sol
    très la
    très si
    très do
    ré-mi-fa
75   sol-la-si
        do

Il m'est revenu que vous n'étiez encore pas
à votre leçon de vi-o-lon
Un banjo
80 vous dites un banjo
comment dites-vous
un banjo
vous dites bien
un banjo
85 Non monsieur
    vous saurez qu'on ne souffre chez nous
ni ban
ni jo
ni gui
90 ni tare°
les mulâtres° ne font pas ça
laissez donc ça aux nègres.

defect
mulattoes

                Léon Damas, *Pigments*

[8] prairie tropicale pauvre en arbres

D'après vous, à quoi peut penser cette mère?

Après la lecture

Compréhension

A. Observation et analyse. Répondez aux questions suivantes.

1. Pourquoi est-ce que l'auteur pense à sa vie d'autrefois?
2. Décrivez les manières de table exigées par la mère.
3. Pourquoi l'enfant doit-il saluer les voisins?
4. Quelle langue l'auteur doit-il parler?
5. Quel rôle la religion joue-t-elle dans la vie de l'enfant? et la musique?
6. Que signifie "ça" dans la dernière phrase?
7. L'attitude de la mère traduit-elle un certain racisme? Expliquez.

B. Complétez. Choisissez toutes les réponses possibles pour compléter les phrases suivantes.

1. Le poème est...
   a. une lettre écrite à la mère de l'auteur.
   b. une satire de la société.
   c. une thèse sur la guerre civile.
   d. une chanson amusante sur l'éducation des enfants.
2. L'intention de l'auteur est...
   a. d'amuser les lecteurs tout en leur apprenant *(teaching)* quelque chose.
   b. de choquer le lecteur en décrivant les méfaits *(wrongdoings)* du colonialisme.
   c. de critiquer sa mère pour la manière dont elle l'a élevé.
   d. de donner une leçon sur les bonnes manières.
3. L'attitude de l'auteur est...
   a. amusée.
   b. détachée.
   c. anxieuse.
   d. critique.
4. Le ton du poème est...
   a. ironique.
   b. humoristique.
   c. neutre *(matter-of-fact)*.
   d. tragique.

C. Réactions. Donnez votre réaction.

1. Est-ce qu'il y a une partie du poème qui vous fait penser à votre jeunesse (l'école, la religion, vos parents, la musique, la langue, les manières à table, etc.)? Expliquez.
2. Est-ce qu'il vous est déjà arrivé dans la vie de ressentir le besoin d'être assimilé(e)? Expliquez.

Interactions

Jouez les rôles. Mettez-vous à la place de l'auteur de ce poème. Que diriez-vous à votre mère à propos de votre vie? de la société? D'après vous, quelles seraient ses réponses? MOTS UTILES: les règles de politesse, l'inégalité/l'égalité, les classes sociales, les riches et les pauvres, l'injustice, la naissance, les préjugés contre, distinguer entre les races dites supérieures et les races dites inférieures.

La grammaire à réviser:

L'adjectif possessif • L'adjectif qualificatif • Les verbes pronominaux

▶ Leçon 1

Préparation

Fonction: Comment identifier les objets et les personnes

Culture: Le troisième enfant

Langue: **C'est** et **il/elle est** • Les pronoms possessifs

▶ Leçon 2

Premier brouillon

Fonction: Comment décrire les objets et les personnes

Culture: La nouvelle image du couple: un homme et une femme

Langue: L'adjectif qualificatif • La position des adjectifs

▶ Leçon 3

Deuxième brouillon

Fonction: Comment décrire la routine quotidienne et les rapports de famille

Culture: Les rapports entre parents et enfants

Langue: Les verbes pronominaux

Synthèse

Révision finale

VIDEO

Intermède culturel

Allons, enfants de la patrie: la Révolution française de 1789

Je t'épouse (Mariama Bâ, Une si longue lettre)

La famille

Thème

Qui suis-je?

After working with the *Expressions typiques pour...* and *Mots et expressions utiles* for *Leçons 1* and *2,* make a photocopy of the photo and label each person with an imaginary name. Give each student a copy of the labeled photo. Students should choose a person in the photo to describe while classmates guess who it is. Helpful vocabulary: **avoir l'air heureux / triste / de s'ennuyer** *to look happy / sad / bored;* **sourire** *to smile*

La grammaire à réviser

The information presented here is intended to refresh your memory of various grammatical topics that you have probably encountered before. Review the material and then test your knowledge by completing the accompanying exercises in the workbook.

▶ Avant la première leçon

L'adjectif possessif

Masculin	Féminin	Pluriel	Equivalent
mon	ma/mon	mes	*my*
ton	ta/ton	tes	*your*
son	sa/son	ses	*his/her/its*
notre	notre	nos	*our*
votre	votre	vos	*your*
leur	leur	leurs	*their*

• Possessive adjectives agree with the possessor in terms of meaning (**mon, ma, mes** versus **ton, ta, tes**) and with the object possessed in terms of gender and number (**mon** versus **ma** versus **mes**):

> *his/her dog* = **son** chien
> *his/her car* = **sa** voiture

• Feminine singular objects beginning with a vowel or silent **h** require the masculine form (**mon, ton, son**):

> **mon** amie Annette   **ton** habileté
> *my friend Annette*   *your skillfulness*

• French possessive adjectives are repeated before each noun unless the nouns represent the same person or object possessed:

> Où sont **mon** frère et **ma** sœur?

> Je vous présente **mon** collègue et ami, Raphaël.

▶ Avant la deuxième leçon

L'adjectif qualificatif

A. Le féminin singulier

• In general, an **e** is added to the masculine singular to form the feminine.

> content → contente   gâté → gâtée   poli → polie

If the masculine form already ends in an unaccented **e,** nothing is added:

> sympathique/sympathique

- Some irregular patterns:

Masculin		Féminin	Exemples	
-eux	→	**-euse**	généreux	généreuse
-f	→	**-ve**	sportif	sportive
-el	→	**-elle**	professionnel	professionnelle
-il	→	**-ille**	gentil	gentille
-on	→	**-onne**	mignon	mignonne
-os	→	**-osse**	gros	grosse
-as	→	**-asse**	bas	basse
-en	→	**-enne**	ancien	ancienne

B. Le pluriel

- In general, an **s** is added to the singular to form the plural:

    content → contents   contente → contentes

- If the masculine singular adjective ends in an **s** or **x,** nothing is added to form the plural. Feminine adjectives follow the regular pattern in the plural:

    les gros messieurs   les grosses femmes
    les hommes généreux   les femmes généreuses

- Some irregular patterns:

Singulier		Pluriel	Exemples	
-eau	→	**-eaux**	nouveau	nouveaux
-al	→	**-aux**	légal	légaux

EXCEPTIONS: examen final   examens finals
               roman banal   romans banals

Like these exceptions: **fatal, natal, naval**

C. Adjectifs à forme masculine double

Masculin	Masculin avant voyelle ou *h* muet	Féminin	Pluriels
vieux	vieil	vieille	vieux/vieilles
nouveau	nouvel	nouvelle	nouveaux/nouvelles
beau	bel	belle	beaux/belles
fou	fol	folle	fous/folles

Décrivez les rapports entre ces personnes.

▶ Avant la troisième leçon

Les verbes pronominaux

Pronominal verbs are verbs that must be conjugated with a reflexive pronoun. The basic patterns of use are:

A. Affirmatif

Je **me** couche tard.   Nous **nous** couchons tard.
Tu **te** couches tard.   Vous **vous** couchez tard.
Il/Elle/On **se** couche tard.   Ils/Elles **se** couchent tard.

B. Négatif

Nous **ne nous** couchons **pas** trop tôt. Ils **ne se** détendent **pas** assez.

C. Interrogatif

Est-ce que tu t'appelles Marie? *(form used most often)*

T'appelles-tu Marie? Ne t'appelles-tu pas Marie?

D. Impératif

Affirmatif: The reflexive pronoun follows the verb and is attached with a hyphen **(te changes to toi):**

Lavez-vous les mains, les enfants! On va manger tout de suite!

Lucien, **dépêche-toi!**

Négatif: The reflexive pronoun precedes the verb:

Ne vous couchez **pas** trop tard.

Lucien, **ne te** couche **pas** tout de suite. Je veux te parler.

E. Infinitif

Je vais **me** reposer pendant quelques minutes.

Nous allons **nous** préparer à sortir.

Lisez ces publicités. Elles décrivent quelques passe-temps. Qu'est-ce que vous faites pour vous détendre en famille?

AVENTURE CANOËS ; BP 27 - PLACE DU MARCHÉ
07150 VALLON PONT D'ARC - TÉL: 04 75 37 18 14 - FAX: 04 75 37 16 78

Visite tous les jours de 10h à 18h
13330 la Barben ☎ 04 90 55 19 12

▶Leçon 1   Comment identifier les objets et les personnes

▶Conversation

🔲 INSTRUCTOR'S TAPE

Premières impressions

Soulignez:
• des expressions qui vous permettent d'identifier les professions et les personnes

Trouvez:
• où Charles et Philippe se sont connus autrefois
• où habite Philippe

Rappel: Have you reviewed possessive adjectives? (Text p. 86 and Workbook)

Deux amis, qui ne se sont pas vus depuis longtemps, se rencontrent par hasard au café à Paris dans le quartier universitaire où ils passaient beaucoup de temps auparavant.° Ils commencent à se parler et à se montrer des photos.

auparavant *before*

CHARLES: Philippe! Eh bien! Dis donc! Ça fait longtemps, hein?

PHILIPPE: Le temps passe, Charles! Mais tu as l'air en forme. Qu'est-ce que tu deviens?

CHARLES: Bof! En fait, je cherche du travail! Mais c'est très dur en ce moment... Et toi? Je croyais que tu avais déménagé!°

déménager *to move*

PHILIPPE: Oui, j'en avais un peu marre° de la situation en France, et puis je me suis marié, tu sais? Maintenant j'habite aux Etats-Unis.

j'en ai marre/j'en ai assez *(popular) I'm fed up*

CHARLES: *(incrédule)* Ce n'est pas vrai!

PHILIPPE: Tiens, j'ai des photos, si ça t'intéresse. J'ai un fils.

CHARLES: Toi, un fils? Eh bien, félicitations, mon vieux!° Il faut que tu me fasses voir tout ça.

mon vieux *old man*

PHILIPPE: C'est une amie qui a pris les photos au moment de quitter l'hôpital. Tiens, regarde... là, j'installe le siège-voiture.°

le siège-voiture/siège-bébé *car seat*

CHARLES: Elle est à toi cette jeep?

PHILIPPE: Oui, elle est à moi, enfin, elle est à nous, à ma femme et à moi.

CHARLES: Et là, qui est-ce qui tient le bébé? C'est ta femme?

PHILIPPE: Oui, c'est elle, avec le petit bonhomme,° dans sa chambre.

le petit bonhomme *(term of endearment) little man*

CHARLES: Qu'est-ce qu'il y a, là, sur le bras du bébé?

PHILIPPE: Ça, c'est un petit bracelet d'identité qu'on met aux nouveaux-nés à l'hôpital. Tiens, le voilà dans toute sa splendeur, sur l'oreiller° de sa maman!

un oreiller *pillow*

A suivre

Observation et analyse

1. Quelle est la situation domestique de Philippe?
2. Quelle est la situation économique de Charles?
3. De quand date la plupart de ces photos?

4. Parlez de la voiture de Philippe.
5. Pensez-vous que Philippe soit content de sa vie? Expliquez.

Réactions

1. Est-ce que vous aimez les photos d'enfant? Est-ce que vos parents ont pris beaucoup de photos de vous quand vous étiez petit(e)? Expliquez.
2. Avez-vous déjà des enfants ou pensez-vous en avoir? Parlez de votre famille.

▶ ## Expressions typiques pour...

As a follow-up, collect items from students' pockets or purses and put them in a bag. Pull items out one by one and ask: **A qui sont ces clés? A qui est ce portefeuille?** Students will answer with either: **Il/Elle est à moi** or **Il/Elle est à Martine**, etc.

The following additional career vocabulary may be useful: **un acteur/une actrice** *actor/actress;* **un cuisinier/une cuisinière** *cook;* **un directeur/une directrice commercial(e)** *sales manager;* **un(e) employé(e) de bureau** *office worker;* **un/une exploitant(e) agricole** *farmer;* **un facteur** *(no feminine form) postal carrier;* **un infirmier/une infirmière** *nurse;* **un(e) informaticien(ne)** *computer expert;* **un médecin** *(no feminine form) doctor;* **un menuisier** *(no feminine form) carpenter;* **un(e) musicien(ne)** *musician;* **un(e) pharmacien(ne)** *pharmacist;* **un steward/une hôtesse de l'air** *flight attendant.* See text pages 256–257 for more career vocabulary.

▶ More professions can be found in ***Chapitre 7.***

▶ Disjunctive pronouns are in ***Chapitre 6.***

Identifier un objet

C'est ta voiture? { Non, c'est la voiture du voisin.
Oui, j'ai une voiture française.

Qu'est-ce que c'est? { C'est un ordinateur *(computer)*.
Ce sont mes disquettes.
Ça, c'est mon appareil photo *(camera)*.

Identifier le caractère d'un objet

Quel type d'ordinateur/de magnétoscope *(VCR)* est-ce?   C'est un IBM/SONY.
Quelle marque *(brand)* de voiture est-ce que tu as?   J'ai une Peugeot 405.
Quel modèle est-ce?   C'est le dernier modèle.

Identifier une personne

Qui est-ce, là, sur cette photo?   C'est Alain.
Qui est Alain?   C'est le mari *(husband)* de notre voisine Hélène.

Identifier les activités d'une personne

Que fait ton mari/ta femme? { Il/Elle est dentiste/psychiatre/ingénieur/
secrétaire/homme (femme) d'affaires/
vendeur (vendeuse).
Il/Elle est à la retraite *(retired)*.

Qu'est-ce que tu fais? { Je suis étudiant(e)/avocat(e)/biologiste/
professeur/banquier (banquière)/
femme (homme) au foyer *(housewife/
househusband)*/pilote

Identifier le/la propriétaire

A qui *(to whom)* est cet { C'est mon appareil photo.
appareil photo? { Il est à moi (toi/lui/elle/nous/vous/eux/elles).

▸Mots et expressions utiles

La famille

les arrière-grands-parents *great-grandparents*

le beau-frère/beau-père *brother-/father-in-law or stepbrother/-father*

la belle-sœur/belle-mère *sister-/mother-in-law or stepsister/-mother*

célibataire/marié(e)/divorcé(e)/remarié(e) *single/married/divorced/remarried*

le demi-frère/la demi-sœur *half brother/sister*

être de la famille *parent; relative, cousin*

une famille nombreuse *large family*

une femme/un homme au foyer *housewife/househusband*

le mari/la femme *spouse; husband/wife*

une mère célibataire *single mother*

un père célibataire *single father*

le troisième âge *old age*

la vie de famille *home life*

If you have an audiotape of Maxime Le Forestier's «**Mon frère**», this would be an appropriate time to play it.

Les enfants

l'aîné(e) *elder, eldest*

bien/mal élevé(e) *well/badly brought up*

le cadet/la cadette *younger, youngest*

un fils/une fille unique *only child*

gâté(e) *spoiled*

un(e) gosse *kid*

un jumeau/une jumelle *twin*

Divers

déménager *to move*

en avoir marre *(popular) to be fed up*

le siège-voiture/siège-bébé *car seat*

Mise en pratique

Médoune parle de sa famille au Sénégal: Je viens d'une **famille nombreuse.** J'ai neuf frères et sœurs. Mes **arrière-grands-parents** habitent avec mes parents, ainsi qu'une de mes sœurs et mon **beau-frère.** La **cadette** va au lycée, donc elle habite toujours à la maison. Le mélange des générations rend la vie intéressante. Heureusement que la maison est grande! La plupart de mes frères et de mes sœurs ont voyagé. On habite un peu partout dans le monde. Par exemple, l'**aîné** et moi, nous sommes tous les deux aux Etats-Unis.

La possession

C'est à qui le tour? *Whose turn is it? (Who's next?)*

C'est à lui/à toi. *It's his/your turn.*

être à (+ pronom disjoint) *to belong to (someone)*

Les affaires

l'appareil photo m *camera*

le lecteur de CD *CD player*

le magnétoscope *VCR*

l'ordinateur m *computer*

Mise en pratique

Fabienne prépare ses valises pour aller passer deux ans à Strasbourg dans une des grandes écoles. Comme elle partage tout avec sa sœur, elle vérifie ce qui est à elle.

FABIENNE: Il **est à toi,** cet **appareil photo?** Je pense que maman me l'a acheté comme cadeau de Noël, mais c'est toi qui l'utilises toujours.

VÉRONIQUE: Tu as raison. Il **est à toi.** Mais attention, le **lecteur de CD** est à moi. Tu le laisses à la maison!

FABIENNE: Et **l'ordinateur** que nous utilisons toutes les deux... qu'est-ce que nous allons en faire?

VÉRONIQUE: Ça, il faut en parler avec papa et maman.

Activités

A.   Entraînez-vous: Une réplique *(response).* Pour chacune des répliques suivantes, posez la question appropriée. Aidez-vous des ***Expressions typiques pour...***

1.   Nous avons une vieille Mercedes 240.
2.   Là, dans la voiture, c'est mon fils, Julien.
3.   Mon fils est à l'école primaire. Il a seulement onze ans!
4.   Jean? C'est mon mari.
5.   C'est l'ordinateur préféré de mon mari.

B.   Une famille nombreuse. Imaginez que les portraits suivants soient ceux de votre propre famille. Ecrivez une phrase pour identifier le membre de la famille et son activité.

   MODÈLE: *Ma mère est étudiante.*

Ma mère est étudiante.

C.   Ma famille. Ecrivez le nom de trois membres de votre famille immédiate ou de vos parents. Indiquez leurs liens de parenté *(family ties)* avec les autres parents et membres de votre famille en utilisant les **Mots et expressions utiles.**

> MODÈLE: *Georges: Georges est mon père. C'est le mari de ma belle-mère*
> *Marthe et aussi le cadet de sa famille. Georges est le beau-père*
> *de ma belle-sœur Céline qui est mariée à mon demi-frère Paul.*

D.   Apportez des photos en classe. Formez des groupes de trois ou quatre personnes et identifiez la personne ou l'objet sur la photo.

E.   Questions indiscrètes. Posez les questions suivantes à un(e) ami(e). Donnez un résumé de ses réponses à la classe.

1.   Est-ce que tu as un ordinateur? un magnétoscope? un lecteur de CD? De quelle marque est-il?
2.   Quelle marque de voiture ta famille a-t-elle?
3.   Dans ta famille est-ce que tu es fils/fille unique? le cadet/la cadette? l'aîné(e)? Tu es gâté(e), n'est-ce pas?
4.   Est-ce que tu es célibataire? marié(e)? divorcé(e)? remarié(e)?
5.   Qu'est-ce que tu veux faire comme travail plus tard? Explique.

Activity D: Suggest that students bring a photo of their own family or relatives for the next day and that they be prepared to identify and describe each person. Students who do not have access to a family photo can create their own imaginary family by finding an interesting picture in a magazine. In class, have students work in pairs, guessing who each of their partner's family members are and what their professions might be.

▶ La grammaire à apprendre

C'est et *il/elle est*

A. When identifying or describing someone, you frequently say what that person's profession is. With **être, devenir,** and **rester,** no determiner is used before a profession unless it is modified by an adjective that expresses an opinion or judgment.

> Mon cousin est **pilote** dans l'Armée de l'Air, et c'est **un pilote** célèbre.
> *My cousin is a pilot in the Air Force, and he is a famous pilot.*

The same rule also applies to stating one's religion, nationality, political allegiance, social class, or relationships.

> Son beau-frère est **français,** mais il n'est pas **catholique.**
> *His brother-in-law is a Frenchman, but he is not a Catholic.*

> Il vient de devenir **papa** de jumeaux.
> *He's just become a father of twins.*

> Sa femme est **une réceptionniste** très efficace, mais elle voudrait devenir **femme d'affaires.**
> *His wife is a very efficient receptionist, but she would like to become a businesswoman.*

C'est or **ce sont** must be used instead of **il/elle est** or **ils/elles sont** when the noun after **être** is modified by an adjective. An article or a determiner (possessive or demonstrative) must also be used.

> Je recommande chaudement le docteur Dupin. **C'est un** psychiatre brillant.
> *I highly recommend Dr. Dupin. He is a brilliant psychiatrist.*

> (Il est brillant; il est psychiatre. C'est un psychiatre brillant; c'est mon nouveau psychiatre.)

NOTE: **C'est** + article without an adjective can be used as well, although **il/elle** is more common.

> Il est psychiatre.
> C'est un psychiatre. } *He is a psychiatrist.*

B. Additional uses of *c'est*

- **c'est** + masculine adjective referring to an idea:

  > 100 F le kilo? C'est cher!

- **c'est** + proper noun:

  > C'est Marc à l'âge de douze ans.

- **c'est** + disjunctive pronoun:

  > Mlle Piggy dit toujours: «C'est moi!»

- **c'est** + noun being identified:

  > Qu'est-ce que c'est?
  > C'est une marionnette.

C. Additional uses of *il/elle est*

- **il/elle** + adjective referring to a particular person or thing:

  > Mon cours de français?
  > Il est excellent.

- **il/elle** + preposition of location:

  > La salle de classe? Elle est près d'ici.

Activités

A. Sondage de télévision. Mme Le Bois reçoit un coup de téléphone d'une représentante de France 2 qui veut savoir ce qu'elle aime regarder à la télé. Choisissez l'expression appropriée afin de compléter chacune de ses réponses.

Allô? Bonjour, madame. Oui, _____ (c'est/elle est) la résidence Le Bois... Mon mari? Non, _____ (ce n'est pas/il n'est pas) à la maison en ce moment, mais je pourrais peut-être répondre à vos questions... Sa profession? _____ (C'est/Il est) homme d'affaires... Ma profession? Je _____ (suis/suis une) femme au foyer... Oui, je _____ (suis/suis une) mère... de trois enfants... L'émission «Questions pour un champion»? Oui, nous la regardons très souvent. Nous trouvons que (qu') _____ (c'est/elle est) intéressant(e) mais _____ (c'est/il est) notre fils Paul qui l'aime le plus... Oui, _____ (c'est/il est) étudiant... Il veut _____ (devenir/devenir un) pilote... Pardon, madame. On sonne à la porte. _____ (C'est/Il est) probablement mon voisin d'à côté *(next-door neighbor)*... Je vous en prie. Au revoir, madame.

B. Notice nécrologique. Voici une description d'un auteur célèbre qui est mort récemment. Complétez la description en remplissant les blancs avec un article (si c'est nécessaire) ou **ce** ou **il/elle**.

Carlos B. était _____ écrivain connu du grand public depuis quarante-cinq ans. Il était _____ espagnol de naissance mais il est devenu _____ citoyen français en 1939 quand il a épousé Angélique, _____ jeune secrétaire française. Devenu _____ père de jumeaux, il est entré au service de la maison d'édition L'homond comme _____ lecteur, puis comme _____ directeur du service des ventes. _____ C(c)atholique dévoué, il est resté _____ socialiste pendant toute sa vie. _____ est lui qui a écrit *Le Citoyen de demain*. Mais _____ est sa *Guerre des enfants* qui l'a rendu célèbre. _____ est un homme dont l'humour tendre nous manquera. _____ est très regretté de tous ceux qui l'ont connu de près et de loin.

C. Sondage d'étudiants. Posez les questions suivantes à un(e) ami(e). Donnez un résumé de ses réponses à la classe.

1. Quelle est ta profession? ta nationalité? ta religion?
2. Tu appartiens à un parti politique? Auquel?
3. Est-ce que tu as un emploi? Si oui, est-ce que l'entreprise où tu travailles est près ou loin d'ici?
4. Que fait ton père? ta mère?
5. Quand tu étais petit(e), qu'est-ce que tu voulais devenir? Et aujourd'hui?

D. Un jeu. Décrivez une personne dans la classe. Les autres étudiants vont deviner qui c'est. Utilisez **c'est** et **il/elle est** autant que possible, bien sûr!

MODÈLE: *C'est une américaine.*
Elle est enthousiaste.
C'est aussi une étudiante dynamique.
Elle veut être pilote.
Elle a les cheveux blonds.
Elle est grande.
Réponse: *C'est Julie.*

A toutes celles qui portent un peu de ma maman autour de leur poignet... je pense.

L'IVOIRE C'EST CRUEL.

▶ La grammaire à apprendre

Les pronoms possessifs

A. Saying what belongs to you or what you possess is another common use of the function of identifying. You reviewed the use of possessive adjectives to show ownership in *La grammaire à réviser*. Now you will learn to express possession with possessive pronouns. This method is preferred when making comparisons or contrasts:

		Adjectif possessif		Pronom possessif
la maison de Pierre	=	sa maison	=	la sienne
Pierre's house	=	*his house*	=	*his*

—A qui sont ces clés?　　—Elles sont **à moi.**
—Est-ce mon livre?　　—Non, c'est **le mien.**

Like possessive adjectives, possessive pronouns agree with both the possessor and the person or object possessed. Note the need for a definite article, as well as the **accent circonflexe** (^) on **nôtre(s)** and **vôtre(s).**

Masculin singulier	Féminin singulier	Masculin pluriel	Féminin pluriel	Equivalent
le mien	la mienne	les miens	les miennes	*mine*
le tien	la tienne	les tiens	les tiennes	*yours (familiar)*
le sien	la sienne	les siens	les siennes	*his/hers/its*
le nôtre	la nôtre	les nôtres	les nôtres	*ours*
le vôtre	la vôtre	les vôtres	les vôtres	*yours*
le leur	la leur	les leurs	les leurs	*theirs*

—Tu as apporté les photos de la naissance de ta fille?
—Oui, je les ai apportées, mais commençons par **les tiennes.**
—Tu sais, j'ai oublié **les miennes,** mais mon mari a toujours **les siennes** avec lui. Attends, je vais les lui demander.

B. Contrary to English, the following expression in French requires a possessive adjective (rather than a possessive pronoun):

a friend of mine = un de **mes** amis
a cousin of ours = un de **nos** cousins

NOTE: The usual contractions of **à** and **de** occur with the definite article preceding the possessive pronoun:

J'ai écrit à mes parents. Est-ce que tu as écrit **aux tiens?**

Liens culturels

Le troisième enfant

Aujourd'hui le taux de natalité *(birth rate)* est de 1,7, contre 2,84 en 1965. Pourquoi cette baisse? Les raisons possibles sont nombreuses: l'activité professionnelle de la femme, l'usage généralisé de la contraception, la légalisation de l'avortement *(abortion)*, la diminution du nombre des mariages et, tout simplement, le «coût de l'enfant». Puisqu'il faut que chaque femme ait en moyenne 2,1 enfants pour assurer le renouvellement des générations, le gouvernement a pris de nouvelles mesures pour encourager un troisième enfant. Parmi elles, le gouvernement finance les charges sociales versées par une famille à une personne employée à domicile pour garder un ou plusieurs enfants de moins de trois ans.

Plus de 700 000 enfants sont nés en France l'an dernier. 13% des naissances sont dues à des couples comptant au moins un étranger. Les femmes françaises sont moins fécondes que les étrangères. Celles-là *(The former)* ont en moyenne moins de deux enfants; celles-ci *(the latter)* ont en moyenne plus de trois enfants. La famille évolue en France comme aux Etats-Unis. Il y a moins de familles nombreuses et plus de familles

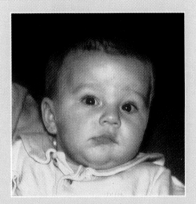

monoparentales. De plus, avec la mode de la cohabitation (les jeunes habitent ensemble avant de se marier), une naissance sur trois se produit en dehors du mariage.

Adapté de Gérard Mermet, *Francoscopie 1997* (Larousse, p. 141).

Liens culturels: Ask students to discuss in small groups the evolution of the family in the United States.

Activités

A. En voyage. Vous voyagez en France. A l'aéroport, en passant par la douane *(customs)*, vous essayez de déterminer à qui appartiennent les objets suivants.

MODÈLE: bouteille de champagne / Eric
C'est la sienne?

1. sac / Stéphanie
2. appareil photo / moi
3. valise / Timothée et Martine
4. billets / nous
5. timbres / vous

B. C'est à qui? Vous et votre ami(e) êtes en train de déménager de votre appartement pour retourner chez vos parents pour l'été. Dans la première phrase, identifiez le/la propriétaire de chaque objet avec un pronom possessif. Affirmez la possession en complétant la deuxième phrase avec un adjectif possessif ou un pronom disjoint.

1. —Le lecteur de CD? C'est _____ *(mine)*.
   —Tu es sûr(e)?
   —Oui, il est à _____.
2. —Tous les disques? Ce sont _____ *(yours)*. Ils sont à _____.
3. —Cette belle plante appartient à ta mère, n'est-ce pas?
   —Oui, c'est _____ *(hers)*. C'est _____ plante.

Aimez-vous les animaux? Avez-vous un chat (une chatte)?[1]

4. —Ce pull-over bleu... Est-ce que c'est _____ *(yours)?* Tu m'entends? C'est _____ pull-over, hein?
5. —Ces affiches *(posters)?* Ce sont _____ *(mine)*. Elles sont à _____.
6. —Mon Dieu! Voilà les assiettes que j'ai empruntées à nos voisins d'à côté il y a longtemps. Ce sont _____ *(theirs)*, pas _____ *(ours)*.
   —Il faut leur rendre _____ *(their)* assiettes tout de suite!

C. On adore se vanter *(to brag)!* Deux petits gamins *(kids)* de sept ans se trouvent dans la cour de récréation. Ils sont en train de se vanter. Complétez leurs phrases en donnant l'équivalent français des mots entre parenthèses.

1. Mes parents sont beaucoup plus riches que _____ *(yours)*.
2. Ah oui? Ecoute. Mon père est plus grand que _____ *(yours)*.
3. Mais ta sœur n'est pas aussi intelligente que _____ *(mine)*.
4. J'aime mieux notre chien que le chien de ton frère. _____ *(Ours)* est beaucoup mieux dressé *(trained)* que _____ *(his)*.
5. C'est possible, mais si on compare nos deux chats avec tes chats, il faut dire que _____ *(yours)* ne sont pas aussi gentils que _____ *(ours)*.

• •

▶ Interactions

A. Interview. Your partner is an inquisitive journalist interviewing typical American consumers. You are the consumer who answers his/her questions regarding: your marital status; your family; how you or your parents earn a living; your religion; what kind of car you or your parents own; if you have a computer and, if so, what type; where you live and what kind of lodging it is. Then reverse roles.

B. A la douane. Play the role of a French customs officer **(le douanier/la douanière)** questioning a teacher from France (your partner) who is returning from the U.S. with a tour group of high school students **(lycéens).** Ask the teacher to identify the owner of:

* the green suitcase/brown purse
* the two bottles of California wine
* the radio/camera
* the bottle of maple syrup (**le sirop d'érable**)

* the cowboy boots (**santiags,** *m pl*)
* several other items (Make them up!)

SYSTEME-D

PHRASES: Describing people

VOCABULARY: Body; face; hair colors; personality

GRAMMAR: Avoir expressions; possessive adjectives; nouns after **c'est, il est**

Dossier Personnel

▶ Préparation

In this chapter, you will practice describing people, places, or things.

1. First of all, choose the person that you are going to describe. You are going to write a physical and personality portrait of this person. Begin by making a list of all the possible people you might describe. Choose by finding someone you know quite well so you can develop your composition.
2. After you have chosen your subject, write a long list of adjectives to describe the person. Think about the character traits of the person as well as the physical traits.

[1] 51% des foyers français possèdent un animal familier (c'est le record d'Europe): 28% possèdent un chien; 25% un chat; 9% des poissons, etc. Une difficulté: les chiens produisent 10 tonnes d'excréments par jour à Paris. (Gérard Mermet, *Francoscopie 1997*, Larousse, pp. 191, 192)

▶Leçon 2   Comment décrire les objets et les personnes

▶Conversation (suite)

🖭 INSTRUCTOR'S TAPE

Rappel: Have you reviewed descriptive adjectives? (Text pp. 86–87 and Workbook)

Premières impressions

Soulignez:
* les expressions qui décrivent le bébé et la femme de Philippe

Trouvez:
* où Philippe et sa femme se sont rencontrés
* où la femme de Philippe travaille

Charles et Philippe poursuivent leur discussion. Philippe ne veut parler que de son fils.

CHARLES: Alors, qu'est-ce que tu fais? Tu as trouvé du travail aux Etats-Unis?

PHILIPPE: *(faisant voir une photo à Charles)* Attends! Tu as vu ces cheveux? Ce n'est pas croyable! Regarde ça! Il a plein de° cheveux! Je n'ai jamais vu de bébé comme ça.

plein de *(familiar) a lot of*

CHARLES: *(rire)* C'est vrai, mais dis-moi quelles situations est-ce que ta femme et toi avez?

PHILIPPE: Je ne suis pas trop content de mon travail... je pense changer mais Martha a un bon boulot, qu'elle aime bien, alors... *(faisant voir une photo à Charles)* Tiens, la voici!

CHARLES: Elle a un très beau sourire!

PHILIPPE: Martha, c'est un phénomène! On s'est rencontrés il y a déjà quelques années... C'était en Irlande. Un soir, chacun de son côté,° on attendait le début d'un concert, à un festival de musique. On était dans un pub. Elle était avec des Américains, j'étais tout seul, et... c'est là qu'on s'est parlé pour la première fois.

chacun de son côté *each on his/her own*

CHARLES: *(en regardant une autre photo)* Elle est vraiment mignonne°... cheveux ondulés,° yeux bleus!

mignonne *cute*
ondulé *wavy*

PHILIPPE: Et toujours agréable, de bonne humeur, le rêve quoi!... Nous nous entendons bien. C'est super.

CHARLES: Et qu'est-ce qu'elle fait?

PHILIPPE: Elle travaille dans une maison d'édition.° Elle fait partie de l'équipe de rédaction.°

une maison d'édition *publishing company* / une équipe de rédaction *editorial team*

A suivre

Observation et analyse

1. Qu'est-ce que vous savez sur le fils de Philippe et de Martha?
2. Comment Philippe et Martha se sont-ils rencontrés?

3. Pourquoi Philippe va-t-il changer de travail?
4. Comment est Martha?
5. Pensez-vous que le mariage de Philippe et de Martha soit solide? Expliquez.

Réactions

1. Avez-vous de bons rapports *(good relationship)* avec quelqu'un en particulier? Comment avez-vous fait la connaissance de cette personne? Décrivez cette personne.
2. Pensez-vous avoir des enfants un jour? Pourquoi ou pourquoi pas?

▸ Expressions typiques pour...

Décrire les personnes

Comment est-il/elle (physiquement)?
- Il/Elle a les cheveux blonds/châtains *(chestnut)*/gris/roux.
- Il/Elle a les cheveux longs/courts.
- Il/Elle a les yeux bleus/verts/marron.

Quel âge a-t-il/elle?
- Il/Elle a (à peu près)... ans.
- Il/Elle est d'un certain âge/vieux (vieille)/(assez) jeune.

Combien mesure-t-il/elle?   Il/Elle mesure... un mètre soixante/quatre-vingt-cinq.[2]

Quel poids *(weight)* fait-il/elle?
Combien pèse-t-il/elle?
- Il/Elle est gros (grosse)/mince.
- Il/Elle pèse cinquante-cinq kilos.

Quel genre d'homme/de femme est-ce?
- Il/Elle est sympa/timide/drôle.
- Il/Elle a bon/mauvais caractère.
- C'est un(e) imbécile!

Décrire les objets

Comment est-ce?
- C'est petit/grand.
- C'est long/court.

En quoi est-ce?   C'est en métal/plastique/coton/nylon.

A quoi est-ce que ça sert?
- Ça sert à...
- C'est un truc *(familiar)* pour...
- On s'en sert pour/quand...
- Les gens s'en servent pour...

---

[2] 1 mètre = approx. 39 inches; 2,5 centimètres = approx. 1 inch

▶ Mots et expressions utiles

Les personnes

avoir la vingtaine/la trentaine, etc.
    to be in one's 20s/30s, etc.

avoir les cheveux {
roux   *to have red hair*
châtains   *chestnut*
bruns   *dark brown*
noirs   *black*
raides   *straight*
ondulés   *wavy*
frisés   *curly*
}

avoir les yeux marron   *to have brown eyes*
avoir une barbe/une moustache/des favoris   *to have a beard/moustache/sideburns*
être aveugle   *to be blind*
être chauve   *to be bald*
être dans une chaise roulante   *to be in a wheelchair*
être de bonne/mauvaise humeur   *to be in a good/bad mood*
être de petite taille   *to be short*
être de taille moyenne   *to be of average height*
être d'un certain âge   *to be middle-aged*
être fort(e)   *to be heavy, big, stout*
être grand(e)   *to be tall*
être infirme   *to be disabled*

être marrant(e)/gentil(gentille)/mignon (mignonne)   *to be funny/nice/cute, sweet*
être paralysé(e)/tétraplégique   *to be paralyzed/quadriplegic*
être sourd(e)   *to be deaf*
marcher avec des béquilles   *to be on crutches*
marcher avec une canne   *to use a cane*
ne pas faire son âge   *to not look one's age*
porter des lunettes/des verres de contact   *to wear glasses/ contact lenses*

Les objets

être en argent/or/acier/laine/coton   *to be made of silver/gold/steel/wool/cotton*
être gros (grosse)/minuscule   *to be big/tiny*
être haut(e)/bas (basse)   *to be tall, high/short, low*
être large/étroit(e)   *to be wide/narrow*
être lourd(e)/léger (légère)   *to be heavy/light*
être pointu(e)   *to be pointed*
être rond(e)/carré(e)   *to be round/square*

Divers

plein de   *(familiar) a lot of*

Mise en pratique

Une petite fille fait deviner sa mère:
—Maman, devine qui est **grand, fort et mignon.** Il a de grandes oreilles noires et un nez rond et noir. **Il ne fait pas son âge,** mais il est vraiment vieux.
—C'est Mickey qui est arrivé à Disneyland Paris le 12 avril 1992!
Elle continue:
—Maman, devine à quoi je pense: C'est **en or** et **en argent.** C'est assez **léger** et c'est **rond.** Ça te donne l'heure.
—C'est une montre!

Activity A: Follow-up: Have students use the activity as a model to write a description of themselves. Collect their descriptions and read several for listening comprehension. Students will guess who is being described.

Activity C: Students can continue this activity by describing famous people and then guessing who is being described.

Activités

A. Entraînez-vous: Descriptions. Décrivez au hasard les personnes ou les choses suivantes en utilisant les *Mots et expressions utiles* de la *Leçon 2.* Quelqu'un dans la classe va deviner qui ou ce que vous décrivez. Après, ajoutez d'autres exemples.

1. Christopher Reeve
2. Michael Jordan
3. John Kennedy, Jr.
4. Paula Abdul
5. Steffi Graf
6. une raquette de tennis
7. des lunettes de soleil
8. un cahier
9. un tee-shirt
10. des ciseaux *(scissors)*

B. Mes rêves. Avec un(e) partenaire, décrivez l'apparence physique et le caractère de votre meilleur(e) ami(e) ou de l'homme (de la femme) de vos rêves.

C. Comment est-il/elle? Retournez aux portraits aux pages 92–93. Décrivez l'apparence physique de chaque personne dans les portraits. Imaginez aussi sa personnalité et décrivez-la.

D. Comment est-ce? Choisissez trois objets dans votre poche ou dans votre sac, mais ne les montrez à personne. Les membres de la classe vont vous poser des questions concernant l'apparence et l'utilité de ces objets. Vous devez répondre en donnant une description aussi détaillée que possible. Continuez jusqu'à ce que quelqu'un devine l'objet, après quoi montrez-le.

> MODÈLE: —*En quoi est-ce?*
> —*C'est en acier.*
> —*Quelle est sa taille/forme?*
> —*C'est petit et court, mais très lourd...*

E. Questions indiscrètes. Posez les questions suivantes à un(e) ami(e). Donnez un résumé de ses réponses à la classe.

1. Décris-toi. Parle de tes cheveux, de tes yeux, de ton âge, de ta taille.
2. Qu'est-ce qui est préférable—porter des lunettes ou des verres de contact? Pourquoi?
3. Est-ce que tu fais ton âge? Et tes grands-parents?
4. Est-ce que tes parents sont grands ou petits? Et toi?
5. A ton avis, qu'est-ce qu'il faut faire pour être en forme?

▶ La grammaire à apprendre

L'adjectif qualificatif

In order to make detailed descriptions in French, you must be able to use adjectives properly, that is, make them agree with the modified noun and place them correctly in a sentence. You reviewed a series of adjective formation patterns in *La grammaire à réviser*. Below are some additional irregular patterns to form the feminine singular.

Masculin		Féminin	Exemples	
-er	→	-ère	premier	première
-et	→	-ète	inquiet	inquiète
-et	→	-ette	muet	muette
-c	→	-che	blanc	blanche
-c	→	-que	public	publique
-eur	→	-eure	supérieur	supérieure
BUT:				
-eur	→	-euse	menteur	menteuse
-eur	→	-rice	conservateur	conservatrice

C'était un couple étrange: lui, il avait l'air toujours **inquiet**; elle, elle était **menteuse**. On avait vraiment du mal à les connaître.

A few adjectives follow no regular pattern:

Masculin	Féminin	Masculin	Féminin
doux	douce *(soft; sweet)*	frais	fraîche *(fresh)*
faux	fausse *(false)*	long	longue *(long)*
favori	favorite *(favorite)*	sec	sèche *(dry)*

On a eu une journée **longue** et difficile.

Although adjectives generally agree in number and gender with the nouns they modify, in the following situations the adjective remains unchanged:

• a qualified color: des cheveux **châtain foncé** *(dark brown)*/**châtain clair** *(light brown)*

• adjectives of color (**orange, citron, crème, marron**, etc.) that are also nouns: des rideaux *(curtains)* **crème**

• **snob, chic, bon marché**: Quelle femme **chic**!

• **demi** before **heure**: une **demi**-heure
   BUT: deux heures et **demie**

NOTE: When an adjective modifies two or more nouns of different genders, the masculine plural is used:

une fille et un fils **américains**

▶ Several adjectives ending in **-t** (**complet, incomplet, concret, discret, indiscret, inquiet, secret**) do not double the **-t** but take the grave accent on the preceding **e** (**complète, incomplète, concrète, discrète, indiscrète, inquiète, secrète**). Others take double **t** (as in **muet/muette**).

▶ Adjectives like **menteur**, that have a corresponding verb (**mentir**) and past participle (**mentant** [*lying*]), form the feminine by adding **-euse**.
EXCEPTIONS: **enchanteur** and **vengeur**, add **-esse** (**enchanteresse, vengeresse**). Adjectives that do not have a corresponding present participle ending in **-ant** form their feminine with **-trice**: **consolateur, consolatrice; conservateur, conservatrice**. Note, however, that several comparative adjectives form their feminine by adding **-e**: **meilleur(e), supérieur(e), inférieur(e), extérieur(e), intérieur(e)**, etc.

▶ Note that **bon marché** never changes, but **chic** and **snob** agree in number though not in gender with the nouns they are modifying:
—Martine est **chic**, n'est-ce pas?
—Moi, je trouve que Timothée et Martine sont tous les deux **chics**.

Liens

culturels

La nouvelle image du couple: un homme et une femme

«Un foyer sur deux compte au-jourd'hui deux salaires». L'accès à la vie professionnelle a donné aux Françaises le goût de l'indépendance. Il est vrai ce-pendant que les femmes font toujours la plupart des tâches domestiques. «L'égalité entre les sexes n'est sans doute pas atteinte, mais la situation des femmes est plus favorable qu'elle ne l'a jamais été».

Et aux Etats-Unis, comment le rôle de la femme a-t-il évolué? Est-ce que l'égalité entre les sexes a été atteinte? Expliquez.

Gérard Mermet, *Francoscopie 1995* (Larousse, pp. 140–141)

Liens culturels: Ask students to discuss in small groups the relationship they have had with their parents or guardians.

Activité

Qui suis-je? Complétez la description de Céline et de ses parents en utilisant la forme correcte de l'adjectif entre parenthèses.

J'ai un père et une mère _____ (célèbre) dont je suis très _____ (fier). Mon père est un journaliste _____ (indépendant) depuis longtemps. Il a reçu de _____ (nombreux) prix pour ses œuvres _____ (créatif).

Ma mère est une artiste _____ (contemporain) de renommée *(fame)* _____ (mondial). Dans ses idées _____ (politique), elle est un peu _____ (conservateur) comme mon père, mais c'est une mère _____ (affectueux), _____ (gentil) et _____ (juste).

Moi, je ne suis pas du tout _____ (exceptionnel). Je suis une élève _____ (ordinaire) et même _____ (moyen) dans une école _____ (privé) de Paris. Dans l'ensemble je ne suis ni très _____ (travailleur) ni trop _____ (paresseux). Mes parents pensent que je suis _____ (fou), mais un jour j'espère devenir actrice.

▶La grammaire à apprendre

La position des adjectifs

Adjectives in French usually *follow* the noun.

une histoire agréable   un livre intéressant

A. A few common adjectives are normally placed *before* the noun:

autre	beau	joli	gentil
nouveau	vilain	gros	haut
jeune	bon	grand	long
vieux	mauvais	petit	court

premier (-ière), deuxième, etc. (all ordinal numbers)

B. When there is more than one adjective modifying a noun, the word order normally associated with each adjective is used:

une **belle** ville **pittoresque**   la **vieille** église **gothique**

C. Et is generally used if both adjectives follow the noun. If both precede the noun, the use of **et** is optional:

un homme **intelligent et sympathique**
un **beau petit** garçon   une **grande et jolie** femme

D. The following adjectives change their meaning according to their placement:

ancien	mon ancien professeur	un livre ancien
	my former professor	*an ancient book*
certain	un certain homme	une victoire certaine
	a certain, particular man	*a sure win*
cher	mes chers collègues	des machines chères
	my dear colleagues	*expensive machines*
dernier	la dernière année	l'année dernière
	the final year (in a series)	*the last, preceding year*
grand	un grand homme	un homme grand
	a great man	*a big, tall man*
même	la même idée	l'idée même
	the same idea	*the very idea*
pauvre	la pauvre famille	la famille pauvre
	poor, unfortunate family	*poor, penniless family*
prochain	la prochaine fois	la semaine prochaine
	next time (in a series)	*next week (one coming)*
propre	ma propre chambre	une chambre propre
	my own room	*a clean room*
seul	le seul homme	un homme seul
	the only man	*a solitary man*

▶In formal speech, **des** becomes **de** before a plural adjective and a noun.

de bons voisins
BUT: **les** bons voisins

However, when the adjective is considered as part of the noun, **des** does not change.

des jeunes filles
BUT: **de** gentilles jeunes filles

Give students the mnemonic device BAGS to facilitate learning many of these adjectives: (**B**eauty, **A**ge, **G**oodness, **S**ize).

Activités

A.   Descriptions. Avec un(e) ami(e), regardez des photos prises pendant les vacances. Décrivez ce que vous voyez. Faites des phrases complètes. Attention au genre et à la position des mots.

1.   Regarde / maisons / vieux / en Normandie
2.   C'est / homme / français / vieux / dont j'ai fait la connaissance
3.   Tu vois / plages / beau / sur la côte
4.   Regarde / cathédrale / grand / gothique
5.   Regarde / armoire / gros / ancien
6.   C'est un / enfant / petit / pauvre / de Paris
7.   J'ai pris ces photos / magnifique / avec / mon / appareil / propre
8.   C'était / notre / journée / dernier / à Paris

B.   Petites annonces. Voici quelques petites annonces incomplètes. Pour les terminer, mettez le nom et les adjectifs entre parenthèses à la bonne place, en faisant l'accord nécessaire. Ajoutez **et** s'il le faut.

1.   Un _____ _____ (jeune, Français) désire correspondre avec une _____ _____ (étudiante, américain).
2.   Une _____ _____ _____ (femme, californien, beau) cherche un _____ _____ _____ (compagnon, gentil, francophone) pour aller voir des pièces de théâtre et des _____ _____ (films, français).
3.   Une _____ _____ _____ (dame, raffiné, élégant), de cinquante-six ans, de _____ _____ _____ (personnalité, gai, charmant), et _____ _____ (maîtresse, très bon) de maison, désire correspondre avec un monsieur dans la soixantaine, de _____ _____ (situation, aisé). Ecrire en fournissant des détails et une _____ _____ (photo, récent).

C.   Au secours! M. Tremblay, directeur d'une grande enterprise de Montréal, doit afficher l'annonce suivante en anglais et en français. Ecrivez la version française pour lui.

> One of our fellow workers needs your help. This unfortunate man and his family lost their home in a fire (**dans un incendie**) last night. The only clothes they have are those (**ceux**) they are wearing. They especially need money and clean, new clothing. Please (**Veuillez**) bring what you would like to give to room 112 by Friday of next week. With your help, our drive (**initiative,** f) will be a sure success. Thank you very much.
>
> *M. Tremblay*

D.   Trouvez quelqu'un qui... Traduisez les phrases suivantes et posez des questions pour trouver quelqu'un qui...

MODÈLE: has a famous sister
   —*Tu as une sœur célèbre?*
   —*Non, ma sœur n'est pas célèbre.*

1.   has a little brother
2.   likes old books
3.   likes dry wine
4.   has a long day today
5.   has an expensive watch
6.   has a clean room
7.   is going on a trip next week
8.   has bought numerous cars

Activity B: Follow-up: Have students write their own **petites annonces** using as many adjectives as possible. Instructors can then make copies of some students' ads to pass out in the next class as a reading comprehension activity. Students could then choose one ad to which to respond.

Activity C: You may wish to provide additional practice in translation by distributing the next activity to students.

Les élections en Grande-Bretagne. Le journal *London Times* a envoyé cet article sur les élections en Grande-Bretagne à votre journal au Québec. Vous devez le traduire pour votre journal.

Neil Kinnock is throwing in the towel (**abandonne la partie**). The unfortunate chief of the Labour Party (**Le chef de file du Parti Travailliste**) announced his decision yesterday. The new failure (**échec** m) of the Labour Party convinced him (**l'a convaincu**) that he was a big obstacle for his party (**parti** m). Kinnock, who entered Parliament (**est entré au Parlement**) when he was very young (28 years old), was hoping for an easy win. John Smith, former secretary of State for Energy (**secrétaire d'Etat à l'énergie**), is going to replace Kinnock. Smith, this tall man with an (**au**) austere face, is probably the only person who has (**ait; subjonctif**) the necessary experience for the next elections. [Adapté de Jacques Deplouich, «Les travaillistes tirent la leçon de leur échec électoral» *Figaro*, 14 avril 1992, p. 3.]

▶ Interactions

A. Imaginez. Imagine that you have just been robbed. You saw the burglar leaving your house with your VCR and a bag full of other things that belong to you. Your partner should play the role of the police detective who asks you for a description of the robber and your stolen possessions. Use as many details in your description as possible. MOTS UTILES: **voler** *(to steal);* **le cambrioleur** *(burglar);* **le vol** *(robbery).*

B. Devinez mon nom. Pretend that you are your favorite TV or movie character. Describe what you look like, your profession, and some personality traits. Do not tell what program you are on; however, give many details to describe what your character is like. The rest of the class will try to guess your identity.

 ## ▶ Premier brouillon

1. Use the adjectives you listed in Lesson 1 to begin writing your first draft. Choose the most characteristic adjectives, finding one dominant feature (personality or physical) that you want to emphasize. It might help to circle those adjectives that clarify this feature.
2. Write an introductory paragraph in which you present your subject to your reader by giving a general impression.
3. Write at least two subsequent paragraphs in which you discuss separately the personality traits and the physical traits of this person. Be sure that your reader can visualize the person you are describing.
4. Write a short concluding paragraph in which you give your reader one more interesting bit of information by which to remember this person.

Additional activity: Divide students into small groups. One group receives an index card with the picture of a cartoon character on it. The group writes a description of the character and other students guess who it is: **Devine qui c'est...** (Examples: Asterix, Tintin, etc.)

Additional activity: Write the names of famous people on self-stick notes. Stick one name on the back of each student. Students must ask each other yes/no questions using as many adjectives as possible in order to identify who they are.

PHRASES: Describing people

VOCABULARY: Body; face; hair colors; personality

GRAMMAR: Adjective agreement; adjective position; preceding adjectives

►Leçon 3

Comment décrire la routine quotidienne et les rapports de famille

 INSTRUCTOR'S TAPE

Rappel: Have you reviewed pronominal verbs? (Text pp. 87–88 and Workbook)

►Conversation (conclusion)

Premières impressions

Soulignez:
* comment Philippe décrit la routine quotidienne
* comment il décrit les rapports personnels

Trouvez:
* quand Philippe se dispute avec sa femme

quotidien(ne) *daily*

Philippe et Charles discutent toujours. Ils parlent de la vie quotidienne° de Philippe et de sa famille aux Etats-Unis.

CHARLES: Et la vie de tous les jours, comment ça se passe pour vous, aux Etats-Unis?

PHILIPPE: C'est un peu la routine... C'est justement pour ça que j'aimerais bien changer de travail, car je commence à en avoir un peu assez... c'est beaucoup trop «métro-boulot-dodo°». Je travaille en ville, alors j'ai pratiquement quarante-cinq minutes de transport le matin et autant le soir pour rentrer.

CHARLES: Et à la maison, comment est-ce que vous vous occupez du° bébé?

PHILIPPE: Un bébé, cela te change la vie. Il a une routine très stricte et tu ne fais pas ce que tu veux.

CHARLES: Finie la grasse matinée!°

PHILIPPE: Oui, la grassse matinée, et même des nuits entières de sommeil! Six heures de suite,° c'est un luxe pour le moment.

CHARLES: Est-ce que tu taquines° ta femme comme tu le faisais avec les filles à l'université?

PHILIPPE: Oui, on a des rapports très détendus. Nous sommes de très bons amis. On se traite en bons camarades, en fait, on est autant amis qu'amants. Nous nous disputons rarement.

CHARLES: C'est rare de bien s'entendre tout le temps.

PHILIPPE: Oui, mais ça ne veut pas dire que nous n'avons pas de petits accrochages° de temps en temps. La dernière fois, c'était ses parents qui étaient venus pour le baptême du petit, et euh... Je les aime bien, mes beaux-parents, mais seulement à petite dose, et là, ils sont restés trois semaines. La troisième semaine j'aurais aimé être ailleurs... *(Il rit.)*

CHARLES: *(Il hausse les sourcils,°* comme s'il avait l'air de comprendre.) La patience n'a jamais été ta grande vertu, Philippe!

PHILIPPE: *(d'un air innocent)* Moi, je suis un ange de patience! Et puis, ne t'inquiète pas! Nous nous sommes tous remis de° l'expérience!

métro-boulot-dodo *the daily grind of commuting, working, sleeping*

s'occuper de *to take care of, handle*

faire la grasse matinée *to sleep late*

de suite *in a row, in succession*

taquiner *to tease*

avoir de petits accrochages *to disagree with*

hausser les sourcils *to raise one's eyebrows*

se remettre de *to get over*

Observation et analyse

1. Décrivez les rapports que Philippe a avec sa femme et avec les parents de sa femme.
2. Parlez de la vie de tous les jours de Philippe. Est-il content de son travail? Expliquez.
3. Comment est-ce que le bébé a changé la vie de ses parents?
4. Pensez-vous que Philippe s'entende bien avec ses beaux-parents? Comment le savez-vous?

Réactions

1. Est-ce que vous avez jamais eu un travail que vous n'aimiez pas? Expliquez.
2. Connaissez-vous quelqu'un qui ait un bébé? Cet enfant lui a-t-il changé la vie? Expliquez.
3. Comment sont vos rapports avec vos parents ou vos beaux-parents?

▸ # Expressions typiques pour...

Décrire la routine quotidienne

Quelle est votre routine typique?

Je me lève, je me lave (je prends une douche/un bain), je me peigne, je me brosse les dents, je me rase, je m'habille, je me maquille, je prends mon petit déjeuner, je vais au... , je déjeune à... , je rentre à... , je dîne à... , je fais mes devoirs, je me déshabille, je me couche.

Décrire les rapports personnels

Quelle sorte de rapports avez-vous avec... ?

Je m'entends bien/mal avec mon petit ami/ma petite amie.
J'ai de bons/mauvais rapports *(good/bad relationship)* avec lui/elle.
Nous sommes de très bons amis.
Nous nous disputons *(argue)* rarement/souvent/de temps en temps.
Nous (ne) nous comprenons (pas) bien.
Nous nous sommes rencontrés l'an dernier.
Nous nous sommes fiancés/mariés.

▶ Mots et expressions utiles

Les bons rapports

le coup de foudre   *love at first sight*
s'entendre bien avec   *to get along well with*
être en bons termes avec quelqu'un   *to be on good terms with someone*
se fiancer   *to get engaged*
fréquenter quelqu'un   *to go steady with someone*

les liens m pl   *relationship*
  les liens de parenté   *family ties*
les rapports m pl   *relationship*
se revoir   *to see each other again*
tomber amoureux (amoureuse) de quelqu'un   *to fall in love with someone*

Les rapports difficiles

se brouiller avec quelqu'un   *to get along badly with someone*
une dispute   *a quarrel*
  se disputer   *to argue*
être en mauvais termes avec quelqu'un   *to be on bad terms with someone*
exigeant(e)   *demanding*
le manque de communication   *communication gap*

se plaindre (de quelque chose à quelqu'un)   *to complain (to someone about something)*
rompre avec quelqu'un   *to break up with someone*
taquiner   *to tease*
tendu(e)   *tense*

Divers

faire la grasse matinée   *to sleep late*
hausser les sourcils   *to raise one's eyebrows*

s'occuper de   *to take care of, handle*
quotidien(ne)   *daily*

Mise en pratique

Trop souvent les histoires d'amour suivent ce scénario:

Le jeune couple se rencontre par hasard. C'est le **coup de foudre**. Les jeunes gens **se revoient**. Ils **s'entendent bien**. Les **rapports** sont très bons. Ils sont parfaits l'un pour l'autre. Ils **se fiancent**…

Après le mariage, les **disputes** commencent. L'un des deux **se plaint de** tout. Les **rapports** sont de plus en plus **tendus**. Une personne veut **rompre**. Il est trop tard pour résoudre les problèmes: le **manque de communication** a détruit les **liens** qui existaient au début.

Décrivez les rapports de ce jeune couple.

Activités

A. Entraînez-vous: Les rapports sociaux. Donnez deux phrases pour décrire vos rapports avec chacune des personnes ci-dessous. Variez vos réponses.

> MODÈLE: votre mère
> *J'ai de bons rapports avec ma mère.*
> *Nous nous disputons rarement.*

1. votre sœur/frère
2. votre petit(e) ami(e)
3. votre père
4. votre camarade de chambre
5. un copain/une copine que vous connaissez depuis longtemps
6. votre professeur de français

B. Ma routine. Décrivez la routine d'un jour de semaine typique. Contrastez cette description avec celle d'un jour de week-end typique.

C. Questions indiscrètes. Posez les questions suivantes à un(e) ami(e). Donnez un résumé de ses réponses à la classe.

1. Tu es déjà tombé(e) amoureux/amoureuse? Quand? Est-ce que c'était un coup de foudre? Est-ce que vous vous voyez toujours?
2. Quelles situations te causent le plus de stress? Pourquoi? Qu'est-ce que tu fais pour réduire ce stress?
3. Est-ce que tu te plains souvent? De quoi? A qui? D'habitude est-ce que tu te sens mieux après?

Liens culturels

Les rapports entre parents et enfants

Si vous habitez en France, vous remarquerez que les rapports entre parents et enfants sont différents de ceux qui existent en Amérique. En France, on exige que l'enfant, même quand il est très petit, sache se tenir comme il le faut... debout ou assis à table. L'obéissance est très importante en France: un Français va corriger son enfant même devant des invités ou des étrangers. Les enfants américains, eux, demandent souvent «pourquoi» quand leurs parents leur disent de faire quelque chose, et reçoivent souvent une explication. En France, les parents ont toujours raison.

Quand on devient parents en France, on est censé apprendre à l'enfant à bien se conduire au sein de la société. Les parents ont une responsabilité vis à vis de la société en ce qui concerne l'éducation de leurs enfants. De façon générale, ils doivent s'assurer que leurs enfants deviennent des êtres sociables, honnêtes et responsables. Les parents américains contractent une obligation envers l'enfant plutôt qu'envers la société. On apprend, bien sûr, à l'enfant américain les bonnes manières et les usages de la société mais c'est pour lui donner une chance de plus dans la vie. L'enfance est surtout une période de jeux et d'expérimentation. A l'adolescence, les jeunes Français obtiennent plus de liberté. Par contre, les adolescents américains sont encouragés à prendre des responsabilités financières.

▶ La grammaire à apprendre

Les verbes pronominaux

A. Pronominal verbs are often used when describing daily routines and personal relationships. You reviewed the basic patterns of use and word order in *La grammaire à réviser*. The most common type of pronominal verbs, *reflexive verbs*, reflect the action back to the subject.

> Il se couche à onze heures.
> *He goes to bed at eleven o'clock.*

Many common reflexive verbs can be found in the *Expressions typiques pour...* Additional reflexive verbs are listed below:

s'amuser   *to have fun*
s'arrêter   *to stop*
se couper   *to cut oneself*
se débrouiller   *to manage, get along*
se demander   *to wonder*
se détendre   *to relax*
se fâcher contre   *to get angry with*
s'inquiéter de   *to worry about*
s'intéresser à   *to be interested in*
se moquer de   *to make fun of*
se reposer   *to rest*

B. Other pronominal verbs, known as *reciprocal verbs,* describe an action that two or more people perform on or for each other rather than on or for themselves. These verbs are conjugated in the same way as reflexive verbs; however, they can only be used in the plural.

> Nous nous aimons bien.
> *We like each other a lot.*

> Nous nous parlons chaque jour.
> *We speak to each other every day.*

The addition of **l'un(e) l'autre** (for two people) and **les un(e)s les autres** (for more than two people) can be used if ambiguity exists:

> Paul et Marie se comprennent.
> *Paul and Mary understand themselves.*
> OR: *Paul and Mary understand one another.*

> BUT: Paul et Marie se comprennent l'un l'autre.
> *Paul and Mary understand one another.*

Note the placement of a preposition:

> Ils s'entendent bien les uns **avec** les autres.
> *They get along fine with each other.*

C. *Idiomatic pronominal verbs* change meaning when used in a pronominal construction.

Non-pronominal	Pronominal
aller *to go*	s'en aller *to go away*
apercevoir *to see*	s'apercevoir *to realize*
attendre *to wait*	s'attendre à *to expect*
douter *to doubt*	se douter de *to suspect*
ennuyer *to bother*	s'ennuyer *to be bored, get bored*
entendre *to hear*	s'entendre (avec) *to get along (with)*
faire *to do, make*	s'en faire *to be worried*
mettre *to put, place*	se mettre à *to begin*
passer *to pass*	se passer de *to do without*
plaindre *to pity*	se plaindre de *to complain*
rendre compte de *to account for*	se rendre compte de *to realize*
servir *to serve*	se servir de *to use*
tromper *to deceive; to cheat on*	se tromper *to be mistaken*

▶ The use of pronominal verbs in the past tenses will be presented in *Chapitre 4.*

Some verbs exist only in pronominal form:

> se méfier de *to be wary, suspicious of*
> se souvenir de *to remember*
> se spécialiser en *to specialize, major in*
> se taire *to be quiet*

En 1990, Paul et Marie—un couple de restaurateurs parisiens—**s'inquiétaient** beaucoup **de** leur situation financière et avaient décidé de **se passer de** vacances pour faire des économies *(save money)*. Les pauvres! Ils ne **se doutaient** pas que toute une année de travail sans congés, c'est dur! Dès le mois de juillet, Marie **se plaignait de** tout et **de** rien et Paul **s'ennuyait** dans sa cuisine. Il **se sont** vite **aperçus** qu'ils avaient eu tort d'annuler *(cancel)* leurs vacances, et ils ont donc décidé de **s'en aller** quelques jours pour se changer les idées. Ils **sont passés** par le Tunnel du Mont Blanc et **ont mis** beaucoup de temps pour arriver à Rome, parce qu'ils **ont fait** le tour d'un tas de *(a lot of)* petits restaurants! Paul **se méfiait de** chaque plat qu'on lui **servait** et **se mettait** souvent à critiquer les recettes... Bref, une vraie catastrophe! Paul et Marie **se souviendront** longtemps **de** ce petit voyage désastreux. Et les cuisiniers entre Paris et Rome... n'en parlons pas!

Activités

A. Comment? Choisissez la phrase qui complète logiquement la situation décrite ci-dessous.

1. Je ne peux pas me passer de voiture.
   a. Une voiture est essentielle pour moi.
   b. Je ne me laisse jamais doubler *(pass)* par une autre voiture.
2. Ils ne s'entendent pas bien.
   a. On doit toujours répéter ce qu'on dit quand on leur parle.
   b. On les entend souvent se disputer.
3. Nous nous doutons qu'elle est gravement malade.
   a. Elle n'est pas sortie de sa maison depuis longtemps.
   b. On l'a vue faire du ski récemment.
4. Je ne me trompe jamais.
   a. Je suis toujours honnête.
   b. J'ai toujours raison.
5. Claire s'ennuie beaucoup à la campagne.
   a. Elle dit qu'il n'y a rien à faire.
   b. Elle dit que les insectes sont très embêtants.

B. Ma famille. Annie, une jeune fille de quatorze ans, doit écrire une composition sur sa famille. Traduisez sa composition en français en utilisant autant de verbes pronominaux que possible.

There are five of us in my family—my mother, father, half-sister, half-brother, and myself, the youngest. For the most part (**Dans l'ensemble**), we all get along fairly well. Of course I get angry with my older brother when he makes fun of me. But I tell him to be quiet and he usually stops. Maybe I am wrong but I think that he teases me because he gets bored. My older sister, Hélène, is majoring in science at the university. She has a lot of work but she never complains.

My parents have a great relationship. It's easy to see that they love each other very much.

And me? I am fourteen years old. I get along fine at school and like most of my classees, but I am mainly interested in vacations.

C. Interview. Utilisez les verbes et les expressions interrogatives ci-dessous pour inter-viewer un(e) camarade de classe.

1. se lever, se coucher: à quelle heure?
2. s'habiller: comment?
3. se débrouiller: à l'université?
4. s'intéresser: à quoi?
5. s'amuser: comment?
6. se fâcher: contre qui? quand?
7. s'inquiéter: de quoi?
8. se détendre: quand? comment?
9. s'ennuyer: quand?
10. se marier: un jour?

▶ Interactions

A. Au café. You are at a café with a good friend. Gossip about Denise and Eric whom you both know. Discuss the fact that you heard **(entendre dire)** that they broke up, and you wonder why. Talk about whom Denise is now going with and what that person looks like. Gossip about how Eric is getting along, and mention that Eric and Denise are no longer seeing nor speaking to each other. Add details to make the story more interesting.

B. Imaginez. You are an elementary school teacher. Call the parents of one of your ten-year-old students (Christophe) and invite them to school for a conference **(un rendez-vous pour discuter).** They accept your invitation and you arrange the date and time. At the conference discuss the following:

* Christophe is not doing well in school;
* he is never quiet in class;
* you suspect he is bored.

Find out:

* how he gets along with his parents and his older brothers;
* if he complains about headaches at home;
* if he goes to bed early enough.

De quoi ce prospectus fait-il la publicité?

Renseignez-vous, sans engagement de votre part, sur les autres possibilités d'assurance scolaire et extra-scolaire UAP Séquanaise.
Il vous suffit d'adresser ce coupon-réponse à votre Agent.

M. et Mme. . . . .
. . . .
Adresse . . . .
. . . .
Téléphone . . . .

PHRASES: Describing people

VOCABULARY: Body; face; hair colors; personality

GRAMMAR: Adjective agreement; adjective position; preceding adjectives

▶ Turn to **Appendice B** for a complete list of active chapter vocabulary.

 ▶**Deuxième brouillon**

1. Write a second draft of your paper from Lesson 2, incorporating more details on the person. Think about why this person is interesting and focus more attention on that aspect.
2. To strengthen your use of details think about the following aspects: **le visage** *(face)*; **la bouche ronde/grande; les yeux en amande/grands; les lèvres fines/bien définies, le nez droit** *(straight)*/**long, gros; le front** *(forehead)* **large/fuyant** *(receding)*; **le corps corpulent/mince** *(thin)*/**maigre** *(slim)*/**fort** *(heavy)*; **les gestes calmes/brusques; le look conservateur/ BCBG (bon chic bon genre** *[preppy]*).

Synthèse

 Activités vidéo

Avant la vidéo

1. En français, faites une liste de mots qui s'appliquent aux membres d'une famille, par exemple: le père, la mère, etc. Maintenant, regardez l'arbre généalogique ci-dessous. Christine est le «centre» de cette famille. Mettez les mots de votre liste où ils conviennent.
2. Qu'est-ce que vous savez sur l'histoire de votre famille? Est-ce qu'il y a des différences entre la vie de famille de vos grands-parents quand ils étaient jeunes et la vôtre?
3. En Amérique, comme en France, la famille évolue. Avec vos camarades de classe, faites une liste des changements qui vous viennent à l'esprit (moins de mariages, plus de divorces, etc.).

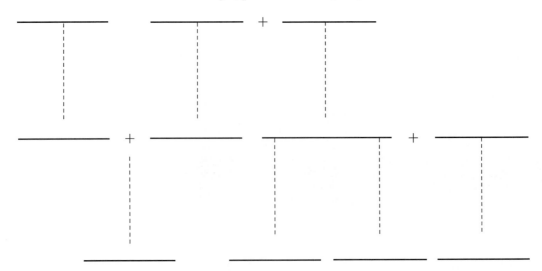

Après la vidéo

1. Voilà les noms des membres de la famille de Christine: Andréa Assécé, Jean Assécé, Katia, Laurie, Léonita, Lucien, Luggie, Pierrec, Valérie, Viviane, Yvelise.

    Mettez-les où il convient sur l'arbre généalogique à la page 116. Il vous manque des renseignements concernant une des personnes afin de pouvoir la placer. Comment s'appelle-t-elle?

    On mentionne aussi les occupations suivantes: institutrice, musicien, artiste, professeur d'histoire, restauratrice, secrétaire comptable, employé du gouvernement. Sur l'arbre généalogique, ajoutez l'occupation des membres de la famille.

2. Quelles conclusions est-ce que vous pouvez tirer du fait que...
    a.   la famille guadeloupéenne déjeune ensemble le dimanche?
    b.   des femmes aussi bien que des hommes de cette famille travaillent?

3. Monique, la Québécoise, vous a raconté beaucoup de choses au sujet de sa famille et d'elle-même. Faites une liste des détails dont vous vous souvenez et comparez votre liste avec celles de vos camarades de classe. Qui s'est rappelé le plus grand nombre de faits? Quelle est la différence principale entre la famille de Monique et celle de ses grands-parents? Comment pouvez-vous expliquer ce changement?

4. Parmi les changements que vous avez indiqués concernant la famille américaine *(Avant la vidéo, 3),* lesquels ont été mentionnés dans la vidéo sur la famille française?

Activités orales

A. L'union libre. Your son informs you that he wants to live with his girlfriend before marrying. Ask him why and discuss why you agree or do not agree. He continues by telling you that he will stay at home while his girlfriend works to support them. Again, give your reaction and explain why.

B. Décisions. You and a good friend (who will be your roommate next fall) discuss what you are going to bring from home or buy for your dorm room. Discuss your preferences regarding color, size, shape of each oject, and who will be in charge of getting it.
MOTS UTILES: **l'affiche** *(f.) (poster);* **le tapis** *(rug);* **le couvre-lit** *(bedspread);* **le réfrigéra-teur** *(refrigerator);* **le four à micro-ondes** *(microwave oven)*

C. Le jeu des professions. Half of the class will act as contestants **(concurrents)** and the other half will be the studio audience **(spectateurs).** One student (or the teacher) plays the role of the game show host. Each contestant must describe his profession in detail without stating the name of it or using any form of the word. The studio audience must try to identify the profession of each contestant.

Activity C: Write the name of each profession on a small card to hand to student contestants. Ideas for names of professions can be found in the *Expressions typiques pour... ,* page 90, and in the accompanying instructor's note on that page.

> MODÈLE: —*Dans mon travail, je parle avec beaucoup de gens qui désirent obtenir de l'argent.*
> —*Est-ce que vous êtes banquier?*
> —*Oui, je suis banquier.*

Activité écrite

Chère Françoise... Write a letter to a newspaper advice columnist describing a problem with your roommate, boyfriend/girlfriend, or parents. Begin with **Chère Françoise** and end with **Amicalement vôtre.**

PHRASES: Describing people

VOCABULARY: Body; face; hair colors; personality

GRAMMAR: Adjective agreement; adjective position; preceding adjectives; nouns after **c'est, il est;** verbs with auxiliary **être;** verb summary

 ▶ **Révision finale**

1. Reread your composition from the **Deuxième brouillon** section and focus on the description. Make sure that you have adopted the tone you want—objective and detached or warm. This tone will influence the reader's attitude toward your subject.
2. Bring your draft to class and ask two classmates to peer edit your composition. They should pay particular attention to how well you paint a portrait of the person you are describing. Your classmates should use the symbols on page 415 to indicate grammar errors.
3. Examine your composition one last time. Check for correct spelling, grammar, and punctuation. Pay special attention to your use of **c'est** or **il/elle est,** adjectives, and pronominal verbs.
4. Prepare your final version.

http://bravo.heinle.com

▮INTERMÈDE CULTUREL

I. Allons, enfants de la patrie: la Révolution française de 1789

Avant la lecture

- Comment s'appelle l'hymne national américain?
- Quelles images évoquent cet hymne?
- Que savez-vous sur la Révolution française de 1789?

Eugène Delacroix, *La Liberté guidant le peuple*

La Révolution française a produit tout un ensemble de textes, nés des circonstances: chansons, discours, textes politiques, témoignages individuels. Dans la nuit du 24 au 25 avril 1792, juste avant un assaut contre l'Autriche, Rouget de Lisle a composé le «Chant de guerre pour l'armée du Rhin». En juin, cet air a été chanté lors d'un banquet offert par la ville de Marseille à 500 volontaires qui allaient monter à Paris pour défendre la patrie. Quand les Parisiens ont entendu chanter ce chant par les Marseillais, ils l'ont baptisé «La Marseillaise». Sous la IIIᵉ République, le 14 juillet 1879, c'est devenu l'hymne national français.

> Allons, enfants de la Patrie
> Le jour de gloire est arrivé!
> Contre nous de la tyrannie
> L'étendard sanglant est levé! *(bis)*
> Entendez-vous dans les campagnes

> Mugir ces féroces soldats?
> Ils viennent jusque dans nos bras
> Egorger nos fils, nos compagnes.
> Aux armes, citoyens!
> Formez vos bataillons!
> Qu'un sang impur
> Abreuve nos sillons!

En France, en 1789, les sujets du roi de France n'avaient aucune liberté. Le roi pouvait jeter n'importe qui en prison pour n'importe quelle raison. La liberté de presse n'existait pas. De plus, des impôts excessifs, prélevés par les agents du roi, les seigneurs des villages et l'église prenaient la moitié des revenus des artisans, des commerçants et des petites gens. Les paysans étaient réduits à la misère, voire à la famine.

Vous savez peut-être que le 14 juillet 1789, les habitants de Paris ont pris la forteresse de la Bastille. Symbole de la monarchie et du pouvoir arbitraire parce que c'était là qu'on y détenait les opposants au roi, la Bastille est devenue le symbole de la victoire du peuple contre la tyrannie.

Mais ce jour-là, le peuple était dans la rue pour protéger les décisions de l'Assemblée nationale réunie à Versailles pour réformer le royaume. En effet, l'assemblée des Etats-Généraux, que Louis XVI avait convoquée pour l'aider à sortir de la profonde crise financière du royaume, avait démontré son opposition au roi et son soutien au peuple de France. Le 9 juillet, cette assemblée s'était déclarée Assemblée Constituante. Autrement dit, elle avait eu l'audace de proclamer qu'elle entreprenait la rédaction d'une constitution du royaume. La monarchie absolue n'existait donc plus. Comme l'Angleterre, la France devenait une monarchie constitutionnelle.

Le 4 août 1789, les Constituants ont aboli les privilèges de la noblesse et les droits féodaux. Le 16 août, ils ont rédigé et adopté la Déclaration des droits de l'Homme et du Citoyen.

Exécution au Bagne de Joseph Bordelet. — Page 8, col 2.

Dans les mois qui ont suivi, l'agitation politique a continué. Les élections prévues par la Constitution ont eu lieu et, en septembre 1791, le roi a eu l'air de se soumettre à la Constitution. Cependant, la crise économique et l'opposition des royaumes voisins (l'Autriche, la Prusse, la Russie et l'Angleterre) à la Révolution française menaçaient l'avenir. Les Français craignaient de perdre leurs acquis. Sur proposition du roi, en 1792, la guerre est déclarée à l'Autriche et les Français sont appelés à défendre la patrie en danger. «La Révolution» se durcit quand on soupçonne le roi Louis XVI et Marie Antoinette de conspirer avec l'Autriche contre la France. Le roi est traduit en justice, jugé coupable de trahison et guillotiné en janvier 1793. Les nouveaux députés sont divisés entre les modérés (les Girondins dont le célèbre avocat Danton) et les Révolutionnaires durs (les Montagnards dont Maximilien Robespierre).

Accusés de trahison, des Girondins sont arrêtés et exécutés par Robespierre et les membres du Comité de Salut Public qu'il forme. C'est le début du règne la Terreur (mars 1793–juillet 1794). Les suspects sont arrêtés, jugés par des tribunaux révolutionnaires impitoyables, et souvent guillotinés. Peu à peu les excès de la Terreur inquiètent même les amis du Comité de Salut Public. Le 27 juillet 1794, Robespierre et ses amis sont arrêtés et guillotinés à leur tour. (C'est le 4 Thermidor d'où le nom de «révolution Thermidorienne» donné à cet épisode de la Révolution.)

Un nouveau régime est mis en place: le Directoire. Il conserve les acquis de la Révolution mais impose la modération. Le jeune général Bonaparte est appelé à écraser une insurrection contre-révolutionnaire le 6 octobre 1795. L'ordre est rétabli mais il reste encore à choisir un régime qui puisse le maintenir et à défendre le territoire de la patrie.

A p r è s   l a   l e c t u r e

Compréhension

1. A votre avis, pourquoi les membres de l'Assemblée Constituante ont-ils écrit une Déclaration des droits de l'Homme et du Citoyen?
2. Pour quelles raisons Rouget de Lisle a-t-il écrit un chant de guerre? Quand ce chant est-il devenu l'hymne national?
3. Contre quel pays la France déclare-t-elle la guerre?
4. Quelles sont les conséquences de la Terreur?
5. Pourquoi la Révolution s'est-elle terminée selon vous?

Expansion

1. Comparez l'hymne national français à d'autres hymnes officiels. Quelle image ces hymnes donnent-ils de leur pays?
2. Quels autres événements historiques sont considérés comme aussi importants que la Révolution française dans l'histoire de la France, des Etats-Unis ou de votre pays natal? Expliquez.

II. *Je t'épouse* par Mariama Bâ

Avant la lecture

Sujets à discuter

1. Où se trouve le Sénégal? Avez-vous déjà été en Afrique?
2. Etes-vous d'accord avec cette phrase sur le mariage: «... c'est un acte de foi et d'amour, un don *(gift)* total de soi *(oneself)* à l'être que l'on a choisi et qui vous a choisi.»
3. Ce passage se termine sur la phrase: «Je ne serai jamais le complément de ta collection.» Imaginez à qui et pourquoi une femme peut dire cela. Avez-vous jamais exprimé la même chose? Dans quelles sortes de circonstances?
4. D'après les questions ci-dessus, quel est le thème de l'histoire?

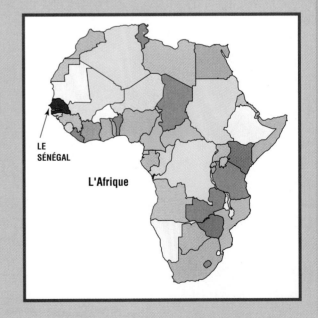

LE
SÉNÉGAL

L'Afrique

Stratégies de lecture

A. **Utilisez le dictionnaire.** Connaissez-vous les mots suivants? Sinon, utilisez le dictionnaire pour trouver leurs équivalents anglais.

   le deuil   l'offre de mariage   le choc
   l'éclatement   le refus

B. **Trouvez les idées principales.** Parcourez le texte et donnez un titre à chacun des cinq paragraphes en utilisant les mots ci-dessus.

*I*n her novel Une si longue lettre *(1979), the Senegalese writer
Mariama Bâ uses her personal experience to portray women's lives
and problems in Senegal, a Moslem country in West Africa that became independent from France in 1960. The novel is a long letter to a
friend. The narrator is in mourning after the death of her husband,
Modou Fall.*

Je t'épouse

J'ai célébré hier, comme il se doit, le quarantième jour de la
mort de Modou. Je lui ai pardonné. Que Dieu exauce° les prières
que je formule quotidiennement pour lui. Des initiés° ont lu le
Coran. Leurs voix ferventes sont montées vers le ciel. Il faut que
5   Dieu t'accueille parmi ses élus, Modou Fall!
Après les actes de piété, Tamsir[3] est venu s'asseoir dans ma
chambre dans le fauteuil bleu où tu te plaisais. En penchant sa
tête au dehors, il a fait signe à Mawdo;[4] il a aussi fait signe à
l'Imam[5] de la mosquée de son quartier. L'Imam et Mawdo l'ont
10   rejoint. Tamsir parle cette fois. Ressemblance saisissante° entre
Modou et Tamsir, mêmes tics° de l'inexplicable loi de l'hérédité.
Tamsir parle, plein d'assurance; il invoque (encore) mes années
de mariage, puis conclut: «Après ta «sortie» (du deuil°), je
t'épouse. Tu me conviens° comme femme et puis, tu continueras
15   à habiter ici, comme si Modou n'était pas mort. En général, c'est
le petit frère qui hérite de l'épouse laissée par son aîné.° Ici, c'est
le contraire. Tu es ma chance. Je t'épouse. Je te préfère à l'autre,[6]
trop légère, trop jeune. J'avais déconseillé ce mariage à Modou.»
Quelle déclaration d'amour pleine de fatuité° dans une mai-
20   son que le deuil n'a pas encore quittée. Quelle assurance et quel
aplomb° tranquilles! Je regarde Tamsir droit dans les yeux. Je
regarde Mawdo. Je regarde l'Imam. Je serre mon châle° noir.
J'égrène mon chapelet.° Cette fois, je parlerai.
Ma voix connaît trente années de silence, trente années de
25   brimades.° Elle éclate, violente, tantôt sarcastique, tantôt
méprisante.
—As-tu jamais eu de l'affection pour ton frère? Tu veux déjà
construire un foyer neuf sur un cadavre chaud. Alors que l'on
prie pour Modou, tu penses à de futures noces. Ah! oui: ton cal-
30   cul, c'est devancer° tout prétendant° possible, devancer Mawdo,
l'ami fidèle qui a plus d'atouts° que toi et qui, également, selon la
coutume, peut hériter de la femme. Tu oublies que j'ai un cœur,

Glossary (margin)

réponde à
students of the Koran

striking
gestes automatiques

mourning ends
are suitable

elder

satisfaction de soi

audace
shawl
say my rosary

vexation

to get ahead of / suitor
winning cards

---

[3] frère aîné de Modou   [5] chef de prière dans une mosquée
[4] ami de Modou   [6] une autre femme de Modou, la dernière épousée

une raison, que je ne suis pas un objet que l'on se passe de main
en main. Tu ignores ce que se marier signifie pour moi: c'est un
35 acte de foi et d'amour, un don total de soi à l'être que l'on a choisi
et qui vous a choisi. Et tes femmes, Tamsir? Ton revenu ne couvre
ni leurs besoins ni ceux de tes dizaines d'enfants.[7] Pour te suppléer
dans tes devoirs financiers, l'une de tes épouses fait des travaux de
teinture,° l'autre vend des fruits, la troisième inlassablement°
40 tourne la manivelle° de sa machine à coudre. Toi, tu te prélasses°
en seigneur vénéré, obéi au doigt et à l'œil.° Je ne serai jamais le
complément de ta collection... »

Extrait de Mariama Bâ, Une si longue lettre

dyeing / patiemment
crank-handle / tu ne fais rien
immédiatement

Après la lecture

Compréhension

A. Observation et analyse. Répondez aux questions suivantes.

1. Depuis combien de temps le mari est-il mort?
2. Décrivez la personnalité de Tamsir, de la femme qui parle, de son ancien mari.
3. Quel est le frère le plus âgé de la famille?
4. Combien de femmes Tamsir a-t-il?
5. Qu'est-ce que Tamsir a proposé?
6. Quelle a été la réponse de la narratrice?
7. Que font les femmes de Tamsir? Expliquez.
8. Imaginez pourquoi la narratrice a passé trente ans en silence.

B. Adjectifs. Entourez les adjectifs qui décrivent le mieux la narratrice et expliquez vos réponses.

calme, agitée, fâchée, triste, fière, arrogante

Lesquels décrivent le mieux Tamsir?

paresseux, fier, inquiet, serein, égocentrique

Avez-vous d'autres adjectifs à ajouter pour ces personnages? Lesquels?

---

[7] Chez les Musulmans *(Moslems)*, un homme peut avoir jusqu'à quatre co-épouses. Mais le Coran interdit à un homme d'avoir plus de femmes qu'il ne peut faire vivre décemment, avec ses revenus.

Où est cette femme? Que fait-elle?

C. Réactions. Donnez votre réaction.

1. Que pensez-vous de la réponse de la narratrice? Expliquez.
2. Comment réagiriez-vous aux paroles de Tamsir si c'était à vous (ou à votre sœur) qu'il avait parlé?

Interactions

A. Répondez

1. En quoi Tamsir modifie-t-il la tradition Musulmane?
2. En quoi cette histoire pose-t-elle un problème universel? Expliquez.

B. Imagination

1. Imaginez la réaction de Tamsir aux paroles de la femme. Que va-t-il dire? Que va-t-il faire?
2. Imaginez qu'elle n'ait pas explosé et qu'elle n'ait pas dit ce qu'elle ressentait. Que serait-il arrivé?
3. Imaginez la fin de cette histoire. La narratrice va-t-elle se marier avec Tamsir? Dans ce cas, quels seront les résultats de ce mariage? Et si elle ne se marie pas avec lui, que fera-t-elle?

CHAPITRE **4**

La grammaire à réviser:

Le passé composé • L'imparfait • Le plus-que-parfait

▶ Leçon 1

Préparation

Fonction: Comment dire qu'on se souvient/ne se souvient pas de quelque chose

Culture: Les transports

Langue: Le passé composé

▶ Leçon 2

Premier brouillon

Fonction: Comment raconter une histoire

Culture: Les vacances

Langue: L'emploi de l'imparfait • L'emploi du passé composé • Comparaison entre l'imparfait et le passé composé

▶ Leçon 3

Deuxième brouillon

Fonction: Comment raconter une histoire (conclusion)

Culture: La conversation française

Langue: L'emploi du plus-que-parfait

Synthèse

Révision finale

Intermède culturel

Les châteaux

La Fanette (Jacques Brel)

Les vacances

Les moyens de transport

La douane

L'hôtel

Thèmes

On ne croira jamais ce qui m'est arrivé...

Possible questions to introduce chapter themes and functions: **1. Vous avez jamais voyagé en train aux Etats-Unis? Et en Europe? Si oui, décrivez vos expériences. 2. Où êtes-vous allé(e)? Avec qui? Quand? 3. Vous vous rappelez un incident intéressant qui s'est passé pendant un voyage en train? Expliquez. 4. Comment préférez-vous voyager aux Etats-Unis: en train? en avion? en voiture? Pourquoi? Et en Europe?**

La grammaire à réviser

The information presented here is intended to refresh your memory of various grammatical topics that you have probably encountered before. Review the material and then test your knowledge by completing the accompanying exercises in the workbook.

▶ Avant la première leçon

Le passé composé

Exemple	Equivalent
J'**ai voyagé** partout. →	{ *I traveled everywhere.* *I have traveled everywhere.* *I did travel everywhere.*

Tu **as voyagé**…	Nous **avons voyagé**…
	Vous **avez voyagé**…
Il Elle } **a voyagé**… On	Ils Elles } **ont voyagé**…

FORMATION: present tense of **avoir** or **être** (auxiliary verb) + past participle

A. Le participe passé: formes régulières

• Change -**er** ending of infinitive to **é.**
• Change -**ir** ending of infinitive to **i.**
• Change -**re** ending of infinitive to **u.**

traverser → traversé
finir   → fini
perdre   → perdu

B. L'auxiliaire

• Most verbs are conjugated with **avoir.**
• All pronominal (reflexive) verbs, as well as the following verbs of motion, require **être:**

naître	partir	descendre	aller	devenir	rentre
mourir	passer	entrer	venir	rester	tomber
arriver	monter	sortir	revenir	retourner	

NOTE: All object and reflexive pronouns precede the auxiliary verb:

Il **m**'a regardé longtemps. Puis, il **s'en** est allé.

C. L'accord du participe passé

• When the auxiliary verb is **être,** the past participle agrees (in gender and number) with the *subject:*

Claire est **arrivée** en retard, comme d'habitude.

• When the auxiliary verb is **avoir,** there is usually no agreement:

Elle a **fourni** *(provided)* ses excuses habituelles.

• With a *preceding direct object,* the past participle agrees (in gender and number) with the *direct object:*

Elle **les** a **présentées** d'un air contrit.

Les excuses qu'elle a **données** étaient assez compliquées.

• With a *preceding indirect object* or **en,** there is no agreement:

On ne **lui** a pas **fait** beaucoup de compliments.

D. Le négatif

Je **n**'ai **pas** oublié ton anniversaire, ma chérie, mais je **ne** me suis **pas** souvenu de t'envoyer une carte à temps!

E. L'interrogatif

Est-ce que **vous avez** voyagé à l'étranger?

Avez-vous voyagé à l'étranger?

Est-ce que **vous** ne **vous êtes** pas arrêté(e) en Grèce?

Ne **vous êtes-vous** pas arrêté(e) en Grèce?

▶ Avant la deuxième leçon

L'imparfait

Exemple	Equivalent
J'**allais** à la plage... →	I used to go to the beach . . . I was going to the beach . . . I went to the beach . . .

Tu **allais**...	Nous **allions**...
	Vous **alliez**...
Il Elle } **allait** On	Ils Elles } **allaient**...

FORMATION:

• *Stem:* **nous** form of present tense minus **-ons**

EXAMPLE: **ven**-ons, **écriv**-ons

ONLY EXCEPTION: être *(stem:* **ét**-)

• *Endings:*   **-ais**   **-ions**
                     -ais   **-iez**
                     -ait   **-aient**

REMINDER: Verbs ending in **-cer** add a **cédille** to the **c (ç)** before the endings **-ais, -ait,** and **-aient;** verbs ending in **-ger** add **e** before the same endings.

Quand il **commençait** à faire chaud, nous allions à la plage.

Tes parents **voyageaient** souvent à l'étranger, n'est-ce pas?

NOTE:

- In the **nous** and **vous** forms, however, the verbs in **-ger** do not take an **e**:

    Nous **voyagions** souvent en Afrique.

- Remember the spelling of **nous étudiions** in the imperfect. All verbs ending in **-ier** (**crier, prier**) take two **i**'s.

▶ Avant la troisième leçon

Le plus-que-parfait

Exemple	Equivalent
J'**avais** déjà **téléphoné** quand Marc est rentré. →	*I had already telephoned when Marc got home.*

Tu **avais téléphoné**…	Nous **avions téléphoné**… Vous **aviez téléphoné**…
Il Elle } **avait téléphoné**… On	Ils Elles } **avaient téléphoné**…

FORMATION: imperfect tense of **avoir** or **être** + past participle

NOTE: Agreement rules, word order, and negative/interrogative patterns are the same as for the **passé composé**.

Parmi les 322 châteaux situés dans la vallée de la Loire se trouve le Château Royal de Blois, qui reçoit plus de 400 000 visiteurs chaque année *(Quid 1996*, p. 928b). Est-ce que vous voudriez visiter les châteaux de la Loire? Pourquoi? Regardez *l'Intermède culturel*, pp. 161–164, pour des renseignements sur d'autres châteaux en France.

CHATEAUX

CHÂTEAU ROYAL DE BLOIS

Tél : 02 54 78 06 62
Fax: 02 54 74 04 72

Château

- Château : visite libre ou guidée :
Appartements Royaux,
Musée Lapidaire, Musée des Beaux-Arts
- Vieille ville : visites-conférences

Le Château de Blois réunit autour d'une même cour quatre constructions, sommets de l'architecture Française : le gothique du XIIIème siècle, la renaissance de la fin du XVème siècle et du XVIème siècle et enfin l'architecture classique du XVIIème siècle.

Son et Lumière

Le nouveau spectacle nocturne du Château Royal de Blois fait appel aux technologies les plus contemporaines du son et de l'image. Les 600 projecteurs, les effets spéciaux et le système d'images défilantes sur les façades du Château font de ce son et lumière un magnifique spectacle unique en Europe.

▶Leçon 1 Comment dire qu'on se souvient/ne se souvient pas de quelque chose

▶Conversation

▭ INSTRUCTOR'S TAPE

Premières impressions

Soulignez:
- plusieurs façons de dire qu'on se souvient de quelque chose
- plusieurs façons de demander à quelqu'un de raconter ses souvenirs

Trouvez:
- où Katia et Marc sont allés en vacances

Après un bon repas ensemble, un groupe de jeunes parlent de choses diverses. La conversation en vient maintenant à des vacances passées.

Rappel: Have you reviewed the **passé composé?** (Text pp. 126–127 and Workbook)

Notice that the **Activité orale B,** page 159 of the **Synthèse** section, directs students to bring in slides, photos, or pictures of past or imaginary vacations. Direct their attention to this early in the chapter so that they will have sufficient time to collect the materials by the end of the chapter.

KATIA: Oh, on a eu des vacances épouvantables°...

NADINE: Qu'est-ce qui vous est arrivé?

KATIA: Tu te souviens, Marc?

MARC: Oui, je me souviens. Ça a commencé avec le voyage, et ça a continué jusqu'au retour. Au départ de Paris, gare de Lyon, il y avait deux adolescents, sales, mal habillés, qui se sont installés en face de nous dans le compartiment. Bon début!

KATIA: Ils devaient être frères. L'un avait 13 ou 14 ans, l'autre un an de plus. Ils étaient vraiment mal élevés. Tu te rappelles? Ils étaient très, très grossiers°... Et en plus, tu te souviens, l'aîné n'arrêtait pas de jurer°...

MARC: C'était agaçant.° Et puis, ils n'arrêtaient pas de se lever et de se bousculer.° Ils voulaient tout le temps descendre leur sac, pour un oui ou un non:° leurs billets, leurs sandwiches, leurs gourdes° et j'en passe!°

LAURENCE: Ça devait être pénible!

KATIA: Oui, je ne l'oublierai jamais. C'est la première fois qu'on allait en Suisse, hein, Marc?

MARC: Oui, c'est ça. Et puis le lendemain, on m'a piqué° ma montre.

KATIA: Ah bon? Je ne me souviens pas de ça, moi, c'est marrant!° C'était quand?

MARC: Je ne sais plus, mais pendant la nuit, je crois. Je dormais et quand je me suis réveillé, plus de montre. On l'a cherchée partout, tu ne te rappelles pas?

KATIA: Ah, si, si! Je me souviens maintenant! Quelle horreur! On ne savait plus l'heure.

MARC: Je me sentais tout perdu sans montre! C'est drôle, on n'a pas l'habitude.

épouvantable *horrible*

grossier *rude*

jurer *to swear*

agaçant *annoying*

se bousculer *to bump each other*

pour un oui ou un non *for any old thing* / **une gourde** *flask*

j'en passe *and that's not all*

piquer *(slang) to steal*

marrant *(slang) funny; strange*

A suivre

Observation et analyse

1. Qui parle de ses vacances passées à l'étranger?
2. Que savez-vous des adolescents qui étaient dans le compartiment avec Katia et Marc?
3. Quel autre événement mémorable leur est arrivé pendant le voyage?
4. Pensez-vous que Katia et Marc partent souvent en vacances? Comment le savez-vous?

Réactions

1. Que pensez-vous de ces adolescents? Auriez-vous eu la même réaction que Katia et Marc ont eue? Expliquez.
2. Est-ce que quelqu'un vous a jamais volé une montre? autre chose? Racontez l'histoire.
3. Avez-vous eu des vacances mémorables comme celles de Katia et Marc? Expliquez.

▶ Expressions typiques pour…

▶ **Se souvenir de** and **se rappeler** both mean *to remember*. Note, however, that you will use the preposition **de** with **se souvenir**. For example:
—Je me souviens **de** nos vacances en Grèce.
—Moi, je me rappelle nos vacances en Italie.
When using a pronoun, you will say **Je *m'en* souviens** or **Je me *les* rappelle.**

Demander si quelqu'un se souvient de quelque chose

Est-ce que tu te souviens de (nos vacances à…)?
Est-ce que tu te rappelles (nos vacances à…)?
Vous n'avez pas oublié… ?

Demander à quelqu'un de raconter ses souvenirs

Qu'est-ce qui t'est arrivé?
Parle-moi du jour où tu…
Il paraît qu'une fois tu…
Une fois, n'est-ce pas, tu…

Commencer à raconter des souvenirs

J'ai de très bons/mauvais souvenirs *(memories)* de…
Si j'ai bonne mémoire *(memory)*…
Autant qu'il m'en souvienne… *(As far as I remember . . .)*
Je me souviens de l'époque où j'étais gosse *(kid)* et où j'aimais…
Quand j'étais jeune,…

Dire qu'on se souvient

Je me souviens encore de…
Je me rappelle bien le…
Je ne l'oublierai jamais.

Dire qu'on ne se souvient pas

Je ne m'en souviens pas.
Tiens! Je ne me le rappelle plus!
J'ai complètement oublié.

▶ Mots et expressions utiles

Les vacances

une agence de voyages   *travel agency*
aller à l'étranger   *to go abroad*
aller voir quelqu'un   *to visit someone*
un appartement de location   *a rental apartment*
avoir le mal du pays   *to be homesick*
une brochure   *pamphlet*
les congés [m pl] payés   *paid vacation*
descendre dans un hôtel   *to stay in a hotel*
flâner   *to stroll*
passer des vacances magnifiques/ épouvantables   *to spend a magnificent/horrible vacation*
se perdre   *to get lost*
rendre visite à (quelqu'un)   *to visit (someone)*
un séjour   *stay, visit*
un souvenir   *memory; souvenir*
un syndicat d'initiative   *tourist bureau*
un terrain de camping   *campground*
se tromper de train   *to take the wrong train*
visiter (un endroit)   *to visit (a place)*

Les transports

atterrir   *to land*
un car   *bus (traveling between towns)*
la circulation   *traffic*
une contravention   *ticket, fine*
descendre de (la voiture, etc.)   *to get out of (the car, etc.)*
un embouteillage   *traffic tie-up/jam*
faire de l'auto-stop   *to hitchhike*
faire le plein   *to fill up (gas tank)*
garer la voiture   *to park the car*
manquer le train   *to miss the train*
monter dans (une voiture/un bus/un taxi/un avion/un train)   *get into (a car/bus/taxi/plane/train)*
ramener   *to bring someone (something) back; to drive someone home*
tomber en panne d'essence   *to run out of gas*

Divers

se bousculer   *to bump, jostle each other*
grossier   *rude*
jurer   *to swear*
piquer   *(slang) to steal*

Mise en pratique

En juillet, au moment où des milliers de Québécois se trouvaient sur la côte est des Etats-Unis, le cyclone Bob se dirigeait vers le Cap Hatteras. Martine et Paul Duchesne étaient en vacances en Caroline du Nord. Ils **rendaient visite** à la sœur de Paul, qui habitait près des îles d'Outer Banks. Martine voulait **flâner** sur les plages, au soleil, mais ce **séjour** n'allait pas être calme...

La police avait mis des barrages routiers *(barriers)* en place pour arrêter les automobilistes qui se dirigeaient vers les îles d'Outer Banks et faisait évacuer *(evacuate)* les touristes qui étaient **descendus dans les hôtels** et les **appartements de location** des îles et de la côte. La **circulation** était dense et il y avait beaucoup d'**embouteillages.** Sur la côte, il n'y avait plus assez d'essence pour **faire le plein.** Comme les avions avaient du mal à **atterrir** à cause du vent et de la pluie, la plupart des vols avaient été annulés. Le service national des parcs avait aussi pris des mesures de sécurité et avait fermé des **terrains de camping** et les plages de la côte et des îles. Paul et Martine se demandaient où ils pouvaient aller...

Adapté du Journal de Québec.

Follow-up: Use this story as a model to have students write a brief story on a real or imaginary disastrous vacation. They should use as many of the vocabulary words as possible to describe a vacation interrupted by a natural disaster or other difficulties.

Liens culturels

Connaissez-vous ces réalisations techniques et ces formules de transport en France?

Airbus Industrie: Un consortium très dynamique de six pays, dont la France, qui fabrique et vend des avions dans le monde entier, y compris aux Etats-Unis.

Ariane: Une fusée spatiale *(space rocket)* européenne (à la fabrication de laquelle participe la France) qui lance des satellites de communication et de commerce.

Concorde: Une réalisation franco-britannique, c'est le seul avion supersonique au monde à faire des vols commerciaux. Durée du vol entre Paris et New York: un peu plus de trois heures.

Formule 1: Un billet qui permet l'accès à tous les transports parisiens (métro, bus, trains de banlieue) pour une journée. Le billet équivalent, valable pour une semaine ou un mois, s'appelle La Carte Orange. Celui qui est valable pour un an s'appelle La Carte Intégrale.

TGV: (Train à grande vitesse) Le train le plus rapide du monde (300 km/h maximum), caractérisé par le confort et l'économie.

Le tunnel sous la Manche: Ce projet franco-britannique relie l'Angleterre à la France depuis mai 1994. Les passagers voyagent dans des TGV qu'on a baptisés Eurostar et qui mettent Londres à environ trois heures de Paris. Quant aux automobilistes, ils peuvent traverser le tunnel sous la Manche dans leur voiture, installée dans un train spécialement aménagé à cet effet. Le coût d'un billet en 1ère classe est de 2 150 F; en 2e classe de 1 390 F.

Journal français d'Amérique, 23 décembre 1994–19 janvier 1995 (p. 12); *Quid 1996* (1920 a, b)

Activités

A. Entraînez-vous: Souvenirs. Demandez à chaque personne suivante s'il/si elle se souvient de l'événement donné. Un(e) camarade de classe va jouer les rôles. Variez la forme des questions et des réponses en utilisant les *Expressions typiques pour...*

MODÈLE: un(e) ami(e) d'université: le voyage à New York
—*Est-ce que tu te souviens du voyage à New York que nous avons fait il y a trois ans?*
—*Oui, je m'en souviens bien.*

1. votre mère/père: le jour où vous êtes né(e)
2. votre petit(e) ami(e): votre premier rendez-vous
3. vos étudiants: les devoirs pour aujourd'hui

4. votre frère/sœur aîné(e): les vacances à...
5. votre ami(e): la première fois qu'il/elle a conduit une voiture
6. votre camarade de chambre: ce qu'il/elle a fait hier soir à la petite fête
   (party)

B. A l'agence de voyages. Vous parlez avec l'agent de voyages, mais vous avez du mal à entendre à cause des autres conversations dans le bureau. Remplissez les blancs avec les mots suivants: **flâner, à l'étranger, visiter, rendre visite à, vols, le mal du pays, circulation, garer, séjour, brochures.**

VOUS: Bonjour, Madame Riboni.

L'AGENT: Bonjour. Comment allez-vous?

VOUS: Bien, merci. Et vous?

L'AGENT: Très bien. Eh bien, est-ce que je peux vous renseigner?

VOUS: Oui, je veux aller _____ cette fois-ci au mois de mai. J'aimerais _____ un endroit où il fasse très beau à ce moment-là.

L'AGENT: Vous préférez la mer ou la montagne?

VOUS: Plutôt la mer. Je veux me reposer. Mais je veux également pouvoir _____ en ville.

L'AGENT: Préférez-vous les grandes villes ou les petites?

VOUS: Ça m'est égal, pourvu qu'il *(provided that)* n'y ait pas trop de _____. Je veux pouvoir _____ la voiture sans trop de problèmes. Mais je dois dire que je préférerais une région où l'on parle français pour que je n'aie pas trop _____. Après, je vais _____ à un ami à Miami, en Floride.

L'AGENT: Alors, pourquoi ne pas aller dans une île des Caraïbes? Je pense, par exemple, à la Guadeloupe ou à la Martinique. Il y a des _____ de Paris à Fort-de-France tous les jours. Vous pourriez passer un _____ très agréable là. Il y a même le Club Med, si ça vous intéresse.

VOUS: Auriez-vous des _____ ou des dépliants *(leaflets)* à me donner?

C. En famille. Vous vous trouvez à une réunion de famille. Faites raconter aux personnes suivantes les expériences ci-dessous. Jouez chaque scène avec un(e) camarade de classe. Variez la forme des questions et des réponses.

MODÈLE: tante Christine et son accident de voiture
—Parle-moi du jour où tu as eu un accident de voiture.
—Oh! Quelle histoire! C'est un mauvais souvenir que j'essaie d'oublier. C'était...

1. cousine Anne-Sophie et son voyage en Californie
2. vos grands-parents et leur voyage de noces
3. oncle Jean-Pierre et ses aventures comme coureur *(racer)* au Tour de France 1985
4. vos parents et leur lune de miel *(honeymoon)*
5. oncle Mathieu et la croix de guerre qu'il a reçue pendant la Seconde Guerre mondiale

A peu près 10% des Français passent des vacances à l'étranger chaque année *(Francoscopie 1997,* Larousse, p. 426).

Avez-vous déjà voyagé à l'étranger? Racontez.

VOTRE PROCHAINE STATION FORT-DE-FRANCE...

UNE HISTOIRE D'AMOUR ENTRE CIEL & MER

MARTINIQUE

Office Départemental de Tourisme de la Martinique
Boulevard Alfassa
9700 Fort-de-France, Martinique
Tél: 63.79.60
Fax: 73.66.93

D. Questions indiscrètes. Posez les questions suivantes à un(e) ami(e). Donnez un résumé de ses réponses à la classe.

1. Combien de semaines de congés payés est-ce que tu as généralement? Et tes parents?
2. Pendant ton dernier voyage, où est-ce que tu es allé(e)? Comment est-ce que tu as voyagé? Tu as rendu visite à quelqu'un? A qui?
3. Tu voyages souvent en voiture? A quelle vitesse est-ce que tu roules le plus souvent sur l'autoroute?[1]
4. Tu as déjà reçu une contravention pour excès de vitesse? A quelle vitesse est-ce que tu roulais? Combien est-ce que la contravention t'a coûté?
5. Tu as déjà eu un pneu crevé *(flat tire)*? Si oui, qui a changé le pneu?
6. Tu es déjà tombé(e) en panne d'essence sur la route? Qu'est-ce que tu as fait?
7. Est-ce que tu as déjà pris un train ou un car ici ou dans un autre pays? Où allais-tu? Avec qui?

▶La grammaire à apprendre

Le passé composé

The **passé composé** is one of the past tenses used frequently in French to talk about past events. The following rules complete the description, begun in *La grammaire à réviser,* of how to form the tense.

A. Le participe passé: formes irrégulières. The following irregular verbs also have irregular past participles:

avoir	**eu**	**-ert**		**-u**	
craindre	**craint**	découvrir	**découvert**	boire	**bu**
être	**été**	offrir	**offert**	connaître	**connu**
faire	**fait**			courir	**couru**
mourir	**mort**	**-it**		croire	**cru**
naître	**né**	conduire	**conduit**	devoir	**dû**
		dire	**dit**	falloir	**fallu**
		écrire	**écrit**	lire	**lu**
				plaire/pleuvoir	**plu**
		-is		pouvoir	**pu**
		asseoir	**assis**	recevoir	**reçu**
		mettre	**mis**	savoir	**su**
		prendre	**pris**	venir	**venu**
				vivre	**vécu**
		-i		voir	**vu**
		rire	**ri**	vouloir	**voulu**
		suivre	**suivi**		

B. Le choix de l'auxiliare. A few verbs—**descendre, monter, passer, sortir, retourner,** and **rentrer**—that normally use **être** as the auxiliary, take **avoir** and follow the **avoir** agreement rules when there is a direct object in the

---

[1] En 1973, pour réduire le nombre d'accidents de la route et la consommation de produits pétroliers, la France a choisi de limiter la vitesse à 130 km à l'heure (84 miles/hr) sur les autoroutes. (Il n'y avait pas de limite de vitesse avant 1973.)

sentence. Notice how the meaning changes with some of the verbs in the following examples.

(C'est Mathieu qui parle.)

Hier je **suis descendu** voir mon amie Sylvie.	*(went down)*
La rue que j'**ai descendue** était en construction.	*(went down)*
Je **suis monté** à son appartement...	*(went up)*
et j'**ai monté** l'escalier.	*(climbed, went up)*
L'après-midi **est** vite **passé.**	*(went by, passed)*
En fait, j'**ai passé** tout l'après-midi chez elle.	*(spent)*
A sept heures, nous **sommes sortis** pour manger.	*(went out)*
Après le repas, j'**ai sorti** mon argent, mais	*(took out)*
elle a insisté pour partager l'addition.	
Je l'ai ramenée chez elle vers dix heures, puis	
je **suis retourné** au restaurant pour chercher le	*(returned)*
parapluie que j'y avais laissé.	
J'ai eu une idée que j'**ai tournée** et **retournée** dans ma tête.	*(turned over)*
Pensif, je **suis rentré** chez moi.	*(came home)*
J'**ai rentré** la voiture dans le garage et je suis entré dans le salon.	*(put away)*
Finalement, j'ai téléphoné à Sylvie pour lui demander si elle	
voulait bien devenir ma femme.	

C. Le passé composé des verbes pronominaux. As you know, pronominal verbs are conjugated with **être,** and the reflexive pronoun precedes the auxiliary.

> Malheureusement, il ne **s'est** pas **rappelé** mon adresse.

- The past participle will agree with the reflexive pronoun if it acts as a direct object. If the verb is followed by a direct object noun, the reflexive pronoun becomes the indirect object, and consequently no agreement is made.

  > Elle s'est **lavée.**
  > Elle s'est **lavé** la figure.

- With verbs such as **s'écrire, se dire, se téléphoner, se parler, se demander,** and **se rendre compte,** the reflexive pronoun functions as an indirect object because the simple verbs **écrire, dire, téléphoner,** etc., take the construction **à quelqu'un.** Thus, agreement is not made.

  > Les sœurs **se sont écrit** pendant leur longue séparation.
  > Elles **se sont dit** beaucoup de choses dans leurs lettres.
  > Elles **se sont téléphoné** une fois par semaine.

82,9% des Québécois sont francophones. Avec plus de 3 millions d'habitants, Montréal est la deuxième ville francophone du monde. *(Quid 1996,* pp. 1027a, 1103a).

Est-ce que vous aimeriez faire un séjour linguistique au Québec? Quels sont les avantages d'un séjour au Québec?

UQAC
Le savoir-faire

**Un été
en français**

*dans la région
la plus francophone
d'Amérique*

Hébergement en familles d'accueil pour un quotidien entièrement francophone • De nombreuses activités socioculturelles et de plein-air

Un environnement naturel exceptionnel • Une ville moderne et sécuritaire • Enseignement universitaire • Reconnaissance de crédits

Renseignements supplémentaires et inscription
École de langue française et de culture québécoise
Université du Québec à Chicoutimi
555, boulevard de l'Université
Chicoutimi, (Québec), CANADA
G7H 2B1
Tél.: (418) 545-5306, Fax.:(418) 545-5012
E. mail: ecolanfr@uqac.uquebec.ca

Université du Quebec a Chicoutimi

Activités

A. Les nouvelles. Voici quelques titres *(headlines)* tirés d'un numéro du journal français *Le Figaro* (19 juillet 1996). Racontez ce qui s'est passé ce jour-là en mettant chaque titre au passé composé.

1. CORINNE LEPAGE[2] SE DEFEND D'ETRE «SILENCIEUSE»
2. **NANTES: ELLE TUE SA MERE A COUPS DE REVOLVER**
3. *LES JEUX OLYMPIQUES ONT 100 ANS*
4. **METEO DE L'ETE: SOLEIL ET CHALEUR SE MAINTIENNENT**
5. *FRANCE: LA SITUATION BUDGETAIRE S'AMELIORE*
6. **LA BANQUE DE FRANCE CHOISIT LE STATUT QUO**

B. La Louisiane. Caroline raconte ses souvenirs de vacances en Louisiane. Complétez son histoire en remplissant les blancs avec le passé composé d'un des verbes suivants.

> lire / arriver / voir / ramener / aller / manquer
>
> Je me rappelle bien les vacances de l'été passé quand nous _____ en Louisiane. Avant de partir, notre agence de voyages nous avait donné *(had given)* des brochures touristiques que nous _____ avec grand plaisir. Donc quand nous _____ à La Nouvelle-Orléans, nous ne _____ pas _____ de passer par le Vieux Carré *(the French Quarter)* où nous _____ la vieille cathédrale Saint-Louis.

> descendre / faire / partir / parcourir *(to travel up and down)*
>
> Nous _____ aussi la rue Décatur pour visiter le Marché français. Une partie du groupe _____ les bayous célèbres et d'autres _____ une croisière *(cruise)* sur le Mississippi.

> passer / découvrir / flâner / rentrer / offrir / boire
>
> Mais tout le monde _____ les délices extraordinaires de la cuisine créole. La Nouvelle-Orléans nous _____ toutes les spécialités louisianaises comme le jambalaya et les beignets *(doughnuts)* Calas. Et bien sûr, nous _____ du café brûlot *(coffee mixed with whiskey)*. Il faut dire que tout le monde _____ des vacances merveilleuses. Quand nous _____ en France, c'était avec regret.

C. En vacances. Choisissez un des deux groupes des verbes et des mots ci-dessous pour interviewer un(e) camarade de classe au sujet de son dernier voyage.

1. passer les vacances: avec qui?
    s'arrêter: dans quelles villes?
    s'amuser: comment?
    pleuvoir: pendant le séjour?
    écrire des cartes postales: à qui?

2. faire du tourisme: où?
    s'ennuyer: un peu/pourquoi?
    lire/boire: qu'est-ce que?
    prendre des photos: combien?
    rentrer: quand?

---

[2] Corinne Lepage est ministre de l'Environnement.

▶ Interactions

A. Il était une fois… Play the role of your grandfather/grandmother or another older relative. Your partner will play your grandson or granddaughter and will try to get you to remember an incident that took place when you were younger. For example: your first day of school, your first date, the day you skipped school **(sécher les cours),** how you ran out of gas on your honeymoon. At first you can't remember, but after some encouragement, you finally do remember the incident and describe it to your partner.

B. Vacances exotiques. Imagine that you are on vacation in some exotic location that you have always wanted to visit. Write three postcards to friends and/or family members describing your experiences. Be sure to recount different events in each of the postcards.

PHRASES: Writing a letter (informal)

VOCABULARY: Traveling

GRAMMAR: Compound past tense; participle agreement

 ## ▶ Préparation

In this chapter, you will practice writing a personal narrative in which you will tell or narrate something that happened to you or someone you know.

1. First of all, choose two or three important events in your life (for example, receiving an award, meeting the person of your dreams, a sporting event, your wedding or a wedding you were in, a memorable vacation, the worst/best day of your life, getting arrested, a funny/embarrassing moment, a sad or touching event).
2. After you have listed these events, next to each item, write some interesting details that you remember about the event.
3. Free write on one or more of these topics to see how much you have to say. Describe what happened and try to organize your notes in a time-ordered sequence.
4. In pairs or small groups, share your notes to get ideas from classmates.

VOCABULARY: Sports; traveling; family members (NOTE: these are only suggestions for the above topics. Browse the vocabulary index to find help for other topics.)

GRAMMAR: Compound past tense

Rappel: Have you reviewed the imperfect tense? (Text pp. 127–128 and Workbook)

Comment raconter une histoire

▶ Conversation (suite)

Premières impressions

Soulignez:
- les expressions qu'on utilise pour céder la parole à quelqu'un
- les expressions pour lier *(link)* une suite *(series)* d'événements

Trouvez:
- ce que Laurence a vu dans les bayous

Les amies de Marc et Katia continuent à se raconter leurs vacances.

NADINE: Alors, tu as mentionné la Louisiane. Tu es partie en Louisiane?

KATIA: Allez, raconte, j'aimerais y aller un jour!

LAURENCE: C'était vraiment extraordinaire! Tu sais, d'abord, on est allé à La Nouvelle-Orléans. On est descendu dans un hôtel tout près du Mississippi. C'était comme dans les romans: la nuit, on entendait le bruit des bateaux sur le fleuve... Mais tu ne croiras jamais ce qui nous est arrivé! Un jour, on est allé dans les «bayous». On était dans une barque° et on regardait les crocodiles sur la rive° et dans l'eau, autour de nous. Tout à coup, il y en a un qui a arraché° le nounours° d'un enfant, sous nos yeux, dans notre barque!

NADINE: Hein? Tu plaisantes!

LAURENCE: Non, je t'assure. L'enfant était assis entre ses parents. Notre guide, qui était Cajun, nous a rassurés, mais je crois que tout le monde avait peur que ça ne se reproduise.

NADINE: J'imagine que ce guide parlait français?

LAURENCE: Oui, mais avec un accent qui n'est pas le même que l'accent canadien. Tu sais au XVIIe siècle, les Anglais ont chassé les Français du Canada, les «Acadiens». Les Acadiens sont allés en Louisiane, et au bout d'un certain temps, on a fini par les appeler «Cajuns».

NADINE: Alors, **Cajun,** c'est une déformation du mot **acadien?**

LAURENCE: Oui, c'est une déformation. La prononciation a changé. Tu sais, le guide était assez facile à comprendre, mais je ne comprenais pas les gens qui parlaient cajun entre eux. Comme j'ai l'habitude des accents régionaux en France, je crois que j'aurais pu me débrouiller° en quelques semaines.

A suivre

une barque *small boat* / **la rive** *bank*

arracher de *to grab from* / **le nounours** *teddy bear*

se débrouiller *to manage, get along*

Observation et analyse

1. Où est-ce que l'aventure de Laurence a eu lieu? Qu'est-ce qui s'est passé?
2. D'où viennent les Cajuns? Pourquoi sont-ils partis? Où sont-ils allés?
3. D'où vient la langue des Cajuns? Que faut-il pour comprendre la langue?
4. Pensez-vous que l'histoire de Laurence soit vraie? Expliquez.

Réactions

1. Avez-vous jamais visité La Nouvelle-Orléans? Et les bayous? Si oui, qu'est-ce que vous avez pensé de cette région? Si non, qu'est-ce que vous savez des Français de Louisiane?
2. Quels accents français connaissez-vous, de réputation ou par expérience personnelle? Et quels accents américains connaissez-vous?

▶ Expressions typiques pour...

Raconter une histoire

Prendre la parole

Est-ce que tu sais ce qui (m')est arrivé?
Tu ne croiras jamais ce qui (m')est arrivé!
Ecoute, il faut que je te raconte quelque chose.
Devine ce que je viens de faire!

Céder la parole à quelqu'un

Dis-moi (vite)!
Raconte!
Je t'écoute.
Qu'est-ce qui s'est passé?

Lier une suite d'événements

Commencer

D'abord...
Au début...
Quand (je suis arrivé[e])...
J'ai commencé par (+ infinitif)...

Continuer

Et puis...
Alors...
Ensuite...
Au bout d'un moment...
En même temps/Au même moment...
Un peu plus tard...
Tout à coup...
Avant (de)...
Après...

Terminer

Enfin...
Finalement...
A la fin...
J'ai fini par (+ infinitif)...

▶ **Commencer par** indicates the first action in a series.

▶ **avant** + noun; **avant de** + infinitive: avant midi/avant de partir

▶ **après** + noun/pronoun; **après** + past infinitive (inf. of auxiliary + past part.): après minuit/ après avoir lu

▶ **Finir par** means to end up doing something after other options have been considered: D'abord nous voulions aller en Louisiane, puis nous avons pensé à la Martinique et à la Guadeloupe. Nous **avons fini par** aller à Haïti.

La Nouvelle-Orléans,
en Louisiane

Des 1 100 000 Louisianais
qui se reconnaissent d'origine
française, 261 137 (à peu
près 24%) parlent ou
comprennent le français
(*Quid 1996,* p. 1166c).

Est-ce que vous connaissez
La Nouvelle-Orléans?
Pourquoi est-ce que la ville
est célèbre? L'avez-vous
jamais visitée?

▶ Mots et expressions utiles

A la douane *(customs)*

confisquer *to confiscate*

débarquer *to land*

déclarer (ses achats) *to declare (one's purchases)*

le douanier/la douanière *customs officer*

embarquer *to go on board*

faire de la contrebande *to smuggle goods*

fouiller les bagages/les valises *to search, go through baggage/luggage*

montrer le passeport *to show one's passport*

le passager/la passagère *passenger (on an airplane)*

passer à la douane *to go through customs*

payer des droits *to pay duty/tax*

se présenter à la douane *to appear at customs*

Divers

arracher de *to grab from*

se débrouiller *to manage, get along*

Mise en pratique

Martha raconte son retour aux Etats-Unis à ses amis français: «Eh bien, quand nous sommes arrivés à New York, il a fallu **nous présenter à la douane,** bien sûr. Mon mari et moi devions **déclarer nos achats.** Vous savez que j'avais acheté pas mal de cadeaux. Après nous avoir posé des questions, la **douanière a fouillé nos valises.** Elle devait croire que nous **faisions de la contrebande!** Elle n'a rien trouvé d'illégal, mais elle **a confisqué** des bijoux au monsieur qui était derrière nous. Il avait acheté du jade en Thaïlande et il ne l'**avait** pas **déclaré.**»

• •

Pour vous montrer l'Afrique comme ça, qui est mieux placé qu'Air Afrique ?

Nouakchott
Dakar　　　　Niamey
　Bamako Ouagadougou
Bissau　　Cotonou　　　N'Djamena
　Conakry　　　Lagos
　　Abidjan　Accra
　　　　Lomé　　Bangui
　　　Douala
　　　　Libreville
　　　　Brazzaville
　　　Pointe-Noire

　　　Jo'burg

■ Avec près de 500 liaisons par semaine, avec ses correspondances entre 19 grandes villes d'Afrique, avec une flotte ultramoderne, des tarifs adaptés et un service aussi attentionné à bord qu'au sol, quelle compagnie est capable de vous montrer l'Afrique mieux qu'Air Afrique ?

AIR AFRIQUE
Nous en faisons chaque jour un peu plus.

Quels pays francophones connaissez-vous en Afrique? en Europe? en Amérique? De quel pays est-ce que Dakar est la capitale? Et Abidjan?

Activités

A. Entraînez-vous: Les événements. Racontez une suite de trois à cinq événements pour chaque sujet suivant. Utilisez les expressions pour lier une suite d'événements.

> MODÈLE: comment vous avez commencé votre journée
> ***D'abord*** *je me suis réveillé(e) à 6h30.* ***Au bout d'un moment*** *je me suis levé(e).* ***Puis*** *je me suis lavé(e) et je me suis habillé(e).* ***Ensuite*** *j'ai fait le lit.* Quand j'ai ***finalement*** *bu mon café, il était déjà 7h30.*

1. comment vous vous êtes préparé(e) à vous coucher hier soir
2. ce qui s'est passé en cours de français hier
3. ce que vous (et vos parents) avez fait pendant votre première visite sur le campus
4. comment vous avez étudié pour votre dernier examen
5. ce que vous avez fait hier soir

B. Vous êtes le prof. Vos élèves ne comprennent pas leur vocabulaire. Aidez-les à apprendre en donnant un synonyme pour les expressions suivantes. Utilisez les ***Mots et expressions utiles.***

1. dire ce qu'on a acheté
2. introduire illégalement des marchandises
3. celui/celle qui voyage en avion
4. descendre de l'avion
5. celui/celle qui travaille à la douane
6. inspecter les affaires de quelqu'un

C. Racontez! Avec un(e) partenaire, racontez une petite histoire en employant les expressions pour prendre et céder la parole. Ensuite, changez de partenaire et utilisez les expressions sans regarder la liste.

SUJETS POSSIBLES:

1. ce qui s'est passé pendant le week-end
2. les potins *(gossip)* du monde du cinéma ou de la chanson
3. ce qui vous êtes arrivé pendant votre rendez-vous avec votre petit(e) ami(e) récemment

► La grammaire à apprendre

L'emploi de l'imparfait

A. Along with the **passé composé**, the imperfect tense plays an important role when telling a story or describing any type of past events or conditions in French. Its main emphasis is on description, as the following uses illustrate:

- *Background description:* To say what the weather was like; what people were doing; what was going on; what the setting and time frame were.

  C'**était** en juin 1980. Il **faisait** très beau ce jour-là. Tout le monde s'**amusait** à la plage.

- *Habitual, repetitive action:* To describe or state past events that were re-peated for an unspecified period or number of times.

CLUES: **souvent; d'habitude; chaque semaine; toujours; tous les jours, tous les lundis,** etc.

> On **allait souvent** au bord de la mer. Les enfants **étaient** petits. C'**était** facile.

- *Conditions or states of mind:* To describe states or conditions that con-tinued over an unspecified period of time.

CLUES: **savoir, connaître, penser, être, avoir, vouloir, pouvoir, aimer, détester** (abstract verbs)

> Tout ce que je **voulais** faire, c'**était** me reposer et m'amuser avec de bons amis.

- *Continuous actions:* To describe how things were or an action that was going on when another action (in the **passé composé**) interrupted it.

> Un jour je **dormais** sur le sable chaud quand soudain j'ai entendu des appels au secours qui **venaient** de la mer.

NOTE: To express that the action *had been going on* for a period of time be-fore it was interrupted, use imperfect + **depuis.** This is the past equivalent of present + **depuis.**

> C'était Pierrot. Apparemment, il **était** en difficulté **depuis** quelques minutes.

- With *venir de* + *infinitive:* To describe an action that *had just* happened. Notice that this is the past tense equivalent of **venir de** (present tense) + infinitive.

> Je me suis levé à toute vitesse; j'ai couru vers lui aussi vite que j'ai pu et puis je l'ai rejoint à la nage. Je **venais** de l'atteindre quand j'ai vu un requin *(shark)* qui s'avançait rapidement vers nous. Je ne savais plus quoi faire...

B. The imperfect can also be used with **si** to carry out functions such as:

- inviting someone to do something

> Si nous **dînions** ensemble?
> *How about having dinner together?*

- suggesting a course of action

> Si je **faisais** des réservations?
> *Why don't I make the reservations?*

- expressing a wish or regret

> Ah, si seulement j'**étais** riche!
> *If only I were rich!*

Activités

A. Votre enfance. Posez les questions suivantes à un(e) ami(e). Donnez un résumé de ses réponses à la classe.

1. En général où est-ce que tes parents et toi, vous alliez en vacances quand tu étais petit(e)?
2. Qu'est-ce que tu faisais pour t'amuser avec tes amis? Est-ce que vous vous disputiez souvent?
3. Qu'est-ce que tu voulais devenir? Et maintenant?
4. Dans quelle sorte de logement est-ce que tu habitais?
5. Tu aimais l'école? Tu lisais beaucoup?

B. Invitations. Faites les propositions suivantes en utilisant **si + l'imparfait.** Variez les sujets. Votre partenaire doit répondre.

> MODÈLE: aller au concert
> —*Si nous allions au concert?*
> —*Oui, c'est une bonne idée.*

1. faire une promenade sur la plage
2. voir le dernier film de Bertrand Tavernier
3. prendre un pot à votre café préféré
4. sortir ensemble demain soir
5. venir chez vous pour le dîner
6. boire un peu de champagne pour fêter un événement

Les vacances à la mer restent toujours très attrayantes pour les Français. Plus de 40% des vacances passées en France se déroulent en Bretagne ou sur les côtes Atlantique ou Méditerranéenne. (Adapté de Gérard Mermet, *Francoscopie 1997,* Larousse, p. 425.)

Alliez-vous souvent à la plage quand vous étiez petit(e)? Où?

C.   A l'école en France. Jessica, une jeune Américaine, a fait sa quatrième année d'école primaire en France parce que son père avait été muté *(transferred)* à Nancy pour un an. Aidez-la à faire la description de son séjour en France avec des notes qu'elle a prises.

Je / avoir / dix ans à cette époque-là. Je / parler / très peu le français. Malheureusement, en France, toutes mes leçons / être / en français. Je / devoir / faire les maths et les sciences en français! Le pire, ce / être de parler / avec les autres / pendant la récréation *(recess)*. Je / me sentir / toute seule / au début. Personne ne / parler / anglais. Après deux mois, il / se produire (passé composé) / un miracle. Je / commencer / à tout comprendre et à m'exprimer en français. Maintenant je / se débrouiller / toujours bien en français.

▶La grammaire à apprendre

L'emploi du passé composé

A. Whereas the **imparfait** describes past actions or conditions with reference to their continuation, the **passé composé** describes past events from the point of view of their completion:

- *Completed, isolated action:* A reported event tells what happened or what someone did.

  Je **suis allée** faire du ski.

- *Action completed in a specified period of time:* The beginning and/or end of the period is specified.

  J'**ai passé** une semaine dans une station de ski.

- *Action that happened a specific number of times:* The number of times an action occurred is detailed or implied.

  Je **suis allée** quatre fois sur les pistes.

- *Series of events:* A series of actions are reported that advance the story. Each answers the question, "And what happened next?"

  Le dernier jour de mes vacances je **suis montée** sur le télésiège *(chairlift)* comme d'habitude. Une fois arrivée, j'**ai respiré** à fond *(took a deep breath)*; je **me suis mise** en position de départ; je **me suis concentrée**; j'**ai pris** mes bâtons de ski; et je **suis partie**. Je **suis arrivée** en bas sans tomber une seule fois. C'était la première fois!

- *Change in state or condition:* Something occurs, the reaction to which causes alteration of an existing state or condition.

  Avant de descendre, j'avais peur de tomber. Quand je me suis rendu compte que j'allai réussir un parcours sans chute, j'**ai été** très heureuse.

B. A few abstract verbs have special meanings when used in the **passé composé:**

	Imparfait	Passé composé
savoir	je savais *I knew*	j'ai su *I found out*
pouvoir	je pouvais *I could/was able*	j'ai pu *I succeeded in*
vouloir	je voulais *I wanted (to)*	j'ai voulu *I tried to*
		je n'ai pas voulu *I refused to*

Ce jour-là j'**ai pu** skier sans tomber... Le soir je **savais** que le ski allait devenir une passion.

Liens culturels

Les vacances— c'est sacré!

Depuis 1982, la loi garantit à chaque travailleur salarié français cinq semaines annuelles de congés payés. Beaucoup, par le jeu de l'ancienneté ou de conventions particulièrement avantageuses, disposent en fait d'au moins six semaines de congés annuels. Malgré les efforts du gouvernement pour encourager les Français à étaler *(spread out)* leurs congés sur l'année, la majorité des Français prend ses vacances en juillet et août. Tout ou presque tout s'arrête.

Mais où vont les Français? Comme dans les années précédentes, la mer et la campagne sont les destinations les plus populaires. Cinquante pour cent des vacanciers font des séjours

chez des proches (parents ou amis) ou dans leur propre résidence secondaire.

Il faut ajouter que, depuis 1989, la France est la première destination touristique du monde. L'Espagne et les Etats-Unis viennent en seconde et troisième positions.

Cinq semaines de congés payés par an: à votre avis, quels sont les avantages et les inconvénients d'une telle loi pour un pays et ses habitants?

Adapté de Gérard Mermet, *Francoscopie 1997* (Larousse, pp. 415; 423; 425).

Comparaison entre l'imparfait et le passé composé

Almost any time that you tell a story in French, you need to use a combination of past tenses. Study the comparison chart below to further your understanding of the **imparfait** and the **passé composé**.

Imparfait

Passé composé

Françoise **allait** souvent à Venice pour rendre visite à ses grands-parents. *(habitual, repetitive action)*

Elle y **est allée** trois fois l'été passé. *(specific number of times)*

Pendant sa dernière visite, quelque chose de formidable **s'est passé**. *(specified period of time)*

Elle **est tombée** amoureuse. *(completed, isolated action)*

C'**était** un jour splendide.
Il **faisait** beau dans la petite ville, mais il ne **faisait** pas trop chaud. *(background)*

Françoise **voulait** acheter un petit cadeau pour sa grand-mère. *(condition/state)*

Alors, elle **a pris** son sac et elle **est sortie** de la maison. Elle **a traversé** la rue puis elle **a tourné** à gauche. *(series of events)*

Distraite par ses pensées, elle **marchait** sans regarder devant elle... *(continuing action)*

jusqu'au moment où elle **a bousculé** *(bumped into)* un jeune homme *(interruption)*

qui **regardait** une vitrine. *(condition/state)*

Surpris, ils **ont** tous les deux été gênés *(change in mental state)* et ils **ont commencé** à s'excuser. Cela **a été** le début d'un amour qui semble être éternel! *(specified period of time)*

NOTE: Although certain words may provide clues to a particular tense (e.g., **souvent** for the **imparfait** and **tout à coup** for the **passé composé**), the context will always provide the most help.

Activités

A.   Faites une comparaison. Retournez à la ***Conversation*** de cette leçon et relisez l'histoire racontée par Laurence. Justifiez l'emploi du passé composé ou de l'imparfait dans chaque phrase en indiquant de quelle sorte de condition ou d'action il s'agit.

B.   Complétez l'histoire. Terminez les phrases suivantes par un verbe à l'imparfait pour indiquer le contexte des actions.

1.   Hier soir j'ai téléphoné à mon ami(e) parce que…
2.   Je n'ai pas fait mes devoirs parce que…
3.   Quand je me suis couché(e), je…

Terminez les phrases suivantes par un verbe au passé composé qui indique l'action survenue *(intervening)*.

4.   Je dormais depuis une demi-heure quand le téléphone…
5.   J'étais certaine que c'était Jacques, alors je…
6.   J'avais raison. Pendant un quart d'heure nous…

Terminez les phrases suivantes par un verbe à l'imparfait ou au passé composé, selon le contexte.

7.   Le lendemain il faisait très beau, par conséquent nous…
8.   Je venais de finir mon livre quand…
9.   Puisque j'étais très fatigué(e), je…

C.   Les aventures d'un chat. Claire a une histoire à raconter à propos de son chat.[3] Remplissez les blancs avec l'imparfait ou le passé composé du verbe entre parenthèses, selon le cas.

—Tu ne croiras jamais ce qui m'est arrivé!
—Raconte!
—Eh bien, l'autre jour je _____ (se faire bronzer) dans la cour quand je _____ (entendre) un chat. Les sons _____ (sembler) venir de l'autre côté de notre clôture *(fence)*. Bon, alors, je (j') _____ (courir) à toute vitesse puisque je _____ (s'attendre) à trouver mon chat mort à la suite d'une bataille avec un autre animal. Mais ce _____ (ne pas être) le cas. Mon chat noir, bien vivant, _____(être) là avec sa proie *(prey)*, une petite souris grise. Evidemment, il _____ (être) tellement fier de sa prouesse qu'il _____ (vouloir) me montrer sa prise. D'abord je _____ (se fâcher) parce qu'il m'avait fait peur. Mais, au bout de quelques secondes, j'_____ (être) très contente. Mon chat, normalement indifférent à tout humain, m'avait invitée à entrer dans son monde à lui pendant quelques instants.

Activity C: Mettez l'histoire de Judith au passé.

Tu ne croiras jamais ce qui m'_____ (arriver) pendant mon dernier séjour à Paris. C'_____ (être) l'été dernier. Il _____ (faire) beau et chaud, mais j'_____ (avoir) beaucoup de difficultés. D'abord on _____ (voler) mes chèques de voyage à l'aéroport d'Orly. Donc je (j') _____ (passer) tout de suite par American Express. Ensuite, je _____ (laisser) mon passeport et mon portefeuille dans un taxi! Alors, je (j') _____ (passer) des heures à l'Ambassade américaine. Ce _____ (être) très difficile d'obtenir un autre passeport sans pièces d'identité. Plusieurs jours après, je (j') _____ (perdre) mes nouveaux chèques de voyage. Donc, je (j') _____ (aller) encore une fois à American Express. Après tout cela, j'_____ (être) très déprimée. Heureusement que j'_____ (avoir) des amis avec qui je _____ (sortir) tous les soirs. Ils me (m') _____ (remonter) le moral *(raise my spirits)*. Grace à eux, le séjour _____ (ne pas être) une catastrophe. Je (J') _____ (pouvoir) visiter la ville et revoir des amis parisiens. La prochaine fois je ferai plus attention à mes affaires.

---

[3] Plus de la moitié des familles françaises ont un animal familier. On dit que les intellectuels, les artistes, les instituteurs et les fonctionnaires préfèrent les chats, tandis que les commerçants, les artisans, les policiers, les militaires et les contremaîtres *(factory supervisors)* aiment mieux les chiens. (Gérard Mermet, *Francoscopie 1997*, Larousse, p. 191)

D. En vacances. Voici les pensées de M. Thibault pendant une journée lors de *(at the time of)* ses vacances à Paris. Le soir, il veut écrire ses pensées dans un journal. Récrivez les événements au passé pour son journal, en faisant attention au temps du verbe.

Ce matin il fait chaud et il y a du soleil. J'espère qu'il va faire beau toute la journée. Je vais au syndicat d'initiative à dix heures parce que je veux faire une excursion dans le Val de Loire. Les employés du syndicat me donnent beaucoup de renseignements utiles. Avec leur aide je sais où m'adresser pour louer une voiture. Je les remercie.

La circulation à Paris est épouvantable et éprouvante, comme d'habitude, mais je réussis à sortir de la ville sans incident. Je conduis depuis une demi-heure quand j'entends un bruit d'éclatement *(blow-out)*. Zut, alors! Un pneu crevé! Je veux changer le pneu mais je ne sais pas comment faire. Il y a une station-service qui n'est pas trop loin, et je décide donc d'y aller à pied.

Il n'y a pas cinq minutes que je marche quand il commence à pleuvoir et qu'il se met à faire froid. Ce n'est pas mon jour de chance! Enfin j'arrive à la station-service où l'on m'aide. Au bout d'une heure, je peux reprendre la route du Val de Loire!

Additional activity: Have students work with Francis Cabrel's translation of Jackson Browne's song "Rosie," which also practices the **imparfait** and the **passé composé**.

Additional activity: Work with Michel Sardou's song **"Minuit Moins Dix."** Students do a cloze exercise first, and then retell the story in the form of a dialogue, using linking words. Finally, have them talk about their own reaction to the song.

La Boutique Française des Etats-Unis is a good resource for finding French songs (4822 St. Elmo Ave., Bethesda, MD 20814; 301-654-2224).

▶ Interactions

A. Une histoire. Tell a story in French about yourself or someone you know, using past tenses. Try to provide background description as well as a series of events. Don't forget to link the events using the expressions presented in the lesson. Afterwards, your classmates will guess whether the story is true or false by asking you questions.

MODÈLE: *Alors, un jeune Français, qui avait très faim, est entré dans un restaurant qui se trouvait dans la banlieue de Londres. Il a demandé à la serveuse:*
—Mademoiselle, s'il vous plaît, donnez-moi le plat du jour et... un petit mot aimable.
Au bout de quelques instants elle lui a apporté le plat. Puis elle est retournée à la cuisine. Le Français l'a rattrapée et lui a demandé:
—Et mon petit mot aimable?
Alors, elle s'est penchée à son oreille et lui a dit:
—Ne mangez pas ça.

B. Une histoire. Working in groups of four, have each person tell a story. Your classmates will respond accordingly. Sample topics include: the first time you drove a car, what you did last night, a recent vacation, the day you first met a good friend.

PHRASES: Writing an essay; describing people, objects, weather; sequencing events

VOCABULARY: Clothing; women's clothing; colors; hair colors

GRAMMAR: Compound past tense; past imperfect

▶ Premier brouillon

1. After you have chosen your topic in Lesson 1, organize the notes you have written by thinking about these important elements of a narrative: *Characters:* for example, how old were the characters at the time of the incident? What did they look like? How were they dressed? *Setting:* if it is important to your narrative, give descriptive details about the time and place. *Plot:* because you are telling about something that really happened, you know the basic plot. Will there be a conflict? What final words will you use to close your narrative?

2. Begin writing your introductory paragraph by focusing on the topic sentence that describes the incident for the reader. Use your opening paragraph to get your reader's attention.

3. Write two or three paragraphs in which you use details to describe the events. Since this is a narrative about a past event, you will have to make decisions about your use of the **imparfait** and **passé composé.**

4. Write a concluding paragraph in which you end your story with a description of the last event.

▶Leçon 3   Comment raconter une histoire

▶Conversation (conclusion)

🔊 INSTRUCTOR'S TAPE

Rappel: Have you reviewed the **plus-que-parfait?** (Text p. 128 and Workbook)

Premières impressions

Soulignez:
- les expressions qu'on emploie pour encourager celui/celle qui raconte
- les petites expressions pour gagner du temps quand on parle

Trouvez:
- ce qu'on peut faire à La Nouvelle-Orléans

Les amies continuent leur discussion.

NADINE: Mais, dis-moi encore, le crocodile... Qu'est-ce que vous avez fait après l'incident du nounours de l'enfant?

LAURENCE: Tu sais, ça nous a fait tellement peur que nous sommes partis tout de suite. C'est impressionnant, une gueule° de crocodile grande ouverte...

une gueule *mouth (of animal)*

NADINE: C'est même difficile à imaginer...

KATIA: A part ça, La Nouvelle-Orléans t'a plu? Qu'est-ce qu'il y a d'intéressant à voir?

LAURENCE: Bon, euh, il y a le quartier français, euh, le Vieux Carré, qui est un quartier très diversifié. L'architecture... les balcons, les maisons, enfin, tout est de style espagnol. Et puis il y a le jazz, partout, et pratiquement du matin au soir. C'est fou! Dans les cafés, dans la rue, tu entends toujours des airs de jazz, les grands tubes° du Dixie. Ça fait assez rétro,° comme ambiance! Je ne sais pas si j'aime, mais ça marche bien avec les touristes. Et puis les Cajuns, ils aiment vraiment vivre, ils aiment beaucoup danser.

un tube *hit* / **rétro** *typical of a past style (1930s)*

NADINE: Alors, c'est vrai tout ce que l'on dit sur La Nouvelle-Orléans. C'est vraiment là où on s'amuse le soir, là où il y a une activité nocturne qu'il n'y a pas dans d'autres villes américaines, n'est-ce pas?

LAURENCE: Eh bien, d'après tout ce que j'ai vu, c'est une ville qui ne dort pas!

Observation et analyse

1. Décrivez ce qui s'est passé après la petite aventure.
2. Décrivez l'architecture de La Nouvelle-Orléans.
3. Pourquoi dit-on que La Nouvelle-Orléans est une ville qui ne dort pas?
4. Quelle sorte de musique est-ce que Laurence a entendue?
5. Pensez-vous que La Nouvelle-Orléans ait plu à Laurence? Expliquez.

Réactions

1. Quelle autre ville est-ce qu'on peut comparer avec La Nouvelle-Orléans? Est-ce que vous y êtes allé(e)?
2. Quelle sorte de musique préférez-vous? Quand est-ce que vous écoutez de la musique? Vous êtes amateur de musique *(music lover)*?

▶ Expressions typiques pour...

Draw attention to the importance of the expression **euh** in French to replace the English pause word *umm*. Teach correct pronunciation—lips pursed and tongue in low central position. Have students practice by inserting as many **euh**'s as possible into responses to simple oral questions. [For additional ideas on teaching pause words, see Judith G. Frommer and Wayne Ishikawa, "Alors... euh... on parle français?", *French Review*, vol. 53, no. 4 (March 1980), pages 501–506.]

Gagner du temps pour réfléchir

Au début de la phrase	Au cours du récit	A la fin de la phrase
—Enfin...	...enfin...	...n'est-ce pas?
—Eh bien...	...euh...	...quoi?
—Euh...	...alors...	...tu vois/vous voyez?
—Tu sais/vois.../Vous savez/ voyez...	...donc...	...tu sais/vous savez?
—Bon...	...et puis...	...tu comprends/vous comprenez?
—D'après moi/ce qu'on m'a dit...	...et puis ensuite...	...tu ne crois pas/ vous ne croyez pas?
—Ben... *(familiar)*		...hein? *(familiar)*
—Dis/Dites donc... *(By the way, tell me . . .)*	...mais...	...voilà.
—A propos... *(By the way . . .)*	...de toute façon/en	
—En fait/De fait... *(In fact . . .)*	tout cas... *(. . . in any case . . .)*	

Réagir à un récit

Exprimer la surprise	Dire que l'on comprend	Encourager celui/celle qui raconte
Non!	Oui, oui.	Et qu'est-ce qui s'est passé après?
C'est incroyable!	Je comprends.	Qu'est-ce que tu as fait après?
Vraiment?	Et alors? *(intonation ascendante)*	Est-ce que tu savais déjà... ?
C'est (Ce n'est) pas vrai!/C'est vrai?		Est-ce que tu t'étais déjà rendu compte que... ?
Sans blague! *(No kidding! —familiar)*	**Exprimer l'indifférence**	
Tiens! *(familiar)*	Ça ne me surprend pas.	
Oh là là! *(familiar)*	Ça ne m'étonne pas.	NOTE: Any of these expressions can be used with **vous**.
C'est (vachement [*very*]) bizarre!	Et alors? *(intonation descendante)*	
Ça alors! *(intonation descendante)*	C'est tout?	

Liens culturels

Pour vous aider à comprendre la conversation française...

L'expression orale comprend beaucoup plus que la grammaire et le vocabulaire. Les interlocuteurs utilisent aussi des petits silences, des sons («...euh...»), des mots («...enfin...»), et des expressions («...de toute façon...») qui n'ont pas de signification au sens propre du terme, mais qui ont plusieurs fonctions de communication. Ces mots et ces silences nous permettent «de maintenir la communication entre la per-

sonne qui parle et la personne qui écoute; de donner à la personne qui parle le temps de réfléchir aux mots qui vont suivre; et de signaler à la personne qui écoute que la personne qui parle a fini ou n'a pas fini de parler».

(Chamberlain & Steele, *Guide pratique de la communication*, Didier, 1985, p. 114)

Ecoutez bien les conversations françaises—vous allez reconnaître ces mots et ces expressions!

▶ Mots et expressions utiles

L'hôtel

une chambre à deux lits *double room (room with two beds)*
une chambre avec douche/salle de bains *room with a shower/ bathroom*
une chambre de libre *vacant room*
la clé *key*
un grand lit *double bed*

payer en espèces/avec des chèques de voyage[4]/par carte de crédit *to pay in cash/in travelers' checks/by credit card*
la réception *front desk*
le/la réceptionniste *hotel desk clerk*
régler la note *to pay, settle the bill*
réserver/retenir une chambre *to reserve a room*
le service d'étage *room service*

Warm-up: (questions for the day following the vocabulary presentation) 1. Est-ce que tu te souviens de la dernière fois où tu es resté(e) dans un hôtel? Est-ce que tu avais réservé en avance? 2. Comment était le/la réceptionniste? Obligeant(e) *(helpful)?* Désagréable? Aimable? 3. Quel type de chambre est-ce que tu avais? 4. Est-ce que tu t'es servi du service d'étage? 5. Comment est-ce que tu as réglé la note?

---

[4] En France, c'est difficile de payer avec des chèques de voyage. Souvent les commerçants les refusent et les banques prennent des frais de conversion. Le meilleur endroit pour changer un chèque de voyage est la Poste.

Mise en pratique

Conversation à la **réception** de l'hôtel:

—Bonjour, madame. Est-ce que vous avez une **chambre de libre** pour une nuit?

—Oui, mademoiselle, il nous reste une **chambre à deux lits.**

—Oh, je n'ai besoin que d'un **grand lit,** mais... c'est une chambre **avec salle de bains?**

—Oui, il y a une salle de bains **avec douche.**

—Bon, ça va, je prends la chambre. Vous voulez que je **règle la note** maintenant?

—Non, vous pouvez payer quand vous partez... Voilà la **clé...**

Activités

A.   Entraînez-vous: Les réactions. Vous vous trouvez à une soirée où les sujets de conversation sont variés. Quelle est votre réaction à ce que disent les gens autour de vous? Utilisez les *Expressions typiques pour...*

> MODÈLE: —*Karine vient d'avoir des jumeaux...*
> —*C'est vrai? Elle doit être contente!*

1.   —... et puis ils ont divorcé...
2.   —On m'a dit que Jeanine et Paul fêtaient leur vingtième anniversaire de mariage...
3.   —De toute façon, je ne veux pas y aller avec vous.
4.   —Bon, j'ai rentré ma voiture dans le garage et je suis entré dans le salon...
5.   —Les Dechamp partent pour l'Afrique demain...
6.   —Est-ce que tu peux croire que son fiancé sort avec une autre fille?

B.   Un film. Un scénariste a écrit le dialogue ci-dessous pour un nouveau film. Refaites son dialogue afin de le rendre plus naturel en insérant dans les phrases des expressions qui donnent du liant à la conversation. Jouez la scène avec un(e) camarade de classe.

> —Qu'est-ce que tu fais le week-end prochain?
> —Pas grand-chose. Je resterai à la maison, probablement.
> —Si nous allions faire du ski à Val Thorens?
> —C'est une bonne idée. Les pistes y sont excellentes.
> —Je ferai des réservations d'hôtel.
> —Je demanderai à mon frère de me prêter sa voiture.
> —Je te téléphone ce soir.
> —D'accord. Salut. A ce soir!

C.   A l'hôtel. Imaginez que vous vous trouviez à la réception d'un hôtel en France. Jouez la scène avec un(e) camarade de classe. Demandez:

1.   si une chambre est disponible
2.   le prix de la chambre
3.   comment on peut régler la note
4.   où l'on peut garer la voiture

Le/La réceptionniste (votre partenaire) va vous demander:

1.   combien de personnes sont avec vous
2.   la durée de votre séjour à l'hôtel
3.   le type de chambre que vous voulez
4.   votre adresse

HOTELS
ALLIANCE

Questionnaire à renvoyer ou
à remettre à la réception

Afin de mieux connaître notre clientèle et de vous assurer un meilleur service, nous vous remercions de bien vouloir remplir ce
questionnaire et le remettre à la réception de l'hôtel.   Merci

	Date de séjour
	Lieu de séjour
	Numéro de chambre
	Nom de l'hôtel
	BUT DU VOYAGE

☐ tourisme   ☐ affaires   ☐ autre

QUE PENSEZ-VOUS DE		😀	😐	🙁
L'ACCUEIL		☐	☐	☐
VOTRE CHAMBRE	CONFORT	☐	☐	☐
	EQUIPEMENT	☐	☐	☐
	SERVICE	☐	☐	☐
LE PETIT DEJEUNER	EXACTITUDE	☐	☐	☐
	QUALITE	☐	☐	☐
LE RESTAURANT	QUALITE	☐	☐	☐
	SERVICE	☐	☐	☐
	ATMOSPHERE	☐	☐	☐
LE BAR	QUALITE	☐	☐	☐
	SERVICE	☐	☐	☐
	ATMOSPHERE	☐	☐	☐
LE SERVICE DU TELEPHONE	EFFICACITE	☐	☐	☐
	AMABILITE	☐	☐	☐

COMMENT AVEZ-VOUS CONNU NOTRE HOTEL ? _____

ETES-VOUS DANS L'ENSEMBLE SATISFAIT DE VOTRE SEJOUR ?   OUI ☐   NON ☐

SUGGESTIONS _____

| Nom _____ | Adresse _____ |

MAXIMAPRINT - (1) 49 85 07 90

De quelle sorte de brochure est-ce qu'on a detaché cette fiche? A quoi sert-elle? Avez-vous jamais rempli une telle fiche aux Etats-Unis? Où? Imaginez que vous la remplissiez après avoir joué la scène de l'exercice C.

▶ La grammaire à apprendre

L'emploi du plus-que-parfait

The **plus-que-parfait** (pluperfect) is the last past tense you need to learn in order to tell a story in conversational French. As you saw in *La grammaire à réviser*, its formation is like that of the **passé composé** except that it uses the imperfect of **avoir** or **être** instead of the present tense form.

The **plus-que-parfait** is used primarily in narration to report events that *had* already happened or had been completed *before* another past event took place. Thus, it might be called a "past" past tense.

▶ The **passé simple**, used mainly in works of literature, is listed in *Appendice D.*

Il s'est avéré que j'**avais** déjà **fait** sa connaissance il y a trois ans.
It turned out that I had already met him three years ago.

Sometimes in English the pluperfect is translated as a simple past tense, as in the examples below. However, whenever it is clear that an action had been completed prior to another past action in the same time period, the **plus-que-parfait** must be used.

J'ai vu le film que vous m'**aviez recommandé.**
I saw the movie that you (had) recommended to me.

Le film était aussi bon que vous me l'**aviez dit.**
The movie was as good as you (had) said it would be.

The following is a summary of past tenses in French and their English equivalents:

plus-que-parfait	Il avait dit... *He had said . . .*
passé composé	Il a dit... *He said/has said/did say . . .*
imparfait	Il disait... *He said/was saying/used to say . . .*
venir (**imparfait**) de + infinitif	Il venait de dire... *He had just said . . .*
imparfait + depuis	Il disait... depuis... *He had been saying . . . for . . .*

NOTE: The **plus-que-parfait**, when used with **si**, expresses a wish or regret about past events:

Si seulement j'**avais gagné** à la loterie!
Si seulement je n'**avais** pas **perdu** tout mon argent!

Activités

A. Un voyage. Répondez aux questions suivantes sur votre dernier voyage.

1. Quels préparatifs est-ce que vous aviez déjà faits deux jours avant le départ?
2. Est-ce que vous aviez déjà visité cet endroit?
3. Où est-ce que vous êtes resté(e) (dans un hôtel, chez des amis, etc.)? Est-ce que vous y étiez resté(e) auparavant *(before)*?
4. Avant de partir, qu'est-ce que vous aviez projeté de faire pendant le séjour? Est-ce que vous avez vraiment fait ce que vous aviez prévu?

B. En métro. Complétez l'histoire suivante sur un voyage en métro, en mettant le verbe entre parenthèses au passé composé, à l'imparfait ou au plus-que-parfait selon le cas.

On lui _____ (dire) que le métro parisien _____ (être) le meilleur du monde, mais Danielle _____ (n'en pas être) si sûre. Ce _____ (être) son premier séjour à Paris; elle _____ (venir) d'une petite ville du Québec. Elle _____ (voyager) seule et elle _____ (ne jamais prendre) de métro auparavant.

Au Maroc,
découvrez les hôtels
Meliá Salam

Maroc

Quand vient le moment des congés, l'envie d'évasion ne quitte plus les citadins. Pour oublier un moment le stress quotidien et la course contre la montre, la chaîne Meliá Salam propose des hôtels de tout confort dans des villes dont les seuls noms font déjà rêver. Embarquement immédiat...

Meliá Al Madina Salam
à Agadir

Agadir, célèbre station balnéaire de l'Atlantique, bénéficie d'un climat privilégié, doux et ensoleillé toute l'année et d'une longue plage de sable fin bordée d'eucalyptus. Face au front de mer, l'hôtel **Meliá Al Madina Salam**, comble les attentes des amateurs de confort et de sérénité. L'hôtel dispose de 3 restaurants de luxe qui servent une cuisine raffinée de type Italien à "La Grappa", International au "Golden Cruise" et Marocain au "Johara" (galerie Al Madina Center). Pour tous les rendez-vous, 3 bars sont également à disposition. Une ambiance musicale et exotique anime le restaurant Mexicain Taco Loco (galerie Al Madina Center). Et pour combler toutes les envies, la galerie de l'hôtel "Al Madina Center" propose aussi un restaurant Libanais "Feyrouz", un fast-food "Jackson Burger" et un glacier "Pistache". L'ambiance s'enflève le soir au Jimmy's, la magnifique discothèque-piano-bar de l'hôtel (galerie Al Madina Center). Afin d'arborer une mine éblouissante au retour des congés, rien ne vaut du repos dans sa chambre équipée d'air conditionné, mini-bar, radio, TV couleurs satellite, sèche-cheveux et téléphone direct. Les journées sont bien remplies par toute une gamme de loisirs tels que tennis (au Club Salam), billards (galerie Al Madina Center), bronzage au bord des piscines ou sur un transat de la plage privée "Lido Plage", remise en forme au centre de balnéothérapie "Paradise Club" où sont proposés, soins en eau douce, massages, gymnastique, hammam, sauna, esthétique et coiffure.
Hôtel Meliá Al Madina Salam, Bd du 20 Août, Agadir.
Tél : (08) 84 53 53　　Fax : (08) 84 53 08

Meliá Palais Salam
à Taroudant

Telle une merveilleuse aquarelle, la petite ville de Taroudant offre aux yeux des visiteurs une féerie de couleurs ocre projetées sur fond des montagnes du

Tiz'n Test. Niché dans ses remparts crénelés, l'hôtel **Meliá Palais Salam** propose le plus romantique des voyages au Maroc. L'authenticité de son architecture traditionnelle, ses patios, ses fontaines orientales et sa végétation abondante ravissent le regard. Dans ce décor rustique, le bar-piscine accueille les amateurs de soleil. Ceux qui préfèrent le sport aux séances de bronzage peuvent pratiquer pétanque, bicyclette ou tennis (clubs payant à proximité). Et pour un repos réparateur, les chambres de l'Aile Le Ryad disposent d'air conditionné, TV couleurs satellite et téléphone. La nuit, l'air frais incite à se retrouver au bar cheminée pour de chaleureuses veillées. Pour les repas, l'hôtel offre le choix de son restaurant international "Le Ryad" ou de son restaurant marocain "Roudana".
Hôtel Meliá Palais Salam, B.P. 258, Taroudant.
Tél : (08) 85 25 01　　Fax : (08) 85 26 54

Meliá Tichka Salam
à Marrakech

Marrakech, ville impériale mythique, attend les visiteurs pour un voyage à travers le temps au sein de ses remparts. Riche en monuments historiques, elle est aussi réputée pour ses nombreux centres d'animation en ville et la proximité de la célèbre station de ski du Haut-Atlas : Oukaïmeden. Véritable joyau né de l'union de l'art islamique et de matériaux traditionnels, l'hôtel **Meliá Tichka Salam** est un lieu magique. Le charme commence dans les chambres décorées de douces arcades bleues et équipées d'air conditionné, de chauffage, de coffre-fort individuel, de mini-bar et de téléphone direct. Une rêverie à peine troublée par le son de la TV couleurs satellite ou de la radio. Pour préparer autour d'un apéritif, la sortie du lendemain, il fait bon se retrouver au bar Anglais "Yasmin" ou dans un des salons "coin cheminée" en hiver. La journée, ceux qui restent à l'hôtel peuvent profiter de la piscine chauffée et du hammam. Pour les repas, l'hôtel propose son restaurant international "Ambar" ou son restaurant marocain "Johara". Le soir, le Piano-Bar accueille les amateurs de musique.
Hôtel Meliá Tichka Salam, Semlalia, Route de Casablanca, Marrakech.
Tél: (04) 44 87 10 Fax: (04) 44 86 91

Meliá Riad Salam
à Casablanca

Aucune autre ville au Maroc ne regroupe autant de divertissements que Casablanca. Quoi de plus naturel alors que d'y passer d'extraordinaires vacances. Face aux vagues de l'Atlantique, l'hôtel **Meliá Riad Salam** présente un hébergement de grand standing. Chaque chambre est climatisée et dispose de mini-bar, TV par satellite et téléphone direct. Les divers restaurants de l'hôtel proposent une cuisine marocaine, internationale, italienne, provençale ou diététique. Quant à la discothèque-piano-bar Jimmy's, elle assure une ambiance en musique toute la soirée. Ce sont aussi des vacances au bord de mer où les loisirs ne manquent pas : baignades dans les piscines de l'hôtel, sports au Paradise Club, Lido bowling, shopping au centre de Casablanca, visite des monuments, excursions dépaysantes dans les environs. Et pour une rentrée réussie, rien ne vaut une remise en forme au centre de thalassothérapie de l'hôtel : Le Lido, qui prodigue soins à base d'eau de mer, massages, soins spécifiques, soins esthétiques et coiffure.
Hôtel Meliá Riad Salam, Bd de la Corniche, Casablanca. Tél : (02) 39 13 13 Fax : (02) 39 13 45

Destination Aventure
dans le Grand Sud

Le Grand Sud Marocain se pare de couleurs aussi contrastées qu'éblouissantes.L'ocre des kasbahs se mêle au vert profond de la nature sur fond de sommets montagneux. Salam Hotels accueille les voyageurs dans les hôtels **Riad Salam** et **Oscar Salam** à Ouarzazate, au **Riad Salam** à Zagora et à l'hôtel **Salam** à Erfoud. Fidèles à l'architecture régionale, leurs murs en pisé abritent des chambres au confort inattendu ainsi que restaurants, bars et piscines pour se détendre des journées dans le désert.
Riad Salam Ouarzazate - Tél : (04) 88 33 35 / Oscar Salam Ouarzazate - Tél : (04) 88 22 12 / Riad Salam Zagora - Tél : (04) 84 74 00 / Salam Erfoud - Tél : (05) 57 66 65

Elle _____ (vouloir) aller au Centre Pompidou sur la place Beaubourg. D'après le plan de métro qu'elle _____ (consulter), Rambuteau _____ (sembler) être la station de métro la plus proche. Avec quelques palpitations, donc, elle _____ (aller) à la station Cambronne tout près de son hôtel, et elle _____ (acheter) ses premiers tickets de métro au guichet, un carnet de dix tickets.

Elle _____ (prendre) la direction Charles-de-Gaulle-Etoile. Elle _____ (attendre) sur le quai l'arrivée de la rame (*subway train*). Après être montée dans un wagon, elle _____ (se rendre compte) du fait qu'elle _____ (devoir) faire deux changements. Elle _____ (avoir peur) de se tromper de ligne, mais il _____ (s'avérer) qu'elle _____ (s'inquiéter) pour rien. Avec l'aide des plans de métro affichés partout dans les stations et dans les voitures, elle _____ (se rendre) à Rambuteau sans le moindre problème.

Est-ce que vous avez déjà voyagé en Afrique? Si oui, est-ce que vous avez visité les villes mentionnées dans cette publicité pour les hôtels Meliá Salam? Si non, quelles villes décrites est-ce que vous reconnaissez? Pourquoi?

Activity C: Written preparation in advance may be helpful.

Additional activity: Group picture story. Distribute interesting magazine pictures (the more ambiguous the better) backed with lined paper to groups of 3 to 5 students. Students brainstorm questions about the pictures and write them on the back. Instructor collects each picture and set of questions to distribute to another group, which answers the questions to create a story in the past.

C.   Une lettre. Chantal a écrit une lettre à son amie américaine. Voici la version anglaise. Quelle était la version française originale?

Dear Jennifer,

Hi! How are you? I am doing fine. In fact, I had just returned from vacation when I received your letter.

The photos you sent me were great! No kidding! I recognized several historic sites I had studied in my civilization course.

You will not believe what happened to Philippe during our vacation at the beach. (You remember Philippe, don't you?) He was in the process of paying the hotel bill when a crazy man (who was talking to the hotel clerk) pulled out a gun (**sortir un revolver**). Apparently the hotel had lost his reservation. The man got so upset (**se fâcher tellement**) that he threatened to kill the hotel clerk! And here I had always thought that I was high strung (**nerveux/nerveuse**)!

I am enclosing (**joindre**) the book I promised to send you. I hope you like it (**plaire**).

Love, (**Grosses bises**)

Chantal

▶ Interactions

A.   Une fête. Imagine that both you and a friend were at the same party last night. Role play a conversation in which the two of you discuss the party. Be sure to use expressions of hesitation and encourage each other to talk by using reactive listening expressions and questions. Possible topics include:

- who was there (and who was not there because they had not been invited)
- what everyone was wearing
- whether you had fun (**s'amuser**) or not
- a description of an incident that occurred at the party

B.   Eh bien. Working in groups of three, take turns telling a story related to one of the topics below or one of your choosing. Use expressions of hesitation to make your speech realistic. Your listeners will take an active role by reacting verbally to what you say and by encouraging you with their questions. Try to include at least one statement about a past action that had occurred before another past action (using the **plus-que-parfait**).
SUGGESTED TOPICS: An incident that . . .

- happened during a vacation
- embarrassed (**gêner**) you
- happened on the way to work/school
- happened when you went to France

▶ Deuxième brouillon

1. Write a second draft of the paper that you wrote in Lesson 2, focusing particularly on the order in which the events happened. Try to add details on pertinent events that happened before the events described in the narrative (i.e., using the **plus-que-parfait**).

2. To strengthen the time order used for the events that occurred, try to incorporate some of the following expressions that deal with chronological order:

EXPRESSIONS UTILES: à ce moment là... , pendant (+ nom)/pendant que (+ verbe conjugué)... , en même temps... , hier... , avant-hier... , la semaine dernière... , après-demain... , la semaine prochaine... , la veille *(the night before)*, l'avant-veille... , l'année précédente... , le lendemain... , cinq jours après...

PHRASES: Writing an essay; sequencing events

GRAMMAR: Pluperfect; prepositions with times and dates; time expressions

▶ Turn to **Appendice B** for a complete list of active chapter vocabulary.

Synthèse

Activités vidéo

Avant la vidéo

1. Comment est-ce qu'on choisit un hôtel quand on voyage aux Etats-Unis? Est-ce qu'il y a une organisation qui inspecte les hôtels américains pour vérifier leur degré de confort?

2. Quels seraient les avantages ou les inconvénients d'une inspection des hôtels par le gouvernement?

3. Avez-vous déjà été dans une colonie de vacances? Racontez vos expériences.

Après la vidéo

1. Expliquez les étoiles qui se trouvent affichées à l'extérieur des hôtels français.

2. Qu'est-ce que c'est que le Club Med? Comment se passe une journée typique?

3. Plusieurs des «gentils membres» que nous avons interrogés viennent au Club Med depuis longtemps. Résumez quelques-uns des changements dont ils ont parlé.

Activités orales

A. Mon pauvre Toutou. Over spring break you went to Florida and left your rather obnoxious dog with a friend. You have just returned and you call your friend, who says that your dog unfortunately died during your absence. Role play the telephone conversation. Ask five to ten questions about how the tragic event occurred. Your friend will respond.

B. Le voyage de mes rêves. Talk about a vacation you have taken. If possible, bring slides, photos, or pictures from travel books to show to the class. Describe where you went and with whom; how you got there; how the weather was; what preparations you had made before leaving; where you stayed; if you would go again; and any interesting incident that might have happened. Use linking expressions liberally to make the storytelling go smoothly. The rest of the class should stop you as you go along to react and ask questions.

Additional written activity: Give students photocopies of two or three brochures of places to visit. Have them choose one as the basis for a written story about a recent trip. DIRECTIONS: Describe the setting and an event that happened there. Add details and a few other characters. Add an element of excitement and pay attention to tenses.

PHRASES: Writing an essay; sequencing events

VOCABULARY: Leisure; city; geography

GRAMMAR: Compound past tense; imperfect; pluperfect

PHRASES: Writing an essay; sequencing events

GRAMMAR: Compound past tense; past imperfect; pluperfect; participle agreement

http://bravo.heinle.com

Activité écrite

Bon anniversaire, bon anniversaire... Write a composition in which you describe your sixteenth or twenty-first birthday. Include the following information: the date; what songs/movies were popular at the time; where you were living; what you did to celebrate; what gifts you remember receiving.

 ► **Révision finale**

1. Reread your composition and focus on the unity of the paragraphs. All of the sentences within the paragraph must be on the same topic. If a sentence is not directly related to the topic, it does not belong in the paragraph.
2. Bring your draft to class and ask two classmates to peer edit your composition using the symbols on page 415. They should pay particular attention to whether the narrative contains a well-developed beginning, middle, and conclusion, and uses chronological order effectively.
3. Examine your composition one last time. Check for correct spelling, grammar, and punctuation. Pay special attention to your use of the **passé composé, imparfait,** and **plus-que-parfait** tenses, and agreement with past participles.
4. Prepare your final version.

INTERMÈDE CULTUREL

I. Les châteaux

Avant la lecture

• Avez-vous déjà visité un château en France ou dans un autre pays?

• A votre avis, pourquoi et pour qui aurait-on construit des châteaux?

• Pourquoi est-il important de préserver les vieux bâtiments et jardins?

Chambord

Les châteaux constituent un élément important du patrimoine° de la France. Les bâtiments, les meubles et les jardins racontent l'histoire des nombreuses familles royales et nobles, leur mode de vie, l'art et les traditions des siècles passés. Plusieurs des châteaux français les plus connus se trouvent dans la vallée de la Loire. L'intérêt d'une visite n'est cependant pas purement historique. On peut aussi en profiter pour faire des promenades dans les jardins et dans les parcs ou pour participer à d'autres événements: les châteaux de Blois et de Chenonceau, par exemple, offrent des spectacles de son et lumière, et au château de Cheverny, de mai à novembre, on peut même monter en ballon, et survoler la région.

Chambord

Le château de Chambord a été commencé en 1519 par le roi François Ier dont l'empreinte° est surtout évidente par les salamandres qu'on voit sculptées partout sur les murs et les plafonds en voûte.° *(Voir à droite.)* François Ier est mort avant que la construction du château ne soit terminée. L'architecture de Chambord reflète par conséquent les goûts artistiques de plusieurs périodes. La décoration sculptée du célèbre escalier à deux rampes est considérée comme l'un des chefs-d'œuvre de la Renaissance. *(Voir les photos à la page 162.)* La façade du château fait 128 mètres de long. Avec 440 pièces et 365 cheminées, Chambord est le plus grand des châteaux de la Loire.

heritage

mark, impression

vaulted

C'est en 1930 que Chambord est devenu une propriété nationale. Au premier étage du château, la Fondation François Sommer a réuni une collection d'armes, de tableaux et gravures, de tapisseries et d'autres œuvres d'art ayant rapport à la nature et la chasse. Autour du château, 5.350 hectares de forêt, fermés par un mur long de 32 kilomètres, forment une réserve de chasse.° Des pavillons° situés autour du parc, les visiteurs peuvent observer les animaux protégés en liberté, ou bien se promener dans les 1 200 hectares de forêt ouverts au public.

a big-game preserve / here, observation sites

Chenonceau

Thomas Bohier, Receveur des Finances sous François Ier, a fait construire Chenonceau *(voir la photo à la page 163)* en 1513 pour son épouse Catherine Briçonnet qui a eu une influence déterminante sur le style et la conception du château. L'architecte, un maçon° nommé Pierre Nepveu, a bâti le

stonemason

château sur les fondations d'un moulin fortifié dont il a conservé le donjon. Plus tard, Henri II a donné le château à sa maîtresse bien-aimée, Diane de Poitiers, qui y a habité pendant plusieurs années. Mais à la mort du roi, le reine Catherine de Médicis n'a pas perdu de temps à reprendre possession du château.

En France, ainsi que dans d'autres pays d'Europe, beaucoup de monuments et de bâtiments importants du patrimoine ont été endommagés pendant les deux guerres mondiales. Les vitraux de la chapelle de Chenonceau, par exemple, ont été détruits par un bombardement en 1944, mais on les a restaurés. Pendant la Première Guerre mondiale, Monsieur Gaston Menier, propriétaire du château, a fait aménager à ses frais un hôpital temporaire dont les différents services occupaient toutes les salles, y compris l'étonnante Galerie, longue de soixante mètres. Au cours de l'occupation allemande, de 1940 à 1942, de nombreuses personnes ont mis à profit

Chenonceau

la situation privilégiée de la Galerie dont la porte sud donnait accès à la zone libre, alors que l'entrée du château se trouvait en zone occupée.

Cheverny

Cheverny

Cheverny, l'un des plus prestigieux et plus magnifiquement meublés des châteaux de la Loire, est depuis plus de 600 ans la propriété de la même famille, les Hurault, grands personnages de la Cour et conseillers des rois Louis XII, François Ier, Henri III et Henri IV. La construction du château a été terminée en 1634 par Hurault de Cheverny. Ouvert au public dès 1922, l'intérêt particulier de Cheverny réside dans la splendide décoration intérieure, d'époques Louis XIII, Louis XIV et Louis XV, demeurée dans son état primitif. Dans le grand salon on remarque des tableaux de peintres célèbres, comme le portrait de Cosme de Médicis par le Titien et celui de Jeanne d'Aragon par l'atelier de Raphaël.

Comme les traditions de la vénerie° sont toujours pratiquées au château, Cheverny est donc aussi connu pour son impressionnant chenil° qui abrite 70 chiens franco-anglais et sa salle des trophées où sont exposés 2 000 bois de cerfs.°

Les châteaux décrits ici datent des XVIème et XVIIème siècles, mais ils ne sont pas les plus anciens des châteaux de la Loire. Le château d'Angers, par exemple, a été construit en 1228 par Saint Louis. La vallée de la Loire n'est pas non plus le seul endroit où on peut visiter des châteaux en France. Il y en a des centaines répandus

hunting on horseback and with dogs

here, a kennel for the hunting dogs

stag horns

Angers

dans de nombreuses régions. Beaucoup de châteaux en France sont aujourd'hui des musées, comme Chambord. D'autres, moins importants dans l'histoire du pays, ont été reconvertis en hôtels ou appartiennent à des particuliers.

Adapté de *Guide de Tourisme Michelin,* Clermont-Ferrand: Michelin, 1987, p. 89; dépliant *Chateaux Cheverny,* Agence Créations; dépliant *Chambord,* Création Technical de Paris 12, imprimerie Landais, 1995; dépliant *Château de Chenonceau,* impr. Cadet.

Après la lecture

Compréhension

1. Quel était le symbole de François Ier? Pourquoi, à votre avis, l'avait-il choisi? Quelle partie de Chambord est considérée comme un chef-d'œuvre de l'architecture de la Renaissance?
2. Qui est Catherine Briçonnet? Pourquoi Chenonceau était-il important pendant la Seconde Guerre mondiale?
3. Qui est Raphaël? Quelle tradition est respectée par la famille des Hurault?

Expansion

1. Faites des recherches sur un château français. Quelle est l'histoire de ce château? Qui l'a fait construire et quand? Trouvez quelques faits intéressants ou surprenants sur ce château. Quel en est le statut aujourd'hui?
2. Aimeriez-vous vivre dans un château? Essayez de trouver sur les réseaux Internet ou dans un journal des châteaux en vente. Ecrivez une courte description du château (quel est le prix? combien de chambres y a-t-il? etc.) et comparez les avantages et les inconvénients de la vie dans un château et de la vie dans un appartement à Paris.

II. *La Fanette* par Jacques Brel

Avant la lecture

Sujets à discuter

1. Avez-vous déjà été amoureux(-euse)? De qui? Décrivez son apparence physique et sa personnalité. Est-ce qu'il/elle vous a aimé(e) aussi? Expliquez.
2. Avez-vous jamais été trahi(e) *(betrayed)* en amour? Si oui, qui était cette personne qui vous a trahi(e)? Quels sentiments avez-vous éprouvés? de la tristessse? de l'amertume *(bitterness)?* de la colère? du soulagement *(relief)?* de la haine *(hate)?* Comment est-ce que la situation s'est résolue?

Stratégies de lecture

A.   Technique poétique: la répétition. Dans cette chanson, on voit la technique poétique de la répétition. Combien de fois trouvez-vous les mots **Faut dire** dans la chanson? Quels autres mots y sont répétés? Quel est l'effet de ces répétitions?

B.   Technique poétique: les mots en opposition. Les poètes mettent souvent en opposition des mots qu'ils veulent souligner. De cette façon, le lecteur peut mieux apprécier l'effet de ces mots. Par exemple, dans la chanson que vous allez lire,

Faut dire qu'ils <u>ont ri</u>
Quand ils m'ont vu <u>pleurer</u>

les mots **ont ri** et **pleurer** font contraste. Parcourez la chanson suivante et trouvez d'autres exemples de mots mis en opposition. Où se trouvent ces mots dans un vers? Expliquez leur place.

*I*n the 1960s and 1970s, the Belgian poet/singer Jacques Brel (1929–1978) was famous throughout the French-speaking world for his songs. The pains of solitude and nostalgia for love and friendship were dominant themes in his works. The following song (part of the musical review Jacques Brel is Alive and Well and Living in Paris) is about himself, a friend, and a young woman named **la Fanette.**

La Fanette

Nous étions deux amis et Fanette m'aimait
La plage était déserte et dormait sous juillet
waves   Si elles s'en souviennent les vagues° vous diront
Combien pour la Fanette j'ai chanté de chansons

5   Faut dire
Faut dire qu'elle était belle
Comme une perle d'eau
Faut dire qu'elle était belle
Et je ne suis pas beau
10   Faut dire
Faut dire qu'elle était brune
Tant la dune était blonde
Et tenant l'autre et l'une
Moi je tenais le monde
15   Faut dire
Faut dire que j'étais fou
De croire à tout cela
Je le croyais à nous
Je la croyais à moi
20   Faut dire
Qu'on ne nous apprend pas
mistrust   A se méfier de° tout

Nous étions deux amis et Fanette m'aimait
La plage était déserte et mentait sous juillet
25   Si elles s'en souviennent les vagues vous diront
Comment pour la Fanette s'arrêta la chanson

Faut dire
Faut dire qu'en sortant
D'une vague mourante
30   Je les vis s'en allant
lover   Comme amant° et amante
Faut dire
Faut dire qu'ils ont ri
Quand ils m'ont vu pleurer
35   Faut dire qu'ils ont chanté
cursed   Quand je les ai maudits°
Faut dire
Que c'est bien ce jour-là
Qu'ils ont nagé si loin
40   Qu'ils ont nagé si bien
Qu'on ne les revit pas

Faut dire
Qu'on ne nous apprend pas...
Mais parlons d'autre chose

45   Nous étions deux amis et Fanette l'aimait
La plage est déserte et pleure sous juillet
Et le soir quelquefois
Quand les vagues s'arrêtent
J'entends comme une voix
50   J'entends... c'est la Fanette

Jacques Brel, «La Fanette»

Après la lecture

Compréhension

A.   Observation et analyse. Répondez aux questions suivantes avec un(e) camarade de classe.

1. Pendant quelle saison le chanteur et la Fanette s'aimaient-ils?
2. Décrivez la Fanette.
3. Comment la Fanette est-elle morte? Avec qui?
4. Qu'entend le chanteur de temps en temps? Et les vagues, qu'ont-elles entendu selon le chanteur?
5. Quelle est l'attitude de Brel envers la Fanette dans la chanson?

B.   Réactions. Donnez votre réaction.

1. Comment avez-vous trouvé la chanson—intéressante, bizarre, triste, etc.? Expliquez.
2. Est-ce que cette chanson vous a fait penser à une chanson que vous connaissiez déjà?
3. Quelles sortes de chansons aimez-vous mieux?

Interactions

A.   Jouez les rôles. Imaginez que la Fanette n'est pas morte mais qu'elle a voulu rompre avec le chanteur. Jouez les rôles de la Fanette et du chanteur. Quelle raison donne-t-elle pour vouloir rompre avec lui? Quelle est la réponse du chanteur? Que se disent-ils avant de se quitter?

B.   Le courrier du cœur. Imaginez que le chanteur écrit au courrier du cœur *(advice columnist)* pour raconter cette triste histoire. Ecrivez d'abord la lettre qu'il écrit pour demander de l'aide. Ecrivez ensuite la réponse du courrier du cœur. Quelles suggestions lui donne-t-on?

La grammaire à réviser:
Le subjonctif

Leçon 1

Fonction: Comment dire ce que l'on veut

Culture: Les médias

Langue: Le subjonctif: formation irrégulière • Le subjonctif: la volonté

Leçon 2

Fonction: Comment exprimer les sentiments et les attitudes

Culture: Les gestes

Langue: Le subjonctif: l'émotion, l'opinion et le doute • L'infinitif pour éviter le subjonctif

Leçon 3

Fonction: Comment persuader et donner des ordres

Culture: La presse: les journaux; les magazines

Langue: Le subjonctif: la nécessité et l'obligation • Le passé du subjonctif

Synthèse

Intermède culturel

La Seconde Guerre mondiale et les émissions radiophoniques

Topaze (Marcel Pagnol)

Les médias (la presse, la télévision, la radio)

Thèmes

Exprimez-vous!

After working with the *Expressions typiques pour...* and the *Mots et expressions utiles* for *Leçons 1* and *2*, ask students to write a description of this photograph. They can imagine who these people are, what the occasion is, and the reactions of these people to the situation. Students can also give their own reactions to the scene.

La grammaire à réviser

The information presented here is intended to refresh your memory of a grammatical topic that you have probably encountered before. Review the material and then test your knowledge by completing the accompanying exercises in the workbook.

▶ Avant la première leçon

Le subjonctif

The subjunctive is used more frequently in French than in English. The subjunctive mood is used to express uncertainty or subjectivity. It expresses the personal feelings of the speaker, such as doubt, emotion, opinion, and volition. The subjunctive mood occurs in a dependent clause beginning with **que.**

Main clause	Dependent clause
Le professeur veut	que je **finisse** mon devoir.

The present subjunctive of all verbs (except **avoir** and **être**) is formed by adding the following endings to the subjunctive stem: **-e, -es, -e, -ions, -iez, -ent.** To find the subjunctive stem of regular **-er, -ir,** and **-re** verbs and verbs conjugated like **sortir,** drop the **-ent** ending from the third-person plural form of the present tense.

	parler	**rendre**	**finir**	**sortir**
STEM:	**parl**ent	**rend**ent	**finiss**ent	**sort**ent
que je	parle	rende	finisse	sorte
que tu	parles	rendes	finisses	sortes
qu'il/elle/on	parle	rende	finisse	sorte
que nous	parlions	rendions	finissions	sortions
que vous	parliez	rendiez	finissiez	sortiez
qu'ils/elles	parlent	rendent	finissent	sortent

Qu'est-ce que vous vous attendez à trouver dans *Télé Star?*

▶Leçon 1   Comment dire ce que l'on veut

▶Conversation

⌷ INSTRUCTOR'S TAPE

Premières impressions

Soulignez:
• des expressions pour exprimer ce que l'on veut ou ce que l'on préfère faire

Trouvez:
• la chaîne *(channel)* où passe l'émission que Julie désire voir

Rappel: Have you reviewed the regular formation of the subjunctive? (Text p. 170 and Workbook)

La famille Derimay a fini de dîner. Bien qu'elle ait des tas de contrôles° en ce moment, Julie, qui a quinze ans, tient à° regarder la télévision ce soir-là.

JULIE:	J'aimerais bien voir Vanessa Paradis.[1] Elle passe à l'émission° de variétés sur la chaîne France 3.
MME DERIMAY:	Dis donc, ma chérie, tu ne m'as pas dit que tu avais un contrôle demain?
JULIE:	Si, en maths, mais j'ai révisé en étude° cet après-midi.
MME DERIMAY:	La dernière fois aussi, tu avais révisé en étude et tu as eu une assez mauvaise note, non? Il vaut mieux monter dans ta chambre maintenant et refaire quelques problèmes.
JULIE:	Oh non, maman... je vais m'embrouiller° les idées si je refais des problèmes ce soir!
MME DERIMAY:	*(incrédule)* Ne me raconte pas d'histoires, hein? Comment tu vas faire demain quand tu auras les sujets du contrôle devant toi?
JULIE:	J'ai l'intention de faire des exercices qui ressemblent à ceux du livre.
MME DERIMAY:	Eh bien justement, il faut en refaire quelques-uns maintenant, un par chapitre, je dirais. Tu redescendras quand tu auras fini.
JULIE:	Maman, s'il te plaît! Je voudrais bien voir Vanessa Paradis. Je te promets de monter tout de suite après.
MME DERIMAY:	Regarde l'heure. Il est déjà neuf heures moins le quart. Allez, monte travailler. Je fais la vaisselle et je vais voir où tu en es dans une demi-heure.

A suivre

un contrôle   *test*
tenir à   *to really want to, insist on*

une émission   *TV show*

en étude f   *in study hall*

s'embrouiller   *to become confused*

---

[1] On dit que Vanessa Paradis est la nouvelle Brigitte Bardot. C'est une chanteuse de hit-parade qui a aussi joué dans le film *Noce blanche*.

If possible, bring in a videoclip of Vanessa Paradis to show in class.

Observation et analyse

1. Qu'est-ce que Julie veut faire? Pourquoi? (Donnez trois raisons.)
2. Est-ce que sa mère est d'accord avec elle? Expliquez.
3. Décrivez Julie (son âge, sa personnalité, ses désirs, etc.).
4. A votre avis, est-ce que c'est Julie ou sa mère qui va finalement avoir gain de cause? Pourquoi?

Réactions

1. Vous aimez regarder la télévision? Est-ce que vous choisissez de regarder la télévision au lieu de faire vos devoirs de temps en temps? En supportez-vous d'habitude les conséquences?
2. Selon vous, est-ce qu'il est nécessaire de limiter les heures que les enfants passent devant le poste de télévision? Expliquez.

▶Expressions typiques pour...

▶ When deciding whether to use **je veux...** or **je voudrais...**, keep in mind that **je veux...** is much stronger, less polite, and could be interpreted as an order.

▶ In a store, restaurant, or service institution, sometimes simply identifying what you want to buy is sufficient: **Une baguette, s'il vous plaît.** The addition of **je voudrais...** increases the level of politeness: **Je voudrais un steak-frites, s'il vous plaît.**

▶ To express what you do not want or hope not to do, make the same expressions negative. Note that a similar distinction as above is made between **je ne veux pas...** and **je ne voudrais pas...**, the former being a very strong, less polite expression.

Dire ce que l'on veut ou espère faire

Je (veux) voudrais bien regarder la télévision.
J'aimerais bien regarder un feuilleton *(soap opera)*.
J'ai l'intention de faire mes devoirs demain.
Je tiens à *(really want)* travailler dur demain.
Je compte *(intend, plan on)* aller à Paris pour voir la nouvelle exposition.
J'ai envie de *(feel like)* voir un bon film.
J'espère aller au Brésil.
Je compte bien *(expect)* partir demain.

Dire ce que l'on préfère

Je préfère le sport.
J'aime mieux le foot.
J'aimerais mieux partir après le match.
Il vaut mieux partir tout de suite.
Je regarde plutôt *(rather)* les sports à la télé.

▶ Mots et expressions utiles

La volonté

avoir envie de (+ infinitif) *to feel like (doing something)*
compter *to intend, plan on, count on, expect*

tenir à *to really want; to insist on*

La télévision

les actualités/les informations f pl *news (in the press, but especially on TV)*
allumer la télé *to turn on the TV*
augmenter/monter le son *to turn up the volume*
baisser le son *to turn down the volume*
une causerie *talk show*
une chaîne *channel*
la concurrence *competition*
un débat *debate*
diffuser/transmettre *to broadcast*
l'écran m *screen*
une émission *broadcast, TV show*
éteindre la télé *to turn off the TV*

un feuilleton *serial; soap opera*
un jeu télévisé *game show*
le journal télévisé *TV news*
mettre la 3, 6, etc. *to put on channel 3, 6, etc.*
le poste de télévision *TV set*
un programme *program listing*
rater *to miss*
une rediffusion *rerun*
une série *series*
un spot publicitaire *TV commercial*
une télécommande *remote control*
un téléspectateur/une téléspectatrice *TV viewer*
la télévision par câble *cable TV*

Divers

un contrôle *test*
s'embrouiller *to become confused*

Mise en pratique

—Tiens, il est presque midi! **Allume la télé,** s'il te plaît. Le **journal télévisé** commence dans cinq minutes sur France 2. Je ne veux pas manquer le résumé des **actualités.**
—Je me demande s'ils vont **transmettre** en direct l'arrivée de la navette spatiale *(space shuttle).*
—Elle était prévue pour midi, non? En tout cas ce soir, il y aura **un débat** sur les problèmes des banlieues françaises. Le **programme** habituel est changé.
—Ce n'est pas grave. L'épisode du **feuilleton** peut bien attendre une semaine! Euh... puisque la **télécommande** est près de toi, peux-tu **augmenter le son?** Merci!

Liens culturels

Les médias

La télévision occupe la plus grande partie du temps libre des Français. Les jeux vidéo, les magnétoscopes et les caméscopes (camcorders) multiplient son utilité.

Les écoliers français passent environ 800 heures devant la télé contre 1 800 heures en classe. Parmi les Français qui possèdent un poste de télévision, 91 pour cent ont aussi une télécommande, ce qui explique le développement du *zapping* (passage d'une chaîne à l'autre de façon répétée). Les adultes regardent la télévision en moyenne trois heures 13 minutes par jour—les jeunes de 4 à 10 ans, une heure 49 minutes par jour. Il est intéressant de remarquer que les enfants regardent moins la télévision que leurs parents.

Aujourd'hui, 67 pour cent des foyers sont équipés d'un magnétoscope. De nombreux vidéoclubs permettent aux vidéomaniaques de louer le dernier film en vidéo. La plupart des

Liens culturels: If you have satellite transmissions from Québec available to you, present newscasts, weather broadcasts, variety shows, or American shows dubbed in French to the class. Use the realia to talk about television in France.

Expansion: **Quelle chaîne passe le plus de films? Si vous habitiez la France, quelle chaîne choisiriez-vous le plus souvent?**

Bring in other program listings and ask students to compare them to this one.

TF1

France 2

France 3

Sam 17 AOUT

TF1	France 2	France 3
20.45 Téléfilm **MADEMOISELLE ARDEL** de Michael Braun avec Andréa Jonasson, Véronique Jannot	**20.50** Divertissement **FORT BOYARD** présenté par Patrice Laffont et Cendrine Dominguez	**20.50** Téléfilm **LE BARON** d'Alessandro Fracassi avec Rosa Moss, Shari Shattuck deuxième partie
0.30 Série **LES SAUVETEURS DE L'IMPOSSIBLE** Pris au piège	**22.30** Spectacle **RAYMOND DEVOS A L'OLYMPIA, 1994**	**22.25** Téléfilm **LA FIDÈLE INFIDÈLE** avec Marie-France Pisier, François Berléand

Dim 18 AOUT

TF1	France 2	France 3
20.45 Cinéma **LES CIGOGNES N'EN FONT QU'À LEUR TÊTE** de Didier Kaminka avec Marlène Jobert, Patrick Chesnais	**20.50** Cinéma **SUGARLAND EXPRESS** de Steven Spielberg avec Goldie Hawn, Ben Johnson, Michael Sacks	**20.50** Série **UN CAS POUR DEUX** Le gagnant avec Rainer Hunold, Claus Theo Gärtner
22.30 Cinéma **PARIS BRULE-T-IL ?** avec Jean-Paul Belmondo, Alain Delon	**22.50** Série documentaire **LE SIÈCLE DES HOMMES** 1917-1941 : le drapeau rouge	**0.00** Cinéma de minuit **BRIGADOON** avec Gene Kelly, Cyd Charisse

Lun 19 AOUT

TF1	France 2	France 3
20.50 Feuilleton **TERRE INDIGO** avec Francis Huster, Cristiana Reali, Mireille Darc septième épisode	**20.55** Série **UN COIN DE SOLEIL** Droit au bonheur avec Gioele Dix, Heio von Stetten, Virna Lisi	**20.50** Cinéma **DICK TRACY** de Warren Beatty avec Warren Beatty, Madonna, Al Pacino
22.40 Magazine **SANS AUCUN DOUTE... C'EST L'ÉTÉ** présenté par Julien Courbet	**22.35** Téléfilm **ANGOISSE SUR BROOKLYN** avec Christopher Reeve, Wings Hauser	**23.10** Cinéma **LE BAL DES VAMPIRES** avec Jack MacGowran, Roman Polanski

Mar 20 AOUT

TF1	France 2	France 3
20.50 Cinéma **ALLAN QUATERMAIN ET LA CITÉ DE L'OR PERDU** de Gary Nelson avec Richard Chamberlain, Sharon Stone	**20.55** Cinéma **LE CERVEAU** de Gérard Oury avec Jean-Paul Belmondo, Bourvil, David Niven, Eli Wallach	**20.50** Série **LA CARTE AUX TRÉSORS** présenté par Sylvain Augier Rochefort et les îles
22.35 Magazine **52 SUR LA UNE** La vallée des trompe-la-mort	**22.55** Série documentaire **20 ANS AU... CAP**	**22.55** Téléfilm **PORTRAIT-ROBOT** avec Jeff Fahey, Sean Young

Mer 21 AOUT

TF1	France 2	France 3
20.50 Jeu **INTERVILLES** présenté par Jean-Pierre Foucault, Fabrice, Nathalie Simon et Olivier Chiabodo Béziers/Castres	**20.55** Téléfilm **D'AMOUR ET D'EAU SALÉE** d'Edwin Baily avec Eric Berger, Nozha Khouadra, Virginie Bayle	**20.50** Téléfilm **LES OISEAUX II** d'Alan Smithee avec Brad Johnson, Chelsea Field, James Naughton
23.00 Série **COMMISSAIRE MOULIN, POLICE JUDICIAIRE**	**22.45** Téléfilm **LE TUEUR DE L'OMBRE** Convalescence agitée	**22.45** Série documentaire **UN SIÈCLE D'ÉCRIVAINS** Citizen Mann

Jeu 22 AOUT

TF1	France 2	France 3
20.50 Série **NAVARRO** Le clan des clandestins avec Roger Hanin, Jacques Martial, Sam Karmann	**20.55** Série **URGENCES** avec Anthony Edwards, George Clooney, Sherry Stringfield	**20.50** Cinéma **LE COUTEAU DANS LA PLAIE** d'Anatole Litvak avec Sophia Loren, Anthony Perkins, Jean-Pierre Aumont
22.25 Divertissement **STARS EN FOLIE** invités : Carlos, Sacha Distel, Herbert Léonard	**22.40** Cinéma **ELLES NE PENSENT QU'À ÇA** avec Claudia Cardinale, Carole Laure	**23.10** Série documenta **L'HEURE AMÉRICAINE** Fugues américaines

Ven 23 AOUT

TF1	France 2	France 3
20.50 Divertissement **SLC - SALUT LES COPAINS** présenté par Sheila et Dave 1976-1977 : punk-rasta	**20.55** Série **NESTOR BURMA** Brouillard au pont de Tolbiac avec Guy Marchand, Otana Ricier, Pierre Tornade	**20.50** Magazi **THALASSA** présenté par Georges Pernoud Dernière escale en enfer
23.00 Téléfilm **CHANTAGE SOUS LA PLUIE** avec Emma Samms, Parker Stevenson	**22.30** Téléfilm **LE VENT DE L'OUBLI** avec Bernard Fresson, Catherine Buquen	**21.50** Magazi **FAUT PAS RÊVER** présenté par Sylvain Augier

Activités

A. **Entraînez-vous: Désirs, espoirs et intentions.** En utilisant les *Expressions typiques pour... ,* dites à chacune de ces personnes ce que vous comptez faire dans les situations suivantes.

CANAL+　　**arte**　　

0.30 Série **CADFAEL** Trafic de reliques avec Derek Jacobi, Michael Culver, Anna Friel	**20.45** Série **LA FEMME DE TA VIE** La femme comblée Avec Carmen Maura, Antonio Banderas	**20.45** Téléfilm **RETOUR DE L'AU-DELA** de Paul Wendkos avec Lindsay Wagner, Bruce Boxleitner, Robert Prosky
4.00 Cinéma **POLICE STORY** de Jackie Chan	**21.45** Magazine **MÉTROPOLIS** Chroniques de Chine	**23.55** Série **HONGKONG CONNECTION**
0.30 Cinéma **LISBONNE STORY** de Wim Wenders avec Rüdiger Vogler, Patrick Bauchau, Teresa Salgueiro	**20.45** Soirée thématique **NOS ANNÉES 70** De Woodstock au walkman	**20.45** Magazine **CAPITAL** présenté par Emmanuel Chain invité : Axel Ganz
.15 Corrida **UNE CORRIDA A MONT-DE-MARSAN** Reportage et corrida	**22.45** Cinéma **PHANTOM OF THE PARADISE** de Brian De Palma	**22.35** Magazine **CULTURE PUB** Spécial famille
0.35 Cinéma **DIEU, L'AMANT DE MA MÈRE** **ET LE FILS DU CHARCUTIER** d'Aline Issermann avec Lio, Richard Bohringer	**20.45** Cinéma **AMERICAN FRIENDS** De Tristan Powell avec Michael Palin, Connie Booth, Trini Alvarado	**20.40** Cinéma **MEURTRE AU SOLEIL** de Guy Hamilton avec Peter Ustinov, Jane Birkin, Diana Rigg, James Mason
10 Cinéma **LE TÉMOIN** de Jean-Pierre Mocky	**22.15** Cinéma **PLUS HAUT, ENCORE PLUS HAUT** D'Im-Kwon Taek	**22.25** Téléfilm **MANNEQUIN SOUS HAUTE PROTECTION** avec Julia Duffy, David Carradine
.35 Cinéma **LE CLIENT** de Joel Schumacher avec Susan Sarandon, Tommy Lee Jones, Brad Renfro	**20.45** Documentaire **La vie en face** **THÉRAPIE A TOUT PRIX ?** Les médecins, les patients et la médecine de pointe	**20.45** Série **SLIDERS : LES MONDES PARALLÈLES** Un monde au féminin ; La fin du monde
.35 Cinéma **LISBONNE STORY** de Wim Wenders	**21.40** Théâtre **THÉÂTRE DU MONDE A DRESDE**	**22.25** Téléfilm **PASSION CRIMINELLE** avec Richard Crenna, Karen Young
.00 Cinéma **ANGLAIS SOUS LES TROPIQUES** de Bruce Beresford avec Colin Friels, Sean Connery, John Lithgow	**20.45** Documentaire **LES MERCREDIS DE L'HISTOIRE** Chroniques du Danube dernière partie : Le chagrin et la mémoire	**20.45** Série **LA TRAQUE** d'Alessandro Cane avec Andrea Occhipinti, Roberto Alpi deuxième partie : Le piège
.35 Boxe **RÉUNION DU CANNET** Boudouani/Vasquez	**23.00** Cinéma **FAMILY LIFE** de Ken Loach	**0.30** Musique **ROCK EXPRESS**
.35 Cinéma **LES PÉCHÉS MORTELS** de Patrick Dewolf Gabrielle Anwar, Joanna Lumley	**20.45** Soirée thématique **QUELLE MÉDECINE** **POUR SE SOIGNER ?** Le dilemme de la médecine conventionnelle	**20.40** Cinéma **ON L'APPELLE CATASTROPHE** de Richard Balducci avec Michel Leeb, Darry Cowl
.5 Cinéma **THE SHADOW** avec Alec Baldwin, John Lone	**21.15** Documentaire **LA CLINIQUE DE L'AVENIR** High tech, high touch... ou les deux ?	**22.20** Série **LES CONTES D'OUTRE-TOMBE**
55 Football **Championnat de France** (3ᵉ journée) **NANCY/PARIS-SG** en direct de Nancy	**20.45** Téléfilm **FACE AUX FORÊTS** De Peter Lilienthal avec Rusty Jacobs, Adi Nizan, Roy Nathanson	**20.45** Série **LES FAUX FRÈRES** Le livre sacré avec Bud Spencer, Philip Michael Thomas
55 Cinéma **LES MISÉRABLES** avec Jean-Paul Belmondo, Michel Boujenah	**22.05** Documentaire **Grand format** **LE JAGUAR ET LA PLUIE**	**22.35** Série **MISSION : IMPOSSIBLE, 20 ANS APRÈS**

**Cinéma :
notre sélection**

Dimanche
- **Paris brûle-t-il ?** *TT* (TF1).
Film de guerre, avec Jean-Paul
Belmondo, Alain Delon,
Kirk Douglas, Claude Rich...
- **Sugarland express** *TT*
(France 2). Drame, avec
Goldie Hawn et Ben Johnson.
- **Brigadoon** *TT* (France 3).
Comédie musicale, avec
Gene Kelly et Cyd Charisse.
- **Phantom of the paradise** *TT*
(Arte). Film fantastique, avec
Paul Williams et William Finley.

Lundi
- **Dick Tracy** *TT* (France 3).
Film policier, avec Warren
Beatty, Madonna et Al Pacino.
- **Le bal des vampires** *TT*
(France 3). Comédie fantastique,
avec Jack MacGowran
et Roman Polanski.
- **Beau fixe sur New York** *TTT*
(La Cinquième). Comédie
musicale, avec Gene Kelly
et Cyd Charisse.

Mardi
- **Le cerveau** *TT* (France 2).
Comédie d'aventures, avec
Jean-Paul Belmondo, Bourvil
et David Niven.

Mercredi
- **Family life** *TT* (Arte).
Drame, avec Sandy Ratcliff.

Pour programmer votre
ShowView au moment de sa
première mise en service,
voici les numéros guide
attribués à chaque chaîne.

TF1 :	001
France 2 :	002
France 3 :	003
Canal- :	004
La Cinquième :	007
Arte :	005
M6 :	006
RTL9 :	029
Série Club :	013
Planète :	036
Ciné-Cinémas :	037
Ciné-Cinéfil :	038
Canal J :	025
Jimmy :	071
Eurosport :	107
Paris Première :	035
TMC :	033
TV5 :	133
MCM :	028
BBC Prime :	095
Super Channel :	144
RAI 1 :	131
ZDF :	015
TVE I :	134
RTL-TVI :	057
RTBF 1 :	017
Canal+ Belgique :	076
Club RTL :	178
TSR :	024

téléspectateurs qui possèdent un magnétoscope l'utilisent pour enregistrer des émissions qu'ils ont envie de voir plus tard.

Combien de chaînes de télévision avez-vous? Est-ce que vous possédez un magnétoscope? Quels genres de vidéos est-ce que vous préférez? Combien d'heures par jour est-ce que vous passez devant la télévision?

Adapté de Gérard Mermet, *Francoscopie 1997* (Larousse, pp. 363–368).

Quelle émission est-ce que vous choisissez de regarder le dimanche 18 août? Quelle chaîne passe le plus de films américains?

MODÈLE:　votre père—vos projets pour les vacances de Pâques *(Easter)*
Papa, j'aimerais aller en Floride pour les vacances de Pâques.

1. le professeur de français—votre intention d'avoir une bonne note
2. votre fille/fils—elle/il a une chambre en désordre
3. une amie—vous voulez emprunter sa voiture

4. un ami—vous allez au cinéma ensemble et vous voulez voir un film qu'il n'a pas envie de voir
5. une voisine—elle fait beaucoup de bruit
6. un camarade de classe—il parle avec un autre étudiant et vous n'entendez pas le professeur

B.   Mot de passe. Imaginez que vous participiez au jeu télévisé «Mot de passe». Devinez à quels mots ou expressions (de la liste à la page 173) s'appliquent les définitions suivantes.

1. Une émission de télé où l'animateur/animatrice *(announcer)* invite des gens célèbres à venir parler avec lui/elle et à divertir les téléspectateurs
2. Le contraire d'**allumer la télé** (ou ce qu'on fait quand on ne veut plus regarder la télé)
3. La partie du poste de télé où l'image est projetée
4. Un petit appareil qui permet de contrôler la télé à distance
5. La liste et l'horaire des émissions
6. Le contraire d'**augmenter le son**

Maintenant, c'est à vous! Donnez un synonyme ou une définition en français pour les mots et les expressions suivants afin que votre partenaire ou le reste de la classe puisse les deviner. (Il serait utile de réviser les expressions utilisées pour identifier et décrire les objets et les personnes, *Leçons 1* et *2* du *Chapitre 3.)*

7. les actualités
8. un feuilleton
9. avoir envie de
10. un téléspectateur/une téléspectatrice

Activity C: Follow-up: Collect the answers and read several aloud to the class. Have students guess who wrote each one. Variation idea: Ask the students to imagine how various people (the president, their favorite movie stars, sports celebrities, etc.) might complete these sentences.

C.   Vos projets d'avenir. Vous parlez avec un(e) ami(e) et vous lui expliquez ce que vous voulez faire dans l'avenir. Complétez les phrases ci-dessous. Les sujets suivants peuvent vous donner des idées: le travail, le mariage, le logement, les voyages, les visites.

1. J'aimerais...
2. J'ai l'intention de...
3. Je préfère... mais en ce moment je...
4. Dans cinq ans, je compte... et je tiens surtout à...
5. Maintenant, il vaut mieux...

▶ La grammaire à apprendre

Le subjonctif: formation irrégulière

When previewing verbs that are irregular in the subjunctive mood, model their pronunciation. Ask students to practice writing out these forms.

When expressing wants and intentions regarding other people and events, it is often necessary to use the subjunctive mood. In *La grammaire à réviser,* you reviewed the formation of verbs that are regular in the subjunctive. This section completes the discussion of how to form the subjunctive.

A. Some verbs have two subjunctive stems—one for the **nous** and **vous** forms and one for the remaining forms. To find the subjunctive stem for the **nous**

and **vous** forms, you drop the **-ons** ending from the first person plural of the present tense. For example:

appeler

que j'**appelle**	que nous **appelions**
que tu **appelles**	que vous **appeliez**
qu'il **appelle**	
qu'elle **appelle**	
qu'on **appelle**	
qu'ils **appellent**	
qu'elles **appellent**	

The following verbs have two subjunctive stems:

croire	que je **croie**	que nous **croyions**
devoir	que je **doive**	que nous **devions**
envoyer	que j'**envoie**	que nous **envoyions**
mourir	que je **meure**	que nous **mourions**
prendre	que je **prenne**	que nous **prenions**
recevoir	que je **reçoive**	que nous **recevions**
venir	que je **vienne**	que nous **venions**
voir	que je **voie**	que nous **voyions**

B. The following verbs have irregular stems but regular subjunctive endings:

	aller	faire	pouvoir
que je (j')	aille	fasse	puisse
que tu	ailles	fasses	puisses
qu'il/elle/on	aille	fasse	puisse
que nous	allions	fassions	puissions
que vous	alliez	fassiez	puissiez
qu'ils/elles	aillent	fassent	puissent

	savoir	valoir	vouloir
que je	sache	vaille	veuille
que tu	saches	vailles	veuilles
qu'il/elle/on	sache	vaille	veuille
que nous	sachions	valions	voulions
que vous	sachiez	valiez	vouliez
qu'ils/elles	sachent	vaillent	veuillent

NOTE: The irregular subjunctive form of **falloir** is qu'il/elle/on **faille**.

20.35
CINÉMA   [265451]

GENRE	ANNÉE	DURÉE	VIOLENCE	ÉROTISME	PUBLIC	COTE
Comédie	1995	1h28	X		Adultes,ados	☂

DIEU, L'AMANT DE MA MÈRE ET LE FILS DU CHARCUTIER
FILM FRANÇAIS, EN COULEUR, D'ALINE ISSERMANN. (EN 16/9). *(5ᵉ diff.)*
Avec Richard Bohringer : *Serge* ● **Lio** : *Gabrielle* ● **Francis Huster** : *Jean-Marc* ● **Jean-Pierre Kalfon** : *Henri Larrieux* ● **Guy Montagné** : *Jean Richain* ● **Emmanuelle Riva** : *la couturière* ● **Jean-François Perrier** : *le père Ducoin* ● **Michèle Hauppenot** : *la mère Ducoin.*

Selon *Télé Star*, comment est ce film? De quel genre s'agit-il? A quel public s'adresse-t-il?

Avoir and **être** have completely irregular forms in the subjunctive, which must simply be memorized:

	avoir	être
que je (j')	aie	sois
que tu	aies	sois
qu'il/elle/on	ait	soit
que nous	ayons	soyons
que vous	ayez	soyez
qu'ils/elles	aient	soient

Le subjonctif: la volonté

As stated in *La grammaire à réviser*, the subjunctive mood is used to express the attitudes and opinions of the speaker. The verb in the subjunctive occurs after **que** in the dependent clause, and the subjects of the main and dependent clauses must be different. The subjunctive is used after verbs of wishing, preference, desire, or will. Verbs of volition include: **aimer (bien), désirer, exiger** *(to demand)*, **préférer, souhaiter** *(to wish)*, **vouloir**, and **vouloir bien**.

> ▶ Notice that with the **je** form of regular **-er** verbs, there is no difference between the present indicative and the present subjunctive. There is, however, a difference in the **nous** and **vous** forms.

Mon père ne veut pas que je **regarde** la télévision.
My father does not want me to watch television.
Il veut que je **fasse** mes devoirs.
He wants me to do my homework.

Je voudrais que mes parents **puissent** me comprendre.
I wish that my parents could understand me.

The verb **espérer** *(to hope)* is an exception. It is one of the few verbs of volition that does not take the subjunctive. It is followed by the indicative—in general, the future tense.

J'espère qu'ils me **donneront** plus de liberté l'année prochaine.
I hope (that) they'll give me more freedom next year.

REMINDER: In French **que** is required; in English *that* may or may not be used.

> Expansion: Prepare a drill-type activity to practice the subjunctive quickly: **Que je veuille**: Changez de sujet, mettez: **que nous...; Que nous fassions**: Changez de sujet, mettez: **qu'il...; Qu'elles puissent**: Changez de sujet, mettez: **que je...**, etc.

Activités

A. Deux opinions. Voici deux lettres contradictoires au sujet d'une émission américaine, parues dans un journal français. Complétez-les en remplissant les blancs avec le subjonctif des verbes suivants.

> être / avoir / écrire / faire / pouvoir / savoir / trouver /
> prendre (prendre fin: *to end*)

Triste semaine! Le feuilleton quotidien «Santa Barbara» disparaît de TF1. Nous sommes de nombreux spectateurs français à souhaiter que cette émission _____ continuer. Nous aimerions que la chaîne _____ les moyens de reprendre cette émission. Cette chronique d'une ville californienne du vingtième siècle révélait admirablement les hauts et les bas de la vie d'affaires. Nous ne voulons pas que ce programme qui nous rappelle l'univers de «Dallas» _____ fin. Pour ma part, je souhaite que la plupart des téléspectateurs _____ d'accord avec moi et qu'ils _____ à TF1.

Une autre opinion:

Bonne nouvelle! L'émission «Santa Barbara», qui donnait une image stéréotypée du monde riche et snob de la Californie du sud, disparaît enfin de TF1. On avait perdu depuis longtemps le fil de l'histoire. Les téléspectateurs français aimeraient bien que la télévision _____ purgée de tous les feuilletons quotidiens de ce genre. Nous désirons que TF1 et toutes les chaînes _____ que nous ne voulons plus de feuilletons invraisemblables et insipides. Nous tenons à ce que ces émissions qui ne parlent que de sexe et d'argent _____ fin, et que les chaînes _____ plus attention à la qualité de leurs programmes. Je souhaite que ceux qui partagent mon avis _____ le bon sens d'écrire à TF1 pour demander la disparition de ces émissions à la «Dallas».

Adapté d'un article du *Monde Radio-Télévision*

P.S. Après beaucoup de discussions, de lettres de protestation des téléspectateurs et de nombreux débats, TF1 a décidé de remettre «Santa Barbara» sur l'antenne pendant un certain temps. Mais aujourd'hui, ce feuilleton ne passe plus à la télé.

B. Préférences. Choisissez un(e) partenaire et complétez chaque phrase à l'aide d'un verbe approprié au subjonctif qui exprimera les préférences de ces personnes.

1. Le professeur de français veut que nous...
2. Je souhaite que le professeur de français...
3. Je désire que l'université...
4. Mon/Ma camarade de chambre préfère que je...
5. J'aime bien que mes amis...
6. Les Américains veulent que le Président...
7. Les Français préfèrent que les Américains...
8. Les téléspectateurs désirent que les réalisateurs de télévision *(TV producers)*...

C. Une lettre. Stéphane écrit à sa mère, qui habite dans l'est de la France. Il a pris des notes. Aidez-le maintenant à composer la lettre. Faites attention au temps des verbes!

Paris, le 25 novembre

Chère maman,

Je / savoir / que / tu / travailler / beaucoup / pour payer mes études à l'université. Je / te / demander / donc / un grand service. Mes amis / vouloir / que / je / aller / avec eux en Grèce au mois de mars. Il y a / vols d'étudiants / qui / être / bon marché. Je voudrais bien / que / tu / me / permettre / d'y aller avec eux. Je / souhaiter / aussi / que / tu / me /envoyer / 1 600 F pour le billet. Pour avoir les meilleurs prix, l'agence de voyage / exiger / que / nous / payer / le vol d'ici deux semaines. Tu / vouloir / que / je / obtenir / mon diplôme / et que / je / devenir / médecin, et c'est normal. Je / travailler / de mon mieux / mais je / avoir besoin de / me reposer / pendant deux semaines en mars. Ce voyage m'aidera à mieux travailler au printemps. Je / expérer / que / tu / comprendre.

Affectueusement,

Stéphane

D. Une émission annulée *(cancelled)*. Choisissez une émission de la télévision américaine qui a été annulée cette année. Ecrivez une lettre aux réalisateurs dans laquelle vous exprimez votre opinion (pour ou contre). Utilisez les lettres dans l'exercice A comme modèles.

Activity C: Expansion: This can be done as a cooperative writing activity. Ask students to imagine the mother's answer, then tally how many think the mother will say yes and how many think she will say no to her son's trip. What might her reasoning be?

▶ Interactions

Activity A: Preparation: Ask students to brainstorm their intentions for the future. They may do this individually or in groups. They may also wish to write down some personal vocabulary words for this activity.

Activity B: This activity gives students practice in compromise. Have a third student play the role of arbiter to see if one student is giving in more than the other. The arbiter can point this out and help students come to a fair agreement.

A. Un poste. You are discussing a job (that you would very much like to have) with a family member. Express your desire to have the job and tell why you would be good at it. Discuss your intentions for the future. State that you hope that someone will consider your application (**demande** *[f]* **d'emploi**) seriously.

B. Samedi. A friend calls to ask you to go shopping on Saturday. Explain to him/her what you intend to do that day and why. Be assertive and ask him/her to join you, or compromise and do something you would both enjoy.

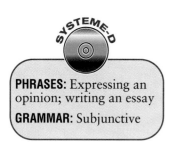

▶ Préparation

In this chapter, you will choose a point of view on a controversial topic and develop it using a good introduction, some examples, and a strong conclusion.

1. Choose a controversial subject that is discussed often in the newspaper or on the radio or television. If you have trouble choosing a subject, make a list of possible topics and find one that you can develop most easily with the vocabulary you know in French.
2. After you've chosen your topic, make a list of the different points of view on the topic. This should help you see the different sides to the issue.
3. In order to make sure that you've listed all the possible positions, show your list to at least one classmate who will help you develop your topic.

SYSTEME-D

PHRASES: Expressing an opinion; writing an essay
GRAMMAR: Subjunctive

Est-ce que vous utilisez l'Internet pour vous tenir au courant des nouvelles?[2]

Have students react to the footnote and picture about the Internet. They can discuss some of their favorite Web sites in small groups. Remind them to look at the Heinle and Heinle Web page (http://bravo.heinle.com) for activities.

[2] La France est en train de développer les nouvelles sur l'Internet. Les grands journaux français *(le Monde, le Figaro, Libération)* sont disponibles depuis longtemps sur le Minitel mais ils sont plus lents à publier sur les réseaux Internet. Les journaux provinciaux comme *les Dernières Nouvelles d'Alsace, le Télégramme de Brest, la Voix du Nord, le Progrès de Lyon, le Républicain Lorrain, Nice-Matin, Ouest-France* sont plus innovateurs et ont des nouvelles nationales et régionales tous les jours. *(France Magazine,* Fall 1996, p. 47)

▶Leçon 2   Comment exprimer les sentiments et les attitudes

▶Conversation (conclusion)

🔲 INSTRUCTOR'S TAPE

Premières impressions

Soulignez:
*   des expressions qui expriment le contentement, l'admiration, l'inquiétude et la crainte

Trouvez:
*   le nom de l'enfant de Paul

M. et Mme Derimay s'inquiètent° parce que leur fille Julie passe trop de temps devant la télé. Ils discutent du problème avec Paul, le frère de Mme Derimay, qui est également père d'un enfant.

s'inquiéter *to worry*

M. DERIMAY:	Ah, Paul, je suis content de te voir! J'ai une question à te poser. On a un petit problème avec Julie et on ne sait pas quoi faire. En ce moment, c'est télé, télé, télé; il n'est pas question de la faire travailler... Elle a des 7 et des 8 sur 20 comme notes et j'ai peur qu'elle finisse par redoubler sa seconde.
MME DERIMAY:	Oh! Tu exagères un petit peu, quand même!
M. DERIMAY:	Ecoute, tu as bien vu son carnet de notes ce trimestre... Et en plus, elle a l'air de trouver cela sans importance. Au fond, c'est ça qui m'inquiète peut-être encore plus que ses notes.
PAUL:	Ce n'est pas facile maintenant avec les jeunes. A quinze ans, ils se croient adultes, et ils veulent être indépendants.
M. DERIMAY:	Et avec Sébastien, comment est-ce que ça se passe?
PAUL:	Pour le moment tout va bien. L'école l'intéresse et il ne se plaint pas.
M. DERIMAY:	Et il fait ses devoirs?
PAUL:	Oui, sans même qu'on le lui dise. Ça m'étonne mais je suis content. Pourvu que ça dure!
M. DERIMAY:	Qu'est-ce que vous avez de la chance!
MME DERIMAY:	Julie aussi, en général...
M. DERIMAY:	Oui, mais il est plus jeune, Sébastien... c'est peut-être ça, en fait...

Observation et analyse

1. Qu'est-ce qui inquiète M. et Mme Derimay chez Julie? Qu'est-ce qu'ils craignent?
2. Comment réagit Paul?
3. Est-ce que Mme Derimay est d'accord avec son mari? Expliquez.
4. Selon Paul, comment est son fils?
5. Devinez l'âge de Sébastien. Pensez-vous qu'il donnera plus de problèmes à ses parents quand il sera plus âgé? Expliquez.

Réactions

1. Est-ce que vous avez beaucoup étudié au lycée? Pourquoi? Est-ce qu'on vous a encouragé dans un sens ou dans l'autre?
2. Que feriez-vous à la place de M. et Mme Derimay? Etes-vous plutôt d'accord avec M. Derimay ou sa femme?

▸ Expressions typiques pour...

Dire qu'on est content...

Je suis { content(e) / heureux(-euse) / enchanté(e) } qu'elle soit arrivée.

Ça me plairait de revoir ce film.
C'est parfait.
Formidable!

...ou mécontent

Je suis {
agacé(e) *(annoyed)*.
ennuyé(e) *(bored, annoyed, bothered)*.
fâché(e).
en colère.
}

Exprimer la déception *(disappointment)*

J'ai été très déçu(e) *(disappointed)* par le film.
Ça m'a beaucoup déçu.

Exprimer la crainte *(fear)* et l'inquiétude *(worry, anxiety)*

▸ In more formal speech, **craindre, avoir peur,** and other verbs of fear require the **"ne explétif"** to be used before the verb of the second clause, but the **ne** has no meaning.

J'ai très peur de prendre l'avion. / J'ai peur qu'elle ne vienne pas.
Je crains l'altitude.
Je crains qu'on ne soit en retard pour la réunion.
Je suis inquiet (inquiète) *(worried)*.
Ça m'inquiète un peu.

Exprimer le soulagement *(relief)*

Heureusement! *(Thank goodness!)*
On a eu de la chance!
Ouf! On a eu chaud! *(familiar—That was a narrow escape!)*

Exprimer la joie ou l'admiration

Je trouve ça magnifique!
C'est formidable/merveilleux/génial *(fantastic)*/super!
Qu'est-ce que c'est beau/bien/bon!
Qu'est-ce que vous avez de la chance! *(How lucky you are!)*

Manifester de la réticence *(hesitation)* ou du dégoût *(disgust)*

Je n'ai aucune envie de faire cela.
Ça ne me dit rien.
Ça m'embête *(bothers)*.

Je trouve ça dégoûtant/détestable.
Ça me barbe *(familiar—bores)*.
L'histoire du film est débile *(stupid)*.

Protester/Exprimer l'irritation

C'est insupportable/inacceptable/
révoltant!
Ça m'énerve!
J'en ai assez *(have had enough)* de
ces histoires.

J'en ai marre *(am fed up)* de vivre
comme ça.
Ah, zut alors!
Cela m'agace! *(It's getting on my
nerves!)*

Dire des insultes

ATTENTION: Utilisez ces expressions quand vous êtes très fâché(e). Elles sont très insultantes. N'en abusez pas.

(en s'adressant à une personne)
Espèce d'idiot/de crétin!
Sale type!

(en parlant d'une personne)

C'est un(e) { imbécile!
débile mental *(mental
idiot)!*
idiot(e)!

• •

▶ Mots et expressions utiles

Les émotions

agacer *to annoy*
barber *to bore*
la crainte *fear*
la déception *disappointment*
déçu(e) *disappointed*
le dégoût *disgust, distaste*
embêter *to bother*
en avoir assez *(familiar) to have
had enough*
en avoir marre *to be fed up*
ennuyé(e) *bored, annoyed, bothered*
ennuyeux (ennuyeuse) *boring,
tedious, annoying, irritating*

génial(e) *fantastic*
heureusement *thank goodness*
inquiet (inquiète) *worried,
anxious*
s'inquiéter *to worry*
l'inquiétude f *worry, anxiety*
insupportable *unbearable,
intolerable*
On a eu chaud! *That was a
narrow escape!*
le soulagement *relief*
supporter *to put up with*

The following additional vocabulary of emotions may be useful: **le bonheur** *happiness;* **le choc** *shock;* **l'ennui** m *boredom;* **la gêne** *embarrassment;* **la surprise** *surprise;* **la tristesse** *sadness*

Mise en pratique

—As-tu vu le nouveau film de Jean-Luc Godard? Il est **génial!**
—Ah, bon? J'ai été très **déçu** par son dernier film, donc, je n'avais pas l'intention d'aller voir celui-ci. Sa passion pour les histoires compliquées m'**agace.** Autant j'adorais ses films dans les années soixante, autant je les trouve **insupportables** et **ennuyeux** maintenant.

La radio

un animateur/une animatrice   *radio*
  or TV announcer
un auditeur/une auditrice   *member*
  of (listening) audience
une station   *(TV, radio) station*

La presse

un abonnement   *subscription*
  être abonné(e) à   *to subscribe to*
une annonce   *announcement,*
  notification
    les petites annonces   *classified*
      advertisements
annuler   *to cancel*
un bi-mensuel   *bimonthly*
  publication
un hebdomadaire   *weekly*
  publication

un journal   *newspaper*
un lecteur/une lectrice   *reader*
un magazine   *magazine*
un mensuel   *monthly publication*
les nouvelles f pl   *printed news;*
  news in general
un numéro   *issue*
une publicité   *advertisement*
un quotidien   *daily publication*
un reportage   *newspaper report;*
  live news or sports commentary
une revue   *magazine (of*
  sophisticated, glossy nature)
une rubrique   *heading, item;*
  column
le tirage   *circulation*

Mise en pratique

Ça fait longtemps que je **suis abonnée à** cet **hebdomadaire,** mais je trouve qu'il contient trop de **publicité** ces jours-ci. Où sont les bons articles, les **reportages** sur les événements internationaux, les analyses sur telle ou telle personne en une, les **rubriques** spécialisées? Si la qualité ne s'améliore pas, je vais **annuler** mon **abonnement** et prendre un **bi-mensuel** comme *Lire,* c'est sûr.

Activités

A. Entraînez-vous: Contradictions. Vous n'êtes pas d'accord avec votre ami(e) et vous le (la) contredisez systématiquement.

> MODÈLE: —Je suis très heureux/heureuse d'aller chez elle demain.
>   —*Moi, ça m'embête. Je préfère rester à la maison.*

1. Je trouve ce tableau merveilleux.
2. Je suis content(e) d'avoir choisi ce film.
3. Qu'est-ce qu'elle est belle, cette voiture!
4. Je trouve cette publicité révoltante.
5. J'en ai marre de cette pluie.
6. J'adore écouter ses histoires.

B. Les médias. Vous écoutez une émission de Radio-Québec sur les ondes moyennes (AM), mais vous n'entendez pas bien à cause de l'électricité statique. Complétez le passage en choisissant parmi les deux mots proposés.

> Bonsoir. Ici Jacques Baumier. Voici un résumé des dernières _____ (nouvelles / petites annonces). Aujourd'hui à Ottawa, selon le _____ (journal / tirage) *le Devoir,* une réunion très importante a eu lieu entre le Président des Etats-Unis et le Premier Ministre canadien. La _____

Expansion: To work with the media vocabulary, ask personalized questions such as: **Pendant combien d'heures par semaine est-ce que vous écoutez la radio? Pendant combien d'heures par semaine est-ce que vous lisez le journal? La radio, la télévision, le journal: lequel de ces moyens d'information est-ce que vous préférez et pourquoi? Quels magazines ou revues est-ce que vous préférez, et pourquoi?**

On a eu chaud!

Quelle barbe! *(How dull!)*

T'es toqué, non?! *(You're nuts!)*

J'en ai marre!

Extra!

Mon œil! *(You can't fool me!)*

(chaîne / station) de télévision TV 5 transmettra une émission spéciale ce soir. *L'Actualité,* l(e) _____ (auditeur / magazine) québécois le plus lu, interviewera le Président américain et publiera un _____ (reportage / tirage) sur son séjour à Ottawa. Ce _____ (numéro / programme) spécial comptera aussi des analyses ponctuelles pour permettre aux _____ (auditeurs / lecteurs) de mieux comprendre les nouveaux accords économiques. Bonsoir, mesdames et messieurs.

C. Exprimez-vous. Expliquez à un(e) camarade de classe ce que vous dites dans les situations suivantes.

1. Vous venez de payer $120 pour un repas qui n'était pas très bon.
2. Vous venez de recevoir une contravention. L'agent de police est parti. Vous êtes fâché(e).
3. Votre frère/sœur vient d'arriver. Vous ne vous êtes pas vu(e)s depuis un an.
4. Vous venez de recevoir vos notes. Elles sont très bonnes. Vous vous attendiez *(expected)* à de mauvaises notes.
5. Une personne vient d'accrocher *(run into)* votre voiture. Vous étiez garé(e) sur un parking.
6. Votre ami vient de vous offrir un très joli cadeau.
7. Vous venez de lire un reportage sur un meurtre commis dans votre quartier.

«Selon les analystes de la communication, 30% seulement des messages oraux passent par les mots et l'intonation. Les gestes en disent souvent plus long que les paroles...» Donnez des exemples de gestes typiquement américains.

Gérard Mermet,
Francoscopie 1997
(Larousse, p. 64)

Expansion of drawings: Give other gestures such as **On se taille? (On s'en va?)** / **J'ai une idée! / L'addition, s'il vous plaît. / Vous dansez? / Vous avez le téléphone?** See if students can guess their meanings. If students are from other countries, suggest that they give gestures from their cultures.

D.   Questions indiscrètes? Posez les questions suivantes à un(e) ami(e). Donnez un résumé de ses réponses à la classe.

1.   A quelles occasions est-ce que tu es content(e)?
2.   Dans quelles circonstances est-ce que tu es mécontent(e)?
3.   De quoi est-ce que tu as souvent peur?
4.   Raconte un événement où tu as exprimé ton soulagement.
5.   Pour qui est-ce que tu éprouves de l'admiration?
6.   Qu'est-ce qui te dégoûte?
7.   Décris une situation où tu as protesté.

▶ La grammaire à apprendre

Le subjonctif: l'émotion, l'opinion et le doute

Preview: For the subjunctive, use the mnemonic device of WEDDING: **W**ishes; **E**motion; expressions of **D**oubt and uncertainty; **D**esire; **I**mpersonal expressions; **N**egative expressions with **croire, penser,** and **espérer; G**iving opinions.

A. The subjunctive mood is frequently used after expressions of emotion. As with verbs of volition, the subjects of the main and dependent clauses must be different. For example:

> **être heureux(-euse) / content(e) / triste / désolé(e) / fâché(e) / furieux(-euse) / étonné(e) / surpris(e) / ravi(e) / déçu(e) que**
> **regretter que**
> **avoir peur que / craindre que**
>
> Je **suis déçue** que nous ne puissions pas regarder la télévision. Le poste est en panne *(broken)*.
> Je **regrette** que nous n'ayons pas de deuxième poste.
> La famille **est heureuse** que ce ne **soit** pas un week-end, parce que nous regardons beaucoup plus la télé le week-end.
> Nos parents **ont peur** que les réparations ne soient chères.

B. Some impersonal expressions indicate points of view or opinions that are uncertain, hypothetical, or emotional. These begin with the impersonal **il** or, in less formal language, **ce.** For example:

> **il vaut mieux que**
> **il est bon / triste / étonnant / utile / curieux / bizarre / étrange / honteux / surprenant / important / naturel / regrettable / rare / normal que**
> **c'est dommage / ce n'est pas la peine que**
>
> **Il est important** que nous voyions ce match.
> Mais, **il vaut mieux** que nous attendions le week-end pour aller au cinéma.

C. To express doubt, uncertainty, or possibility, the following verbs and impersonal expressions may be used:

> **douter que**
> **ne pas être sûr(e) / certain(e) que**
> **il est douteux / impossible / peu probable que**

il se peut que
il est possible que
il semble que

Il se peut que ce cinéma **soit** plein.
Nous doutons que Marc **vienne** au ciné-club avec nous.

NOTE: When the expressions **être sûr(e) que** and **être certain(e) que** are used in the affirmative, they take the indicative mood. The expressions **il me semble que** and **il est probable que** also take the indicative.

Il est probable qu'ils viendront.
Il me semble qu'il a dit qu'ils allaient venir.
Moi, **je suis sûre** qu'ils arriveront bientôt.

After verbs of thinking, believing, and hoping (**penser, croire,** and **espérer**) in the negative or interrogative, the subjunctive is used to indicate uncertainty on the part of the speaker.

Pensez-vous que la télé **soit** une drogue?
Oui, je pense que la télévision est une drogue douce.

Crois-tu que nous **ayons** le temps de regarder la télé ce soir?
Non, je ne pense pas que vous **ayez** le temps ce soir. Il faut faire vos devoirs.

L'infinitif pour éviter le subjonctif

An infinitive is used instead of the subjunctive when the subject of the dependent clause is the same as that of the main clause or if the subject is not specified.

• With verbs of volition:

Moi, je veux **partir** bien en avance.
I want to leave well in advance.

Mon mari préfère ne pas **partir** trop tôt.
My husband prefers not to leave too early.

▶ In the present infinitive form, the **ne pas** precedes the infinitive.

BUT:

A vrai dire, je préfère qu'il **parte** en avance avec moi.
Really, I prefer that he leave early with me.

• With impersonal expressions or with **être** + adjective + **de:**

Il est bon de se **détendre** le mercredi après-midi, n'est-ce pas?
It is good to relax on Wednesday afternoons, isn't it?

Je suis content de ne pas **avoir** grand-chose à faire.
I am happy to not have much to do.

Liens culturels

Les gestes

Les gestes sont un moyen d'expression révélateur. Ils peuvent témoigner de la personnalité ou de la provenance d'un individu. Par exemple, dans le Sud de la France, «on bouge davantage» que dans le Nord. Selon le sociologue américain, Laurence Wylie, qui a analysé les gestes français et américains, on peut remarquer un degré de tension musculaire plus élevé parmi les Français que parmi les Américains. Les Français ont tendance à avoir une torse plus droit et plus rigide et des épaules (shoulders) hautes et carrées (square). Ils se servent de leurs épaules de façon «particulièrement expressive».

«On peut distinguer un Américain d'un Français de loin. Le premier a tendance à balancer (swing) les épaules et le bassin (pelvis), et à faire des moulinets avec les bras (whirl the arms around). Le second s'efforce d'occuper un espace plus restreint: pas de balancement sur le côté; la jambe est projetée très loin en avant et il tend (tenses) le genou (knee). Le pied tombe sur le talon (heel), le torse demeure rigide et ce sont les avant-bras et la tête qui amorcent (begins) le mouvement.»

Adapté de Gérard Mermet, *Francoscopie 1995,* (Larousse, pp. 80–81) et de *Francoscopie 1997* (Larousse, p. 64).

Activités

A. Doutes et certitudes. Nous avons souvent des doutes sur notre avenir. Un étudiant nouvellement arrivé à l'Université de Dijon réfléchit à haute voix. Complétez ses pensées en mettant des verbes suivants au **subjonctif**, à l'**indicatif** ou à l'**infinitif** selon le cas:

devoir / donner / pouvoir / obtenir / réussir à / trouver / être / aller

Je doute que les professeurs me _____ de bonnes notes. Je ne suis pas sûr de _____ l'université. Il se peut que je ne _____ pas mon diplôme. Il est possible que mes parents _____ fâchés contre moi.

Je suis sûr, cependant, que je _____ beaucoup travailler. Il est probable qu'on me _____ souvent dans la salle d'études du Foyer des Etudiants. Il me semble qu'on _____ reconnaître mes efforts.

B. C'est le matin. Mal réveillée, Chloé reprend ce que dit Pierre-Etienne d'une façon un peu différente. Répondez comme elle aux déclarations suivantes de Pierre-Etienne.

MODÈLE: —Je suis content qu'on soit tranquille le matin.
—*Tu es content d'être tranquille le matin?*

1. Il est bon qu'on lise le journal le matin.
2. Je préfère qu'on ne regarde pas la télévision le matin.
3. J'aimerais mieux qu'on écoute la radio.
4. Il vaut mieux qu'on ne se parle pas le matin.
5. Il est important que je prenne une douche le matin.
6. Il n'est pas normal que je fasse des exercices le matin.

Activity B: Follow-up: Ask students to imagine a morning when they got up on the wrong side of bed (**se lever du pied gauche**). What kind of things might they say?

C. Vos opinions? Avec un(e) camarade de classe, exprimez vos opinions en choisissant une des phrases suivantes et en la complétant. Racontez ensuite à la classe l'opinion la plus intéressante, la plus amusante ou la plus originale que vous avez entendue.

MODÈLE: *Il est curieux que la plupart des Américains ne parlent qu'une langue.*

Il est important ⎫   ⎧ les étudiants...
Il est triste   ⎮   ⎮ les professeurs...
Il est curieux   ⎮   ⎮ les enfants...
Il est étrange   ⎬ que   ⎨ les parents...
Il est normal   ⎮   ⎮ les Français...
Il est bon   ⎮   ⎮ les Américains...
Il est regrettable ⎮   ⎮ le Président américain...
Il vaut mieux   ⎭   ⎩ ???

D. Vos opinions sur les médias. Le professeur va vous poser quelques questions. Discutez de vos attitudes respectives.

1. Pensez-vous que les enfants doivent regarder la télévision? Expliquez.
2. Souhaitez-vous que la publicité disparaisse de la télévision? Est-il possible que la publicité disparaisse de la télévision? Justifiez votre point de vue.
3. Pensez-vous que les feuilletons télévisés donnent une vue réaliste de la vie? Expliquez.
4. Etes-vous sûr(e) que les informations des journaux ou des magazines soient objectives? Justifiez votre réponse.
5. Croyez-vous que la radio soit un moyen d'expression plus efficace que la télévision? Expliquez.

E. Chère Micheline... Lisez cette lettre adressée à «Chère Micheline» (la rubrique «Courrier du cœur» d'un journal français) et inventez des conseils à donner en vous servant des expressions ci-dessous. Attention: pensez à mettre les verbes au **subjonctif**, à l'**indicatif** ou à l'**infinitif** selon le cas.

Chère Micheline,
   Mon mari Charles ne veut jamais sortir! Depuis que nous sommes abonnés à Canal Plus, il préfère s'installer devant le petit écran tous les soirs. Il regarde n'importe quoi, même les émissions les plus débiles. A part cela, c'est un assez bon mari. Il gagne bien sa vie et c'est un bon père—bien qu'il ne parle plus beaucoup à nos enfants.
   Nous sommes encore jeunes, et j'aimerais beaucoup pouvoir sortir avec nos amis. Je veux aussi que mes enfants sachent que leur papa les aime. Que suggérez-vous que je fasse?

Emma

Chère Emma,
   Voilà ce que je pense de votre situation:
   Il est important que vous... Je ne pense pas que votre mari... Il est probable que... Il est étonnant que vous... N'oubliez pas qu'il est important de... J'espère que vous...

Activity D: Follow-up: Choose question 1 or 2 as a debate topic. Assign the pro and con sides to groups, and have each group brainstorm and then agree on a presentation. After each side presents its case, have them respond to each other.

▶ Interactions

A.   Maintenant, à vous! Describe one of the following problems to a classmate who will play the role of Micheline. Micheline will share her wisdom with you by giving you suggestions for possible action.

1.   Your girlfriend/boyfriend likes to go out on the weekends. She/He flirts with your friends and says that she/he is going to her/his parents' each weekend, but refuses to give you their telephone number. Express your anxiety and irritation, and ask what you should do.
2.   Your roommate never does the chores, leaves clothes everywhere (**partout**), never does the dishes, and watches TV while you're doing homework or when you invite a friend to your apartment. Express your irritation and anger, and ask what you should do.

B.   La personnalité. With a classmate, tell a story about each of the four people on page 191. Imagine what is happening, what they are saying, and what they are thinking about. Let your imagination run free.

Activity B: Expansion: Ask students to bring in pictures of friends or family. Using expressions that take the subjunctive mood, students will make conjectures about these individuals. The student who brought in the pictures will react to those conjectures. Go over some expressions they might use to react: **C'est vrai. Elle est tout à fait comme ça. / Ce n'est pas vrai. Elle n'est pas du tout comme ça.**

PHRASES: Expressing an opinion
GRAMMAR: Subjunctive

 ▶ **Premier brouillon**

1.   Using the subject that you developed in Lesson 1, begin writing your first draft. Your introduction will be very important. You may need to rewrite it several times. To begin, use a question or an interesting sentence to attract your reader's attention.
2.   Give your point of view on the topic and address several of the opposing arguments.

▶**Leçon 3**

Comment persuader et donner des ordres

▭ INSTRUCTOR'S TAPE

▶**Conversation**

Premières impressions

Soulignez:

• des expressions pour persuader et donner des ordres

Trouvez:

• pourquoi le match de foot Brésil-Irlande est tellement important

Ask students to discuss which programs cause debate in their homes or campus residences.

Talk in French about the role of soccer in the United States: **Dans quelles régions le football est-il important? Selon vous, quand les Etats-Unis auront-ils une équipe dans les quarts de finale de la Coupe du Monde?**

Julie, son frère Adrien et Hubert, leur cousin, sont en plein milieu d'une discussion où il s'agit de décider de l'émission qu'ils vont regarder à la télévision.

JULIE: Il y a une bonne série américaine ce soir: «Sliders: Les mondes parallèles». Ça ne vous tente pas?

ADRIEN: Ah, non, écoute, je vois que sur France 2 il y a le match de foot Brésil-Irlande...

JULIE: Oh, non! Pas du foot!

HUBERT: Passe-moi le programme, s'il te plaît.

ADRIEN: *(à sa sœur)* Ça ne te dit rien de regarder le match de foot? Ce sont les quarts de finale de la Coupe du Monde ce soir.[3]

JULIE: Tu sais bien que je ne comprends pas grand-chose au foot! Alors, regarder trois heures de match à la télé, ça ne me dit vraiment rien!

je t'en prie *will you please*

ADRIEN: Oui... , mais tu ne comprends pas: c'est le Brésil qui joue contre l'Irlande ce soir. Allez, sois sympa, je t'en prie,° et regarde le match avec nous, quoi. Hubert et moi, nous t'expliquerons. «Sliders» est une rediffusion.

JULIE: Mais je ne l'ai pas encore vu, moi! Et puis, la science-fiction, ça me plaît.

un compromis *compromise*

HUBERT: Bon, eh bien, je vous propose un compromis.° Que diriez-vous d'une partie de «Scrabble»?

ADRIEN: Tiens, pourquoi pas? Ça fait longtemps qu'on n'y a pas joué. Et on pourra mettre le match en sourdine,° juste pour voir le score de temps en temps.

mettre en sourdine *to turn on mute*

renoncer *to give up*
le placard *cupboard*

JULIE: Tu ne renonces° jamais, Adrien, hein? Eh bien, puisque tu nous imposes ton choix, c'est toi qui vas chercher le jeu dans le placard° de ma chambre.

---

[3] Tous les quatre ans (1986, 1990, 1994, 1998, etc.) la Coupe du Monde permet aux meilleures équipes nationales de football de se disputer le titre de Champion du Monde. Le football, introduit en France en 1890, est devenu le sport le plus populaire. La Fédération Française de Football, qui compte 22 608 clubs, organise chaque année les Championnats de France et la Coupe de France. En 1998, la Coupe du Monde a lieu en France.

Observation et analyse

1. Qu'est-ce que Julie veut voir à la télé? Quels arguments est-ce qu'elle utilise pour convaincre les autres?
2. Que veut voir Adrien? Pourquoi?
3. Est-ce qu'on aboutit à *(reach)* un compromis à la fin? Quelle sorte de compromis?
4. Pensez-vous que Julie et son frère aient souvent ce genre de petite discussion? Justifiez votre point de vue.

Réactions

1. Quelle émission auriez-vous choisie et pourquoi? (J'aurais choisi...)
2. Autrefois, est-ce que vous aviez souvent des discussions avec votre famille au sujet de l'émission que vous vouliez regarder à la télé? Qui avait gain de cause *(won the argument)*?

▶ Expressions typiques pour...

Persuader

Si tu me laisses/vous me laissez tranquille, je te/vous promets qu'on sortira dans dix minutes.
Cela ne te/vous dit rien de regarder le match?
Ferme/Fermez la porte pour me faire plaisir.
Efforce-toi *(Try hard)* de te calmer./Efforcez-vous de vous calmer.
Sois sympa, je t'en prie./Soyez sympa, je vous en prie.
Qu'est-ce qu'il faut dire pour te/vous persuader de venir avec nous au cinéma?
Que dirais-tu d'une pizza?/Que diriez-vous d'un apéritif? Ça ne te/vous tente pas?
Je serais content(e)/heureux(-euse) si tu venais/vous veniez avec nous.
Je t'encourage à le faire./Je vous encourage à venir.

Donner des ordres⁴

Couche-toi!/Couchez-vous! Il est tard!
Tu vas te coucher tout de suite!
Je te/vous demande d'éteindre la télé.
Je te/vous défends/interdis *(forbid)* de regarder cette émission.

Je te/vous prie de me laisser seul(e).
Ne parle pas la bouche pleine!
Veux-tu monter dans ta chambre tout de suite!

Exprimer la nécessité ou l'obligation

Il est indispensable que tu étudies/vous étudiiez. *(subjonctif)*
Il est obligatoire que tu fasses tes devoirs/vous fassiez vos devoirs. *(subjonctif)*
Il faut absolument que tu me laisses tranquille/vous me laissiez tranquille. *(subjonctif)*
Tu dois/Vous devez dormir.
Tu as/Vous avez besoin de cela pour mieux travailler.
Tu as intérêt à *(You'd better)* écouter ta mère!

---

⁴ Note that these orders refer to talking to a child or children. Persuasion techniques would be used to talk to another adult.

▶Mots et expressions utiles

La persuasion

aboutir à un compromis *to come to or reach a compromise*
avoir des remords *to have (feel) remorse*
avoir gain de cause *to win the argument*
changer d'avis *to change one's mind*
convaincre (quelqu'un de faire quelque chose) *to persuade (someone to do something)*
se décider (à faire quelque chose) *to make up one's mind (to do something)*
défendre (à quelqu'un de faire quelque chose) *to forbid (someone to do something); to defend*
une dispute *an argument*

s'efforcer de *to try hard, try one's best*
l'esprit [m] ouvert *open mind*
indécis(e) (sur) *indecisive; undecided (about)*
interdire (à quelqu'un de faire quelque chose) *to forbid (someone to do something)*
je te/vous prie (de faire quelque chose) *will you please (do something)*
le point de vue *point of view*
prendre une décision *to make a decision*
renoncer *to give up*
têtu(e) *stubborn*

Mise en pratique

—Maman, je **t'en prie,** laisse-moi aller à Chicago pendant le week-end! Tous mes amis y vont, et je serai le seul à rester ici si tu ne me donnes pas la permission.
—Des lycéens qui vont à Chicago sans surveillance *(supervision)?* C'est impossible! J'ai généralement l'**esprit ouvert,** mais cette fois, je n'ai pas le choix. Tu es trop jeune. Je dois t'**interdire** d'y aller.
—Qu'est-ce que tu veux que je te promette pour te faire **changer d'avis?**
—Désolée, je n'ai pas le droit de me laisser **convaincre.** S'il t'arrivait quelque chose... j'en **aurais des remords** toute ma vie. Mais je te propose un **compromis.** On ira tous à Chicago pendant les grandes vacances.

Activités

A. Entraînez-vous: Le bon choix. Pour chacune des situations suivantes, choisissez l'expression que vous préférez ou inventez-en une autre.

1. Votre fille de quatre ans veut regarder un film d'épouvante à la télévision. Vous dites:
   a. Si tu regardes cette émission, je t'envoie au lit.
   b. J'aimerais que tu regardes ce film avec moi.
   c. ?

Les Français sous influence

«Estimez-vous que la télévision influence le comportement des téléspectateurs?» (en%):

	Beaucoup ou assez	Peu ou pas du tout
• Les achats des gens	84	16
• Leurs modes de vie	82	17
• Leur vote aux élections	69	31
• Leur langage	64	35
• Leurs sorties (cinéma, concerts...)	64	35
• Leur mode de pensée	64	36
• Leurs jugements sur les autres	61	38
• Leurs choix vestimentaires	60	39
• Leurs lectures	46	53

Le Pèlerin/Sofres, novembre 1993

Est-ce que la télévision influence votre comportement? Le comportement des Américains? Si oui, expliquez comment elle influence notre comportement.

2. Votre femme/mari ne veut pas vous acheter de cadeau d'anniversaire. Elle/Il ne veut pas dépenser trop d'argent. Vous dites:
   a. Je t'assure que je ne te parlerai plus jamais de la vie si tu ne m'achètes rien.
   b. Sois gentil(le) et achète-moi un petit quelque chose.
   c. ?

3. Vous avez froid. Votre camarade de chambre préfère les appartements froids. Vous dites:
   a. Si tu montes *(raise)* la température, je te prépare du thé glacé *(iced tea)*.
   b. Il faut qu'on monte la température. Sinon, je vais attraper un rhume.
   c. ?

4. Vous voulez sortir pour célébrer le Nouvel An. Votre fiancé(e) veut rester à la maison. Vous dites:
   a. Qu'est-ce qu'il faut faire pour te persuader de sortir? Je te promets un bon dîner demain...
   b. Tu vas sortir avec moi.
   c. ?

5. Vous voulez acheter une nouvelle voiture. Votre mère n'offre pas de vous prêter de l'argent. Vous dites:
   a. Tu me prêteras de l'argent, n'est-ce pas?
   b. Si tu ne me prêtes pas d'argent, je me roule par terre.
   c. ?

6. Vous avez choisi la voiture que vous voulez. Elle est trop chère. Vous dites au vendeur:
   a. Il faut que vous baissiez le prix de $1,000.
   b. Si vous baissez le prix de $1,000, je l'achète tout de suite!
   c. ?

B. L'indécision. Pauvre Anne! Elle est toujours indécise. Utilisez les expressions et les mots suivants pour compléter ses pensées. Faites tous les changements nécessaires.

> l'esprit ouvert / changer d'avis / indécis / prendre une décision / s'efforcer de

Oh! je n'arrive pas à me décider. Je suis tellement _____. Mon problème, c'est que j'ai _____ ; alors, pour moi, il est très difficile de _____ parce que je peux toujours comprendre les deux points de vue. On _____ me convaincre de quelque chose. Les rares occasions où je prends position *(take a stand),* je finis par *(end up)* _____ après du temps. Qu'est-ce que je dois faire?

C. Imaginez. Pour chacune des expressions suivantes, recréez un contexte approprié **(où, quand, avec qui,** etc.). Jouez ensuite la scène.

MODÈLE: Essaie de te calmer.
Situation imaginée: Mon ami(e) et moi sommes coincés (stuck) *dans un ascenseur qui s'est arrêté entre deux étages. Pendant que nous attendons que quelqu'un nous aide, mon ami(e) a une crise de nerfs. Par conséquent, je lui dis: Essaie de te calmer. Si tu te calmes, tu t'en sortiras mieux. Ne t'inquiète pas, etc.*

1. Donnez-moi votre portefeuille.
2. Efforcez-vous de paraître contents.
3. Souris un peu, juste pour me faire plaisir.
4. Il est essentiel que tu coures aussi vite que possible.
5. Sois gentil(le), ne me laisse pas seul(e). J'ai très peur.

▶ La grammaire à apprendre

Le subjonctif: la nécessité et l'obligation

These expressions are followed by the subjunctive and will be helpful when you are requesting or persuading someone to do something.

demander que
insister pour que
empêcher que
il faut (absolument) que

il est nécessaire que
il est essentiel que
il suffit que

Il est nécessaire que nous choisissions les meilleures émissions de télévision.
It is necessary that we choose the best television programs.

J'insiste pour que nous regardions des émissions sérieuses.
I insist that we watch serious programs.

Certain expressions of obligation (**il est nécessaire que, il faut que, il est essentiel que**) can be replaced by **devoir** + infinitive. The meaning conveys less of a sense of obligation, however.

> Il est nécessaire qu'on y aille avec lui.
> On **doit** y **aller** avec lui.
> *It is necessary to go there with him.*

> Il faut que nous écrivions à sa sœur.
> Nous **devons écrire** à sa sœur.
> *We must write to his sister.*

Le passé du subjonctif

The past subjunctive is a compound tense used to refer to actions or conditions that took place at any time prior to the time indicated by the main verb. It is formed from the present subjunctive of the auxiliary verbs **avoir** or **être** plus the past participle. You will choose the same auxiliary verb as you would for the **passé composé**.

regarder

que j'**aie regardé**	que nous **ayons regardé**
que tu **aies regardé**	que vous **ayez regardé**
qu'il	qu'ils
qu'elle } **ait regardé**	qu'elles } **aient regardé**
qu'on	

partir

que je **sois parti(e)**	que nous **soyons parti(e)s**
que tu **sois parti(e)**	que vous **soyez parti(e)(s)**
qu'il **soit parti**	qu'ils **soient partis**
qu'elle **soit partie**	qu'elles **soient parties**
qu'on **soit parti(e)(s)**	

se réveiller

que je **me sois réveillé(e)**	que nous **nous soyons réveillé(e)s**
que tu **te sois réveillé(e)**	que vous **vous soyez réveillé(e)(s)**
qu'il **se soit réveillé**	qu'ils **se soient réveillés**
qu'elle **se soit réveillée**	qu'elles **se soient réveillées**
qu'on **se soit réveillé(e)(s)**	

> Il a demandé que je **parte** de très bonne heure.
> *He asked that I leave very early.*

> Il est content que je **sois partie** très tôt.
> *He is happy that I left very early.*

> Il sera content que je **revienne** tôt aussi.
> *He will be happy that I come back early too!*[5]

---

[5] NOTE: There is no *future* subjunctive form. The *present* subjunctive is used to express future actions.

Liens culturels: Bring in as many as possible of the French magazines and newspapers mentioned here. Ask students to work in small groups and to look over the news, advertisements, etc. Each group should then prepare a brief presentation on the magazine or newspaper they have been given. (It would be helpful to prepare a handout for them, giving a format for this presentation.) Ask students to determine the political ideology of the publication and what its average reader might be like. As a special project, ask students to design and write their own short magazines.

Liens culturels

La presse: les journaux

En matière d'information, la presse est considérée comme le média le plus crédible par les Français. Pourtant *(However),* entre 1980 et 1990, les quotidiens ont enregistré une baisse de leurs ventes. Maintenant le nombre de lecteurs s'est stabilisé. Aujourd'hui 53,4% des Français lisent régulièrement un quotidien.

En 1993, les journaux quotidiens nationaux les plus importants par leur tirage étaient: *l'Equipe* (un quotidien sportif—1,9 million de lecteurs), *le Parisien* (un journal qui exploite le sensationnel—1,8 million de lecteurs dans la région parisienne et l'Oise), *le Monde* (un journal sérieux avec 1,8 million de lecteurs), *le Figaro* (1,2 million de lecteurs dans la région parisienne et l'Oise), *Libération* (un quotidien de gauche—887 000 lecteurs) et *France-Soir* (un quotidien de droite—680 000 lecteurs).

La presse: les magazines

Les magazines français se sont adaptés au monde actuel avec intelligence et imagination. Chaque année de nouveaux titres tentent de s'installer dans les «créneaux» *(niches)* ouverts par les centres d'intérêt des Français. Les sujets s'étendent de l'aventure à l'informatique en passant par le golf ou la planche à voile. La presse française compte aujourd'hui plus de 3 000 magazines, et 95,5 pour cent des Français lisent régulièrement un magazine. Il est intéressant de noter que la presse pour les jeunes et la presse sportive connaissent une forte progression *(are experiencing a large increase),* et que le secteur des loisirs est celui qui progresse le plus vite.

Comparez la presse préférée des Américains avec ce que vous avez appris sur la presse française.

Adapté de Gérard Mermet, *Francoscopie 1997* (Larousse, pp. 386–388).

Activités

A. Exigences. Une Anglaise va bientôt faire un voyage en France. Elle est très difficile. Elle veut que l'hôtel soit parfait. Voici ses conditions. Traduisez-les-lui en français.

I ask that the hotel be clean (**propre**). Furthermore (**de plus**), I insist that the employees smile (**sourire**). It is necessary that breakfast be on time and that the tea be hot. The croissants must be fresh. It is essential that the bed not be too soft (**mou**). I must sleep in silence. It is therefore necessary that the other guests (**clients**) be quiet.

B. Le cadeau d'anniversaire. Sébastien a acheté un cadeau à Manon, mais il y a un problème. Combinez les phrases en suivant le modèle et vous découvrirez de quel problème il s'agit.

MODÈLE: Manon est heureuse. Sébastien lui a offert un cadeau.
Manon est heureuse que Sébastien lui ait offert un cadeau.

1. Manon est toute contente. Sébastien lui a acheté une platine laser.
2. Sébastien ne regrette plus. La platine laser lui a coûté une fortune.
3. Il avait un peu peur. Manon n'aimera peut-être pas la platine.
4. Mais Manon est gênée. Sébastien ne lui a pas offert de disques compacts.
5. Elle n'est pas sûre. Il faut expliquer à Sébastien qu'elle n'a pas d'argent pour acheter un compact.
6. Sébastien est surpris. Manon a l'air de plus en plus gênée et le remercie sans enthousiasme.
7. Les parents de Manon sont désolés. Leur fille est une personne ingrate.
8. Quelques jours plus tard, ils sont aussi étonnés. Manon et Sébastien se sont brouillés *(quarreled)* chez eux.

Selon vous, quel est le problème?

C. Quel professeur! Un professeur parle avec ses étudiants. Un(e) étudiant(e) du fond de la salle répète moqueusement tout ce qu'il dit. Jouez le rôle de cet(te) étudiant(e) et répétez les déclarations suivantes.

> MODÈLE: —Il faut que vous alliez au laboratoire de langues tous les jours.
> —*Vous devez aller au laboratoire de langues tous les jours.*

1. Il est nécessaire que vous écriviez ces phrases pour demain.
2. Il faut que trois étudiants me remettent *(hand in)* leurs cahiers demain matin.
3. Il est essentiel que nous lisions ce paragraphe tout de suite.
4. Il faut que Georges et Marie écrivent leurs réponses au tableau.
5. Il est nécessaire que vous fassiez attention à ce que je dis.
6. Il faut que Monique vienne me voir après le cours.

Que pensez-vous de ce professeur? Voulez-vous suivre son cours? Expliquez.

D. Que dois-je faire? Donnez trois suggestions à un(e) camarade de classe qui vous demande des conseils.

Que dois-je faire...
1. pour bien dormir?
2. pour bien manger?
3. pour être heureux/heureuse?
4. pour être riche?
5. pour rester jeune?
6. pour vivre longtemps?

> Additional activity: Have students complete the following activity orally or on a handout.
>   Votre grand-père/grand-mère vous donne des conseils pour vivre une vie longue et heureuse. Complétez les phrase suivantes:
>   Il est bon de...
>   Il faut que...
>   J'insiste pour que...
>   Il est nécessaire que...
>   Il suffit que...
>   Il ne faut pas que...
> Vous êtes baby-sitter. Vous donnez des conseils à un enfant de cinq ans pour qu'il/elle soit sage:
>   Il faut que...
>   Je demande que...
>   J'insiste pour que...
>   J'empêche que...
>   Il est essentiel que...
>   Il est nécessaire que...
>   Il ne faut pas que...
>   Il est bon de...

▶Interactions

A. Une contravention. You return to your car and see a policeman **(un agent de police)** giving you a ticket for parking on the sidewalk **(une contravention pour stationnement sur le trottoir).** Explain that you were only parked for a few minutes because you had to take care of something very important **(quelque chose de très important).** Give some details. Persuade him/her not to give you the ticket.

B. Une publicité. With a classmate, prepare a short advertisement for a product and present it to a small group of students. Use your advertisement to persuade them to buy your product.

> Activity B: Follow-up: Ask one person from each group to present his or her advertisement to the entire class. Students will discuss which products they would buy and why.

Quels magazines français
connaissez-vous?

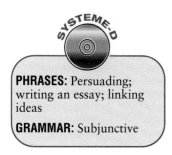

PHRASES: Persuading;
writing an essay; linking
ideas

GRAMMAR: Subjunctive

▶ Turn to **Appendice B** for a
complete list of active chapter
vocabulary.

▶ Deuxième brouillon

1. Look over the first draft that you wrote in Lesson 2. Find at least one
point in your argument where you can insert an example. If possible, use
two different examples. These will provide a concrete link to your discussion that will be primarily abstract.
2. Use some of the following expressions to link your example to your composition.
EXPRESSIONS UTILES: par exemple; Rappelons l'exemple de... ; Confirme... ;
Considérons l'exemple de...

Synthèse

 Activités vidéo

Avant la vidéo

1. Est-ce que vous lisez un journal quotidien? Quelles sont vos sources d'information sur les événements mondiaux? Quelle est la source la plus sûre,
selon vous?
2. Combien d'heures par jour est-ce que vous passez devant la télévision? Et
quand vous étiez petit(e)? Et vos parents?
3. Préférez-vous voir des films au cinéma ou à la télévision. Qu'est-ce qui
influence votre choix?

Après la vidéo

1. Est-ce que ça vous étonne que les adultes français regardent plus la télévision que les enfants? Qu'est-ce qui pourrait expliquer ce fait?
2. Pourquoi est-ce que les Parisiens ne vont pas plus souvent au cinéma? Quels sont les films qu'ils préfèrent voir sur le grand écran? Et à la télévision?
3. Les deux personnes avec qui nous avons parlé à la Guadeloupe recherchent une dimension culturelle dans le cinéma. Est-ce que vous pensez que le cinéma est un véhicule culturel efficace?

Activités orales

A. Je m'excuse… You are in a restaurant buying a nice lunch for a friend and his or her mother. When the check arrives, you realize that you do not have your wallet **(le portefeuille).** Role play your discussion with the headwaiter **(le maître d'hôtel).** Explain your feelings about this matter. Persuade him to let you leave and return later with the money.

B. La loterie. You receive a phone call telling you that you have just won the lottery **(gagner à la loterie).** Role play receiving the good news. Express your joy. Explain what you intend to do with the money. Persuade the person who called to celebrate with you.

Activité écrite

Un vol annulé. You were planning to fly from Paris to Strasbourg on business when you were informed that the flight had been cancelled. The ticket agent can arrange another flight, but it will arrive too late for the presentation of your product line to a local radio station. The train would also take too long. Write a letter insisting that you be reimbursed for your inconvenience and describe the business that you lost. Demand that they send you a check as soon as possible. Begin: **Monsieur/Madame.** End with: **Veuillez croire, Monsieur/Madame, à mes sentiments les plus distingués.**

 ▶ **Révision finale**

1. Focus on your conclusion. Make sure it recaptures your arguments. You can propose another solution or incite your reader to act in some way. Don't include any new ideas in your conclusion.
2. Bring your second draft to class. Ask two classmates to peer edit your paper. They should check your organization, making sure that the introduction and conclusion are clear. Ask your classmates to check your style to make sure that it is of a formal level without slang. Your classmates will use the symbols on page 415 to correct your grammar.
3. Examine your composition one last time. Check for correct spelling, grammar, and punctuation. Pay special attention to your use of the subjunctive mood.
4. Prepare your final version.

Activité écrite: Variation: As a prewriting activity, have students work together on this letter. They can prepare topic sentences for each of their paragraphs together. Possible main ideas include: *Premier paragraphe:* Le problème du vol annulé et ce qui s'est passé; *deuxième paragraphe:* vous voulez être remboursé(e); vous avez perdu de l'argent parce que vous avez manqué la présentation; *troisième paragraphe:* vous insistez sur le fait que vous voulez un chèque aussi vite que possible; *closing.*

Ask students to complete the letters individually before the next class, when they will spend fifteen to twenty minutes of class time on small-group editing of the letters.

PHRASES: Persuading; writing an essay; linking ideas; expressing an opinion
GRAMMAR: Subjunctive

http://bravo.heinle.com

INTERMÈDE CULTUREL

I. La Seconde Guerre mondiale et les émissions radiophoniques

Avant la lecture

- Que savez-vous de la Seconde Guerre mondiale?
- Connaissez-vous Charles de Gaulle?
- Quel rôle est-ce qu'il a joué pendant la Seconde Guerre mondiale?

Le général de Gaulle au micro de la BBC, le 18 juin 1940

collapse

Show a tape or film on the war, if possible. Supplement the reading with maps and background materials.

skirmishes

En 1939, une crise diplomatique éclate quand Hitler envahit la Pologne et puis marche vers l'U.R.S.S. Le 3 septembre, le Royaume-Uni et la France déclarent la guerre à l'Allemagne. Après avoir pris Varsovie (la capitale de la Pologne) le 28 septembre, les Allemands dirigent leurs forces armées contre la France, la Belgique et les Pays-Bas. L'hiver 1940 est relativement calme (il n'y a que des escarmouches°), mais en avril et mai 1940 le Danemark et la Norvège sont envahis par l'armée allemande. Le 10 et le 12 mai, Hitler prend les Pays-Bas et la Belgique.

Dès le 6 juin, les Allemands percent le front français et le 10 juin, le gouvernement français quitte Paris et s'établit à Tours, puis à Bordeaux. L'armée bat en retraite et huit millions de Français abandonnent leurs maisons et partent en exode vers le Sud.

Pour arrêter la débacle,° le général Weygand et le maréchal Pétain proposent une armistice avec les Allemands. Cependant, Reynaud et de Gaulle veulent établir le gouvernement français en Afrique du nord ou en Bretagne.

Les Français suivent, heure par heure, le drame. Tous sont à l'écoute des émissions radiophoniques qui vont jouer un rôle très important dans cette guerre. Le 17 juin à 12 h 30, le maréchal Pétain déclare à la radio:

> C'est le cœur serré que je vous dis aujourd'hui qu'il faut cesser le combat. Je me suis adressé cette nuit à l'adversaire pour lui demander s'il est prêt à rechercher avec nous, entre soldats, après la lutte et dans l'honneur, les moyens de mettre un terme aux hostilités...

De Londres, à la radio à 21 heures, Churchill répond:

> Ce soir, les nouvelles de France sont très mauvaises et mon cœur saigne° pour le courageux peuple de France qui est tombé dans le terrible malheur. Rien ne changera les sentiments que nous avons pour lui, ni notre certitude que le génie de la France se relèvera...

bleeds

Le 18 juin, le général de Gaulle, réfugié en Angleterre, s'adresse des micros de la BBC aux Français.

> Les chefs qui, depuis de nombreuses années, sont à la tête des armées françaises, ont formé un gouvernement.
>
> Ce gouvernement, alléguant la défaite de nos armées, s'est mis en rapport avec l'ennemi pour cesser le combat.
>
> Certes, nous avons été, nous sommes submergés par la force mécanique, terrestre et aérienne de l'ennemi.
>
> Mais le dernier mot est-il dit? L'espérance doit-elle disparaître? La défaite est-elle définitive? Non.
>
> Car la France n'est pas seule. Elle n'est pas seule. Elle n'est pas seule...
>
> Moi, général de Gaulle, actuellement à Londres, j'invite les officiers et les soldats français qui se trouvent en territoire britannique ou qui viendraient à s'y trouver, avec ou sans armes, j'invite les ingénieurs et les ouvriers spécialisés des industries d'armement qui se trouvent en territoire britannique, ou qui viendraient à s'y trouver, avec ou sans armes, à se mettre en rapport avec moi.

> Quoi qu'il arrive, la flamme de la résistance ne doit pas s'éteindre° et ne s'éteindra pas.

extinguish

> Demain, comme aujourd'hui, je parlerai à la radio de Londres.

L'armistice est appliquée dès le 25 juin. La France est coupée en deux zones: la Zone libre qui n'est pas occupée par les Allemands et la moitié Nord qui est occupée par les Allemands.

L'occupation des Allemands et la collaboration avec les Allemands ont des conséquences terribles: les dénonciations et les arrestations des juifs sont nombreuses; environ 670 000 des Français sont forcés à aller travailler en Allemagne; beaucoup de villes sont détruites; les vivres° et le charbon° sont rationnés; tout manque. Le «marché noir» devient une réalité.

supplies
coal

L'appel à la résistance du 18 juin par le général de Gaulle à Londres est le point de départ de la Résistance française. Une petite armée de Français libres (environ

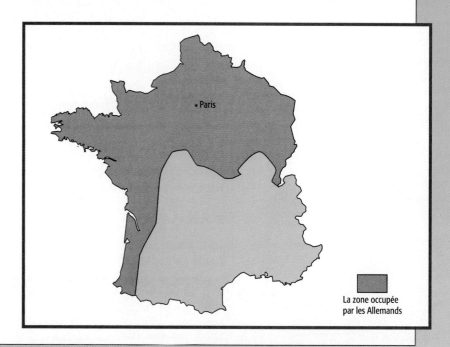

La zone occupée par les Allemands

70 000 hommes) se regroupe derrière de Gaulle en Angleterre. Il y a aussi une Résistance intérieure qui s'organise. Plusieurs réseaux sont établis parmi lesquels *Combat, Libération* et *Franc-Tireur.*

Pendant quatre années difficiles (1940–1944), de Gaulle garde contact avec les Français grace à ses émissions radiophoniques de la BBC. Deux mois et demi après le Débarquement des Alliés (les Américains, les Anglais, les Canadiens, les Russes) en Normandie (le 6 juin 1944), et après de nombreuses attaques lancées par la Résistance intérieure et extérieure contre les Allemands, Paris est libéré. Le général allemand von Choltitz refuse d'exécuter l'ordre d'Hitler de brûler Paris et se rend aux Alliés. Le 26 août, le général de Gaulle reçoit l'hommage des Parisiens sur les Champs-Elysées *(ci-dessous).*[6]

Après la lecture

Compréhension

Quelle était l'importance de la radio pendant la Seconde Guerre mondiale? Parlez de la Résistance pendant cette guerre.

Expansion

Selon une personne comme de Gaulle, quelles sont les qualités qui peuvent inciter un peuple à s'unir et à agir?

[6] REFERENCES: Thoraval, Jean, et al. *Les Grandes Etapes de la civilisation française.* Paris: Bordas, 1969, pp. 407–410.
Rivière, Daniel. *Histoire de la France.* Paris: Hachette, 1986, pp. 303–314.

II. *Topaze* par Marcel Pagnol

Avant la lecture

Sujets à discuter

1. Quels mots et quelles images vous viennent à l'esprit quand vous pensez au mot **moralité?** Pour vous, quels sont les mots et les images qui représentent l'opposé du mot **moralité?**

2. Selon vous, est-ce qu'on peut être heureux/heureuse en ayant acquis ses biens *(possessions)* par des moyens illégitimes? Expliquez.

*I*n Act I of Marcel Pagnol's play Topaze *(1928), Topaze, a school teacher, announces to his students that they will be having an exam in morality the following day. Someone in the class has brought a music box.*

Topaze

	TOPAZE:	[...] Je vous préviens tout de suite. La question que vous aurez à traiter demain, et qui décidera de votre rang, ne sera pas une question particulière et limitée comme le serait une
5		question sur la patrie, le civisme, les devoirs envers les parents ou les animaux. Non. Ce sera plutôt, si j'ose dire, une question fondamentale sur les notions de bien et de mal, ou sur le vice ou la vertu. Pour vous préparer à cette
10		épreuve,° nous allons nous pencher sur° les mœurs° des peuples civilisés, et nous allons voir ensemble quelles sont les nécessités vitales qui nous forcent d'obéir à la loi morale, même si notre esprit n'était pas naturellement porté à la
15		respecter. *(On entend chanter une musique. Topaze ne bronche pas.°)* Prenons des exemples dans la réalité quotidienne. Voyons. Élève Tronche-Bobine... Pour réussir dans la vie, c'est-à-dire pour y occuper une situation qui
20		corresponde à votre mérite, que faut-il faire?
	L'ÉLÈVE TRONCHE:	Il faut faire attention.
	TOPAZE:	Si vous voulez. Il faut faire attention à quoi?
	L'ÉLÈVE TRONCHE:	Aux courants d'air. *(Toute la classe rit.)*
25	TOPAZE:	Élève Tronche, ce que vous dites n'est pas entièrement absurde, puisque vous répétez un conseil que vous a donné madame votre mère, mais vous ne touchez pas au fond même de la question. Pour réussir dans la vie, il faut être... Il faut être? Laissez répondre celui que

Margin glosses:
- (line 10) épreuve: examen / examiner
- (line 11) mœurs: *customs*
- (line 16) Topaze ne bronche pas.: ne se fâche pas

Have students talk in small groups about the evolution or perceived evolution of values in politics.

destinée / insuccès

défie / sans être puni

tue / *fellow citizens*
wallet, billfold

lock / safe
prendre / *government bonds*
personne qui tient la caisse

dragged

reconstitués

ne pas suivre le
abyss

serviteurs
prêtent grande attention à

flatterers

autrefois

plague-stricken person

30		j'interroge. Élève Tronche, votre dernière note fut un zéro. Essayez de l'améliorer... Il faut être ho... ho...
	L'ÉLÈVE TRONCHE:	Horrible! *(éclat de rire général)*
	TOPAZE:	Zéro, asseyez-vous. Il faut être honnête. Et nous
35		allons vous en donner quelques exemples décisifs. D'abord toute entreprise malhonnête est vouée° par avance à un échec° certain. *(Musique. Topaze ne bronche pas.)* Chaque jour, nous voyons dans les journaux que l'on ne
40		brave° point impunément° les lois humaines. Tantôt, c'est le crime horrible d'un fou qui égorge° l'un de ses semblables,° pour s'approprier le contenu d'un portefeuille;° d'autres fois, c'est un homme alerte, qui, muni
45		d'une grande prudence et d'outils spéciaux, ouvre illégalement la serrure° d'un coffre-fort° pour y dérober° des titres de rente;° tantôt, enfin, c'est un caissier° qui a perdu l'argent de son patron en l'engageant à tort sur le résultat futur d'une course chevaline. Tous ces
50		malheureux sont aussitôt arrêtés, et traînés° par les gendarmes aux pieds de leurs juges. De là, ils seront emmenés dans une prison pour y être péniblement régénérés.° Ces exemples prouvent
55		que le mal reçoit une punition immédiate et que s'écarter du° droit chemin, c'est tomber dans un gouffre° sans fond. *(Musique.)* Supposons maintenant que par extraordinaire un malhonnête homme... ait réussi à s'enrichir.
60		Représentons-nous cet homme, jouissant d'un luxe mal gagné. Il est admirablement vêtu, il habite à lui seul plusieurs étages. Deux laquais° veillent sur° lui. Il a de plus une servante qui ne fait que la cuisine, et un domestique spécialiste
65		pour conduire son automobile. Cet homme a-t-il des amis?
	L'ÉLÈVE CORDIER:	Oui, il a des amis.
	TOPAZE:	Ah? vous croyez qu'il a des amis?
	L'ÉLÈVE CORDIER:	Oui, il a beaucoup d'amis.
70	TOPAZE:	Et pourquoi aurait-il des amis?
	L'ÉLÈVE CORDIER:	Pour monter dans son automobile.
	TOPAZE:	Non, monsieur Cordier... Des gens pareils... s'il en existait, ne seraient que de vils courtisans°... L'homme dont nous parlons n'a point d'amis.
75		Ceux qui l'ont connu jadis° savent que sa fortune n'est point légitime. On le fuit comme un pestiféré.° Alors, que fait-il?

L'ÉLÈVE DURANT-VICTOR:	Il déménage.°		change de logement
80　TOPAZE:	Peut-être. Mais qu'arrivera-t-il dans sa nouvelle résidence?		
L'ÉLÈVE DURANT-VICTOR:	Ça s'arrangera.		
TOPAZE:	Non, monsieur Durant-Victor, ça ne peut pas		
85	s'arranger, parce que, quoi qu'il fasse, où qu'il aille, il lui manquera toujours l'approbation° de sa cons... de sa cons...		jugement favorable
L'ÉLÈVE PITART-VERGNIOLLES:	De sa concierge. *(explosion de rires)*		
90　TOPAZE:	Monsieur Pitart-Vergniolles, j'aime à croire que cette réponse saugrenue° n'était point préméditée. Mais vous pourriez réfléchir avant de parler. Vous eussiez ainsi évité un zéro qui porte à votre moyenne un coup sensible.° Ce		idiote non négligeable
95	malhonnête homme n'aura jamais l'approbation de sa conscience. Alors, tourmenté jour et nuit, pâle, amaigri, exténué,° pour retrouver enfin la paix et la joie, il distribuera aux pauvres toute sa fortune parce qu'il aura compris que...		extrêmement fatigué
100　TOUTE LA CLASSE:	Bien mal acquis ne profite jamais...		
TOPAZE:	Bien. Et que...		
TOUTE LA CLASSE:	L'argent ne fait pas le bonheur...		
TOPAZE:	Parfait. Voyons maintenant le sort de l'honnête homme. Elève Séguédille, voulez-vous me dire		
105	quel est l'état d'esprit de l'honnête homme après une journée de travail?		
L'ÉLÈVE SÉGUÉDILLE:	Il est fatigué.		
TOPAZE:	Vous avez donc oublié ce que nous avons dit		
110	vingt fois dans cette classe. Le travail est-il fatigant?		
L'ÉLÈVE BERTIN:	Le travail ne fatigue personne. Ce qui fatigue, c'est l'oisiveté,° mère de tous les vices.		*idleness*
TOPAZE:	Parfait! Monsieur Bertin, je vous donne un dix.°		la meilleure note
115	Si cet honnête homme est caissier, même dans une grande banque, il rendra ses comptes avec une minutie scrupuleuse et son patron charmé l'augmentera tous les mois. *(La musique commence à vibrer frénétiquement.)* S'il est		
120	commerçant, il repoussera° les bénéfices exagérés ou illicites; il en sera récompensé par l'estime de tous ceux qui le connaissent et dont la confiance fera prospérer ses affaires. *(Topaze se rapproche peu à peu de l'élève Séguédille.)* Si		n'acceptera pas
125	une guerre éclate,° il ira s'engager dans l'armée		commence

Sortez

de son pays et s'il a la chance d'être gravement blessé, le gouvernement l'enrichira d'une décoration qui le désignera à l'admiration de ses concitoyens. Tous les enfants le salueront sans le connaître, et sur son passage, les vieillards diront entre eux: «Passez à la porte° immédiatement!»

130

L'ÉLÈVE
SÉGUÉDILLE: C'est pas moi... c'est pas moi... [...]

Extrait de Marcel Pagnol, *Topaze*

Après la lecture

Compréhension

A. Observation et analyse. Répondez aux questions suivantes.

1. Quel sera le sujet de l'examen?
2. Que faut-il faire pour réussir dans la vie selon Topaze?
3. Quel est, selon lui, le résultat de la malhonnêteté? Quels exemples est-ce qu'il donne? Même si l'homme malhonnête réussit, que lui arrivera-t-il?
4. Comment les personnes honnêtes sont-elles récompensées selon Topaze? Quels exemples utilise-t-il?
5. Le travail est-il fatigant selon Topaze? Expliquez.
6. Pourquoi le maître pose-t-il des questions?
7. Qui dans la classe a eu une mauvaise note pendant cette leçon? Qui a eu une bonne note?
8. Pensez-vous que les élèves auront de bonnes notes à l'examen de moralité?

B. Réactions. Donnez votre réaction.

1. Qu'est-ce que vous pensez de la leçon? du professeur? des élèves? Est-ce que vous comprenez pourquoi les élèves s'amusent comme cela?
2. Qu'est-ce que vous voudriez dire à Topaze?

Interactions

A. Les clichés. Parcourez le texte et cherchez tous les clichés naïfs sur la moralité, les récompenses qui l'accompagnent et les punitions qui en sanctionnent l'absence. Faites-en une liste. Ensuite, avec un(e) camarade de classe, jouez les rôles d'idéaliste et de cynique. L'idéaliste défendra les clichés. Le cynique réagira d'une façon cynique à ce que lui dit son (sa) partenaire.

B. Les valeurs. Le maître annonce qu'il va donner un examen sur la moralité. Les valeurs et la moralité sont en continuelle évolution. Y a-t-il dans l'évolution des mœurs et des valeurs dans la société actuelle quelque chose qui vous inquiète? Expliquez.

CHAPITRE 6

La grammaire à réviser:

Les pronoms objets directs et indirects • La position des pronoms objets

▶ Leçon 1

Préparation

Fonction: Comment engager, continuer et terminer une conversation

Culture: L'art de discuter

Langue: Les pronoms **y** et **en**

▶ Leçon 2

Premier brouillon

Fonction: Comment exprimer une opinion

Culture: Trois grands musées

Langue: La position des pronoms objets multiples • Les pronoms disjoints

▶ Leçon 3

Deuxième brouillon

Fonction: Comment exprimer la probabilité

Culture: La France et le racisme

Langue: Le verbe **devoir** • Les adjectifs et les pronoms indéfinis

Synthèse

Révision finale

 SYSTEME-D

 VIDEO   INTERNET

Intermède culturel

L'impressionnisme

Bonheur d'occasion (Gabrielle Roy)

Les actualités

Les arts

Thèmes

A mon avis...

La grammaire à réviser

The information presented here is intended to refresh your memory of various grammatical topics that you have probably encountered before. Review the material and then test your knowledge by completing the accompanying exercises in the workbook.

▶ Avant la première leçon

Les pronoms objets directs et indirects

A. Formes

Pronoms objets directs		Pronoms objets indirects	
me	nous	me	nous
te	vous	te	vous
le	les	lui	leur
la			

B. Fonctions

* *Direct* object pronouns replace nouns referring to persons or things that receive the action of the verb directly:

    Est-ce que tu as la clé?
    Do you have the key?

    Est-ce que tu l'as?
    Do you have it?

* Note that it is common in spoken French to represent an idea twice in the same sentence, once as a noun and once as a pronoun:

    La clé, tu l'as?
    Tu l'as, la clé?
    Do you have the key?

* When an adjective or an entire clause or phrase is replaced, the neuter pronoun **le** is used:

    Est-ce que tu penses que **tu as perdu la clé?**

    Non, je ne **le** pense pas.
    No, I don't think so.

* *Indirect* object pronouns replace nouns referring to persons (not things) that receive the action of the verb indirectly. In English *to* either precedes the noun or is implied:

    Alors, est-ce que tu as donné la clé à Anne?

    Oui! Je **lui** ai donné la clé!
    Yes! I gave the key to her. (I gave her the key.)

NOTE: Certain verbs, such as **écouter** *(to listen to)*, **regarder** *(to look at)*, **payer** *(to pay for)*, **chercher** *(to look for)*, and **attendre** *(to wait for)* take direct object pronouns in French, contrary to their English usage. On the other hand, certain verbs that take a direct object in English require an indirect object in French, such as **téléphoner à** *(to telephone)*, **demander à** *(to ask)*, **dire à** *(to tell)*, **plaire à** *(to please)*, and **offrir à** *(to offer)*.

▶ Avant la deuxième leçon

La position des pronoms objets

Affirmative:	La clé? Je l'ai.
Negative:	Je ne l'ai pas.
Interrogative:	L'as-tu, la clé?
Compound tense:	Je l'ai perdue.
	Non! La voilà. Je ne l'ai pas perdue.
Infinitive:	Je vais **la** donner à Anne.
	Oui, je vais **lui** donner la clé.
Imperative	
affirmative:	Anne! Attrape-**la!**
	Regarde-**moi!**
negative:	Ne **la** perds pas, s'il te plaît.
	Ne **me** demande pas une nouvelle clé.

NOTE: In an affirmative command, **me** changes to **moi** and **te** changes to **toi.** They are placed after the verb. Both pronouns retain their usual form and placement in negative commands.

Remember that past participles agree with preceding *direct* objects in gender and number. Past participles do not agree, however, with preceding *indirect* objects.

►**Leçon 1**

Comment engager, continuer et terminer une conversation

 INSTRUCTOR'S TAPE

Rappel: Have you reviewed direct and indirect object pronouns? (Text pp. 210–211 and Workbook)

►**Conversation**

Premières impressions

Soulignez:
- les expressions pour engager une conversation
- les expressions pour terminer une conversation

Trouvez
- qui arrive à la table d'Emilie et de Fabien. Trouvez ce qu'elle veut.

Emilie et Fabien, deux jeunes cadres, se trouvent dans une brasserie près de l'agence publicitaire où travaille Emilie. Ils viennent de déjeuner ensemble.

se faire licencier *to get laid off*

être au chômage *to be unemployed*

la peine de mort *death penalty*

tuer *to kill*

EMILIE: Dis donc, Fabien, qu'est-ce que tu m'as dit à propos de Paul... Qu'il s'était fait licencier?°

FABIEN: Non, pas encore, mais je crois que cela ne va pas tarder... il va être au chômage.°

Une volontaire d'Amnesty International[1] arrive et les interrompt.

BÉNÉDICTE: Pardon, messieurs-dames, excusez-moi de vous interrompre. Est-ce que vous seriez d'accord pour signer une pétition pour Amnesty? C'est pour une excellente cause. Nous nous opposons à la peine de mort.° Une petite signature ici, si ça ne vous dérange pas.

EMILIE: On peut en savoir un peu plus? C'est pour quel pays?

BÉNÉDICTE: C'est aux Etats-Unis, en Californie. Ils vont électrocuter un homme... qui a effectivement tué° quelqu'un. Mais Amnesty s'oppose totalement à la peine de mort et nous essayons d'obtenir autant de signatures que possible, pour que le gouvernement américain change d'opinion et abolisse aussi la peine de mort. Voilà! Voudriez-vous signer la pétition?

FABIEN: Je pense que c'est une très bonne cause.

BÉNÉDICTE: Si vous voulez signer ici. Alors...

FABIEN: Ça me semble raisonnable. *(Il signe.)* Voilà.

EMILIE: Attends, passe-moi la pétition. Je vais signer aussi.

BÉNÉDICTE: Très bien. Merci. Au revoir, excusez-moi de vous avoir interrompus. Merci beaucoup messieurs-dames, au revoir.

---

[1] Amnesty International, dont le siège international est à Londres, a été créée *(created)* en «1961 à la suite de l'appel de l'avocat britannique Peter Benenson en faveur des prisonniers oubliés». C'est une organisation mondiale dont le but est la «défense des droits de l'homme». Elle est indépendante «de tout gouvernement, groupe politique, intérêt économique ou confession religieuse». Le mouvement s'oppose «à la peine de mort et à la torture en toute circonstance». La section française a plus de 21 000 membres. *(Quid 1996, p. 1002c)*

FABIEN: Bon, il faut que je m'en aille. Je reviendrai après cette petite
                réunion.

EMILIE: Bon, alors, à tout de suite. Je vais lire le journal en attendant
                Didier et Martine.

FABIEN: Au revoir!

A suivre

Observation et analyse

1. Pourquoi est-ce qu'Emilie et Fabien parlent de leur ami Paul?
2. Qu'est-ce que Bénédicte propose à Emilie et à Fabien?
3. Quelle est la position d'Amnesty International sur la peine de mort?
4. Selon la conversation, quels sont les rapports entre Fabien et Emilie?

Réactions

1. Avez-vous déjà signé une pétition? Pour quelles causes?
2. Pensez-vous que la pétition de Bénédicte ait des répercussions?
3. Parlez de la peine de mort aux Etats-Unis. Est-ce que les exécutions sont
    plus fréquentes en ce moment qu'avant? Expliquez.

▸ Expressions typiques pour...

Engager une conversation sur un sujet précis

(rapports intimes et familiaux)
Je te dérange?
J'ai besoin de te parler...
Dis donc, Marc, tu sais que...
Au fait *(By the way)*...

(rapports professionnels et formels)
Excusez-moi de vous interrompre...
Excusez-moi de vous déranger *(disturb you)*...
Je (ne) vous dérange (pas)?
Je peux prendre quelques minutes de
    votre temps?
Pardon, monsieur/madame...

▸ See **Chapitre 1, Leçon 2,** pp. 15–16, for expressions to use when you want to make small talk but do not have a particular subject in mind.

Prendre la parole

Eh bien.../Bon.../Ecoute(z)...

Je $\left\{ \begin{array}{l} \text{veux} \\ \text{voulais} \\ \text{voudrais} \end{array} \right\}$ dire que...
    demander que...

Pour exprimer une opinion

Moi, je pense que...
A mon avis...

Pour répondre à une opinion exprimée

Mais.../Oui, mais.../D'accord, mais...
Je n'ai pas bien compris...
Justement.../Exactement.../Tout à fait...
En fait/En réalité *(Actually)*...

▸ More expressions will be presented in **Leçon 2** of this chapter.

▶ Remember to use the subjunctive mood after **il faut que.**

Terminer une conversation (annoncer son départ)

Bon.../Eh bien...
Bon.../Alors.../Excusez-moi, mais...
{
je dois m'en aller/partir.
il faut que je m'en aille/parte.
je suis obligé(e) de m'en aller/partir.
}

Allez, au revoir.
A bientôt./A tout de suite./A la prochaine.
On se revoit la semaine prochaine?
Alors, on se téléphone?

• •

▶ Mots et expressions utiles

Additional vocabulary: **le droit de vote** *right to vote;* **l'Etat** m *government, state;* **un homme (une femme) politique** *politician;* **poser sa candidature** *to run for office*

La politique

une campagne électorale *election campaign*
un débat *debate*
désigner *to appoint*
discuter (de) *to discuss*
un électeur/une électrice *voter*
élire (past part.: **élu**) *to elect*
être candidat(e) (à la présidence) *to run (for president)*
se faire inscrire *to register (to vote)*
la lutte (contre) *fight, struggle (against)*
un mandat *term of office*
la politique étrangère *foreign policy*
la politique intérieure *internal policy*
un problème/une question *issue*
un programme électoral *platform*
se représenter *to run again*
soutenir *to support*
voter *to vote*

Mise en pratique

Le suffrage universel masculin a été institué en France par la Seconde République en 1848, mais les femmes n'ont acquis le droit de vote qu'en 1945. En 1974, l'âge minimum des **électeurs** et des **électrices** a été ramené *(brought back)* de 21 ans à 18 ans.

Le **mandat** de la présidence est de sept ans. L'ancien maire de Paris, Jacques Chirac, a été **élu** président de la République en mai 1995. Pendant la **campagne électorale,** il a promis, en **politique étrangère,** de poursuivre lentement l'intégration de l'Europe. En **politique intérieure,** il a souligné que le **problème** principal était la **lutte** contre le chômage.

Adapté de Guy Michaud et Alain Kimmel, *Le Nouveau Guide France* (Hachette, 1994, pp. 230, 164) et du *Monde,* 22 avril 1995, p. 12.

La guerre *(War)*

l'armée f   *army*
attaquer   *to attack*
un attentat   *attack*
céder (à)   *to give up; to give in*
les combats m pl   *fighting*
le conflit   *conflict*
les forces f pl   *forces*
le front   *front; front lines*
insensé(e)   *insane*
libérer   *to free*
livrer   *to deliver*

les morts m pl   *the dead*
la négociation   *negotiation*
la paix   *peace*
la peine de mort   *death penalty*
les pourparlers m pl   *talks;*
   negotiations
prendre en otage   *to take hostage*
se produire   *to happen, take place*
le terrorisme   *terrorism*
tuer   *to kill*

Additional vocabulary: **les armes** f pl *arms;* **l'espionnage** m *spying;* **une mine** *mine;* **l'opposition** f *opposition*

Mise en pratique

Pendant le **conflit** entre l'Iraq et le Koweït, les Français n'étaient pas d'accord sur le rôle de l'**armée.** Des unités spécialisées de l'armée de l'air ont fait partie des troupes qui **ont attaqué** les **forces** iraquiennes sur le **front** ouest. Un pilote français a été **pris en otage,** mais il a été **libéré** après la fin des **combats** mêmes. Mais il y a eu plusieurs **morts** ensuite pendant les opérations de déminage *(minesweeping)* des plages.

• •

Activités

A. Entraînez-vous: Pardon, monsieur. Engagez des conversations avec les personnes mentionnées. Parlez des sujets donnés en employant les ***Expressions typiques pour...***

> MODÈLE: votre père: un emprunt de $20
> —*Papa, je te dérange? Non? Je voulais te demander si tu pourrais me donner $20?*

1. vos amis: l'article sur la prise d'otages
2. un étranger dans la rue: le chemin pour aller à la pharmacie la plus proche
3. M. Voulzy, votre patron: une idée qui vous est venue au sujet de la nouvelle publicité
4. vos voisins d'à côté: le vol qui a eu lieu dans la maison en face de la vôtre
5. votre mari/femme: quelque chose que vous voulez acheter

B. Eh bien... Maintenant, imaginez que vous terminiez chaque conversation que vous avez commencée dans l'exercice A. Que dites-vous dans chaque situation? Utilisez les ***Expressions typiques pour...***

> MODÈLE: —*Bon, eh bien, papa. Merci. Je dois retourner à mes devoirs. J'en ai plusieurs pour demain.*

C. Sur le vocabulaire. Voici des phrases tirées d'un journal français. Remplissez les blancs avec le(s) mot(s) approprié(s) de la liste suivante. Faites tous les changements nécessaires.

LES OMBRES DE L'AUTRE GUERILLA MEXICAINE

armée / blessés / terrorisme / morts / négociations / paix

1. Le 28 août, des actions de guérilla... ont fait dix-sept _____. Une vingtaine de _____ récupèrent toujours à l'hôpital.
2. L'évêque de San Cristobal, proche des Indiens, propose d'inclure l'_____ dans les _____ de _____.

Adapté de *Libération,* 11 septembre 1996, p. 9.

ELECTIONS PRESIDENTIELLES

électeurs / se représenter / mandat / voter / débat

1. On ne sait pas si le président actuel recherchera un deuxième _____ ou non.
2. S'il ne _____ pas, on dit que les Français voteront probablement pour un centriste au lieu de quelqu'un de droite ou de gauche.
3. Le _____ politique sur l'attitude de la France à l'égard de l'immigration n'est pas nouveau.
4. Selon les experts, les _____ indécis sont à la clé de la prochaine élection.

D. Une opinion. Prenez la parole et exprimez une opinion en deux phrases avec un(e) partenaire; l'autre répondra à l'opinion exprimée.

1. les prochaines élections
2. le rôle des Nations unies
3. le terrorisme
4. un événement sportif récent
5. la criminalité dans les grandes villes

▶ La grammaire à apprendre

Les pronoms *y* et *en*

During a conversation, people often use pronouns to refer to persons, things, or ideas already mentioned. You reviewed direct and indirect object pronouns in *La grammaire à réviser.* The following is information relevant to the pronouns y and en.

A. L'usage du pronom *y*

- Y replaces a preposition of location (**à, en, sur, chez, dans, sous, devant** etc., except for **de**) and its object. Translated as *there,* it is not always said in English, although it must be used in French:
  —Est-ce que tu es déjà allée au musée Rodin?[2]
  —Non, je n'y suis jamais allée. Allons-y.

[2] Auguste Rodin (1840–1917) est un des sculpteurs les plus connus de France. Il est l'auteur du «Penseur», du «Baiser», de «Balzac», etc.

- **Là** must be used to express *there* if the place has not been previously mentioned:

    —Déposez vos sacs au vestiaire, juste **là**, derrière le pilier, avant d'entrer dans le musée.

- **Y** is also used to replace **à** + noun referring to a thing. Typical verbs requiring **à** before a noun object are **s'intéresser, répondre, penser, jouer,** and **réfléchir:**

    —La technique de Rodin? J'**y** réfléchis en regardant ses sculptures.
    —Nos questions sur la technique de Rodin? Le guide peut **y** répondre.
    —La sculpture? Nous nous **y** intéressons beaucoup!

NOTE: **A** + person is replaced by an indirect object pronoun or a disjunctive pronoun. (Disjunctive pronouns will be discussed in the next lesson.)

    —Est-ce que tu sais où se trouve notre guide? Je voudrais **lui** poser une question sur «Le Penseur».

- In the future and conditional tenses of **aller, y** is not used:

    —Le musée Rodin est formidable! Je voudrais aussi voir le musée Picasso. Est-ce que tu **irais** avec moi?

▸ **Jouer à** is used for sports or games; **jouer de** is used with musical instruments.

Liens culturels

L'art de discuter

Il y a plusieurs différences entre l'art de discuter chez les Français et chez les Américains. D'abord, les Français se tiennent plus près les uns des autres quand ils se parlent. Mal interprétée quelquefois par les Américains qui y voient un acte agressif, cette coutume reflète tout simplement un moindre besoin d'espace personnel. Ce trait culturel est aussi évident dans les mouvements plus restreints que font les Français, comparés avec les gestes plus expansifs des Américains.

Il est aussi admis dans certains cas d'interrompre son interlocuteur avant qu'il ait terminé sa phrase dans une conversation française, ce qui produit un effet de chevauchement *(overlapping)*. En outre, pendant qu'un Français vous parle, un autre Français commencera peut-être à vous parler aussi. Il faut alors écouter deux conversations en même temps! Alors qu'en général interrompre quelqu'un est considéré comme impoli chez les Américains, l'absence d'interruptions, lors d'une conversation animée chez les Français passe pour une certaine indifférence.

Imaginez la conversation entre ces trois personnes. De quoi discutent-elles?

▶**Penser** only requires **de** before a noun object when it is in the interrogative form, asking for an *opinion*. In all other cases, it takes **à**.

B. L'usage du pronom *en*

- **En** is used to replace the preposition **de** and its noun object referring to a place or thing. If the noun object refers to a person, a disjunctive pronoun is normally used instead. Typical verbs and verbal expressions whose objects are introduced by **de** are **avoir peur, avoir besoin, parler, se souvenir, penser, discuter,** and **jouer**:

  —Est-ce que tu te souviens du mouvement de révolte étudiant qui a eu lieu en 1986?
  —Oui, je m'**en** souviens bien. On **en** parle toujours.

- Nouns preceded by the partitive or an indefinite article are replaced by **en**. The English equivalent *(some/any)* may be expressed or understood, but **en** is always used in French:

  —Tu connais des étudiants qui ont participé aux manifestations *(demonstrations)?*
  —Oui, j'**en** connais plusieurs. Paul et Catherine, par exemple.

- **En** is also used to replace a noun referring to a person or thing preceded by a number or other expression of quantity (**beaucoup de, peu de, trop de, un verre de, plusieurs,** etc.). The noun object and the preposition **de** (if there is one) are replaced by **en**; only the number or expression of quantity remains. Although **en** may not be translated in English, it *must* be used in French:

  —Un grand nombre d'étudiants ont participé aux manifestations, n'est-ce pas?
  —Oui, il y **en** a eu beaucoup. Juste à Metz, ils étaient plus de 100 000!
  —Il y a eu des morts?
  —Malheureusement, il y **en** a eu un, un jeune étudiant de vingt-deux ans.[3]

Additional notes on the use of **y** *and* **en**:

- Placement in a sentence follows the same rules as other object pronouns.
- Past participle agreement is never made with **y** or **en**.
- In general, **y** replaces **à** + noun; **en** replaces **de** + noun.

Activités

A. Sondage. Martine répond aux questions d'un journaliste qui fait un sondage pour *Femme Actuelle,* une revue française destinée aux femmes d'aujourd'hui. Complétez ses réponses en utilisant **y** ou **en.**

1. Les sports? Oui, je m'_____ intéresse beaucoup.
2. Des enfants? Non, je n'_____ ai pas.

---

[3] A la suite de la mort du jeune étudiant, Malek Houssékine, Jacques Chirac, qui était Premier ministre à l'époque, a annoncé le retrait de la réforme de l'enseignement supérieur qu'il proposait (1986).

3. Le cinéma? Oui, nous _____ allons souvent.
4. Les élections? Non, je n'_____ ai pas discuté au bureau.
5. Le bridge? Non, je n'_____ joue jamais.
6. Plus d'argent? Bien sûr! J'_____ ai toujours besoin.
7. Des animaux domestiques? Oui, j'_____ ai deux: un chat et un oiseau.
8. Des amis américains? Oui, j'_____ ai plusieurs.
9. Le prochain concert de R.E.M.? Oui, nous _____ allons.
10. Votre dernière question? Mais j'_____ ai déjà répondu!

B. Interview. Utilisez les verbes et les mots ci-dessous pour interviewer un(e) camarade de classe. Votre partenaire doit répondre en utilisant un pronom objet (direct, indirect, **y** ou **en**), selon le cas.

MODÈLE: aimer aller à: les grandes villes / la campagne / les parcs nationaux
—*Est-ce que tu aimes aller aux grandes villes?*
—*Oui, j'aime y aller.*
—*Est-ce que tu aimes aller à la campagne?*
—*Non, je n'aime pas beaucoup y aller.*

1. avoir trop (beaucoup, assez) de: temps / argent / petit(e)s ami(e)s / devoirs
2. s'intéresser à: la politique / l'art / la sculpture / les sports
3. connaître: la ville de New York / tous les étudiants de la classe / *(name of one student)*
4. se souvenir de: les devoirs pour aujourd'hui / mon nom / l'anniversaire de tes seize ans
5. aller souvent (à): la bibliothèque / la cantine / le café du coin / chez tes grands-parents
6. téléphoner hier à: tes parents / le président de l'université / le professeur

C. La politique. Un homme qui travaille pour la campagne électorale d'un conseiller municipal parle avec un électeur. Remplissez les blancs avec un pronom objet (direct, indirect, **y** ou **en**), selon le cas. N'oubliez pas de faire tous les changements nécessaires.

—Je ne vous dérange pas?
—Non, vous ne _____ dérangez pas. Entrez.
—Est-ce que vous vous intéressez à la politique?
—Oui, je me _____ intéresse un peu.
—Bon. Je voulais vous parler un peu de Jean Matou, qui se présente au Conseil municipal de votre mairie. Est-ce que vous connaissez Jean Matou?
—Oui, je _____ connais. En fait, je _____ ai rencontré à une soirée il n'y a pas longtemps.
—C'est bien... Avez-vous vu ses deux interviews à la télé?
—Euh, je _____ ai vu une.
—Qu'est-ce que vous _____ avez pensé?
—Oh, j'ai pensé que... c'était pas mal.
—Très bien, monsieur. J'aimerais préciser quelques points de son programme électoral. Auriez-vous deux minutes?
—Bon. D'accord. Allez- _____...
L'homme commence à expliquer...
—Enfin, téléphonez- _____ si vous souhaitez que je _____ donne plus de renseignements.
—D'accord. Je _____ téléphonerai si je _____ ai besoin.

—Une dernière chose: Est-ce que ça vous intéresserait de travailler comme volontaire dans cette campagne?
—Euh... Ecoutez, je vais _____ réfléchir et je _____ appellerai.

▶ Interactions

A.   Trouvez quelqu'un qui... Try to find a different student for whom each item below is true. Politely begin a conversation with someone, introduce yourself, and ask your question. Do at least one follow-up question and then appropriately end the conversation. Whenever possible, your partner should use object pronouns in his/her responses.

1. watches the same TV program as you
2. was born in the same state as you
3. studies in the library
4. is from the same city as you
5. has the same number of family members as you

B.   Au secours! Imagine that you often lose things around your apartment or house. A classmate will play your roommate. Ask him/her where various things of yours are. Don't forget to begin each conversational exchange appropriately. Your roommate will either say that he/she does not know where you put them, that he/she has not seen them anywhere, or that he/she knows where you put them because he/she found them somewhere.
MOTS UTILES: sac à dos *[m] (knapsack);* livre de français; pull-over *[m]* marron; sur le plancher *(floor);* dans un tiroir *(drawer);* dans le panier à linge *(laundry basket);* ne... nulle part *(not anywhere)*

 **▶ Préparation**

For this chapter, you will write an argumentative paper for your portfolio in which you will express an opinion and try to convince the reader of your point of view about one of the topics listed below. In order to be most effective, you'll want to address the opposing viewpoint to show that you are at least aware of the contrary position.

1. Choose your topic from the list below or create one of your own.
    a. La possession d'armes à feu devrait être interdite.
    b. Les Etats-Unis doivent rester neutres en ce qui concerne les conflits à l'étranger à moins qu'il ne s'agisse d'une question de sécurité nationale.
    c. Les responsables d'attentats terroristes devraient être condamnés à la peine de mort.
    d. Il est indispensable que les mandats électoraux des députés et des sénateurs américains soient limités à un certain nombre d'années et ne puissent être renouvelés.
    e. Votre choix
2. After you've chosen your topic, make a list of related vocabulary that might be useful for your paper.

3. Write a list of arguments both supporting and opposing your point of view. In order to make sure that you've listed all the possible positions, show your list to at least one classmate who will help you develop your topic.

Élection des représentants de la France au Parlement Européen - Scrutin du 12 Juin 1994

BULLETIN DE VOTE

Chasse Pêche Nature Traditions

Pour le respect de nos identités, nos cultures, nos traditions et nos libertés

1. **GOUSTAT André**
   Président du Syndicat National des Chasseurs de France, Vice-Président de Conseil Régional, Maire rural, Directeur de Chambre de Commerce et d'Industrie.

2. **FREMAUX Didier**
   Conseiller régional du Nord-Pas-de-Calais, Administrateur de l'ANCGE, Enseignant.

3. **SEINLARY Jean**
   Vice-Président du Conseil Régional d'Aquitaine, Administrateur de la Fondation nationale pour la protection des habitats français de la faune sauvage.

4. **FUZIES Pierre**
   Vice-Président du Conseil Régional Midi-Pyrénées, Administrateur de l'Union Nationale des Fédérations de Chasseurs,

5. **FONTENAY Gérard**
   Vice-Président du Conseil Régional Poitou-Charentes, Pharmacien.

6. **ALLIOT Jacques**
   Vice-Président de CPNT, Médecin à Paris.

7. **BLONDIN Michel**
   Conseiller régional de Picardie, Coordonnateur des Fédérations de Pêche picardes.

8. **LE GOURRIEREC Yves**
   Président de la Fédération des Chasseurs du Morbihan, Administrateur de l'Union Nationale des Fédérations de Chasseurs.

9. **CONVERSAT Gisèle**
   Administrateur d'organismes sociaux Champagne-Lorraine, Agent hospitalier.

10. **LEBRUN Jean-Pierre**
    Conseil en organisation - Région Centre.

11. **GUILLAUD Raymond**
    Vice-Président de la Fédération des Chasseurs de Loire-Atlantique.

12. **NICOLA Gilbert**
    Administrateur de la Fédération de Pêche du Gard.

13. **ANDRÉ Paul**
    Président national de la Fédération des récoltants de fruits et Bouilleurs de Cru, Retraité de l'Agriculture.

14. **DARCHEN Marie**
    Docteur ès-Sciences, Maître de conférence à l'Université Paris VI°.

15. **MERCIER Yves**
    Administrateur national de syndicat agricole, Secrétaire général de l'Association des Métiers de la Chasse.

16. **PAOLI Claude**
    Vice-président de la Fédération des Chasseurs de Haute-Corse.

17. **MAURICE Philippe**
    Secrétaire de l'Union régionale des Experts agricoles fonciers et forestiers de Basse Normandie.

18. **CAPDEVILLE François**
    Notaire, Conseiller régional, Président de la Fédération des Sociétés taurines de France.

19. **DUCZYNSKI Francis**
    Conseiller régional Champagne-Ardennes, Directeur de Fédération des Chasseurs.

20. **SCIFO Jean-Marie**
    Président de l'Association des Chasseurs de Gibier d'eau des Bouches-du-Rhône.

21. **CONTANT Bernard**
    Technicien cynégétique et de gestion de la faune sauvage.

22. **RAYMOND Michel**
    Vice-Président du Conseil Régional de Bourgogne.

23. **BOLLE Daniel**
    Conseiller régional de Haute-Normandie.

24. **PROTAT Bernard**
    Cadre commercial, Président d'ACCA en Franche-Comté.

25. **LAGRAULET Jean**
    Directeur de la Fédération des Chasseurs du Var.

26. **GIN Hervé**
    Médecin généraliste (Ile de la Réunion).

27. **PIGACE-MUDRY Christiane**
    Maître de Conférence à l'Institut d'Etudes Politiques d'Aix-en-Provence, Présidente de l'Alliance Régionaliste de Provence.

28. **GODOT Jean**
    Restaurateur, Président de Club de Plongée sous-marine (Nouméa - Nouvelle-Calédonie)

29. **BARATAY Denis**
    Agent de maîtrise, Responsable associatif à Lagnieu (Ain).

30. **BETEMS Alain**
    Conseiller régional (Aisne).

31. **PAQUET Gérard**
    Administrateur de la Fédération des Chasseurs de l'Allier.

32. **TESNIERE Jean-Marie**
    Avocat, maire rural, Vice-Président de la Fédération des Chasseurs des Hautes-Alpes.

33. **CONVERS Alain**
    Instituteur, Président délégué de la Fédération des Chasseurs de l'Ardèche.

Le traité sur l'Union européenne a été conclu par les chefs d'Etat et de gouvernement des Douze lors du 45ᵉ sommet européen à Maastricht (Pays-Bas) en 1991 et est entré en vigueur *(put into effect)* en 1993. C'est un traité d'union économique, monétaire et politique. Les premières élections européennes après Maastricht ont eu lieu en 1994. (Adapté de Dominique et Michèle Frémy, *Quid 1996*, p. 1013a.)

D'après ces bulletins de vote des élections européennes de 1994, quel est le programme électoral de ces deux partis?

PAIX-EMPLOI-ÉCOLOGIE
DEMOCRATES
POUR LES
ÉTATS-UNIS D'EUROPE
AVEC **Armand TOUATI**

Comment exprimer une opinion

Rappel: Have you reviewed the placement of object pronouns? (Text p. 211 and Workbook)

▶ Conversation (suite)

Premières impressions

Soulignez:
- plusieurs façons de donner son avis
- plusieurs façons de marquer son accord ou son désaccord

Trouvez:
- de quel musée on parle
- ce qu'on a fait

Après le départ de la représentante d'Amnesty International, un jeune couple, Didier et Martine, ont rejoint Emilie à table pour prendre un café. Voici leur conversation.

le verre *glass*
une verrière *glass roof*

chouette *neat*
c'est honteux *it's a disgrace*

un squelette *skeleton* / une baleine *whale* / la poussière *dust*

rénover *to renovate*

attirer *to attract*
gâcher *to spoil*
conçu (from **concevoir**) *designed, planned*

DIDIER:	Au fait, la semaine dernière, je suis enfin allé voir les rénovations du Muséum d'Histoire Naturelle au Jardin des Plantes à Paris.
EMILIE:	Ah bon? Qu'est-ce que tu en penses?
DIDIER:	Eh bien... je trouve que c'est fantastique. Ils ont mis du verre° partout... Il y a une gigantesque verrière° et même des ascenseurs transparents...
MARTINE:	Je trouve que c'est idiot, ça!
EMILIE:	Oh non! Moi, je trouve ça assez chouette° ...
MARTINE:	Mais pas du tout! C'est honteux!° C'est scandaleux même!
DIDIER:	Oui, mais tu sais Martine, au moins, ça permet de voir les squelettes° de baleines,° de girafes et d'éléphants qui, avant ça, amassaient simplement de la poussière.° On redécouvre un musée qu'on avait un peu oublié.
MARTINE:	Ah non! Moi, je ne suis pas du tout d'accord! Je trouve que c'est une très mauvaise idée, parce que finalement à Paris, tout ce que l'on voit c'est des musées modernes, rénovés°... avec des pyramides partout et des «Beaubourgs». Finalement, ces belles structures classiques du dix-huitième et du dix-neuvième siècles... , eh bien, il n'y en aura plus à Paris, et c'est quand même dommage!
EMILIE:	Oui. Mais ils ont gardé la structure originale. Moi, je pense qu'il fallait absolument ouvrir le musée...
MARTINE:	Dis donc tu te rends compte des frais que cela a engagés! On aurait pu...
DIDIER:	C'est juste, mais maintenant le musée attire° une nouvelle clientèle.
MARTINE:	A mon avis, c'est dommage de gâcher° comme ça le travail de l'architecte qui a créé et conçu° ce musée.

A suivre

Observation et analyse

1. Quel est l'avis de Martine sur la rénovation du Muséum d'Histoire Naturelle? Expliquez ses arguments.
2. Est-ce qu'Emilie est d'accord avec elle? Expliquez son point de vue.
3. Quelle est l'attitude de Didier dans le débat?
4. Est-ce qu'on a rénové beaucoup de musées à Paris? Comment le savez-vous?

Réactions

1. Quels musées avez-vous visités? Lesquels préférez-vous et pourquoi?
2. Est-ce que l'apparence d'un musée est importante pour vous? Expliquez.
3. Etes-vous pour ou contre la rénovation des bâtiments anciens? Justifiez-vous. Avec qui êtes-vous le plus d'accord dans le débat sur le Muséum d'Histoire Naturelle?

• •

▸Expressions typiques pour...

Demander l'avis de quelqu'un

Quel est ton/votre avis?
Qu'est-ce que tu penses de... ?
Qu'est-ce que vous en pensez?
Est-ce que tu es/vous êtes d'accord avec... ?
Selon toi/vous, faut-il... ?
Comment tu le trouves?/Comment vous le trouvez?

Exprimer une opinion...

Je (ne) crois/pense (pas) que...
Je trouve que...
A mon avis.../Pour moi...
D'après moi.../Selon moi...
Par contre... *(On the other hand . . .)*
De plus/En plus/En outre... *(Besides . . .)*

... avec moins de certitude

J'ai l'impression que...
Il me semble que...
... , vous ne trouvez pas?

▸After the negative of **croire** and **penser,** the subjunctive is used to imply doubt: **Je ne crois pas qu'il y aille.**

▸Contrary to several other opinion verbs, **J'ai l'impression que** and **Il me semble que** take the indicative mood, even in the negative and interrogative forms.

Dire qu'on est d'accord

Ça, c'est vrai.
Absolument.
Tout à fait. *(Absolutely.)*
Je suis d'accord (avec toi/vous).
Je le crois.
Je pense que oui.
C'est exact/juste.
Moi aussi. (Ni) moi non plus.
  (Me neither.)

Dire qu'on n'est pas d'accord

Ce n'est pas vrai.
Absolument pas.
Pas du tout. *(Not at all.)*
Je ne suis pas d'accord (avec toi/vous).
Je ne le crois pas.
Je pense que non.
C'est scandaleux/idiot/honteux *(shameful)*!
Cependant... *(However . . .)*

Exprimer l'indécision

Vous trouvez?
C'est vrai?
C'est possible.
Je ne sais (pas) quoi dire.
Je ne suis pas sûr(e)/certain(e).
On verra.

Exprimer l'indifférence

Ça m'est (tout à fait) égal.
Tout cela est sans importance.
Au fond, je ne sais pas très bien.
Bof!

▶ Mots et expressions utiles

Additional vocabulary: **déformer la réalité** *to alter reality;* **la nature morte** *still life;* **le paysage** *landscape;* **le portrait** *portrait;* **représenter la réalité** *to represent reality;* **la sculpture** *sculpture;* **la statue** *statue;* **le tableau** *painting*

Les arts

s'accoutumer à   *to get used to*
attirer   *to attract*
chouette   *(familiar) neat, nice, great*
conçu(e) *(from* **concevoir)**
  designed, planned
convaincre   *to convince*
en verre   *made of glass*
gâcher   *to spoil*
honteux (honteuse)   *shameful*
insupportable   *intolerable, unbearable*

laid(e)   *ugly*
moche   *(familiar) ugly, ghastly*
une œuvre   *work (of art)*
passionnant(e)   *exciting*
remarquable/spectaculaire
  remarkable/spectacular
rénover   *to renovate*
réussi(e)   *successful, well executed*
super   *(familiar) super*
supprimer   *to do away with*

Activités

A. Entraînez-vous: Un sondage. Un reporter du journal de votre campus mène une enquête sur les idées et les goûts des étudiants. Répondez à ses questions en vous servant des expressions présentées pour donner votre opinion.

> MODÈLE: —Qu'est-ce que tu penses de la musique de... *(current rock group)?*
> —*Moi, je la trouve super!*

1. Est-ce qu'il faut supprimer les contrôles?
2. Faut-il assister à tous les cours pour bien comprendre le français (la philosophie, les mathématiques)?
3. A ton avis, est-ce que... est un(e) bon(ne) président(e) pour notre université?
4. D'après toi, quelle est la meilleure cuisine du monde? Quel est le meilleur restaurant de la ville?
5. Qu'est-ce que tu penses de... *(name of new film)?*
6. Comment tu trouves... *(name of current TV program)?*

B. A vous! Maintenant c'est à vous de mener une petite enquête sur les idées de vos camarades de classe. Demandez l'avis de quelqu'un sur les sujets suivants en employant les *Expressions typiques pour...* des pages 223–224.

1. les œuvres impressionnistes
2. la peine de mort

3. l'avortement
4. la réduction/l'augmentation des impôts
5. le journal de votre campus

C. Selon moi... Voici les résumés de plusieurs éditoriaux récents dans le journal de votre ville. Réagissez à chaque opinion en disant si vous êtes d'accord ou non, et pourquoi.

> MODÈLE: Il faut légaliser la marijuana.
> —*Je ne le crois pas. La marijuana est une drogue et je suis contre toutes les drogues.*

1. Le suicide assisté doit rester illégal.
2. Il faut interdire aux gens de fumer dans les cafés.
3. M./Mme/Mlle... serait un(e) bon(ne) président(e) pour notre pays.
4. Les jeux de hasard *(gambling)* doivent être légalisés dans tous les états.

D. Les arts. Vous êtes au musée avec un(e) ami(e). Regardez ces œuvres d'art et donnez vos réactions en utilisant les expressions données aux pages 223–224.

Nicolas Poussin, *l'Inspiration du poète*

Jacques Louis David, *Portrait de Madame Récamier*

Fernand Léger, *le Remorqueur*

▶ La grammaire à apprendre

La position des pronoms objets multiples

During the course of a conversation or debate, you sometimes need to use more than one pronoun to refer to previously mentioned persons, things, or ideas. You have already reviewed placement of one object pronoun in *La grammaire à réviser*. Be sure to do the practice exercises in the workbook.

The following chart illustrates pronoun order when you need to use two object pronouns together. Note that the same order applies to negative imperatives:

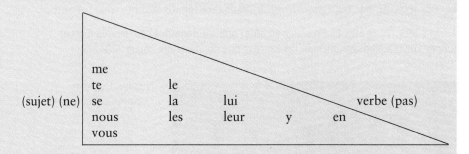

| (sujet) (ne) | me
te
se
nous
vous | le
la
les | lui
leur | y | en | verbe (pas) |

—Les peintures de Degas? Vous **vous y** intéressez?
Bien. Je **vous les** montrerai dans quelques minutes.
Ne **vous en** allez pas...

In affirmative commands, all pronouns follow the verb and are connected by a hyphen:

| verbe | le
la
les | me (moi)
te (toi)
lui
leur
nous
vous | y | en |

As you can see, direct object pronouns come before indirect object pronouns, and **y** and **en** are always last.

—Vos sacs et vos paquets à la consigne? Oui, mettez-**les-y.**
Ils seront sous bonne garde.

—Vos tickets? Donnez-**les-moi,** s'il vous plaît.

Note that **me** and **te** change to **moi** and **toi** when they are the only or last pronouns after the imperative. However, when they precede **y** or **en,** they contract to **m'** or **t'** and an apostrophe replaces the hyphen.

—Des tableaux de Renoir? Oui, montrez-**m'en.**

Activités

A. Visite au musée d'Orsay. Voici des questions posées par un groupe de touristes à leur guide. Imaginez comment répondrait le guide en substituant des pronoms objets pour les mots en italique.

1. Est-ce qu'il y aura beaucoup *de touristes* aujourd'hui?
2. Est-ce que nous devons acheter *les billets au guichet?*
3. Est-ce qu'il faut vous donner *les billets?*
4. Est-ce que nous verrons *des tableaux de Manet dans cette galerie?*
5. Peut-on parler *de l'art moderne à cet artiste qui est en train de peindre?*
6. En général, est-ce qu'on donne un *pourboire aux guides?*

B. Mais je suis ta maman! Une mère donne les conseils suivants à son fils, qui ne l'écoute pas très bien. Répétez chaque conseil en utilisant des pronoms objets appropriés.

1. Mange *ton dîner,* mon petit.
2. Ne donne pas trop *de biscuits à ta sœur.*
3. Sers-toi *de ta fourchette,* s'il te plaît.
4. Attention! Ne te coupe pas *le doigt!*
5. Donne-moi *les allumettes* immédiatement!
6. Ne laisse pas *tes jouets sur le plancher.*
7. Donne *des bonbons à ta grand-mère.*
8. Bonne nuit, mon chou. N'aie pas peur *des monstres.*

C. Sondage. Circulez et posez les questions suivantes à plusieurs camarades de classe, qui répondront avec des pronoms, si possible. N'oubliez pas de saluer la personne et de lui dire «au revoir». Après, dites à la classe une ou deux choses intéressantes que vous avez apprises.

1. Est-ce que tu as vu une exposition d'art au musée récemment? Si oui, laquelle?
2. Tu as pris un bon repas dans un restaurant récemment? Si oui, où?
3. Tu as regardé une bonne émission à la télévision chez toi récemment? Si oui, laquelle?
4. Est-ce que tu dois faire des recherches *(research)* à la bibliothèque cette semaine? Si oui, sur quoi?
5. Tu as parlé de ta note au professeur de français récemment? Si oui, pourquoi?
6. Tu vas donner un cadeau à ton professeur de français à la fin du trimestre/semestre? Si oui, quoi?

▶ La grammaire à apprendre

Les pronoms disjoints

moi	nous
toi	vous
lui	eux
elle	elles

When expressing opinions in French, you often need to use a special group of pronouns called *disjunctive pronouns* in order to:

- emphasize your opinions
  —**Moi,** je trouve cette idée déplorable!

- or say with whom you agree or disagree
  —Je suis d'accord avec **lui;** c'est une idée absurde.

These and other functions of disjunctive pronouns are summarized below.

L'usage des pronoms disjoints

- To emphasize a word in a sentence:
  —**Toi,** tu ne sais pas ce que tu dis.
  You don't know what you are saying.
  —Je ne te comprends pas, **moi.**
  I don't understand you.
  —Mais non. Ce n'est pas **moi** qui ne sais pas où j'en suis. C'est **toi!**
  No, I'm not the one who is confused. You're the one!

In French, emphasis is achieved by the addition of a disjunctive pronoun or **c'est/ce sont** + disjunctive pronoun.

- To express a contrast:
  Moi, je suis contre la peine de mort. Et **toi,** qu'est-ce que tu en penses?

- After most prepositions:
  —Pour **moi,** l'idée même de la peine de mort est insupportable.
  ... Mes parents? Selon **eux,** la peine de mort est justifiable.

NOTE: **Y** replaces the preposition **à** + a place or thing, and the indirect object pronouns replace **à** + a person. However, with expressions such as **penser à/de, faire attention à, s'habituer à, s'intéresser à,** and **être à,** disjunctive pronouns are used after **à** or **de** when the object is a person.
  —Qu'est-ce que vous pensez de ce nouvel homme politique, Alexandre? Qu'est-ce que vous pensez de **lui?**
  —Oh, je m'intéresse beaucoup à **lui.** Il me semble sincère.

- In compound subjects:
  —Mon mari et **moi,** nous ne sommes pas de votre avis.

France Miniature: Sur une immense carte en relief, sont regroupées les plus vieilles richesses de la France: 166 monuments historiques, 15 villages typiques des régions, les paysages et les scènes de la vie quotidienne à l'échelle *(scale)* du ¹⁄₃₀ⁱᵉᵐᵉ... au cœur d'un environnement naturel extraordinaire. *(France Miniature, Groupe Musée Grévin)*

Quelle est la valeur d'un musée comme France Miniature? Est-ce qu'il y a un musée comme France Miniature aux Etats-Unis?

Notice that the plural subject pronoun may be used in addition to the disjunctive pronoun.

- In one-word questions and answers without verbs:
    —Qui est d'accord avec nous?
    —**Moi!**
    —Et **toi,** Sonia?

- After **c'est/ce sont** in order to carry out the function of identifying:
    —C'est **elle** qui trouve cet homme sans défaut.

NOTE: **C'est** is used in all cases except for the third-person plural, which takes **ce sont.**
    —C'est **nous** qui avons raison; ce sont **eux** qui ont tort.

- In comparisons after **que:**
    —Evidemment, Sonia n'est pas du même avis que **toi.**

- In the negative expressions **ne... ni... ni** and **ne... que:**
    —Elle n'écoute que **toi.** Elle n'écoute ni **lui** ni **moi.**

- With the adjective **-même(s)** to reinforce the pronoun:
    —Peut-être que Sonia **elle-même** devrait être candidate!
    Maybe Sonia should run for office herself!

▶ See ***Chapitre 3, Leçon 1.***

Activités

A. Au musée. Un groupe d'amis se trouvent au musée du Louvre, où ils discutent de leurs tableaux préférés. Créez de nouvelles phrases en substituant les mots en italique par les sujets entre parenthèses. Changez les pronoms disjoints en italique aussi.

1. *J'*adore ce tableau de Delacroix. Selon *moi*, c'est sa meilleure œuvre. (Catherine / Tu / Tes sœurs)
2. *Eric* n'est pas d'accord avec *moi*. (Je, Eric / Nous, Eric et toi / Muriel et toi, tes amis)
3. *Eric* va peindre un tableau *lui-même*. (Nous / Je / Tom et Pierre)
4. Qui va au premier étage pour voir les œuvres de Rubens? *Moi!* (Anne et Sylvie / Toi / Eric et toi)
5. C'est *Catherine* qui est perdue! (nous / Chantal et Luc / Marc)

B. Questions indiscrètes. Posez les questions suivantes à un(e) ami(e). Donnez un résumé de ses réponses à la classe.

> MODÈLE: Est-ce que c'était ta mère qui préparait ton petit déjeuner quand tu étais à l'école primaire?
> —*Oui, c'était elle qui préparait mon petit déjeuner quand j'étais à l'école primaire.*

1. Est-ce que ton (ta) camarade de chambre fait plus souvent la cuisine que toi?
2. Est-ce que tu nettoies l'appartement/la maison toi-même?
3. A qui est la télé chez toi?
4. Ton (Ta) camarade de chambre et toi, vous sortez souvent ensemble?
5. D'habitude, est-ce que ton (ta) camarade de chambre a plus de travail à faire que toi?

Liens culturels

Trois grands musées

Le musée d'Orsay: En 1986, l'ancienne gare d'Orsay a été transformée en musée de l'art du XIXe siècle. Il contient les œuvres réalistes, impressionnistes, post-impressionnistes et fauves des années 1850 à 1914. Ces œuvres étaient autrefois exposées au Jeu de Paume, au musée Rodin, à Versailles et dans beaucoup d'autres petits musées et entrepôts *(warehouses)* dispersés dans Paris.

Le musée d'Orsay

Le centre Beaubourg: Le Centre National d'Art et de Culture Georges Pompidou est situé dans le vieux quartier Beaubourg. Bien qu'on ait commencé sa construction pendant la présidence de Pompidou, ce musée d'art moderne n'a été fini qu'en 1977, après sa mort. Même aujourd'hui il continue à attirer l'attention à cause de son architecture singulière. Adoré ou détesté des Français, le centre Beaubourg est un des musées les plus fréquentés de Paris.

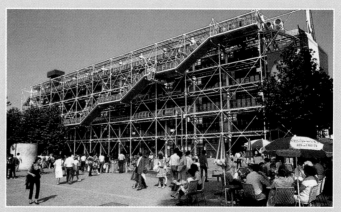

Le centre Beaubourg

Le Louvre: L'ancienne résidence des rois au XVIe et au XVIIe siècles est devenue musée entre 1791 et 1793. Sous la présidence de François Mitterrand, on y a ajouté un niveau souterrain, dessiné par l'architecte sino-américain I.M. Pei. Pour donner de la grandeur à l'entrée, Pei a fait construire une grande pyramide en verre de vingt mètres de hauteur entourée de trois pyramides plus petites, jointes par des fontaines.

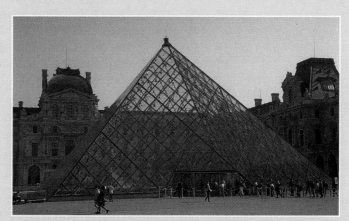

Le Louvre

Qu'est-ce que vous pensez de l'esthétique de ces trois musées? Laquelle est-ce que vous préférez et pourquoi?

Liens culturels: Bring in slides or photos of these three museums, as well as photos of some of the famous works housed in them.

▶ Interactions

A. Imaginez. Play the role of a campaigning politician. Your partner will be a constituent who has not yet decided for whom she/he will vote and will ask for your views on a variety of subjects. Answer the questions with imagination! SUGGESTED TOPICS: la peine de mort, la réduction du déficit national, la pollution, le service militaire obligatoire, le terrorisme international, le droit aux soins médicaux

B. Petits débats. Working in groups of three, the first person will express her/his opinion on a topic and will ask the second person for her/his views. After the second person's opinion is given, the third person will agree or disagree and state why.

> MODÈLE: la loi qui interdit aux jeunes de dix-huit à vingt et un ans de boire de l'alcool
> —*A mon avis, cette loi n'est pas juste. Qu'est-ce que tu en penses?*
> —*Je suis d'accord avec toi. Si on peut être envoyé à la guerre à dix-huit ans, on doit avoir le droit de boire de l'alcool au même âge.*
> —*Mais non, je ne suis pas de ton avis. Il y a trop d'accidents de voiture causés par de jeunes conducteurs ivres.*

1. le rap
2. la violence dans les films
3. Rush Limbaugh
4. la cohabitation avant le mariage
5. l'énergie nucléaire
6. (votre choix)

 ▶ **Premier brouillon**

1. Use the vocabulary and arguments that you brainstormed in Lesson 1 to begin writing your first draft. Write an introductory paragraph in which you inform your reader of the object of your discussion.
2. Describe your point of view and then the opposing point of view. Give a response to each opposing argument and explain the reason for your opposition.
3. Present several solutions, choices, or possibilities and then write a draft of the conclusion.

PHRASES: Writing an essay; persuading; expressing an opinion; agreeing & disagreeing

GRAMMAR: Subjunctive

►Leçon 3   Comment exprimer la probabilité

►**Conversation** (conclusion)

⬜ INSTRUCTOR'S TAPE

Premières impressions

Soulignez:
- les mots et les expressions que ces jeunes gens utilisent pour exprimer la probabilité ou l'improbabilité de certains événements

Trouvez:
- de quel problème on parle (citez deux exemples qui sont donnés)

Les jeunes amis continuent à discuter à la brasserie. Fabien est revenu de sa petite réunion.

EMILIE: Oui, on s'occupe beaucoup des problèmes à l'étranger. Enfin, je ne sais pas ce que tu en penses, mais on devrait plutôt s'occuper de ce qui se passe chez nous.

MARTINE: Oui, mais il ne me semble pas qu'il y a autant de problèmes ici qu'ailleurs.

DIDIER: On a quand même un gros problème avec le racisme, tu ne trouves pas?

MARTINE: Non, pas tellement... je trouve que finalement les choses vont assez bien.

DIDIER: On ne peut pas dire qu'on n'ait pas de problèmes de racisme!

EMILIE: Et un des résultats est le climat d'insécurité dans les banlieues° surtout celles habitées par les immigrés Nord-Africains.

MARTINE: Ça fait la une des journaux° et la télé aime bien faire peur. Mais au fond,° j'ai l'impression que la plupart des Nord-Africains maintenant se sentent français. Il y en a beaucoup qui sont nés ici et qui sont allés à l'école ici.

EMILIE: Oui, mais beaucoup sont au chômage. En plus, beaucoup se plaignent° d'une grande discrimination dans le travail.

FABIEN: Tu sais, avec la récession économique qui s'aggrave° de jour en jour, il est possible que ces difficultés empirent,° au moins pendant quelques temps.

MARTINE: Mais enfin, il faut avoir un peu plus d'espoir et de confiance dans les gens. Je parie° que les choses s'arrangeront. On trouvera des solutions. Et ce n'est pas uniquement français d'ailleurs. C'est comme ça en Amérique depuis les années 80.

DIDIER: Oui, mais en France c'est peut-être plus un problème de culture et de religion que de race. Ce n'est pas facile pour une minorité ethnique musulmane de s'intégrer dans une civilisation catholique...

la banlieue *suburbs*

la une des journaux *front page*
au fond *basically*

se plaindre *to complain*
s'aggraver *to get worse*
empirer *to worsen*

parier *to bet*

Observation et analyse

1. Qui dans la conversation est optimiste? Qui ne l'est pas?
2. Décrivez l'évolution de la société selon Martine.
3. Pourquoi est-ce qu'il y a un problème d'intégration pour les Nord-Africains parmi les Français? Pour la deuxième génération de Nord-Africains, comment ce problème va-t-il peut-être se résoudre *(to be solved)*?
4. Dans le dialogue, avec qui êtes-vous d'accord? Pourquoi?

Réactions

1. Avez-vous un grand-parent ou un arrière-grand-parent qui a émigré d'un pays étranger pour venir en Amérique? De quel pays?
2. Quelles sortes de problèmes est-ce qu'un nombre croissant *(increasing)* d'immigrants pose à un pays?
3. Est-ce qu'il y a des événements dans les années récentes qui peuvent nous faire réfléchir au problème du racisme aux Etats-Unis? Expliquez.

· ·

▶ Expressions typiques pour...

Exprimer la probabilité des événements

*(The following expressions all take the indicative mood. Those with **devoir** are followed by an infinitive.)*

D'aujourd'hui ou de l'avenir
Sans doute qu'ils viendront dans quelques minutes.
Il est probable qu'ils viendront en voiture.
Ils doivent être en route *(to be on the way)*.
Il est probable qu'ils s'excuseront.

Du passé
Ils ont été retenus *(held up)* sans doute.
Ils ont dû partir en retard *(to get a late start)*.
Ils ont probablement oublié de nous téléphoner.
Ils devaient arriver à trois heures.

Exprimer l'improbabilité des événements

(The following expressions all take the subjunctive mood.)

Il ne semble pas que ce manque de ponctualité soit typique.
Il est improbable qu'ils aient oublié notre rendez-vous.
Il est peu probable qu'ils aient eu un accident de voiture.
Il est douteux qu'ils viennent.
Cela me semble peu probable qu'il ait oublié notre rendez-vous.

▶ Mots et expressions utiles

L'immigration et le racisme

accroître   *to increase*
l'accueil m   *welcome*
accueillant(e)   *welcoming, friendly*
s'aggraver   *to get worse*
la banlieue   *the suburbs*
blesser   *to hurt*
un bouc émissaire   *scapegoat, fall guy*
le chômage   *unemployment*
un chômeur/une chômeuse *unemployed person*
croissant(e)   *increasing, growing*
éclairer   *to enlighten*
empirer   *to worsen*
un(e) immigrant(e)   *newly arrived immigrant*
un(e) immigré(e)   *an immigrant well established in the foreign country*
un incendie   *fire*
maghrébin(e)   *from the Maghreb (Northwest Africa: Morocco, Algeria, Tunisia)*
la main-d'œuvre   *labor*
une manifestation   *demonstration, protest (organized)*
une menace   *threat*
les quartiers [m pl] défavorisés *slums*
répandre   *to spread*
rouer quelqu'un de coups   *to beat someone black and blue*
la xénophobie   *xenophobia (fear/hatred of foreigners)*

Additional vocabulary: **s'étendre** *to spread;* **se manifester** *to arise, to emerge;* **un soulèvement** *spontaneous uprising*

Mise en pratique

En septembre 1996, lors des obsèques *(funeral)* d'un jeune Français tué par un autre jeune Français d'origine **maghrébine,** le Front national (FN), le parti de l'extrême droite, a organisé une **manifestation** politique contre l'immigration et l'insécurité. Le FN profite du **chômage** qui **s'aggrave** pour s'attaquer au mondialisme *(globalization).* Son chef de file *(party leader),* Jean-Marie Le Pen, est vivement critiqué pour son idéologie que beaucoup considèrent **xénophobe.** Le Président de la France a réagi en lançant un appel à «rejeter ceux qui **répandent** des doctrines d'exclusion» et a exprimé son espoir «que l'emporte, un jour, partout, l'esprit de tolérance et de paix».

Adapté du *Monde,* 15–16 septembre 1996, p. 1, no. 16061, et de *l'Express,* 19 septembre 1996, p. 25.

Activités

A. Entraînez-vous: Imaginez. Jouez le rôle de quelqu'un qui peut prédire l'avenir. Créez deux prédictions avec les mots donnés et une expression de probabilité ou d'improbabilité.

See *Chapitre 7* for a review of the future tense.

MODÈLE: ... le prochain président des Etats-Unis sera...
—*Il est très probable que le prochain président des Etats-Unis sera une femme.*
—*Il est peu probable que je sois le prochain président des Etats-Unis.*

1.   ... le film qui gagnera l'Oscar du «meilleur film» de l'année sera...
2.   ... je finirai mes études unversitaires en...
3.   ... je me marierai avec...
4.   ... j'aurai... enfants.
5.   ... je serai... (profession)
6.   ... (votre choix)

Activity B: Written preparation in advance may be helpful.

B. Ça continue... Voici des phrases tirées d'un journal français de 1984. Finissez chaque phrase en utilisant les *Mots et expressions utiles*.

1.   Depuis quelques années, les incidents entre _____ et les Français se multiplient.
2.   A cause de la crise économique et du _____, beaucoup de Français reprochent aux étrangers de s'approprier le travail revenant de droit aux nationaux.
3.   En 1984, Frédéric Boulay, un _____ de vingt-deux ans, a tué deux ouvriers turcs et en _____ cinq autres. Il a dit que c'était à cause de la _____ étrangère qu'il était sans travail.
4.   Dans le 20ᵉ arrondissement de Paris, de septembre à décembre, trois _____ ont eu lieu dans des immeubles habités par des immigrés. Le feu a donc détruit leur logement.
5.   S.O.S.-Racisme a organisé une _____ antiraciste qui a rassemblé entre 200 000 et 400 000 personnes. Aujourd'hui ce groupe continue à être actif dans la campagne contre le racisme avec d'autres groupes, comme l'Obu.

C. Vous êtes le prof. Vos élèves ne comprennent pas les expressions et mots suivants. Aidez-les en donnant un synonyme pour chaque expression dans le premier groupe et un antonyme pour chaque expression dans le deuxième groupe. Utilisez les *Mots et expressions utiles.*

Synonyme

1.   battre quelqu'un
2.   faire du mal à quelqu'un
3.   un secteur pauvre d'une ville
4.   le feu

Antonyme

1.   améliorer
2.   un travailleur
3.   le vrai responsable
4.   diminuer

D. Qu'est-ce qui s'est probablement passé? Pour chacun des événements suivants, donnez une explication plausible.

> MODÈLE: Votre ami arrive en retard pour votre rendez-vous.
> —*Tu as dû partir en retard.*

1. Votre mari/femme ne vous offre rien pour votre anniversaire.
2. Votre enfant, au bord des larmes *(tears)*, vient vous voir.
3. Votre camarade de chambre veut vous emprunter $100.
4. Il est sept heures du matin et on dit à la radio que l'université sera fermée aujourd'hui.

▶ La grammaire à apprendre

Le verbe *devoir*

A. One of the principal ways of expressing probability is to use **devoir** + infinitive. (Remember that when **devoir** is followed directly by an object it means *to owe*.) Note the difference in meaning implied by each tense.

Présent:	Tu **dois** avoir raison, mon pote *(familiar—friend)*. *(must, probably)*
Imparfait:	Je ne **devais** pas faire attention. *(was probably)*
Passé composé:	J'**ai dû** oublier de fermer la porte à clé. *(must have)*

B. Devoir also may be used to express necessity or moral obligation, as in the following examples:

Présent:	Nous **devons** réexaminer le problème de l'immigration clandestine aux Etats-Unis. *(must, have to)*
Passé composé:	L'année passée, les douaniers **ont dû** arrêter plus de 1,8 million de personnes qui essayaient d'entrer illégalement dans le pays. *(had to)*
Imparfait:	Autrefois, nous ne **devions** pas nous préoccuper de ce problème. *(used to have to)*
Futur:	Je crois que le président **devra** proposer de nouvelles mesures. *(will have to)*
Conditionnel:	Combien d'immigrants par an un gouvernement **devrait**-il accepter? *(should)*
Conditionnel passé:	Nous **aurions dû** étudier ce problème plus tôt. *(should have)*

Activités

A. Questions indiscrètes. Posez les questions suivantes à un(e) ami(e). Donnez un résumé de ses réponses à la classe.

1. Qu'est-ce que tu dois faire ce soir?
2. Est-ce que tu devras travailler ce week-end aussi?
3. Tu dois être un(e) étudiant(e) exemplaire, non?

4. Quand tu étais petit(e), est-ce que tu recevais de l'argent de poche *(pocket money)* de tes parents? Quels genres de travaux ménagers *(chores)* est-ce que tu devais faire pour gagner cet argent?
5. Tu as dû être un(e) enfant sage, n'est-ce pas?
6. D'après toi, à quel âge est-ce que les parents devraient permettre aux enfants de sortir seuls?

Activity B: Written preparation in advance may be helpful.

B. Une lettre. Vous avez consenti à traduire en français une lettre écrite par les parents d'un(e) de vos ami(e)s aux propriétaires d'un petit hôtel à Caen. Voici la lettre en anglais.

Dear Mr. and Mrs. Lesage,

You probably do not often receive letters from Americans, but my husband and I have to tell you how much we enjoyed your hotel this summer.

Everyone was so friendly there, and the accommodations (**l'hébergement**) were great! We must have stayed at a dozen hotels during our trip, but yours was without any doubt the best.

We thank you once again for the warm (**chaleureux**) welcome that you gave us.

Sincerely,

Linda and Charles Jackson

C. Que doit-on faire? Répondez en deux phrases aux questions suivantes avec un(e) camarade de classe. Notez vos conclusions.

1. Qu'est-ce qu'on doit faire pour les sans-abri *(homeless)*?
2. Qu'est-ce qu'on aurait dû faire pour empêcher la Seconde Guerre mondiale?
3. Qu'est-ce qu'on devrait faire pour améliorer les écoles américaines?
4. Qu'est-ce qu'on aurait dû faire pour éviter l'attentat pendant les Jeux olympiques d'Atlanta?

Liens culturels

La France et le racisme

Depuis la récession des années 1972–1982 et les succès électoraux du Front national de M. Jean-Marie Le Pen, dont l'un des principaux slogans affirme «deux millions de chômeurs, c'est deux millions d'immigrés en trop», la question des immigrés, et par voie de conséquence, celle du racisme, est au centre du débat politique.

Plus des deux tiers des Français se prononcent en faveur d'une fermeture des frontières pour empêcher l'entrée de nouveaux immigrés. Les partisans d'un renvoi des immigrés, notamment maghrébins, leur reprochent surtout d'aggraver le chômage, de ruiner la Sécurité Sociale, d'accroître l'insécurité et de créer des conditions de vie insupportables en raison des différences culturelles. Les Français s'inquiètent du déséquilibre démographique croissant de leur pays, dû à la natalité plus forte des étrangers. Ils craignent aussi que l'identité française se dissolve progressivement dans la mise en place d'une société pluriculturelle. Enfin, beaucoup considèrent que les différences entre les religions islamique et catholique rendent l'intégration des musulmans impossible.

Pour défendre les immigrés, les antiracistes, représentés surtout par l'organisation S.O.S.-Racisme et l'Obu (Organisation des banlieues unies) font valoir que les immigrés ont fourni à la France des ouvriers, des enfants et parfois des soldats;

qu'ils peuvent l'enrichir de leurs cultures; et que plus de 11 millions de Français ont un arrière-grand-parent étranger.

Les propos répétés de Jean-Marie Le Pen sur l'inégalité des races ont choqué près de deux Français sur trois, selon un sondage Ipsos-*Libération*. Le Front national est un parti «raciste» pour 75% d'entre eux, et considéré «dangereux pour la démocratie» à 66%. Pourtant, 51% admettent partager certaines de ses idées. Aux élections de mars 1993 de l'Assemblée nationale, le Front national a perdu son unique siège (Marie-France Stirbois), mais pendant le premier tour des élections présidentielles d'avril 1995, 4 571 138 électeurs ont voté pour Jean-Marie Le Pen (11,42%). Il est

évident que la discussion concernant les problèmes de l'immigration et du racisme en France est loin d'être finie.

Adapté de: *Le Monde,* avril, mai, juin 1988; *Francoscopie 1997,* p. 207; *Libération,* 16 septembre 1996, p. 1; *Quid 1996,* pp. 877, 885.

Liens culturels: A song that could be used to discuss the themes of racism and human equality is «**Etre né quelque part**» by Maxime Le Forestier.

▶ La grammaire à apprendre

Les adjectifs et les pronoms indéfinis

Indefinite adjectives and pronouns are useful for carrying out practically any function of language. Examples of the more common adjectives and pronouns are given below.

▶ The indefinite pronouns **quelque chose** and **quelqu'un** are both singular and masculine. Adjectives that modify these pronouns follow them and are introduced by **de**.

Examples: J'ai vu **quelque chose de** sympathique aujourd'hui. Il y avait des jeunes qui parlaient avec **quelqu'un de** bizarre dans le métro et qui essayaient de l'aider.

Adjectifs	Pronoms
quelque, quelques *some, a few*	**quelque chose (de)** *something* **quelqu'un** *someone, somebody* **quelques-un(e)s** *some, a few*

Il y a **quelques** jours, des terroristes ont pris des otages.
Quelques-uns des otages sont français.

chaque *each*	**chacun(e)** *each one*

Les preneurs d'otages ont pris une photo de **chaque** otage.
Comme on pouvait s'y attendre, **chacun** avait l'air pâle et effrayé.

▶ The final **s** of **tous**, normally silent, is pronounced when it is used as a pronoun.

tout(e) (avant un nom singulier sans article) *every, any, all*	**tous, toutes** *all*

On a perdu presque **tout** espoir parce que les otages sont **tous** accusés d'espionnage.

tout, toute, tous, toutes *all, every, the whole*	**tout** (invariable) *everything*

On espère que **toutes** les personnes enlevées seront bientôt libérées. Mais **tout** doit être fait pour éviter un affrontement *(confrontation)* militaire.

plusieurs (invariable) *several*	**plusieurs** (invariable) *several*

Les preneurs d'otages ont **plusieurs** fois menacé la vie des prisonniers. On a peur que **plusieurs** d'entre eux ne soient déjà morts.

Activités

A. Ecoutez-moi! Voici les phrases tirées d'un discours prononcé par un étudiant qui est candidat à la présidence du gouvernement étudiant. Complétez chaque phrase selon votre imagination.

1. Je crois que vous, les étudiants, êtes tous...
2. Si je suis élu, chaque étudiant recevra...
3. Quant au stationnement sur le campus, je promets que tous les étudiants...
4. De plus, je crois que tout professeur devrait...
5. J'ai plusieurs idées pour améliorer la qualité de la nourriture universitaire, par exemple...
6. Maintenant, si vous aimez mes idées, il faut que chacun de vous...

B. A la bibliothèque. Carole doit faire un exposé en classe sur l'art impressionniste. Elle se rend donc à la bibliothèque universitaire de la Sorbonne pour y faire des recherches. Complétez sa conversation avec l'employée de la bibliothèque en ajoutant les adjectifs et les pronoms indéfinis appropriés.

CAROLE: Bonjour, madame.

L'EMPLOYÉE: Bonjour, mademoiselle.

CAROLE: Pourriez-vous m'aider? J'ai besoin de _____ *(several)* livres sur l'art impressionniste.

L'EMPLOYÉE: Oui, alors, consultez ce catalogue et notez les livres que vous désirez voir... Voilà _____ *(a few)* de nos livres et _____ *(several)* de nos diapositives *(slides)*. Vous ne voulez probablement pas _____ *(all)* ces livres?

CAROLE: Euh, je ne sais pas. Je voudrais regarder _____ *(everything)* ce que vous m'avez apporté, si c'est possible.

L'EMPLOYÉE: Bien sûr, mademoiselle. Prenez votre temps pour étudier le _____ *(everything)*.

Activity B: You may want to point out to students that many French libraries do not operate on a self-service basis like American libraries. You must have a library card to enter the library and often are not permitted to search for books yourself. Instead, you fill out request slips and give them to library personnel, who then bring the materials to you. Note that the library in the Centre National d'Art et de Culture Georges Pompidou and the local municipal libraries in France are exceptions and do permit visitor browsing.

C. Répondez sans réfléchir. Dites la première chose qui vous vient à l'esprit. Posez les questions en français. Travaillez avec un(e) camarade de classe.

1. Name (**Nomme**) several French presidents.
2. Name each French professor you know.
3. Name someone interesting.
4. Name some French singers.
5. Think of (**Pense à**) something orange.
6. Think of all the French cars you know.
7. Name several American cities with French names. Give the state of each one.
8. Think of several famous French cities.

▶ Interactions

A. Imaginez... In groups of three, think and talk about what your country and the world will be like in three years and in ten years. What changes will probably take place and what events are very *unlikely* to happen? Write down a brief summary of the predictions of your group for both periods, and then compare them with the rest of the class.

B. Au grand magasin. Pretend that you work in the women's/men's sportswear department of a large clothing store. Your partner will play a customer who comes in to return a sweater that has obviously been worn. Discuss the probability/improbability of whether the sweater was worn and whether the store will offer a refund or an exchange. You might want to eventually tell the customer that she or he can talk to the manager, but that it probably will do no good. MOTS UTILES: rendre quelque chose *(to return something);* porté *(worn);* un remboursement *(refund);* un échange; sale *(dirty);* il manque un bouton *(it's missing a button);* détendu *(stretched-out [material]);* ne servir à rien *(to do no good)*

▶ Deuxième brouillon

1. Write a second draft of your paper from Lesson 2, incorporating more detail and adding examples to illustrate your point of view or the opposing point of view.
2. To make your arguments more forceful and organized, insert some of the following expressions:

EXPRESSIONS UTILES: Commençons par... ; il faut rappeler que... ; il ne faut pas oublier que... ; par conséquent... ; contrairement à ce que l'on croit généralement... ; de plus... ; en tout... ; enfin... ; en premier (second, troisième, dernier) lieu... ; il est possible que... ; il se peut que... ; mais... ; il n'en est pas question parce que... ; quant à *(as far as)*... ; il est certain que... ; d'autre part...

PHRASES: Writing an essay; expressing an opinion; agreeing & disagreeing, weighing alternatives

GRAMMAR: Subjunctive

▶ Turn to **Appendice B** for a complete list of active chapter vocabulary.

 Activités vidéo

Avant la vidéo

1. Il y a beaucoup de mots français et anglais dont l'écriture et le sens se ressemblent. Leur prononciation est toutefois différente. Regardez les mots ci-dessous, prononcez-les bien et devinez-en le sens.

maire	folklorique	condition
concept historique	communauté d'affaires	concurrence
réalité	agglomération	communauté
menacée	survivre	minoritaire
population	dégradation	majoritaire

A quelle occasion est-ce que vous entendriez ces mots?

2. Dans l'entrevue que vous allez voir, on posera les questions suivantes:
   - «Monsieur Lallier, le Québec est souvent appelé le berceau de la francophonie ici, en Amérique du Nord. Est-ce que vous pouvez nous faire une espèce de bilan de cette francophonie?»
   - «En regard de tout ça et de la situation politique ici au pays, qu'est-ce que vous pensez de l'avenir de cette culture francophone?»

   Avec vos camarades, imaginez les réponses que quelqu'un pourrait donner à ces questions.

3. L'identité nationale d'une personne peut dépendre de beaucoup de choses. Comment vous définiriez-vous? Par votre pays de naissance, de nationalité, par la région du pays où vous vivez, par vos origenes familiales? Est-ce que la réponse diffère selon les circonstances? Essayez d'expliquer votre choix.

Après la vidéo

1. Comment débute la conversation de Monique et M. Lallier? Comment finit-elle?
2. Qui est M. Lallier? Quelle est l'idée principale de son discours? Pourquoi est-ce qu'il est optimiste?
3. Travaillez en groupes pour résumer les réponses de M. Lallier aux deux questions de Monique. Comparez-les ensuite aux réponses que vous avez imaginées.
4. Comment est-ce que la première jeune femme, Anne Martin, se définit? Quelle est la raison qu'elle donne pour ce choix?
5. Comment est-ce que le jeune homme, Charles Robert, se définit? Citez quelques-unes de ses raisons.
6. La deuxième jeune femme, Marjolaine Verville, parle de l'accent particulier de Québec. A-t-elle raison? Un accent régional est-il un avantage ou un désavantage?
7. Les trois personnes s'identifient d'une certaine façon. Essayez de les convaincre d'accepter une autre identité.

Activités orales

A. Moi, je pense que… Find an article in a French or American newspaper or magazine on a current event or social issue. In groups of three or four, take turns describing your article. Be sure to add your own opinion on the topic. Your listeners should react to what you say and ask questions.

B. Faisons la fête! You are at an end-of-semester party at your friend Pam's house, where there are many people you know and some you don't. Circulate freely among the guests (the class as a whole) and converse briefly with at least eight guests. Use appropriate expressions to begin, maintain, and end the conversations. SUJETS DE CONVERSATION: les examens de fin de semestre; vos notes probables; les projets de vacances; les cours du semestre prochain; un(e) petit(e) ami(e); un film récemment vu; les actualités

Activité écrite

Immigration. Find an article in an American magazine or newspaper on the immigrant or racism problems in France. Use this article and the information in this chapter to write a composition in which you compare the immigrant or racism issues in France with the illegal alien problem in the United States. Include a discussion of the following questions:

- Quelles sont les ressemblances et les différences entre les deux situations?
- Est-ce que les immigrés viennent avec l'intention de rester en permanence dans les deux cas?
- Pourquoi est-il difficile de limiter l'entrée des immigrants?
- A votre avis, qu'est-ce qu'on doit faire pour résoudre le problème?
- Quelles seront les conséquences probables si on n'y prête pas attention?

PHRASES: Writing an essay; expressing an opinion; agreeing & disagreeing; weighing alternatives

GRAMMAR: Subjunctive; future tense

 ▶**Révision finale**

1. Reread your composition and focus on the conclusion, making sure that it offers a synthesis or a solution. Choose a title that will capture the attention of your reader and indicate the topic.
2. Bring your draft to class and ask two classmates to peer edit your paper. They should pay particular attention to whether or not your argumentation is convincing. Your classmates should use the symbols on page 415 to indicate grammar errors.
3. Examine your composition one last time. Check for correct spelling, grammar, and punctuation. Pay special attention to your use of pronouns, the verb **devoir,** and indefinite adjectives and pronouns.
4. Prepare your final version.

PHRASES: Writing an essay; expressing an opinion; agreeing & disagreeing; weighing alternatives

GRAMMAR: Direct and indirect object pronouns; pronoun en; locative pronoun y

http://bravo.heinle.com

Additional written activity: Write a letter to the editor of the monthly newsletter of the French department at your school. Express your opinions on a current problem and ask that something be done about it. *Suggested topics:* l'augmentation des droits d'inscription; la qualité de la nourriture servie dans les restaurants univer-sitaires; l'incompétence du gouvernement étudiant; le stationnement sur le campus; l'entraîneur sportif récemment renvoyé par le président de l'université; les heures d'ouvertures limitées de la bibliothèque. *Follow-up:* Redistribute student letters among the class and have each student play the part of the editor by writing a thought-ful response. After credit is given for both requests and responses, pass responses back and have students do an oral pair activity in which they express their reactions to the proposed solutions.

INTERMÈDE CULTUREL

I. L'impressionnisme

Claude Monet, *le Déjeuner sur l'herbe*

Avant la lecture

- Connaissez-vous des artistes impressionnistes? Lesquels?

- Qu'est-ce que vous savez de l'impressionnisme?

- Quelles seraient les caractéristiques probables de tableaux basés sur des impressions?

Auguste Renoir, *la Danse à la campagne*

L'impressionnisme est un terme qui s'applique à la littérature, à la musique et à la peinture. A l'origine, le mot faisait référence à un groupe de peintres français à Paris au XIXᵉ siècle. Le plus connu de ces peintres est peut-être Claude Monet, mais le groupe comprend aussi Auguste Renoir, Edouard Manet et Camille Pissarro. Comme tout mouvement artistique, l'impressionnisme est né d'une réaction aux idées dominantes d'alors. C'est l'aboutissement° d'un nouveau style d'expression.

result

Les peintres impressionnistes se rebellaient d'une part contre l'Académie. Dans l'esprit de beaucoup d'artistes à l'époque, cette institution symbolisait ce qui était conventionnel et s'opposait à toute innovation qui menaçait son enseignement du dessin et de la peinture, ou contestait les doctrines établies. D'autre part les impressionnistes luttaient aussi contre le Salon officiel, une exposition importante pour les peintres, parce qu'elle représentait un des principaux moyens de se faire connaître. Les membres du jury°, en grande partie conservateurs, privilégiaient un groupe de peintres traditionnels et le Salon refusait donc d'exposer les œuvres des impressionnistes.

in this context, members of the selection committee

Quoique les impressionnistes se soient opposés à l'Académie et aient introduit des méthodes nouvelles, ils gardaient néanmoins une partie des techniques traditionnelles. Ils essayaient, dans leurs tableaux, de communiquer l'impression ressentie au cours de leur observation de la nature. La base de leur technique était l'observation des couleurs et de la lumière. L'eau et l'air étaient les éléments par excellence de l'univers impressionniste. Pour créer cet effet d'impression, les peintres ont remplacé la technique traditionnelle des touches° continues par celle de la touche divisée. Leur sujet étant fréquemment un paysage,° urbain aussi bien que campagnard, c'était en plein air° qu'ils aimaient travailler, afin de mieux apprécier les changements de temps et de qualité de la lumière. Pourtant, les peintres impressionnistes ont aussi peint des tableaux à grande échelle° destinés à des expositions particulières. Préparés de manière conventionnelle dans leurs ateliers,° ces tableaux étaient souvent basés sur des études faites en plein air.

Les impressionnistes ont introduit dans leurs tableaux quelques-unes des nouveautés caractéristiques de la vie moderne: des trains, des bateaux à vapeur, des ponts métalliques et des cheminées d'usine. Pourtant, ils ont aussi partagé le goût des maîtres de la modernité pour la peinture française du XVIIIe siècle. Ils ont peint des portraits, des bouquets et des scènes de la vie quotidienne, notamment des femmes à leur toilette, des danseuses en train de répéter, des courses de chevaux

Edouard Manet, *Chez Le père Lathuille*

brushstrokes

landscape
outside

large scale

studios
overflows

et des scènes de café parisien. Certaines de leurs pratiques trouvent leurs origines dans l'art du Japon: par exemple, la suppression de la ligne d'horizon; le recours à des éléments du paysage pour entourer le sujet et remplir la toile; et la suggestion que le paysage déborde° du tableau, comme s'il était un simple morceau du monde découpé dans une réalité plus vaste.

L'impressionnisme a été longtemps méconnu en France. Son exclusion du Salon officiel, des musées, des galeries fréquentées par le grand public, des revues et même des livres reflète l'indifférence ressentie par le public pour l'art impressionniste au XIXe siècle, indifférence qui explique peut-être le nombre restreint d'impressionnistes étrangers et leur apparition tardive.

Après la lecture

Compréhension

Contre quoi les peintres impressionnistes réagissaient-ils? Qu'est-ce qui était nouveau dans leurs méthodes et leurs techniques? Quels sujets ont-ils surtout peints?

Expansion

Choisissez un des tableaux représentés et décrivez-le. Quel en est le sujet? Quelles techniques ou méthodes reconnaissez-vous?

II. *Bonheur d'occasion par Gabrielle Roy*

Avant la lecture

Sujets à discuter

1. Le taux de chômage *(unemployment rate)* d'un pays change constamment. Quel est le taux actuel dans votre pays? Est-ce qu'il est plus ou moins élevé qu'il y a un an?
2. Quand un pays a un taux de chômage élevé, quelles en sont les répercussions sur les différents secteurs de la société?
3. En plus des problèmes d'argent, à quels problèmes psychologiques un chômeur doit-il faire face?
4. On dit souvent que nous habitons dans une société qui est obsessivement orientée vers la consommation. Quel problème supplémentaire cela pose-t-il pour un chômeur qui vit dans une telle société?

Stratégies de lecture

A. Mots empruntés. Dans le français que parlent les Québécois, on entend souvent des mots empruntés de l'anglais parlé aux Etats-Unis à cause de la proximité entre le Canada et les Etats-Unis (par exemple, **un computer** ou **un bill**). Parcourez le texte et faites une liste des mots empruntés de l'anglais.

B. Québecismes. Le vocabulaire de la langue québecoise parlée comprend d'autres mots qu'on ne trouve nulle part ailleurs dans le monde francophone.

Devinez le sens des mots soulignés dans les phrases suivantes en utilisant le contexte et la structure de la phrase. Ecrivez l'expression équivalente du français standard.

Exemple: Je m'en <u>vas</u> vous dire une chose... (vais).

1. La société s'occupe pas de nous autres... <u>A</u> nous dit: «Débrouillez-vous comme vous pourrez.»... <u>Pis</u> arrive un bon jour qu'<u>a</u> s'aperçoit de nous autres.
2. Et <u>v'là</u> <u>betôt</u> cinq ans Pitou est sorti de l'école...
3. <u>Eh ben</u>! Trois ans à courir à <u>drette</u> et à gauche...
4. Et <u>v'là</u> <u>not'</u> Pitou qui fume comme un homme...

C. Devinez le contenu. Regardez le titre de la lecture. L'expression **d'occasion** se trouve dans des locutions telles que **livre d'occasion, vêtement d'occasion, voiture d'occasion.** Comment peut-on concevoir un **bonheur d'occasion?** D'après le titre et les questions ci-dessus, essayez de deviner ce qu'a voulu dire l'auteur et précisez le thème du passage.

*G*abrielle Roy's novel Bonheur d'occasion *(1945) is set in Saint-Henri, a working-class suburb of Montreal, during the Second World War. Unemployment was high, and for young men such as Emmanuel, enlisting in the Army was often the only way out. Being unemployed in a large city was unusually frustrating for someone coming from a society steeped in rural traditions, where parish and family provided a network of support. The following discussion takes place between Emmanuel and his former classmates, now unemployed. Boisvert gets up and disdainfully declares:*

Bonheur d'occasion°

     —Je m'en vas° vous dire une chose, moi... La société s'occupe pas de nous autres, pendant quinze ans, pendant vingt ans. A° nous dit: «Arrangez-vous, débrouillez-vous comme vous pourrez.» Pis° arrive
5   un bon jour qu'a s'aperçoit de nous autres. A besoin de nous autres tout d'un coup. «Venez me défendre, qu'a nous crie. Venez me défendre.»
    Il s'arrêta devant Emmanuel, bien campé° sur ses jambes courtes, une mèche° sur le front.
10   —Toi, dit-il, t'as eu de la chance. Si tu veux faire le héros, c'est ton affaire. Chacun sa° business. Mais, nous autres, qu'est-ce qu'on a eu de la société? Regarde-moi, regarde Alphonse. Qu'est-ce qu'a nous a donné à nous autres, la société? Rien. Pis, si t'es pas
15   encore content, regard Pitou. Quel âge qu'il a Pitou? Dix-huit ans... eh ben°! il a pas encore fait une journée d'ouvrage° payé dans sa vie. Et v'là betôt° cinq ans qu'il est sorti de l'école à coups de pied dans la bonne place° et pis qu'y° cherche. C'est-y° de
20   la justice, ça? Trois ans à courir à drette° et à gauche, et à pas apprendre d'aut'chose qu'à ben jouer sa guitare! Et v'là not'° Pitou qui fume comme un homme, mâche° comme un homme, crache° comme un homme, mais y a pas gagné une tannante de°
25   cenne° de toute sa saprée° vie. Trouves-tu ça beau, toi? Moi, je trouve ça laite,° ben laite...
    —C'est vrai quant à ça, dit Pitou. J'ai pas pu me trouver une journée de travail depuis que j'ai lâché° l'école. Je commence à être trop vieux pour passer
30   les journaux, pis ils veulent pas de moi dans les factories. Personne veut de moi, nulle part.
    —Qu'est-ce que je disais! fit Boisvert. Ça revient toujours à ce que j'ai toujours dit: nous autres, la société nous a rien donné. Rien...

secondhand

vais

Elle
Puis

se tenant bien
lock of hair

son

eh bien
travail / voilà bientôt

at the bottom / il / Est-ce
droite

notre
chews / spits
damned
sou (*cent*) / sacrée
laid

quitté

demi-obscurité
eyelids

35 —Attends un peu, attends un peu, murmura
Alphonse paresseusement. Ça n'est pas encore vrai.
La société nous a donné de quoi. A nous donné de
quoi, oui, c'est la vérité. Et savez-vous qu'est-ce
qu'a nous a donné?

40 Il était dans la pénombre° et parlait les
paupières° mi-closes, sans geste aucun, en remuant
à peine les lèvres, de sorte que sa voix semblait
venir d'une personne cachée derrière lui.

—Eh ben! je vas vous le dire. A nous a donné
45 les tentations.

colère
dit

—Des fous, des fous! jeta la mère Philibert avec
emportement.°

—Non, pas si fou, interposa° doucement Emmanuel. Qu'est-ce que tu voulais dire, Phonse?

rire en se moquant / douce

50 Il y eut un silence. On entendit Alphonse ri-
caner,° puis il continua, sa voix molle° montant
dans l'ombre, comme une partie de l'ombre,
comme l'expression de l'ombre:

sur

—Avez-vous déjà marché, vous autres, su° la
55 rue Sainte-Catherine,⁴ pas une cenne dans
vot'poche, et regardé tout ce qu'y a dans les vi-
trines°? Oui, hein! Ben moi aussi, ça m'est arrivé.
Et j'ai vu du beau, mes amis, comme pas beaucoup
de monde a vu du beau. Moi, j'ai eu le temps de
60 voir du beau: pis en masse. Tout ce que j'ai vu de
beau dans ma vie, à traîner la patte° su la rue
Sainte-Catherine, ça pourrait quasiment pas se dire!
Je sais pas, moi, des Packard, des Buick, j'en ai vu
des autos faites pour le speed pis pour le fun. Pis

fenêtres des magasins

marcher (familier)

mannequins de cire des grands
 magasins
du tout

vêtements de fantaisie

65 après ça j'ai vu leurs catins de cire,° avec des belles
robes de bal sur le dos, pis d'autres, qui sont pas
habillées une miette.° Qu'est-ce que vous voyez-t-y
pas su la rue Sainte-Catherine? Des meubles, des
chambres à coucher, d'aut' catins en fanfreluches°
70 de soie. Pis des magasins de sport, des cannes de
golf, des raquettes de tennis, des skis, des lignes de
pêche. S'y a quelqu'un au monde qu'aurait le temps
de s'amuser avec toutes ces affaires-là, c'est ben
nous autres, hein?

nourriture / aujourd'hui
vide

75 «Mais le seul fun qu'on a, c'est de les regarder.
Pis la mangeaille° à c'te heure°! Je sais pas si vous
avez déjà eu le ventre creux,° vous autres, et que

---

⁴ grande rue commerciale de Montréal

vous êtes passés par un restaurant d'iousque qu'y
a° des volailles qui rôtissent à petit feu su une   où il y a
80   broche? Mais ça, c'est pas toute,° mes amis. La so-   tout
ciété nous met toute sous les yeux; tout ce qu'y a
de beau sous les yeux. Mais allez pas croire qu'a
fait rien que nous les mettre sous les yeux!
       «Ah! non, a nous conseille d'acheter aussi. On
85   dirait qu'a peur qu'on soye pas assez tentés. Ça fait
donc qu'a nous achale° pour qu'on achète ses be-   provoque
belles.° Ouvrez la radio un petit brin;° et qu'est-ce   belles choses / peu
que vous entendez? Des fois, c'est un monsieur du
Loan qui vous propose d'emprunter cinq cents
90   piasses.° Boy, de quoi s'acheter une vieille Buick!   piastres *(dollars)*
D'aut'fois, c'est un billboard qui vous offre de ben
nettoyer vos guenilles.° Ils vous disent encore que   vêtements
c'est ben fou, ben bête de pas vivre à la mode pis
de pas avoir un frigidaire dans vot' maison. Ouvrez
95   la gazette à c'te heure. Achetez des cigarettes, du
bon gin hollandais, des petites pilules pour le mal
de tête, des manteaux de fourrure. Y a personne
qui devrait se priver qu'ils vous chantent du matin
au soir. Dans not' temps de progrès, tout le monde
100   a droit de s'amuser... Pis vous sortez dans la rue. Et
c'est en grosses lumières au-dessus de votre tête que
la société vous tente. Y en a-t-il un peu des bonnes
cigarettes, pis du bon chocolat, dans ces petites lu-
mières qui vous dansent partout su la tête, icitte,°   ici
105   là-bas, de tous les côtés.»

Extrait de Gabrielle Roy, *Bonheur d'occasion*

Après la lecture

Compréhension

A.   Observation et analyse. Dites si les phrases suivantes, adaptées du texte, sont
vraies ou fausses. Trouvez des exemples dans le texte pour justifier votre réponse.

1. La société n'a pas besoin de jeunes hommes sauf pour défendre le pays.
2. Pitou était un ingénieur très important avant la guerre.
3. Selon Boisvert, la société doit quelque chose au peuple.
4. La société offre beaucoup de tentations aux pauvres.
5. La publicité donne une impression fausse de la vie.

B.   Descriptions. Les histoires sont souvent faites de descriptions. Trouvez dans le texte des expressions qui décrivent les personnes et les choses suivantes.

- les personnes qui parlent le plus: Emmanuel, Pitou, Boisvert et Alphonse
- la rue Sainte-Catherine
- la société selon Boisvert: les tentations de la publicité, les devoirs de la société

C.   Réactions. Donnez votre réaction.

1. Avez-vous déjà été dans des circonstances où vous avez dû utiliser une chose achetée d'occasion? Expliquez.
2. Quels sont les effets de la publicité à la radio, à la télé et dans les magazines sur les désirs et les souhaits des gens? Pensez surtout aux enfants et aux adolescents.
3. Auriez-vous des conseils à donner à ces hommes? Expliquez.

Interactions

A.   Les riches et les pauvres. L'histoire compare la vie des riches et des pauvres. Faites une liste des éléments de l'histoire qui ont trait à cette comparaison. Pensez aux possessions matérielles, au style de vie (passe-temps, travail, repas), etc.

Les riches	Les pauvres

B.   Débat. Une personne est née dans une famille très pauvre et peu éduquée *(under-educated)*. Que peut faire cette personne pour améliorer son sort? Quel est le rôle de la société dans ce cas? Que peut-elle faire pour cette personne? Divisez la classe en deux sections défendant les thèses suivantes: l'individu est responsable / la société est responsable. Si nécessaire, ces deux groupes se diviseront en petits groupes de discussion de trois ou quatre personnes, puis présenteront leurs arguments respectifs. Un débat suivra ces présentations.

YVES: Tu as pensé aussi à aller à la bibliothèque? Ils ont des articles, des petites annonces sur des panneaux d'affichage,° pour des logements...

DELPHINE: Tu ferais mieux peut-être d'habiter une chambre à la Cité-U.°

JANE: Tiens! Ce sont de très bonnes idées. Il faudrait que je me renseigne. Merci!

un panneau d'affichage *bulletin board*

la Cité-U *student residence hall(s)*

A suivre

Observation et analyse

1. Quelle est la réaction des amis de Jane à son idée de louer un appartement à Paris?
2. Quelle sorte de logement lui suggèrent-ils?
3. Est-ce que les autres veulent habiter ensemble? Pourquoi ou pourquoi pas?
4. Où conseillent-ils à Jane d'aller pour trouver des renseignements sur les logements disponibles?
5. Pourquoi, à votre avis, Jane a-t-elle tant de difficultés à comprendre la situation du logement à Paris?

Réactions

1. Quelle sorte de logement est-ce que vous chercheriez si vous étiez dans la même situation que Jane à Paris? Expliquez.
2. Connaissez-vous beaucoup d'Américains qui étudient en Europe? Voudriez-vous le faire un jour? Expliquez.

• •

▶ Expressions typiques pour...

Faire une hypothèse

Si tu pars, où iras-tu?/Si vous partez, où irez-vous?
  (action vue comme possibilité réelle)

Si tu partais, où irais-tu?/Si vous partiez, où iriez-vous?
  (action vue comme hypothèse—irréelle au moment où l'on parle)

Si je pars, j'irai à Chicago.

Si je partais, j'irais à Paris.

Conseiller

Tu devrais/Vous devriez manger à la Tour d'Argent.[2]
Je te/vous conseille/recommande.
Il vaut mieux encaisser ce chèque *(cash this check)* tout de suite.
Tu ferais/Vous feriez mieux de louer un studio.
Si j'étais toi/vous, je chercherais une chambre.
Si j'étais à ta/votre place, je déposerais *(deposit)* mon chèque à la banque.
J'ai une très bonne idée/une idée sensationnelle...

▶ To advise against, use the negative form of the structures for advising.

---

[2] Un des restaurants les plus chers de Paris, avec vue sur Notre-Dame, l'île Saint-Louis et la Seine. En général, les étudiants n'y vont pas!

Suggérer

Je te/vous suggère de
Tu peux/Vous pouvez   } chercher une chambre.
Tu pourrais/Vous pourriez

Tu as pensé à/Vous avez pensé à   } acheter en copropriété?
Pourquoi ne pas

Accepter une suggestion

Tiens! C'est une bonne idée.
D'accord.
Pourquoi pas?
C'est une excellente suggestion.

Refuser une suggestion

Non, ce n'est pas une bonne idée.
Non, je ne veux/peux pas.
Merci de ton/votre conseil, mais ce
   n'est pas possible en ce moment.
Ça me paraît difficile/impossible.

Avertir *(To warn)*

Je te/vous signale *(point out)* que   } ce n'est pas facile.
Je te/vous préviens *(warn)* que

Attention
Fais/Faites attention   } aux voitures!
Fais gaffe *(familiar—Be careful, watch out)*

▶ Mots et expressions utiles

Additional lodging vocabulary:
l'ascenseur *elevator;* **la baignoire**
bathtub; **la banlieue** *suburbs;* **le centre**
ville *downtown;* **le chauffage** *heat;* **la**
cour *courtyard;* **la cuisine** *kitchen;* **la**
douche *shower;* **l'eau** [f] **chaude /**
froide *hot / cold water;* **l'escalier** m
stairway; **l'étage** m *floor;* **le gaz** *gas;*
le lavabo *sink;* **la pièce** *room;* **le rez-**
de-chaussée *first floor / ground floor;*
la salle à manger *dining room;* **la salle**
de bains *bathroom;* **la salle de séjour**
living room; **le sous-sol** *basement;* **les**
WC m pl / **les toilettes** f pl *toilet*

Le logement

acheter à crédit   *to buy on credit*
l'agent [m] **immobilier**   *real estate
   agent*
l'appartement m   *apartment*
la chambre de bonne   *room for rent
   (formerly maid's quarters)*
les charges f pl   *fees (for heat and
   maintenance of an apartment or
   condominium)*
**la Cité-U(niversitaire)/résidence
   universitaire**   *student residence
   hall(s)*
une HLM (habitation à loyer modéré)
   moderate income housing
l'immeuble m   *apartment building*
le/la locataire   *tenant*
un logement en copropriété
   condominium
louer   *to rent*
le loyer   *rent*
le/la propriétaire   *owner; householder*
le studio   *efficiency apartment*

Une habitation peut être...

grande, petite, vieille, ancienne,
neuve *(brand new)*, récente,
moderne, rénovée *(remodeled)*,
confortable, agréable, sale, propre
(clean), commode *(convenient)*,
pratique, facile à entretenir *(to
maintain)*, au prix fort *(at a high
price)*

Les avantages/inconvénients
(disadvantages)

bien/mal conçu(e) *(designed)*,
situé(e), équipé(e), entretenu(e)
(maintained); beau/belle; moche;
laid(e); solide; tranquille; calme;
bruyant(e) *(noisy)*; isolé(e)

Mise en pratique

Eh bien voilà, madame. J'ai enfin fini mes études universitaires et je viens de trouver un emploi bien payé. Il n'y a plus qu'une question à régler: où habiter? Ma mère me conseille de **louer un studio** ou une chambre pendant une année. Mais moi, j'en ai assez d'être **locataire,** je voudrais être **propriétaire!** Tout le monde **achète à crédit** de nos jours, alors pourquoi pas moi? Je pourrais acheter une **vieille maison située** dans un quartier **tranquille** ou un **logement en copropriété, moderne,** et **bien entretenu** par une association. Enfin, madame l'**agent immobilier,** me voilà! Qu'est-ce que vous avez à me proposer?

La banque

le carnet de chèques	*checkbook*	l'intérêt m	*interest*
la carte de crédit	*credit card*	le livret d'épargne	*savings account*
la carte électronique	*automatic teller card*	ouvrir un compte	*to open an account*
changer de l'argent	*to change money*	prendre son mal en patience	*to wait patiently*
le compte chèques	*checking account*	le prêt	*loan*
déposer	*to deposit*	prêter	*to lend*
le distributeur automatique de billets	*automatic teller machine*	retirer de l'argent	*to make a withdrawal*
emprunter	*to borrow*	le taux d'intérêt	*interest rate*
encaisser un chèque	*to cash a check*		

Additional banking vocabulary: **le billet** *bill;* **la monnaie** *change;* **la pièce** *coin;* **le virement** *transfer;* **virer** *to transfer*

Mise en pratique

—Tu as une minute? Il faut que je m'arrête à la banque pour **encaisser un chèque,** enfin si j'ai bien mon **carnet de chèques** avec moi. Sinon, je dois passer au **distributeur automatique de billets.**
—Je peux te **prêter** de l'argent.
—Ce **prêt** me serait fait à quel **taux d'intérêt?**
—Il vaut peut-être mieux que tu ailles à la banque. Ça te reviendra moins cher!

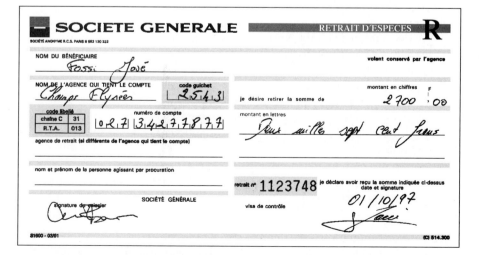

Combien d'argent est-ce que cette personne a retiré? A-t-elle un compte à cette banque?

It would be helpful to show pictures or slides of banks and bank machines. If possible, bring in other documents that you have from banks in France or Québec and have students use those to role play situations where they go to the bank to open an account, cash a check, change money, etc. If none are available, have students make up forms using the model to the left or search the Web.

Décrivez ces logements. Lequel est-ce que vous préférez?

Activités

A. Entraînez-vous: Si j'étais à ta/votre place. En utilisant les *Expressions typiques pour...* , donnez des conseils et des suggestions dans les situations suivantes.

> MODÈLE: à un professeur qui veut préparer son prochain cours
> *J'ai une très bonne idée. Annulez le cours!*

1. à un(e) ami(e) qui veut aller au cinéma
2. à votre petit frère/petite sœur qui cherche un bon livre
3. à un(e) touriste qui cherche un bon restaurant dans votre ville
4. à un(e) ami(e) qui fume beaucoup
5. à un(e) ami(e) qui veut voyager à l'étranger
6. à un(e) inconnu(e) qui porte un chapeau dans la salle de cinéma

B. Que décider? Une amie américaine qui a hérité d'une maison en France vous demande de l'aider à écrire à un agent immobilier. Traduisez la lettre en français pour elle.

> Sir/Madam,
>
>   I would be very obliged if you could give me (**Je vous serais très obligée de bien vouloir me donner**) some advice. I have become the owner of an old house in Lyon. It is solid but badly maintained. I am renting it to a young couple who complains (**se plaint**). They say that many things in the house do not work (**ne pas marcher**). I would be very grateful (**reconnaissante**) if you could give me some suggestions. Should I sell the house? Should I borrow money to remodel it? Should I destroy (**démolir**) it?
>
>   I thank you in advance for your suggestions.
>
>   Sincerely, (**Veuillez agréer, Monsieur/Madame, l'assurance de mes sentiments distingués.**)
>
> *Marcia Cohen*

Après avoir traduit la lettre, jouez le rôle de l'agent immobilier et répondez à cette lettre. Quels conseils et suggestions donneriez-vous à cette dame?

C. Questions indiscrètes. Interviewez un(e) ami(e) sur le logement et l'argent. Donnez un résumé de ses réponses à la classe.

1. Est-ce que tu habites une résidence universitaire? un appartement? une maison? un studio? une chambre? un logement en copropriété? Décris ton logement.
2. Est-ce que tu es propriétaire ou locataire? Quels sont les avantages et inconvénients d'être propriétaire? d'être locataire?
3. Est-ce que tu as jamais emprunté de l'argent à la banque? Pour quoi faire? Est-ce que tu te souviens du taux d'intérêt?
4. Combien de comptes en banque est-ce que tu as? Est-ce que tu préfères un livret d'épargne ou un compte chèques? Pourquoi?

▶ La grammaire à apprendre

Les phrases conditionnelles

We often use the conditional to counsel, suggest, or warn someone about something. We present a possible or hypothetical fact or condition after the word *if* and follow it with the result. In French this is accomplished by using the *imperfect* in the **si** clause and the *conditional* in the result clause.

> Ecoute ta mère: si j'**étais** toi, je **déposerais** la moitié de ton chèque sur ton livret d'épargne.
> *Listen to your mother: if I were you, I would deposit half of your check in your savings account.*

In this chapter, we discuss two types of *if*/result clauses. A third type, which uses the past conditional, will be presented in *Chapitre 10.*

Si clause	Main clause
present	present future imperative
imperfect	conditional

> Si elle **va** à la Société Générale, elle **retirera** la somme de 1 000 F de son compte chèques.
> *If she goes to the Société Générale, she will withdraw the sum of 1,000 francs from her checking account.*

> Si nous **voulions** de l'argent, nous **irions** à la Banque Populaire.
> *If we wanted some money, we would go to the Banque Populaire.*

NOTE:
- As mentioned earlier, the order of the two clauses is interchangeable.
- Neither the future nor the conditional is used in the **si** clause.

Preview of sequence of tenses: Begin by asking questions as follows: Si vous étiez une personnalité, qui aimeriez-vous être? Avec quelle personnalité est-ce que vous rêveriez de passer une soirée? Si on vous offrait un quart d'heure d'antenne à la télévision, qu'en feriez-vous?

▶ Formation of the conditional was reviewed in *Chapitre 1* and the imperfect in *Chapitre 4.*

Liens culturels

L'argent

En France, on dit que «L'argent ne fait pas le bonheur»; on dit aussi que «peine d'argent n'est pas mortelle». Une personne honnête doit se méfier de l'argent. Les Français se méfient surtout de l'argent vite fait. (Regardez l'image.) Il faut dire, cependant, que la France est fascinée par l'argent et qu'elle est fière de ses Rothschild et de ses Wendel. En fait, les salaires des gens riches sont souvent un sujet de conversation à la télévision. Les statistiques officielles montrent qu'il y a un accroissement des inégalités de revenues. Beaucoup de Français sont choqués par les salaires exorbitants de certaines personnalités des médias.

L'argent des autres

« Si l'on vous parle d'une personne ayant fait fortune en quelques années, éprouvez-vous à son égard plutôt de l'admiration ou plutôt de la méfiance ? » (en %) :

Plutôt de la méfiance
47   43   45   50

Plutôt de l'admiration
34   42   38   34

L'Expansion/Sofres, septembre 1990

| Septembre 1984 | Juin 1986 | Avril 1989 | Juillet 1990 |

Quelle est l'attitude des Américains envers l'argent? Est-elle en train de changer?

Adapté de l'*Express* (1er mars 1985, p. 29) et Gérard Mermet, *Francoscopie 1995* (Larousse, pp. 307–311).

Liens culturels: Bring in French paper currency and discuss the colors and pictures. Point out the pictures of Debussy, Montesquieu, etc. Have students imagine why famous people such as these would appear on bills. Have students look on the Web.

Additional activity: Have students work in small groups to brainstorm solutions for the following problems. Afterwards they will share their ideas with the entire class: Qu'est-ce que tu ferais dans les situations suivantes? 1. Quelqu'un a volé ton passeport et ton portefeuille pendant un voyage en France. 2. Tu voyages à l'étranger et il y a un coup d'Etat dans le pays où tu te trouves. 3. Tu as de mauvaises notes dans tous tes cours. 4. Tu n'arrives pas à trouver un job d'été et tu as vraiment besoin d'argent.

Activités

A. Quelle situation embarrassante! Imaginez que vous soyez dans les situations suivantes. Dites ce que vous feriez pour en sortir.

MODÈLE: Vous êtes à la station-service où vous venez de faire le plein. Vous vous rendez compte que vous n'avez pas d'argent.
Si je me rendais compte que je n'avais pas d'argent, je demanderais un prêt au propriétaire.

1. Vous êtes perdu(e) dans une ville que vous ne connaissez pas.
2. Vous tombez malade dans un pays dont vous ne pouvez pas parler la langue.
3. Vous faites du ski dans les Alpes et vous êtes pris(e) dans une tempête de neige.
4. Votre voiture tombe en panne *(breaks down)* au milieu de la nuit.
5. Vous travaillez dans une banque et il y a un hold-up.
6. Vous mangez au restaurant et vous apercevez votre acteur/actrice préféré(e).
7. Vous êtes à la terrasse d'un café et une mouche se noie *(a fly drowns)* dans votre verre de bière.

B. Questions indiscrètes. Posez les questions suivantes à un(e) ami(e). Donnez un résumé de ses réponses à la classe.

1. Qu'est-ce que tu ferais si tu avais un emploi horrible? si tu ne pouvais pas changer de travail pour des raisons financières? si tu avais un(e) patron(ne) que tu détestais?
2. Qu'est-ce que tu ferais si tu avais des quintuplé(e)s? Comment tu gagnerais de l'argent pour les élever?
3. Qu'est-ce que tu ferais si tu gagnais à la loterie? Où irais-tu? Qu'achèterais-tu? Partagerais-tu ce que tu as gagné avec tes amis?
4. Qu'est-ce que tu ferais si tu devais habiter pendant un an sur une île déserte? Si tu pouvais choisir, avec qui est-ce que tu aimerais passer ton séjour? Qu'est-ce que tu emporterais avec toi?

▶ Interactions

A. Un prêt. Imagine that you want to get a loan. Look at the form below and discuss your ideas with the loan officer (your partner). Explain whether you want a loan for a house or a car. Tell how much money you want to borrow and how long you will take to repay the loan. The loan officer will give you suggestions.

Additional reading activity: Use the realia below as a brief reading activity before students begin activity A. Have them look at the large type and imagine the purpose of the form. Ask what other types of loans one can get.

Réaliser vos projets immobiliers

Prêt Immobilier Évolutif.
Le prêt qui s'adapte à vos changements de situation.

GÉNÉRALE

CONJUGUONS NOS TALENTS.

Demande d'informations sur le prêt immobilier évolutif

☐ M.   ☐ Mme   ☐ Mlle
Nom : _____ Prénom : _____
Code guichet : _____
N° de compte : _____ Clé RIB : _____
Je suis intéressé(e) par le Prêt Immobilier Evolutif et souhaite obtenir, sans engagement de ma part, des renseignements complémentaires.

Je coche la case correspondant à mes besoins :

Résidence	Principale	Secondaire	Locative
• Travaux	☐	☐	☐
• Construction	☐	☐	☐
• Acquisition (neuf)	☐	☐	☐
(ancien)	☐	☐	☐

Je souhaite emprunter : _____ F.
Je ne désire pas rembourser plus de _____ F par mois.
La durée de mon prêt ne doit pas excéder _____ ans.
(maximum 20 ans).

Pour vous permettre d'établir une simulation, je complète les renseignements ci-après :

• Situation de famille :
  ☐ Marié ☐ Concubin   ☐ Divorcé   ☐ Célibataire

• Situation du logement :
  ☐ Propriétaire ☐ Locataire ☐ Autre (préciser)

	MOI-MÊME	CONJOINT
Date de naissance		
Nombre d'enfants		
Profession		
Ancienneté chez l'employeur		
Revenus mensuels		
Allocations familiales		
Autres revenus		
Loyer		
Remboursement prêts en cours		
Autres charges		

Fait à _____ le _____
Signature :

« Loi informatique et libertés (article 27 et 31) et secret professionnel : Les informations nominatives ci-dessus sont obligatoires. Elles sont destinées à la Société Générale qui, de convention expresse, est autorisée à les conserver en mémoire informatique ainsi qu'à les communiquer aux sociétés de son groupe, à des tiers pour des besoins de gestion, ou à des sous-traitants. Vos droits d'accès et de rectification peuvent être exercés auprès du service ayant recueilli ces informations ».

B.   Que faire? You are a nineteen-year-old French person in your first year at the university. You did not do well on your exams at the end of the year. You are thinking of quitting the university and going to the United States as a **jeune fille/jeune homme au pair.** You think that this would be a good opportunity to practice your English, but you don't have any money or savings. You know that your parents will be very saddened by your decision. You are the youngest child and your brothers and sisters have already left home. Ask two friends for advice.

▶ Premier brouillon

1. After you have filled in your outline from Lesson 1, organize your letter in paragraphs according to each topic.
2. Work on the format of the letter. In France, you write your name and address on the top, left-hand side. On the right side, write the name and address of the person to whom the letter is addressed. The place and date are placed on the right-hand side two lines below.
3. There are set formalities to use when beginning and ending a letter in France. You begin a letter to someone you do not know with **Monsieur** or **Madame.** At the end, add **Veuillez croire, Monsieur (Madame), à l'expression de mes sentiments distingués.**

PHRASES: Writing a letter (formal); hypothesizing; persuading

VOCABULARY: Professions

GRAMMAR: Sequence of tenses with **si;** conditional

▶Leçon 3 Comment faire des concessions

▶ Conversation (conclusion)

▭ INSTRUCTOR'S TAPE

You might follow up the information on the **Sécurité sociale** in the footnote by telling students: "Les employeurs ajoutent une contribution plus élevée à la Sécurité sociale. Cette cotisation couvre celui qui travaille ainsi que son époux/épouse et leurs enfants. Après avoir consulté un médecin, acheté des médicaments ou avoir eu des examens en hôpital ou en laboratoire, on remplit une «feuille de Sécurité sociale» et on reçoit le remboursement d'environ 75 pour cent des frais avancés."

Premières impressions

Soulignez:
• les expressions qu'on utilise pour faire une concession

Trouvez:
• quel type de renseignements Jane veut obtenir de ses amis

Un mois plus tard Jane et ses amis français se trouvent dans un café près du campus.

JANE: Tiens! Regardez le poster que j'ai acheté pour mettre au-dessus de mon lit! C'est tout petit, mais j'adore ma chambre de bonne! Je pensais vous demander encore autre chose... Je ne sais pas quoi faire pour l'assurance-maladie.°

l'assurance-maladie f *health insurance*

NATHALIE: Je sais que pour les Français, quand tu t'inscris à l'université, tu paies des droits de Sécurité sociale.[3]

JANE: Et moi, est-ce que j'y ai droit en tant qu'étudiante étrangère?

DELPHINE: Je ne sais pas vraiment, mais renseigne-toi auprès du CROUS.[4]

JANE: Et est-ce que la cotisation° de la Sécurité sociale est élevée?

la cotisation *contribution*

NATHALIE: Je ne sais pas au juste, mais ce n'est pas très cher.

JANE: Aux Etats-Unis, c'est vraiment très cher de s'assurer puisque les assurances sont privées. Il n'y a pas de système d'état comme ici. Alors, beaucoup de gens ne sont pas assurés. Ils n'ont pas les moyens de payer les primes.°

une prime *premium*

NATHALIE: C'est embêtant si on n'est pas assuré et qu'on a un problème médical... qu'est-ce qu'on fait?

JANE: Et bien, on peut refuser de te soigner à l'hôpital, mais les gens ne vont quand même pas te refuser les soins élémentaires.

YVES: Enfin, c'est quand même incroyable que malgré toutes les richesses des Etats-Unis, tout le monde n'ait pas accès à une assurance-maladie minimale.

JANE: Oui, mais tu sais, les Etats-Unis, c'est tout de même un pays qui a extrêmement peur de tout ce qui est socialiste...

NATHALIE: Oui, mais riche ou pauvre, sans emploi ou P.-D.G.,° on est tous égaux devant la maladie...

P.-D.G. (Président-directeur général) *CEO*

JANE: Oui, c'est curieux. Je n'avais pas pensé à cela...

---

[3] La Sécurité sociale est un système d'assurance-maladie administré par le gouvernement. Tous les Français et les résidents qui travaillent paient une cotisation d'environ 7 pour cent de leur salaire mensuel.

[4] CROUS—Centre régional des œuvres universitaires et scolaires. C'est une organisation d'étudiants qui aide pour le logement, l'assurance, etc.

Observation et analyse

1. Quelle sorte de logement Jane a-t-elle enfin trouvé?
2. A quel organisme est-ce que Jane va s'adresser pour trouver les réponses à ses questions d'assurance-maladie?
3. Pourquoi Yves et Nathalie sont-ils surpris par le système d'assurance-maladie aux Etats-Unis?
4. Quelle raison Jane donne-t-elle pour l'absence d'assurance-maladie nationale aux Etats-Unis?
5. Quelle est l'opinion de Jane sur le socialisme français d'après cette conversation?

Réactions

Pensez-vous que les Etats-Unis adoptent bientôt un système national d'assurance-maladie? Expliquez. Croyez-vous que ce serait une bonne chose?

▶ Expressions typiques pour...

Preview ideas: Explain to students that these expressions (**Faire une concession**) will be used when they are discussing a topic and they want to concede to the other person's point of view. Provide other examples:

Quoi qu'elle ait fait de son mieux, elle a perdu de l'argent à la Bourse. Elle a cru bien investir son argent, *cependant* elle a beaucoup perdu. Elle a bien investi son argent, *mais* elle a beaucoup perdu. *Avec* toutes ses connaissances, elle n'a pas réussi à garder ses investissements.

Faire une concession

A première vue, je ne suis pas d'accord avec toi/vous, mais tu connais/vous connaissez mieux la situation que moi.
Bien, tu m'as convaincu(e)/vous m'avez convaincu(e).
Je suis convaincu(e).
A bien réfléchir, je crois que tu as raison/vous avez raison...
Je dois mal me souvenir/me tromper.
En fin de compte *(Taking everything into account)*, je crois que tu as raison.
Si c'est ce que tu penses/vous pensez...
Je n'avais pas pensé à cela.
bien que/quoique (+ subjonctif) *(although)*
> **Bien qu'**elle ait été prudente dans ses investissements, elle a perdu de l'argent à la Bourse *(stock market)*.

quand même *(nonetheless, even so)*, **tout de même** *(in any case)*, **néanmoins** *(nevertheless)*, **pourtant** *(however)*, **cependant** *(however)*, **mais** *(but)*
> Elle a bien étudié ses investissements; elle a **pourtant** beaucoup perdu.

malgré *(in spite of)*, **en dépit de** *(in spite of)*, **avec** *(with)*
> **Malgré** ses connaissances, elle a perdu beaucoup d'argent à la Bourse.

▶ Mots et expressions utiles

Additional vocabulary: **l'agriculteur / l'agricultrice** *farmer;* **le chantier** *building site;* **le consommateur** *consumer;* **la crise** *crisis;* **la croissance** *growth;* **produire à la chaîne** *to work on an assembly line*

L'économie ([f] *Economy*)

un abri   *shelter*
aller de mal en pis   *to go from bad to worse*
s'améliorer   *to improve*

l'assurance-maladie f   *health insurance*
être assuré(e)   *to be insured*
les bénéfices m pl   *profits*

le budget   *budget*
la consommation   *consumption*
la cotisation   *contribution*
le développement   *development*
une entreprise   *business*
exporter   *to export*
importer   *to import*
les impôts m pl   *taxes*
le marché   *market*
une mutuelle   *mutual benefit insurance company*
la prime   *premium; free gift, bonus; subsidy*
le progrès   *progress*
un restaurant du cœur   *soup kitchen*
un(e) sans-abri   *homeless person*
souscrire   *to contribute, subscribe to*

Divers

en fin de compte   *taking everything into account*

Mise en pratique

Depuis six mois, l'**économie va de mal en pis.** Les **entreprises** ne font pas de **bénéfices** et licencient *(lay off)* des employés. Nous **exportons** moins que nous n'**importons.** Les **impôts** augmentent, les **sans-abri** font la queue devant les **restaurants du cœur.** Personne ne sait quand l'**économie** va s'**améliorer,** mais tout le monde attend la fin de cette récession.

Les conditions de travail

une augmentation de salaire   *pay raise*
le bureau   *office*
le chef (de bureau, d'atelier, d'équipe)   *leader (manager) of office, workshop, team*
compétent(e)/qualifié(e)   *qualified, competent*
le congé   *holiday, vacation*
le directeur/la directrice   *manager (company, business)*

l'employeur m   *employer*
un(e) gérant(e)   *manager (restaurant, hotel, shop)*
l'horaire m   *schedule*
la maison   *firm, company*
motivé(e)   *motivated*
le personnel   *personnel*
les soins [m] médicaux   *medical care and treatment*
l'usine f   *factory*

Mise en pratique

Je viens de trouver un emploi dans une petite entreprise familiale dans le centre-ville. J'aurai un **horaire** flexible, mon propre **bureau** et cinq semaines de **congé.** De plus, mon **employeur** m'a promis une **augmentation de salaire** tous les six mois, si je prouve que je suis **compétent.** Ce n'est pas mal, hein?

Activités

A. Entraînez-vous: Concessions. En petits groupes, utilisez les expressions pour exprimer une concession aux points de vue suivants.

> MODÈLE: Les jeux d'argent *(gambling)* font de l'Etat un spéculateur. ***Pourtant, dans certains états, le budget de l'éducation reçoit une bonne partie des bénéfices de ces jeux.***

1. La liberté individuelle est la chose la plus importante de notre vie.
2. Il est dangereux de développer l'énergie nucléaire.
3. Le chômage est (en grande partie) dû à un excès d'importations.
4. Les femmes qui travaillent à plein temps prennent la place des hommes qui veulent travailler.
5. Les congés payés aux Etats-Unis ne sont pas assez longs.
6. Les chefs d'entreprise sont trop bien payés.
7. Les ouvriers doivent recevoir une partie des bénéfices de leur entreprise.

Activity B: Written preparation might be helpful.

B. Le travail. Traduisez en français pour un journal québécois cette petite annonce.

American company looking for qualified people. We need motivated workers to work in our factory in Montreal. We are also in need of managers, team leaders, and secretaries. We are only interested in people who are hard workers. We offer good hours, excellent salary, and five weeks of vacation. To apply, send résumés to M. Blanche.

C. Complétez. Chacune des phrases ci-dessous exprime une idée de concession. Complétez ces phrases en imaginant une situation pour chaque contexte.

1. Nous allons faire de notre mieux en dépit de... (on a annoncé des licenciements *(layoffs)* / la suppression de la prime de rendement [*productivity*])
2. Bien que je... (je suis arrivé(e) à l'heure à un rendez-vous important / j'ai oublié l'anniversaire de mon mari/ma femme)
3. Malgré nos sourires... (à la plage / dans une entrevue)
4. Nous sommes rentrés déçus; cependant... (le film était / les vacances étaient)

▶ La grammaire à apprendre

Le subjonctif après les conjonctions

Certain subordinate conjunctions require the subjunctive mood rather than the indicative because of their meaning. Notice that the subjunctive is used in the clause where the conjunction is located, not in the clause that follows or precedes it.

A. Les conjonctions de concession

Certain conjunctions indicate a concession on the part of the speaker toward what is either reality or something that could be so and is therefore hypothetical.

bien que/quoique   *although*

Bien que ce **soit** un métier mal payé, il veut être mécanicien.
Although it is not a well-paying trade, he wants to be a mechanic.

B. Les conjonctions de restriction
Other conjunctions express a restriction, real or possible.

à moins que (+ ne)   *unless*
sans que   *without*

Il va tout acheter au Printemps **à moins que** les prix **ne soient** trop élevés.
He is going to buy everything at Le Printemps unless the prices are too high.

> ▸ The **ne explétif** should be used with **à moins que.** You will remember that it has no meaning but is used in formal speech. It is also used with **de peur que, de crainte que** (see section D), and **avant que** (see section E).

C. Les conjonctions de condition
These conjunctions introduce a condition that is not a reality.

pourvu que   *provided that*
à condition que   *on the condition that*

Il continuera à travailler dans son atelier **pourvu qu'**il **ait** assez de clients.
He will continue to work in his workshop provided that he has enough customers.

D. Les conjonctions de but
Some conjunctions express a goal or purpose. This is similar to the idea of volition. Therefore, the subjunctive mood is required.

pour que/afin que   *in order that, so that*
de peur que (+ ne)/de crainte que (+ ne) *for fear that*

Il a tout fait **pour que** ses prix **baissent.**
He did everything so that his prices would be lower.

E. Les conjonctions de temps
These conjunctions are concerned with actions that take place at some time after the action of the main clause and may depend on the other action taking place.

avant que (+ ne)   *before*
jusqu'à ce que   *until*
en attendant que   *waiting for*

Avant qu'il **n'aille** à la banque, il doit vérifier qu'il y a de l'argent sur son compte.
Before he goes to the bank, he must verify that there is some money in his account.

F. The following conjunctions can sometimes be replaced by a corresponding preposition followed by an infinitive. This is done when the subject of the subordinate clause (introduced by a conjunction requiring the subjunctive) is the same as the subject of the main clause. The most common prepositional counterparts are:

Conjonction (+ subjonctif)	Préposition (+ infinitif)
à moins que (+ ne)	à moins de
sans que	sans
à condition que	à condition de
afin que	afin de
pour que	pour
de peur que (+ ne)	de peur de
de crainte que (+ ne)	de crainte de
avant que (+ ne)	avant de
en attendant que	en attendant de

Il est rentré chez lui **sans** avoir fermé son atelier à clé. Il y est retourné **de crainte de** tout se faire voler *(to be robbed)*. Il a sorti sa clé **afin de** verrouiller *(lock)* la porte. **Avant de** le faire, il a jeté un coup d'œil dans l'atelier pour examiner ses outils *(tools)*. Il s'est rendu compte que quelqu'un avait déjà tout volé!

In sentences with **bien que, quoique, pourvu que,** and **jusqu'à ce que,** the clause in the subjunctive cannot be replaced by an infinitive construction even when the subject of the main clause and dependent clause is the same. There is no corresponding prepositional construction.

Elle continuera à lire cet article **bien qu'**elle ne **soit** pas convaincue.
She will continue to read that article although she is not convinced.

Quoiqu'elle **apprécie** la Société Générale, elle a choisi le Crédit Agricole.
Although she likes the Société Générale, she chose the Crédit Agricole.

Activités

A. Les goûts culturels des jeunes. Avec un(e) partenaire, complétez ce paragraphe en choisissant la conjonction ou la préposition appropriée.

_____ (Bien que / Pourvu que / De peur que) les étudiants s'intéressent à la politique et à l'économie, ils adorent surtout le cinéma. Leur mémoire est courte, cependant. _____ (De peur de / Jusqu'à / Quoique) se tromper dans le titre ou le nom du metteur en scène, 82 pour cent ont cité un film qui les avait marqués dans les trois derniers mois. Comme metteur en scène, ils admirent Louis Malle. Le même sondage révèle que les étudiants français aiment aussi la musique _____ (avant que / afin de / à condition que) ce soit du rock. Ils aiment également lire et parler de leurs lectures _____ (de peur que / à moins de / pourvu que) il s'agisse d'écrivains comme Faulkner, Dostoïevsky, Boris Vian, Jean-Paul Sartre et Steinberg. _____ (Pour ne pas / A moins de / En attendant de) trop généraliser les résultats de ce sondage, le lecteur doit savoir que cette enquête a été effectuée auprès de 382 étudiants.

Professeur: Isabelle forme des êtres humains

306 000 personnes

Le métier attire et recrute. La passion pour une discipline ne suffit pas pour devenir professeur. Il faut aimer les enfants, être pédagogue, avoir de l'autorité. Un métier que l'on choisit en connaissance de cause.

Isabelle, professeur de lettres : « Un cours, c'est un dialogue. J'essaie d'apporter la curiosité. »

B. La Sécurité sociale. Nathalie continue à expliquer le système de Sécurité sociale à Jane. Remplissez les blancs avec la forme appropriée du verbe entre parenthèses en utilisant le subjonctif, si c'est nécessaire.

Vous pensez être professeur un jour? Pourquoi ou pourquoi pas?

A moins que nous n'_____ (oublier) de remplir notre feuille, la Sécurité sociale paiera la majorité des frais médicaux. Par exemple, lorsqu'on _____ (avoir) une opération à l'hôpital ou en clinique, la Sécurité sociale rembourse presque tous les frais. Puisque tu _____ (être) américaine, il faut que tu te renseignes au CROUS parce que je ne _____ (savoir) pas si les étrangers _____ (pouvoir) s'inscrire. Afin que/Afin de _____ (savoir) si tu y _____ (avoir) droit ou non, demande-leur un rendez-vous. Il vaut mieux que tu y _____ (aller) en personne. On ne sait jamais avec les renseignements par téléphone.

Liens culturels

Savoir-vivre au travail

Si vous réussissez à trouver un poste dans un pays francophone, ne sous-estimez pas l'importance du savoir-vivre. Avec vos collègues, soyez toujours courtois(e); collaborez avec eux ou elles et aidez-les quand vous le pouvez. N'étalez pas vos problèmes personnels et ne passez pas trop de temps à bavarder.

Le protocole demande qu'un subordonné dise bonjour et au revoir à son supérieur mais, en général, il «ne lui tendra pas la main le premier» (d'Amécourt, p. 60). C'est le supérieur qui doit «nuancer les rapports» de courtoisie (d'Amécourt, p. 61). Vous allez, bien sûr, serrer la main de vos collègues pour dire bonjour le matin en arrivant au travail et pour leur dire au revoir à la fin de la journée. En général, il faut rendre le travail plus agréable par votre personnalité et par votre at-

titude, mais vous devez rester discret (d'Amécourt, p. 61).

Les habitudes de travail en France sont un peu différentes des vôtres. Ainsi, l'espace et l'heure sont abordés sous un autre angle. Souvent, dans les bureaux des sociétés françaises, les portes sont fermées. Mais chacun peut frapper et entrer rapidement, sans attendre la réponse. La porte crée une sorte de limites ou de distance. Les gens ne vont pas regarder et toucher vos affaires sans vous demander la permission.

En ce qui concerne l'heure, les Français sont souvent dix minutes en retard à une réunion de bureau; ce n'est pas considéré comme impoli. Il leur arrive parfois aussi d'annuler ou de changer l'heure d'une réunion à la dernière minute, et ne soyez pas surpris(e) s'il y a plusieurs interruptions pendant la réunion.

C'est normal. Les Français ont une idée différente du temps. Ils voient le temps d'une manière polychronique, ce qui veut dire que plusieurs choses peuvent se passer en même temps et que les gens peuvent arriver à n'importe quel moment. Le temps est plutôt élastique. Ce qui compte pour eux c'est les gens ou les personnes avec qui ils travaillent. Fixer l'heure d'une réunion est tout simplement pour avoir une idée générale de quand on va se retrouver.

Comparez les coutumes professionnelles de la France avec celles de votre pays.

Adapté de: d'Amécourt, *Savoir-Vivre Aujourd'hui* (Paris: Bordas, 1983, pp. 59–61); Polly Platt, *French or Foe* (Skokie, IL: Culture Crossings, Ltd., 1995, pp. 41–42, 44–51).

Liens culturels: Ask students to work in small groups to discuss work habits in the U.S., which may vary by office, profession, and geographic region.

C. Conditions de travail. Complétez les phrases suivantes. Mettez la phrase à la forme négative si vous n'êtes pas d'accord!

1. Moi, je réussirai dans mon travail à condition que...
2. Je paierai les assurances de crainte de...
3. Je pense que les assurances-maladies sont nécessaires afin que...
4. Les syndicats *(unions)* sont importants à moins que...
5. Je m'inscrirai au syndicat quoique...
6. Je travaillerai jusqu'à...
7. Je prendrai ma retraite avant de...

▶ Interactions

A. Les livres perdus. You borrowed two books from your roommate several months ago and she or he is angry that you have not returned them. Concede that you should have returned them and give some excuse for why you didn't. Explain that now you have lost them. Figure out a way to resolve the matter.

B. Jouez le rôle. You and your partner will play different roles. In each role, imagine a concession to your partner. Use conjunctions wherever possible!

1. your husband/wife/best friend: his/her birthday
2. your child: his/her bedtime
3. your elderly mother/father: his/her lodging
4. your manager: your vacation
5. your secretary: his/her raise
6. your doctor: your health

▶ Deuxième brouillon

1. Write a second draft of the letter that you worked on in Lessons 1 and 2, focusing particularly on the way you begin and end the letter. You may want to begin the job application letter with any of the following expressions:

   Je vous prie de *(Please . . .)*
   Je vous serais obligé(e) de *(I would be obliged to . . .)*
   Permettez-moi de me présenter...
   Je désire poser ma candidature à un poste de...

   A letter of recommendation might begin with any of the following phrases:

   Puis-je me permettre de vous recommander...
   J'ai l'honneur de vous recommander...

2. To make the transitions smoother, you might want to add some phrases such as the following to the job application letter:

   Vous trouverez, dans mon curriculum vitae ci-joint, le résumé de ma formation académique et de mon expérience personnelle...
   J'aimerais attirer votre attention sur...
   En vous remerciant à l'avance de votre considération,...

   In the letter of recommendation, use the following phrases:

   Elle/Il est (diplômes ou qualifications) et...
   Je vous serais reconnaissant(e) de ce que vous pourriez faire pour lui/elle...
   En vous remerciant dès maintenant,...
   Avec mes remerciements anticipés,...

PHRASES: Writing a letter (formal); expressing an opinion
VOCABULARY: Professions
GRAMMAR: Subjunctive

▸ Turn to **Appendice B** for a complete list of active chapter vocabulary.

Synthèse

Activités vidéo

Avant la vidéo

1. A quelle profession est-ce que vous vous préparez? Qu'est-ce que vous ferez pour obtenir un poste? Qu'est-ce que vous ferez si vos efforts sont vains?
2. Est-ce que les mots «la Sécurité sociale» ont le même sens en français et en anglais, ou est-ce que ce sont «de faux amis»? Expliquez.
3. Voici une liste des bénéfices sociaux auxquels les Français ont droit: le revenu minimum d'insertion welfare, la Sécurité sociale, les allocations familiales, les allocations de maternité, les congés payés, le congé maternité et les crèches municipales, la formation professionnelle, la retraite. Avec vos camarades de classe, faites une liste des allocations auxquelles les Américains ont droit. Donnez autant de détails que possible.

Après la vidéo

1. Pourquoi est-ce que Carine est allée en Guadeloupe? Quel poste est-ce qu'elle cherche? Quels problèmes est-ce qu'elle a eus?
2. En groupes, citez avec autant de précision que possible les bénéfices sociaux auxquels les Français ont droit et comparez-les aux bénéfices américains.
3. Serait-il possible d'importer le système français aux Etats-Unis? Justifiez votre réponse.

Activités orales

Activité orale A: Expansion: Before beginning the activity, remind students that the boss needs to react to the message. She/He should ask the secretary to do something in response to the note. The secretary can call Mr. Rafael back; she/he can call Sophie Lambert; she/he can call a bank. See if students come up with other options.

A. Un message. You are a bilingual secretary working for an American company in France. Explain this telephone message in French to your boss.

> Mr. Rafael returned your call. He says that it is difficult to know whether you should sell your house. It's well situated but poorly maintained. He left the name of Sophie Lambert, whom he said you should call. She is a real estate agent who is very friendly and will help you. If you follow her advice, you should make some money. He alluded to (**faire allusion à**) several other investment possibilities that he will discuss with you later.

▸ Review the telephone expressions in **Appendice C**.

B. L'avenir. With a partner, make up a story that will illustrate the proverb **"Qui vivra verra."** This expression is often used when discussing the future. Tell a fairy tale or a story about yourself or someone else. Your story should end with the proverb.

Activité écrite

After the composition is complete, have the students role play the job interview between the employer and prospective employee.

Les offres d'emploi. You have clipped the help-wanted ads on the facing page from *Le Soleil,* a Quebec newspaper. Make a list of the advantages and disadvantages of each job. Then write a letter to your aunt and uncle who live outside of Montreal. Describe the job that interests you the most and explain why. Ask their advice on how to get the job. Find out whether you can stay with them if you get an interview.

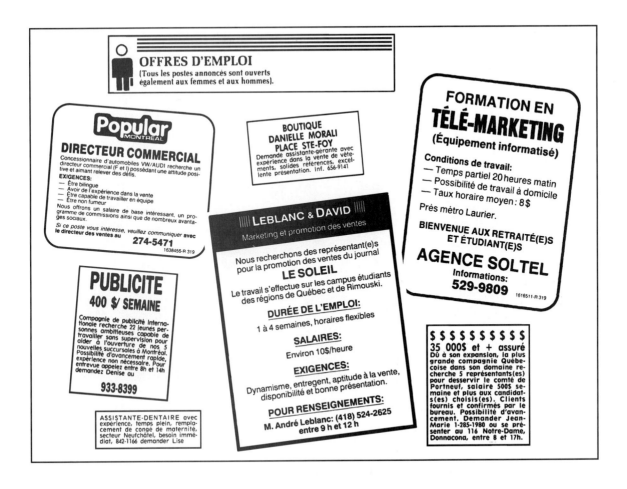

 ▶ **Révision finale**

1. Reread your composition and focus on the unity of the letter.
2. Bring your draft to class and ask two classmates to peer edit your composition, using the symbols on page 415. They should pay particular attention to whether the letter is convincing and whether it makes a good case.
3. Examine your letter one last time. Check for correct spelling, grammar, and punctuation. Pay special attention to your use of the future tense, the sequence of tenses with **si,** and the subjunctive after conjunctions.
4. Prepare your final version using paper of good quality. The appearance of the letter will be important for making a good impression. Make sure that there are no mistakes and crossed out corrections. The typeface of the printer should be clear and easy to read. Leave sufficient margins on the sides for legibility as well.

PHRASES: Writing a letter (formal); writing an essay; hypothesizing

VOCABULARY: Professions; describing people

GRAMMAR: Future tense; future past; sequence of tenses with **si;** conditional; subjunctive

http://bravo.heinle.com

INTERMÈDE CULTUREL

I. L'économie en France

Avant la lecture
- Quels produits français ont une réputation mondiale?
- Quels sont les produits les plus vendus aux Etats-Unis?
- Utilisez-vous des produits français dans votre vie quotidienne?
- Aimeriez-vous travailler en France? Pour faire quoi?

À Honfleur, la manifestation des salariés d'Akaï.

Bien que la France soit, comme les Etats-Unis, un pays d'économie de marché (capitaliste), des différences importantes existent entre les deux pays dans ce domaine.

L'attitude des Français à l'égard de l'économie de marché est plus contradictoire que celle des Américains. Les Français reconnaissent l'efficacité économique du système capitaliste mais ils ont aussi souvent du mal à admettre un système où les plus forts (économiquement) éliminent les plus faibles. Dans le passé, cette méfiance culturelle vis-à-vis du capitalisme a favorisé les succès électoraux des partis socialiste et communiste en France. Toutefois, la plupart des Français ont toujours été hostiles à une économie totalement contrôlée par l'Etat (de type communiste).

Cette double peur—à l'égard du capitalisme et à l'égard de l'économie contrôlée par l'Etat—fait que les Français ont très souvent hésité pour savoir exactement quel régime économique était le meilleur pour leur pays. Ils ont finalement créé (après la Seconde Guerre mondiale) un système dans lequel le capitalisme est limité par une forte intervention de l'Etat.

Les Américains sont toujours étonnés par l'importance du rôle de l'Etat dans la vie économique française. Une foule de professions, par exemple, ont très longtemps eu leurs revenus déterminés par l'Etat: les employés des postes, du gaz, de l'électricité ou du téléphone, les conducteurs de train, les chauffeurs de taxi, le personnel des banques et des compagnies d'assurance, les médecins, les infirmières, les enseignants, les ouvriers fabriquant des cigarettes ou des voitures Renault, les gardiens de musée, les employés du métro de Paris, certains journalistes de la radio et de la télévision, les mineurs, les marins de commerce et les pilotes d'avion de certaines compagnies. L'Etat français est aussi le premier entrepreneur de France: il possédait (en tout ou en partie) 2 750 entreprises en 1992! Depuis 1986, les gouvernements de droite qui sont arrivés au pouvoir ont cherché à réduire le contrôle de l'Etat sur l'économie; ils ont commencé à privatiser des entreprises publiques importantes (chaînes de télévision, banques, compagnies d'assurance, sociétés pétrolières, etc.).

Sous la pression de la compétition créée par l'unification du marché des pays de l'Union européenne, la France a créé une des économies les plus performantes du monde. L'agriculture française est aujour-

d'hui la plus puissante d'Europe et la France est le deuxième exportateur mondial de produits agricoles après les Etats-Unis. Dans certains secteurs, la technologie française est parvenue à égaler ou à dépasser celle des Etats-Unis: énergie nucléaire, télécommunications, aviation, ingénierie en travaux publics, armement, transports ferroviaires, par exemple. Ainsi, les Français sont parfois technologiquement plus avancés que les Américains: par exemple, on ne met plus de pièces de monnaie dans les téléphones publics en France; on utilise des cartes contenant un système électronique miniature qui mémorise l'information. Les cartes de crédit françaises contiennent aussi des

Regardez les carrières proposées. Laquelle est-ce que vous préférez? Est-ce que vous avez la formation professionnelle pour cette carrière?

Est-ce que vous achetez souvent des produits français? Lesquels?

informations sur le compte du propriétaire de la carte. Ces innovations ne se voient pas encore beaucoup aux Etats-Unis. De même, les trains de voyageurs américains paraissent lents et démodés quand on les compare au TGV français. Le tourisme est un des secteurs les plus brillants de l'économie française: la France est en effet le pays du monde qui reçoit le plus grand nombre de touristes étrangers; leur nombre dépasse chaque année la population totale de la France! La France est également réputée pour ses produits de luxe qu'elle exporte dans le monde entier: haute couture, sacs en cuir, foulards de soie, parfums, bijoux, vins fins.

Dans certains secteurs, toutefois, la France n'a pas pu faire face à la concurrence étrangère: l'industrie française des appareils photos et celle des motocyclettes, par exemple, ont disparu. Le textile et l'électronique reculent beaucoup face à la concurrence des produits asiatiques. Contrairement aux industries américaine, japonaise ou allemande, l'industrie française n'excelle que dans quelques domaines bien délimités; et elle est mal préparée pour affronter la compétition des pays à bas salaires, dont certains sont situés dans l'Union européenne (Portugal, Grèce). Ceci entraîne parfois des réactions protectionnistes dans les professions qui se sentent menacées par la concurrence étrangère (chez les agriculteurs ou les pêcheurs, par exemple). Le grand problème de la France actuelle n'est pas économique mais social. Le taux de chômage est en effet très élevé, surtout chez les jeunes, et les gouvernements qui se succèdent semblent impuissants face à ce problème. Cela provoque beaucoup d'angoisse chez les Français. Des manifestations de rue avec des milliers de personnes ont souvent lieu pour protester contre le chômage.

Adapté de Wylie et Brière, *Les Français* (Englewood Cliffs: Prentice Hall, 1995, pp. 196–213).

Après la lecture

Compréhension

La France est-elle un pays à économie de marché? Les Français ont-ils la même attitude que les Américains à l'égard de l'économie de marché? Quelle est la principale différence entre l'organisation de l'économie en France et aux Etats-Unis? Quels sont les secteurs industriels où la France est à la pointe du progrès? Le problème le plus grave touchant la France d'aujourd'hui est-il économique?

Expansion

Cherchez des informations (dans la presse, etc.) sur la situation des jeunes en chômage en France et aux Etats-Unis. Que devrait-on faire, à votre avis, pour réduire le chômage des jeunes?

II. *Knock* par Jules Romains

Avant la lecture

Sujets à discuter

1. Dans ce passage vous trouverez une discussion sur la différence entre la connaissance *(knowledge)* et l'expérience. Dans l'exercice d'une fonction ou d'un emploi, est-ce que c'est la connaissance ou l'expérience qui est la plus importante? Pourquoi? Est-il possible dans certains emplois de se débrouiller *(to get along)* seulement avec l'expérience? Expliquez.

2. Dans le film américain *The Music Man* (1962), l'acteur Robert Preston se déclare maître de musique et vend des instruments de musique sans posséder de véritables connaissances dans ce domaine. Il montre qu'un bon vendeur peut vendre n'importe quoi parce qu'il sait vendre. Pensez-vous que ce soit vrai? Dans quels domaines?

Stratégies de lecture

Trouvez les détails. Parcourez le texte et trouvez les détails suivants.

1. si Knock a un diplôme de médecin
2. le type de magasin où Knock a travaillé
3. où ce magasin se trouve
4. pourquoi il l'a quitté
5. la destination du bateau sur lequel Knock a eu son premier emploi comme médecin
6. l'âge dès lequel Knock connaissait tous les remèdes contre la constipation
7. le nombre de personnes à bord du bateau
8. le nombre de morts
9. le nombre de malades

*I*n this scene from Knock, *a play by Jules Romains (1885–1972),
Parpalaid, a veteran physician, has sold his practice in a remote village to
a younger colleague, Knock. They are discussing Knock's experience.*

Knock

LE DOCTEUR:	Nous sommes d'accord, mon cher confrère.°	collègue
KNOCK:	Sur le fond de ma théorie?	
LE DOCTEUR:	Non, sur le fait que vous êtes un débutant.°	sans expérience
5	KNOCK:	Pardon! Mes études sont, en effet, toutes récentes. Mais mon début dans la pratique de la médecine date de vingt ans.
LE DOCTEUR:	Vous avez donc pratiqué sans titre et clandestinement?	

lieu isolé		

KNOCK: A la face du monde, au contraire, et non pas
10 dans un trou° de province, mais sur un espace
d'environ sept mille kilomètres.

LE DOCTEUR: Je ne vous comprends pas.

KNOCK: C'est pourtant simple. Il y a une vingtaine
d'années, ayant dû renoncer à l'étude des
15 langues romanes, j'étais vendeur aux «Dames
de France» de Marseille, rayon° des cravates.
Je perds mon emploi. En me promenant sur le
port, je vois annoncé qu'un vapeur° de 1 700
tonnes à destination des Indes demande un
20 médecin; le grade de docteur n'étant pas exigé.
Qu'auriez-vous fait à ma place?

LE DOCTEUR: Mais... rien, sans doute.

KNOCK: Oui, vous, vous n'aviez pas la vocation. Moi,
je me suis présenté. Comme j'ai horreur des
25 situations fausses, j'ai déclaré en entrant:
«Messieurs, je pourrais vous dire que je suis
docteur, mais je ne suis pas docteur. Et je vous
avouerai° même quelque chose de plus grave:
je ne sais pas encore quel sera le sujet de ma
30 thèse.» Ils me répondent qu'ils ne tiennent pas
au titre de docteur et qu'ils se fichent complètement de° mon sujet de thèse. Je réplique
aussitôt: «Bien que n'étant pas docteur, je
désire, pour des raisons de prestige et de disci-
35 pline, qu'on m'appelle docteur à bord.» Ils me
disent que c'est tout naturel...

LE DOCTEUR: Mais vous n'aviez réellement aucune connaissance?

KNOCK: Entendons-nous! Depuis mon enfance, j'ai tou-
40 jours lu avec passion les annonces médicales et
pharmaceutiques des journaux, ainsi que les
prospectus intitulés «mode d'emploi» que je
trouvais enroulés autour des boîtes de pilules
et des flacons de sirop qu'achetaient mes pa-
45 rents. Dès l'âge de neuf ans, je savais par cœur
des tirades entières sur l'exonération impar-
faite du constipé. Et encore aujourd'hui, je
puis° vous réciter une lettre admirable,
adressée en 1897 par la veuve P... , de Bourges,
50 à la Tisane américaine[5] des Shakers. Voulez-
vous?

LE DOCTEUR: Merci, je vous crois.

department (in store)	
steamer	
will confess	
sont indifférents à	
peux	

---

[5] société américaine qui vend du thé herbal

	KNOCK:	Ces textes m'ont rendu familier de bonne heure avec le style de la profession. Mais surtout ils m'ont laissé transparaître° le véritable esprit et la véritable destination de la médecine, que l'enseignement des Facultés dissimule° sous le fatras° scientifique. Je puis dire qu'à douze ans j'avais déjà un sentiment médical correct. Ma méthode actuelle en est sortie.

55   m'ont montré

cache
ensemble incohérent de
    connaissances

60

LE DOCTEUR: Vous avez une méthode? Je serais curieux de la connaître.

KNOCK: Je ne fais pas de propagande. D'ailleurs, il n'y a que les résultats qui comptent. Aujourd'hui, de votre propre aveu, vous me livrez° une clientèle nulle.°

65   donnez
inexistante

LE DOCTEUR: Nulle... pardon! pardon!

KNOCK: Revenez voir dans un an ce que j'en aurai fait. La preuve sera péremptoire. En m'obligeant à partir de zéro, vous accroissez l'intérêt de l'expérience...

70

MME PARPALAID: Mais, quand vous avez été sur votre bateau, comment vous en êtes-vous tiré°?

     avez-vous fait

KNOCK: Les deux dernières nuits avant de m'embarquer, je les ai passées à réfléchir. Mes six mois de pratique à bord m'ont servi à vérifier mes conceptions. C'est un peu la façon dont on procède dans les hôpitaux.

75

MME PARPALAID: Vous aviez beaucoup de gens à soigner?

80 KNOCK: L'équipage° et sept passagers, de condition très modeste. Trente-cinq personnes en tout...

     personnel navigant

LE DOCTEUR: Et vous avez eu des morts?

KNOCK: Aucune. C'était d'ailleurs contraire à mes principes. Je suis partisan de la diminution de la mortalité.

85

LE DOCTEUR: Comme nous tous.

KNOCK: Vous aussi? Tiens! je n'aurais pas cru. Bref, j'estime que malgré toutes les tentations contraires, nous devons travailler à la conservation du malade...

90

LE DOCTEUR: Et des malades, vous en avez eu beaucoup?

KNOCK: Trente-cinq.

LE DOCTEUR: Tout le monde, alors?

KNOCK: Oui, tout le monde.

95 MME PARPALAID: Mais comment le bateau a-t-il pu marcher?

KNOCK: Un petit roulement° à établir.

     rotation

Extrait de Jules Romains, *Knock*, acte I, scène unique

Après la lecture

Compréhension

A.   Observation et analyse. Répondez aux questions suivantes.

1. Où Knock a-t-il reçu ses connaissances en médecine?
2. A quel âge a-t-il acquis sa méthode médicale?
3. Parlez du bateau où il a travaillé. Qu'en savez-vous?
4. Que veut faire Knock maintenant?
5. Selon l'extrait, quelle est la philosophie générale de Knock en ce qui concerne son rôle de médecin?

B.   Descriptions. Vous trouverez ci-dessous une liste d'adjectifs. Ecrivez le nom de la personne (Knock, Mme Parpalaid, le docteur Parpalaid) que chaque adjectif décrit.

dynamique:
naïf/naïve:
incrédule:
curieux/curieuse:
malin/maligne *(cunning, shrewd)*:

C.   Réactions. Donnez votre réaction personnelle.

1. Après avoir lu cet extrait, que pensez-vous de Knock? Expliquez.
2. Connaissez-vous quelqu'un ou avez-vous entendu parler de quelqu'un qui ait exercé une profession ou un métier sans avoir suivi des cours dans ce domaine? Expliquez.

Interactions

A.   Imaginez. Dans la première scène de la pièce, Knock dit: «les gens bien portants sont des malades qui s'ignorent *(are unaware of their sick state)*». L'auteur Jules Romains s'intéressait à l'unanimisme (le conditionnement de l'individu par le groupe ou par son environnement—l'idée d'une âme [*soul*] collective). D'après ces idées, imaginez le reste du texte. Que va faire Knock pour attirer des clients? Réussira-t-il? Imaginez la fin de l'histoire.

B.   La satire. Jules Romains fait la satire des médecins dans sa pièce. Racontez une blague *(joke)* ou écrivez une petite histoire où vous ferez la satire d'une profession. Par exemple, combien d'avocats faut-il pour... ?

C.   Thèmes importants. Ce texte peut nous faire penser à plusieurs thèmes qui se rapportent à la vie des paysans au début du 20ᵉ siècle. Quel thème vous semble le plus important parmi les suivants? (1) la modernisation et son influence sur la société paysanne, (2) la méfiance *(mistrust)* envers les médecins, (3) la croyance à la science face à la méfiance de tout ce qui est science et (4) la médecine pratiquée par les médecins face à la médecine non-scientifique.

CHAPITRE 8

La grammaire à réviser:

L'expression négative de base: **ne... pas** •
Les pronoms relatifs: **qui** et **que**

Les tribulations de la vie quotidienne

Thème

La vie n'est jamais facile

La grammaire à réviser

The information presented here is intended to refresh your memory of various grammatical topics that you have probably encountered before. Review the material and then test your knowledge by completing the accompanying exercises in the workbook.

▶ Avant la première leçon

L'expression négative de base: *ne... pas*

The negative expression **ne... pas** is positioned in the following ways:

Simple tense:	Je **ne** vois **pas** souvent Pierre.
with pronouns:	Je **ne** le connais **pas** très bien.
Compound tense:	Nous **n'**avons **pas** vu Pierre depuis longtemps.
with pronouns:	Même Christine **ne** l'a **pas** vu.
Inversion:	**N'**habite-t-il **pas** toujours avenue des Gaulois?
Infinitive:	Il est important de **ne pas** perdre contact avec ses amis.
Imperative:	**N'**oublie **pas** de lui téléphoner!
with pronouns:	**Ne** l'oublie **pas**!

NOTE:

• While pronouns in affirmative commands *follow* the verb, in negative commands they *precede* the verb.

• The indefinite and partitive articles change to **de (d')** after **ne... pas:**

—Pierre habite avec un camarade de chambre, n'est-ce pas?
—Non, il **n'**a **pas de** camarade de chambre; il habite seul...

but the definite article does not change:

... et nous **n'**avons **pas** l'adresse de son nouvel appartement.

• **Si** is used instead of **oui** for an affirmative answer to a negative question:

—Tu **ne** vas **pas** essayer de la trouver?
—**Si,** je vais essayer de la trouver!

▶ Avant la troisième leçon

Les pronoms relatifs: *qui* et *que*

In order to provide more detailed explanations and descriptions, two clauses are often combined into a single sentence. Relative pronouns are used to relate the second clause to a noun or pronoun already mentioned in the first clause. For example:

My sister is coming to visit.
My sister lives in Chicago. → My sister, *who* lives in Chicago, is coming to visit.

Qui is used when the relative pronoun functions as the *subject* of the relative clause; **que** (**qu'** before a vowel or mute **h**) is used when the relative pronoun acts as the *object:*

> *(subj.)   (verb)*
> J'ai besoin de quelqu'un **qui** puisse m'aider avec cette lecture.
> *I need someone **who** can help me with this reading.*

> *(obj.)(subj.)   (verb)*
> Voilà le passage **que** je ne comprends pas.
> *Here is the passage **that** I don't understand.*

NOTE:

- The antecedents of **qui** and **que** can be either persons or things.

- Elision is never made with **qui:**

  Où est l'assistante **que** j'ai vue il y a juste quelques minutes? Elle m'a parlé d'un dictionnaire **qui** est facile à utiliser.
  Where is the assistant whom (that) I saw just a few minutes ago? She told me about a dictionary that is easy to use.

- Relative pronouns are not always expressed in English, but must be used in French:

  La femme **que** tu as prise en photo est là-bas.
  The woman (whom) you photographed is over there.

 **Leçon 1**

Comment se plaindre et s'excuser

Rappel: Have you reviewed the basic negative patterns? (Text p. 292 and Workbook)

▶ Conversation

Premières impressions

Soulignez:
- les expressions que M. Arnaud utilise pour se plaindre *(to complain)*
- les expressions que l'employée utilise pour s'excuser

Trouvez:
- ce que M. Arnaud ramène au pressing *(dry cleaner's)* et pourquoi il le ramène
- pourquoi il va téléphoner à l'électricien

faire les courses *to do errands*

C'est mercredi matin. M. Arnaud, qui est en train de faire les courses,° se trouve au pressing.

L'EMPLOYÉE:	Bonjour, monsieur.
M. ARNAUD:	Bonjour, madame. Excusez-moi, mais je vous ramène ce pantalon. Je suis venu le chercher lundi mais il y a des taches° qui ne sont pas parties.
L'EMPLOYÉE:	Ah bon?
M. ARNAUD:	Oui, je vais vous les montrer, là, sur les deux jambes. Vous voyez? Le nettoyage à sec° n'a pas été bien fait. Enfin, je compte sur vous maintenant que vous avez vu ce qu'il en est. Je regrette de vous rapporter du travail mais...
L'EMPLOYÉE:	Et bien, écoutez... euh... je ne comprends pas, enfin... euh... Vous êtes sûr que ces taches ne viennent pas d'être faites?
M. ARNAUD:	Ah, tout à fait, tout à fait! J'ai porté le pantalon au bureau hier et j'ai vu les taches avant le déjeuner. J'étais gêné. C'était vraiment embarrassant...
L'EMPLOYÉE:	Je suis vraiment désolée, enfin c'est... euh... notre maison a une très bonne réputation. Ecoutez, ne vous inquiétez pas.° Je vais m'en occuper. Nous allons nettoyer° le pantalon et rectifier l'erreur. Revenez vendredi matin,... il sera prêt et... impeccable!
M. ARNAUD:	Et bien écoutez, je vous remercie, je repasserai donc vendredi.
L'EMPLOYÉE:	C'est ça. Vous pouvez compter sur moi. Au revoir, monsieur, et à vendredi.

une tache *a spot*

le nettoyage à sec *dry cleaning*

ne vous inquiétez pas *don't worry*
nettoyer *to clean*

le frigo *(familiar)* fridge, *refrigerator* / être en panne *to break down*

M. Arnaud retourne à son bureau. Sa femme téléphone et lui demande de contacter l'électricien parce que le frigo° qu'on vient de faire réparer est encore en panne.°

A suivre

Observation et analyse

1. Pourquoi est-ce que M. Arnaud se plaint?
2. Décrivez la réaction de l'employée à la plainte de M. Arnaud.
3. Quand est-ce que M. Arnaud retournera au pressing?
4. Pourquoi est-ce que M. Arnaud va se plaindre auprès de l'électricien?
5. D'après la conversation, décrivez les personnalités de M. Arnaud et de l'employée du pressing.

Réactions

1. Qui fait les courses chez vous? Vous aimez les faire? Expliquez.
2. Avez-vous jamais eu des problèmes comme ceux de M. Arnaud? Lesquels? Expliquez ce que vous avez fait.

▶ Expressions typiques pour...

Se plaindre auprès de quelqu'un

Excusez-moi, mais je pense que...
Pardon, monsieur, mais je crois qu'il y a une erreur...
Je regrette de vous déranger, mais j'ai un petit problème...
Je voudrais que vous (+ verbe au subjonctif)...
Pardon, monsieur. J'aurais une réclamation *(complaint)* à faire.

Répondre à une plainte

Je suis désolé(e) *(sorry)*, mademoiselle.
Je regrette, monsieur.
Je suis navré(e) *(sorry)*, madame. *(plus formel)*

Accueil favorable; solution possible
Je vais m'en occuper *(take care of it)* tout de suite.
Voilà ce que je vous propose.
Je pourrais vous proposer un échange.
Nous allons le/la faire réparer tout de suite.

Regrets; pas de solution
Mais nous n'en avons plus.
Je ne peux rien faire.
Il n'y a rien que je puisse faire pour vous dépanner *(repair a breakdown)*.

Si vous n'êtes pas satisfait(e) de la réponse
C'est inadmissible! C'est scandaleux!
Comment voulez-vous que j'accepte ça?
Pourrais-je voir... (le chef de rayon de service [*departmental service supervisor*])?
Vous allez avoir de mes nouvelles. *(You're going to hear from me.)*

On vous a jamais mal servi(e)
au restaurant? C'était où?
Qu'est-ce que vous avez fait?

S'excuser *(c'est vous qui vous excusez)*

Excusez-moi. Je suis désolé(e).
Je ne l'ai pas fait exprès *(on purpose)*.
Je ne savais pas quoi faire.
Je ne le ferai plus, je te/vous l'assure.
Je m'excuse encore, monsieur/madame/mademoiselle.

Excuser et rassurer *(répondre à une excuse)*

Ne t'inquiète pas./Ne vous inquiétez pas.
Ne t'en fais pas./Ne vous en faites pas.
Ça ne fait rien. *(It doesn't matter./Never mind.)*
Je ne t'en/vous en veux pas. *(I'm not holding a grudge against you.)*
Ce n'est pas vraiment de ta/votre faute.
Ce n'est pas bien grave *(serious)*.

▶ Mots et expressions utiles

Les tribulations de la vie quotidienne

annuler   *to cancel*
au secours!   *help!*
un cas d'urgence   *emergency*
   en cas d'urgence   *in case of emergency*
une commission   *errand*
débordé(e) de travail   *swamped with work*
en vouloir à quelqu'un   *to hold a grudge against someone*
être navré(e)   *to be sorry*
faire exprès   *to do on purpose*
n'en plus pouvoir (je n'en peux plus)   *to be at the end of one's rope;*
   to have had it (I've had it)
une panne   *breakdown*

Divers

ça ne fait rien   *it doesn't matter; never mind*

Mise en pratique

Le monologue intérieur de M. Arnaud:

Décidément, ma journée va de mal en pis: des taches sur mon pantalon, le magnétoscope que je viens d'acheter et qui ne marche pas; au bureau, le stress: je suis **débordé de travail… Je n'en peux plus…** J'ai besoin de vacances.

Les problèmes de voiture

la batterie   *car battery*
démarrer   *to get moving (car), to start*
dépanner   *to repair a breakdown*
un embouteillage   *traffic jam*
l'essence f   *gasoline*
être en panne d'essence   *to be out of gas*

être/tomber en panne   *to break down*
les heures [f pl] **de pointe**   *rush hours*
la station-service   *gas station*

Mise en pratique

Et maintenant, la voiture de ma femme qui ne **démarre** pas! Il faut que j'appelle une voiture de dépannage *(tow truck)* pour la faire remorquer *(to tow)* à la **station-service.** Je ne peux pas la **dépanner** moi-même! Ce n'est pas la **batterie,** et il y a de l'**essence!**

Les pannes à la maison

le congélateur   *freezer*
l'électricien(ne)   *electrician*
le frigo   *(familiar) fridge, refrigerator*

marcher   *to run; work (machine)*
l'outil m   *tool*
le plombier   *plumber*

Mise en pratique

Monsieur Paul, l'**électricien,** prend 400 F de l'heure plus le déplacement *(travel expenses).* Ça va faire une grosse somme. Je devrais peut-être acheter mes propres **outils,** mais je ne suis ni **électricien** ni **plombier.**

Les achats en magasin

le chef de rayon/de service   *departmental/service supervisor*
demander un remboursement   *to ask for a reimbursement*
faire une réclamation   *to make a complaint*
les frais m pl   *costs, charges*
le grand magasin   *department store*
gratuit(e)   *free, at no cost*

le nettoyage à sec   *dry cleaning*
le pressing/la teinturerie   *dry cleaner's*
la quincaillerie   *hardware store*
une tache   *stain*
un trou   *hole*
vendu(e) en solde   *sold at a reduced price, on sale*

Mise en pratique

Je ne sais pas d'où viennent ces **taches** sur mon pantalon. Elles n'y étaient pas avant le **pressing,** j'en suis certain. Heureusement que le magasin est correct et qu'il me refait un **nettoyage gratuit.** Si les taches ne partent pas, je vais **demander un remboursement.**

Liens culturels

L'esprit critique des Français

Les Français ne se plaignent ni de la même façon ni avec la même fréquence que les Américains. Pourquoi? Tout d'abord, les Américains et les Français ne conçoivent pas l'éducation des enfants de la même manière (rappelez-vous les **Liens culturels** du **Chapitre 3,** à la page 112). Cet écart entre les deux conceptions est à la base de nombreux stéréotypes et malentendus culturels. L'éducation à la française tend à développer un esprit critique et apprend à l'enfant à se défendre et à résister tandis que l'éducation à l'américaine lui apprend plutôt à ne pas attaquer ou critiquer les autres.

Cette différence fait que les rapports d'amitié ne se développent pas non plus de la même façon dans les deux cultures. En général, il est plus difficile d'établir des rapports d'amitié avec les Français qu'avec les Américains, mais il est plus difficile d'approfondir des liens d'amitié avec les Américains. Les Américains qui visitent la France

ou qui y vivent se plaignent souvent de l'apparente froideur des gens dans les grandes villes comme Paris, Lyon, Marseille, et de l'accueil peu amical dans les magasins ou dans les bureaux de gare, de banques ou de postes. En revanche les Français, étonnés par la gentillesse des Américains, les trouvent un peu superficiels. Les Français des grandes villes sourient moins souvent aux étrangers et sont moins enclins que les Américains à se parler entre eux s'ils ne se connaissent pas. Quand les Français se plaignent ou critiquent quelque chose, la vivacité de leur langage peut surprendre et froisser les Américains. Ceux-ci *(The latter)* ont plutôt l'habitude de cacher leurs sentiments derrière un sourire et des formules de politesse. Il semble ainsi que les rapports d'amitié entre les Américains soient plus fragiles que les rapports français qui supportent d'être mis à l'épreuve. Les Français acceptent plus facile-

ment que les Américains de perdre une partie de leur liberté pour rendre service à un ami. Pour les Français, une véritable amitié doit être durable et capable de surmonter des moments de mésentente et même des opinions et des avis très différents. Ce qui trouble souvent les Américains, c'est que les amis français n'ont pas peur de se critiquer. Or, même si le ton monte ou si la discussion tourne à la dispute d'idées (politiques, souvent), les mots de reproche sont pris, non comme une mise en cause de la personne, mais comme une preuve d'amitié. Autrement dit, les amis en question peuvent discuter sérieusement, être en désaccord, et rester de vrais amis.

Quels sont, à votre avis, les avantages et les inconvénients de ces deux attitudes?

Adapté de *Les Français,* Laurence Wylie et Jean-François Brière (Englewood Cliffs, NJ: Prentice Hall, 1995, pp. 95, 99).

Activités

A. Entraînez-vous: Les plaintes. Plaignez-vous auprès de la personne indiquée (votre partenaire) en commençant chaque réclamation par des *Expressions typiques pour...* Votre partenaire doit répondre de façon appropriée.

> MODÈLE: à la réceptionniste de l'hôtel: il n'y a pas d'eau dans votre salle de bains
> —*Excusez-moi, mademoiselle, mais je pense qu'il n'y a pas d'eau dans ma salle de bains.*
> —*Je suis désolée, monsieur/madame. Je vais m'en occuper tout de suite.*

1. à l'épicier: les champignons en boîte que vous avez achetés ce matin sont gâtés *(spoiled)*
2. à la vendeuse: il manque un bouton au pullover que vous avez acheté il y a trois jours
3. à votre ami: il a oublié de vous retrouver ce matin à l'arrêt du bus
4. à l'agent de police: la surprise-partie des voisins d'à côté est trop bruyante
5. à votre camarade de classe: elle n'a pas le droit de fumer dans la salle de classe

B. Sur le vocabulaire. Où allez-vous ou qui appelez-vous quand vous avez les problèmes suivants? Utilisez les *Mots et expressions utiles*.

1. Vous avez un pneu crevé.
2. Vous avez sali *(soiled)* une robe délicate en soie.
3. La réception des émissions sur le câble est mauvaise.
4. Vous voulez installer un ordinateur, mais vous n'êtes pas sûr(e) que les prises de courant *(outlets)* soient bonnes.
5. Votre lave-vaisselle ne marche pas, mais vous pensez que vous pouvez le réparer vous-même.
6. Vous n'en pouvez plus! Il est impossible de réparer le lave-vaisselle sans outils professionnels!

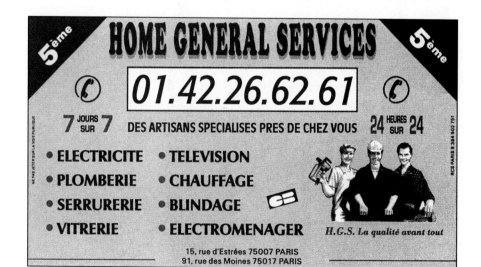

Selon les problèmes décrits dans l'exercice B, de quels services proposés par HGS est-ce que vous avez besoin?

blindage *reinforcing doors with a sheet of steel and adding top and bottom dead bolts*

C. **Toujours des excuses...** Jouez les rôles. Pour chaque situation, une personne doit s'excuser en utilisant la raison donnée et l'autre doit répondre avec bienveillance *(kindly)*.

Personne qui s'excuse	A qui	Raison
1. un enfant	sa mère	avoir cassé un vase
2. un professeur	sa classe	ne pas avoir corrigé les examens
3. une fille	sa sœur	avoir abîmé *(ruined)* sa robe
4. un(e) ami(e)	son ami(e)	avoir perdu le disque compact emprunté
5. un(e) employé(e) de bureau	son/sa patron(ne)	avoir oublié de poster une lettre importante

▶ La grammaire à apprendre

La négation

Negative expressions can be useful when you want to complain or apologize, or respond to someone else's complaint or apology. You have already reviewed the basic **ne... pas** pattern in *La grammaire à réviser.* Below are additional negative expressions. The ones starred (*) are positioned in the same way as **ne... pas** and follow the same rules regarding the dropping or retaining of articles.

ne... aucun(e)	*no, not any, not a single* (stronger than **ne... pas**)
*ne... guère	*hardly, scarcely*
*ne... jamais	*never*
ne... ni... ni	*neither . . . nor*
ne... nulle part	*nowhere*
*ne... pas du tout	*not at all*
*ne... pas encore	*not yet*
*ne... pas non plus	*not either*
ne... personne	*no one, not anyone, nobody*
*ne... plus	*no longer, not any longer, no more*
ne... que	*only*
ne... rien	*nothing*

A. The negative pronouns **personne, rien,** and **aucun**(e) can be used as subjects, objects of the verb, or objects of a preposition. When used as subjects, they are placed in the normal subject position, although **ne** still precedes the verb. With these expressions, **pas** is never used.

Le week-end passé, **personne ne** m'a téléphoné.
Last weekend, no one phoned me.

Rien ne s'est passé.
Nothing happened.

Mes amis fidèles? **Aucun ne** m'a rendu visite.
My faithful friends? No one visited me.

B. Aucun(e) frequently acts as an adjective and thus is placed before the noun it modifies. It may modify a subject or an object, and no articles are needed.

Je **n'**ai eu **aucun** visiteur.   **Aucune** lettre **n'**est arrivée par la poste.
I had no visitors.   *Not one letter came in the mail.*

C. Used as the object of a verb in compound tenses, **personne** and **aucun**(e) follow the past participle, rather than the auxiliary verb. The negative adverb **nulle part** is also placed after the past participle.

Je **n'**ai vu **personne.**   Je **ne** suis allé **nulle part.**
I saw no one.   *I went nowhere. (I did not go anywhere.)*

D. With **ne... ni... ni**, the partitive and indefinite articles are dropped altogether. As with most negative expressions, however, the definite article is retained.

Je **n'**ai vu **ni** amis **ni** étrangers.
I saw neither friends nor strangers. (I didn't see any friends or strangers.)

Je **n'**ai parlé **ni** avec le facteur **ni** avec la concierge.
I didn't speak with the mail carrier or the concierge.

E. Ne... que, which is synonymous with **seulement**, is a restrictive expression rather than a true negative. Thus all articles are retained after it. **Que** is placed directly before the word group it modifies.

Je **n'**avais **que** le chat pour me tenir compagnie... Et il **n'**a fait **que** dormir.
I had only the cat to keep me company . . . And all he did was sleep.

F. In sentences with multiple negative expressions, **ne** is used just once, and the second part of each negative expression is placed in its normal position.

Personne n'a **jamais** frappé à la porte.
No one ever knocked at my door.

Quand mon appartement a été propre, je **n'**avais **plus rien** à faire.
When my apartment was clean, I had nothing more to do.

G. Rien and **personne** can be further qualified by combining them with **de** plus a masculine singular adjective.

Il **n'**y avait **rien de spécial** à la télé.
There was nothing special on the television.

Personne d'intéressant n'a participé à mon émission préférée du soir.
Nobody interesting participated in my favorite evening show.

Indefinite pronouns **quelque chose** and **quelqu'un** can be modified the same way:

quelque chose d'amusant = *something fun*
quelqu'un d'intelligent = *someone smart*

▸ As with **ne... pas**, the indefinite article and the partitive article become **de (d')** when they follow negative expressions (exception **ni... ni**). Definite articles do not change. For example: Je **ne** reçois **jamais de** lettres! Il faut dire, cependant, que je **n'**ai **pas le** temps d'écrire à mes amis.

H. Negative expressions such as **jamais**, **personne**, **rien**, and **pas du tout** can be used alone in answer to a question.

Qui est venu me parler? **Personne!**
Who came to talk to me? Nobody!

Qu'est-ce qui s'est passé? **Rien!**
What happened? Nothing!

Est-ce que j'ai aimé mon week-end en solitaire? **Pas du tout!**
Did I like my solitary weekend? Not at all!

Activités

A. Au contraire. M. Arnaud continue à passer une très mauvaise journée. Les phrases suivantes indiquent ce qu'il aurait préféré. Corrigez les phrases pour dire le contraire et établir la vérité.

> MODÈLE: Ces trois taches? Je sais très bien comment elles se sont faites.
> ***Ces trois taches? Je ne sais pas du tout comment elles se sont faites.***

1. Nous avons beaucoup de magnétoscopes dans le modèle que vous voulez.
2. Nous faisons toujours des remboursements.
3. Il y a quelqu'un qui pourra vous aider aujourd'hui. Le chef de rayon arrivera bientôt.
4. Tout ce que vous avez commandé dans notre catalogue est arrivé.
5. Votre frigo marche normalement.
6. M. Arnaud, vous avez de la chance aujourd'hui.

B. Embouteillages. Les phrases ci-dessous sont adaptées d'un article sur les embouteillages dans les grandes villes françaises. Changez les phrases en ajoutant l'expression négative entre parenthèses. Faites tout autre changement nécessaire.

1. Bien que la circulation ait augmenté de 5 pour cent en trois ans, circuler en voiture au centre de Paris est devenu vraiment impossible. (ne... que)
2. Comme la circulation était complètement bloquée par un accident grave, un chauffeur de taxi s'est garé pour aller au cinéma. Quand il en est sorti, tout avait bougé. (Rien ne...)
3. Les parkings aux portes *(on the outskirts)* de Paris, à l'intention des banlieusards *(suburb dwellers)*, font gagner du temps. (ne... guère)
4. Les infrastructures routières sont adaptées à l'augmentation de la circulation. (ne... plus)
5. Il y a sûrement un remède miracle qui puisse satisfaire tout le monde. (ne... pas)

C. Plaignons-nous! Complétez chaque phrase en vous plaignant des difficultés de la vie quotidienne. Comparez vos réponses à celles de vos camarades de classe.

1. Personne ne...
2. Je ne... pas encore...
3. Je ne... plus... parce que...
4. Rien ne m'agace plus que...
5. Je ne... guère... parce que...
6. Mon professeur de... n'aime ni... ni...

—Il ne sait pas encore que j'ai considérablement réduit son rôle.

Expliquez l'emploi de la négation dans ce dessin humoristique.

D. Une lettre de plainte. Vous travaillez en France dans une station-service. Votre patron a reçu une lettre que vous devez traduire en français.

Activity D: Written preparation in advance may be helpful.

December 26

Dear Mr. Gaspiron,

    My family and I want to make a complaint. On December 23 our car broke down near your service station in Valence. We paid an enormous sum, and you repaired our breakdown. The problem is that our car no longer works. We haven't gone anywhere or done anything for three days. (We only arrived in Lyon and then the car broke down.) No one can help us here. They say that they have never seen such a (**une telle**) car. We are asking you for a refund and the money necessary to pay for our stay (**notre séjour**) in this hotel in Lyon.

    We will call you in two days to find out your response.

    Sincerely,

Richard Grey

E. Une journée horrible. Racontez une journée où vous n'avez pas eu de chance. Utilisez les exemples «du week-end passé» dans l'explication de la négation qui commence à la page 300.

Additional activity: Give students the following handout and have them complete it individually or in small groups. **Au secours!** Un vendeur du magasin Darty qui a écouté trop de plaintes est très malheureux. Traduisez sa lettre: "Dear Annie, Do you mind if I complain a bit? You know I work at Darty's? Well, nothing is going as planned. I am swamped with (**debordé de**) work and my customers do not appreciate me, that's for sure. On top of (**En plus de**) all the complaints that I have to hear every day, no customer ever comes to tell me anything nice. When you think about all the hours I work, I'm definitely (**c'est sûr que**) not making enough money, and I don't have much free time either. I really am fed up. Help!

▶ Interactions

A. Je n'en peux plus! Role play a husband and wife or two roommates arguing over the household chores («Mais c'est moi qui fais toujours la lessive *(laundry)*. Tu ne la fais jamais!»). Using negative expressions, complain to your partner that he or she never (or hardly ever) does the chores, and thus you are no longer (or are *only*) going to do certain ones. Your partner will sometimes apologize and sometimes complain to you.
TRAVAUX MÉNAGERS SUGGÉRÉS: faire le marché, faire la cuisine, faire les courses, faire la vaisselle, nettoyer la maison, sortir les poubelles *(take out the garbage)*, acheter les provisions, faire le repassage *(ironing)*, faire le lit, s'occuper du jardin

B. C'est inadmissible! When you arrive at a hotel in which you've stayed before, you find that they do not have your reservation. Politely complain to the desk clerk and argue with the manager about giving you a room. After hearing sympathetic apologies but firm refusals, you may lose your patience and become somewhat obnoxious, stating that you will never stay in the hotel again and that you will no longer recommend it to either friends or colleagues.

 ▶ Préparation

You practiced writing a personal narrative in *Chapitre 4* in which you told or narrated something that happened to you or someone you know. In this chapter you will write another type of narrative called creative fiction, which will require additional creativity and imagination.

1. First of all, choose between writing a story of the fantastic, such as a fairy tale or science fiction, or a story based on reality but with a focus on suspense.
2. Next, determine your point of view. If you want your narrator to participate in the story, choose the first-person point of view (**je, nous**). A first-person narrator does not have to be the writer, but can be any character you choose. The reader will be drawn into the story, feeling what the character feels. If you only want the narrator to describe the action, use the third-person point of view (**il, elle, ils, elles**).
3. Brainstorm your story ideas, letting your imagination run freely. Take notes and don't worry for the moment about whether all the ideas will fit the story.
4. In pairs or small groups, share notes to get more ideas from classmates.

PHRASES: Writing an essay

GRAMMAR: Compound past tense (**passé composé**); past imperfect (**imparfait**); pluperfect (**plus-que-parfait**); participle agreement (**participe passé**)

►Leçon 2 — Comment demander, donner et refuser une permission

► Conversation (suite)

🔲 INSTRUCTOR'S TAPE

Premières impressions

Soulignez:
- les expressions qu'on utilise pour demander la permission, pour donner ou refuser la permission

Trouvez:
- pourquoi M. Arnaud sera en retard ce soir

C'est un mercredi après-midi et Mme Arnaud, qui est professeur à l'université de Paris VI, est en train de travailler chez elle quand son mari lui téléphone.

MME ARNAUD:	Allô!
M. ARNAUD:	Allô, chérie, c'est moi!
MME ARNAUD:	Bonjour, ça va? Je pensais justement à toi.
M. ARNAUD:	Moi aussi. Je pensais à toi. Je voulais rentrer tôt ce soir, mais, justement, j'ai un petit problème... un rendez-vous imprévu° assez tard cet après-midi avec des clients importants et le patron me demande de dîner avec eux ce soir. Ça ne t'embête pas?°
MME ARNAUD:	Si! Ça m'embête. On avait décidé que c'était à ton tour de faire à dîner ce soir.
M. ARNAUD:	Je suis désolé, mais ces clients sont très importants.
MME ARNAUD:	C'est vraiment quelque chose que tu ne peux pas changer?
M. ARNAUD:	Non, il faut que je reste. Ecoute, demain, je ferai quelque chose de spécial. Je veux me rattraper.° Ce n'est vraiment pas possible ce soir.
MME ARNAUD:	Bon, je comprends... puisque tu n'y peux rien. Il faut que je raccroche,° on frappe à la porte. Je t'embrasse. Travaille bien. A ce soir!
M. ARNAUD:	A ce soir! Je t'embrasse.

imprévu *unexpected*

Ça ne t'embête pas? *That won't bother you, will it?*

se rattraper *to make up for it*

raccrocher *to hang up (telephone)*

L'électricien arrive pour réparer le frigo.

L'ÉLECTRICIEN:	Bonjour, madame.
MME ARNAUD:	Bonjour, monsieur. Si vous voulez me suivre. Le frigo, par ici, voilà.
L'ÉLECTRICIEN:	D'accord... *(après quelques moments)* Euh, est-ce que vous permettez que je fume pendant que je travaille?
MME ARNAUD:	Je suis désolée, mais ce n'est pas possible. Je suis allergique à la fumée et puis je n'aime pas l'odeur que ça laisse dans la maison...

A suivre

Observation et analyse

1. Avec qui M. Arnaud a-t-il une réunion? Est-ce important? Comment le savez-vous?
2. Qui va préparer le dîner ce soir et pourquoi?
3. Décrivez la réaction de Mme Arnaud à la demande de son mari.
4. Si vous étiez M. Arnaud, qu'est-ce que vous feriez pour vous rattraper?
5. Qu'est-ce que l'électricien a envie de faire?
6. Est-ce que les carrières de M. et de Mme Arnaud ont une influence sur leur vie familiale? Comment résolvent-ils leurs problèmes?

Réactions

1. Préparez-vous le dîner tous les jours? Si oui, qu'est-ce que vous préparez? Si non, qui prépare le dîner chez vous et qu'est-ce qu'il/elle prépare?
2. Selon vous, est-ce que la vie professionnelle a souvent une influence négative sur la vie familiale? Comment un couple peut-il résoudre ses difficultés?
3. Jouez les rôles de M. et Mme Arnaud. Imaginez que Mme Arnaud refuse de changer ce qui était prévu.

▶ Expressions typiques pour...

Demander la permission

Est-ce que je peux/pourrais... ?
J'aimerais/Je voudrais...
Est-ce qu'il serait possible de (+ inf.)?
Est-ce qu'il serait possible que (+ subj.)?
Est-ce que vous me permettez de (+ inf.)?
Est-ce que vous permettez que (+ subj.)?

Donner la permission

Je vous en prie.
Certainement!
Je n'y vois pas d'inconvénients.
Vous avez ma permission.
Ne vous en faites pas./Ne t'en fais pas. *(Don't worry.)*

Refuser la permission

Je suis désolé(e), mais ce n'est pas possible.
Non, je regrette.
Il n'en est pas question.

Avec des questions à la forme négative

Ça ne t'embête/te dérange pas si... ?
Ça ne t'embête/te dérange pas que... (+ subj.)?

On donne la permission

Mais non, pas du tout.
Bien sûr que non.

On refuse la permission

Si! Ça m'embête.
Si! Ça me dérange.

▶ Mots et expressions utiles

Les événements imprévus et oubliés

amener quelqu'un   *to bring someone over (along)*
assister à   *to attend*
changer d'avis   *to change one's mind*
un congrès   *conference; professional meeting*
emmener quelqu'un   *to take someone (somewhere)*

emprunter quelque chose à quelqu'un *to borrow something from someone*
imprévu(e)/inattendu(e) *unexpected*
prêter quelque chose à quelqu'un *to lend something to someone*
une réunion   *meeting*

Mise en pratique

—Chéri, au fait, j'allais te dire que le chef de mon département m'a dit qu'il voudrait que j'**assiste à un congrès** le mois prochain en Belgique. Il veut aussi que je fasse une conférence sur mes recherches. Je sais que c'est **imprévu** et que tu devras te débrouiller tout seul avec les enfants...

Comment réagir

s'arranger   *to work out*
consentir à   *to consent to*
défendre à quelqu'un de   *to forbid someone to*
embêter   *to bother; to annoy*

se rattraper   *to make up for it*
résoudre   *to resolve, solve*

Divers

raccrocher   *to hang up (the telephone)*

▶ **Résoudre**–past part.: **résolu;** présent: **résous, résous, résout, résolvons, résolvez, résolvent**

Mise en pratique

—Ce sera quand? Le mois prochain? Bon, ça ne m'**embête** pas à condition que tu m'aides à organiser un peu. Ma mère **consentira** peut-être à venir ici quelques jours. On doit pouvoir **s'arranger** et éviter les imprévus, comme la dernière fois!

Activités

A. Entraînez-vous: Permission. Pour chaque situation, utilisez deux expressions de la liste des *Expressions typiques pour...* pour demander la permission.

1. Vous voulez inviter votre petit(e) ami(e) à dîner chez vous. Parlez-en avec votre camarade de chambre.
2. Vous êtes en train de passer un examen mais vous avez très soif et vous voulez aller boire de l'eau. Adressez-vous à votre professeur.
3. Vous allez avoir une surprise-partie ce soir et vous aimeriez que vos invités puissent garer leur voiture dans l'allée *(driveway)* de votre voisin. Parlez-en avec lui.
4. Vous voulez échanger vos heures de travail de samedi avec votre collègue. Parlez-en avec lui, puis avec votre patron que vous ne connaissez pas très bien.

5. Vous êtes en train de visiter une chambre à louer. Vous pensez que vous inviterez des amis de temps en temps chez vous. Adressez-vous à la propriétaire.

B. **Vous êtes le prof.** Vos élèves ne comprennent pas les mots et les expressions suivants. Aidez-les à comprendre en donnant un synonyme pour chaque mot ou expression en utilisant les *Mots et expressions utiles.*

1. aller à un congrès
2. faire venir quelqu'un
3. utiliser quelque chose qui appartient à quelqu'un d'autre
4. un meeting
5. trouver une solution
6. approuver
7. donner l'ordre de ne pas faire quelque chose
8. s'organiser
9. ne plus avoir la même opinion

C. **Imaginez...** Donnez ou refusez la permission dans chaque situation, en variant vos réponses.

1. Votre enfant de seize ans vous demande: «Maman/Papa, est-ce que je peux sortir avec mes amis ce soir?»
2. Un(e) camarade de classe vous demande: «Est-ce que tu me permets de copier tes notes de classe? J'étais malade hier.»
3. Votre voisine, avec qui vous êtes bons amis, vous demande: «Est-ce qu'il serait possible que je laisse mon enfant avec toi pendant une heure? Je dois aller à une réunion.»
4. Votre camarade de chambre vous demande: «Ça ne t'embête pas si je reporte *(postpone)* le nettoyage de l'appartement jusqu'au week-end prochain?»
5. L'instituteur de votre enfant vous envoie ce mot: «Je vous demande la permission d'emmener votre enfant à une sortie scolaire au musée d'art moderne vendredi matin.»

D. **Questions indiscrètes.** Posez les questions suivantes à un(e) ami(e). Donnez un résumé de ses réponses à la classe.

1. Quand quelqu'un te demande la permission de faire quelque chose que tu n'aimes pas, est-ce que tu dis ce que tu penses vraiment? Dans quelles circonstances est-ce que tu dis toujours la vérité? Quand est-ce que tu modifies un peu la vérité?
2. Est-ce qu'il y a, chez les autres, certains tics ou des habitudes qui t'irritent? Lesquels?
3. De temps en temps, est-ce qu'il y a quelqu'un qui demande à emprunter ta voiture? Qui? Est-ce que tu la lui prêtes?
4. Si quelqu'un d'important t'invitait à participer à une manifestation pour une cause avec laquelle tu n'étais pas d'accord, est-ce que tu dirais la vérité à cette personne ou tu inventerais une excuse? Quelles excuses est-ce qu'on peut utiliser si on ne veut pas accepter une invitation?
5. Quelles excuses est-ce que tu entends souvent? Quelles excuses est-ce que tu donnes souvent?

Liens culturels

Fumer ou ne pas fumer?

«Ça ne vous dérange pas que je fume?» «Vous n'auriez pas du feu?» Ce sont des questions qu'on entend assez souvent en France malgré les campagnes de prévention du tabagisme *(use of tobacco)* commencées il y a une vingtaine d'années. Selon les enquêtes du Comité français d'éducation pour la santé (CFES), la proportion de fumeurs parmi les adolescents français de 12 à 18 ans était de 35% en 1995. Entre 1994 et 1995, le pourcentage de fumeurs occasionnels a augmenté, tandis que le nombre de fumeurs réguliers (une cigarette ou plus par jour) a baissé. La tendance à fumer chez les adolescents est liée à l'âge (ils fument de plus en plus tard mais le tabagisme s'accentue avec l'âge) et à l'attitude des parents, mais surtout au montant de l'argent de poche. Ainsi on compte 18% de fumeurs parmi ceux qui disposent de moins de 100 F par mois et 62% de fumeurs parmi les plus nantis *(well-to-do),* ceux qui disposent de 200 F ou plus par mois.

Le tabac est à l'origine d'environ 60 000 décès chaque année et de près d'un cancer sur trois. Les Français le savent, alors pourquoi fument-ils? Les raisons sont peut-être nombreuses, mais la plus sérieuse est sans doute

JACQUES FAIZANT

ÇA NE VOUS DÉRANGE PAS QUE JE FUME?

NON. SI ÇA NE VOUS DÉRANGE PAS QUE JE TOUSSE.

RÉPONSES PERTINENTES QUE PERSONNE NE FAIT JAMAIS, À DES QUESTIONS IDIOTES QUE TOUT LE MONDE POSE TOUJOURS.

que le tabac rapporte beaucoup d'argent à l'Etat aussi bien qu'aux particuliers. Deux pour-cent du PNB (Produit national brut) vient du tabac qui fait travailler et vivre des milliers de gens [les planteurs, les débitants *(tobacco dealers)* ou tous ceux qui vendent le tabac]. Cependant, si l'Etat gagne beaucoup d'argent, il en dépense d'autant plus. L'industrie du tabac rapporte 45 milliards de francs par an, mais le coût total pour la collectivité est estimé à 138 milliards. Ceci n'empêche que, face à la perte de travail ou d'argent, certains Français sont mécontents des campagnes et des lois anti-tabac. Facturant 10 millions de francs par an pour la publicité du tabac, les médias sont plutôt

contre les efforts qui limitent les annonces publicitaires. Et les hommes politiques hésitent à prendre des mesures de prévention trop draconiennes par crainte de déplaire aux électeurs qui veulent qu'on les laisse décider eux-mêmes de fumer ou de ne pas fumer.

Qu'en pensez-vous? Quels sont les droits des fumeurs et des non-fumeurs? Par quels moyens est-ce qu'on pourrait résoudre ce conflit entre l'argent et la santé? Est-ce que les efforts tels que *la journée mondiale sans tabac* sont efficaces?

Adapté du *Figaro,* le 31 mai 1995, p. 2–B, p. 12–B.

▶ Notice that the French use a negative conditional sentence at times to soften a request, as in **Vous n'auriez pas du feu?** *(Would you have a light?)* or **Tu n'aurais pas un stylo à me prêter?** *(Would you have a pen to lend me?)*

▶ La grammaire à apprendre

Prépositions exigées par certains verbes

Several of the expressions introduced for asking, giving, and refusing permission include a preposition before an infinitive. The conjugated verb determines whether **à**, **de**, or no preposition is needed before the infinitive. Below are listings of common verbs and their prepositions.

A. Some verbs that require **à** before an infinitive:

aider à	encourager à
s'amuser à	enseigner à
apprendre à	s'habituer à
s'attendre à *(to expect)*	hésiter à
autoriser à	s'intéresser à
avoir à *(to have to)*	inviter à
commencer à	se mettre à
consentir à	réussir à
continuer à	tenir à *(to insist on)*

Ma mère m'a toujours **encouragé à** faire de mon mieux. Elle m'a **enseigné à** respecter les droits des autres. Elle **tenait à** traiter chaque être humain d'une manière équitable. J'espère **réussir à** suivre son exemple.

B. Some verbs that require **de** before an infinitive:

s'agir de *(to be about)*	parler de
s'arrêter de	refuser de
choisir de	regretter de
décider de	remercier de *(to thank)*
se dépêcher de *(to hurry)*	rêver de
empêcher de *(to prevent)*	se souvenir de
essayer de	tâcher de *(to try)*
finir de	venir de *(to have just)*
oublier de	
avoir besoin de	avoir l'intention de
avoir envie de	avoir peur de

J'avais décidé de devenir médecin. Rien n'allait m'**empêcher de** finir mes études. **J'ai refusé de** me décourager pendant les longues années de préparation à cette carrière.

C. Some verbs that are followed directly by an infinitive:

aimer	devoir	préférer
aller	écouter	savoir
compter	espérer	sembler
(to intend)	faire	souhaiter
croire	falloir	venir
désirer	penser	voir
détester	pouvoir	vouloir

Ces deux enfants veulent aller jouer dehors. Que disent-ils pour demander la permission à leur mère?

Comme mon oncle, je **veux** être médecin. Je **compte** exercer dans un village. Il **faut** dire que j'**aime** soigner les gens. Avec mes connaissances je **pourrai** les aider à guérir *(get well, cured)* rapidement.

D. Some verbs that require **à** before a person and **de** before an infinitive:

commander à quelqu'un de *(to order)*	dire à quelqu'un de
	écrire à quelqu'un de
conseiller à quelqu'un de	permettre à quelqu'un de
défendre à quelqu'un de *(to forbid)*	promettre à quelqu'un de
	reprocher à quelqu'un de
demander à quelqu'un de	suggérer à quelqu'un de

Je **conseille à** chaque personne qui envisage la médecine comme profession **d'**y penser serieusement. Je **suggérerais à** tous ceux qui s'y intéressent **d'**être sûrs que c'est bien ce qu'ils veulent faire.

E. Etre + adjective + preposition + infinitive

- Most adjectives that follow the verb **être** require **de** before an infinitive:
  Je suis content **de** te voir, Nathalie.
  Tu es si gentille **de** me rendre visite.

- In sentences beginning with the impersonal expression **il est** + adjective, the preposition **de** must introduce the infinitive. The idea discussed follows the preposition **de:**
  Il est agréable **de** revoir ses anciens amis.

▸ For other uses of **c'est** and **il est**, see *Chapitre 3.*

- In sentences beginning with **c'est** + adjective, the preposition **à** must introduce the infinitive. In this case, the topic in question has already been mentioned; thus, **ce** refers back to the previously mentioned idea.
  —J'adore Nathalie.
  —C'est facile **à** voir. Est-ce que tu n'es pas un peu amoureux d'elle?

Activités

A. La dispute. Gisèle Ménard, qui a quatorze ans, essaie sans succès d'obtenir de sa mère la permission d'aller passer la nuit chez son amie. Finissez la conversation en remplissant les blancs avec **à, de** ou en n'ajoutant pas de préposition.

—Maman, j'hésite _____ t'ennuyer puisque je sais que tu es occupée, mais je voudrais _____ te demander quelque chose.
—Oui, ma chère Gisèle. Qu'est-ce qu'il y a?
—Voilà. Mon amie Monique vient _____ téléphoner pour me demander si je voulais _____ passer la nuit chez elle.
—J'ai peur que ce ne soit pas possible, Gisèle. Tu as déjà promis _____ tante Louise _____ assister à un concert avec elle ce soir.
—Tante Louise est vraiment gentille _____ m'avoir invitée _____ l'accompagner au concert, mais puisque papa et toi y allez aussi, peut-être que... ?
—Non, ma petite chérie. Il n'est pas convenable _____ changer de projet simplement parce qu'on reçoit une meilleure proposition.
—Mais, maman... !
—Arrêtons _____ nous disputer. Je refuse _____ te donner la permission et c'est tout.

B. Les pensées de Gisèle. Voilà ce que pense Gisèle après la conversation avec sa mère. Faites tout changement nécessaire pour former des phrases correctes.

1. Je / conseiller / tous les parents / tâcher / comprendre / enfants
2. Quand je / grandir / je / écouter attentivement / mes enfants
3. Je / ne jamais défendre / enfants / sortir avec / amis
4. Je / tenir toujours / être juste et compréhensif
5. Je crois / il est important / ne jamais oublier / faire cela
6. Ce / ne pas être / très facile / faire

C. **Les pensées de la mère de Gisèle.** Donnez l'équivalent français des phrases suivantes.

Activity C: Written preparation in advance may be helpful.

1. It is difficult to know how to succeed at being a good parent these days.
2. Children do not always realize (**se rendre compte de**) this.
3. They reproach us for being too strict and yet they seem to want our guidance (**conseils**, *m pl*).
4. Parents should expect to receive criticism (**critique**, *f*) from their children at times.
5. Probably nothing will prevent (**empêcher**) this.

▸ La grammaire à apprendre

Les prépositions et les noms géographiques

The definite article is used with most geographical locations except cities:

l'Autriche   les Alpes   le Rhône   L'Europe   Paris   New York

unless an article is part of the name of the city:

Le Havre   Le Mans   La Nouvelle-Orléans

A. Les villes

- To express location or destination *(to, at,* or *in)*, use the preposition **à**:
  Je vais **à** San Juan.   Ils arrivent **au** Havre.

- To express origin *(from)*, use the preposition **de**:
  Je viens **de** Québec. Ils sont **de** La Nouvelle-Orléans.

B. Les pays et les continents

- To express location or destination regarding continents or *feminine* countries, use **en**:
  en Afrique   **en** Belgique   **en** France

  NOTE: All continents are feminine, and most countries that end in an unaccented e are feminine, with the exception of **le Mexique**.

- With *masculine* countries, use **au(x)** to express location or destination:
  au Japon   **au** Bénin   **au** Maroc   **aux** Etats-Unis   **au** Togo

- Origin is expressed by **de** for continents and feminine countries, and **de** + **article défini** for masculine countries:
  de Suisse   **d'**Europe   **du** Mexique   **des** Etats-Unis

- Masculine singular countries beginning with a vowel use **en** to express location or destination and **d'** to express origin:
  en Iran   **en** Israël   **d'**Iraq   **d'**Afghanistan

C. Les états aux Etats-Unis

- Most states ending in an unaccented e in French are feminine and thus use the same prepositions as feminine countries:
  en/de Floride   **en/de** Californie   **en/de** Caroline du Sud

  EXCEPTIONS: **au/du** Maine and **au/du** Tennessee

- The expression of location or destination regarding masculine states varies with each, but usually either **dans le** or **dans l'état de** can be used:
  Je vais **dans le** Michigan pendant une semaine avec des cousins.
  Ma famille habite **dans l'état de** New York.

  EXCEPTIONS: **au** Texas, **au** Nouveau-Mexique

- Origin from a masculine state is usually expressed by **du (de l')**:
  Je viens **de l'**Arizona/**du** Wisconsin/**du** Texas/**de l'**Oregon.

D. Les îles, les provinces et les régions

With islands (which are sometimes also countries), provinces, and regions, usage is so varied that each case must be learned separately. Some examples are:

en Normandie	**de** Normandie
au Québec	**du** Québec
dans le Midi	**du** Midi
à Madagascar	**de** Madagascar
à Cuba	**de** Cuba
en/à la Martinique	**de/de la** Martinique
aux Antilles	**des** Antilles
aux Caraïbes	**des** Caraïbes
en/à Haïti	**de** Haïti

Summary

	to/at/in	from
Cities	à	de
Feminine countries	en	de
Masculine countries	au(x)	de + definite article
Masculine countries beginning w/vowel	en	d'
Feminine states	en	de
Masculine states	dans le (l') or dans l'état de	du (de l')
States beginning w/vowel	en	d'

Activités

A. A l'agence de voyages. Après avoir parlé avec l'agent, Olivier a des difficultés à décider où il veut aller. Faites les changements nécessaires pour compléter ses phrases.

1. Je tiens à aller *en Chine*.
   Texas / Maroc / Angleterre / Moscou / Virginie
2. Mais peut-être que j'irai *au Mexique*.
   Italie / Canada / Géorgie / Israël / Colombie
3. Je voudrais partir *de Paris* à la fin de l'été.
   Luxembourg / Colorado / Cuba / le Caire / Argentine
4. Non, non. Je voudrais partir *de Rome* en septembre.
   Oregon / Australie / le Havre / Monaco / Caraïbes

B. Le sixième Sommet de la francophonie. Voici quelques phrases tirées d'un article sur le sixième Sommet de la francophonie. Complétez chaque phrase en utilisant l'article ou la préposition qui convient.

1. Le sixième Sommet de la francophonie s'est tenu _____ Cotonou (la plus grande ville _____ Bénin) du 2 au 4 décembre 1995. (Le premier Sommet s'était déroulé _____ Paris en février 1986.)
2. La session la plus longue a concerné _____ Rwanda.
3. On a aussi discuté des problèmes qui divisent la population _____ Algérie et _____ Québec.
4. On a évoqué le rôle important qu'a joué la communauté internationale dans les élections démocratiques _____ Afrique du Sud.
5. Mme Binh, déléguée _____ Vietnam, M. Chirac, président _____ France, et M. Soglo, représentant _____ Bénin ont assisté à la conférence de presse.
6. _____ Canada et _____ France, revenus des dissensions qui avaient marqué le Sommet de l'île Maurice, se sont attachés à définir l'intérêt commun des pays francophones.

(Adapté de *Diagonales* n° 37, février 1996, pp. 36–37.)

C. Le bon vieux temps (*The good old days*). Vous venez de passer le plus mauvais jour de votre vie—votre voiture est tombée en panne, quelqu'un a volé votre portefeuille et votre petit(e) ami(e) vous a quitté(e) pour quelqu'un d'autre. Pour vous remonter le moral, songez à d'heureux moments en d'autres lieux.

1. Ah! Le bon vieux temps! J'aime bien me souvenir des jours où j'habitais...
2. Je me souviens avec plaisir de nos voyages... où nous avons visité...
3. Qu'il serait bon d'être en ce moment... où je pourrais...
4. Un jour j'ai l'intention d'aller... parce que...
5. Je voudrais mieux connaître mon propre pays. Donc, à l'avenir, j'irai... parce que...

Additional activity: (to practice **les prépositions exigées par certains verbes** et **les prépositions et les noms géographiques**)

Le bon vieux temps. Tante Hélène adore parler du bon vieux temps. Complétez sa description en ajoutant des prépositions ou des articles, s'il en faut: Quand j'étais petite, j'habitais ____ Metz. Mon père est né ____ Italie; ma mère est née ____ Nancy, une ville près de Metz. La plupart du temps, on parlait français à la maison, mais j'ai suivi des cours d'italien au lycée. Quand j'avais dix-neuf ans, mes parents ont décidé ____ m'envoyer ____ Italie chez les parents de mon père. Là, j'ai commencé ____ bien parler italien à l'université. J'ai écrit des lettres ____ mon père en italien et ____ ma mère en français. Après un an, je ne voulais plus ____ rentrer ____ France. En fait, quand mes parents m'ont dit ____ revenir, j'ai refusé ____ le faire. Je préférais continuer mes études ____ Venise où j'ai suivi des cours de langues et d'histoire de l'art. Après deux ans, j'avais envie ____ voyager ____ Etats-Unis pour perfectionner mon anglais. Au début, mes parents m'ont défendu ____ y aller, mais après quelques mois, ils m'ont permis ____ faire ce voyage. C'était pendant ce temps-là que j'ai fait la connaissance de votre oncle, John. J'ai écrit ____ mes parents que je voulais ____ rester ____ Chicago, la ville natale de John. Là j'ai continué ____ étudier les langues. Après quatre ans, je suis devenue professeur de français et d'italien dans un lycée ____ Homewood, une petite ville près de Chicago. John et moi, nous nous sommes mariés et voilà, je suis toujours ____ Amérique.

▶ Interactions

A.   Jouez les rôles (groups of three). You *really* want to spend the summer in Europe, but need your parents' permission. Two classmates will play your parents. Give them specific details about your itinerary, including the following: how you will get there, what cities you will visit, how many days you intend to stay, where you will stay, who will go with you, the advantages and disadvantages of your going, how much money you would like to borrow. Your parents may refuse right away, but you should plead your case, hoping that they change their minds.

B.   Je voulais vous demander... Since you have not been able to reach the following people by phone, write each of them a short note to ask permission.

1. M. Wallens: to audit his French literature course (**assister en tant qu'auditeur/auditrice libre**)
2. Coach Smith: to arrange a time to talk to him about playing on his soccer team
3. Mme Balmain: to turn in your French composition one day late
4. your best friend: to borrow his/her car tonight
5. your rich aunt who is quite fond of you: to borrow $800 to go to Florida over spring break

Exchange notes among your classmates. Imagine that you are unable to contact the person whose note you received, so you leave a telephone message on his/her answering machine. State your reasons for giving or refusing permission.

▶ Premier brouillon

1. Organize the notes you took in Lesson 1 by once again thinking about the important elements of a narrative: character, setting, plot, conflict, chronological order. This time, focus especially on how the narrator feels about the things around him/her; how he/she feels physically and emotionally; and how he/she thinks and acts.
2. Begin writing your introductory paragraph in which you present the situation and give it a framework in time [e.g., **Il était une fois...** *(Once upon a time . . .)*; **En l'an 2050...** *(In the year 2050 . . .)*; **La semaine dernière...** *(Last week . . .)*].
3. Write two to three paragraphs in which you present the complication. In this part you will introduce the principal action and the tensions that surround it. What is the basic conflict? What problem is the main character struggling with? What problems seem insurmountable?
4. Write the conclusion in which you describe how the conflict is resolved.

PHRASES: Writing an essay; sequencing events

GRAMMAR: Compound past tense (**passé composé**); past imperfect (**imparfait**); pluperfect (**plus-que-parfait**); participle agreement (**participe passé**)

►Leçon 3 Comment demander et donner des explications

► Conversation (conclusion)

⌹ INSTRUCTOR'S TAPE

Rappel: Have you reviewed the relative pronouns **qui** and **que**? (Text pp. 292–293 and Workbook)

Premières impressions

Soulignez:
• les expressions qu'on utilise pour demander une explication
• les expressions qu'on utilise pour expliquer quelque chose

Trouvez:
• ce qui est arrivé à la nourrice des Arnaud
• qui va téléphoner pour trouver quelqu'un qui puisse la remplacer

Le soir la famille est enfin à la maison. Malheureusement, Mme Arnaud a de mauvaises nouvelles pour son mari.

MME ARNAUD:	Ecoute, j'ai quelque chose d'absolument incroyable à te raconter! Figure-toi° que ce soir la nourrice,° Brigitte, a dû être transportée d'urgence° à l'hôpital.
M. ARNAUD:	Je ne comprends pas. Qu'est-ce qui s'est passé?
MME ARNAUD:	On ne sait pas très bien… ils croient que c'est un ulcère. Comme elle est enceinte,° ils veulent la garder en observation pendant une semaine.
M. ARNAUD:	Alors, qu'est-ce que ça veut dire pour nous? Il faudra chercher une autre nourrice?
MME ARNAUD:	Je le crains. C'est embêtant parce qu'elle est vraiment bien avec Sylvain. Tu ne pourrais pas te renseigner° pour voir si la dame d'en-dessous… si sa fille, pourrait éventuellement nous dépanner° pendant quelques temps… ?
M. ARNAUD:	Autrement dit,° c'est moi qui dois m'occuper de ce problème! C'est ce que tu veux dire?
MME ARNAUD:	Oui. Je trouve que tu pourrais assumer un peu plus de responsabilités. C'est tout de même *notre* enfant, à nous deux!
M. ARNAUD:	C'est un fait, mais… dis-moi… oh, rien! On dirait que tu ne veux plus aucune responsabilité, et que tu veux te décharger de tout sur moi!°
MME ARNAUD:	Oh, écoute! Tu y vas un peu fort là, quand même! Tout ce que je te demande, c'est de téléphoner…
M. ARNAUD:	Bon, écoute, je vais voir ce que je peux faire.
MME ARNAUD:	Merci.
M. ARNAUD:	C'est la goutte d'eau qui fait déborder le vase°…

figure-toi *(slang) believe you me, believe it or not* / **la nourrice** *the babysitter* / **transporté d'urgence à** *rushed to*

être enceinte *to be pregnant*

se renseigner *to get information*

nous dépanner *to help us out*
autrement dit *in other words*

se décharger de ses responsabilités sur *to pass off one's responsibilities onto somebody*

c'est la goutte d'eau qui fait déborder le vase *that's the last straw*

Observation et analyse

1. Où est la nourrice et pourquoi? Qui est Sylvain?
2. Pourquoi est-ce que les Arnaud sont ennuyés *(worried)*?
3. Qui va s'occuper du remplacement de la nourrice? A qui vont-ils téléphoner?
4. Pourquoi est-ce que M. Arnaud est irrité?
5. Pensez-vous que les Arnaud parlent souvent de responsabilités dans leur mariage? Pourquoi ou pourquoi pas?

Réactions

1. Comment réagissez-vous lors de petites crises comme celle des Arnaud?
2. Est-ce que M. Arnaud a raison de dire que sa femme n'assume pas ses responsabilités de mère? A votre avis, fait-il face à ses responsabilités de père?
3. D'après leurs conversations, que pensez-vous des rapports entre Mme et M. Arnaud?
4. Que feriez-vous dans la même situation? Expliquez.
5. Jouez les rôles de M. et Mme Arnaud pour parler des responsabilités de mère et de père. Changez le dialogue.

▶ Expressions typiques pour...

Demander une explication

Je voulais savoir...
Pardon?/Comment?/Quoi? *(familiar)*
Excuse-moi./Excusez-moi. Je ne (te/vous) comprends pas.
Qu'est-ce que tu veux/vous voulez dire *(mean)*?
Je ne comprends rien de ce que tu dis/vous dites.
Qu'est-ce qui s'est passé?

Demander des raisons

Pourquoi? Pour quelle raison... ?
Pourquoi veux-tu/voulez-vous que (+ subjonctif)... ?
Où veux-tu/voulez-vous en venir? *(What are you getting at?)*
Explique-toi./Expliquez-vous.
Qu'est-ce qui te/vous fait penser ça?

▶ Asking for an explanation is sometimes included in another context, such as making a complaint. Similarly, giving an explanation or reasons for having done something might be part of making an apology.

Expliquer/Donner des raisons

Je m'explique...
Ce que je veux dire, c'est que...
J'entends par là... *(I mean by this . . .)*
C'est-à-dire...
Autrement dit... *(In other words . . .)*
C'est la raison pour laquelle... *(That's why . . .)*
... Tu vois/Vous voyez ce que je veux dire?

Explain that the water meter is found in a closet that, although it is within a dwelling, actually belongs to the water company. This tall, skinny closet often becomes the storage area for all kinds of things. When one receives this notice, one has to clear out the closet so the meter can be read.

SERVICE DES EAUX
Les abonnés sont avisés que le relevé des compteurs sera effectué
JEUDI 17 AVR 97
PASSAGE UNIQUE
Prière de dégager les compteurs

▶ Mots et expressions utiles

Vous êtes déconcerté(e) *(confused, muddled)*

avoir du mal à (+ infinitif)   *to have problems (doing something)*
désorienté(e)/déconcerté(e)   *confused, muddled*
faire comprendre à quelqu'un que   *to hint to someone that*
mal comprendre *(past part.* mal compris*)*   *to misunderstand*
une méprise/une erreur   *misunderstanding*

provoquer   *to cause*
le sens   *meaning*
la signification/l'importance f   *significance, importance*
signifier   *to mean*

Divers

autrement dit   *in other words*

> ### Mise en pratique

Un candidat à la présidence parle avec ses assistants:

—J'**ai du mal à comprendre** pourquoi les gens ont voté pour cet autre candidat et pas pour moi. Ils ont peut-être **mal compris** mes idées. Que peut **signifier** ce vote? Je me demande si la question du chômage a eu beaucoup d'**importance**...

Vous êtes irrité(e)

avoir du retard   *to be late*
C'est la goutte d'eau qui fait déborder le vase!   *That's the last straw!*
couper   *to disconnect (telephone, gas, electricity, cable)*
débrancher   *to disconnect, unplug (radio, television)*

se décharger de ses responsabilités sur quelqu'un   *to pass off one's responsibilities onto somebody*
faire la queue   *to stand in line*
rentrer en retard   *to get home late*
valoir la peine *(past part.* valu*)*   *to be worth the trouble*

> ### Mise en pratique

—Vraiment, je me demande si cette campagne **a valu la peine.** J'ai serré beaucoup de mains. Il y a même les gens qui **ont fait la queue** pour me voir. Je **suis rentré en retard** le soir. Et puis j'ai perdu les élections de dix points.

Vous êtes lésé(e) *(injured; wronged)*

bouleversé(e)/choqué(e)   *shocked*
céder à quelqu'un (quelque chose)   *to give in to someone (something)*
être en grève   *to be on strike*

faire la grève   *to go on strike*
le/la gréviste   *striker*
léser quelqu'un   *to wrong someone*
le syndicat   *union*

Mise en pratique

—Pourtant, les **syndicats** ont soutenu ma candidature. Les autres candidats étaient **bouleversés** que les syndicats aient dit qu'ils **feraient la grève** si je n'étais pas élu... Somme toute et réflexion faite, je ne devrais pas **céder à** cette défaite électorale. Je me représenterai dans sept ans.

Activités

A. Entraînez-vous: Explications. Avec un(e) partenaire, entraînez-vous à employer les expressions pour demander et donner des explications dans les situations suivantes.

1. Vous êtes perdu(e). Demandez à votre professeur de français d'expliquer le sens du mot «nourrice».
2. M. Arnaud rentre chez lui à 3h du matin au lieu de 11h du soir. Etant sa femme, vous demandez la raison de son retard.
3. Vous découvrez qu'on a coupé vos chaînes câblées. Demandez une explication à votre compagnie de télédistribution.
4. Votre enfant de dix ans vous dit qu'il a raté son contrôle de mathématiques. Demandez-lui de s'expliquer.
5. Depuis une demi-heure vous faites la queue pour acheter votre permis de parking; la queue n'a pas bougé. Demandez à la personne devant vous s'il/si elle connaît la raison de cette lenteur.
6. Votre ami(e) français(e) et vous avez échangé vos appartements pendant un mois. Après avoir passé une semaine dans son appartement à Caen, vous recevez l'annonce (reproduite à la p. 318) que vous ne comprenez pas. Demandez à la femme qui habite au troisième étage ce que cela signifie. MOT UTILE: dégager *to make way*

B. Expliquez. Sylvain a des difficultés à se rappeler le mot exact. Aidez-le à choisir le bon mot en utilisant les *Mots et expressions utiles.* Il y a plusieurs possibilités pour certains exemples.

1. arriver dix minutes après le début de la classe
2. le groupe formé pour la défense des droits des employés
3. supprimer *(take out)* un branchement électrique
4. vouloir dire
5. être désorienté / être surpris
6. attendre son tour
7. arrêter collectivement le travail

C. Questions indiscrètes. Posez les questions suivantes à un(e) ami(e). Donnez un résumé de ses réponses à la classe.

1. Est-ce qu'il t'est déjà arrivé d'attendre longtemps quelqu'un qui n'est pas arrivé? Est-ce que cette personne a en fin de compte donné une explication? Décris l'explication.
2. Est-ce que ton service de téléphone/d'électricité/de câble a déjà été coupé? Pour quelle raison?
3. Cela t'ennuie de faire la queue? Dans quelles circonstances est-ce que tu ferais la queue pendant plus d'une heure?
4. Est-ce que tu as déjà été en grève? Tu connais quelqu'un qui ait fait la grève? Explique comment le conflit s'est résolu.

▸La grammaire à apprendre

Les pronoms relatifs

When giving an explanation, you frequently link ideas back to persons or things already mentioned (antecedents) by means of relative pronouns. Relative pronouns, thus, provide coherence and enable you to increase the length and complexity of oral and written speech.

You reviewed the use of **qui** and **que** in *La grammaire à réviser*. They are relative pronouns that act as subjects (**qui**) or objects (**que**) of a relative clause. Rules governing other relative pronouns follow.

A. Objects of prepositions with specified antecedents

- When the relative pronoun functions as the object of a preposition in the relative clause, **qui** is used if the antecedent is a person, and a form of **lequel** (agreeing with the antecedent in gender and number) is used to refer to a thing. The usual contractions with **de** and **à** are made:

  à + lequel = auquel; de + lesquelles = desquelles, etc.

POINT
DE PRESSE

Journaux, magazines,
livres, etc.

575, Grande-Allée
Local 120
Québec (Québec) G1R 2K4
Tél.: 418.525.9782

De quelle sorte de magasin est-ce qu'il s'agit? Où est-ce qu'il se trouve?

—Une femme **avec qui** je travaille m'a dit que les membres de l'Union civile des employés publics du Canada étaient en grève, les facteurs y compris.
"A woman I work with told me that the members of the Union of the Public Employees of Canada were on strike, including the mail carriers."

—Ah, c'est la raison **pour laquelle** Michel a reçu ma lettre avec une semaine de retard.
"Ah, that's the reason why Michel received my letter a week late."

- If the relative pronoun is the object of the preposition **de,** the invariable pronoun **dont** can be used instead of **de + qui** or **de + lequel** to refer to either persons or things. **Dont** can be translated as *whose, of whom/which, from whom/which,* or *about whom/which.*

  L'argent **dont** on a besoin pour résoudre le conflit n'existe tout simplement pas.
  The money they need (of which they have need) to resolve the dispute just does not exist.

  NOTE: When **dont** is used to mean *whose,* the word order of the relative clause beginning with **dont** must be subject + verb + object, regardless of the English word order.

  Un médecin canadien **dont** je connais le fils m'a dit que la grève durerait longtemps.
  A Canadian doctor whose son I know told me that the strike would last a long time.

- After expressions of time and place (**le moment, le jour, l'année, le pays, la ville, la maison,** etc.), the relative pronoun **où** is used. With expressions of time, **où** can have the meaning *when.*

  La ville **où** habitent le plus grand nombre de grévistes est Montréal.
  The city where the largest number of strikers live is Montreal.

  Je ne sais pas le jour **où** la grève a commencé.
  I don't know what day (when) the strike began.

  NOTE: With expressions of place, a preposition followed by a form of **lequel** can also be used, although the shorter **où** is usually preferred.

  Le bureau **dans lequel** (**où**) mon ami Michel travaille est à Trois-Rivières.
  The office where my friend Michel works is in Trois-Rivières.

B. Indefinite or unspecified antecedents

In all of the above cases, the relative pronoun referred to a specific antecedent characterized by gender and number. When the antecedent is not specified or is an idea, **ce qui, ce que, quoi,** or **ce dont** is used.

Point out that the conjunction **quand** is not a relative pronoun and thus can never be used after prepositions of time.

- Similar to **qui** and **que**, **ce qui** functions as the subject of the relative clause and **ce que** functions as the direct object.

  A propos de Mathieu, **ce qui** m'agace un peu chez lui, c'est son arrogance. Tu vois **ce que** je veux dire?
  What bothers me a bit about Matthew is his arrogance. You know what I mean?

  Ce qui and **ce que** are also used if the antecedent is an entire idea composed of a subject and a verb rather than an individual word or phrase.

  Il prétend qu'il sait tout, **ce qui** est loin d'être le cas. Il se vante sans cesse, **ce que** je déteste.
  He claims he knows everything, which is far from the truth. He brags continually, which I hate.

- After prepositions, **quoi** is used when the antecedent is unspecified.

  D'habitude il nous entretient une heure de ses monologues ennuyeux, après **quoi** il s'en va.
  Usually he entertains us for an hour with his boring monologues, after which he goes away.

- If the preposition required by the verb in the relative clause is **de, ce dont** is used:

  —Mathieu? Oh, il ne changera jamais.
  —C'est **ce dont** j'ai peur.
  "Matthew? Oh, he'll never change."
  "That's what I'm afraid of!"

Summary

	Specified antecedent		Unspecified antecedent
	PERSON	THING	PERSON OR THING
SUBJECT	qui	qui	ce qui
DIRECT OBJECT	que	que	ce que
OBJECT OF PREPOSITION	prep. + qui	prep. + lequel, etc.	prep. + quoi
OBJECT OF DE	dont	dont	ce dont

Liens culturels

«La vie n'est pas facile, mais... »

En France, comme aux Etats-Unis, il arrive souvent qu'on regrette le bon vieux temps où la vie était plus facile. Cependant, du point de vue social et économique au moins, les Français sont beaucoup mieux nantis *(well off)* qu'ils ne l'étaient après la Seconde Guerre mondiale. Ainsi, dans les 50 dernières années, l'espérance de vie moyenne est passée de 68 ans à 73,8 ans pour les hommes et 81,9 ans pour les femmes. Par ailleurs *(Furthermore)*, en 1950, le travailleur moyen travaillait 2 328 heures par an. Aujourd'hui il travaille 1 800 heures (c'est-à-dire, 39 heures par semaine). Le confort ménager *(household conveniences)* s'est également considérablement amélioré. En 1960, 3 pour cent seulement des ménages possédaient à la fois une automobile, un réfrigérateur, un lave-linge et un téléviseur; 47,7 pour cent des ménages n'avaient aucun de ces quatre biens d'équipement. En 1995, 79 pour cent des ménages ont une voiture contre 30 pour cent en 1960 (32 pour cent aujourd'hui ont au moins 2 voitures), 98 pour cent ont un réfrigérateur, 90 pour cent ont un lave-linge et 95 pour cent ont un téléviseur (34 pour cent en ont deux). En plus, 96 pour cent des foyers ont un téléphone (20 pour cent des Français disposent d'un téléphone sans fil) et 48 pour cent ont un four à micro-ondes *(microwave oven)*.

Adapté de Fourastié, *D'une France à une autre* (Fayard, 1987, pp. 80, 98, 117). La mise à jour des faits vient de Gérard Mermet, *Francoscopie 1997* (Larousse, pp. 108, 113, 182, 186, 192, 363, 372).

Activités

Additional activity: Choose a composition written earlier involving a narrative (perhaps one from a previous class or from a first-year class). Pass it out to the students and have them rewrite the story, making it more interesting and detailed by adding relative clauses that elaborate on the facts presented. *Example:* A sentence from a story about a trip to France, such as **«J'ai passé trois jours dans la ville de Chamonix...»**, could be embellished and changed into the following: **J'ai passé trois jours dans la ville de Chamonix, ... qui est une petite ville très belle / ... où j'ai fait de l'alpinisme / ... dont j'avais entendu parler auparavant / ... qui se trouve dans les Alpes**

A. Mon amour. Thierry vous parle de Laure, la femme de sa vie. Complétez ses phrases en vous servant du pronom relatif qui convient.

1. Laure est la fille...
    _____ est dans ma classe d'histoire.
    _____ je t'ai parlé.
    _____ je suis tombé amoureux fou.
2. «Chez Arthur» est le restaurant...
    _____ nous avons mangé pour la première fois.
    _____ a la meilleure cuisine de la ville.
    _____ je vais lui faire ma demande en mariage.
3. Où est le papier...
    sur _____ j'ai écrit son numéro de téléphone?
    _____ j'ai mis sur cette table?
    _____ j'ai besoin?
4. L'amour me rend fou! Je ne sais pas...
    _____ je fais!
    _____ j'ai besoin!
    _____ m'arrivera!

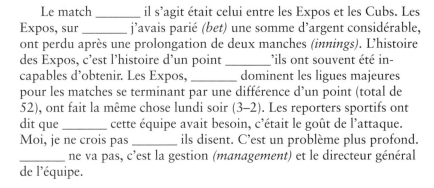

| AVIS DE CONTRAVENTION | le 06.08.1997 à 10h29 | 17021044 |

Pourquoi est-ce que cette personne a reçu cette contravention?

B. Laisse-moi t'expliquer. Jacques arrive avec deux heures de retard à son rendez-vous avec Alice. Aidez-le à s'expliquer. Combinez les deux phrases en une seule en utilisant un pronom relatif et en faisant les changements nécessaires.

1. Evidemment, j'ai conduit un peu trop vite. Je regrette d'avoir conduit un peu trop vite.
2. Voici la contravention pour excès de vitesse. Un agent de police m'a donné cette contravention.
3. J'ai dû suivre l'agent au commissariat de police. J'ai attendu longtemps au commissariat de police pour payer ma contravention.
4. De plus, ma montre s'était arrêtée. Je ne le savais pas.
5. Crois-moi… l'histoire est vraie. Je te raconte cette histoire.
6. Tu ne peux pas me donner ton amour et ta compréhension? J'ai tant besoin de ton amour et de ta compréhension maintenant.

C. Le fanatique mécontent. Utilisez un pronom relatif approprié pour compléter ce que dit un fanatique de base-ball mécontent.

Le match _____ il s'agit était celui entre les Expos et les Cubs. Les Expos, sur _____ j'avais parié *(bet)* une somme d'argent considérable, ont perdu après une prolongation de deux manches *(innings)*. L'histoire des Expos, c'est l'histoire d'un point _____'ils ont souvent été incapables d'obtenir. Les Expos, _____ dominent les ligues majeures pour les matches se terminant par une différence d'un point (total de 52), ont fait la même chose lundi soir (3–2). Les reporters sportifs ont dit que _____ cette équipe avait besoin, c'était le goût de l'attaque. Moi, je ne crois pas _____ ils disent. C'est un problème plus profond. _____ ne va pas, c'est la gestion *(management)* et le directeur général de l'équipe.

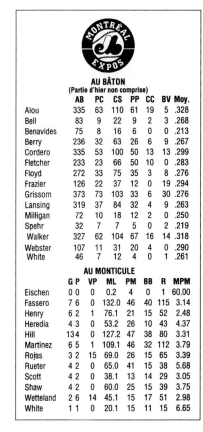

MONTRÉAL EXPOS

AU BÂTON
(Partie d'hier non comprise)

	AB	PC	CS	PP	CC	BV	Moy.
Alou	335	63	110	61	19	5	.328
Bell	83	9	22	9	2	3	.268
Benavides	75	8	16	6	0	0	.213
Berry	236	32	63	26	6	9	.267
Cordero	335	53	100	50	13	13	.299
Fletcher	233	23	66	50	10	0	.283
Floyd	272	33	75	35	3	8	.276
Frazier	126	22	37	12	0	19	.294
Grissom	373	73	103	33	6	30	.276
Lansing	319	37	84	32	4	9	.263
Milligan	72	10	18	12	2	0	.250
Spehr	32	7	7	5	0	2	.219
Walker	327	62	104	67	16	14	.318
Webster	107	11	31	20	4	0	.290
White	46	7	12	4	0	1	.261

AU MONTICULE

	G	P	VP	ML	PM	BB	R	MPM
Eischen	0	0	0	0.2	4	0	1	60.00
Fassero	7	6	0	132.0	46	40	115	3.14
Henry	6	2	1	76.1	21	15	52	2.48
Heredia	4	3	0	53.2	26	10	43	4.37
Hill	13	4	0	127.2	47	38	80	3.31
Martinez	6	5	1	109.1	46	32	112	3.79
Rojas	3	2	15	66.0	15	15	65	3.39
Rueter	4	2	0	65.0	41	15	38	5.68
Scott	4	2	0	38.1	13	14	29	3.05
Shaw	4	2	0	60.0	25	15	39	3.75
Wetteland	2	6	14	45.1	15	17	51	2.98
White	1	1	0	20.1	15	11	15	6.65

Est-ce que vous êtes un(e) fanatique du base-ball? Avez-vous déjà vu jouer les Expos de Montréal?

▶ Interactions

PHRASES: Apologizing

GRAMMAR: Relative pronoun **ce qui, ce que**; relative pronoun **dont**; relative pronoun **qui, que**; prepositions + relative pronoun **lequel**

A. L'entretien. You are being interviewed for a job that you would very much like to have. During the interview the personnel director brings up the following rather embarrassing facts. You have a very good explanation for each, and so you manage to get yourself out of a difficult situation. Be sure to make yourself sound articulate and sophisticated by using relative pronouns to combine short sentences.

• You only worked six months in your last job.
• You have listed no address on your application.
• You were absent about once a week in your last job.
• Not a single letter of reference has arrived.

B. Cher Monsieur/Chère Madame. Today is the deadline for turning in your paper on existentialism. Unfortunately, you have not quite finished it. Write a lengthy explanation and leave it in your teacher's mailbox. Be convincing. You don't want to lose any points. Use a liberal sprinkling of relative clauses in order to impress him/her with your abilities and seriousness of purpose.

▶ Deuxième brouillon

PHRASES: Writing an essay; sequencing events

GRAMMAR: Compound past tense (**passé composé**); imperfect past (**imparfait**); pluperfect (**plus-que parfait**); participle agreement **participe passé**

▶ Turn to **Appendice B** for a complete list of active chapter vocabulary.

1. Write a second draft of the narrative you started in Lesson 2, focusing particularly on the use of details to increase suspense and to dramatize the action. These details should heighten the interest of the story and make the reader anxious to find resolution to the conflict.
2. You might want to incorporate some of the following expressions that deal with suspense and emotional states:
   EXPRESSIONS UTILES: rester paralysé… ; être désespéré… ; avoir une peur folle *(to be terrified)*… ; sauter du lit… ; descendre/monter rapidement l'escalier… ; allumer/éteindre la lumière… ; sentir/entendre quelque chose… ; quelque chose bougeait; crier… ; menacer…

Synthèse

 Activités vidéo

Avant la vidéo

1. En groupes, racontez votre pire journée à l'université.
2. Est-ce qu'il vous est déjà arrivé de ne pas pouvoir choisir entre deux choses? Expliquez les avantages et les inconvénients de chaque option.

Après la vidéo

1. Faites la liste des «désastres» qui sont arrivés à Hélène. Auprès de qui et comment pourrait-elle se plaindre?
2. Jacqueline et Luc ont rompu. Pourquoi? Demandez et donnez des explications, puis négociez une réconciliation.

3. La dame dans le deuxième segment n'est pas sûre que la maison lui plaise. Avec un(e) partenaire jouez le rôle du couple. Le mari demande des explications et défend la maison. La femme explique en plus grand détail pourquoi cette maison ne lui convient pas.

Activités orales

A. Au restaurant. You are in an elegant, expensive restaurant that you have enjoyed before. This time, however, everything goes wrong and you finally ask to talk to the head-waiter **(maître d'hôtel).** Your complaints include:

- the champagne that you usually love was not chilled **(frappé);**
- the steak that you ordered was cold and overcooked **(trop cuit);**
- instead of peas **(petits pois),** you received a vegetable to which you happen to be allergic;
- the tablecloth **(la nappe)** was dirty;
- you were missing a fork.

Role play this situation with the **maître d'hôtel,** who will apologize and give reasons (the electricity had gone out, the cook was on strike, the waiter was new).

B. Imaginez. Your friend bought your old car and paid for it with a check that has bounced **(être sans provision).** Role play a conversation during which you complain about the bounced check and your friend complains that the car has never started **(démarrer).** Both of you should complain, apologize, and give explanations in a civilized manner, since you want to remain friends.

Activité écrite

Est-ce qu'il serait possible… ? Write a letter to some friends who own a summer house **(une villa)** on the Côte d'Azur. Ask if you can spend the last week in July there with a few friends and possibly your two dogs. You know these people well enough to ask their permission, but they are not close friends of yours. Exchange your letter with a classmate. Respond, giving or refusing permission, and explaining why.

 ▶ **Révision finale**

1. Reread your story, paying particular attention to whether the story creates the impression that you intended. Check whether the details add to this impression.
2. Bring your draft to class and ask two classmates to peer edit your paper. They should pay particular attention to whether or not your story creates the suspense you intended and whether they can identify the three parts of the story: the situation, complication, and resolution. Your classmates should use the symbols on page 415 to indicate grammar errors.
3. Examine your composition one last time. Check for correct spelling, grammar, and punctuation. Pay special attention to your use of negation, prepositions, and relative pronouns.
4. Prepare your final version.

VOCABULARY: Traveling; house

PHRASES: Writing a letter (informal); asking permission

GRAMMAR: Prepositions à and **en** with places; verb + **de** + infinitive; verb + infinitive; verb + **à** + infinitive

PHRASES: Writing an essay; sequencing events

GRAMMAR: Compound past tense **(passé composé);** past imperfect **(imparfait);** pluperfect **(plus-que-parfait);** participle agreement **(participe passé)**

http://bravo.heinle.com

Additional oral pair activity: J'en ai marre! The end of the term is arriving soon, you have too many things to do, not enough time to do them in, and you don't feel like doing anything. So, complain! With your partner, discuss everything that is going wrong in your life. Talk about your problems, either real or imaginary, concerning school, money, housing, cars, roommates, love, and so forth.

Additional written activity: You lost your temper **(se mettre en colère)** *with your boyfriend/girlfriend last night and had a big fight. It was all your fault, so* write a note of apology to try to make up. Give reasons why you were in such a bad mood **(être de mauvaise humeur),** such as: problems at work, bad news you received that day, headache. Be sure to say that you had no intention of hurting him/her and that you would never want to lose him/her.

INTERMÈDE CULTUREL

I. La vie à Château d'Yquem n'est jamais facile

Avant la lecture

- La vie d'un producteur de vin est-elle facile? Pourquoi ou pourquoi pas? Quelles qualités faut-il avoir pour être producteur de vin? Quelles sont les régions de France les plus célèbres pour le vin? Connaissez-vous le nom de quelques vins français très réputés et très chers?

bunch, cluster
grape

La vie, hélas, n'est jamais facile et tout le monde s'en plaint. Il y a pourtant des gens en France qui, volontairement, font en sorte que leur métier ne soit pas facile du tout et qui mettent un point d'honneur à ne jamais céder à la facilité. Les fabricants du vin «Château d'Yquem» en sont un bon exemple.

Le «Château d'Yquem» est un des vins les plus réputés, les plus rares et les plus chers du monde. C'est un vin blanc qui accompagne généralement les desserts. On le produit dans la région de Bordeaux depuis 400 ans. Les vignes entourent la forteresse médiévale d'Yquem, qui est restée propriété de la même famille, celle du marquis de Lur-Saluces, depuis 1593.

La particularité de ce vin est que les raisins dont il est tiré doivent être légère-ment putréfiés. C'est ce qu'on appelle la «pourriture noble». Cela ne rend pas le raisin très beau à voir, mais l'effet en est ex-traordinaire sur la qualité et le goût de ce vin exceptionnel. Le raisin utilisé pour faire le «Château d'Yquem» est ramassé non pas avec des machines, mais à la main. De plus, on le collecte non pas grappe° par grappe, mais grain° par grain... En effet, il faut seulement utiliser des grains ayant atteint un certain degré de «pourriture noble» pour fabriquer ce vin. Les vignerons de la pro-priété passent ainsi jusqu'à douze fois de suite dans les mêmes vignes pour prendre le raisin. Aucun moteur n'est utilisé à l'ex-térieur pour ne pas risquer d'abaisser la qualité des vignes. La collecte du raisin, qui ailleurs se termine en octobre, peut durer jusqu'à la veille de Noël à Château d'Yquem. On jette environ la moitié de la récolte de raisins parce qu'elle ne correspond pas aux normes requises pour faire le «Château d'Yquem».

Il y a 64 employés au Château. Aucun signe, aucune pancarte n'indique la direction de Château d'Yquem et l'on ne visite le vignoble que sur permission spéciale. L'obsession de la perfection est telle que certaines années les propriétaires renoncent complètement à produire leur «Château d'Yquem» parce que, malgré leur expertise, ils ne peuvent pas atteindre le niveau de qualité qu'ils exigent pour leur vin.

On peut acheter du «Château d'Yquem» aux Etats-Unis: il coûte environ 200 dollars la bouteille.

Adapté de *France-Magazine*/Winter 1993–94, p. 46.

Après la lecture

Compréhension

Quel est l'objectif principal des producteurs de «Château d'Yquem»? Aimeriez-vous travailler à Château d'Yquem? Pourquoi ou pourquoi pas? A votre avis, faut-il changer la manière de faire le vin à Château d'Yquem? Justifiez votre réponse. Pourquoi ou pourquoi pas?

Expansion

Faites des recherches sur le champagne. Quelle est son histoire? Comment et où le produit-on? Quand boit-on généralement du champagne?

II. *Une Vie de boy* par Ferdinand Oyono

Avant la lecture

Sujets à discuter

1. Avez-vous jamais travaillé pour quelqu'un que vous n'aimiez pas du tout? Si oui, décrivez-le(la). Vous êtes-vous jamais plaint à votre supérieur(e)? Quel en a été le résultat?
2. La discrimination est ainsi définie dans le dictionnaire *Le Petit Robert:* «le fait de séparer un groupe social des autres en le traitant plus mal». Quelles sortes de discrimination existent dans le monde? Sur quoi la discrimination est-elle basée? Pourquoi est-il difficile de mettre fin à la discrimination?

Stratégies de lecture

D'après le contexte. En utilisant le contexte et la structure de chaque phrase, trouvez dans la liste suivante une expression équivalente aux mots soulignés.

très étonné	me prit
me préparais	exhalait
me donna	augmenter considérablement

1. J'avais fini mon travail et je m'apprêtais à partir quand le commandant m'invita à le suivre dans son bureau.
2. Le commandant sembla sidéré par ma réponse. Il avait l'air incrédule.
3. Il me regarda un moment à travers la fumée qu'il me soufflait au visage.
4. Il montait l'interminable escalier. Il n'avait pas l'air de peiner *(to struggle)* comme le cuisinier et moi avons l'habitude de le faire. Sa force semblait se décupler à mesure qu'il progressait dans son ascension.
5. Le commandant m'empoigna par les cheveux, me fit tournoyer, puis plongea ses yeux dans les miens.
6. Le commandant me décocha un coup de pied dans les tibias qui m'envoya rouler sous la table.

*I*n the French colonial empire in Africa, most Europeans employed at least one African servant. Reflecting the colonial mentality of the time, employers customarily addressed their servants (whatever their ages) as if they were children. Male servants were called "boys." Some boys were relatively well treated by their employers; others were not.

In this passage from Une Vie de boy *(1956), by the Cameroonian writer Ferdinand Oyono (born in 1929), Joseph Toundi, the young African who is the main character of the novel, describes the beginnings of his employment as the boy of a French colonial administrator (the* commandant). *The action takes place in French-ruled Cameroon (Central Africa) a few years before independence, in the mid-1950s.*

Une Vie de boy

me préparais / *native*

Enfin, ça y est! Le commandant m'accepte définitivement à son service. Cela s'est passé à minuit. J'avais fini mon travail et m'apprêtais° à partir au quartier indigène° quand le commandant m'invita à le suivre dans son bureau. Ce fut un terrible moment à passer.

5

d'une manière inattendue, soudainement

Après m'avoir longuement observé, mon nouveau maître me demanda à brûle pourpoint° si j'étais un voleur.

—Non, Commandant, répondis-je.

—Pourquoi n'es-tu pas un voleur?

10

—Parce que je ne veux pas aller en enfer.

très étonné
shook

Le commandant sembla sidéré° par ma réponse. Il hocha° la tête, incrédule.

—Où as-tu appris ça?

—Je suis chrétien, mon Commandant, répondis-je en
exhibant fièrement la médaille de Saint Christophe que
je porte à mon cou.

—Alors, tu n'es pas voleur parce que tu ne veux pas
aller en enfer?

—Oui, mon Commandant.

—Comment est-ce l'enfer?

—Ben, c'est les flammes, les serpents et Satan avec
des cornes... J'ai une image de l'enfer dans mon livre de
prières... Je... je peux vous la montrer.

J'allais sortir le petit livre de prières de la poche arrière de mon short quand le commandant arrêta mon
geste d'un signe. Il me regarda un moment à travers les
volutes° de fumée qu'il me soufflait° au visage. Il s'assit.
Je baissai le tête. Je sentais son regard sur mon front. Il
croisa et décroisa ses jambes. Il me désigna un siège en
face de lui. Il se pencha vers moi et releva mon menton.
Il plongea ses yeux dans les miens et reprit:

—Bien, bien, Joseph, nous serons de bons amis.

—Oui, mon Commandant, merci, mon Commandant.

—Seulement si tu voles, je n'attendrai pas que tu
ailles en enfer... C'est trop loin...

—Oui, mon Commandant... C'est... c'est où, mon
Commandant?

Je ne m'étais jamais posé cette question. Mon maître
s'amusait beaucoup de ma perplexité. Il haussa les
épaules et se rejeta sur le dossier° de son fauteuil.

—Alors, tu ne connais même pas l'endroit où se
trouve l'enfer où tu crains de brûler?

—C'est à côté du purgatoire, mon Commandant...
C'est... c'est... au ciel.

Mon maître étouffa° un rire, puis, redevenant
sérieux, il me pénétra de son regard de panthère.

—A la bonne heure,° nous y voilà. J'espère que tu as
compris pourquoi je ne pourrais attendre que «petit
Joseph pati rôti° en enfer».

Le commandant imitait d'une voix bizarre le petit
nègre[1] des militaires indigènes. Il était très drôle. Pour ne
pas rire, je toussai° très fort. Il ne s'aperçut de rien et
continua:

—Si tu me volais, je t'écorcherais° la peau.

—Pour ça, je suis sûr, Monsieur, si je n'ai pas dit ça
tout à l'heure, c'est que je croyais que ça ne valait même
pas la peine d'être dit. Je...

---

[1] le français parlé par les Noirs (familier)

Line numbers: 15, 20, 25, 30, 35, 40, 45, 50, 55

Marginal glosses:
wreaths, curls / exhalait
partie du siège où l'on met le dos
suffoqua
Très bien
parti rôtir (prononciation africaine)
coughed
enlèverais

exaspéré

fleas
scabies
alla en arrière / regarda avec
  dédain / priests

partir

augmenter considérablement

autoritaire

In a flash

—Ça va, ça va, coupa le commandant visiblement excédé.°

60 Il se leva et commença à tourner autour de moi.

—Tu es un garçon propre, dit-il en me détaillant avec attention. Tu n'as pas de chiques,° ton short est propre, tu n'as pas de gale°...

Il recula° de quelques pas et me toisa° de nouveau.

65 —Tu es intelligent, les prêtres° m'ont parlé de toi en termes élogieux. Je peux compter sur petit Joseph, n'est-ce pas?

—Oui, mon Commandant, répondis-je, les yeux brillants de plaisir et de fierté.

70 —Tu peux disposer.° Sois ici tous les matins à six heures. Compris?...

A midi, j'ai observé mon maître de la fenêtre de la cuisine. Il montait l'interminable escalier de la Résidence. Il n'avait pas l'air de peiner comme le cuisinier

75 et moi avons l'habitude de le faire. La force du Blanc semblait se décupler° à mesure qu'il progressait dans son ascension.

Du salon, sa voix péremptoire° réclama une bière. En courant la lui servir, ma casquette roula jusqu'à ses

80 pieds. Le temps d'un éclair° je vis ses yeux devenir aussi

petits que ceux d'un chat au soleil. Il frappa du pied et le plancher résonna comme un tambour.° J'allais me diriger vers le frigidaire quand, du doigt, il me montra ma casquette à proximité de son pied. J'étais mort de peur.

drum

85   —Tu la ramasses, ta casquette?

—Tout à l'heure, Monsieur.

—Qu'est-ce que tu attends?

—Je vous sers d'abord votre bière, mon Commandant.

—Mais... prends ton temps, me dit-il d'un air

90 doucereux.°

en affectant la douceur

Je fis un pas vers lui et je revins près du frigidaire. Je sentais le commandant près de moi, son odeur devenait de plus en plus forte.

—Ramasse donc ta casquette!

95 Je m'exécutai mollement.° Le commandant m'empoigna° par les cheveux, me fit tournoyer, puis plongea ses yeux dans les miens.

lentement
me prit

—Je ne suis pas un ogre... Pour ne pas te décevoir, tiens!

100 Sur ce, le commandant me décocha° un coup de pied dans les tibias qui m'envoya rouler sous la table. Le commandant a un coup de pied plus brûlant que celui de regretté père Gilbert.[2] Il paraissait très content de sa performance. Il se trémoussait.° Il me demanda ensuite d'une

me donna

105 voix neutre si j'étais enfin prêt à lui servir sa bière. Je riais jaune.° Il ne fit plus attention à moi. Quand je lui eus servi sa bière, il se leva et posa la main sur mon épaule.

fidgeted
gave a forced smile

—Joseph, commença-t-il, agis comme un homme, et surtout pense à ce que tu fais, hein?

110 J'ai ôté mon tablier° à minuit. J'ai souhaité une bonne nuit au commandant.

took off my apron

Extrait de Ferdinand Oyono, *Une Vie de boy*

---

[2] le missionnaire dont Joseph était le boy auparavant

Après la lecture

Compréhension

A. Observation et analyse. Répondez aux questions suivantes.

1. Qui sont les personnages principaux?
2. Quelles questions le commandant pose-t-il à Joseph?
3. Décrivez le concept de l'enfer de Joseph.
4. Qu'est-ce que les prêtres ont dit à propos de Joseph?
5. Qu'est-ce que le commandant a fait quand Joseph n'a pas ramassé sa casquette sur le champ?
6. En quoi la phrase suivante est-elle ironique: «Je ne suis pas un ogre»?
7. D'après l'extrait, imaginez le reste du service de Joseph chez le commandant et décrivez-le.

B. Complétez. Complétez les phrases suivantes.

1. Joseph ne va pas voler parce que...
2. Selon Joseph l'enfer est...
3. Le commandant... , si Joseph le vole.
4. Joseph est un jeune homme...
5. Le commandant est un maître...
6. Joseph ne ramasse pas sa casquette tout de suite parce que...
7. Le commandant est irrité par Joseph parce que...

C. Réactions. Donnez votre réaction.

1. Décrivez Joseph et le commandant. Parlez ensuite de votre réaction devant les scènes décrites par l'auteur. Avez-vous été surpris(e), choqué(e), triste, etc.?
2. Avez-vous lu d'autres livres qui traitaient de formes d'esclavage *(slavery)*? Parlez du pays et des circonstances. Décrivez-les à un(e) camarade de classe.

Interactions

A. Une Vie de boy. Ce roman est le journal d'un jeune Africain qui se trouve brutalement intégré à la société coloniale du Cameroun. Au cours du roman, il décrit les Français qui vivent dans son pays à la fin de l'époque coloniale. D'après l'extrait que vous avez lu, quelles sont vos impressions de la vie en Afrique française pendant cette période? Quelle est votre réaction à la situation décrite?

B. Réfléchissons. Que pensez-vous du colonialisme? Faites une liste de ce que la colonisation a apporté et de ce qu'elle a enlevé aux indigènes des pays colonisés. Existe-t-il dans la société d'aujourd'hui des situations qui ressemblent à la colonisation? Lesquelles?

CHAPITRE 9

La grammaire à réviser:

Les adjectifs démonstratifs • Les adverbes

La maison

Les vêtements

Les ordinateurs

La cuisine

Thèmes

Je prendrais bien celui-ci...

La grammaire à réviser

The information presented here is intended to refresh your memory of various grammatical topics that you have probably encountered before. Review the material and then test your knowledge by completing the accompanying exercises in the workbook.

▶ Avant la première leçon

Les adjectifs démonstratifs

Demonstrative adjectives are used to point out something or someone. They are the equivalent of *this, that, these,* and *those* in English. They must agree in gender and number with the nouns they modify.

	singulier	pluriel
masculin	ce (cet)	ces
féminin	cette	ces

Dans **cette** leçon-ci, nous étudions l'emploi des adjectifs démonstratifs. Nous avons besoin de **ces** petits mots lorsque nous voulons désigner une personne particulière ou un objet particulier.

NOTE: **Cet** is used before a masculine singular noun or adjective beginning with a vowel or mute **h.**

To distinguish between two elements, add **-ci** (when referring to something close to you) and **-là** (when referring to something far away).

—Qu'est-ce que tu penses de cette leçon-**là?**
—Moi, je préfère cette leçon-**ci.**

Les adverbes

A. L'usage

An adverb is used to qualify a verb, an adjective, or another adverb. Many adverbs in French end in **-ment;** the English equivalent is *-ly.*

B. La formation

Most adverbs are formed by adding **-ment** to the feminine form of the adjective:

Adjectif	Adverbe
actif/active	activement
doux/douce	doucement
lent/lente	lentement
naturel/naturelle	naturellement
sérieux/sérieuse	sérieusement

BUT: If the masculine adjective ends in a vowel, this form is often used to form the adverb:

absolu	absolument
probable	probablement
rapide	rapidement
vrai	vraiment

• When the masculine adjective ends in **-ant** or **-ent,** the endings are replaced by **-amment** and **-emment** respectively. They are both pronounced [amã]:

constant	constamment
méchant	méchamment
évident	évidemment
patient	patiemment

• A few adverbs end in **-ément:**

précis	précisément
profond	profondément
confus	confusément
énorme	énormément

C. La fonction

Adverbes de manière: ainsi *(in this way),* bien, mal, cher, vite, ensemble, debout *(standing),* plutôt *(rather),* sans doute *(probably),* volontiers *(willingly)*

Adverbes de quantité et d'intensité: plus, moins, peu, assez, beaucoup, trop, à peu près *(more or less),* tellement *(so),* tant *(so much),* autant *(as much, so much),* aussi *(as),* davantage *(more),* tout à fait *(completely),* très

Adverbes de temps: avant, après, avant-hier *(the day before yesterday),* hier, aujourd'hui, demain, après-demain *(the day after tomorrow),* aussitôt *(immediately),* tout de suite *(right away),* bientôt, déjà, alors *(then),* encore *(still),* enfin, ensuite, d'abord *(at first),* longtemps *(long, a long time),* maintenant, autrefois *(formerly),* auparavant *(before),* quelquefois *(sometimes),* soudain, souvent, toujours, tard, tôt

Adverbes de lieu: ici, là, là-bas *(over there),* près, loin, ailleurs *(someplace else),* devant, derrière, dedans *(inside),* dehors *(outside),* dessous *(underneath),* dessus *(on top),* nulle part *(nowhere),* partout *(everywhere),* quelque part *(somewhere)*

Adverbes de restriction: à peine *(scarcely),* peut-être *(possibly),* presque *(almost),* seulement, ne... jamais

Leçon 1

Comment dire ce qu'on préfère

Rappel: Have you reviewed demonstrative adjectives and adverbs? (Text pp. 336–337 and Workbook)

un blouson *jacket*

le marché aux puces *flea market*

If possible, show slides or a video-tape of a **marché aux puces** so that students can imagine the context for the conversation, or have students describe an open-air flea market they've been to.

des bijoux m pl *jewelry* / **une cuisinière** *stove* / **une poêle** *frying pan* / **un plat à micro-ondes** *microwave dish*

je vous le fais *I'll give (sell) it to you*

par-dessus *on top of that*
une occasion *a bargain*

▶ Conversation

Premières impressions

Soulignez:
* les phrases qui expriment les goûts et les préférences

Trouvez:
* en quelle matière est le blouson° que Sophie et Emily veulent acheter
* le prix le plus bas que le vendeur acceptera pour le blouson

Le marché aux puces° de Lyon se trouve dans la banlieue à Vaulx-en-Velin. Deux amies, Sophie, une Française, et Emily, une Noire américaine,[1] toutes deux étudiantes à l'Université de Lyon, s'y promènent.

SOPHIE:	Vraiment, j'adore les marchés aux puces!
EMILY:	Moi aussi! Il y a absolument de tout: des vêtements, des bijoux,° des cuisinières,° des poêles,° des plats à micro-ondes.°
SOPHIE:	Oh, regarde les blousons là-bas! Moi, le cuir, j'adore!
LE VENDEUR:	Bonjour, ma petite dame... Oui, ce blouson, il est fait pour vous!
EMILY:	Hum... Je ne sais pas. Mais celui-ci... il est à combien?
LE VENDEUR:	Un très bon choix! Du vrai cuir.
SOPHIE:	Ah, mais j'aime mieux celui-là, à gauche.
LE VENDEUR:	Celui-là est à 2 000 F. Un vrai blouson de cuir, un blouson de pilote de la Seconde Guerre mondiale, mademoiselle.
SOPHIE:	Moi, les trucs de guerre, j'ai horreur de ça...
EMILY:	Tiens, regarde ce blouson-ci. Il est plus joli que ce blouson-là, non?
LE VENDEUR:	Du très beau cuir aussi! Allez, je vous le fais° à 1 800 F.
EMILY:	Moi, je pensais 1 200 F plutôt.
LE VENDEUR:	Allez, je vous le fais à 1 400 F, parce que vous êtes gentilles...
EMILY:	Allez, monsieur, 1 200, et on vous le prend!
LE VENDEUR:	Non mais... mesdemoiselles, si je ne fais pas de bénéfice, je ne peux pas survivre, moi.
SOPHIE:	Vous ne trouvez pas qu'il faut aussi prendre en considération le revenu des gens? Nous sommes étudiantes!
LE VENDEUR:	Je ne peux vraiment pas. 1 400, et je mets ce joli portefeuille en cuir par-dessus°...
SOPHIE:	Ça, c'est une occasion!°
EMILY:	OK, monsieur, nous le prenons.
SOPHIE:	Voilà! Merci beaucoup, monsieur!
EMILY:	Au revoir, monsieur!

[1] Beaucoup de Noirs américains ont immigré ou vécu en France. Ce sont surtout des artistes qui ont été reconnus en France avant d'être reconnus aux Etats-Unis. Parmi les plus célèbres sont Josephine Baker, actrice et danseuse; Theloneus Monk, pianiste de jazz; James Baldwin, écrivain; Langston Hughes, écrivain.

Observation et analyse

1. Quelle sorte de choses est-ce qu'on vend dans un marché aux puces?
2. Quelle est l'opinion de Sophie sur le blouson d'aviateur? Expliquez.
3. Décrivez la dernière offre du vendeur.
4. Est-ce que vous pensez que les filles aiment marchander *(to bargain)* avec les vendeurs? Expliquez.

Réactions

1. Qu'est-ce que vous achèteriez dans un marché aux puces?
2. Est-ce que vous êtes déjà allé(e) à un marché aux puces? Où? Parlez de votre visite.
3. Aimez-vous marchander avec un vendeur—un vendeur d'automobiles, par exemple? Expliquez.

▶ **Expressions typiques pour...**

Exprimer ses goûts et ses préférences

Moi, j'adore... parce que...
Je préfère les vêtements neufs (aux vêtements d'occasion [*secondhand*]) parce que...
Je préfère ce pantalon-ci à celui-là parce que...
Je préfère celui-ci parce que...
J'aime mieux le manteau marron (que le manteau vert) parce que...
J'aime bien les tennis (mais je préfère les chaussures de bateau) parce que...
Ce que je préfère, c'est... plutôt que...
Je n'aime ni les tennis ni les sandales, mais (à tout prendre), ce sont les tennis que je préfère.
Je n'aime pas du tout.../Je n'aime pas tellement...
Ça ne me plaît pas... Ça ne me dit rien.
J'ai horreur de...
Parfois... *(At times . . .)*
Je ne sais pas./Bof.

Est-ce que vous préférez les boutiques ou les grands magasins? Expliquez.

▶ Mots et expressions utiles

Les meubles et les appareils-ménagers
(Furniture and household appliances)

l'armoire f   *wardrobe, armoire*
le coussin   *cushion, pillow*
la cuisinière   *stove*
l'étagère f   *shelf; shelves*
le four à micro-ondes   *microwave oven*
le lave-vaisselle   *dishwasher*
la machine à laver (le linge)   *washing machine*
le placard   *cupboard; closet*
le sèche-linge   *clothes dryer*
le tapis   *carpet*
le tiroir   *drawer*

Dans quelle sorte de maison est-ce qu'on mettrait ces meubles?

Mise en pratique

Au secours! Je cherche un appartement à louer à un prix raisonnable. J'aime mieux avoir une grande cuisine avec beaucoup de **placards**, d'**étagères** et de **tiroirs** afin d'y ranger ma vaisselle. J'adore faire la cuisine, tu sais. Et puisque je suis très occupée, mon appartement doit être équipé d'une **machine à laver**, d'un **sèche-linge**, d'un **lave-vaisselle** et d'un **four à micro-ondes**. Où puis-je trouver cet appartement de rêve?

Les vêtements et la mode

les bas m pl   *stockings*
les bijoux m pl   *jewelry*
  la bague   *ring*
  les boucles [f pl] **d'oreilles**   *earrings*
  le bracelet   *bracelet*
  le collier   *necklace*
le blouson (en cuir/de cuir)   *(leather) jacket*
les bottes f pl   *boots*
les chaussettes f pl   *socks*
les chaussures [f pl] **à hauts talons/ à talons plats**   *high-heeled shoes/ low-heeled shoes*

la chemise   *man's shirt*
le chemisier   *woman's long-sleeved shirt*
le collant   *pantyhose*
le costume   *man's suit*
l'imperméable m   *raincoat*
le maillot de bain   *swimsuit*
le parapluie   *umbrella*
le pardessus   *overcoat*
les sous-vêtements m pl   *underwear*
le tailleur   *woman's tailored suit*
le tissu   *fabric*
la veste (de sport)   *(sports) jacket*

changer de vêtements   *to change clothes*
enlever (un vêtement)   *to take off (a piece of clothing)*
essayer (un vêtement)   *to try on (a piece of clothing)*
être mal/bien habillé(e)   *to be poorly/well dressed*

s'habiller/se déshabiller   *to get dressed/to get undressed*
marchander   *to bargain (haggle) with someone*
mettre un vêtement   *to put on a piece of clothing*
Ce vêtement lui va bien.   *This piece of clothing looks good on her/him.*

Un vêtement est...

chic; élégant; en bon/mauvais état; sale; déchiré *(torn)*; râpé *(threadbare, worn)*; lavable *(washable)*; chouette *(familiar—great, nice, cute)*; génial *(fantastic)*; d'occasion *(secondhand, bargain)*; dans ses prix *(in one's price range)*; une trouvaille *(a great find)*

On vend des vêtements...

dans une boutique   *in a shop, small store*
dans un grand magasin   *in a department store*
dans une grande surface   *in a huge discount store*
à un marché aux puces   *at a flea market*

Divers

Je vous le fais   *I'll give (sell) it to you*

Mise en pratique

Qu'est-ce que je vais acheter comme cadeau pour ma petite amie? Elle est toujours si **bien habillée** que je dois lui trouver quelque chose de très **élégant**. Peut-être un **tailleur** pour ses voyages d'affaires? Non, ce n'est pas **dans mes prix.** Hum... Un **chemisier** très **chic?** Mais je n'aime pas beaucoup les **chemisiers** ici. Un **maillot?** Non, c'est trop personnel. Un **parapluie?** Non, c'est trop anonyme! Ça y est! J'ai trouvé le cadeau parfait: des **bijoux.** Mais de quelle sorte? un **collier?** une **bague?** un **bracelet?** Hum...

Activités

A.   Entraînez-vous: Sur le vocabulaire. Vous travaillez comme interprète pour un grand magasin à New York. Vous devez connaître le magasin par cœur pour pouvoir guider les touristes vers les rayons *(departments)* qu'ils recherchent. Etudiez la liste qu'on vous a donnée. Avec un(e) camarade de classe, jouez les rôles d'un(e) touriste français(e) et de l'interprète. (N'oubliez pas qu'en France le rez-de-chaussée est le *first floor* américain.)

> MODÈLE: —*Excusez-moi, monsieur/mademoiselle/madame, mais où se trouve le rayon des tissus?*
> —*C'est au quatrième étage, monsieur.*

DEPARTMENT	FLOOR	DEPARTMENT	FLOOR
Blouses–women's	2	Shirts–men's	3
Fabric	4	Shoes	2
Jewelry	1	Suits–men's	3
Stockings	1	Suits–women's	2
Household appliances	3	Swimwear	2
Furniture	5	Umbrellas	1

Liens **culturels**

La mode

Des noms comme Chanel, Dior ou Nina Ricci évoquent le prestige de la haute couture et des parfums délicats. Plus abordables *(affordable)* sont les collections de prêt-à-porter *(ready-to-wear)* et la confection industrielle *(clothing business),* produites en masse et meilleur marché, que l'on trouve dans les boutiques, les grands magasins et les grandes surfaces.

La mode se démocratise et les frontières de son marché s'étendent de plus en plus. Cela signifie qu'une mode typiquement française, réservée à une classe sociale aisée *(well off),* n'existe plus à proprement parler. Presque toutes les couches *(levels)* de la société s'intéressent à la mode. Les jeunes essaient d'établir leur identité à travers leur look. Par exemple, depuis 1994 le piercing est à la mode. Les jeunes se font percer les narines *(nostrils),* les sourcils

(eyebrows), le nombril *(bellybutton).* Certains déchirent leurs vêtements et attachent les lambeaux *(tatters)* avec des épingles à nourrice *(diaper pins).*

Pour être appelées «haute couture»—une appellation contrôlée—les maisons de confection doivent avoir leurs propres ateliers de production, employer au moins vingt personnes, présenter à la presse chaque année une collection printemps-été et une collection automne-hiver d'au moins 75 modèles, et présenter à la clientèle ses collections sur trois mannequins vivants plusieurs fois par an.

Un des plus grands problèmes que les couturiers et créateurs de mode rencontrent

est la contrefaçon *(counterfeiting)* de leur marque. Ce problème constitue une menace pour l'économie française et il force les maisons de haute couture à payer de gros frais pour la surveillance de leur marque. De plus, la qualité médiocre de ces imitations peut ternir *(tarnish)* la réputation du créateur.

Selon vous, la mode est-elle un art ou une entreprise commerciale? Pensez-vous que la mode influence trop la vie de certaines personnes? Expliquez. Les vêtements sont-ils indicatifs de la personnalité des gens qui les portent?

Et vous, quel look est-ce que vous préférez?

B. Préférences. En utilisant les *Expressions typiques pour...* donnez vos préférences sur quatre des sujets proposés.

MODÈLES: villes

En ce qui me concerne, j'aime mieux les grandes villes parce qu'il y a beaucoup de choses à y faire.

OU

Je n'aime pas tellement les petites villes parce que tout le monde se connaît et se retrouve partout, au supermarché, à l'église, à la poste, etc.

la boisson	le climat	les pays
la nourriture	les films	les vêtements
le sport	les chaussures	les disques
le petit déjeuner	les magasins	les restaurants

C. Une grande surface. Votre ami est vendeur dans une grande surface. Aidez-le à apprendre le vocabulaire nécessaire pour son travail en lui donnant un synonyme ou un antonyme pour chacune des expressions suivantes. Utilisez les *Mots et expressions utiles.*

Synonymes

1. chouette
2. un type de manteau pour se protéger du froid
3. ce qui couvre le plancher d'une pièce
4. un appareil pour faire cuire *(cook)* très rapidement
5. un type de manteau pour se protéger de la pluie

Antonymes

6. mettre un vêtement
7. un sèche-linge
8. un vêtement neuf
9. propre
10. à un prix exhorbitant

▸La grammaire à apprendre

Les pronoms démonstratifs

A. Les pronoms définis

You reviewed demonstrative adjectives earlier. Expressing preferences also necessitates at times the use of demonstrative pronouns. The definite demonstrative pronouns agree in number and gender with the nouns that they replace.

	singulier	pluriel
masculin	celui...	ceux...
féminin	celle...	celles...

They are used to point out or designate something or someone. They must always be used with **-ci** or **-là,** a preposition, or a dependent clause headed by a relative pronoun. Note that **-là** is used much more frequently than **-ci** in spite of the distinction between **-ci** (close by) and **-là** (farther away). These usages are illustrated as follows:

- Followed by **-ci** *(this one, these)* and **-là** *(that one, those)*
  J'aime bien cette casserole-ci, mais le marchand me recommande **celle-là.**
  I like this pan a lot, but the salesperson recommends that one.

If you are shopping and there is a variety of similar items, you can point and say:

Donnez-m'en deux (trois, etc.) de **ceux-là (celles-là),** s'il vous plaît.

The expressions **celui-là** and **celle-là** have a pejorative meaning when used to talk about a person who is not present. For example:

—Tu connais le grand blond qui est avec Caroline?
—Oh, **celui-là.** Ne m'en parle pas!

- With a preposition (usually **de**)
  Tiens, tu peux prendre mon pardessus et **celui de** Georges aussi, s'il te plaît?
  Say, can you take my overcoat and George's too, please?

NOTE: With **de,** the demonstrative pronoun indicates the owner or possessor.

- Followed by a dependent clause headed by a relative pronoun
  De tous les pardessus je préfère **ceux qui tiennent chaud.**
  Of all the overcoats, I prefer those that keep you warm.

  Celui que je préfère est en laine. Il est chaud.
  The one I prefer is wool. It is warm.

  C'est pour **ceux** qui aiment avoir chaud.
  It's for those who like to be warm.

Est-ce que vous aimeriez commander les vêtements sur mesure? Pour quelle(s) occasion(s)?

- In order to precisely indicate an object, the following words can be added:

celui
celle
ceux
celles
{
de gauche
de droite
d'en bas
d'en haut
du milieu

B. Les pronoms indéfinis

The indefinite demonstrative pronouns **ceci** *(this)* and **cela** (ça) *(that)* do not refer to a specific noun but to a concept or idea. **Ceci** is rarely used except to announce an idea to follow. **Ça** is considered informal; **cela** is more formal and is used in written language.

> —Dis-moi si tu comprends **ceci:** la laine est le tissu le plus recommandé pour se protéger du froid et de la pluie.
> —Ça, c'est facile à comprendre.

Activités

A. Trouvailles *(Lucky finds).* Vous revenez du marché aux puces où vous avez acheté beaucoup de choses. Maintenant vous montrez vos trouvailles à votre sœur. Complétez les blancs par un pronom démonstratif approprié.

1. 2,80 mètres de tissu exotique. C'est _____ que Sophie voulait pour se faire une robe.
2. Trois Rolex (des imitations!). _____ que je préfère, ce sont les deux plus petites.
3. Deux paires *(f pl)* de bottes. _____-ci est pour Julien; _____-là est pour Jessica.
4. Ces pulls en acrylique sont exactement _____ dont maman avait besoin.
5. Malheureusement, leurs manteaux n'étaient pas super, et _____ que j'ai choisi est un peu râpé aux manches.

6. Ces lunettes à bordure rouge sont un peu comme _____ de Laurence, non?

7. Ce walkman japonais ressemble à _____ que Bénédicte s'est acheté, pas vrai?

8. Il y avait un choix énorme d'outils. J'espère que _____ que j'ai choisi pour papa sera utile.

Activity B: Written preparation in advance may be helpful.

B.   Une boutique chic. Imaginez que vous alliez dans une boutique à Paris avec une amie riche et snob de votre mère. Traduisez ce qu'elle dit. Ensuite, donnez votre réaction.

> I'm looking for a red dress. I like that one over there, but I'd prefer that it have long sleeves (**une manche**).
>
> Oh, this wool (**en laine**) pullover is much prettier than that one.
>
> What is that? Is that a skirt? It looks like a bag (**un sac**)! The ones that I prefer have a cut (**une coupe**) that suits me better than this! This other model is for those who are taller.
>
> What is that woman doing over there? That one. Why is she staring at me (**dévisager comme cela**)? Let's leave!

C.   A la recherche d'une tenue habillée *(dressy clothes)***.** Racontez ce qui s'est passé la dernière fois que vous avez acheté une robe habillée *(dressy dress)* ou un costume.

1. Quelle était l'occasion?
2. Qu'est-ce que vous cherchiez?
3. Qu'est-ce que vous avez fini par acheter?
4. Vous étiez satisfait(e)?
5. Est-ce qu'il y avait des retouches *(alterations)* à faire?

▶ La grammaire à apprendre

Les adverbes

Preview idea: When presenting the adverbs, use sentences to differentiate between the adjectives and the more difficult adverbs: **Cette robe est d'une meilleure qualité. Cependant celle-ci me va mieux. Cette robe est petite. Elle me plaît peu. Et elle me va mal!**

You have already reviewed the formation of many adverbs in *La grammaire à réviser,* as well as their usage and function. The irregular formation and placement of adverbs will now be discussed.

A. La formation des adverbes irréguliers

• Some adverbs are formed in an irregular way.

Adjectif		Adverbe	
bon/bonne	*good*	bien	*well*
bref/brève	*brief*	brièvement	*briefly*
gentil/gentille	*nice*	gentiment	*nicely*
mauvais(e)	*bad, wrong*	mal	*badly*
meilleur(e)	*better*	mieux	*better*
petit(e)	*small*	peu	*little*

—Ce manteau en polyester me protègera **peu** du froid en hiver.
—C'est vrai. Un manteau en pure laine te tiendrait plus chaud. Mais ce modèle-ci te va **mieux** que l'autre.

- In certain expressions, an adjective may be used as an adverb. There is, therefore, no change in form.

    chanter faux   *to sing off key*
    parler bas/fort   *to speak softly/loudly*
    coûter cher   *to cost a lot*
    sentir bon/mauvais   *to smell good/bad*
    travailler dur   *to work hard*
    voir clair   *to see clearly*

    —Ces croissants **sentent bon.**
    —Oui, mais ils **coûtent cher.**

- An adverb that is a direct equivalent to those we often use in English may not exist in French. For example:
    en colère   *angrily*
    de façon permanente   *permanently*
    avec confiance   *hopefully*
    avec plaisir   *gladly*

B. La position des adverbes

- In general, adverbs follow the verb they modify in the simple tenses in French. In English they often come between the subject and the verb. This is *never* the case in French.
    Il fait **rapidement** un tour au marché aux puces.
    He quickly takes a walk around the flea market.

- In French, some adverbs can begin a sentence. The most common are adverbs of time, **heureusement,** and **malheureusement.**
    D'abord elle achète une paire de chaussures d'occasion.
    First she buys a pair of secondhand shoes.

- When a compound tense is used, many common adverbs are placed between the auxiliary and the past participle.
    Elle s'est **presque** acheté une Mercedes.
    She almost bought a Mercedes.

    Aurait-elle **vraiment** fait cela?
    Would she really have done that?

NOTE: Adverbs may be placed after the past participle for emphasis:

    Ces jouets-là lui ont plu **énormément.**
    Those toys pleased her enormously.

- When a verb is followed by an infinitive, common adverbs are placed beween the two verbs.
    Elle va **sûrement** retourner au marché le week-end prochain.
    She is surely going to go back to the market next weekend.

- As in English, French adverbs precede the adjectives and adverbs that they modify.
    Elle a **très bien** fait de partir au bout d'une heure.
    She did very well to leave after one hour.

Activity A: Follow-up: After the students have answered the questions, have the interviewer decide whether the student is well adapted to university life. She or he should give some reasons and advice.

Activités

A. La vie universitaire. Un employé de l'université vous pose des questions pour apprendre si vous vous adaptez bien à la vie universitaire. Répondez à ses questions en employant un des adverbes de votre choix ou le dérivé d'un des adjectifs proposés.

> régulier / vrai / précis / sûr / absolu / constant / naturel / franc
> bref / gentil / énorme / complet / rare / heureux / malheureux
> fréquent / petit / patient / bon

Est-ce que...
1. vous étudiez?
2. vous dormez sept heures par jour?
3. vous mangez trois fois par jour?
4. vous sortez?
5. vous aimez votre cours de français?
6. vos professeurs sont bons?
7. vous êtes content(e) de l'université?
8. vous allez revenir l'année prochaine?

B. Une lettre. Laurent écrit une lettre à un ami. Vous trouvez que ce qu'il a écrit n'est pas très intéressant. Embellissez la lettre en ajoutant les adverbes suivants.

> demain / hier / méchamment / énormément / gentiment / très / vraiment
> trop / malheureusement / heureusement / presque / soudain / doucement
> dehors / ailleurs / complètement / en même temps / bien entendu

Lyon, le 5 juin

Cher Justin,

    Tu ne croiras jamais ce qui m'est arrivé _____! J'étais dans le parking de Carrefour et un chien a couru vers moi. Il aboyait *(was barking)* _____. Il était _____ costaud et il avait l'air _____ féroce. _____ j'avais peur et je ne savais pas _____ quoi faire. J'étais _____ sûr que si je courais, il allait courir après moi. _____, j'ai eu une idée. Je lui ai parlé _____ et _____ je suis monté sur ma voiture! Les clients qui étaient dans le parking me regardaient comme si j'étais _____ fou! A l'avenir, je ferai mes courses _____.
Quel embarras!
    Salut, et à la prochaine!

Laurent

Activity C: Written preparation in advance may be helpful.

C. La réponse. Justin, un Américain, répond à son ami Laurent. Traduisez cette lettre en français pour lui.

Columbus, June 17

Dear Laurent,

    I can just see you (**Je t'imagine bien**) standing on your car! You can do better than that! They say that with dogs you must sing slowly—even if you sing off key (I know you sing well!)—and walk slowly. Frankly, you did precisely the wrong thing (**le contraire de ce qu'il fallait faire**). One should absolutely not show that one is afraid (**avoir peur**) of dogs. They are extremely sensitive (**sensible**) to fear. The next time, I hope that you will react (**réagir**) more intelligently (**d'une façon plus intelligente**).
    Hope to hear from you soon.

Justin

▶ Interactions

A. Les possibilités. You are looking through a catalog with a friend. You want to buy a stereo or compact disc player. Explain to your friend which one you prefer and why. See if he/she chooses the same one. Share your choices with the class.

technikaudio

A **La chaîne midi AMSTRAD. Platine disque** semi-automatique, transmission par courroie, contrôle électronique de vitesses, cellule céramique. **Ampli 2 x 5 W musicaux** (2 x 2,5 W nominaux), réglage de balance et contrôle de tonalité, témoin lumineux de puissance, distorsion 1% à pleine puissance, bande passante 20 à 20000Hz. **Platine double cassette** permettant la copie rapide, et la lecture automatique d'une cassette sur l'autre. Pleurage et scintillation 0,2%. Prises jack 6,35 mm en façade pour micros extérieurs et casque. **Tuner stéréo PO-GO-FM** à témoin de réception stéréo FM. **Enceintes acoustiques** 1 voie : (larg. 26, haut. 39, prof 14 cm). **Meuble** sur roulettes, avec porte vitrée et capot anti-poussières. (larg. 39,7, haut 79, prof 37 cm). GARANTIE 1 AN. S.A.V. ASSURÉ.
741.0675.   **1790,00 F**

La chaîne Amstrad sans meuble, avec petites enceintes (larg. 18 x haut. 26 x prof. 14 cm). Dim. chaîne (larg. 36, haut 32, prof. 33 cm).
741.0667.   **1590,00 F**

B **La chaîne stéréo DAEWOO. Platine disque** avec cellule magnétique et transmission par courroie. **Ampli** 2 x 12,5 W nominaux avec égaliseur 5 bandes, curseurs pour réglage mixage micro, balance, volume et sélecteur de fonctions (radio/cassette/phono/aux/CD). **Double cassette** offrant copie grande vitesse, lecture continue et système Dolby (réduction du souffle). Prises casque et micro (jack 6,35 mm). **Tuner stéréo PO.GO.FM. Enceintes acoustiques** 2 voies (larg. 18, haut. 26,7, prof. 18 cm). Entrées pour CD et appareil auxiliaire. Dim. chaîne : larg. 34, haut. 30,8, prof. 35,1 cm. GARANTIE 1 AN. S.A.V. ASSURÉ.
741.1833.   **2290,00 F**

C **La chaîne stéréo PHILIPS (F1465). Platine disque** semi-automatique, transmission par courroie. **Ampli 2 x 10 W nominaux** avec égaliseur 5 bandes, réglages balance volume et 4 touches de sélection (cassette/CD/aux/radio). **Double cassette** permettant copie grande vitesse et lecture continue. Ouverture amortie des trappes. **Tuner digital** PO.GO.FM. mémorisant 18 stations (6 par gammes d'ondes). **Enceintes acoustiques** 2 voies. Prises micro et casque (jack 6,35 mm) 1 entrée pour CD. Larg. 36, haut..33,5, prof. 33 cm. GARANTIE 1 AN. S.A.V. ASSURÉ.
741.1892.   **2890,00 F**

D **La chaîne stéréo TECHNIK AUDIO haute puissance télécommandée. Platine disque** à transmission par courroie, avec stroboscope pour réglage électronique de la vitesse. **Ampli** 2 x 50 W nominaux, doté d'un filtre haute fréquence, d'une touche Loudness (accentuation des basses et des aigus) et de 4 touches fonctions (radio/cassette/phono/aux). Égaliseur 5 bandes. **Double cassette** offrant copie grande vitesse, lecture continue et réducteur de souffle. **Tuner digital** PO.GO.FM. avec recherche automatique des stations et mémorisation de 18 stations (6 par gamme). **Enceintes acoustiques** 3 voies (larg. 27, haut. 43,5, prof. 19,2 cm). 2 prises micro + 1 prise casque (jack 6,35 mm). 1 sortie pour 2 HP supplémentaires, 1 entrée pour CD ou autre appareil auxiliaire. Livrée avec télécommande de 28 fonctions. **Meuble** monté sur roulettes avec partie range-disques et 1 étagère pour placer un autre élément. Dim. chaîne : larg. 47,4, haut. 97, prof. 42 cm. En option, la platine compact-disc vendue ci-dessous. GARANTIE 1 AN. S.A.V. ASSURÉ.
741.1817.   **3990,00 F**

B. Débat. In French, there is a proverb that says: "L'habit ne fait pas le moine *(monk)."* Can one judge the personality of a person by his/her clothes? Take sides in pairs or as a whole class and debate the issue.

▶ Préparation

In this chapter, you will learn to write directions so that you teach your reader something. This activity should help you logically develop an idea and then explain it.

1. First of all, choose an idea or process that you know well so that you can carefully explain it to someone else. In fact, giving directions will help you learn the process. You may want to choose from among the following ideas: describe an experiment; explain a graph, a map, caption, sketch or outline, or survey; explain the rules of a game; explain a recipe; write directions for skills, such as eating with chopsticks, playing a musical instrument; explain how to save someone from choking to death, etc. Feel free to use another idea. Whatever you choose, you should be prepared to explain your directions orally while other students follow along.
2. Write out a draft of the steps to the instructions.
3. If possible, watch someone do the activity and take notes.

VOCABULARY: Clothing; house; kitchen

GRAMMAR: Demonstrative pronouns; adverb formation

 **Leçon 2**   # Comment comparer

▭ INSTRUCTOR'S TAPE

▶ Conversation

Premières impressions

Soulignez:
• les expressions pour dire que deux choses sont identiques, comparables ou différentes

Trouvez:
• les deux sortes d'ordinateurs qu'on compare

Sophie, qui est en deuxième année de sciences économiques, pense acheter un ordinateur. Elle retrouve Emily dans un magasin d'informatique pour en parler.

un micro *desktop computer* / **un portable** *laptop computer*

SOPHIE: Oh! Regarde tous ces ordinateurs: des micros,° des portables°... Ils se ressemblent tous. Comment est-ce que je peux en choisir un? Ils semblent tous pareils!

EMILY: Moi, je te recommanderais plutôt un portable d'abord parce qu'il ne prend pas beaucoup de place. Et puis, tu pourrais l'emporter avec toi pendant les vacances ou chez tes parents.

cédérom *CD-ROM*
un disque dur *hard (disk) drive*

SOPHIE: C'est une idée. Mais est-ce qu'on peut avoir un cédérom° avec un portable ou seulement un disque dur?°

EMILY: On peut avoir un cédérom détachable mais ça coûte plus cher.

les logiciels *software*
les réseaux m pl *networks*

SOPHIE: Et la mémoire? Il en faut beaucoup maintenant avec les logiciels° sophistiqués et l'accès aux réseaux° de l'Internet. On m'a dit que les micros ont une plus grande mémoire.

puissance *power, speed*

EMILY: Oui, c'est vrai, les portables sont un peu en retard au point de vue puissance.°

SOPHIE: Ah... Et au niveau des logiciels, lesquels permettent le plus grand choix: les micros ou les portables?

EMILY: Je crois qu'il y a beaucoup de logiciels pour les deux.

SOPHIE: Mais dis-moi, à supposer que je choisisse un portable, est-ce qu'on peut avoir une même qualité audio avec le lecteur de cédérom?

EMILY: Ça dépend du modèle. Mais vraiment, à moins de faire des études de musique, tu ne t'apercevras pas de la différence.

SOPHIE: Le problème c'est que le portable est plus pratique mais il coûte aussi beaucoup plus cher.

le traitement de texte *word processing* / **te brancher** *connect*

EMILY: Moi, je suis partiale, j'adore mon portable, mais c'est une préférence personnelle. De toute façon avec «Windows», tu auras un bon traitement de texte° et avec un bon modem tu pourras te brancher° sans le moindre problème, partout.

SOPHIE: Et je deviendrai une vraie cybernaute!

Ne rigole pas. *Don't laugh/joke.* / **se prendre au jeu et aux pièges** *to become fascinated, even obsessed*

EMILY: Ne rigole pas.° On peut se prendre au jeu et aux pièges° de la navigation cybernétique.

Observation et analyse

1. Pourquoi est-ce que Sophie veut acheter un ordinateur?
2. D'après la conversation, quels sont les avantages respectifs des micros et des portables?
3. Quels facteurs semblent entrer dans la décision de Sophie?
4. Est-ce que Sophie et Emily ont la même formation informatique?
5. Quel ordinateur Sophie va-t-elle probablement acheter? Pourquoi pensez-vous cela?

Réactions

1. Est-ce que vous avez un ordinateur? Si oui, vous en êtes content(e)? Si non, vous en utilisez un? Où?
2. L'Université d'Harvard équipe chaque nouvel(le) étudiant(e) d'un micro-ordinateur personnel. Est-ce que vous pensez que toutes les universités devraient faire la même chose? Expliquez.

▶ Expressions typiques pour...

Comparer

Souligner les ressemblances

Il n'y a aucune différence entre ces deux articles.

Ils sont $\begin{cases} \text{pareils.} \\ \text{semblables \textit{(similar)}.} \\ \text{identiques.} \end{cases}$

Ils sont (plus ou moins) comparables.
C'est le même (logiciel).
Ils se ressemblent comme deux gouttes d'eau.
Cet ordinateur ressemble à l'autre.
Ils ont beaucoup de choses en commun.

$\left.\begin{array}{l} \text{Il n'y a pas beaucoup} \\ \text{Il y a peu} \end{array}\right\}$ de différence(s).

Il a autant de mémoire que l'autre.
Il est aussi rapide que l'autre.

Souligner les différences

Ils sont différents l'un de l'autre.
Il est (bien, beaucoup, un peu) plus/moins rapide que l'autre.
Cet ordinateur n'est pas aussi rapide que l'autre.
Il a moins de/plus de mémoire que l'autre ordinateur.
Ils ont très peu de choses en commun.
Ils n'ont rien en commun.
C'est mieux/pire.
La qualité est (bien) meilleure.
Cet appareil n'a rien à voir avec *(has nothing to do with)* celui-là:
     il n'est pas comparable!

▶Mots et expressions utiles

Bring in pictures of computers and point out the parts while modeling the pronunciation in French.

Les ordinateurs/Les communications

appuyer *to press, push (a key)*
brancher *to plug in*
le browser *browser*
le cédérom (CD-ROM) *CD-ROM*
le clavier *keyboard*
cliquer *to click*
les commandes f pl *commands*
compatible *compatible*
se connecter à l'Internet *to connect to the Internet*
le courrier électronique (l'e-mail) *e-mail*
le cybernaute *one who enjoys the Web*
déplacer *to move (something)*
le disque dur *hard (disk) drive*
une disquette *diskette*
à double densité *double density*
à haute densité *high density*
les données f pl *data*
l'écran m *screen*
effacer *to erase*
enlever *to take out*
être dans l'informatique *to be in the computer field*
faire marcher *to make something work*
formater *to format*
les graphiques m pl *graphics*

l'imprimante f *printer*
à laser *laser*
l'informatique f *computer science; data processing*
l'Internet m *the Internet*
le lecteur de disquettes *disk drive*
le logiciel *software*
la mémoire *memory*
un micro(-ordinateur) *desktop computer*
un portable *laptop computer*
le programme *program*
programmer des menus *to program (create) menus*
la puissance *power, speed*
reculer *to backspace*
le réseau *network*
sauvegarder *to save*
le site Web *Web site*
la souris *mouse*
un tableau *chart*
(re)taper *to (re)type*
la touche *key*
le traitement de texte *word processing*
le Web *WWW*
zapper *to zap; switch between channels or sites*

Mise en pratique

—De quels **logiciels** est-ce que tu te sers?

—Oh, j'ai beaucoup de **programmes** et de jeux. Mais j'emploie surtout un **logiciel** de **traitement de texte.** Je fais tout avec. Je **tape** mes notes de cours, je fais mes devoirs, j'écris mon courrier. C'est formidable! Je ne pourrais plus m'en passer *(do without it),* je crois.

—Est-ce que tu te sers des **disquettes?**

—Ça dépend. Quand j'ai beaucoup de **données,** je les **sauvegarde** sur le **disque dur.** Mais si c'est quelque chose de très important, je le **sauvegarde** aussi sur une **disquette à haute densité,** au cas où j'**effacerais** par accident le contenu du **disque dur.**

INFORMATIQUE

- 3617 Trocmicro par minitel achetez ou vendez du matériel et logiciel d'occasion PC consoles jeux (Adrem 5.57 F./mn BP 291 74007 Annecy cedex) (009vI0034)
- Vds carte + CPU Dx4-100 bus PCI 700F recherche CPU P90. 500F P75. 350F Tél. soir 93.52.60.02 (163I00110)
- Vds Macintosh LC 4/40 ecran 12' + Works + clavier + souris prix 3.000F Tél. 94.84.11.68 de 9H à 12H (OPF400191)
- 486 DX2-50 multi média 8mo DD 350mo fax modem imprimante jet d'encre, nbrx log 5.000F. Tél. 92.28.07.55 (0W1700031)
- 686/120 neuf clavier écran 8MO 6.600 F Tél. 94.40.97.40 (097400491)
- Pièces détachées informatique petits px Tél. 94.40.97.40 (097500491)
- Urgent vds PC portable + sacoche 2.500 F Tél. HB 93.54.12.12 (16NE00110)
- Matériel de démo imprimantes Canon BJ 200 (Neb) = 1.250 F TTC Canon BJC 4000 (coul) = 1.950 F. ttc Epson Stylus Color = 2.200 F. ttc K2C Computer 93.13.98.50 (00IQk0110)

- Matériel de démo écrans 14' = 1.000 F. ttc, écrans 15• = 1.500 F. ttc, écrans 17• = 2.500 F. ttc K2C Computer 93.13.98.50 3615 L2C (2.19 mn) (00IQI0110)
- Cash Computer c'est 500 m2 d'exposition Le multimédia en tête !!! Eveil et accompagnement scolaire, formations, dictionnaires et encyclopédies, arts, cinéma, littérature, musique, histoire, actualités, géographie, voyages, espace, sciences et techniques, santé, loisirs, gastronomie, vie pratique, jeux de société, de réflexion, d'action, de stratégie et d'aventure. 92.07.78.90 (00IQS0110)
- Espace Professionnel Show Room : fax, cópieurs, micro, caisses, tpe, téléphonie, exemple : caisses numériques à partir de 990 F. HT. Phimacom 92.12.58.58 (00IUe0050)
- Espace professionnel : showroom ou vert de 8h30 à 12h30 et de 14h00 à 18h00. Micro PC + imprimante Canon 9.990 F. HT central téléphonique 3.990 F. HT (cadeau windows 95, word 95, money 95, publisher 95) Phimacom 92.12.58.58 (00IXh0050)
- Vds ordinateur Thomson TO16PC avec Drive à part + écran Philips. prix 400 F. 93.94.20.04 (00meH0030)

Activités

A. Entraînez-vous: Petites annonces. Vous voulez acheter un ordinateur d'occasion. A quelle(s) annonce(s) ci-dessus répondriez-vous si vous vouliez les ordinateurs décrits dans les numéros 1–5. Expliquez votre réponse.

1. un ordinateur avec un modem et une imprimante jet d'encre
2. un Macintosh avec un clavier et une souris
3. un ordinateur par minitel avec des jeux
4. un micro PC avec une imprimante et des logiciels comme windows 95
5. un ordinateur multi média avec beaucoup de logiciels

B. Une compagnie d'informatique. Vous travaillez pour une compagnie américaine d'informatique qui souhaite vendre ses ordinateurs au Québec. Traduisez cette publicité.

Activity B: Written preparation in advance may be helpful.

We are presenting IZT's new portable computer with CD-ROM. It is compatible with all systems on the market (**tous les systèmes sur le marché**). It can use all software developed for IBT. The keyboard is sensitive (**sensible**), the screen is easy to adjust (**régler**). It is perfect for word processing while you are travelling. It can read almost all printers' software. Isn't it time you bought the IZT portable computer?

Activity C: Expansion: **Je te recommande…** Votre camarade vient d'arriver de France et ne connaît pas bien les Etats-Unis. Vous lui faites des recommandations. Choisissez donc quatre autres sujets de la liste et discutez-les en détail en comparant différents besoins, différentes marques, différents genres, etc. Refaites cet exercice par écrit pour la prochaine classe.

C. **Comparaisons.** En petits groupes, comparez quatre des sujets présentés ci-dessous.

> MODÈLES: les livres
> *Les livres de poésie sont plus difficiles à lire que les livres de science-fiction.*
> OU
> *Les livres de James Joyce sont plus difficiles à lire que les livres de Robert Ludlum.*

les platines laser	les télés à écran plat	la poésie
les villes touristiques	les glaces	les universités
les boissons	les vêtements	les ordinateurs
les voitures	les films	

▶ La grammaire à apprendre

Le comparatif et le superlatif des adjectifs

A. When comparing two things or people, **plus, moins,** or **aussi** is placed before the adjective and **que** after it.

> Cet ordinateur-ci est **plus** rapide **que** celui-là.
> *This computer is faster than that one.*

> Cet ordinateur-ci est **moins** cher **que** celui-là.
> *This computer is less expensive than that one.*

> Cet ordinateur-ci est **aussi** puissant que celui-là!
> *This computer is as powerful as that one!*

B. The superlative is used to compare three or more things or people. It is formed by placing **le, la,** or **les** and **plus** or **moins** before the adjective. The adjective is placed in its normal position—before or after the noun depending on the adjective. **De** is used after the adjective to indicate location. This is the equivalent of *in* or *of* in English. Do not use **dans** in this instance.

> C'est l'ordinateur **le plus** cher de ce magasin d'informatique.
> *That is the most expensive computer in this computer store.*

> C'est **le plus** petit écran **du** magasin.
> *That is the smallest screen in the store.*

With the adjectives that normally precede the noun, it is also correct to put them after the noun:

> C'est l'écran **le plus** grand.
> *That is the biggest screen.*

NOTE: The following construction can always be used:

> Cet ordinateur est **le plus cher** de tous les ordinateurs qu'on vend dans ce magasin d'informatique.
> *That computer is the most expensive of all the computers that they sell in this computer store.*

C. The adjectives **bon** and **mauvais** are irregular in some forms.

	Comparatif	Superlatif
bon(ne)	meilleur(e)	le meilleur
		la meilleure
		les meilleur(e)s
	moins bon(ne)	le moins bon
		la moins bonne
		les moins bon(ne)s
	aussi bon(ne)	
mauvais(e)	plus mauvais(e), pire	le plus mauvais, le pire
		la plus mauvaise, la pire
		les plus mauvais(es), les pires
	moins mauvais(e)	le moins mauvais
		la moins mauvaise
		les moins mauvais(es)
	aussi mauvais(e)	

NOTE: **Pire** is often used to express abstract judgment, whereas **plus mauvais** expresses concrete judgment:

—J'ai **le meilleur** ordinateur du monde!
—*I have the best computer in the world!*

—Mais tu as **le plus mauvais** logiciel!
—*But you have the worst software!*

—Ça, c'est **la pire situation** possible!
—*That's the worst possible situation!*

Le comparatif et le superlatif des adverbes

A. The same constructions (**plus que, moins que, aussi que**) are used to compare adverbs.

Cet ordinateur fonctionne **plus** vite **que** l'autre.
That computer runs faster than the other.

Cet ordinateur fonctionne **moins** vite **que** l'autre.
That computer runs less quickly than the other.

Cet ordinateur fonctionne **aussi** vite **que** l'autre.
That computer runs as fast as the other one.

B. When forming the superlative of adverbs, the articles do not change to agree in number and gender because adverbs are invariable.

Ce sont les ordinateurs qui fonctionnent **le plus** vite.

C. The adverbs **bien** and **mal** are irregular.

	Comparatif	Superlatif
bien	mieux	le mieux
	moins bien	le moins bien
	aussi bien	
mal	plus mal	le plus mal
	[pis *(rarely used)*]	[le pis *(rarely used)*]
	moins mal	le moins mal
	aussi mal	

Cet ordinateur-ci fonctionne **le mieux**.
This computer works the best.

Celui-là fonctionne **le moins bien**. Il est vieux.
That one works the worst. It is old.

Le comparatif et le superlatif des noms

A. When comparing amounts or quantities of nouns, the expressions **plus de, moins de,** and **autant de** are used.

Cet ordinateur a **plus de** mémoire **que** l'autre.
That computer has more memory than the other.

Cet écran a **moins de** résolution **que** l'autre.
This screen has less resolution than the other.

Cet ordinateur-ci a **autant de** mémoire **que** l'autre.
This computer has as much memory as the other.

B. To form the superlative of nouns, the expressions **le plus de** and **le moins de** are used. As with adverbs, articles do not change.

Mais cet ordinateur-là a **le plus de** mémoire.
But that computer has the most memory.

Activités

Activity A: Variation: Have students compare many other items, such as elementary and primary schools, professions, cars, courses, universities, and other items of interest to them.

A. La vie au lycée et à l'université. Vous écrivez une composition qui a pour sujet la comparaison entre la vie au lycée et la vie à l'université. Choisissez l'expression appropriée en complétant les phrases suivantes avec le comparatif des adjectifs. Faites tous les changements nécessaires.

1. Les lycéens / être / plus (moins, aussi) / libre / que... parce que...
2. Les cours au lycée / être / moins (plus, aussi) / difficile / que... parce que...
3. Les repas au lycée / être / aussi (plus, moins) / bon / que... parce que...
4. La responsabilité des étudiants / être / moins (plus, aussi) / grand / que... parce que...
5. La vie sociale à l'université / être / plus (moins, aussi) / intéressant / que... parce que...
6. Les étudiants / être / aussi (plus, moins) / sage / que... parce que...
7. Les professeurs au lycée / être / plus (moins, aussi) / strict / que... parce que...

Liens culturels: Expansion: Take a class poll to find out how American students currently regard the effect of computers on their lives. Compare the results with the French opinions. Brainstorm future applications of computers to everyday life.

Liens culturels

Les Français et la technologie

Récemment l'évolution technologique a influencé «le développement de la production et de la communication à tous les niveaux de l'entreprise: conception assistée des produits; optimisation des méthodes de fabrication; robotique; télécopie; téléconférence, etc.».

Mais l'impact de la révolution technologique de cette fin de siècle ne se limitera pas au travail. Il touchera progressivement tous les aspects de la vie quotidienne des Français. Qu'ils le veuillent ou non, l'ordinateur sera bientôt leur compagnon de tous les jours, au bureau, à la maison ou dans la rue. Plus encore peut-être que la télévision hier, l'ordinateur sera demain le pilier d'une nouvelle civilisation.

Selon Henri Morny de *France-Amérique,* «après l'e-mail et le Web, le téléphone devrait être le prochain vecteur de développement d'Internet». Une société française a récemment présenté

Netgem qui lancera le premier Web TV en Europe, le Netbox. Le Netbox se branchera sur le téléviseur et la ligne téléphonique et permettra à l'utilisateur de zapper instantanément entre ses chaînes de télévision et ses sites Web préférés. Les e-mail seront reçus sur l'écran du téléviseur. Les cybernautes pourront continuer à utiliser les services des différents fournisseurs d'accès au réseau et pourront utiliser dif-férents browsers comme ils le font maintenant.

D'après l'enquête ci-dessous, quel secteur utilise le plus les nouvelles technologies au cours des dernières années?

Adapté de Gérard Mermet, *Francoscopie 1995* (Larousse, pp. 287–288) et de *France-Amérique* (22–28 mars 1997, p. 10).

La technologie encore élitiste

Evolution de la proportion de salariés utilisateurs des nouvelles technologies (en %) :

	Cadres		Professions intermédiaires		Employés		Ouvriers qualifiés		Ouvriers non qualifiés		Ensemble	
	1987	1991	1987	1991	1987	1991	1987	1991	1987	1991	1987	1991
• Terminal relié à un ordinateur	31	36	23	29	19	25	5	6	2	3	16	20
• Micro-ordinateur	35	47	23	34	12	21	3	5	1	2	14	21
• Ordinateurs (terminal relié à un ordinateur ou micro-ordinateur)	50	60	37	47	28	36	7	10	3	5	24	32
• Machine de traitement de texte	13	14	7	11	7	12	1	1	-	-	5	8
• Minitel	32	44	17	32	13	25	2	4	1	1	12	21
• Vidéo	13	17	9	13	2	3	2	2	-	1	4	6
• Robot ou manipulateur automatique	1	1	1	1	-	-	3	3	2	2	1	1
• Machine à commande numérique	-	1	1	1	-	-	2	4	1	2	1	1

Ministère du Travail, de l'Emploi et de la Formation professionnelle

B. Super! Pour Vincent tout est super—surtout quand il parle de tous ses gadgets. Complétez les phrases pour lui avec le superlatif. Attention! Certains superlatifs sont irréguliers. Connaissez-vous quelqu'un comme Vincent?

1. je / avoir / plus / bon / ordinateur / de / monde
2. il / marcher / plus / bien / tous / autres / ordinateurs
3. il / avoir / plus / mémoire / tous / autres / ordinateurs
4. écran / avoir / plus / bon / résolution / possible
5. imprimante / marcher / plus / vite / toutes / autres / imprimantes
6. programme que j'ai écrit / avoir / graphiques / plus / intéressants
7. ordinateur / être / moins / cher / de tous / portables
8. De tous les nouveaux magnétoscopes, / magnétoscope / enregistrer *(to record)* / plus / beau / image *[f]*
9. télévision / avoir / plus / bon / couleurs / possibles
10. platine laser / avoir / qualité de son / plus / subtile / de toutes / platines laser / magasin
11. répondeur téléphonique *(answering machine)* / marcher / avec / plus / fidélité

Pourquoi le Minitel n'a-t-il pas évolué comme on l'avait prévu? Comparez le Minitel avec l'Internet.

Coup de jeune pour le Minitel

Inventé en Bretagne, le Minitel n'a pas connu les développements auxquels il semblait promis. Sa longévité a même semblé menacée par Internet, le réseau mondialisé, fortement soutenu par les lobbyings américains. C'était sans compter l'obstacle "technologique" qui refroidit encore de nombreux utilisateurs potentiels. C'est donc en partant du principe que "le Minitel est un outil familier" que Satis, une toute jeune entreprise rennaise a développé des applications extrêmement simples et peu coûteuses destinées en priorité aux artisans et petits entrepreneurs.

Une carte informatique pour changer la vie des très petites entreprises... et des autres.

C. Trouvez quelqu'un qui... Pendant cinq minutes, posez ces questions en français à vos camarades pour savoir qui dans la classe...

1. has less money on him/her than you
2. had a better grade than you on the last French test
3. takes as many courses as you
4. likes classical (popular, jazz, etc.) music more than you do
5. watched TV less than you last night
6. studies more often than you in the library this term

D. Comparaisons. Répondez aux questions suivantes. Comparez vos réponses aux autres étudiants de la classe.

1. Est-ce que vous avez déjà eu un job d'été? Si vous avez eu plusieurs jobs d'été, comparez-les. Parlez de l'horaire, de la nature du travail, du patron, des clients, etc.
2. Est-ce que vous avez vécu ailleurs qu'ici? Où? Comparez les endroits où vous avez vécu. Parlez du climat, des loisirs, des amis, de la vie nocturne, etc.
3. Est-ce que vous avez voyagé? Où? Comparez vos voyages. Parlez des endroits, du climat, des loisirs, des gens, etc.
4. Est-ce que vous avez lu plusieurs livres récemment? Lesquels? Comparez-les en parlant des personnages, de la longueur, du style, de l'auteur, etc.
5. Est-ce que vous avez mangé au restaurant récemment? Dans quels restaurants? Comparez-les en parlant du service, de la cuisine, de l'ambiance, etc.

Interactions, **Activity A:** Expansion: Ask students to make their own individual lists of personal expenses for the current year and then to compare their lists in small groups. Have them discuss how they think the breakdown of their expenses will change after they finish their studies and get a job. Then compare these projections with the statistics on the French on page 360.

▶ **Interactions**

A. Tout change dans la vie. Study the chart on page 360 detailing changes in average living expenses for the French. Compare the percentages from 1960 through 1995. For which categories have the French spent more in recent years? For which categories have they spent less?

B. Le choix de l'université. A younger friend or relative of yours is choosing a university. Help him/her compare several universities and choose the most appropriate one. Compare the following items.

1. the classes
2. the professors
3. the students
4. the cost (**les frais** *[m pl]* **d'inscription**)
5. the housing
6. the social life
7. the distance from his/her family and friends
8. the geographical area

Comparez l'apparence physique de la mère et de sa fille.

Le budget des ménages

Evolution de la structure de la consommation des ménages* :

	1960 (en %)	1970 (en %)	1980 (en %)	1995 (en)	1995 (en francs par ménage)
• Produits alimentaires, boissons et tabac	33,3	26,0	21,4	18,2	36 443
• Habillement (y compris chaussures)	11,0	9,6	7,3	5,4	10 730
• Logement, chauffage, éclairage	10,4	15,3	17,5	21,8	43 504
• Meubles, matériel ménager, articles de ménage et d'entretien	11,0	10,2	9,5	7,3	14 617
• Services médicaux et de santé	5,0	7,1	7,7	10,4	20 821
• Transports et communications	11,6	13,4	16,6	16,2	32 430
• Loisirs, spectacles, enseignement et culture	6,0	6,9	7,3	7,5	14 987
• Autres biens et services	11,7	11,5	12,7	13,2	26 378
CONSOMMATION TOTALE (y compris non marchande)	100,0	100,0	100,0	100,0	199 910

INSEE

* Coefficients calculés aux prix courants.

Gérard Mermet, *Francoscopie 1997* (Larousse, p. 32)

▶ Premier brouillon

1. Begin the directions that you drafted in Lesson 1 with an introductory note that presents the subject. In this section, you will give an overview or explanation of what you will discuss.
2. If appropriate, include a list of materials or ingredients and illustrations. Provide any warnings or cautionary notes about any dangers. Look ahead to the expressions on page 362 for some ideas.
3. The main body of your text will contain the description of the procedures or plans. You should pay particular attention to whether your explanation is clear and shows the steps clearly. You should go from the simple to the complex, from beginning to end, from general to specific, or in chronological order depending on what you are explaining.
4. Be sure to define any words or terms for the non-specialist. Try to do this through illustrations or writing descriptive phrases or sentences explaining the word. It might also help to give the semantic category.
5. Write a title that will give readers an idea of what they'll be learning to do.

PHRASES: Describing objects; comparing and contrasting

GRAMMAR: Comparison

▶Leçon 3   Comment donner des instructions, des indications et des ordres

▶Conversation

Premières impressions

Soulignez:
* les expressions pour donner des instructions et pour dire qu'on ne comprend pas

Trouvez:
* où l'on met le fromage dans un croque-monsieur: sur le dessus, dedans ou sur les deux côtés

Bruno donne une leçon de cuisine à Paul, son ami américain.

PAUL: Alors, Bruno, c'est quoi, ton secret pour les croque-monsieur? Je serais vraiment curieux de savoir!

BRUNO: Bon, écoute, je vais te montrer ça... Alors, d'abord tu prends deux tranches de pain de mie,° du pain de mie frais, évidemment... Tu prends ta poêle,° tu mets un petit peu de beurre dedans, tu le fais fondre° un peu, et une fois que le beurre est chaud, tu mets du beurre sur une première tranche de pain que tu mets dans la poêle.

PAUL: Ah, tu mets du beurre sur le pain aussi... D'accord.

BRUNO: Oui, sinon tu vas avoir un croque-monsieur qui va coller° à la poêle, tu vois? Ensuite, tu mets une première tranche de fromage, du gruyère²... peu importe, selon tes goûts... Et puis, tu mets une tranche de jambon et tu laisses cuire° un petit peu, euh, pour que le fromage fonde.

PAUL: Et tu fais griller° ton pain d'abord ou...

BRUNO: Tu fais griller le pain dans la poêle avec le jambon et le gruyère, si tu veux. Fais attention de ne pas laisser coller le pain à la poêle. Ensuite, ce que tu fais, tu remets une tranche de fromage sur le dessus, tu laisses fondre le tout et tu mets bien une deuxième tranche de pain avec toujours du beurre mais sur l'extérieur parce qu'il faudra retourner le croque-monsieur pour faire dorer° l'autre côté.

PAUL: Je ne pige pas!° Tu ne mets pas de fromage sur le dessus? Juste dedans?

BRUNO: Oui. Sur le dessus, ça risquerait de coller!

PAUL: Oh, mais c'est trop compliqué pour moi!

BRUNO: Mais ce n'est pas compliqué du tout! Oh, là, là... ! Tiens on va aller acheter ce qu'il faut.

le pain de mie *sandwich loaf*
une poêle *frying pan*
faire fondre *to melt*

coller *to stick*

laisser cuire *to let (it) cook*

faire griller *to toast*

faire dorer *to brown*

piger (familiar) *to understand, to "get it"*

---

² Le gruyère est un fromage suisse à pâte dure qui vient à l'origine de la région de Gruyère, dans le Jura suisse. Le Comté est l'équivalent français, aussi fabriqué dans les laiteries *(dairies)* du Jura, chaîne de montagnes que se partagent la France et la Suisse.

Observation et analyse

1. Quels ingrédients est-ce qu'il faut pour faire un croque-monsieur?
2. Quelle sorte de fromage est-ce que Bruno recommande?
3. A quoi faut-il faire attention pour bien réussir un croque-monsieur?
4. Est-ce que Paul sera un bon cuisinier? Expliquez.

Réactions

1. Est-ce que vous aimez faire la cuisine? Pourquoi ou pourquoi pas? Avez-vous déjà fait des recettes françaises? Si oui, lesquelles? Si non, est-ce qu'il y en a qui vous intéressent?
2. Est-ce que vous avez déjà donné une leçon de cuisine à une autre personne? Si oui, décrivez cette expérience. Si non, avez-vous déjà donné des instructions à une autre personne? Expliquez.

▶ Expressions typiques pour...

Donner des indications ou des instructions

D'abord/La première chose que vous faites, c'est...

Après cela/Puis/Ensuite... {
suivez cette rue, puis allez à gauche...
prenez du beurre et, après cela, faites-le fondre dans une casserole...
vous branchez l'appareil; ensuite vous sélectionnez la température...
}

Il faut d'abord faire bouillir l'eau avant de mettre les œufs dans la casserole...
Je vous explique comment vous devez faire pour faire marcher *(make something work)*... Vous allez mettre...
Maintenant...
Là, vous enfoncez *(insert)* bien la clé, vous tirez la porte vers vous, et...
N'oubliez pas de (+ infinitif)...
Faites attention à ne pas (+ infinitif)...
Pensez bien à (+ infinitif)...

S'assurer que l'on comprend

Tu comprends?/Vous comprenez jusque là?
Tu y es?/Vous y êtes? *(Do you understand? Do you "get it"?)*
Tu vois/Vous voyez ce que je veux dire?
Tu piges? *(familiar—Do you understand? Do you "get it"?)*

Encourager

C'est bien... maintenant...
Très bien. Continue(z).
Tu te débrouilles/Vous vous débrouillez très bien *(getting along very well)*.
Tu t'y prends/Vous vous y prenez très bien *(are doing it the right way)*.
Tu es/Vous êtes doué(e) *(gifted)* pour ça.

Dire qu'on ne comprend pas

Je m'excuse mais je ne comprends pas ce que je dois faire.
Excuse-moi/Excusez-moi, mais je ne comprends pas.
Peux-tu répéter, s'il te plaît?/Pouvez-vous répéter, s'il vous plaît?
Je (ne) pige pas. Tu peux répéter?

Donner des ordres

Tape cette lettre et trouve-moi.../Tapez cette lettre et trouvez-moi...
Je veux que tu téléphones/vous téléphoniez à...
Tu veux me chercher... , s'il te plaît?/Vous voulez me chercher... , s'il vous plaît?
Plus fort!/A gauche!/Pas si vite!/A table!

▶ Mots et expressions utiles

La cuisine

une casserole   *(sauce) pan*
coller   *to stick*
un couvercle   *lid*
(faire) bouillir   *to boil*
(faire) cuire   *to cook*
(faire) dorer   *to brown*
(faire) fondre   *to melt*
(faire) frire   *to fry*
(faire) griller   *to toast (bread); to grill (meat, fish)*
(faire) mijoter   *to simmer*
(faire) rôtir   *to roast*
(faire) sauter/revenir   *to sauté (brown or fry gently in butter)*
un grille-pain   *toaster*
une marmite   *large cooking pot*
le pain de mie   *sandwich bread*

passer au beurre   *to sauté briefly in butter*
le plat   *dish (container); dish (part of meal), course*
la poêle   *frying pan*
verser   *to pour*

Suivre des instructions

se débrouiller   *to manage, get along*
doué(e)   *gifted, talented*
piger   *(familiar) to understand, to "get it"*
s'y prendre bien/mal   *to do it the right/wrong way*
Tu y es?/Vous y êtes?   *Do you understand? Do you "get it"?*

Mise en pratique

Supprimer le gras *(fat)* de mon régime! Impossible! Même si je dois en mourir! J'adore mes steaks et mes pommes de terre au beurre, avec une goutte d'huile pour empêcher que le beurre ne brûle. Pour les haricots, les choux et les autres légumes, c'est **passés au beurre,** au vrai beurre qu'ils sont les meilleurs. Et je **fais fondre** du fromage sur presque tout ce que je **fais cuire.** Maintenant, je dois commencer à **faire griller,** à **faire rôtir,** ou bien pire, à **faire bouillir?** Il n'en est pas question!

Décrivez cette cuisine.

Activités

A. Entraînez-vous: Vous êtes le prof. Vos étudiants de cuisine ne comprennent pas les expressions et les mots suivants. Donnez une définition, un synonyme ou un exemple pour chaque expression.

> MODÈLE: un couvercle
> *C'est ce que vous mettez au-dessus d'une casserole.*

1. faire dorer
2. une marmite
3. faire fondre
4. s'y prendre bien
5. faire mijoter
6. un(e) étudiant(e) doué(e)

B. Une décoration. Regardez les images suivantes. Donnez les instructions à suivre pour fabriquer un artichaut bougeoir *(artichoke candlestick).* MOT UTILE: **un pinceau** *(paintbrush).*

Quels plats ou quels desserts est-ce que vous aimez bien préparer?

C. Instructions. Avec un(e) partenaire, donnez des instructions pour: (1) faire un citron pressé *(fresh lemonade),* du café, un hamburger ou votre petit déjeuner préféré; (2) ouvrir la porte de votre maison; (3) prononcer votre prénom en français; et (4) faire marcher un ordinateur ou taper une lettre. N'oubliez pas de poser des questions si vous ne comprenez pas les instructions.

▸ La grammaire à apprendre

Faire causatif et les verbes de perception

A. The verb **faire** is commonly followed by an infinitive when meaning: (1) to have someone do something for you; (2) to make someone do something; or (3) to cause something to be done.

> Elle **a fait** faire une robe pour sa fille.
> *She had a dress made for her daughter.*

> Elle **a fait** travailler les mannequins pour les clients.
> *She made the models work for the customers.*

> Ses commentaires **feront** réfléchir les clients.
> *Her comments will cause the customers to think.*

The expression **se faire + infinitif** is used when the action is done for oneself. There is no agreement of the past participle.

> Elle **s'est fait** faire une robe.
> *She had a dress made for herself.*

NOTE: If one were performing the action oneself, the expression would be:

> Elle **a fait** une robe pour sa fille.
> *She made a dress for her daughter.*

B. The causative construction may have one or two objects. When there is only one object, it is a direct object.

> Le couturier **a fait** travailler ses mannequins.
> Il **les a** vraiment **fait** travailler.
> *The fashion designer made his models work.*
> *He really made them work.*

When the construction has two objects, the person is the indirect object and the thing is the direct object.

> Il **a fait** couper cette robe à son assistante. (Il **la lui a fait** couper.)
> *He had his helper cut the dress. (He had her cut it.)*

NOTE: The object pronouns are placed before the form of **faire**. The past participle is invariable in the causative construction because the real object is the infinitive phrase.

In affirmative commands, however, the object pronouns follow **faire**.

> **Fais-le** couper.   *Have it cut.*

C. The following are some very useful constructions with **faire**:

faire venir	to have someone come; to send for
faire voir	to show
faire tomber	to drop something
Ça me fait rire/pleurer/penser à...	That makes me laugh/cry/think about . . .

NOTE: The expression **rendre + pronom personnel** or **nom** is used with an adjective.

> Cette nouvelle **me rend** heureux. Ça **me fait** sourire!
> *That news makes me happy. That makes me smile!*

D. The verbs of perception **laisser, entendre,** and **voir** resemble the construction of the **faire causatif,** and the placement of the pronoun objects follows the same pattern.

J'**entends venir** le couturier.
I hear the fashion designer coming.

J'**ai vu arriver** le mannequin il y a dix minutes.
I saw the model arrive ten minutes ago.

Je me demande s'il la **laissera partir** de bonne heure.
I wonder if he will let her leave early.

Activités

A. Une recette. On vous a donné cette recette. Aujourd'hui, avec votre famille, vous décidez de l'essayer. Racontez ce qui se passe. MOTS UTILES: les haricots, *m pl (beans);* les moules, *f pl (mussels);* refroidir *(to cool down);* mélanger *(to mix);* orner *(to decorate);* une rondelle *(slice)*

Salade de haricots aux moules
Nous / faire / cuire / haricots / avec / carotte, / deux oignons, / sel / et / poivre. Je / les / laisser / refroidir. Mike / ouvrir / les moules. Tu / préparer / vinaigrette. Tout ça / faire / réfléchir / mère. Elle / n'a pas l'habitude de / nous / entendre / travailler / la cuisine.

Au moment de servir, / nous / mélanger / les haricots / les moules (après en avoir réservé quelques-unes pour orner les rondelles de tomates) et les trois quarts de la vinaigrette. Tu / décorer / plat de rondelles de tomates. Je / verser / reste / de vinaigrette dessus. Mike / faire / voir / salade / maman. Ça / la / faire / sourire / et elle / nous / féliciter.

B. Questions indiscrètes. Parlez avec un(e) camarade. Ensuite, comparez vos réponses avec celles des autres étudiants.

Qu'est-ce qui te fait...
1. rire?
2. chanter?
3. réfléchir longuement?
4. rêver?
5. perdre patience?
6. crier *(yell out)?*
7. pleurer?

C. Votre réaction. Comment réagissez-vous et que décidez-vous de faire ou de faire faire dans les situations suivantes? **(Ça me fait... / Ça me rend... / Ça me donne envie de...)**

1. Votre mère/père vous offre un cadeau dont vous aviez envie depuis longtemps.
2. Vous lisez un livre très triste.
3. Vous regardez un ancien film de Billy Crystal.
4. Vous regardez un programme sur les sans-abri.
5. Votre fils/fille revient de l'école avec un deuxième zéro en maths.
6. Vous organisez une fête pour célébrer le vingt-cinquième anniversaire de mariage de vos parents.

Liens culturels

Se renseigner

Qu'est-ce que vous faites quand vous êtes perdu(e)? Consultez-vous un plan ou un guide? Demandez-vous le chemin à un inconnu? Et quand vous voulez utiliser un appareil qui ne vous est pas familier, lisez-vous le mode d'emploi ou demandez-vous à un(e) ami(e) de vous aider?

Que font la plupart des Français dans ces mêmes circonstances? La première chose qu'ils feront est de demander à quelqu'un d'autre de les aider. Un Français consulte peu les indicateurs ou les horaires. La même chose se produit avec les modes d'emploi insérés dans les emballages des appareils en vente. Les Français sont peu enclins à déchiffrer des notices souvent insuffisantes ou mal traduites de l'anglais. Ils aiment mieux demander à quelqu'un d'autre de les aider. Cela explique la facilité avec laquelle les Français se demandent des petits services.

Quand un Français demande un renseignement ou un service, il affirme l'importance d'une amitié. Cette observation se vérifie dans les liens d'amitié qui existent en France. Les amis font tout leur possible pour s'entraider. Aux Etats-Unis nous accordons plus d'importance à l'art de se débrouiller tout seul (on aime se suffire à soi-même). On essaie de montrer qu'on n'a besoin de personne. En France on donne *l'occasion* à quelqu'un de rendre service.

Et vous, aimez-vous demander des petits services aux autres ou préférez-vous vous débrouiller tout(e) seul(e)? Parlez des circonstances où vous prendriez des décisions différentes.

Liens culturels: Have students discuss the reading in small groups. They should talk about differences in asking for directions or help among men, women, people in different parts of the country, etc.

D. Echange de recettes! Avec un(e) camarade, échangez une recette, oralement, puis par écrit. Voici quelques idées.

coq au vin
crêpes ou gaufres
salade de thon

omelette aux champignons
soupe de légumes

▶ Interactions

A. Comment faire. Circulate among your classmates to complete the following activity.

- Tell your first classmate how to get to the bookstore.
- Tell the next one how to make a peanut butter (**beurre [*m*] de cacahouète**) and jelly sandwich.
- Tell the next one how to start your car/motorcycle.
- Tell the next one how to find your apartment/house.

B. Descriptions. With a classmate, describe an activity connected with your hobby, work, or studies. If you are not sure how to say something, try to use other words to explain what you mean. Your partner will ask questions, then describe an activity when you are done. Afterwards, tell the class what you discussed.

▶ **Deuxième brouillon**

1. Write a second draft of the explanation you started in Lesson 1, focusing primarily on the use of details to clarify the instructions.
2. Discuss any cause and effects (**causes et effets**) in the steps you will mention. This will help you focus on the consequences of certain moves or actions. You might want to incorporate some of the following expressions that deal with cause and effect. EXPRESSIONS UTILES: par conséquent, en effet, alors, donc, ainsi, en résumé, en conclusion
3. Review *Chapitre 2 Dossier personnel,* p. 75, to see how you can strengthen comparing and contrasting to add details. Use any of the following terms to compare and contrast some of the ideas: **contrairement à, par contre, au contraire, ne pas être compatible avec.**
4. Write a conclusion or ending line to give closure to your directions.

PHRASES: Comparing and contrasting; linking ideas

GRAMMAR: Causative faire

▶ Turn to *Appendice B* for a complete list of active chapter vocabulary.

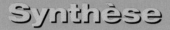

Synthèse

 Activités vidéo

Avant la vidéo

1. Qu'est-ce que vous portez d'habitude comme vêtements? Quelle était la tenue la plus réussie que vous ayez jamais portée? la plus affreuse? Quand est-ce que vous l'avez portée? Est-ce qu'il faut dépenser beaucoup d'argent pour être bien habillé(e)? Pourquoi?
2. Qui fait les courses dans votre famille? Où? Pourquoi? Est-ce que ces habitudes ont changé depuis que vous étiez petit(e)?

Après la vidéo

1. Vous avez vu deux sortes de magasins, les magasins de haute couture et les magasins dans un quartier populaire. Décrivez-les. Qui fréquente ces différents magasins? Est-ce que les deux jouent un rôle important dans la vie quotidienne?
2. Pourquoi est-ce que les Français fréquentent les supermarchés et achètent du surgelé? Comment est-ce que vous pourriez expliquer ce changement de vieilles habitudes?
3. Quels sont les trois vins que Xavier a achetés? Avec quoi est-ce qu'il va les servir? Pour chaque vin choisi, citez un conseil du marchand. Quelle est l'attitude des Français envers le vin?

Activités orales

A. Un repas parfait. With a partner, make up the menu for a perfect meal. Describe the hors-d'œuvre you want to make. Discuss your preferences and how to make the main dish, the vegetable, and the dessert. Explain why you prefer these recipes by comparing them to others.

Quel(s) poisson(s) est-ce que vous préférez: la sole, le saumon, les sardines, le thon? Connaissez-vous quelqu'un qui sache bien préparer le poisson? Vous avez une recette à suggérer?

PHRASES: Describing objects

GRAMMAR: Comparison; adverb formation

Activité écrite: Preview: The gadget can be something very simple such as a pencil, a boat, a desk. You may wish to model a description yourself: **Elle a trois pneus, un siège, le guidon** *(handlebar)* **et deux pédales. Il n'y a pas de moteur. Les enfants l'adorent. Ils aiment rouler vite là-dessus.** *(Tricycle)*

PHRASES: Giving directions; linking ideas; sequencing events

GRAMMAR: Demonstrative adjectives; adverb formation; comparison; causative **faire**

http://bravo.heinle.com

B.   Vous avez gagné! Imagine that you and a friend had the winning lottery ticket for a $3 million drawing! Decide how you will spend the money. Compare your preferences in cars, houses, clothes, food, and vacation spots. If you do not agree, you will need to compromise.

Activité écrite

Un gadget. Write a description of a gadget. Describe how it works and compare it to other items. Have other students and/or the teacher guess what it is.

 ▶ **Révision finale**

1. Reread your instructions, paying particular attention to whether what you say is clear. You may want to try to follow the directions yourself before you take them to class. If you can't follow them, be sure to revise by adding another step or switching steps around.
2. Bring your draft to class and be prepared to present your instructions to two classmates who will follow your directions. They should use the symbols on page 415 to indicate grammar errors.
3. Examine your composition one last time. Check for correct spelling, grammar, and punctuation. Pay special attention to your use of demonstrative adjectives, adverbs, comparative and superlative of adjectives, and **faire causatif.**
4. Prepare your final version.

INTERMÈDE CULTUREL

I. Qu'est-ce que la haute couture?

Avant la lecture

- Connaissez-vous des industries de luxe pour lesquelles la France est célèbre?
- Comment expliquez-vous le développement ancien de telles industries en France?

Qu'est-ce que la haute couture? C'est d'abord un savoir-faire, lié à un artisanat qui dure depuis cent cinquante ans: l'origine de la haute couture remonte à Charles Frédéric Worth qui créa, en 1858, au 7 rue de la Paix, à Paris, la première véritable maison de haute couture, créant des modèles originaux pour des clientes particulières. La haute couture est un travail artisanal. Le terme de haute couture constitue une appellation juridiquement protégée: la liste des maisons de haute couture est établie chaque année par une commission du ministère de l'Industrie.

En janvier et en juillet, ce sont près de 1 000 journalistes du monde entier qui viennent assister aux collections de haute couture, qui se déroulent dans de grands hôtels parisiens, comme l'hôtel Interconti-nental, le Ritz, le Grand Hôtel. Il y a là une ambiance très particulière, où le brillant des tissus, la somptuosité des accessoires, la mise en scène de chaque apparition, donnent à chaque *mannequin°* la présence d'une déesse. Au premier rang, les clientes et les célébrités prennent des notes: Paloma Picasso chez Christian Lacroix, Catherine Deneuve chez Yves Saint-Laurent, et, autour, les riches Américaines (60 pour cent de la clientèle) venues respirer à Paris l'air de la perfection.

Il existe aujourd'hui en France dix-huit maisons de haute couture. Parmi les plus connues, on peut citer Balmain, Pierre Cardin, Carven, Chanel, Christian Dior, Givenchy, Christian Lacroix, Lapidus, Paco Rabanne, Nina Ricci, Yves Saint-Laurent, Jean-Louis Scherrer, Emanuel Ungaro. La haute couture emploie 4 500 personnes; elle en employait 35 000 avant la Seconde Guerre mondiale. Pour l'année 1994, le chiffre d'affaires direct hors taxes de la haute couture s'établit à 5 milliards de francs (1 milliard de dollars), dont 73 pour cent assurés par les exportations. N'oublions pas aussi que la haute couture fait vendre de nombreux produits comme les parfums et les cosmétiques qui lui sont liés par un même nom de marque.

L'âge d'or de la haute couture remonte aux années 50. Les mannequins vedettes s'appellent alors Capucine, Sophie Litwak, Bettina, qui donna son nom à une blouse légère copiée à des milliers d'exemplaires.

femme qui porte les vêtements de haute couture dans les défilés de mode

La haute couture d'hier correspondait à un désir, à des occasions que la vie sociale justifiait: premières de théâtre, dîners, grands bals. La raréfaction des clientes (15 000 en 1947, moins de 1 500 aujourd'hui), prouve bien que les modes de vie ont changé. Le prix d'un modèle peut aller de 80 000 à 100 000 francs (de 16 000 à 20 000 dollars) pour un tailleur, à 300 000 francs (60 000 dollars) et plus pour une robe de grand soir.

Le luxe survivra-t-il à l'an 2000? Oui, si l'on en juge par l'immense prestige dont jouit la haute couture hors des frontières. Inégalée, inaccessible, la haute couture continue de fasciner.

Adapté de *Les coulisses de la haute couture,* site Web du Ministère des Affaires Etrangères, dossier nº 23, mars 1996.

Après la lecture

Compréhension

En quoi la haute couture se distingue-t-elle du prêt-à-porter? Pourquoi fait-on des défilés de mode? Qui sont les clientes de la haute couture? La haute couture va-t-elle disparaître un jour?

Expansion

Cherchez les sites Internet des maisons de haute couture mentionnées dans le texte et faites une présentation orale ou écrite accompagnée d'illustrations sur l'une d'entre elles (certains sites montrent des défilés de mode utilisables comme illustrations). Faites le même travail à partir de livres si vous n'avez pas accès à l'Internet.

II. *Au Bonheur des dames* par Emile Zola

Avant la lecture

Sujets à discuter

1. Certaines personnes adorent acheter certains produits—outils *(tools),* chaussures, pulls, etc. Est-ce qu'il y a un produit particulier que vous adorez acheter? Combien en avez-vous déjà acheté?
2. Le titre de la lecture, «Au Bonheur des dames», est le nom du magasin où se passe l'histoire. D'après vous, qu'est-ce qu'on y vend?
3. Le vol *(theft)* est un problème fréquent dans la société actuelle. Est-ce que vous avez déjà été victime d'un vol? Qu'est-ce qu'on vous a volé? A quelle occasion?
4. Vous est-il arrivé d'être témoin d'un vol dans un magasin? Si oui, décrivez la situation.

Stratégies de lecture

Devinez le contenu. En général, le début et la fin d'une histoire nous en donnent l'idée essentielle. Lisez rapidement le premier et le dernier paragraphes de cet extrait. Avec la classe entière, imaginez ce qui a pu se passer entre ces deux paragraphes. Parlez des personnages principaux, de l'époque et de la classe sociale des personnages.

The title of Emile Zola's (1840–1902) novel Au Bonheur des dames[3] *bears the name of the Parisian department store where the action takes place. The countess de Boves, a regular customer with a passion for beautiful lace, finds herself in a difficult situation.*

Au Bonheur des dames

Madame de Boves, après s'être longuement promenée avec sa fille, rôdant° devant les étalages,° ayant le besoin sensuel d'enfoncer° les mains dans les tissus, venait de se décider à se faire montrer du point d'Alençon[4] par Deloche. D'abord, il avait sorti

5 de l'imitation; mais elle avait voulu voir de l'Alençon véritable, et elle ne se contentait pas des petites garnitures° à trois cents francs le mètre, elle exigeait les hauts volants° à mille, les mouchoirs et les éventails° à sept et huit cents. Bientôt le comptoir° fut couvert d'une fortune. Dans un coin du rayon l'inspecteur Jouve, qui

10 n'avait pas lâché° Madame de Boves, malgré l'apparente flânerie° de cette dernière, se tenait immobile au milieu des poussées,° l'attitude indifférente, l'œil toujours sur elle.

—Et avez-vous des berthes en point à l'aiguille[5]? demanda la comtesse à Deloche. Faites voir, je vous prie.

15 Le commis,° qu'elle tenait depuis vingt minutes, n'osait résister, tellement elle avait grand air, avec sa taille et sa voix de princesse. Cependant, il fut pris d'une hésitation, car on recommandait aux vendeurs de ne pas amonceler° ainsi les dentelles précieuses, et il s'était laisser voler dix mètres de malines,[6] la se-

20 maine précédente. Mais elle le troublait, il céda, abandonna un instant le tas de point d'Alençon, pour prendre derrière lui, dans une case, les berthes demandées.

—Regarde donc, maman, disait Blanche qui fouillait,° à côté, un carton plein de petites valenciennes,[7] à bas prix, on pourrait

25 prendre de ça pour les oreillers.°

Madame de Boves ne répondait pas. Alors la fille, en tournant sa face molle,° vit sa mère, les mains au milieu des dentelles, en train de faire disparaître, dans la manche de son manteau, des volants de point d'Alençon. Elle ne parut pas surprise, elle

30 s'avançait pour la cacher d'un mouvement instinctif, lorsque Jouve, brusquement, se dressa° entre elles. Il se penchait,° il murmurait à l'oreille de la comtesse, d'une voix polie:

—Madame, veuillez me suivre.

Elle eut une courte révolte.

35 —Mais pourquoi, monsieur?

—Veuillez me suivre, madame, répéta l'inspecteur, sans élever le ton.

loitering / display (of goods)
plonger

trimmings
flounces
fans / counter

abandonné / *dawdling*
shoves, pushes

employé

accumuler

examinait

pillows

douce

se plaça / *leaned over*

---

[3] publié en 1883   [5] type de dentelles   [7] type de dentelles
[4] type de dentelles   [6] type de dentelles

full
haughty

care / officier au service d'un
général / *crammed into there*
grande ouverte

swell

get rid of / prenait les décisions

surveillait

passion
tissu (familier)
belonging to high society

cacher

state horse-breeding farms

protesta
tears
troublé

s'opposa

Le visage ivre° d'angoisse, elle jeta un rapide coup d'œil autour d'elle. Puis, elle se résigna, elle reprit son allure hautaine,°
40 marchant près de lui comme une reine qui daigne se confier aux
bons soins° d'un aide de camp.° Pas une des clientes entassées là°
ne s'était même aperçue de la scène. Deloche, revenu devant le
comptoir avec les berthes, la regardait emmener, bouche béante°:
comment? celle-là aussi! cette dame si noble! c'était à les fouiller
45 toutes! Et Blanche, qu'on laissait libre, suivait de loin sa mère,
s'attardait au milieu de la houle° des épaules, livide, partagée
entre le devoir de ne pas l'abandonner et la terreur d'être gardée
avec elle. Elle la vit entrer dans le cabinet de Bourdoncle, elle se
contenta de rôder devant la porte.

50   Justement, Bourdoncle, dont Mouret[8] venait de se débarrasser,° était là. D'habitude, il se prononçait° sur ces sortes de
vols, commis par des personnes honorables. Depuis longtemps,
Jouve, qui guettait° celle-ci, lui avait fait part de ses doutes; aussi
ne fut-il pas étonné, lorsque l'inspecteur le mit au courant d'un
55 mot; du reste, des cas si extraordinaires lui passaient par les
mains qu'il déclarait la femme capable de tout, dès que la rage°
du chiffon° l'emportait. Comme il n'ignorait pas les rapports
mondains° du directeur avec la voleuse, il montra lui aussi une
politesse parfaite.

60   —Madame, nous excusons ces moments de faiblesse... Je vous
en prie, considérez où un pareil oubli de vous-même pourrait
vous conduire. Si quelque autre personne vous avait vue glisser°
ces dentelles...

Mais elle l'interrompit avec indignation. Elle, une voleuse!
65 pour qui la prenait-il? Elle était la comtesse de Boves, son mari,
inspecteur général des haras,° allait à la cour.[9]

—Je sais, je sais, madame, répétait paisiblement Bourdoncle.
J'ai l'honneur de vous connaître... Veuillez d'abord rendre les
dentelles que vous avez sur vous...

70   Elle se récria° de nouveau, elle ne lui laissait plus dire une
parole, belle de violence, usant jusqu'aux larmes° de la grande
dame outragée. Tout autre que lui, ébranlé,° aurait craint quelque
méprise déplorable, car elle le menaçait de s'adresser aux tribunaux, pour venger une telle injure.

75   —Prenez garde, monsieur! mon mari ira jusqu'au ministre.

—Allons, vous n'êtes pas plus raisonnable que les autres,
déclara Bourdoncle, impatienté. On va vous fouiller, puisqu'il le
faut.

Elle ne broncha° pas encore, elle dit avec son assurance
80 superbe:

---

[8] directeur du Bonheur des dames   [9] la cour de l'empereur Napoléon III

—C'est ça, fouillez-moi... Mais je vous avertis, vous risquez votre maison.

Jouve alla chercher deux vendeuses des corsets. Quand il revint, il avertit Bourdoncle que la demoiselle de cette dame, 85 laissée libre, n'avait pas quitté la porte, et il demandait s'il fallait l'empoigner,° elle aussi, bien qu'il ne l'eût rien vue prendre. L'intéressé,[10] toujours correct, décida, au nom de la morale, qu'on ne la ferait pas entrer, pour ne point forcer une mère à rougir devant sa fille. Cependant, les deux hommes se retirèrent° 90 dans une pièce voisine, tandis que les vendeuses fouillaient la comtesse et lui ôtaient° même sa robe, afin de visiter° sa gorge et ses hanches.° Outre° les volants de point d'Alençon, douze mètres à mille francs, cachés au fond d'une manche, elles trouvèrent, dans la gorge, aplatis° et chauds, un mouchoir, un éven-95 tail, une cravate, en tout pour quatorze mille francs de dentelles environ. Depuis un an, madame de Boves volait ainsi, ravagée d'un besoin furieux, irrésistible. Les crises empiraient,° grandissaient, jusqu'à être une volupté nécessaire à son existence, emportant tous les raisonnements de prudence, se satisfaisant avec 100 une jouissance d'autant plus âpre,° qu'elle risquait, sous les yeux d'une foule,° son nom, son orgueil,° la haute situation de son mari. Maintenant que ce dernier lui laissait vider ses tiroirs,° elle volait avec de l'argent plein sa poche, elle volait pour voler, comme on aime pour aimer, sous le coup de fouet° du désir, dans 105 le détraquement° de la névrose que ses appétits de luxe inassouvis° avaient développée en elle, autrefois, à travers l'énorme et brutale tentation des grands magasins.

—C'est un guet-apens°! cria-t-elle, lorsque Bourdoncle et Jouve rentrèrent. On a glissé ces dentelles sur moi, oh! devant 110 Dieu, je le jure!

A présent, elle pleurait des larmes de rage, tombée sur une chaise, suffoquant dans sa robe mal rattachée. L'intéressé renvoya les vendeuses. Puis, il reprit de son air tranquille:

—Nous voulons bien, madame, étouffer° cette fâcheuse° 115 affaire, par égard pour votre famille. Mais, auparavant, vous allez signer un papier ainsi conçu°: «J'ai volé des dentelles au Bonheur des dames», et le détail des dentelles, et la date du jour... Du reste, je vous rendrai ce papier, dès que vous m'apporterez deux mille francs pour les pauvres.

Extrait de Emile Zola, *Au Bonheur des dames*

saisir	
partirent	
enlevaient / *to inspect*	
hips / En plus de	
flattened	
s'accentuaient	
intense	
multitude de personnes / *pride*	
prendre tout son argent	
excitation	
désordre	
insatisfaits	
trap	
garder secrète / triste	
écrit	

[10] l'homme dont il est question, Bourdoncle

Après la lecture

Compréhension

A. Observation et analyse. Répondez aux questions suivantes.

1. Où se passe cette histoire?
2. Qui sont les personnages principaux?
3. Qu'est-ce que Mme de Boves et sa fille regardent?
4. Que vole Mme de Boves?
5. Où est-ce qu'elle cache ces articles?
6. Quelle est la réaction de Blanche quand elle voit sa mère voler?
7. Quelle est la réaction de Mme de Boves quand on l'arrête?
8. Qu'est-ce que Blanche fait pendant que l'inspecteur parle avec sa mère?
9. Quelle menace lance Mme de Boves?
10. Qui a fouillé Mme de Boves? Qu'ont-elles trouvé?
11. Pour quelles raisons vole-t-elle?
12. Qui a-t-elle blamé ensuite?
13. Qu'est-ce que l'inspecteur lui demande de faire pour camoufler cette affaire?
14. De quelle façon Bourdoncle et Jouve ont-ils traité Mme de Boves? Pourquoi?
15. Pensez-vous qu'elle continuera à voler? Expliquez.

B. Sous-titres. Voici une liste de mots qui pourraient être utilisés comme sous-titres dans l'extrait. Avec un(e) camarade de classe, discutez où l'on pourrait les placer dans l'histoire.

le vol	la scène	les menaces *(threats)*	la dénégation *(denial)*
l'arrêt	l'angoisse	une solution	la fouille *(search)*

C. Réactions. Donnez vos réactions.

1. Pour vous, quels adjectifs décrivent les personnages suivants: Mme de Boves, l'inspecteur Jouve, Bourdoncle, Blanche? Voici quelques possibilités: naïf/naïve, malin/maligne *(shrewd)*, obsédé(e), angoissé(e) *(distressed),* froid(e), poli(e), égocentrique *(self-centered),* cleptomane, patient(e), effronté(e) (qui ne rougit de rien), gonflé(e) *(gutsy),* etc.
2. Qu'est-ce que vous aimeriez dire à Mme de Boves?

Interactions

Discuss the *Interactions* in small groups or pairs. Ask students to discuss whether they have seen a theft in a store or on the street and how they reacted.

A. La fin. Vous êtes d'accord avec la solution proposée par Bourdoncle? Sinon, qu'est-ce que vous suggéreriez? Discutez du reste de l'histoire. Que se passera-t-il ensuite? Mme de Boves va signer le papier? Expliquez votre réponse.

B. Le vol. Quel est le stéréotype d'un voleur/d'une voleuse? Est-il étonnant de voir quelqu'un comme Mme de Boves voler? Pensez-vous qu'elle puisse voler d'autres produits? Volerait-elle un individu qui passerait dans la rue? Répondez à ces questions et discutez des raisons qui conduisent au vol. MOTS UTILES: riche; pauvre; la pauvreté; vivre dans la misère *(to live in poverty);* les défavorisés *(the less fortunate);* les sans-abri *(the homeless);* l'argent de poche *(spending money);* les vœux *(wishes);* les souhaits *(desires);* faire des dettes; l'impôt sur le revenu *(income tax);* s'enrichir *(to grow rich);* etc.

CHAPITRE 10

Les loisirs (les sports et le cinéma)

Thème

▶ **Leçon 1**

Function: Comment faire un compliment et féliciter

Culture: Ne dites pas merci!

Langue: Les mots exclamatifs • Le participe présent

▶ **Leçon 2**

Function: Comment exprimer le regret et faire des reproches

Culture: Les Français et le sport

Langue: Le conditionnel passé • Les phrases conditionnelles

▶ **Leçon 3**

Function: Comment résumer

Culture: Le septième art

Langue: La voix passive

Synthèse

Intermède culturel

Il était 50 fois Cannes

Mermoz (Antoine de Saint-Exupéry, *Terre des hommes*)

En somme...

Use this photo to introduce the chapter theme of **loisirs.** Have students describe the photo with these questions: 1. **Que font ces jeunes gens?** 2. **Comment est-ce qu'ils sont habillés?** 3. **Où est-ce que la scène a lieu?** 4. **De quels pays peuvent être les différents coureurs?** 5. **Pourquoi, à votre avis, ils font du jogging ensemble?**

After working with the functions and vocabulary for **Leçon 1,** ask students to write a description of the photograph.

 **Leçon 1**

Comment faire un compliment et féliciter

 INSTRUCTOR'S TAPE

▶ **Conversation**

Premières impressions

Soulignez
- les expressions qu'on utilise pour faire ou accepter un compliment et pour féliciter *(to congratulate)*

Trouvez:
- qui a gagné le match et quel était le set le plus important

Après un match de tennis important, une journaliste interviewe le gagnant, Pierre Duchêne.

LA JOURNALISTE:	Merci, Pierre, d'être venu nous rejoindre aussi rapidement dans nos studios. Vous avez disputé un match° absolument extraordinaire! Toutes nos félicitations. Ces cinq sets nous ont tenu en haleine° jusqu'à la fin! Bravo! Que pensez-vous de votre victoire?
PIERRE:	Eh bien, je suis évidemment très content d'avoir gagné ce match... Le premier set a été très, très serré°...
LA JOURNALISTE:	Les deux premiers même.
PIERRE:	Peut-être... Je pense avoir pris le dessus°... j'ai senti Jean-Jacques faiblir à la fin du deuxième set. En effet, j'aurais peut-être pu faire mieux... même au début du deuxième set, mais Jean-Jacques jouait très bien... et d'ailleurs, je dois le féliciter d'avoir joué comme il l'a fait parce qu'il m'a vraiment donné du fil à retordre.°
LA JOURNALISTE:	Oui, c'est vrai. Bravo, Jean-Jacques! Mais, vous aussi, vous devez être très fier.
PIERRE:	Merci. Oui, je suis content d'avoir réussi comme cela. Enfin, je dois dire que je m'étais entraîné très sérieusement avant ce tournoi° mais on ne sait jamais.
LA JOURNALISTE:	Alors, quel avenir envisagez-vous maintenant?
PIERRE:	Ecoutez... l'avenir est loin, mais enfin bon... il faut d'abord gagner le tournoi à Roland-Garros[1] le mois prochain.
LA JOURNALISTE:	En attendant, merci beaucoup, Pierre, d'être venu nous rejoindre...
PIERRE:	Je vous en prie. Ça m'a fait plaisir.

A suivre

disputer un match *to play a match*

tenir quelqu'un en haleine *to hold someone spellbound*

serré *tight, closely fought*

prendre le dessus *to get the upper hand*

donner du fil à retordre *to give someone trouble*

le tournoi *tournament*

---

[1] Roland-Garros est un stade de tennis à Paris où est joué un grand tournoi de tennis sur terre battue. Ce stade a été nommé d'après Roland Garros, l'aviateur français, qui a été le premier à survoler la Méditerranée en 1913.

Observation et analyse

1. Décrivez le match. Quels sets étaient très difficiles pour Pierre? Expliquez.
2. Selon Pierre, pourquoi a-t-il gagné?
3. Parlez de Jean-Jacques. Comment est-ce qu'il a joué?
4. Quel est le but de Pierre maintenant qu'il a gagné ce match?
5. Pensez-vous que Pierre atteigne son but?

Réactions

1. Est-ce que vous avez déjà assisté à un match de tennis professionnel?
   Si oui, décrivez cette expérience.
2. Quels sports préférez-vous? Parlez de votre sport préféré.
3. Est-ce que vous aimez les sports compétitifs? Pourquoi ou pourquoi pas?

▶ Expressions typiques pour...

Faire un compliment *(To compliment someone)*

Tu as/Vous avez bonne mine *(You look well)* aujourd'hui.
Quelle jolie robe!
J'adore tes/vos cheveux comme ça.
Qu'est-ce qu'elle est belle, ta/votre jupe!
Comme tu es/vous êtes joli(e)/élégant(e)!
Ça te/vous va à merveille *(wonderfully)*!
Tu as/Vous avez fait un match extraordinaire.

Accepter un compliment

Tu trouves?/Vous trouvez?
Tu crois?/Vous croyez?
Cette robe? Je l'ai depuis longtemps.

Puis, si la personne qui vous complimente persiste, répondez aimablement:

Tu es/Vous êtes très gentil(le) de dire ça.
C'est gentil de me dire ça.
Que tu es/vous êtes gentil(le).
Moi aussi, je l'aime bien. C'est un cadeau de ma mère.

Vous ferez la même chose pour accepter un compliment pour des résultats scolaires ou au travail:

Merci. Oui, je suis content(e) d'avoir réussi comme cela.
J'avais beaucoup travaillé, mais on ne sait jamais.
Merci. Tu sais, j'ai eu peur jusqu'à la dernière minute.
Merci. J'ai eu de la chance.

Qu'est-ce qu'on dirait pour féliciter ce jeune couple?

Accepter des remerciements

Je vous en prie. Ça m'a fait plaisir.
J'aurais voulu (en) faire plus.
Tu es/Vous êtes trop bon(ne).
C'est normal. Je voulais vous (t')aider.
Ce n'est rien.
Je n'ai rien fait de si extraordinaire!
N'importe qui en aurait fait autant. *(Anyone would have done as much.)*

Féliciter

Félicitations!
Toutes mes félicitations!
Tous mes compliments.
Bravo!
Chapeau! *(familiar)*
C'est fantastique/formidable/génial!
Je suis content(e) pour toi (vous).
Je suis fier/fière de toi (vous).

Pour un mariage ou des fiançailles
Tous mes vœux *(wishes)* de bonheur.

Accepter des félicitations

Pour un mariage
Merci, c'est gentil.

Pour une réussite au travail
Merci. Je te/vous dois beaucoup.

Pour une compétition sportive
Les conditions étaient bonnes.
J'étais en forme.
On a bien joué ensemble.
C'est à la portée *(within the reach)* de tout le monde.

Liens culturels

Ne dites pas merci!

Contrairement à l'anglais, quand vous répondez à un compliment en français, «merci» n'est pas toujours la bonne réponse. En remerciant, vous risquez de paraître vous vanter *(to boast, brag)*, comme si vous étiez d'accord avec le compliment. D'abord, il vaut mieux refuser le compliment ou le minimiser. Par exemple, si vous dites à une Française «Quel joli ensemble tu as là», au lieu de dire «merci», elle répondrait plutôt: «Ça? Oh, je l'ai acheté en solde au printemps dernier». Minimiser le compliment met en valeur la gentillesse de celui qui complimente. C'est en même temps une façon de se camoufler, de se cacher comme une maison entourée d'un mur. Cette ten-dance reflète l'importance de la pudeur *(modesty)* dans l'éduca-tion des Français. Pour être *bien élevés,* les enfants français ap-prennent très tôt quelle conduite avoir en société et quels mots dire pour paraître respectueux, raisonnables et obéissants (voir *Liens culturels,* **Chapitre 3, Leçon 3; Chapitre 8, Leçon 1**).

Pour se distinguer et être charmants à la fois, les Français recourent à l'élégance verbale et à une façon spirituelle de présenter les choses. C'est ainsi que, dans le jugement qu'ils por-tent sur les individus et leurs ac-tions, ils attribuent généralement une plus grande importance aux qualités intellectuelles qu'aux qualités morales. L'intelligence, la lucidité, la rapidité d'esprit et le savoir sont les qualités suprêmes d'un individu plutôt que la sincérité, l'intégrité et la rectitude morale.

Et selon vous, quelles qualités sont les plus importantes? Est-ce que vous admirez les mêmes traits de caractère chez les hommes que chez les femmes?

Adapté de *Les Français,* 2e édi-tion, Laurence Wylie et Jean-François Brière (Englewood Cliffs, NJ: Prentice Hall, 1995, p. 55) et de *Société et culture de la France contemporaine*, Georges Santoni, ed. (Albany: State Uni-versity of New York, 1981, pp. 59–60).

▶Mots et expressions utiles

La compétition

à la portée de   *within the reach of*
arriver/terminer premier   *to finish first*
battre   *to beat, break*
le classement   *ranking*
un(e) concurrent(e)   *competitor*
un coureur/une coureuse   *runner/cyclist*
une course   *race*
la défaite   *defeat, loss*
le défi   *challenge*
la douleur   *pain*
s'entraîner   *to train*
l'entraîneur/l'entraîneuse   *coach*
une épreuve (athlétique)   *an (athletic) event, test*
épuisant(e)   *grueling, exhausting*
faillir (+ infinitif)   *to almost (do something)*

un(e) fana de sport   *sports enthusiast, fan*
un match nul   *tied game*
prendre le dessus   *to get the upper hand*
la pression   *pressure*
se prouver   *to prove oneself*
le record du monde   *world record*
reprendre haleine   *to get one's breath back*
serré(e)   *tight; closely fought*
sportif/sportive   *athletic, fond of sports*
survivre (à) (*past part.* **survécu**)   *to survive*
un tournoi   *tournament*
une victoire   *win, victory*

Mise en pratique

—C'est la première fois que j'assiste à une **course.** C'est passionnant, hein?
—Absolument. J'y viens chaque année, mais **j'ai failli** ne pas pouvoir y assister cette fois-ci. J'avais eu beaucoup de travail. Il faut dire que je suis une **fana de sport.** Surtout quand mon cousin est un des participants.
—Vraiment? Un **coureur** dans la famille? Est-ce qu'il a des chances de gagner?
—Non, pas du tout. Il veut tout simplement **se prouver** qu'il peut **survivre** à ce genre d'**épreuves athlétiques.** C'est un **défi.**

Activités

A. Entraînez-vous: Félicitations! Pour chacune des circonstances suivantes, félicitez la personne indiquée, jouée par votre partenaire. Votre partenaire répond de façon appropriée.

1. votre ami(e) qui a fini cinquième au marathon de New York
2. votre mari/femme qui a reçu une promotion à son travail
3. de bons amis qui viennent de se marier
4. votre sœur/frère qui vient d'adopter un enfant
5. votre voisin(e) qui a trouvé un nouveau poste
6. votre fils/fille qui a obtenu un A à sa dernière interro

B. Faire une leçon de vocabulaire. Votre petite sœur a une liste de vocabulaire à apprendre. Aidez-la en lui donnant un synonyme pour chacune des expressions suivantes. Utilisez les ***Mots et expressions utiles.***

Les participants

1. personne qui court
2. personne qui s'occupe de la préparation à un sport
3. personne qui adore les sports
4. personne qui participe à une compétition

Les événements

5. le succès
6. l'action de perdre
7. une épreuve sportive
8. l'ordre des gagnants

C. Questions indiscrètes. Posez les questions suivantes à un(e) ami(e). Donnez un résumé de ses réponses à la classe.

1. Est-ce que tu préfères les sports en tant que spectateur/spectatrice ou en tant que participant(e)? Quel(s) sport(s) est-ce que tu pratiques régulièrement?
2. Est-ce que tu prends part à des compétitions sportives? Lesquelles?
3. Décris une compétition sportive à laquelle tu as récemment assisté ou pris part. Il y avait combien de participants et de spectateurs? Qui a terminé premier ou quelle équipe a gagné/perdu? Quel était le score final?
4. Est-ce que tu as l'esprit compétitif quand tu fais du sport? Est-ce que c'est important, pour toi, de gagner? Pourquoi?

D. Tu trouves? Avec un(e) partenaire, créez de petites conversations dans lesquelles vous faites et acceptez des compliments. Discutez de vêtements, bijoux, voitures, chiens/chats et logements. MOTS UTILES: une coiffure *(hairstyle)*, une coupe *(cut)*, un collier, une montre *(watch)*, une bague, des boucles d'oreilles

MODÈLE: —*Comme elle est belle, ta robe!*
　　　　　—*Tu trouves? Je l'ai achetée en solde il y a longtemps.*
　　　　　—*On ne dirait pas. Elle a l'air toute neuve.*
　　　　　—*Tu es trop gentille.*

▶ La grammaire à apprendre

Les mots exclamatifs

A. Compliments are often in the form of exclamatory phrases or sentences. In French, the appropriate form of the interrogative adjective **quel** is used before the noun or another adjective, designating the person or thing that you wish to compliment. The indefinite article is not used in the French construction.

　　Quel beau service!
　　What a beautiful serve!

　　Quels spectateurs enthousiastes!
　　What enthusiastic spectators!

　　Quelle persévérance!
　　What perseverance!

Of course not all exclamations are necessarily complimentary or positive.

> **Quel** idiot!
> *What an idiot!*

B. The exclamatory adverbs **comme, que, ce que,** and **qu'est-ce que** can be used at the beginning of a clause to express a compliment or an exclamation. Contrary to English, the grammatical structures that follow the exclamatory words are in the usual declarative word order.

> **Qu'est-ce que** vous devez travailler dur!
> *How hard you must work!*

> **Comme** vous vous concentrez bien!
> *How well you are concentrating!*

> **Ce que** j'aime vous regarder servir les balles de jeux!
> *How I love to watch you serve tennis balls!*

> **Que** vous jouez bien!
> *How well you play!*

Activités

Activity A: Follow-up: For more practice, you could give students the following sentences to translate: 1. What an exhausting day! 2. How I hate Mondays (**le lundi**)! 3. What awful weather! 4. What a lousy profession! 5. The work is **so** boring! 6. What I wouldn't give to be on vacation! 7. How I wish I were (**J'aimerais être**) wealthy!

A. Le match de rugby. Un ami belge vient de jouer un match de rugby important. Traduisez les compliments et les commentaires qu'on lui fait pour qu'il les comprenne.

1. How well you play!
2. What a wonderful player!
3. How we loved your game!
4. What fierce (**violente**) competition!
5. How sore (**avoir des courbatures**) you must be!
6. You are all so filthy (**sale**)!

B. A merveille! C'est vendredi après-midi et vous êtes de bonne humeur. En utilisant des mots exclamatifs, complimentez votre partenaire (qui doit répondre convenablement) sur:

1. trois de ses vêtements
2. son écriture
3. sa capacité de bien s'entendre avec les autres
4. son/sa camarade de chambre
5. son intelligence
6. un trait de votre choix

C. Quelle mauvaise journée! C'est lundi matin et vous arrivez au travail. Vous n'êtes d'humeur à faire de compliments à personne et vous rouspétez *(familiar—groan, moan)* à propos de tout (par exemple: les horaires de travail, la monotonie des journées, vos collègues, votre salaire, la durée des congés, le temps). Défoulez-vous *(Let out some steam)* en utilisant des mots exclamatifs!

▸La grammaire à apprendre

Le participe présent

A. Formation

The present participle of both regular and irregular verbs is formed by dropping the **-ons** ending from the present tense **nous** form and adding **-ant**. It is the equivalent of the verbal *-ing* form in English.

utilisons	→	utilisant
finissons	→	finissant
battons	→	battant
faisons	→	faisant

EXCEPTIONS

être	→	étant
avoir	→	ayant
savoir	→	sachant

B. Usage

The present participle functions as either a verb or an adjective.

- When used as an adjective, agreement is made with the noun that the present participle modifies:
  Le chalet où nous étions hébergés n'avait pas l'eau **courante**.
  The chalet where we were staying had no running water.

- When used as a verb, no agreement is made:
  En **sautant** à la corde, la jeune fille s'est fait mal au pied.
  While jumping rope, the little girl hurt her foot.

- Although it may be used alone, the present participle is usually preceded by the preposition **en**, to express a condition or to show that two actions are going on simultaneously:
  A chacun ses goûts. Moi, j'aime écouter la radio **en faisant** mon footing.
  To each his/her own. As for me, I like to listen to the radio while jogging.

  Les jours de compétition, je commence à me concentrer **en me levant**.
  On competition days, I begin concentrating as soon as I get up.

▸ One of the main uses of the present participle is to express a causal relationship between two actions: Il s'est foulé la cheville **en faisant** du ski. *He sprained his ankle while skiing.*

NOTE: **Tout** can be used before **en + participe présent** to accentuate the simultaneity or opposition of two actions. In this case, **tout** does not change form.

Tout en paraissant détendu, je me prépare à la course: je m'en fais une image mentale.
While looking relaxed, I prepare myself for the race: I picture it in my mind.

- The present participle can also express by what means something can be done:

  Comme me le dit mon entraîneur, c'est **en travaillant** à son propre rythme qu'on réussit.
  As my coach tells me, it's by working at your own pace that you succeed.

C. **Différences entre le français et l'anglais**

- After all prepositions except **en,** the French infinitive form is used to express the equivalent of the English present participle:

  J'ai passé tout mon temps libre **à me préparer** pour le triathlon. (passer son temps **à...**)
  I spent all my free time preparing for the triathlon.

  J'ai fini **par me placer** deuxième. (finir **par...**)
  I ended up placing second.

- The preposition **après** must be followed by the past infinitive, even though it may translate as *after* + verb + *-ing:*

  Après avoir pris une douche et **m'être changé,** j'ai mangé comme quatre.
  After taking a shower and changing, I ate like a horse.

- An infinitive in French is also used when the English present participle functions as the subject or object of a verb:

  Faire du sport est bon pour la santé.
  Practicing sports is good for your health.

Activités

A.   Comme vous êtes doué(e)! Quelles activités pouvez-vous accomplir simultanément? Finissez chaque phrase en utilisant un participe présent.

1. J'écoute le professeur en...
2. Je dîne en...
3. Je fais mes devoirs en...
4. Je fais des promenades en...
5. Je regarde la télé en...

Mais il y a des limites! Quelles activités trouvez-vous impossibles à accomplir simultanément? Utilisez un participe présent.

6. Je ne peux pas parler en...
7. Je ne peux pas mâcher du chewing-gum en...
8. Je ne peux pas étudier en...
9. Je ne peux pas réfléchir en...
10. Il est dangereux de boire en...

B.   Ecoute-moi! Pendant les Jeux olympiques d'été d'Atlanta en 1996, la Française Jeannie Longo a remporté la médaille d'or de cyclisme, ce dont les Français sont très fiers. Voici des conseils qu'elle donnerait peut-être aux athlètes qui se préparent pour les futurs Jeux olympiques. Choisissez le verbe approprié et remplissez les blancs avec le participe présent ou l'infinitif, selon le cas.

1. On dit qu'on gagne des compétitions sportives en _____ régulièrement, et c'est tout à fait vrai. (s'entraîner/survivre)
2. La préparation comprend souvent beaucoup de séances _____ d'entraînement. (épuiser/pleurer)
3. A moins d'_____ le soutien de ses amis, il est difficile de persévérer. (être/avoir)
4. Avant de _____ dans une compétition il faut connaître ses adversaires. (partir/entrer)
5. Tout en _____ pour une compétition précise, il faut toujours penser à la suivante. (se préparer/terminer)
6. Après _____ un but, il faut immédiatement commencer à s'entraîner pour le suivant. (attendre/atteindre)
7. Plus on approche du début des Jeux, plus les journées longues et _____ deviennent la norme. (épuiser/payer)
8. Mais en _____ la médaille d'or, vous vous rendez compte que tous les sacrifices valaient la peine. (recevoir/savoir)

C.   Les proverbes. Beaucoup de proverbes français utilisent le participe présent ou l'infinitif. Avec un(e) camarade de classe, discutez de ce que ces proverbes veulent dire et inventez un autre proverbe du même genre. Soyez prêt(e) à l'expliquer à la classe.

1. C'est en forgeant (forging) que l'on devient forgeron (blacksmith).
2. L'appétit vient en mangeant.
3. Vouloir, c'est pouvoir.

Additional Olympics vocabulary: **accueillir les Jeux olympiques** *to host the Olympics;* **battre le record** *to break the record;* **la cérémonie d'ouverture** *opening ceremony;* **le Comité international olympique** *International Olympic Committee;* **déclarer forfait** *to default;* **disqualifier** *to disqualify;* **l'échec** m *loss;* **être à égalité (avec)** *to tie (with);* **les Jeux d'hiver/d'été** *winter/summer Olympics;* **jouer un hymne national** *to play a national anthem;* **une médaille d'or/d'argent/de bronze** *gold/silver/bronze medal;* **la pompe** *pageantry;* **le porteur de la flamme** *torch bearer;* **le record du monde de distance** *world distance record;* **la série éliminatoire** *qualifying round***

Activité C**, Additional items: **4. En vieillissant on devient plus fou et plus sage. 5. On ne fait pas d'omelette sans casser les œufs.**

▶ **Interactions**

A.   L'interview. You are a reporter for your college newspaper. Your partner is a well-known athlete who is spending a few days in your town. He/She has granted you an interview for an article in your newspaper. Find out everything you can about him/her for your article. You might begin your interview by congratulating him/her on his/her latest win. POSSIBLE TOPICS OF DISCUSSION: personal information (age, family, etc.); how he/she trains for competitions; how he/she deals with the pressure of winning; how to be successful; if he/she has ever broken a world record; which competition was his/her most difficult.

B.   La lettre d'un admirateur. Write a fan letter to your favorite music star. Shower compliments upon this person because you really like him/her and also because he/she may send you a free CD or tape. MOTS UTILES: sensationnel *(fabulous);* orchestration [f] *(instrumentation);* paroles [f] qui ont du sens *(meaningful lyrics);* le vidéo-clip *(music video);* la sortie *(the release of his/her new album)*

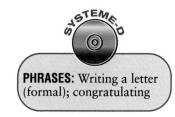

PHRASES: Writing a letter (formal); congratulating

▶ **Préparation**

For this chapter, you will write a critical review of a film, book, or play that you have seen or read. A critical review almost always involves an opinion or judgment about the quality or effectiveness of something. It may also provide readers with a basis for making judgments or decisions. Like any statement of opinion, a critical review depends upon sound reasons and clear examples to make its point convincing.

1. Choose a film, book, or play about which you have strong positive or negative feelings.
2. Make a list of both good and bad aspects of the work you are evaluating. You may want to refer to pp. 399–400 of *Leçon 3* for helpful vocabulary related to your topic. Also consider the importance or lack of importance of this work.
3. After reviewing the good and bad aspects on your list, choose the overall point you want to make. Were you delighted, bored, angry, or stimulated by the work?
4. Show your list to a classmate to get helpful feedback.

PHRASES: Expressing an opinion; agreeing and disagreeing; weighing alternatives

 **Comment exprimer le regret et faire des reproches**

▶ **Conversation** (suite)

Premières impressions

Soulignez:
• les expressions qu'on utilise pour exprimer le regret et pour faire des reproches

Trouvez:
• la stratégie que Jean-Jacques a utilisée
• l'excuse qu'il donne à la fin

La journaliste continue son reportage en interviewant maintenant Jean-Jacques Dumas, qui a perdu le match.

LA JOURNALISTE: Je vais maintenant accueillir Jean-Jacques Dumas. Bonjour, Jean-Jacques. Alors, vous êtes déçu, bien entendu, de cette défaite, surtout après vos deux premiers sets? Comment expliquez-vous ce revirement° de situation? Vous sembliez pourtant dominer les deux premiers sets.

le revirement *turnaround*

JEAN-JACQUES: Le premier set était très, très serré, j'avoue.° Malheureusement à partir de la fin du deuxième set, j'ai commencé à perdre ma concentration. Si je n'avais pas perdu le service, peut-être que Pierre n'aurait pas pris le dessus aussi rapidement. Ceci dit, j'ai peut-être fait une erreur de stratégie en essayant de monter au filet° trop souvent, mais...

avouer *to admit*

monter au filet *to come to the net*

LA JOURNALISTE: Oui, c'était risqué d'essayer de le battre à son propre jeu...

JEAN-JACQUES: Oui, j'aurais dû sans doute rester en fond de court° et renvoyer° la balle comme je le fais d'habitude... mais j'avoue que d'avoir échoué au deuxième set a diminué ma concentration. Et j'avais aussi une douleur à la cheville° droite, ce qui, évidemment, n'a pas aidé.

rester en fond de court *to stay on the base line* / **renvoyer** *to return*

la cheville *ankle*

LA JOURNALISTE: Est-ce que vous ne seriez pas revenu à la compétition trop tôt après votre chute° d'il y a deux mois?

la chute *fall*

JEAN-JACQUES: L'entraînement se passait bien. J'ai peut-être eu tort de jouer à Monte-Carlo il y a deux semaines. En tout cas, je regrette que le match ait tourné à l'avantage de mon adversaire.

LA JOURNALISTE: Oui, si seulement vous n'aviez pas eu ce problème de cheville! Le match aurait peut-être tourné autrement... Merci, Jean-Jacques, d'avoir parlé avec nous aujourd'hui...

A suivre

Observation et analyse

1. Est-ce que la performance de Jean-Jacques a été à la mesure de ce qu'il attendait de lui-même? Expliquez.
2. Jean-Jacques a donné plusieurs raisons pour expliquer sa défaite. Quelles sont ses raisons?
3. Pourquoi pensez-vous que Jean-Jacques n'a pas mentionné Pierre et ses talents de joueur? Expliquez.

Réactions

1. Maintenant que vous avez lu l'histoire des deux joueurs, que pensez-vous de leur personnalité et du match qui les a opposés?
2. Dans quelles situations exprimez-vous des regrets?
3. Dans quelles circonstances est-ce que vous vous faites des reproches?

▶ Expressions typiques pour...

Exprimer le regret

Je regrette qu'elle soit déjà partie.

C'est bien regrettable/dommage que... (+ subjonctif)
Malheureusement, je suis arrivé(e) en retard.

Je suis désolé(e) *(sorry)* { que Paul (+ subjonctif)... / de te/vous dire que (+ indicatif)...

Si seulement elle était restée plus longtemps!
Si seulement j'avais pu venir plus tôt!

Reprocher quelque chose à quelqu'un

Pour une action que vous ne jugez pas trop grave

Tu n'aurais/Vous n'auriez pas dû faire ça...
Il ne fallait pas...
Ce n'était pas bien de...
Je n'aurais pas fait cela comme ça.

Pour une action que vous jugez assez grave

Tu devrais/Vous devriez avoir honte.
Comment as-tu/avez-vous pu faire ça?
C'est très grave ce que tu as/vous avez fait.
C'est inadmissible! C'est scandaleux!

Se reprocher quelque chose

Je n'aurais pas dû faire ça...
Que je suis bête/imbécile/idiot(e)!
J'ai eu tort de...

J'aurais dû...
J'aurais mieux fait de...
Je n'aurais pas perdu si... (+ plus-que-parfait)

Présenter ses condoléances

Nous vous présentons nos sincères condoléances.
Nous prenons part à votre douleur.
Nous sommes très touchés de votre malheur.
Nous avons appris avec beaucoup de peine le deuil *(sorrow)* qui touche votre famille.

Vers chez Antoine le 19 février

Bonjour Linda,

Je m'appelle Magaly, je suis la femme de Michel, c'est moi qui vous écris parce qu'il nous est arrivé un grand malheur, ma belle-maman est décédée le 20 janvier de cette année. Elle m'avait très souvent parlé de vous, c'est pourquoi je me permets de vous écrire ces quelques lignes.
Nous avons tous beaucoup de peine à surmonter ce deuil. Nos 3 enfants sont aussi vivement touchés.
J'espère que vous continuerez à nous donner de vos nouvelles chaque année et qui sait, peut-être que vous nous rendrez visite une fois, cela nous ferait vraiment plaisir.
Sachez qu'elle avait gardé un très bon souvenir de vous.

Bonnes salutations à votre petite famille et à bientôt.
Grosses bises

Jean-Pierre, Michel
Magaly et Marjory 8½ ans
Michèle 5ans
Johnny 3ans

Famille M. Dubois
Vers chez Antoine
2115 Mont-de-Bains

Quelles sont les nouvelles de Magaly? Pourquoi est-ce qu'elle écrit à Linda? Quels sont les rapports entre Linda et la famille de Magaly? Quelle sorte de réponse est-ce que Linda va probablement écrire?

· ·

▶ Mots et expressions utiles

Situations regrettables

attraper un coup de soleil   *to get sunburned*

avoir un accident de voiture   *to have an automobile accident*

conduire trop vite/rapidement   *to drive too fast*

échouer à/rater un examen   *to fail/flunk an exam*

être fauché(e)   *to be broke (out of money)*

être sans le sou   *to be without a penny*

grossir/prendre des kilos *to put on weight*

ne pas mettre d'huile [*f*]/**de lotion** [*f*] **solaire** *to not put on suntan oil/lotion*

oublier d'attacher/de mettre sa ceinture de sécurité *to forget to fasten/put on one's seatbelt*

un rendez-vous avec un(e) inconnu(e) *blind date*

ne pas se réveiller à temps *to oversleep*

sécher un cours *to cut a class*

Divers

avouer *to admit*

Mise en pratique

—C'est bien regrettable que Marc n'ait pas pu finir ses cours cette année.

—Oui, il **a eu un accident de voiture.** Il **conduisait trop vite,** et en plus il **avait oublié de mettre sa ceinture de sécurité.** Il a été éjecté de la voiture.

—Et comment il va?

—Il a passé deux semaines à l'hôpital, mais quand il a repris les cours, il a eu du mal à rattraper son retard. Il a laissé tomber, je crois.

• •

Activités

A. Entraînez-vous: Les regrets. En utilisant les *Expressions typiques pour... ,* exprimez votre regret dans chaque situation.

1. Votre voisin(e) déménage et va s'installer dans une autre ville. C'est la dernière fois que vous vous voyez avant qu'il/elle ne déménage.
2. Vous n'avez pas terminé votre devoir pour le cours de français. Excusez-vous auprès du professeur.
3. Parlez avec votre ami(e) au sujet d'un(e) autre ami(e) que vous aviez invité(e) à votre soirée, mais qui n'est pas venu(e).
4. Vous vous trouvez aux obsèques *(funeral)* d'un ami de votre famille. Exprimez vos condoléances à son épouse.

B. Vous êtes fâché(e)! Faites un reproche à la personne indiquée dans chacune des circonstances suivantes. (ATTENTION: Evaluez la sévérité de chaque action avant de formuler votre reproche.)

1. Votre fils de sept ans a demandé à son grand-père de l'argent pour acheter un nouveau jouet.
2. Votre petit(e) ami(e) a admis qu'il/elle sortait avec quelqu'un d'autre depuis un mois.
3. Votre professeur vous a donné une interro-surprise.
4. L'inconnu(e) avec qui vous aviez rendez-vous n'a parlé que de lui-même (d'elle-même) pendant toute la soirée.
5. Votre camarade de chambre a oublié de vous dire que votre ami(e) avait téléphoné pour dire qu'il/elle ne pourrait pas venir vous voir à sept heures ce soir. Il/Elle s'est souvenu(e) du message à 6h55.

C. Que je suis bête! Vous vous faites des reproches dans les situations suivantes.

1. C'est le week-end et vous êtes sans le sou!
2. Vous avez raté votre examen de chimie.
3. Un(e) ami(e) vous donne un cadeau de Noël, mais vous ne lui avez rien acheté.

4. Vous êtes très fatigué(e) ce matin parce que vous n'avez dormi que trois heures la nuit dernière.
5. Vos vêtements ne vous vont plus. Ils vous serrent trop *(are too tight)*.
6. Vous avez attrapé un coup de soleil.
7. Vous avez raté une interro-surprise parce que vous aviez séché le cours précédent. Par conséquent, vous n'avez pas su répondre aux questions.
8. Vous avez eu un accident de voiture, et maintenant vous êtes hospitalisé(e) pour plusieurs jours.

▶ La grammaire à apprendre

Le conditionnel passé

The past conditional in French expresses what *would have happened* if another event had taken place or if certain conditions had been present. Thus, it is commonly used in expressions of regret and reproach.

> Je **serais venu** plus tôt si j'avais su que tu avais besoin de mon aide.
> *I would have come earlier if I had known that you needed my help.*

A. Formation

- To form the past conditional, an auxiliary verb in the simple conditional is followed by the past participle. The rules of agreement common to all compound tenses are observed.

> Je serais arrivée...   Nous aurions fini...
> Tu lui aurais parlé...   Vous vous seriez fâchés...

> Cette lettre? Paul ne **l'aurait** pas **écrite.**
> Jeanne et Guillaume, ils **l'auraient écrite?**

B. Usage

- Common ways of expressing regret and reproach in English are *could have* and *should have*. In French, *could have done something* is expressed by the past conditional of **pouvoir + infinitif.**

> Tu **aurais pu** me téléphoner!
> *You could have called me!*

- *Should have done something* is expressed by the past conditional of **devoir + infinitif.**

> Tu as raison. J'**aurais dû** te téléphoner.
> *You're right. I should have called you.*

NOTE: Either the simple conditional or the past conditional must be used following the expression **au cas où.**

> Au cas où tu **aurais** encore des problèmes, tu **pourrais** me donner un coup de fil.
> *In case you have further problems, you could give me a call.*

> Au cas où le technicien n'**aurait** pas **pu** venir réparer ta machine à laver, donne-moi un coup de fil.
> *In case the repair person isn't able to come repair your washing machine, give me a call.*

Les phrases conditionnelles

The past conditional is seen most often in conditional sentences in which the verb in the si-clause is in the **plus-que-parfait**.

> Si tu me l'**avais dit,** j'**aurais pu** apporter tous les outils nécessaires pour réparer ta machine à laver.
> Tu n'**aurais** pas **eu** à faire venir un plombier si tu m'**avais parlé** de tes difficultés.

▶ Other sequences of tenses may occur occasionally; however, future or conditional tenses can *never* be used in the **si**-clause.

SUMMARY OF CONDITIONAL SENTENCES

Si-clause	Main clause
présent	futur/présent/impératif
imparfait	conditionnel
plus-que-parfait	conditionnel passé

Activités

A.   Dans ma boule de cristal. Prévoyez ce qui se serait passé dans les cas suivants, en formant des phrases avec les éléments donnés. Faites tout changement nécessaire.

Si j'avais étudié davantage pour l'examen de français hier soir...
1.   ... je / obtenir / une meilleure note
2.   ... professeur / être / content
3.   ... je / impressionner / camarades de classe
4.   ... je / recevoir / mon diplôme / cette année
5.   ... C'est à vous de décider!

Si John F. Kennedy n'avait pas été assassiné en 1963...
6.   ... il / être / réélu / en 1964
7.   ... nous / gagner / la guerre du Vietnam
8.   ... les années 60 / être / différent
9.   ... Jackie Kennedy / ne pas épouser / Aristotle Onassis
10.   ... C'est à vous de décider!

B.   Ah, les regrets... Avec un(e) camarade, complétez chaque phrase en utilisant le plus-que-parfait ou le conditionnel passé, selon le cas.

1.   Je n'aurais pas échoué à l'examen si...
2.   J'aurais fait du jogging ce matin si...
3.   Si tu m'avais invité(e) à ta soirée...
4.   Si j'avais passé plus de temps à la bibliothèque le semestre/trimestre passé...
5.   J'aurais dormi plus de cinq heures hier soir si...
6.   Si nous n'avions pas tant dansé hier soir...
7.   Vous n'auriez pas attrapé de coup de soleil si...

Additional exercise: (to practice conditional sentences) **Qu'est-ce que vous feriez/auriez fait si...?** Choisissez cinq phrases inachevées et complétez-les à votre guise. Soyez prêt(e) à expliquer vos réponses. 1. Si je travaillais en France.... 2. Si vous me posiez une question trop personnelle.... 3. Si j'avais perdu mon passeport pendant mon voyage en France.... 4. Si je passais la soirée avec Bill Clinton.... 5. Si ma voiture tombait en panne.... 6. J'aurais regardé la télévision plus souvent la semaine passée si.... 7. Si je fumais trois paquets de cigarettes par jour.... 8. Si les Etats-Unis avaient participé aux Jeux olympiques de Moscou en 1980.... 9. Si j'étais président(e) des Etats-Unis.... 10. Nous aurions fait du jogging à 5h30 ce matin si....

Liens culturels

Les Français et le sport

Les Français sont de plus en plus nombreux à pratiquer une activité sportive, même occasionnellement. On croit qu'une meilleure résistance physique aide à mieux supporter les agressions de la vie moderne. Une allure sportive est aussi prisée dans une société qui valorise la forme autant que le fond. Globalement, la pratique des sports est en forte hausse; les trois quarts des hommes et la moitié des femmes s'adonnent à une activité sportive plus ou moins régulière. Pourtant la pratique des sports en France reste faible comparée à celle des Néerlandais, des Danois et des Allemands.

Les femmes s'intéressent surtout aux sports individuels. La gymnastique, la natation et la randonnée pédestre sont, respectivement, les sports les plus populaires pour elles. Quant aux hommes, le tennis est récemment devenu le sport pratiqué le plus régulièrement, suivi par le football et le jogging. La popularité de sports comme le tennis, le jogging et la gymnastique reflète probablement l'individualisme des Français. Aujourd'hui plus d'un Français sur trois pratique un sport individuel, contre un sur quatre en 1973. Parmi les sports d'équipe

Vous jouez au football? Vous avez participé à une course à pied quelconque? A quelle occasion? Savez-vous d'où vient le mot «marathon»?

le basket connaît un regain de popularité qui profite de la médiatisation des champions américains comme Magic Johnson, Michael Jordan et la «Dream team» américaine aux Jeux olympiques de Barcelone. Enfin, un nombre croissant de Français pratiquent aujourd'hui des sports comme le golf, le parapente, l'escalade *(rock-climbing)*, le base-ball et le vol libre *(hang-gliding)*.

Quels sports sont les plus populaires aux Etats-Unis? Quels sports préférez-vous?

Adapté de Gérard Mermet, *Francoscopie 1997* (Larousse, 1996, pp. 396–401).

C. Si seulement… La grand-mère de Sonia et d'Armel, qui a soixante-dix ans et qui souffre de nombreuses maladies, leur parle des regrets de sa vie passée. Elle donne aussi des conseils aux jeunes gens d'aujourd'hui pour prolonger leur vie. Utilisez le mode (indicatif, conditionnel, infinitif, participe présent, impératif) et le temps approprié pour compléter chaque phrase.

Mes médecins me disent que je _____ (pouvoir) vivre au moins dix ans de plus si j'avais suivi leurs conseils. Donc, si je les avais écoutés, je _____ (faire) davantage de gymnastique et je _____ (consommer) moins de sel et moins de graisses *(fat)*. Mais c'est trop tard maintenant.

Oh là là, _____ (regarder) ma peau sèche. Je _____ (ne pas devoir) prendre de bains de soleil sans _____ (mettre) de lotion solaire, c'est certain. Et mes poumons—mon Dieu! Après _____ (fumer) pendant plus de cinquante ans, ils ne sont plus en bonne santé, je vous assure! Je _____ (ne jamais devoir) commencer à fumer.

Si j'étais vous, je _____ (s'arrêter de fumer) aujourd'hui même. De plus, je _____ (manger) moins de viande et plus de légumes et de fruits frais. Au cas où vous _____ (douter) de la valeur de ces conseils, vous _____ (n'avoir que) à regarder la longévité des Japonais.

Mais surtout, si vous _____ (vouloir) vivre bien et longtemps, il faut rester en bonne forme en _____ (faire) du sport et en _____ (éviter) les excès d'une vie trop sédentaire.

Voilà mes conseils pour la postérité! _____ (Ecouter) cette vieille femme qui vous aime et _____ (profiter) de ses erreurs!

D. Questions indiscrètes: Les fantasmes. Posez les questions suivantes sur les fantasmes à un(e) ami(e). Puis donnez un résumé de ses réponses à la classe.

1. Si tu avais pu choisir n'importe quelle université, laquelle est-ce que tu aurais choisie?
2. Si tu pouvais habiter n'importe où, où est-ce que tu habiterais?
3. Si tu pouvais faire la connaissance de quelqu'un de célèbre, qui est-ce que tu choisirais?
4. Si tu pouvais faire une bonne action *(do a good deed)*, laquelle est-ce que tu ferais?
5. Si tu avais eu beaucoup de temps et d'argent le week-end dernier, qu'est-ce que tu aurais fait?
6. Si tu gagnes sept millions de dollars aujourd'hui, que feras-tu ou bien où iras-tu?
7. Si tu pouvais changer quelque chose dans ta vie, qu'est-ce que tu changerais?

▶ Interactions

A. Jouez le rôle. You know you will be receiving a failing grade in one of your classes at the end of the semester/quarter. Two classmates will play the role of your parents as you give them the bad news in person. They will reproach you for the bad grade, stating how it could have been avoided (you should have studied more, watched TV less, told them sooner so they could have hired a tutor, etc.). You should alternately apologize and explain.

B. Composition. It is the first day of fall semester/quarter classes. The professor in your French Composition course wants you to write about your summer vacation from the following point of view:

En quoi est-ce que votre été aurait été différent si vous aviez disposé d'une somme d'argent illimitée et du temps nécessaire pour la dépenser?

 ▶ **Premier brouillon**

1. To guide you as you write your critical review, draft a statement that sums up your overall evaluation of the work, using the list of positive and negative aspects that you developed in the previous lesson. This statement can be placed early in the review or used as a summary point in the last sentence.
2. Begin your draft with a summary of the work. The summary can be short or more extensive, but don't reveal the whole plot of the movie, book, or play. Give your readers a chance to find it out for themselves.
3. Incorporate specific material from the work that supports your opinion. You may begin with supporting evidence and end with a statement of opinion. Or you may start with your opinion and follow it up with reasons, facts, and examples. If your review is not entirely supportive, you may want to hypothesize about what could have been different in the work or what would have improved it.

PHRASES: Writing an essay

GRAMMAR: Past conditional (**conditionnel passé**); pluperfect (**plus-que-parfait**); sequence of tenses with **si**

PHRASES: Expressing an opinion; agreeing and disagreeing

GRAMMAR: Past conditional (**conditionnel passé**); pluperfect (**plus-que-parfait**); sequence of tenses with **si**

►Leçon 3

Comment résumer

 INSTRUCTOR'S TAPE

►Conversation (conclusion)

Premières impressions

Soulignez:
• les expressions pour résumer

Trouvez:
• combien de personnages principaux il y aura dans le film
• quel acteur célèbre va jouer dans le film

réalisateur/réalisatrice *director*

Ayant remarqué la réalisatrice° Laurence Miquel dans le public qui a assisté au match, la journaliste décide de profiter de l'occasion.

une réalisation *production*

une intrigue *plot*

les personnages principaux *main characters* / **se dérouler** *to take place* / **un retour en arrière** *flashback*

avoir (beaucoup) à voir avec *to have (a lot) to do with*

les interprètes *m pl the cast*

une apparition éclair *quick appearance (cameo)* / **un débutant** *beginner*

LA JOURNALISTE: J'accueille maintenant Laurence Miquel qui va nous parler un peu de sa nouvelle réalisation.° Alors de quoi s'agit-il? Quel est le thème du... ?

LAURENCE MIQUEL: Eh bien, c'est un documentaire car c'est basé sur une histoire vraie. Mais il y a quand même une intrigue.° En fait, il s'agit d'une histoire d'amour entre plusieurs personnages, cinq personnages principaux° pour être précis. L'histoire se déroule° sur quatre générations. Avec tout un jeu de retours en arrière,° je montre en fait combien le couple d'aujourd'hui vit une histoire semblable à celle de ses grands-parents.

LA JOURNALISTE: Oh! Ça a l'air intéressant! Vous nous mettez l'eau à la bouche. Et l'action se déroule où?

LAURENCE MIQUEL: Dans l'Ouest américain. Le contraste entre le passé et le présent a beaucoup à voir avec° le thème. En deux mots, j'essaie de créer un dialogue entre ce qui était rural et très peu développé au siècle dernier et le monde moderne d'aujourd'hui. D'où le titre «Le Retour vers l'Ouest». Le contraste fait ressortir les parallélismes.

LA JOURNALISTE: Je ne crois pas que les interprètes° que vous avez choisis soient tellement connus?

LAURENCE MIQUEL: Non. Le public va les découvrir. A part une apparition éclair° de Jean-Paul Belmondo, ce sont tous de jeunes débutants.°

LA JOURNALISTE: Eh bien! J'espère que ce film, qui va bientôt sortir, sera une grande réussite.

LAURENCE MIQUEL: Je vous remercie beaucoup.

Observation et analyse

1. Quelle sorte de film est-ce que Laurence Miquel est en train de faire connaître?
2. Quel en est le thème?
3. Parlez de la signification *(meaning)* du titre.
4. Où est-ce que l'action se déroule?
5. A quelle époque se déroule le film?
6. Quelles sortes de gens iront probablement voir ce film? Pourquoi?

Réactions

1. Avez-vous envie de voir ce film? Pourquoi ou pourquoi pas?
2. Avez-vous déjà vu un film français? Si oui, parlez-en.
3. Quels films est-ce que vous avez vus et aimés récemment? Pourquoi?
4. Qui est votre acteur préféré (actrice préférée)? Pourquoi?

▸ Expressions typiques pour...

Résumer

Donc,...
Enfin bref,...
Pour résumer, je dirai que...
Je résume en quelques mots...
En bref,...
Pour tout dire,...
En somme,...
Ceci dit,...

Somme toute *(When all is said and done)*,...
Ce qu'il a dit, c'était que...
Ce qu'il faut (en) retenir *(retain)*, c'est que...
Ce qui s'est passé, c'est que...
En deux mots, le gangster a été tué par la police...

▸ Since summarizing can involve telling a shortened version of a story, you may find it helpful to review the expressions used for telling a story in *Chapitre 4*.

Guide pour vous aider à résumer un film/une pièce/un roman

Savez-vous le nom du réalisateur/du metteur en scène *(stage director)*/de l'écrivain? (Non, je ne sais pas...)
Combien de personnages principaux y a-t-il dans le film/la pièce/le roman *(novel)*? (Il y en a...)
Qui sont-ils? Décrivez ces personnages. Parlez des interprètes. (Ils sont...)
Quand est-ce que l'action se déroule? Où?
Est-ce qu'il y a des retours en arrière?
De quoi s'agit-il dans le film/la pièce/le roman? *(What is the film/play/novel all about?)* (Il s'agit de...)
Résumez l'intrigue./Racontez un peu l'histoire.
Quelle est la signification du titre? (Le titre signifie...)
Quel est le thème principal?
Comment trouvez-vous le film/la pièce/le roman? Est-ce qu'il/elle est intéressant(e)? passionnant(e)? ennuyeux/ennuyeuse? médiocre? (Je le/la trouve...)

Guide pour vous aider à résumer un article

Savez-vous le nom de l'auteur? (Oui, il/elle s'appelle...)

De quoi traite *(treats; deals with)* l'article? (L'article traite de...)

Quelles sont les idées les plus importantes présentées par l'auteur? (Les idées les plus importantes sont.../Ce que l'auteur a dit d'important, c'est que...)

Donnez plusieurs exemples que l'auteur utilise pour exprimer ses idées ou développer des arguments.

Est-ce que le titre s'explique?

Pour quelle(s) raison(s) est-ce qu'on lirait cet article? (On le lirait pour.../ parce que...)

Quelle est votre réaction à la lecture de cet article? (J'ai trouvé cet article...)

▶ Mots et expressions utiles

Une pièce

un(e) critique de théâtre   *theater critic*

l'éclairage m   *lighting*

frapper les trois coups   *to knock three times (heard just before the curtain goes up in French theaters)*

jouer à guichets fermés   *to play to sold out performances*

le metteur en scène   *stage director*

la mise en scène   *staging*

un music-hall   *musical*

un rappel   *curtain call*

une représentation   *performance*

(avoir) le trac   *(to have) stage fright*

la troupe   *cast*

Un film

un acteur/une actrice   *actor/ actress*

un cinéaste   *filmmaker*

un compte rendu   *review (of film, play, book)*

un(e) critique de cinéma   *movie critic*

un(e) débutant(e)   *beginner*

le dénouement   *ending*

se dérouler/se passer   *to take place*

l'entracte m   *intermission*

un film doublé   *dubbed film*

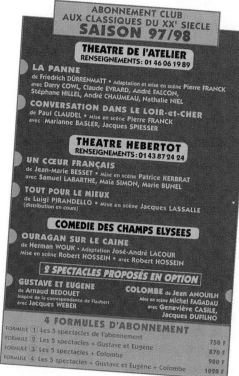

De quelle sorte de club s'agit-il? Est-ce que vous reconnaissez quelques-uns des auteurs cités? Quelle formule est-ce que vous choisiriez et pourquoi?

un four　*flop*

des genres de films　*types of films*
　une comédie　*comedy*
　un dessin animé　*cartoon*
　un documentaire　*documentary*
　un film d'amour　*love story*
　un film d'aventures　*adventure film*
　un film d'épouvante　*horror movie*
　un film d'espionnage　*spy movie*
　un film de guerre　*war movie*
　un film policier　*police story*
　un western　*western*

un(e) interprète　*actor/actress*
　les interprètes m/f pl　*cast*
l'intrigue f　*plot*
un navet　*third-rate film, novel*
l'ouvreuse f　*usher*
le personnage (principal)　*(main)
　character*

un producteur　*producer (who
　finances)*
le réalisateur/la réalisatrice
　director
la réalisation　*production*
un retour en arrière　*flashback*
réussi(e)　*successful*
un(e) scénariste　*scriptwriter*
(avec) sous-titres m pl　*(with)
　subtitles*
le thème　*theme*
tourner un film　*to shoot a film*
la vedette　*star (male or female)*
en version originale (v.o.)　*in the
　original language*

Divers

avoir à voir avec　*to have
　something to do with*
C'est complet.　*It's sold out.*

Mise en pratique

Les Misérables est une pièce à ne pas manquer. De nombreux **critiques** parisiens en ont fait les éloges *(praise)*. Selon plusieurs **comptes rendus,** le **metteur en scène** du théâtre Mogador est à féliciter pour sa **mise en scène** ingénieuse et efficace. Les **producteurs** disent que *Les Mis* pourraient tenir la scène pendant deux ou trois ans si les **représentations** continuaient à être de la même qualité. Ils prévoient *(foresee)* de plus que la **troupe** actuelle **jouera à guichets fermés.**

Adapté du *Journal Français d'Amérique,* 15–28 novembre 1991, p. 1

Activités

A. Entraînez-vous: Résumez. Racontez en une ou deux phrases les faits suivants en utilisant les expressions pour résumer.

1. la dernière conversation avec votre professeur de français
2. la dernière conversation avec votre patron ou un autre professeur
3. un programme de télévision
4. un événement dans les nouvelles

B. En bref… Résumez en une ou deux phrases le contenu des trois conversations d'un chapitre précédent, en utilisant les expressions pour résumer.

　MODÈLE:　*(Chapitre 5, Leçon 2)*
　　　　*Il s'agit d'un couple français qui entre en conflit avec leur fille
　　　　Julie parce qu'elle passe trop de temps devant la télé au lieu de
　　　　faire ses devoirs. Leur neveu Sébastien, par contre, s'intéresse
　　　　plus à l'école et fait ses devoirs sans même qu'on le lui dise.
　　　　Bref, on assiste à une comparaison assez nette entre ces deux
　　　　enfants.*

Liens culturels

Le septième art

Si les Français vont au cinéma moins souvent que les Américains (la fréquentation moyenne par habitant était de 2,3 en France contre 4,6 aux Etats-Unis en 1993), ceci ne veut pas dire que les Français manquent de passion pour le septième art. Au contraire, ils le célèbrent chaque année pendant la *Fête du cinéma.* On achète un «carnet-passeport» au prix normal du billet d'entrée de la salle où l'on se rend. Ce carnet est ensuite validé, pendant trois jours et dans toutes les salles de la ville, moyennant 10 F à chaque séance supplémentaire. Divers spectacles ont aussi lieu à Paris et en province à cette occasion et des soirées sont organisées dans des bars et des discothèques.

Cette passion des Français pour le cinéma remonte à plus d'un siècle. En fait, c'est en France, en décembre 1895, que le cinéma est né. Antoine Lumière avait organisé la première projection publique de ses «photographies animées» à l'hôtel Scribe, un haut lieu de la vie parisienne à l'époque. Antoine était fabricant de pellicules mais ce sont ses fils, Auguste et Louis, qui ont inventé la machine qui permettait de les montrer de façon successive. Lorsque Louis Lumière a montré les dessins de son premier cinématographe à son constructeur Jules Charpentier, ce dernier lui a dit «C'est intéressant mais ça n'a aucun avenir!»

Aujourd'hui, avec plus de 132 millions de spectateurs par an, l'avenir du cinéma en France n'est guère en danger. Une place de cinéma coûte un peu plus cher qu'aux Etats-Unis (entre 30 F et 45 F), ce qui explique pourquoi les Français s'offrent moins souvent ce plaisir.

La récompense la plus prestigieuse du cinéma français est le César, l'équivalent français de l'Oscar d'Hollywood. A la 22ᵉ cérémonie des Césars, qui a eu lieu en février 1997, *Ridicule* de Patrice Leconte a remporté le prix du meilleur film de l'année. Fanny Ardant et Philippe Torreton ont reçu les Césars des meilleurs interprètes féminin et masculin.

Enfin, les différences de sujet et de style sont importantes. Alors que les films américains sont plutôt basés sur des aventures au rythme rapide, les films français ont toujours eu une tendance à être plus intellectuels. Il se peut que l'écart entre les styles se réduise.

Croyez-vous qu'il puisse disparaître un jour? Quel style préférez-vous? Pourquoi?

Adapté de *Le Figaro*, le 23 juin 1995, p. 26, le 26 décembre 1995, p. 21, et le 23 juin 1995, p. 28B; *l'Annuaire Statistique de la France*, INSEE, édition 1996, p. 289–290; *Le Monde*, le 11 février 1997, p. 25.

Activity C: Expansion: Explain to students that Hollywood sometimes does remakes of French films that they think might appeal to American audiences. Below is a list of a few of these films. Ask students to view the French and American version of a film and discuss sociocultural similarities and differences.
1. *Three Men and a Baby,* Dir. Leonard Nimoy, 1987 = *Trois hommes et un couffin,* Dir. Coline Serreau, 1985
2. *Sommersby,* Dir. John Amiel, 1993 = *Le Retour de Martin Guerre,* Dir. Daniel Vigne, 1982
3. *Diabolique,* Dir. Jeremiah Chechik, 1996 = *Les Diaboliques,* Dir. Henri-Georges Clouzot, 1955
4. *Bird Cage,* Dir. Mike Nichols, 1996 = *La Cage aux folles,* Dir. Edouard Molinaro, 1978

C.   Etes-vous cinéphile? Ecrivez les titres de dix films que vous avez vus (américains et étrangers) pendant les deux dernières années. Classez chaque film d'après son genre. Comparez votre liste et votre classification avec celles de vos camarades. Discutez de votre genre de film préféré.

D.   Oscars/Césars. Quels sont les films qui ont reçu des Oscars cette année (ou l'année dernière) pour les catégories suivantes: meilleur film, meilleur réalisateur, meilleur acteur, meilleure actrice? Qu'est-ce que vous avez pensé des décisions des membres du jury? Est-ce que vous avez vu les films qui ont reçu le plus d'Oscars? Savez-vous quels films français ont gagné le plus de Césars cette année (ou l'année dernière)?

E.   En peu de mots... Choisissez une pièce ou un film que vous avez vu(e) ou un article que vous avez lu récemment. Faites-en un petit résumé.

▶ La grammaire à apprendre

La voix passive

A. Formation

The passive voice is useful in a number of contexts, including reporting the facts and summarizing what went on.

> Ce qui se passe à la fin du roman *Une rage fatale,* c'est que le mari **est tué** par sa femme jalouse.

An active voice construction is characterized by normal word order, where the subject of the sentence performs the action and the object receives the action.

Sujet	Verbe actif	Objet	Complément de lieu
La femme	a vu	son mari et sa maîtresse	dans un restaurant.

In a passive voice construction, the subject is acted upon by the object (called the agent) and thus switches roles with the object.

Sujet	Verbe passif	Agent	Complément de lieu
Le mari et sa maîtresse	ont été vus	par la femme	dans un restaurant.

In French, only verbs that are followed directly by an object (i.e., no preposition precedes the object) can be put into the passive voice.

NOTE: The past participle agrees with the subject of the verb **être**. The formation is as follows:

> subject + **être** + past participle (+ **par/de** + agent)

> La femme **avait été arrêtée par** la police à une autre occasion; elle **était soupçonnée** d'avoir commis un vol.

An agent is not always mentioned. If one is expressed, it is usually introduced by **par**. However, **de** is used when the passive voice denotes a state. Typical past participles that are likely to be used with the preposition **de** are **aimé, détesté, haï, respecté, admiré, craint, dévoré, entouré**, and **couvert**.

> Durant toutes leurs années de mariage, elle **était dévorée de** jalousie.

B. Pour éviter la voix passive

The passive voice construction is used much less often in French than in English. The following are alternatives to the use of the passive voice.

- If an agent is expressed, transform the sentence to the active voice. Thus, the agent is made the subject of the sentence and the passive subject becomes the direct object.

> PASSIVE: *Une rage fatale* **a été écrit** par un romancier célèbre.
> ACTIVE: Un romancier célèbre **a écrit** *Une rage fatale.*

- If an agent is not expressed and is a person, use the indefinite pronoun **on** as the subject, followed by the active verb in the third-person singular form.

  PASSIVE: Ce roman **est connu** dans de nombreux pays.
  ACTIVE: **On connaît** ce roman dans de nombreux pays.

- Certain common, habitual actions in English expressed in the passive voice can be rendered in French by pronominal verbs, assuming that the subject is inanimate. Common pronominal verbs used in this situation are **se manger, se boire, se parler, se vendre, s'ouvrir, se fermer, se dire, s'expliquer, se trouver, se faire,** and **se voir.**

  Ce roman ne **se vend** pas bien en ce moment.
  This novel is not selling very well right now.

  Mais cela **s'explique** facilement, puisqu'il vient seulement de sortir en librairie.
  But that is easily explained, since it just came out in the bookstores.

De quelle sorte de pièce s'agit-il, à votre avis? Quelle sorte de pièces aimez-vous voir? Pourquoi? Quelle est la dernière pièce que vous avez vue?

Activités

A. Une pièce à ne pas manquer. Vous trouverez ci-dessous des phrases adaptées d'un compte rendu de la pièce «Vacances de rêve».[2] Mettez ces phrases à la voix active.

1. Une villa sur la Côte d'Azur a été réservée par deux couples d'amis.
2. La maison avait été déjà louée l'année passée à la même époque par ces deux couples.
3. Tous les ingrédients du vaudeville (catastrophes en série, gags, gaffes involontaires, surprises plus ou moins agréables, jeux de mots, bons ou mauvais) sont réunis par le dramaturge Francis Joffo.
4. Dans cette pièce, le public est amusé par de bons comédiens rompus *(highly skilled)* à ce genre d'exercice.
5. Marthe Mercadier, dans le rôle d'une grand-mère de charme, est flanquée d'une fille rockeuse et d'une petite fille qui veut absolument un enfant.
6. Une agréable soirée de théâtre pour l'été vous sera offerte par «Vacances de rêve».

B. «Eau douce». Voici des extraits du compte rendu du film «Eau douce».[3] Mettez les phrases à la voix passive.

1. Un court métrage, «Quelqu'un», précède le commencement d'«Eau douce».
2. Une succession de petites scènes nous montrent les événements d'une quinzaine d'années en vingt minutes.
3. Dans «Quelqu'un» Antoine Chappey joue le rôle du narrateur.
4. On le retrouve comme marinier dans «Eau douce».
5. Une péniche transporte Paul, sa femme (Nathalie Richard), leur fille et un vieil homme.
6. Ce film de Marie Vermillard met en valeur des sentiments, des pulsions et des réflexions sérieuses.

C. Le Karaoke: la machine à chanter. Voici les extraits d'un article sur le vidéodisque à lecture laser *(video disk player)*. Mettez les phrases à la voix passive ou active, l'inverse de ce que vous trouvez.

1. Au cours des années 80, le Karaoke est inventé par les ingénieurs de Pioneer.
2. *Karaoke* se traduit d'un mot japonais qui veut dire «orchestre vide».
3. La musique originale d'une chanson est offerte par un lecteur de vidéo-disques.
4. On projette les paroles de la chanson sur l'écran.
5. Cet appareil est utilisé par les amateurs pour démontrer leurs talents de chanteur.
6. Le Karaoke a été installé par les commerçants dans les bars et dans les hôtels il y a neuf ans.

[2] Réalisé par Francis Joffo, 1996. (*Pariscope*, 24 au 30 juillet, 1996, n° 1470, p. 6)
[3] Réalisé par Jean-Michel Frodon, 1997. (*Le Monde*, le 23 janvier 1997, p. 30)

D. Au cinéma. Un touriste américain est au cinéma en France. Il cherche dans son dictionnaire les mots pour poser les questions ci-dessous. Aidez-le en utilisant des verbes pronominaux.

1. Is French spoken here?
2. Where is popcorn (**les pop-corn**) sold?
3. Are soft drinks (**boissons non-alcoolisées**) sold in this theater?
4. Tipping the ushers—is that still done in France?
5. I'm not French. Does it show?

▶ Interactions

A. En bref... Look at the headlines and summary section from the front page of a daily newspaper (preferably a French paper) and skim the contents of several articles. Summarize for your classmates three or four of the events listed on your page.

> MODÈLE: *Le Figaro (journal français), le 14 avril*
> *En peu de mots, voici les événements principaux: Le débat sur la réforme constitutionnelle continue; Sur la Côte d'Azur, il y a eu un nouveau vol (theft) de tableaux dont un Pissarro; Le séisme (earthquake) qui a touché une partie de l'Allemagne, des Pays-Bas, de la Belgique et du nord de la France a fait au moins un mort et des dizaines de blessés.*

PHRASES: Writing an essay; expressing an opinion; sequencing events

GRAMMAR: Passive voice with **être, se**

B. Pour résumer... Summarize a book that you have recently read. Pay careful attention to your use of passive and active voice constructions and use the guide on page 399 to help structure your writing. Give an oral presentation of your book review to your classmates and be prepared to answer their questions after your presentation.

▶ Deuxième brouillon

1. Write a second draft of your paper from Lesson 2. Fine-tune your work using the *Expressions typiques pour...* on p. 399, the expressions for summarizing in this lesson, and the expressions presented in *Dossier personnel: Deuxième brouillon,* in *Chapitre 1* (p. 34).
2. You may also want to incorporate some of the following adjectives commonly used to discuss style: **gauche** *(awkward);* **maladroit** *(clumsy);* **vigoureux** *(energetic);* **banal** *(hackneyed, trite);* **passionné** *(impassioned);* **ironique; vivant** *(lively);* **émouvant** *(moving);* **ampoulé** *(pompous);* **plein de verve** *(racy);* **négligé** *(slipshod);* **guindé** *(stilted);* **lourd** *(stodgy);* **direct** *(straightforward);* **attendrissant** *(touching);* **plat, insipide** *(vapid, flat);* **vulgaire; spirituel** *(witty);* **prolixe** *(wordy)*

PHRASES: Writing an essay; expressing an opinion; sequencing events

GRAMMAR: Passive voice with **être, se**

Synthèse

▸ Turn to **Appendice B** for a complete list of active chapter vocabulary.

Activités vidéo

Avant la vidéo

1. Faites un petit sondage pour découvrir comment vos camarades passent leur temps libre. Quelles conclusions est-ce que vous pouvez tirer de vos recherches?
2. Quels sports vous et vos camarades pratiquez-vous? Racontez un moment de triomphe ou un désastre. Comment est-ce que vous auriez pu être plus efficace?
3. Selon vous, quels sont les bienfaits du sport? Est-ce que les sports et les loisirs sont une perte de temps?

Après la vidéo

1. Dans la vidéo, on dit que les Français préfèrent les sports individuels. C'est vrai pour les Américains aussi? Quelles conclusions est-ce que vous pouvez tirer de ces faits?
2. Selon la vidéo, quels sont les bienfaits du sport? Est-ce qu'ils correspondent à vos réponses à la dernière question de la partie précédente?
3. Dans les entrevues, on mentionne cinq activités à Québec, cinq à la Guadeloupe et treize à Paris. Combien pouvez-vous en citer?

Activités orales

A. En somme... In one or two sentences, give a brief summary of what took place in each of the following situations. Remember to begin each summary with an appropriate expression.

1. The contents of a telephone conversation that you recently had.
2. What happened in French class yesterday.
3. What the weather report is for your area tomorrow.
4. The major highlights of the last sports event that you attended (or saw on TV).
5. What happened during the last meeting you attended (your residence hall organization, club, sorority/fraternity, church, job).

B. Imaginez... Imagine that you competed in the annual triathlon in Nice. You managed to complete the events, but you finished 894th out of 1000. Your partner is a reporter for *Onze* (French sports magazine) and wants to interview you for an article on the triathlon featuring the winners and the losers. DISCUSSION TOPICS: personal information, what you expected to gain from the competition, what you needed to have done in order to finish among the first ten, if you have competed in a triathlon before, if you will compete in one again

Activité écrite

Mon journal... Write a page in your diary in which you summarize the major events that have characterized your life during the past semester/quarter. Include what things you did and what you could have and should have done.

Activité écrite: Additional activity: You recently received a letter and pictures from your best friend who moved to Quebec. Answer the letter and explain why you didn't write sooner. Compliment him/her on having lost weight (he/she told you this and it is obvious from a photo) and for his/her new hairstyle. Tell your friend about a movie/play you recently saw. Since you loved (or hated) this film/play, summarize it and give your opinion. Invite your friend to visit you soon.

SYSTEME-D

GRAMMAR: Compound past tense (**passé composé**); past conditional (**conditionnel passé**); pluperfect (**plus-que-parfait**); sequence of tenses with **si**

PHRASES: Writing an essay; expressing an opinion; sequencing events

GRAMMAR: Participle agreement (**participe passé, participe présent**); past conditional (**conditionnel passé**); pluperfect (**plus-que-parfait**); sequence of tenses with **si**; passive voice with **être, se**

http://bravo.heinle.com

 ▶ **Révision finale**

1. Reread your paper for the extent of your coverage. Does your review tell enough about the work so that a reader can understand what it is about? Does it tell too much? Is your review an interesting piece of writing in itself? Is your opinion stated clearly, argued fairly, and supported by reasons, facts, and examples?

2. Bring your draft to class and ask two classmates to peer edit your paper. It would be particularly helpful if they are not familiar with the work you have reviewed so that they can tell if you have been clear and complete. Your classmates should use the symbols on page 415 to indicate grammar errors.

3. Examine your composition one last time. Check for correct spelling, grammar, and punctuation. Pay special attention to your use of participles, conditional phrases, and passive voice.

4. Prepare your final version.

INTERMÈDE CULTUREL

I. Il était 50 fois Cannes

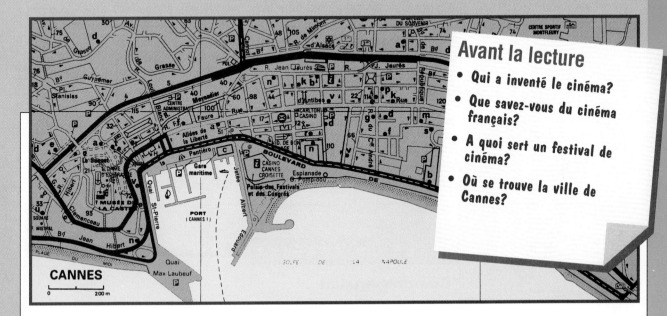

Avant la lecture

- Qui a inventé le cinéma?
- Que savez-vous du cinéma français?
- A quoi sert un festival de cinéma?
- Où se trouve la ville de Cannes?

On dit que Cannes est une ville moyenne sur la Méditerranée, où des dames blondes décolorées, *moulées*° dans des robes blanches à ceinture dorée, promènent, en laisse,° des petits chiens. Cannes veut dire d'abord Festival international du film de Cannes. Cela pendant douze jours par an, en mai. Le 7 mai au soir, Cannes connaîtra son cinquantième clap; ou bien encore, si l'on s'en tient à sa première naissance, Cannes fêtera son cinquante-huitième anniversaire. Quand le maire accueillit Louis Lumière venu présider le premier festival en septembre 1939, il ignorait que sa ville deviendrait une capitale. Les deux hommes furent surpris par la guerre et le festival fut annulé.

Vingt marches, un tapis rouge, un sourire par star livré à 350 photographes, Liz Taylor et un mari tout neuf, quatre jours de pluie, 3 700 journalistes, tout cela multiplié par cinquante fois. Sans oublier la projection, à ce jour, de 1 247 films en compétition. Car Cannes, c'est le cinéma.

On entend dire beaucoup de choses sur Cannes. Que les membres du jury du début connaissaient autant le 7ᵉ art que vous l'écriture protosumérienne.° Que Cannes est diplomate: tant mieux quand une cinquantaine de délégations débarquent et que l'on reçoit 250 000 francs (environ 50 000 dollars) du ministère des Affaires Etrangères. Que Cannes coûte cher: le prix de deux torpilles,° remarquait un ex-amiral. Que Cannes ne prendrait pas de risques: mais qui fait passer en fraude et à l'Ouest le sublime *Andrei Roublev*, de Tarkovski, en 1969? Qui organise l'arrivée surprise de *L'Homme de marbre*, de Wajda, et donne la Palme d'Or⁴ à l'Algérien

qui serrent le corps de très près / tenus par un lien

qui date du début de la civilisation sumérienne (vers 3500 avant Jésus-Christ)

torpedo

---

⁴ La Palme d'Or est le prix le plus prestigieux donné à un film au Festival de Cannes.

le fait de sauver

clicking sound

Lakhdar Hamina pour *Chronique des années de braise* en 1975? Ajoutons la découverte de cinémas inconnus: finlandais, iranien, sud-américain, lituanien, chinois, philippin; le sauvetage° du cinéma britannique et du cinéma allemand; et la renommée mondiale du cinéma italien. Qui découvre les cinéastes cinéphiles américains, de Scorsese à Tarantino, même si cela provoque la mauvaise humeur de Hollywood? A tout cela on peut toutefois répondre que Cannes ne s'est pas intéressé à la Nouvelle Vague (à part Truffaut).

Cannes a-t-il grandi ou vieilli? Grandi. Enormément. Trois générations de photographes, Auguste, Henry et Gilles Traverso, se sont suivies depuis l'arrivée de Louis Lumière en gare de Cannes. Ils n'ont pas manqué un seul Festival—pour *Nice-Matin*, pour *Paris Match*, pour eux. Ils ont tutoyé des stars. Trois générations: on imagine le trésor. Les Traverso avaient leurs entrées partout, sur les yachts, dans les casinos, dans les villas. Des paparazzi[5]? Les Traverso n'ont jamais violé une intimité. Ils respectent. Derrière le viseur, leur regard est innocent. Et vif comme un déclic.°

Adapté de *l'Express* n° 2390, avril 24–30, 1997, pp. 110–111.

A p r è s   l a   l e c t u r e

Compréhension

1. A quoi sert le Festival de Cannes?
2. Décrivez l'ambiance du Festival de Cannes.
3. A quelle sorte de films est-ce que Cannes s'intéresse?

Expansion

1. Regardez trois films français et imaginez que vous êtes le jury du Festival de Cannes: choisissez le meilleur d'entre eux, en justifiant votre choix.
2. Faites le résumé d'un article paru dans la presse sur le plus récent Festival de Cannes.

[5] photographes qui utilisent tous les moyens pour photographier la vie privée des gens célèbres

Alain Prieur saute d'un avion à 4 500 mètres d'altitude sans parachute. Un compagnon lui passe son parachute en plein ciel. A votre avis, pourquoi fait-il cet exploit? Est-ce que ce sport vous tente?

II. *Mermoz* par Antoine de Saint-Exupéry

Avant la lecture

Sujets à discuter

1. Avez-vous déjà pratiqué une de ces activités aventureuses: sauter en parachute? piloter un avion? faire une course d'auto ou de bateau? faire du delta-plane *(hang gliding)?* faire de l'alpinisme? faire du «bungee jumping»? descendre des cascades? Décrivez vos expériences.
2. Connaissez-vous quelqu'un qui pilote un avion? Parlez de cette personne, de sa personnalité, de son caractère, des raisons pour lesquelles il/elle a choisi de piloter, etc.
3. Connaissez-vous quelqu'un qui adore l'aventure? Décrivez cette personne. Avez-vous de l'admiration pour elle? Expliquez.

Stratégies de lecture

Trouvez les détails. Parcourez le texte et trouvez les détails suivants:

1. la profession de Mermoz
2. le nom du désert que Mermoz a traversé avec difficulté
3. le nombre de jours que Mermoz a passés comme prisonnier des Maures
4. le nom des montagnes dans lesquelles Mermoz et son camarade ont été bloqués
5. le nom de l'océan que Mermoz a traversé avec difficulté
6. le nombre d'années que Mermoz a passées à pratiquer sa profession

In his autobiographical novel Terre des hommes, *Antoine de Saint-Exupéry (1900–1944) remembers his friend Jean Mermoz (1901–1936), a famous pilot who set up the first airmail liaison from France to West Africa and South America in the early 1930s.*

Mermoz

Quelques camarades, dont Mermoz, fondèrent la ligne française de Casablanca à Dakar, à travers le Sahara insoumis.[6] Les moteurs d'alors ne résistant guère, une panne° livra° Mermoz aux Maures,[7] ils hésitèrent à le massacrer, le gardèrent quinze
5   jours prisonnier, puis le revendirent.° Et Mermoz reprit ses courriers au-dessus des mêmes territoires.

Lorsque s'ouvrit la ligne d'Amérique, Mermoz, toujours à l'avant-garde, fut chargé d'étudier le tronçon° de Buenos Aires à Santiago, et, après un pont sur le Sahara, de bâtir un pont au-
10   dessus des Andes. On lui confia un avion qui plafonnait à° cinq mille deux cents mètres. Les crêtes° de la Cordillère s'élèvent à sept mille mètres. Et Mermoz décolla° pour chercher des trouées.° Après le sable, Mermoz affronta° la montagne, ces pics qui, dans le vent, lâchent leur écharpe° de neige, ce pâlissement° des choses
15   avant l'orage, ces remous° si durs qui, subis entre deux murailles de rocs, obligent le pilote à une sorte de lutte au couteau. Mermoz s'engageait dans ces combats sans rien connaître de l'adversaire, sans savoir si l'on sort en vie de telles étreintes.° Mermoz «essayait» pour les autres.
20   Enfin, un jour, à force d'«essayer», il se découvrit prisonnier des Andes. Echoués, à quatre mille mètres d'altitude, sur un plateau aux parois° verticales, son mécanicien et lui cherchèrent pendant deux jours à s'évader. Ils étaient pris. Alors, ils jouèrent leur dernière chance, lancèrent° l'avion vers le vide, rebondirent°
25   durement sur le sol inégal, jusqu'au précipice, où ils coulèrent.° L'avion, dans la chute,° prit enfin assez de vitesse pour obéir de nouveau aux commandes. Mermoz le redressa° face à une crête, toucha la crête, et, l'eau fusant° de toutes les tubulures° crevées° dans la nuit par le gel,° déjà en panne après sept minutes de vol,
30   découvrit la plaine chilienne, sous lui, comme une terre promise.

Le lendemain, il recommençait.

Quand les Andes furent bien explorées, une fois la technique des traversées bien au point, Mermoz confia ce tronçon à son camarade Guillaumet et s'en fut explorer la nuit.

[6] région au sud du Maroc dont les habitants étaient en rébellion contre la domination française ou espagnole
[7] populations nomades du Sahara occidental

Glossary (left margin):

arrêt du moteur / *left*

sold

segment

ne pouvait pas voler au-dessus de / *sommets*

took off / gaps
s'attaqua à
enveloppe / *fading*
wind currents

grips, pressures

walls

hurled / bounced
sunk
le fait de tomber
fit monter
partant / *pipes / burst*
frost

35   L'éclairage° de nos escales° n'était pas encore réalisé, et sur les terrains d'arrivée, par nuit noire, on alignait en face de Mermoz la maigre illumination de trois feux d'essence.

runway lighting / *stop(over)s*

Il s'en tira° et ouvrit la route.

en réchappa

Lorsque la nuit fut bien apprivoisée,° Mermoz essaya
40   l'Océan. Et le courrier, dès 1931, fut transporté, pour la première fois, en quatre jours, de Toulouse à Buenos Aires. Au retour, Mermoz subit une panne d'huile au centre de l'Atlantique Sud et sur une mer démontée.° Un navire° le sauva, lui, son courrier et son équipage. [...]

tamed

stormy / bateau

45   Enfin après douze années de travail, comme il survolait une fois de plus l'Atlantique Sud, il signala par un bref message qu'il coupait le moteur arrière droit. Puis le silence se fit.

La nouvelle ne semblait guère inquiétante, et, cependant, après dix minutes de silence, tous les postes radio de la ligne de
50   Paris jusqu'à Buenos Aires commencèrent leur veille° dans l'angoisse. Car si dix minutes de retard n'ont guère de sens dans la vie journalière,° elles prennent dans l'aviation postale une lourde signification. Au cœur de ce temps mort, un événement encore inconnu se trouve enfermé. [...] Nous espérions, puis les heures
55   se sont écoulées° et, peu à peu, il s'est fait tard. Il nous a bien fallu comprendre que nos camarades ne rentreraient plus, qu'ils reposaient dans cet Atlantique Sud dont ils avaient si souvent labouré le ciel.

watch

de tous les jours

passées

Extrait de Antoine de Saint-Exupéry, *Terre des hommes*

Après la lecture

Compréhension

A. Observation et analyse. Répondez aux questions suivantes.

1. Pendant combien de temps est-ce que Mermoz a été prisonnier des Maures?
2. Pourquoi devait-il chercher des trouées dans les Andes?
3. Nommez des pays et des continents dans lesquels Mermoz a voyagé.
4. Qu'est-ce que Mermoz a exploré après les Andes?
5. Quel message Mermoz a-t-il laissé le jour où il a disparu?
6. Pensez-vous que Mermoz était satisfait de sa vie? Expliquez.

B.   Ordre chronologique. Mettez les phrases suivantes dans l'ordre chronologique selon l'histoire.

_____   Mermoz devient pilote en Amérique du Sud.
_____   Mermoz se perd dans les Andes.
_____   Mermoz meurt entre Paris et Buenos Aires.
_____   Mermoz a une panne d'essence mais il est sauvé dans l'océan Atlantique.
_____   Mermoz est prisonnier d'un peuple nomade.
_____   Les pilotes fondent une ligne aérienne postale en Afrique du Nord.

C.   Réactions. Donnez votre réaction.

1. Comment est-ce que vous trouvez cet extrait: triste, motivant, émouvant, etc.? Expliquez votre réaction.
2. Nommez des chercheurs et des explorateurs que vous admirez. Expliquez pourquoi. MOTS UTILES: trouver des remèdes pour sauver une vie, découvrir un pays, explorer, etc.
3. Connaissez-vous quelqu'un qui exerce une profession dangereuse? Parlez de cette personne. IDÉES: parachutiste, agent de police, pompier, bûcheron *(lumberjack)*

Interactions

A.   Une liste. Faites une liste des mots qui démontrent le sens de l'initiative, la détermination et le courage de Mermoz et des autres pilotes. En petits groupes, comparez vos listes et parlez du caractère de Mermoz.

B.   L'aventure

1. Saint-Exupéry, aviateur et écrivain, a décrit dans ses œuvres la vie des pilotes. Il a lui-même disparu au cours d'une mission pendant la Seconde Guerre mondiale. Est-ce que les problèmes auxquels les pilotes d'avion doivent faire face aujourd'hui sont-ils différents de ceux que devait affronter Mermoz? Expliquez.
2. En groupe de trois personnes, racontez une aventure que vous avez vécue pendant les vacances, à l'école ou pendant une soirée. Qui a vécu l'aventure la plus intéressante? la plus amusante? la plus effrayante?

C.   Une histoire. Etudiez les expressions suivantes. Avec un(e) partenaire, racontez une histoire en utilisant tous ces mots. Ensuite, comparez l'histoire de Mermoz avec celle que vous avez racontée.

être pilote pour une ligne aérienne postale
être en panne de moteur
être prisonnier(ière)
continuer à transporter le courrier
explorer les Andes
tomber en panne d'huile *(run out of oil)* sur l'Atlantique
être sauvé(e) par un navire
disparaître un jour

Appendice A

Evaluation des compositions

Grammaire

AA	adjective agreement wrong
AC	accent wrong or missing
ADV	adverb wrong or misplaced after negative or expression of quantity
AUX	auxiliary verb problem
CONJ	conjunction wrong or missing
E	failure to make elision, or inappropriate elision
GN	gender wrong
MD	mood incorrect (indicative, imperative, or subjunctive)
NB	number wrong—sing./plur.
NEG	negative wrong, misplaced, or missing
OP	object pronoun wrong or missing
POS	possessive adjective wrong or missing, lacks agreement
PR	preposition wrong or missing
PRO	**y** or **en** wrong or missing
REL	relative pronoun wrong or missing
RP	reflexive pronoun wrong or missing
SP	spelling error
SPN	subject pronoun problem
SVA	subject/verb agreement lacking
TN	tense incorrect
VC	vocabulary wrong, wrong word choice
VF	verb form (e.g., stem) wrong or missing words
WO	word order wrong

Style

AWK	acceptable, but awkward
COM	combine sentences
INC	incomprehensible, due to structure or vocabulary choice that makes it difficult to pinpoint the error
NC	not clear
NL	not logical in terms of paragraph development
POL	incorrect level of politeness (make more or less polite)
PP	past participle in wrong form or has wrong agreement
REP	use pronoun to avoid repetition
RS	repetitive structure
SYN	find synonym to avoid repetition

Appendice B

Chapitre 1

Saluer/Prendre congé (*To take leave*)

à la prochaine   *until next time*
(se) **connaître**   *to meet, get acquainted with; to know*
(s')**embrasser**   *to kiss; to kiss each other*
faire la bise   *(familiar) to kiss*
faire la connaissance (de)   *to meet, make the acquaintance (of)*
(se) **rencontrer**   *to meet (by chance); to run into*
(se) **retrouver**   *to meet (by prior arrangement)*
(se) **revoir**   *to meet; to see again*

Les voyages

un aller-retour   *round-trip ticket*
annuler   *to void, cancel*
l'arrivée f   *arrival*
un billet (aller) simple   *one-way ticket*
un demi-tarif   *half-fare*
le départ   *departure*

desservi(e)   *served*
les frais d'annulation m pl   *cancellation fees*
le guichet   *ticket window, office; counter*
un horaire   *schedule*
indiquer   *to show, direct, indicate*
partir en voyage d'affaires   *to leave on a business trip*
le quai   *platform*
une réduction   *discount*
les renseignements m pl   *information*
un tarif   *fare, rate*
valable   *valid*
un vol   *flight; theft*

La conversation

les actualités f pl   *current events*
avoir l'air   *to look, have the appearance of*

bavarder   *to chat*
le boulot   *(familiar) work*
être en forme   *to be in good shape*
les loisirs m pl   *leisure activities*
le paysage   *countryside*

L'argent

une carte de crédit   *a credit card*
le chèque de voyage   *traveler's check*
le chéquier   *checkbook*
emprunter   *to borrow*
encaisser   *to cash (a check)*
le portefeuille   *wallet, billfold; portfolio*
un prêt   *a loan*
prêter   *to lend*

Rendre un service

Ce n'est pas la peine.   *Don't bother.*
déranger   *to bother*

donner un coup de main à quelqu'un   *(familiar) to give someone a hand*
embêter   *to bother*

Le voyage

descendre   *to go down; to get off (train, etc.); to bring down (luggage)*
enlever   *to take something out, off, down*
monter   *to go up; to get on (train, etc.); to bring up (luggage)*
le porte-bagages   *suitcase rack*
le quai   *(train) platform*

Divers

une couchette   *cot, train bed*
s'installer   *to get settled*
une place de libre   *an unoccupied seat*
une poignée   *handle*
à propos   *by the way*

• •

Chapitre 2

L'invitation

un agenda   *engagement calendar*
avoir envie de (+ infinitif)   *to feel like (doing something)*
avoir quelque chose de prévu   *to have plans*
donner rendez-vous à quelqu'un   *to make an appointment with someone*
emmener quelqu'un   *to take someone (somewhere)*
être pris(e)   *to be busy (not available)*
ne rien avoir de prévu   *to have no plans*
passer un coup de fil à quelqu'un   *to telephone someone*
poser un lapin à quelqu'un   *(familiar) to stand someone up*
prévoir/projeter de (+ infinitif)   *to plan on (doing something)*
les projets m pl   *plans*
   faire des projets   *to make plans*
regretter/être désolé(e)   *to be sorry*
remercier   *to thank someone*
vérifier   *to check*

Qui?

le chef   *head, boss*
un/une collègue   *fellow worker*
un copain/une copine   *a friend*
le directeur/la directrice   *director*
le/la patron(ne)   *boss*

Quand?

dans une heure/deux jours   *in an hour/two days*
samedi en huit/en quinze   *a week/two weeks from Saturday*
la semaine prochaine/mardi prochain   *next week/next Tuesday*
tout de suite   *right away*

Où?

aller au cinéma/à un concert/au théâtre   *to go to a movie/ a concert/the theater*
aller à une soirée   *to go to a party*

aller en boîte   *to go to a nightclub*
aller voir une exposition de photos/de sculptures   *to go see a photography/sculpture exhibit*
prendre un verre/un pot   *(familiar) to have a drink*

La nourriture et les boissons

les anchois m pl   *anchovies*
un artichaut   *artichoke*
les asperges f pl   *asparagus*
l'assiette [f] de charcuterie   *cold cuts*
la bière   *beer*
le buffet chaud   *warm dishes*
le buffet froid   *cold dishes*
le chèvre   *goat cheese*
la choucroute   *sauerkraut*
les côtelettes [f pl] de porc   *pork chops*
les côtes [f pl] d'agneau   *lamb chops*
la coupe de fruits   *fruit salad*
les épinards m pl   *spinach*
les frites f pl   *fries*
le fromage   *cheese*
la glace   *ice cream*
les gourmandises f pl   *delicacies*
les haricots verts m pl   *green beans*
le jambon   *ham*
le lait   *milk*
le lapin   *rabbit*
les légumes m pl   *vegetables*
l'œuf [m] dur   *hard-boiled egg*
l'omelette [f] nature   *plain omelette*
les pâtes f pl   *noodles, pasta*
les petits pois m pl   *peas*
le poivron vert   *green pepper*
les pommes [f pl] de terre   *potatoes*

la pression   *draft beer*
les salades [f pl] composées   *salads*
la salade de saison   *seasonal salad*
le sorbet   *sherbet*
la tarte   *pie*
le thon   *tuna*
le veau   *veal*
le vin   *wine*
la yaourt   *yogurt*

Au repas

accueiller   *to welcome, greet*
un amuse-gueule   *appetizer, snack*
un apéritif   *a before-dinner drink*
A votre/ta santé! (A la vôtre!/A la tienne!)   *To your health!*
une boisson gazeuse   *carbonated drink*
Bon appétit!   *Have a nice meal!*
la gastronomie   *the art of cooking*
un gourmet   *one who enjoys eating but eats only good quality food*
quelqu'un de gourmand   *one who loves to eat and will eat anything, especially sweets*
resservir   *to offer a second helping*
Tchin-tchin!   *(familiar) Cheers!*

L'enseignement

assister à un cours   *to attend a class*
une conférence   *a lecture*

un congrès   *a conference*
se débrouiller   *to manage, get along*
échouer à   *to fail*
facultatif (facultative)   *elective; optional*
les frais d'inscription m pl   *registration fees*
une leçon particulière   *a private lesson*
une lecture   *a reading*
manquer un cours   *to miss a class*
une matière   *a subject, course*
la note   *grade*
obligatoire   *required*
passer un examen   *to take an exam*
rater   *to flunk*
rattraper   *to catch up*
redoubler un cours   *to repeat a course*
réussir à un examen   *to pass an exam*
réviser (pour)   *to review (for)*
sécher un cours   *to cut a class*
se spécialiser en   *to major in*
tricher   *to cheat*

Divers

discuter de choses et d'autres   *to talk about this and that*
pareil(le)   *same, such a*
la rentrée   *start of the new school year*
volontiers   *gladly, willingly*

Chapitre 3

La famille

les arrière-grands-parents   *great-grandparents*
le beau-frère/beau-père   *brother-/father-in-law or stepbrother/-father*
la belle-sœur/belle-mère   *sister-/mother-in-law or stepsister/-mother*
célibataire/marié(e)/divorcé(e)/remarié(e)   *single/married/divorced/remarried*
le demi-frère/la demi-sœur   *half brother/sister*
être de la famille   *parent; relative, cousin*
une famille nombreuse   *large family*
une femme/un homme au foyer   *housewife/househusband*
le mari/la femme   *spouse; husband/wife*
une mère célibataire   *single mother*
un père célibataire   *single father*
le troisième âge   *old age*
la vie de famille   *home life*

Les enfants

l'aîné(e)   *elder, eldest*
bien/mal élevé(e)   *well/badly brought up*
le cadet/la cadette   *younger, youngest*
un fils/une fille unique   *only child*
gâté(e)   *spiled*
un(e) gosse   *kid*
un jumeau/une jumelle   *twin*

La possession

C'est à qui le tour?   *Whose turn is it? (Who's next?)*
C'est à lui/à toi.   *It's his/your turn.*
être à (+ pronom disjoint)   *to belong to (someone)*

Les affaires

l'appareil photo m   *camera*
le lecteur de CD   *CD player*
le magnétoscope   *VCR*
l'ordinateur m   *computer*

Les personnes

avoir la vingtaine/la trentaine, etc.   *to be in one's 20s/30s, etc.*
avoir les cheveux...   *to have . . . hair*
  roux   *red*
  châtains   *chestnut*
  bruns   *dark brown*
  noirs   *black*
  raides   *straight*
  ondulés   *wavy*
  frisés   *curly*
avoir les yeux marron   *to have brown eyes*
avoir une barbe/une moustache/des favoris   *to have a beard/moustache/sideburns*
être aveugle   *to be blind*
être chauve   *to be bald*

être dans une chaise roulante   *to be in a wheelchair*
être de bonne/mauvaise humeur   *to be in a good/bad mood*
être de petite taille   *to be short*
être de taille moyenne   *to be of average height*
être d'un certain âge   *to be middle-aged*
être fort(e)   *to be heavy, big, stout*
être grand(e)   *to be tall*
être infirme   *to be disabled*
être marrant(e)/gentil(gentille)/mignon (mignonne)   *to be funny/nice/cute, sweet*
être paralysé(e)/tétraplégique   *to be paralysed/quadriplegic*
être sourd(e)   *to be deaf*
marcher avec des béquilles   *to be on crutches*
marcher avec une canne   *to use a cane*
ne pas faire son âge   *to not look one's age*
porter des lunettes/des verres de contact   *to wear glasses/contact lenses*

Les objets

être en argent/or/acier/laine/coton   *to be made of silver/gold/steel/wool/cotton*
être gros (grosse)/minuscule   *to be big/tiny*
être haut(e)/bas (basse)   *to be tall, high/short, low*
être large/étroit(e)   *to be wide/narrow*
être lourd(e)/léger (légère)   *to be heavy/light*
être pointu(e)   *to be pointed*
être rond(e)/carré(e)   *to be round/square*

Les bons rapports

le coup de foudre   *love at first sight*
s'entendre bien avec   *to get along well with*
être en bons termes avec quelqu'un   *to be on good terms with someone*

se fiancer   *to get engaged*
fréquenter quelqu'un   *to go steady with someone*
les liens m pl   *relationship*
  les liens de parenté   *family ties*
les rapports m pl   *relationship*
se revoir   *to see each other again*
tomber amoureux (amoureuse) de quelqu'un   *to fall in love with someone*

Les rapports difficiles

se brouiller avec quelqu'un   *to get along badly with someone*
une dispute   *a quarrel*
  se disputer   *to argue*
être en mauvais termes avec quelqu'un   *to be on bad terms with someone*
exigeant(e)   *demanding*
le manque de communication   *communication gap*
se plaindre (de quelque chose à quelqu'un)   *to complain (to someone about something)*
rompre avec quelqu'un   *to break up with someone*
taquiner   *to tease*
tendu(e)   *tense*

Divers

déménager   *to move*
en avoir marre   *(popular) to be fed up*
faire la grasse matinée   *to sleep late*
hausser les sourcils   *to raise one's eyebrows*
s'occuper de   *to take care of, handle*
plein de   *(familiar) a lot of*
quotidien(ne)   *daily*
le siège-voiture/siège-bébé   *car seat*

Chapitre 4

Les vacances

une agence de voyages   *travel agency*
aller à l'étranger   *to go abroad*
aller voir quelqu'un   *to visit someone*
un appartement de location   *a rental apartment*
avoir le mal du pays   *to be homesick*
une brochure   *pamphlet*
les congés [m pl] payés   *paid vacation*
descendre dans un hôtel   *to stay in a hotel*
flâner   *to stroll*
passer des vacances magnifiques/épouvantables   *to spend a magnificent/horrible vacation*
se perdre   *to get lost*
rendre visite à (quelqu'un)   *to visit (someone)*
un séjour   *stay, visit*
un souvenir   *memory; souvenir*
un syndicat d'initiative   *tourist bureau*
un terrain de camping   *campground*
se tromper de train   *to take the wrong train*
visiter (un endroit)   *to visit (a place)*

Les transports

atterrir   *to land*
un car   *bus (traveling between towns)*

la circulation   *traffic*
une contravention   *ticket, fine*
descendre de (la voiture, etc.)   *to get out of (the car, etc.)*
un embouteillage   *traffic tie-up/jam*
faire de l'auto-stop   *to hitchhike*
faire le plein   *to fill up (gas tank)*
garer la voiture   *to park the car*
manquer le train   *to miss the train*
monter dans (une voiture/un bus/un taxi/un avion/un train)   *get into (a car/bus/taxi/plane/train)*
ramener   *to bring someone (something) back; to drive someone home*
tomber en panne d'essence   *to run out of gas*

A la douane (*customs*)

confisquer   *to confiscate*
débarquer   *to land*
déclarer (ses achats)   *to declare (one's purchases)*
le douanier/la douanière   *customs officer*
embarquer   *to go on board*
faire de la contrebande   *to smuggle goods*
fouiller les bagages/les valises   *to search, go through baggage/luggage*

montrer le passeport   *to show one's passport*
le passager/la passagère   *passenger (on an airplane)*
passer è la douane   *to go through customs*
payer des droits   *to pay duty/tax*
se présenter à la douane   *to appear at customs*

L'hôtel

une chambre à deux lits   *double room (room with two beds)*
une chambre avec douche/salle de bains   *room with a shower/bathroom*
une chambre de libre   *vacant room*
la clé   *key*
un grand lit   *double bed*
payer en espèces/avec chèques de voyage/par carte de crédit   *to pay in cash/in travelers' checks/by credit card*

la réception   *front desk*
le/la réceptionniste   *hotel desk clerk*
régler la note   *to pay, settle the bill*
réserver/retenir une chambre   *to reserve a room*
le service d'étage   *room service*

Divers

arracher de   *to grab from*
se débrouiller   *to manage, get along*
se bousculer   *to bump, jostle each other*
grossier   *rude*
jurer   *to swear*
piquer   *(slang) to steal*

Chapitre 5

La volonté

avoir envie de (+ infinitif)   *to feel like (doing something)*
compter   *to intend, plan on, count on, expect*
tenir à   *to really want; to insist on*

La télévision

les actualités/les informations f pl   *news (in the press, but especially on TV)*
allumer la télé   *to turn on the TV*
augmenter/monter le son   *to turn up the volume*
baisser le son   *to turn down the volume*
une causerie   *talk show*
une chaîne   *channel*
la concurrence   *competition*
un débat   *debate*
diffuser/transmettre   *to broadcast*
l'écran m   *screen*
une émission   *broadcast, TV show*
éteindre la télé   *to turn off the TV*
un feuilleton   *serial; soap opera*
un jeu télévisé   *game show*
un journal télévisé   *TV news*
mettre la 3, 6, etc.   *to put on channel 3, 6, etc.*
le poste de télévision   *TV set*
un programme   *program listing*
rater   *to miss*
une rediffusion   *rerun*
une série   *series*
un spot publicitaire   *TV commercial*
une télécommande   *remote control*
un téléspectateur/une téléspectatrice   *TV viewer*
la télévision par câble   *cable TV*

Les émotions

agacer   *to annoy*
barber   *to bore*
la crainte   *fear*
la déception   *disappointment*
déçu(e)   *disappointed*
le dégoût   *disgust, distaste*
embêter   *to bother*

en avoir assez   *to have had enough*
en avoir marre   *to be fed up*
ennuyé(e)   *bored, annoyed, bothered*
ennuyeux (ennuyeuse)   *boring, tedious, annoying, irritating*
génial(e)   *fantastic*
heureusement   *thank goodness*
inquiet (inquiète)   *worried, anxious*
s'inquiéter   *to worry*
l'inquiétude f   *worry, anxiety*
insupportable   *unbearable, intolerable*
On a eu chaud!   *That was a narrow escape!*
le soulagement   *relief*
supporter   *to put up with*

La radio

un animateur/une animatrice   *radio or TV announcer*
un auditeur/une auditrice   *member of (listening) audience*
une station   *(TV, radio) station*

La presse

un abonnement   *subscription*
  être abonné(e) à   *to subscribe to*
une annonce   *announcement, notification*
  les petites annonces   *classified advertisements*
annuler   *to cancel*
un bi-mensuel   *bimonthly publication*
un hebdomadaire   *weekly publication*
un journal   *newspaper*
un lecteur/une lectrice   *reader*
un magazine   *magazine*
un mensuel   *monthly publication*
les nouvelles f pl   *printed news; news in general*
un numéro   *issue*
une publicité   *advertisement*
un quotidien   *daily publication*
un reportage   *newspaper report; live news or sports commentary*
une revue   *magazine (of sophisticated, glossy nature)*
une rubrique   *heading, item; column*
le tirage   *circulation*

La persuasion

aboutir à un compromis   *to come to or reach a compromise*
avoir des remords   *to have (feel) remorse*
avoir gain de cause   *to win the argument*
changer d'avis   *to change one's mind*
convaincre (quelqu'un de faire quelque chose)   *to persuade (someone to do something)*
se décider (à faire quelque chose)   *to make up one's mind (to do something)*
défendre (à quelqu'un de faire quelque chose)   *to forbid (someone to do something); to defend*
une dispute   *an argument*
s'efforcer de   *to try hard, try one's best*
l'esprit [m] ouvert   *open mind*

indécis(e) (sur)   *indecisive; undecided (about)*
interdire (à quelqu'un de faire quelque chose)   *to forbid (someone to do something)*
je te/vous prie (de faire quelque chose)   *will you please (do something)*
le point de vue   *point of view*
prendre une décision   *to make a decision*
renoncer   *to give up*
têtu(e)   *stubborn*

Divers

un contrôle   *test*
s'embrouiller   *to become confused*

Chapitre 6

La politique

une campagne électorale   *election campaign*
un débat   *debate*
désigner   *to appoint*
discuter (de)   *to discuss*
un électeur/une électrice   *voter*
élire (past part.: élu)   *to elect*
être candidat(e) (à la présidence)   *to run (for president)*
se faire inscrire   *to register (to vote)*
la lutte (contre)   *fight, struggle (against)*
un mandat   *term of office*
la politique étrangère   *foreign policy*
la politique intérieure   *internal (domestic) policy*
un problème/une question   *issue*
un programme électoral   *platform*
se représenter   *to run again*
soutenir   *to support*
voter   *to vote*

La guerre *(War)*

l'armée f   *army*
attaquer   *to attack*
un attentat   *attack*
céder (à)   *to give up; to give in*
les combats m pl   *fighting*
le conflit   *conflict*
les forces f pl   *forces*
le front   *front; front lines*
insensé(e)   *insane*
libérer   *to free*
livrer   *to deliver*
les morts m pl   *the dead*
la négociation   *negotiation*
la paix   *peace*
la peine de mort   *death penalty*
les pourparlers m pl   *talks; negotiations*
prendre en otage   *to take hostage*
se produire   *to happen, take place*
le terrorisme   *terrorism*
tuer   *to kill*

Les arts

s'accoutumer à   *to get used to*
attirer   *to attract*
chouette   *(familiar) neat, nice, great*
conçu(e) (from concevoir)   *designed, planned*
convaincre   *to convince*
en verre   *made of glass*
gâcher   *to spoil*
honteux (honteuse)   *shameful*
insupportable   *intolerable, unbearable*
laid(e)   *ugly*
moche   *(familiar) ugly, ghastly*
une œuvre   *work (of art)*
passionnant(e)   *exciting*
remarquable/spectaculaire   *remarkable/spectacular*
rénover   *to renovate*
réussi(e)   *successful, well executed*
super   *(familiar) super*
supprimer   *to do away with*

L'immigration et le racisme

accroître   *to increase*
l'accueil m   *welcome*
accueillant(e)   *welcoming, friendly*
s'aggraver   *to get worse*
la banlieue   *the suburbs*
blesser   *to hurt*
un bouc émissaire   *scapegoat, fall guy*
le chômage   *unemployment*
un chômeur/une chômeuse   *unemployed person*
croissant(e)   *increasing, growing*
éclairer   *to enlighten*
empirer   *to worsen*
un(e) immigrant(e)   *newly arrived immigrant*
un(e) immigré(e)   *an immigrant well established in the foreign country*
un incendie   *fire*
maghrébin(e)   *from the Maghreb (Northwest Africa: Morocco, Algeria, Tunisia)*
la main-d'œuvre   *labor*

une manifestation   *demonstration, protest (organized)*
une menace   *threat*
les quartiers [m pl] défavorisés   *slums*

répandre   *to spread*
rouer quelqu'un de coups   *to beat someone black and blue*
la xénophobie   *xenophobia (fear/hatred of foreigners)*

Chapitre 7

La recherche d'un emploi (*Job hunting*)

les allocations [f pl] de chômage   *unemployment benefits*
l'avenir m   *future*
avoir une entrevue/un entretien   *to have an interview*
changer de métier   *to change careers*
chercher du travail   *to look for work*
le curriculum vitae (le C.V.)   *résumé, CV*
être candidat(e) à un poste   *to apply for a job*
être au chômage   *to be unemployed*
être à la retraite   *to be retired*
la formation professionnelle   *professional education, training*
occuper un poste   *to have a job*
l'offre [f] d'emploi   *opening, available position*
la pension de retraite   *retirement pension*
prendre sa retraite   *to retire*
en profiter   *to take advantage of the situation; to enjoy*
la promotion   *promotion*
remplir une demande d'emploi   *to fill out a job application*
la réussite   *success*
le salaire   *pay (in general)*
la sécurité de l'emploi   *job security*
le service du personnel   *personnel services*
le traitement mensuel   *monthly salary*
trouver un emploi   *to find a job*

Les métiers (*Trades, professions, crafts*)

les professions [f pl] libérales: un médecin/une femme médecin, un(e) dentiste, un(e) avocat(e), un architecte, etc.
les fonctionnaires (employés de l'Etat): un agent de police, un douanier/une douanière, un magistrat *(judge)*, etc.
les affaires f pl *(business)* (travailler pour une entreprise): un homme/une femme d'affaires *(businessman/woman)*, un(e) secrétaire, un(e) employé(e) de bureau, un(e) comptable *(accountant)*, un(e) représentant(e) de commerce *(sales rep)*, etc.
le commerce (servir les clients): un boucher/une bouchère, un épicier/une épicière, un(e) commerçant(e) *(shopkeeper)*
l'industrie f (travailler dans une usine): un ouvrier/une ouvrière *(worker)*, un(e) employé(e), un(e) technicien(ne), un chef d'atelier *(shop)*, un ingénieur, un cadre/une femme cadre *(manager)*, un directeur/une directrice, etc.
l'informatique f *(computer science)*: un(e) informaticien(ne) *(computer expert)*, un(e) analyste en informatique, un programmeur/une programmeuse, etc.
l'enseignement m: un instituteur/une institutrice, un professeur, un enseignant, etc.

Un métier peut être...

ingrat *(thankless)*, dangereux, malsain *(unhealthy)*, ennuyeux, fatigant, mal payé, sans avenir

ou...

intéressant, stimulant *(challenging)*, passionnant, fascinant, bien payé, d'avenir

Le logement

acheter à crédit   *to buy on credit*
l'agent [m] immobilier   *real estate agent*
l'appartement m   *apartment*
la chambre de bonne   *room for rent (formerly maid's quarters)*
les charges f pl   *fees (for heat and maintenance of an apartment or condominium)*
la Cité-U(niversitaire)/résidence universitaire   *student residence hall(s)*
coûter   *to cost*
une HLM (habitation à loyer modéré)   *moderate income housing*
l'immeuble m   *apartment building*
le/la locataire   *tenant*
un logement en copropriété   *condominium*
louer   *to rent*
le loyer   *rent*
le/la propriétaire   *owner; householder*
le studio   *efficiency apartment*

Un habitation peut être...

grande, petite, vieille, ancienne, neuve *(brand new)*, récente, moderne, rénovée *(remodeled)*, confortable, agréable, sale, propre *(clean)*, commode *(convenient)*, pratique, facile à entretenir *(to maintain)*, au prix fort *(at a high price)*

Les avantages/inconvénients (*disadvantages*)

bien/mal conçu(e) *(designed)*, situé(e), équipé(e), entretenu(e) *(maintained)*; beau/belle; moche; laid(e); solide; tranquille; calme; bruyant(e) *(noisy)*; isolé(e)

La banque

le carnet de chèques   *checkbook*
la carte de crédit   *credit card*
la carte électronique   *automatic teller card*
changer de l'argent   *to change money*
le compte chèques   *checking account*
déposer   *to deposit*
le distributeur automatique de billets   *automatic teller machine*
emprunter   *to borrow*
encaisser un chèque   *to cash a check*
l'intérêt m   *interest*
le livret d'épargne   *savings account*
ouvrir un compte   *to open an account*
prendre son mal en patience   *to wait patiently*
le prêt   *loan*
prêter   *to lend*
retirer de l'argent   *to make a withdrawal*
le taux d'intérêt   *interest rate*

L'économie ([f] *Economy*)

un abri   *shelter*
aller de mal en pis   *to go from bad to worse*

s'améliorer *to improve*
l'assurance-maladie f *health insurance*
  être assuré(e) *to be insured*
les bénéfices m pl *profits*
le budget *budget*
la consommation *consumption*
la cotisation *contribution*
le développement *development*
une entreprise *business*
exporter *to export*
importer *to import*
les impôts m pl *taxes*
le marché *market*
une mutuelle *mutual benefit insurance company*
la prime *premium; free gift, bonus; subsidy*
le progrès *progress*
un restaurant de cœur *soup kitchen*
un(e) sans-abri *homeless person*
souscrire *to contribute, subscribe to*

Les conditions de travail

une augmentation de salaire *pay raise*
le bureau *office*

le chef (de bureau, d'atelier, d'équipe) *leader (manager) of office, workshop, team*
compétent(e)/qualifié(e) *qualified, competent*
le congé *holiday, vacation*
le directeur/la directrice *manager (company, business)*
l'employeur m *employer*
un(e) gérant(e) *manager (restaurant, hotel, shop)*
l'horaire m *schedule*
la maison *firm, company*
motivé(e) *motivated*
le personnel *personnel*
les soins [m pl] médicaux *medical care and treatment*
l'usine f *factory*

Divers

s'enfermer *to close oneself up*
en fin de compte *taking everything into account*
l'équilibre m *balance*
un infirmier/une infirmière *nurse*
ne rien faire à quelqu'un *to not bother someone*
on ne m'empêchera pas (de) *you can't stop me (from)*
on ne m'y prendra pas *you won't catch me*

Chapitre 8

Les tribulations de la vie quotidienne

annuler *to cancel*
au secours! *help!*
un cas d'urgence *emergency*
  en cas d'urgence *in case of emergency*
une commission *errand*
débordé(e) de travail *swamped with work*
en vouloir à quelqu'un *to hold a grudge against someone*
être navré(e) *to be sorry*
faire exprès *to do on purpose*
n'en plus pouvoir (je n'en peux plus) *to be at the end of one's (my) rope; to have had it (I've had it)*
une panne *breakdown*

Les problèmes de voiture

la batterie *car battery*
démarrer *to get moving (car), to start*
dépanner *to repair a breakdown*
un embouteillage *traffic jam*
l'essence f *gasoline*
être en panne d'essence *to be out of gas*
être/tomber en panne *to break down*
les heures [f pl] de pointe *rush hours*
la station-service *gas station*

Les pannes à la maison

le congélateur *freezer*
l'électricien(ne) *electrician*
le frigo *(familiar) fridge, refrigerator*
marcher *to run; work (machine)*

l'outil m *tool*
le plombier *plumber*

Les achats en magasin

le chef de rayon/de service *departmental/service supervisor*
demander un remboursement *to ask for a reimbursement*
faire une réclamation *to make a complaint*
les frais m pl *costs, charges*
le grand magasin *department store*
gratuit(e) *free, at no cost*
le nettoyage à sec *dry cleaning*
le pressing/la teinturerie *dry cleaners*
la quincaillerie *hardware store*
une tache *stain*
un trou *hole*
vendu(e) en solde *sold at a reduced price, on sale*

Les événements imprévus et oubliés

amener quelqu'un *to bring someone over (along)*
assister à *to attend*
changer d'avis *to change one's mind*
un congrès *conference; professional meeting*
emmener quelqu'un *to take someone (somewhere)*
emprunter quelque chose à quelqu'un *to borrow something from someone*
imprévu(e)/inattendu(e) *unexpected*
prêter quelque chose à quelqu'un *to lend something to someone*
une réunion *meeting*

Comment réagir

s'arranger *to work out*
consentir à *to consent to*
défendre à quelqu'un de *to forbid someone to*
embêter *to bother; to annoy*
se rattraper *to make up for it*
résoudre *to resolve, solve*

Vous êtes déconcerté(e) *(confused, muddled)*

avoir du mal à (+ infinitif) *to have problems (doing something)*
désorienté(e)/déconcerté(e) *confused, muddled*
faire comprendre à quelqu'un que *to hint to someone that*
mal comprendre *(past part.* mal compris) *to misunderstand*
une méprise/une erreur *misunderstanding*
provoquer *to cause*
le sens *meaning*
la signification/l'importance f *significance, importance*
signifier *to mean*

Vous êtes irrité(e)

avoir du retard *to be late*
C'est la goutte d'eau qui fait déborder le vase! *That's the last straw!*

couper *to disconnect (telephone, gas, electricity, cable)*
débrancher *to disconnect, inplug (radio, television)*
se décharger de ses responsabilités sur quelqu'un *to pass off one's responsibilities onto somebody*
faire la queue *to stand in line*
rentrer en retard *to get home late*
valoir la peine *(past part.* valu) *to be worth the trouble*

Vous êtes lésé(e) *(injured; wronged)*

bouleversé(e)/choqué(e) *shocked*
céder à quelqu'un (quelque chose) *to give in to someone (something)*
être en grève *to be on strike*
faire la grève *to go on strike*
le/la gréviste *striker*
léser quelqu'un *to wrong someone*
le syndicat *union*

Divers

autrement dit *in other words*
ça ne fait rien *It doesn't matter; never mind*
raccrocher *to hang up (telephone)*

Chapitre 9

Les meubles et les appareils-ménagers *(Furniture and household appliances)*

l'armoire f *wardrobe, armoire*
le coussin *cushion, pillow*
la cuisinière *stove*
l'étagère f *shelf; shelves*
le four à micro-ondes *microwave oven*
le lave-vaisselle *dishwasher*
la machine à laver (le linge) *washing machine*
le placard *cupboard; closet*
le sèche-linge *clothes dryer*
le tapis *carpet*
le tiroir *drawer*

Les vêtements et la mode

les bas m pl *stockings*
les bijoux m pl *jewelry*
  la bague *ring*
  les boucles [f pl] d'oreilles *earrings*
  le bracelet *bracelet*
  le collier *necklace*
le blouson (en cuir/de cuir) *(leather) jacket*
les bottes f pl *boots*
les chausettes f pl *socks*
les chaussures [f pl] à hauts talons/à talons plats *high-heeled shoes/low-heeled shoes*
la chemise *man's shirt*
le chemisier *woman's long-sleeved shirt*
le collant *pantyhose*
le costume *man's suit*

l'imperméable m *raincoat*
le maillot de bain *swimsuit*
le parapluie *umbrella*
le pardessus *overcoat*
les sous-vêtements m pl *underwear*
le tailleur *woman's tailored suit*
le tissu *fabric*
la veste (de sport) *(sports) jacket*
changer de vêtements *to change clothes*
enlever (un vêtement) *to take off (a piece of clothing)*
essayer (un vêtement) *to try on (a piece of clothing)*
être mal/bien habillé(e) *to be poorly/well dressed*
s'habiller/se déshabiller *to get dressed/to get undressed*
marchander *to bargain (haggle) with someone*
mettre un vêtement *to put on a piece of clothing*
ce vêtement lui va bien *this piece of clothing looks good on her/him*

Un vêtement est...

chic; élégant; en bon/mauvais état; sale; déchiré *(torn)*; râpé *(threadbare, worn)*; lavable *(washable)*; chouette *(familiar—great, nice, cute)*; génial *(fantastic)*; d'occasion *(secondhand, bargain)*; dans ses prix *(in one's price range)*; une trouvaille *(a great find)*

On vend des vêtements...

dans une boutique *in a shop, small store*
dans un grand magasin *in a department store*

dans une grande surface *in a huge discount store*
à un marché aux puces *at a flea market*

Les ordinateurs/Les communications

appuyer *to press, push (a key)*
brancher *to plug in*
le browser *browser*
le cédérom (CD-ROM) *CD-ROM*
le clavier *keyboard*
cliquer *to click*
les commandes f pl *commands*
compatible *compatible*
se connecter à l'Internet *to connect to the Internet*
le courrier électronique (l'e-mail) *e-mail*
le cybernaute *one who enjoys the Web*
déplacer *to move (something)*
le disque dur *hard (disk) drive*
une disquette *diskette*
 à double densité *double density*
 à haute densité *high density*
les données f pl *data*
l'écran m *screen*
effacer *to erase*
enlever *to take out*
être dans l'informatique *to be in the computer field*
faire marcher *to make something work*
formater *to format*
les graphiques m pl *graphics*
l'imprimante f *printer*
 à laser *laser*
l'informatique f *computer science; data processing*
l'Internet m *the Internet*
le lecteur de disquettes *disk drive*
le logiciel *software*
la mémoire *memory*
un micro(-ordinateur) *desktop computer*
un portable *portable computer*
le programme *program*
programmer des menus *to program (create) menus*
la puissance *power, speed*
reculer *to backspace*

le réseau *network*
sauvegarder *to save*
le site Web *Web site*
la souris *mouse*
un tableau *chart*
(re)taper *to (re)type*
la touche *key*
le traitement de texte *word processing*
le Web *WWW*
zapper *to zap; switch between channels or sites*

La cuisine

une casserole *(sauce) pan*
coller *to stick*
un couvercle *lid*
(faire) bouillir *to boil*
(faire) cuire *to cook*
(faire) dorer *to brown*
(faire) fondre *to melt*
(faire) frire *to fry*
(faire) griller *to toast (bread); to grill (meat, fish)*
(faire) mijoter *to simmer*
(faire) rôtir *to roast*
(faire) sauter/revenir *to sauté (brown or fry gently in butter)*
un grille-pain *toaster*
une marmite *large cooking pot*
le pain de mie *sandwich bread*
passer au beurre *to sauté briefly in butter*
le plat *dish (container); dish (part of meal), course*
la poêle *frying pan*
verser *to pour*

Suivre des instructions

se débrouiller *to manage, get along*
doué(e) *gifted, talented*
piger *(familiar) to understand, to "get it"*
s'y prendre bien/mal *to do it the right/wrong way*
Tu y es?/Vous y êtes? *Do you understand? Do you "get it"?*

Divers

Je vous le fais *I'll give (sell) it to you*

• •

Chapitre 10

La compétition

à la portée de *within the reach of*
arriver/terminer premier *to finish first*
battre *to beat, break*
le classement *ranking*
un(e) concurrent(e) *competitor*
un coureur/une coureuse *runner/cyclist*
une course *race*
la défaite *defeat, loss*
le défi *challenge*
la douleur *pain*
s'entraîner *to train*
l'entraîneur/l'entraîneuse *coach*
une épreuve (athlétique) *an (athletic) event, test*
épuisant(e) *grueling, exhausting*

faillir (+ infinitif) *to almost (do something)*
un(e) fana de sport *sports enthusiast, fan*
un match nul *tied game*
prendre le dessus *to get the upper hand*
la pression *pressure*
se prouver *to prove oneself*
le record du monde *world record*
reprendre haleine *to get one's breath back*
serré(e) *tight; closely fought*
sportif/sportive *athletic, fond of sports*
survivre (à) (past part. survécu) *to survive*
un tournoi *tournament*
une victoire *win, victory*

Situations regrettables

attraper un coup de soleil   *to get sunburned*
avoir un accident de voiture   *to have an automobile accident*
conduire trop vite/rapidement   *to drive too fast*
échouer à/rater un examen   *to fail/flunk an exam*
être fauché(e)   *to be broke (out of money)*
être sans le sou   *to be without a penny*
grossir/prendre des kilos   *to put on weight*
ne pas mettre d'huile [f]/de lotion [f] solaire   *to not put on suntan oil/lotion*
oublier d'attacher/de mettre sa ceinture de sécurité   *to forget to fasten/put on one's seatbelt*
un rendez-vous avec un(e) inconnu(e)   *blind date*
ne pas se réveiller à temps   *to oversleep*
sécher un cours   *to cut a class*

Une pièce

un(e) critique de théâtre   *theater critic*
l'éclairage m   *lighting*
frapper les trois coups   *to knock three times (heard just before the curtain goes up in French theaters)*
jouer à guichets fermés   *to play to sold out performances*
le metteur en scène   *stage director*
la mise en scène   *staging*
un music-hall   *musical*
un rappel   *curtain call*
une représentation   *performance*
(avoir) le trac   *(to have) stage fright*
la troupe   *cast*

Un film

un acteur/une actrice   *actor/actress*
un cinéaste   *filmmaker*
un compte rendu   *review (of film, play, book)*
un(e) critique de cinéma   *movie critic*
un(e) débutant(e)   *beginner*
le dénouement   *ending*

se dérouler/se passer   *to take place*
l'entracte m   *intermission*
un film doublé   *dubbed film*
un four   *flop*
des genres de films   *types of films*
  une comédie   *comedy*
  un dessin animé   *cartoon*
  un documentaire   *documentary*
  un film d'amour   *love story*
  un film d'aventures   *adventure film*
  un film d'épouvante   *horror movie*
  un film d'espionnage   *spy movie*
  un film de guerre   *war movie*
  un film policier   *police story*
  un western   *western*
un(e) interprète   *actor/actress*
  les interprètes m/f pl   *cast*
l'intrigue f   *plot*
un navet   *third-rate film, novel*
l'ouvreuse f   *usher*
le personnage (principal)   *(main) character*
un producteur   *producer (who finances)*
le réalisateur/la réalisatrice   *director*
la réalisation   *production*
un retour en arrière   *flashback*
réussi(e)   *successful*
une(e) scénariste   *scriptwriter*
(avec) sous-titres m pl   *(with) subtitles*
le thème   *theme*
tourner un film   *to shoot a film*
la vedette   *star (male or female)*
en version originale (v.o.)   *in the original language*

Divers

avoir à voir avec   *to have something to do with*
avouer   *to admit*
C'est complet.   *It's sold out.*

Expressions supplémentaires

Les nombres

Les nombres cardinaux

1	un/une	28	vingt-huit
2	deux	29	vingt-neuf
3	trois	30	trente
4	quatre	31	trente et un
5	cinq	32	trente-deux
6	six	40	quarante
7	sept	41	quarante et un
8	huit	42	quarante-deux
9	neuf	50	cinquante
10	dix	51	cinquante et un
11	onze	52	cinquant-deux
12	douze	60	soixante
13	treize	61	soixante et un
14	quatorze	62	soixante-deux
15	quinze	70	soixante-dix
16	seize	71	soixante et onze
17	dix-sept	72	soixante-douze
18	dix-huit	80	quatre-vingts
19	dix-neuf	81	quatre-vingt-un
20	vingt	82	quatre-vingt-deux
21	vingt et un	90	quatre-vingt-dix
22	vingt-deux	91	quatre-vingt-onze
23	vingt-trois	92	quatre-vingt-douze
24	vingt-quatre	100	cent
25	vingt-cinq	101	cent un
26	vingt-six	200	deux cents
27	vingt-sept	201	deux cent un

1000	mille
1001	mille un
1300	treize cents/mille trois cents
1740	dix-sept cent quarante/ mille sept cent quarante
8 000	huit mille
10 000	dix mille
100 000	cent mille
1 000 000	un million
1 000 000 000	un milliard

NOTE:

• When **quatre-vingts** and multiples of **cent** are followed by another number, the **s** is dropped.

quatre-vingts	quatre-vingt-trois
deux cents	deux cent quinze

Mille is always invariable: quatre mille habitants.

• French and English are exactly the opposite in their use of commas and decimal points.

3.5 in English is **3,5** in French.

• However, in numbers above 999, the French use a space.

15,000 in English is **15 000** in French.

Les nombres ordinaux

1er (1re)	premier (première)	*first*
2^e	deuxième, second(e)	*second*
3^e	troisième	*third*
4^e	quatrième	*fourth*
5^e	cinquième	*fifth*
6^e	sixième	*sixth*
7^e	septième	*seventh*
8^e	huitième	*eighth*
9^e	neuvième	*ninth*
10^e	dixième	*tenth*
11^e	onzième	*eleventh*
20^e	vingtième	*twentieth*
21^e	vingt et unième	*twenty-first*
100^e	centième	*one hundredth*

NOTE:

• In titles and dates, cardinal numbers are always used, except for "the first."

François **1er** (Premier)
Louis **XVI** (Seize)

le **1er** (premier) avril
le **25** (vingt-cinq) décembre

• Contrary to English, the cardinal number always precedes the ordinal number when both are used.

les deux premiers groupes
the first two groups

les vingt premières pages
the first twenty pages

Les jours

lundi	jeudi	samedi
mardi	vendredi	dimanche
mercredi		

Les mois

janvier	mai	septembre
février	juin	octobre
mars	juillet	novembre
avril	août	décembre

Les saisons

l'été	en été
l'automne	en automne
l'hiver	en hiver
BUT: le printemps	au printemps

Les dates

le _____ _____ _____
   (nombre) (mois) (année)

EXEMPLES: le 15 juin 1989
           le 1er avril 1992

L'heure

Quelle heure est-il?

1h	Il est une heure.
3h	Il est trois heures.
6h10	Il est six heures dix.
5h50	Il est six heures moins dix.
8h15	Il est huit heures et quart.
8h45	Il est neuf heures moins le quart.
10h30	Il est dix heures et demie.
12h	Il est midi/minuit.

NOTE: The French equivalents of A.M. and P.M. are **du matin** *(in the morning),* **de l'après-midi** *(in the afternoon),* and **du soir** *(in the evening).* The 24-hour clock is also used, especially for schedules.

6 P.M. would be **dix-huit heures.**

Les expressions de temps

Il fait beau.	*The weather is nice.*
Il fait mauvais.	*The weather is bad.*
Il fait (du) soleil.	*It is sunny.*
Il fait chaud.	*It is warm.*
Il fait froid.	*It is cold*
Il fait frais.	*It is cool.*
Il fait du vent.	*It is windy.*
Il fait humide.	*It is humid.*
Il fait sec.	*It is dry.*
Il fait brumeux.	*It is misty.*
Il fait jour.	*It is daylight.*
Il fait nuit.	*It is dark.*
Il se fait tard.	*It is getting late.*
Il pleut.	*It is raining.*
Il neige.	*It is snowing.*
Il gèle.	*It is freezing.*
Il grêle.	*It is hailing.*
Il y a un orage.	*There is a storm.*
Le temps est couvert/ nuageux.	*It is cloudy.*
La température est de 20°C.	*The temperature is 20 degrees Celsius.*

Les couleurs

beige	*beige*
blanc/blanche	*white*
bleu/bleue	*blue*
brun/brune	*brown*
crème	*cream*
jaune	*yellow*
gris/grise	*grey*
marron	*chestnut brown*
noir/noire	*black*
orange	*orange*
pourpre	*crimson*
rose	*pink*
rouge	*red*
vert/verte	*green*
violet/violette	*purple*
bleu clair	*light blue*
rouge foncé	*dark red*

NOTE: **Marron, orange,** and **crème** are invariable, as is any adjective modified by **clair** or **foncé.**

Expressions au téléphone

Allô? Bonjour, monsieur.   Allô, oui. Bonjour.

C'est bien le 03.12.53.55.87?
{ Oui.
 Non, vous faites erreur.
 Quel numéro demandez-vous?

Ici, c'est Madame Dubois.
A qui ai-je l'honneur (de parler)?
Qui est-ce? } C'est...

Pourrais-je parler à... ?
Puis-je parler à... ?
{ En personne.
 Mais oui. Ne quittez pas. *(Hold on.)*
 Je l'appelle./Je vous le/la passe.
   (I'll put him/her on.)
 Ne coupez pas. *(Don't hang up.)*
 Non, il n'est pas là.
 Est-ce que je peux prendre un
   message?
 Il vous rappellera quand il rentrera.

Les temps littéraires

Four past tenses, two indicative and two subjunctive, are used in written French in formal literary style. The literary tenses are the **passé simple**, the **passé antérieur**, the **imparfait du subjonctif**, and the **plus-que-parfait du subjonctif**.

Le passé simple

Many French authors express themselves in writing using the tense **le passé simple,** and thus it is used in several of your readings. This literary tense is the equivalent of the **passé composé**; in fact, the same distinctions that exist between the **passé composé** and the **imparfait** are made with the **passé simple** and the **imparfait**. However, whereas the **passé composé** is used in all forms of the spoken language and in correspondence, the **passé simple** is reserved exclusively for use in literary narrative writing. Since it is not likely that you will need to actively use this tense, you only need to learn to recognize and understand the forms.

The **passé simple** is composed of just one form. Regular verbs use the infinitive minus the **-er, -ir,** or **-re** endings as the stem, and add the following endings:

- **-er** verbs, including **aller**

je parl**ai**	nous parl**âmes**
tu parl**as**	vous parl**âtes**
il/elle/on parl**a**	ils/elles parl**èrent**

- **-ir** verbs, including verbs like **partir, dormir, servir**

je pun**is**	nous pun**îmes**
tu pun**is**	vous pun**îtes**
il/elle/on pun**it**	ils/elles pun**irent**

- **-re** verbs

je rend**is**	nous rend**îmes**
tu rend**is**	vous rend**îtes**
il/elle/on rend**it**	ils/elles rend**irent**

As for the irregular verbs, some verbs use the past participle as the stem, while others do not. Most irregular verbs and their stems are listed below. The endings for the irregular verbs are:

je	**-s**		nous	**-mes**
tu	**-s**		vous	**-tes**
il/elle/on	**-t**		ils/elles	**-rent**

A circumflex (ˆ) is placed above the last vowel of the stem in the **nous** and **vous** forms, as in the example below.

croire

je crus	nous crûmes
tu crus	vous crûtes
il/elle/on crut	ils/elles crurent

Stems of irregular verbs

apercevoir	**aperçu-**	mettre	**mi-**
asseoir	**assi-**	mourir	**mouru-**
atteindre	**atteigni-**	naître	**naqui-**
avoir	**eu-**	offrir	**offri-**
boire	**bu-**	ouvrir	**ouvri-**
conduire	**conduisi-**	paraître	**paru-**
convaincre	**convainqui-**	plaire	**plu-**
connaître	**connu-**	pleuvoir	**il plut**
courir	**couru-**	pouvoir	**pu-**
craindre	**craigni-**	prendre	**pri-**
croire	**cru-**	recevoir	**reçu-**
devenir	**devin-**	résoudre	**résolu-**
devoir	**du-**	rire	**ri-**
dire	**di-**	savoir	**su-**
écrire	**écrivi-**	suivre	**suivi-**
être	**fu-**	taire	**tu-**
faillir	**failli-**	valoir	**valu-**
faire	**fi-**	venir	**vin-**
falloir	**il fallut**	vivre	**vécu-**
fuir	**fui-**	voir	**vi-**
lire	**lu-**	vouloir	**voulu-**

Le passé antérieur

The **passé antérieur** is a literary tense used to designate a past event that occurred prior to another past event that is usually expressed in the **passé simple**. It often appears after the conjunctions **quand, lorsque, dès que, aussitôt que** and **après que**. The **passé antérieur** is formed with the **passé simple** of **avoir** or **être** and the past participle.

parler

j'eus parlé	nous eûmes parlé
tu eus parlé	vous eûtes parlé
il eut parlé	ils eurent parlé
elle eut parlé	elles eurent parlé
on eut parlé	

partir

je fus parti(e)	nous fûmes parti(e)s
tu fus parti(e)	vous fûtes parti(e)(s)
il fut parti	ils furent partis
elle fut partie	elles furent parties
on fut parti	

se réveiller

je me fus réveillé(e)	nous nous fûmes réveillé(e)s
tu te fus réveillé(e)	vous vous fûtes réveillé(e)(s)
il se fut réveillé	ils se furent réveillés
elle se fut réveillée	elles se furent réveillées
on se fut réveillé	

L'imparfait du subjonctif

The **imparfait du subjonctif** may be used in subordinate clauses when the verb in the main clause is in a past tense or in the conditional. It is formed by dropping the ending of the **passé simple** and adding the endings below. The **imparfait du subjonctif** corresponds in meaning to the present subjunctive and, in fact, in spoken language the present subjunctive is used.

aller

(passé simple: **j'allai,** etc.)

que j'allasse	que nous allassions
que tu allasses	que vous allassiez
qu'il allât	qu'ils allassent
qu'elle allât	qu'elles allassent
qu'on allât	

finir

(passé simple: **je finis,** etc.)

que je finisse	que nous finissions
que tu finisses	que vous finissiez
qu'il finît	qu'ils finissent
qu'elle finît	qu'elles finissent
qu'on finît	

croire

(passé simple: **je crus,** etc.)

que je crusse	que nous crussions
que tu crusses	que vous crussiez
qu'il crût	qu'ils crussent
qu'elle crût	qu'elles crussent
qu'on crût	

Le plus-que-parfait du subjonctif

The **plus-que-parfait du subjonctif** may replace the **plus-que-parfait** or the **conditionnel passé.** It may be used in subordinate clauses for events that occurred prior to the time of the verb in the main clause. Like the **imparfait du subjonctif,** it is used when the main-clause verb is in a past tense or in the conditional. It is formed with the **imparfait du subjonctif** of **avoir** or **être** and the past participle. The **plus-que-parfait du subjonctif** corresponds in meaning to the **passé du subjonctif.**

parler

que j'eusse parlé	que nous eussions parlé
que tu eusses parlé	que vous eussiez parlé
qu'il eût parlé	qu'ils eussent parlé
qu'elle eût parlé	qu'elles eussent parlé
qu'on eût parlé	

venir

que je fusse venu(e)	que nous fussions venu(e)s
que tu fusses venu(e)	que vous fussiez venu(e)(s)
qu'il fût venu	qu'ils fussent venus
qu'elle fût venue	qu'elles fussent venues
qu'on fût venu	

Appendice E

Les verbes

Les verbes réguliers

INFINITIF	PRÉSENT	IMPÉRATIF	PASSÉ COMPOSÉ	IMPARFAIT
parler *(to talk, speak)*	je **parle** tu **parles** il **parle** nous **parlons** vous **parlez** ils **parlent**	**parle** **parlons** **parlez**	j'**ai parlé** tu **as parlé** il **a parlé** nous **avons parlé** vous **avez parlé** ils **ont parlé**	je **parlais** tu **parlais** il **parlait** nous **parlions** vous **parliez** ils **parlaient**
finir *(to finish)*	je **finis** tu **finis** il **finit** nous **finissons** vous **finissez** ils **finissent**	**finis** **finissons** **finissez**	j'**ai fini** tu **as fini** il **a fini** nous **avons fini** vous **avez fini** ils **ont fini**	je **finissais** tu **finissais** il **finissait** nous **finissions** vous **finissiez** ils **finissaient**
rendre *(to give back)*	je **rends** tu **rends** il **rend** nous **rendons** vous **rendez** ils **rendent**	**rends** **rendons** **rnedez**	j'**ai rendu** tu **as rendu** il **a rendu** nous **avons rendu** vous **avez rendu** ils **ont rendu**	je **rendais** tu **rendais** il **rendait** nous **rendions** vous **rendiez** ils **rendaient**
se laver *(to wash oneself)*	je **me lave** tu **te laves** il **se lave** nous **nous lavons** vous **vous lavez** ils **se lavent**	**lave-toi** **lavons-nous** **lavez-vous**	je **me suis lavé(e)** tu **t'es lavé(e)** il/elle **s'est lavé(e)** nous **nous sommes lavé(e)s** vous **vous êtes lavé(e)(s)** ils/elles **se sont lavé(e)s**	je **me lavais** tu **te lavais** il **se lavait** nous **nous lavions** vous **vous laviez** ils **se lavaient**

PASSÉ SIMPLE	FUTUR	CONDITIONNEL	SUBJONCTIF	PARTICIPE PRÉSENT
je **parlai**	je **parlerai**	je **parlerais**	que je **parle**	**parlant**
tu **parlas**	tu **parleras**	tu **parlerais**	que tu **parles**	
il **parla**	il **parlera**	il **parlerait**	qu'il **parle**	
nous **parlâmes**	nous **parlerons**	nous **parlerions**	que nous **parlions**	
vous **parlâtes**	vous **parlerez**	vous **parleriez**	que vous **parliez**	
ils **parlèrent**	ils **parleront**	ils **parleraient**	qu'ils **parlent**	
je **finis**	je **finirai**	je **finirais**	que je **finisse**	**finissant**
tu **finis**	tu **finiras**	tu **finirais**	que tu **finisses**	
il **finit**	il **finira**	il **finirait**	qu'il **finisse**	
nous **finîmes**	nous **finirons**	nous **finirions**	que nous **finissions**	
vous **finîtes**	vous **finirez**	vous **finiriez**	que vous **finissiez**	
ils **finirent**	ils **finiront**	ils **finiraient**	qu'ils **finissent**	
je **rendis**	je **rendrai**	je **rendrais**	que je **rende**	**rendant**
tu **rendis**	tu **rendras**	tu **rendrais**	que tu **rendes**	
il **rendit**	il **rendra**	il **rendrait**	qu'il **rende**	
nous **rendîmes**	nous **rendrons**	nous **rendrions**	que nous **rendions**	
vous **rendîtes**	vous **rendrez**	vous **rendriez**	que vous **rendiez**	
ils **rendirent**	ils **rendront**	ils **rendraient**	qu'ils **rendent**	
je me **lavai**	je me **laverai**	je me **laverais**	que je me **lave**	**se lavant**
tu te **lavas**	tu te **laveras**	tu te **laverais**	que tu te **laves**	
il se **lava**	il se **lavera**	il se **laverait**	qu'il se **lave**	
nous nous **lavâmes**	nous nous **laverons**	nous nous **laverions**	que nous nous **lavions**	
vous vous **lavâtes**	vous vous **laverez**	vous vous **laveriez**	que vous vous **laviez**	
ils se **lavèrent**	ils se **laveront**	ils se **laveraient**	qu'ils se **lavent**	

Les verbes en *-er* avec changement d'orthographe

INFINITIF	PRÉSENT	IMPÉRATIF	PASSÉ COMPOSÉ	IMPARFAIT
acheter *(to buy)*	j'**achète** tu **achètes** il **achète** nous **achetons** vous **achetez** ils **achètent**	**achète** **achetons** **achetez**	j'**ai acheté** tu **as acheté** il **a acheté** nous **avons acheté** vous **avez acheté** ils **ont acheté**	j'**achetais** tu **achetais** il **achetait** nous **achetions** vous **achetiez** ils **achetaient**
Verbs like **acheter:**	**amener** *(to bring* [someone]*)*, **élever** *(to raise)*, **emmener** *(to take away* [someone]*)*, **enlever** *(to take off, remove)*, **peser** *(to weigh)*			
appeler *(to call)*	j'**appelle** tu **appelles** il **appelle** nous **appelons** vous **appelez** ils **appellent**	**appelle** **appelons** **appelez**	j'**ai appelé** tu **as appelé** il **a appelé** nous **avons appelé** vous **avez appelé** ils **ont appelé**	j'**appelais** tu **appelais** il **appelait** nous **appelions** vous **appelez** ils **appelaient**
Verbs like **appeler:**	**épeler** *(to spell)*, **jeter** *(to throw)*, **rappeler** *(to recall, call back)*, **rejeter** *(to reject)*			
préférer *(to prefer)*	je **préfère** tu **préfères** il **préfère** nous **préférons** vous **préférez** ils **préfèrent**	**préfère** **préférons** **préférez**	j'**ai préféré** tu **as préféré** il **a préféré** nous **avons préféré** vous **avez préféré** ils **ont préféré**	je **préférais** tu **préférais** il **préférait** nous **préférions** vous **préfériez** ils **préféraient**
Verbs like **préférer:**	**célébrer** *(to celebrate)*, **espérer** *(to hope)*, **inquiéter** *(to worry)*, **posséder** *(to own)*, **protéger** *(to protect)*, **répéter** *(to repeat)*, **sécher** *(to dry)*, **suggérer** *(to suggest)*			
manger *(to eat)*	je **mange** tu **manges** il **mange** nous **mangeons** vous **mangez** ils **mangent**	**mange** **mangeons** **mangez**	j'**ai mangé** tu **as mangé** il **a mangé** nous **avons mangé** vous **avez mangé** ils **ont mangé**	je **mangeais** tu **mangeais** il **mangeait** nous **mangions** vous **mangiez** ils **mangeaient**
Verbs like **manger:**	**arranger** *(to fix, arrange)*, **changer** *(to change)*, **corriger** *(to correct)*, **déménager** *(to move one's residence)*, **déranger** *(to disturb)*, **diriger** *(to manage, run)*, **nager** *(to swim)*, **négliger** *(to neglect)*, **obliger** *(to oblige)*, **partager** *(to share)*, **plonger** *(to dive)*, **protéger** *(to protect)*, **ranger** *(to put in order, put away)*, **songer à** *(to think of)*, **voyager** *(to travel)*			
commencer *(to start, begin)*	je **commence** tu **commences** il **commence** nous **commençons** vous **commencez** ils **commencent**	**commence** **commençons** **commencez**	j'**ai commencé** tu **as commencé** il **a commencé** nous **avons commencé** vous **avez commencé** ils **ont commencé**	je **commençais** tu **commençais** il **commençait** nous **commencions** vous **commenciez** ils **commençaient**
Verbs like **commencer:**	**annoncer** *(to announce)*, **avancer** *(to move forward)*, **effacer** *(to erase)*, **lancer** *(to throw, launch)*, **menacer** *(to threaten)*, **placer** *(to put, set, place)*, **remplacer** *(to replace)*, **renoncer** *(to give up, renounce)*			
payer *(to pay, pay for)*	je **paie** tu **paies** il **paie** nous **payons** vous **payez** ils **paient**	**paie** **payons** **payez**	j'**ai payé** tu **as payé** il **a payé** nous **avons payé** vous **avez payé** ils **ont payé**	je **payais** tu **payais** il **payait** nous **payions** vous **payiez** ils **payaient**
Verbs like **payer:**	**employer** *(to use, employ)*, **ennuyer** *(to bore, annoy)*, **envoyer** *(to send)* (except in future and conditional), **essayer** *(to try)*, **essuyer** *(to wipe)*, **nettoyer** *(to clean)*			

PASSÉ SIMPLE	FUTUR	CONDITIONNEL	SUBJONCTIF	PARTICIPE PRÉSENT
j'achetai	j'achèterai	j'achèterais	que j'achète	achetant
tu achetas	tu achèteras	tu achèterais	que tu achètes	
il acheta	il achètera	il achèterait	qu'il achète	
nous achetâmes	nous achèterons	nous achèterions	que nous achetions	
vous achetâtes	vous achèterez	vous achèteriez	que vous achetiez	
ils achetèrent	ils achèteront	ils achèteraient	qu'ils achètent	
j'appelai	j'appellerai	j'appellerais	que j'appelle	appelant
tu appelas	tu appelleras	tu appellerais	que tu appelles	
il appela	il appellera	il appellerait	qu'il appelle	
nous appelâmes	nous appellerons	nous appellerions	que nous appelions	
vous appelâtes	vous appellerez	vous appelleriez	que vous appeliez	
ils appelèrent	ils appelleront	ils appelleraient	qu'ils appellent	
je préférai	je préférerai	je préférerais	que je préfère	préférant
tu préféras	tu préféreras	tu préférerais	que tu préfères	
il préféra	il préférera	il préférerait	qu'il préfère	
nous préférâmes	nous préférerons	nous préférerions	que nous préférions	
vous préférâtes	vous préférerez	vous préféreriez	que vous préfériez	
ils préférèrent	ils préféreront	ils préféreraient	qu'ils préfèrent	
je mangeai	je mangerai	je mangerais	que je mange	mangeant
tu mangeas	tu mangeras	tu mangerais	que tu manges	
il mangea	il mangera	il mangerait	qu'il mange	
nous mangeâmes	nous mangerons	nous mangerions	que nous mangions	
vous mangeâtes	vous mangerez	vous mangeriez	que vous mangiez	
ils mangèrent	ils mangeront	ils mangeraient	qu'ils mangent	
je commençai	je commencerai	je commencerais	que je commence	commençant
tu commenças	tu commenceras	tu commencerais	que tu commences	
il commença	il commencera	il commencerait	qu'il commence	
nous commençâmes	nous commencerons	nous commencerions	que nous commencions	
vous commençâtes	vous commencerez	vous commenceriez	que vous commenciez	
ils commencèrent	ils commenceront	ils commenceraient	qu'ils commencent	
je payai	je paierai	je paierais	que je paie	payant
tu payas	tu paieras	tu paierais	que tu paies	
il paya	il paiera	il paierait	qu'il paie	
nous payâmes	nous paierons	nous paierions	que nous payions	
vous payâtes	vous paierez	vous paieriez	que vous payiez	
ils payèrent	ils paieront	ils paieraient	qu'ils paient	

Les verbes irréguliers

Sommaire

In the list below, the number at the right of each irregular verb corresponds to the number of the verb, or of a similarly conjugated verb, in the tables that follow. Verbs conjugated with **être** as an auxiliary verb in the compound tenses are marked with an asterisk (*). All other verbs are conjugated with **avoir**.

absoudre *(to forgive)* 1
accueillir *(to receive, welcome)* 15
acquérir *(to acquire, get)* 2
admettre *(to admit)* 26
***aller** *(to go)* 3
***s'en aller** *(to go away)* 3
apercevoir *(to catch a glimpse of)* 34
apparaître *(to appear)* 10
appartenir *(to belong)* 43
apprendre *(to learn)* 33
***s'asseoir** *(to sit down)* 4
atteindre *(to attain)* 13
avoir *(to have)* 5
battre *(to beat)* 6
***se battre** *(to fight)* 6
boire *(to drink)* 7
combattre *(to combat)* 6
comprendre *(to understand)* 33
conclure *(to conclude)* 8
conduire *(to drive; to conduct)* 9

connaître *(to know)* 10
conquérir *(to conquer)* 2
construire *(to construct)* 9
contenir *(to contain)* 43
convaincre *(to convince)* 41
convenir *(to agree)* 43
coudre *(to sew)* 11
courir *(to run)* 12
couvrir *(to cover)* 29
craindre *(to fear)* 13
croire *(to believe)* 14
cueillir *(to pick, gather)* 15
cuire *(to cook)* 9
décevoir *(to deceive)* 34
découvrir *(to discover)* 29
décrire *(to describe)* 19
déplaire *(to displease)* 30
détruire *(to destroy)* 9
***devenir** *(to become)* 43
devoir *(must, to have to; to owe)* 16

dire *(to say, tell)* 17
disparaître *(to disappear)* 10
dormir *(to sleep)* 18
écrire *(to write)* 19
élire *(to elect)* 25
***s'endormir** *(to fall asleep)* 18
envoyer *(to send)* 20
éteindre *(to turn off)* 13
être *(to be)* 21
faire *(to do, make)* 22
falloir *(to be necessary)* 23
fuir *(to flee)* 24
***s'inscrire** *(to join, sign up)* 19
interdire *(to forbid, prohibit)* 17
joindre *(to join)* 13
lire *(to read)* 25
maintenir *(to maintain)* 43
mentir *(to lie)* 38
mettre *(to put, place)* 26
***mourir** *(to die)* 27

	INFINITIF	PRÉSENT	IMPÉRATIF	PASSÉ COMPOSÉ	IMPARFAIT
1.	**absoudre** *(to forgive)*	j'**absous** tu **absous** il **absout** nous **absolvons** vous **absolvez** ils **absolvent**	**absous** **absolvons** **absolvez**	j'**ai absous** tu **as absous** il **a absous** nous **avons absous** vous **avez absous** ils **ont absous**	j'**absolvais** tu **absolvais** il **absolvait** nous **absolvions** vous **absolviez** ils **absolvaient**
2.	**acquérir** *(to acquire, get)*	j'**acquiers** tu **acquiers** il **acquiert** nous **acquérons** vous **acquérez** ils **acquièrent**	**acquiers** **acquérons** **acquérez**	j'**ai acquis** tu **as acquis** il **a acquis** nous **avons acquis** vous **avez acquis** ils **ont acquis**	j'**acquérais** tu **acquérais** il **acquérait** nous **acquérions** vous **acquériez** ils **acquéraient**
3.	**aller** *(to go)*	je **vais** tu **vas** il **va** nous **allons** vous **allez** ils **vont**	**va** **allons** **allez**	je **suis allé(e)** tu **es allé(e)** il/elle **est allé(e)** nous **sommes allé(e)s** vous **êtes allé(e)(s)** ils/elles **sont allé(e)s**	j'**allais** tu **allais** il **allait** nous **allions** vous **alliez** ils **allaient**
4.	**s'asseoir** *(to sit down)*	je **m'assieds** tu **t'assieds** il **s'assied** nous **nous asseyons** vous **vous asseyez** ils **s'asseyent**	**assieds-toi** **asseyons-nous** **asseyez-vous**	je **me suis assis(e)** tu **t'es assis(e)** il/elle **s'est assis(e)** nous **nous sommes assis(es)** vous **vous êtes assis(e)(es)** ils/elles **se sont assis(es)**	je **m'asseyais** tu **t'asseyais** il **s'asseyait** nous **nous asseyions** vous **vous asseyiez** ils **s'asseyaient**

* **naître** *(to be born)* 28
obtenir *(to obtain, get)* 43
offrir *(to offer)* 29
ouvrir *(to open)* 29
paraître *(to appear)* 10
parcourir *(to travel over)* 12
* **partir** *(to leave)* 38
* **parvenir** *(to arrive; to succeed)* 43
peindre *(to paint)* 13
permettre *(to permit)* 26
* **se plaindre** *(to complain)* 13
plaire *(to please)* 30
pleuvoir *(to rain)* 31
poursuivre *(to pursue)* 39
pouvoir *(can, to be able)* 32
prédire *(to predict)* 17
prendre *(to take)* 33
prévoir *(to foresee)* 45
produire *(to produce)* 9
promettre *(to promise)* 26

recevoir *(to receive, get)* 34
reconnaître *(to recognize)* 10
reconstruire *(to reconstruct)* 9
recouvrir *(to recover)* 29
* **redevenir** *(to become again)* 43
réduire *(to reduce)* 9
remettre *(to postpone)* 26
reprendre *(to take back)* 33
résoudre *(to resolve, solve)* 35
retenir *(to reserve)* 43
* **revenir** *(to come back)* 43
revoir *(to see again)* 45
rire *(to laugh)* 36
rompre *(to break)* 6
savoir *(to know)* 37
sentir *(to smell)* 38
* **se sentir** *(to feel)* 38
servir *(to serve)* 38
* **se servir de** *(to use)* 38
* **sortir** *(to go out)* 38

souffrir *(to suffer)* 29
soumettre *(to submit)* 26
sourire *(to smile)* 36
soutenir *(to support)* 43
* **se souvenir** *(to remember)* 43
suivre *(to follow)* 39
surprendre *(to surprise)* 33
survivre *(to survive)* 44
* **se taire** *(to be quiet)* 40
tenir *(to hold)* 43
traduire *(to translate)* 9
transmettre *(to transmit)* 26
vaincre *(to conquer)* 41
valoir *(to be worth; to deserve, merit)* 42
* **venir** *(to come)* 43
vivre *(to live)* 44
voir *(to see)* 45
vouloir *(to wish, want)* 46

PASSÉ SIMPLE	FUTUR	CONDITIONNEL	SUBJONCTIF	PARTICIPE PRÉSENT
n'existe pas	j'**absoudrai**	j'**absoudrais**	que j'**absolve**	**absolvant**
	tu **absoudras**	tu **absoudrais**	que tu **absolves**	
	il **absoudra**	il **absoudrait**	qu'il **absolve**	
	nous **absoudrons**	nous **absoudrions**	que nous **absolvions**	
	vous **absoudrez**	vous **absoudriez**	que vous **absolviez**	
	ils **absoudront**	ils **absoudraient**	qu'ils **absolvent**	
j'**acquis**	j'**acquerrai**	j'**acquerrais**	que j'**acquière**	**acquérant**
tu **acquis**	tu **acquerras**	tu **acquerrais**	que tu **acquières**	
il **acquit**	il **acquerra**	il **acquerrait**	qu'il **acquière**	
nous **acquîmes**	nous **acquerrons**	nous **acquerrions**	que nous **acquérions**	
vous **acquîtes**	vous **acquerrez**	vous **acquerriez**	que vous **acquériez**	
ils **acquirent**	ils **acquerront**	ils **acquerraient**	qu'ils **acquièrent**	
j'**allai**	j'**irai**	j'**irais**	que j'**aille**	**allant**
tu **allas**	tu **iras**	tu **irais**	que tu **ailles**	
il **alla**	il **ira**	il **irait**	qu'il **aille**	
nous **allâmes**	nous **irons**	nous **irions**	que nous **allions**	
vous **allâtes**	vous **irez**	vous **iriez**	que vous **alliez**	
ils **allèrent**	ils **iront**	ils **iraient**	qu'ils **aillent**	
je m'**assis**	je m'**assiérai**	je m'**assiérais**	que je m'**asseye**	s'**asseyant**
tu t'**assis**	tu t'**assiéras**	tu t'**assiérais**	que tu t'**asseyes**	
il s'**assit**	il s'**assiéra**	il s'**assiérait**	qu'il s'**asseye**	
nous **nous assîmes**	nous **nous assiérons**	nous **nous assiérions**	que nous **nous asseyions**	
vous **vous assîtes**	vous **vous assiérez**	vous **vous assiériez**	que vous **vous asseyiez**	
ils s'**assirent**	ils s'**assiéront**	ils s'**assiéraient**	qu'ils s'**asseyent**	

INFINITIF	PRÉSENT	IMPÉRATIF	PASSÉ COMPOSÉ	IMPARFAIT
5. **avoir** *(to have)*	j'**ai** tu **as** il **a** nous **avons** vous **avez** ils **ont**	**aie** **ayons** **ayez**	j'**ai eu** tu **as eu** il **a eu** nous **avons eu** vous **avez eu** ils **ont eu**	j'**avais** tu **avais** il **avait** nous **avions** vous **aviez** ils **avaient**
6. **battre** *(to beat)*	je **bats** tu **bats** il **bat** nous **battons** vous **battez** ils **battent**	**bats** **battons** **battez**	j'**ai battu** tu **as battu** il **a battu** nous **avons battu** vous **avez battu** ils **ont battu**	je **battais** tu **battais** il **battait** nous **battions** vous **battiez** ils **battaient**
7. **boire** *(to drink)*	je **bois** tu **bois** il **boit** nous **buvons** vous **buvez** ils **boivent**	**bois** **buvons** **buvez**	j'**ai bu** tu **as bu** il **a bu** nous **avons bu** vous **avez bu** ils **ont bu**	je **buvais** tu **buvais** il **buvait** nous **buvions** vous **buviez** ils **buvaient**
8. **conclure** *(to conclude)*	je **conclus** tu **conclus** il **conclut** nous **concluons** vous **concluez** ils **concluent**	**conclus** **concluons** **concluez**	j'**ai conclu** tu **as conclu** il **a conclu** nous **avons conclu** vous **avez conclu** ils **ont conclu**	je **concluais** tu **concluais** il **concluait** nous **concluions** vous **concluiez** ils **concluaient**
9. **conduire** *(to drive;* *to conduct)*	je **conduis** tu **conduis** il **conduit** nous **conduisons** vous **conduisez** ils **conduisent**	**conduis** **conduisons** **conduisez**	j'**ai conduit** tu **as conduit** il **a conduit** nous **avons conduit** vous **avez conduit** ils **ont conduit**	je **conduisais** tu **conduisais** il **conduisait** nous **conduisions** vous **conduisiez** ils **conduisaient**
10. **connaître** *(to know)*	je **connais** tu **connais** il **connaît** nous **connaissons** vous **connaissez** ils **connaissent**	**connais** **connaissons** **connaissez**	j'**ai connu** tu **as connu** il **a connu** nous **avons connu** vous **avez connu** ils **ont connu**	je **connaissais** tu **connaissais** il **connaissait** nous **connaissions** vous **connaissiez** ils **connaissaient**
11. **coudre** *(to sew)*	je **couds** tu **couds** il **coud** nous **cousons** vous **cousez** ils **cousent**	**couds** **cousons** **cousez**	j'**ai cousu** tu **as cousu** il **a cousu** nous **avons cousu** vous **avez cousu** ils **ont cousu**	je **cousais** tu **cousais** il **cousait** nous **cousions** vous **cousiez** ils **cousaient**
12. **courir** *(to run)*	je **cours** tu **cours** il **court** nous **courons** vous **courez** ils **courent**	**cours** **courons** **courez**	j'**ai couru** tu **as couru** il **a couru** nous **avons couru** vous **avez couru** ils **ont couru**	je **courais** tu **courais** il **courait** nous **courions** vous **couriez** ils **couraient**
13. **craindre** *(to fear)*	je **crains** tu **crains** il **craint** nous **craignons** vous **craignez** ils **craignent**	**crains** **craignons** **craignez**	j'**ai craint** tu **as craint** il **a craint** nous **avons craint** vous **avez craint** ils **ont craint**	je **craignais** tu **craignais** il **craignait** nous **craignions** vous **craigniez** ils **craignaient**

PASSÉ SIMPLE	FUTUR	CONDITIONNEL	SUBJONCTIF	PARTICIPE PRÉSENT
j'eus	j'aurai	j'aurais	que j'aie	ayant
tu eus	tu auras	tu aurais	que tu aies	
il eut	il aura	il aurait	qu'il ait	
nous eûmes	nous aurons	nous aurions	que nous ayons	
vous eûtes	vous aurez	vous auriez	que vous ayez	
ils eurent	ils auront	ils auraient	qu'ils aient	
je battis	je battrai	je battrais	que je batte	battant
tu battis	tu battras	tu battrais	que tu battes	
il battit	il battra	il battrait	qu'il batte	
nous battîmes	nous battrons	nous battrions	que nous battions	
vous battîtes	vous battrez	vous battriez	que vous battiez	
ils battirent	ils battront	ils battraient	qu'ils battent	
je bus	je boirai	je boirais	que je boive	buvant
tu bus	tu boiras	tu boirais	que tu boives	
il but	il boira	il boirait	qu'il boive	
nous bûmes	nous boirons	nous boirions	que nous buvions	
vous bûtes	vous boirez	vous boiriez	que vous buviez	
ils burent	ils boiront	ils boiraient	qu'ils boivent	
je conclus	je conclurai	je conclurais	que je conclue	concluant
tu conclus	tu concluras	tu conclurais	que tu conclues	
il conclut	il conclura	il conclurait	qu'il conclue	
nous conclûmes	nous conclurons	nous conclurions	que nous concluions	
vous conclûtes	vous conclurez	vous concluriez	que vous concluiez	
ils conclurent	ils concluront	ils concluraient	qu'ils concluent	
je conduisis	je conduirai	je conduirais	que je conduise	conduisant
tu conduisis	tu conduiras	tu conduirais	que tu conduises	
il conduisit	il conduira	il conduirait	qu'il conduise	
nous conduisîmes	nous conduirons	nous conduirions	que nous conduisions	
vous conduisîtes	vous conduirez	vous conduiriez	que vous conduisiez	
ils conduisirent	ils conduiront	ils conduiraient	qu'ils conduisent	
je connus	je connaîtrai	je connaîtrais	que je connaisse	connaissant
tu connus	tu connaîtras	tu connaîtrais	que tu connaisses	
il connut	il connaîtra	il connaîtrait	qu'il connaisse	
nous connûmes	nous connaîtrons	nous connaîtrions	que nous connaissions	
vous connûtes	vous connaîtrez	vous connaîtriez	que vous connaissiez	
ils connurent	ils connaîtront	ils connaîtraient	qu'ils connaissent	
je cousis	je coudrai	je coudrais	que je couse	cousant
tu cousis	tu coudras	tu coudrais	que tu couses	
il cousit	il coudra	il coudrait	qu'il couse	
nous cousîmes	nous coudrons	nous coudrions	que nous cousions	
vous cousîtes	vous coudrez	vous coudriez	que vous cousiez	
ils cousirent	ils coudront	ils coudraient	qu'ils cousent	
je courus	je courrai	je courrais	que je coure	courant
tu courus	tu courras	tu courrais	que tu coures	
il courut	il courra	il courrait	qu'il coure	
nous courûmes	nous courrons	nous courrions	que nous courions	
vous courûtes	vous courrez	vous courriez	que vous couriez	
ils coururent	ils courront	ils courraient	qu'ils courent	
je craignis	je craindrai	je craindrais	que je craigne	craignant
tu craignis	tu craindras	tu craindrais	que tu craignes	
il craignit	il craindra	il craindrait	qu'il craigne	
nous craignîmes	nous craindrons	nous craindrions	que nous craignions	
vous craignîtes	vous craindrez	vous craindriez	que vous craigniez	
ils craignirent	ils craindront	ils craindraient	qu'ils craignent	

INFINITIF	PRÉSENT	IMPÉRATIF	PASSÉ COMPOSÉ	IMPARFAIT
14. **croire** *(to believe)*	je **crois** tu **crois** il **croit** nous **croyons** vous **croyez** ils **croient**	**crois** **croyons** **croyez**	j'**ai cru** tu **as cru** il **a cru** nous **avons cru** vous **avez cru** ils **ont cru**	je **croyais** tu **croyais** il **croyait** nous **croyions** vous **croyiez** ils **croyaient**
15. **cueillir** *(to pick, gather)*	je **cueille** tu **cueilles** il **cueille** nous **cueillons** vous **cueillez** ils **cueillent**	**cueille** **cueillons** **cueillez**	j'**ai cueilli** tu **as cueilli** il **a cueilli** nous **avons cueilli** vous **avez cueilli** ils **ont cueilli**	je **cueillais** tu **cueillais** il **cueillait** nous **cueillions** vous **cueilliez** ils **cueillaient**
16. **devoir** *(must, to have to; to owe)*	je **dois** tu **dois** il **doit** nous **devons** vous **devez** ils **doivent**	**dois** **devons** **devez**	j'**ai dû** tu **as dû** il **a dû** nous **avons dû** vous **avez dû** ils **ont dû**	je **devais** tu **devais** il **devait** nous **devions** vous **deviez** ils **devaient**
17. **dire** *(to say, tell)*	je **dis** tu **dis** il **dit** nous **disons** vous **dites** ils **disent**	**dis** **disons** **dites**	j'**ai dit** tu **as dit** il **a dit** nous **avons dit** vous **avez dit** ils **ont dit**	je **disais** tu **disais** il **disait** nous **disions** vous **disiez** ils **disaient**
18. **dormir** *(to sleep)*	je **dors** tu **dors** il **dort** nous **dormons** vous **dormez** ils **dorment**	**dors** **dormons** **dormez**	j'**ai dormi** tu **as dormi** il **a dormi** nous **avons dormi** vous **avez dormi** ils **ont dormi**	je **dormais** tu **dormais** il **dormait** nous **dormions** vous **dormiez** ils **dormaient**
19. **écrire** *(to write)*	j'**écris** tu **écris** il **écrit** nous **écrivons** vous **écrivez** ils **écrivent**	**écris** **écrivons** **écrivez**	j'**ai écrit** tu **as écrit** il **a écrit** nous **avons écrit** vous **avez écrit** ils **ont écrit**	j'**écrivais** tu **écrivais** il **écrivait** nous **écrivions** vous **écriviez** ils **écrivaient**
20. **envoyer** *(to send)*	j'**envoie** tu **envoies** il **envoie** nous **envoyons** vous **envoyez** ils **envoient**	**envoie** **envoyons** **envoyez**	j'**ai envoyé** tu **as envoyé** il **a envoyé** nous **avons envoyé** vous **avez envoyé** ils **ont envoyé**	j'**envoyais** tu **envoyais** il **envoyait** nous **envoyions** vous **envoyiez** ils **envoyaient**
21. **être** *(to be)*	je **suis** tu **es** il **est** nous **sommes** vous **êtes** ils **sont**	**sois** **soyons** **soyez**	j'**ai été** tu **as été** il **a été** nous **avons été** vous **avez été** ils **ont été**	j'**étais** tu **étais** il **était** nous **étions** vous **étiez** ils **étaient**
22. **faire** *(to do, make)*	je **fais** tu **fais** il **fait** nous **faisons** vous **faites** ils **font**	**fais** **faisons** **faites**	j'**ai fait** tu **as fait** il **a fait** nous **avons fait** vous **avez fait** ils **ont fait**	je **faisais** tu **faisais** il **faisait** nous **faisions** vous **faisiez** ils **faisaient**
23. **falloir** *(to be necessary)*	il **faut**	*n'existe pas*	il **a fallu**	il **fallait**

PASSÉ SIMPLE	FUTUR	CONDITIONNEL	SUBJONCTIF	PARTICIPE PRÉSENT
je **crus**	je **croirai**	je **croirais**	que je **croie**	**croyant**
tu **crus**	tu **croiras**	tu **croirais**	que tu **croies**	
il **crut**	il **croira**	il **croirait**	qu'il **croie**	
nous **crûmes**	nous **croirons**	nous **croirions**	que nous **croyions**	
vous **crûtes**	vous **croirez**	vous **croiriez**	que vous **croyiez**	
ils **crurent**	ils **croiront**	ils **croiraient**	qu'ils **croient**	
je **cueillis**	je **cueillerai**	je **cueillerais**	que je **cueille**	**cueillant**
tu **cueillis**	tu **cueilleras**	tu **cueillerais**	que tu **cueilles**	
il **cueillit**	il **cueillera**	il **cueillerait**	qu'il **cueille**	
nous **cueillîmes**	nous **cueillerons**	nous **cueillerions**	que nous **cueillions**	
vous **cueillîtes**	vous **cueillerez**	vous **cueilleriez**	que vous **cueilliez**	
ils **cueillirent**	ils **cueilleront**	ils **cueilleraient**	qu'ils **cueillent**	
je **dus**	je **devrai**	je **devrais**	que je **doive**	**devant**
tu **dus**	tu **devras**	tu **devrais**	que tu **doives**	
il **dut**	il **devra**	il **devrait**	qu'il **doive**	
nous **dûmes**	nous **devrons**	nous **devrions**	que nous **devions**	
vous **dûtes**	vous **devrez**	vous **devriez**	que vous **deviez**	
ils **durent**	ils **devront**	ils **devraient**	qu'ils **doivent**	
je **dis**	je **dirai**	je **dirais**	que je **dise**	**disant**
tu **dis**	tu **diras**	tu **dirais**	que tu **dises**	
il **dit**	il **dira**	il **dirait**	qu'il **dise**	
nous **dîmes**	nous **dirons**	nous **dirions**	que nous **disions**	
vous **dîtes**	vous **direz**	vous **diriez**	que vous **disiez**	
ils **dirent**	ils **diront**	ils **diraient**	qu'ils **disent**	
je **dormis**	je **dormirai**	je **dormirais**	que je **dorme**	**dormant**
tu **dormis**	tu **dormiras**	tu **dormirais**	que tu **dormes**	
il **dormit**	il **dormira**	il **dormirait**	qu'il **dorme**	
nous **dormîmes**	nous **dormirons**	nous **dormirions**	que nous **dormions**	
vous **dormîtes**	vous **dormirez**	vous **dormiriez**	que vous **dormiez**	
ils **dormirent**	ils **dormiront**	ils **dormiraient**	qu'ils **dorment**	
j'**écrivis**	j'**écrirai**	j'**écrirais**	que j'**écrive**	**écrivant**
tu **écrivis**	tu **écriras**	tu **écrirais**	que tu **écrives**	
il **écrivit**	il **écrira**	il **écrirait**	qu'il **écrive**	
nous **écrivîmes**	nous **écrirons**	nous **écririons**	que nous **écrivions**	
vous **écrivîtes**	vous **écrirez**	vous **écririez**	que vous **écriviez**	
ils **écrivirent**	ils **écriront**	ils **écriraient**	qu'ils **écrivent**	
j'**envoyai**	j'**enverrai**	j'**enverrais**	que j'**envoie**	**envoyant**
tu **envoyas**	tu **enverras**	tu **enverrais**	que tu **envoies**	
il **envoya**	il **enverra**	il **enverrait**	qu'il **envoie**	
nous **envoyâmes**	nous **enverrons**	nous **enverrions**	que nous **envoyions**	
vous **envoyâtes**	vous **enverrez**	vous **enverriez**	que vous **envoyiez**	
ils **envoyèrent**	ils **enverront**	ils **enverraient**	qu'ils **envoient**	
je **fus**	je **serai**	je **serais**	que je **sois**	**étant**
tu **fus**	tu **seras**	tu **serais**	que tu **sois**	
il **fut**	il **sera**	il **serait**	qu'il **soit**	
nous **fûmes**	nous **serons**	nous **serions**	que nous **soyons**	
vous **fûtes**	vous **serez**	vous **seriez**	que vous **soyez**	
ils **furent**	ils **seront**	ils **seraient**	qu'ils **soient**	
je **fis**	je **ferai**	je **ferais**	que je **fasse**	**faisant**
tu **fis**	tu **feras**	tu **ferais**	que tu **fasses**	
il **fit**	il **fera**	il **ferait**	qu'il **fasse**	
nous **fîmes**	nous **ferons**	nous **ferions**	que nous **fassions**	
vous **fîtes**	vous **ferez**	vous **feriez**	que vous **fassiez**	
ils **firent**	ils **feront**	ils **feraient**	qu'ils **fassent**	
il **fallut**	il **faudra**	il **faudrait**	qu'il **faille**	*n'existe pas*

INFINITIF	PRÉSENT	IMPÉRATIF	PASSÉ COMPOSÉ	IMPARFAIT
24. **fuir** *(to flee)*	je **fuis** tu **fuis** il **fuit** nous **fuyons** vous **fuyez** ils **fuient**	**fuis** **fuyons** **fuyez**	j'**ai fui** tu **as fui** il **a fui** nous **avons fui** vous **avez fui** ils **ont fui**	je **fuyais** tu **fuyais** il **fuyait** nous **fuyions** vous **fuyiez** ils **fuyaient**
25. **lire** *(to read)*	je **lis** tu **lis** il **lit** nous **lisons** vous **lisez** ils **lisent**	**lis** **lisons** **lisez**	j'**ai lu** tu **as lu** il **a lu** nous **avons lu** vous **avez lu** ils **ont lu**	je **lisais** tu **lisais** il **lisait** nous **lisions** vous **lisiez** ils **lisaient**
26. **mettre** *(to put, place)*	je **mets** tu **mets** il **met** nous **mettons** vous **mettez** ils **mettent**	**mets** **mettons** **mettez**	j'**ai mis** tu **as mis** il **a mis** nous **avons mis** vous **avez mis** ils **ont mis**	je **mettais** tu **mettais** il **mettait** nous **mettions** vous **mettiez** ils **mettaient**
27. **mourir** *(to die)*	je **meurs** tu **meurs** il **meurt** nous **mourons** vous **mourez** ils **meurent**	**meurs** **mourons** **mourez**	je **suis mort(e)** tu **es mort(e)** il/elle **est mort(e)** nous **sommes mort(e)s** vous **êtes mort(e)(s)** ils/elles **sont mort(e)s**	je **mourais** tu **mourais** il **mourait** nous **mourions** vous **mouriez** ils **mouraient**
28. **naître** *(to be born)*	je **nais** tu **nais** il **naît** nous **naissons** vous **naissez** ils **naissent**	**nais** **naissons** **naissez**	je **suis né(e)** tu **es né(e)** il/elle **est né(e)** nous **sommes né(e)s** vous **êtes né(e)(s)** ils/elles **sont né(e)s**	je **naissais** tu **naissais** il **naissait** nous **naissions** vous **naissiez** ils **naissaient**
29. **ouvrir** *(to open)*	j'**ouvre** tu **ouvres** il **ouvre** nous **ouvrons** vous **ouvrez** ils **ouvrent**	**ouvre** **ouvrons** **ouvrez**	j'**ai ouvert** tu **as ouvert** il **a ouvert** nous **avons ouvert** vous **avez ouvert** ils **ont ouvert**	j'**ouvrais** tu **ouvrais** il **ouvrait** nous **ouvrions** vous **ouvriez** ils **ouvraient**
30. **plaire** *(to please)*	je **plais** tu **plais** il **plaît** nous **plaisons** vous **plaisez** ils **plaisent**	**plais** **plaisons** **plaisez**	j'**ai plu** tu **as plu** il **a plu** nous **avons plu** vous **avez plu** ils **ont plu**	je **plaisais** tu **plaisais** il **plaisait** nous **plaisions** vous **plaisiez** ils **plaisaient**
31. **pleuvoir** *(to rain)*	il **pleut**	*n'existe pas*	il **a plu**	il **pleuvait**
32. **pouvoir** *(can, to be able)*	je **peux** tu **peux** il **peut** nous **pouvons** vous **pouvez** ils **peuvent**	*n'existe pas*	j'**ai pu** tu **as pu** il **a pu** nous **avons pu** vous **avez pu** ils **ont pu**	j'**pouvais** tu **pouvais** il **pouvait** nous **pouvions** vous **pouviez** ils **pouvaient**
33. **prendre** *(to take)*	je **prends** tu **prends** il **prend** nous **prenons** vous **prenez** ils **prennent**	**prends** **prenons** **prenez**	j'**ai pris** tu **as pris** il **a pris** nous **avons pris** vous **avez pris** ils **ont pris**	je **prenais** tu **prenais** il **prenait** nous **prenions** vous **preniez** ils **prenaient**

PASSÉ SIMPLE	FUTUR	CONDITIONNEL	SUBJONCTIF	PARTICIPE PRÉSENT
je **fuis**	je **fuirai**	je **fuirais**	que je **fuie**	**fuyant**
tu **fuis**	tu **fuiras**	tu **fuirais**	que tu **fuies**	
il **fuit**	il **fuira**	il **fuirait**	qu'il **fuie**	
nous **fuîmes**	nous **fuirons**	nous **fuirions**	que nous **fuyions**	
vous **fuîtes**	vous **fuirez**	vous **fuiriez**	que vous **fuyiez**	
ils **fuirent**	ils **fuiront**	ils **fuiraient**	qu'ils **fuient**	
je **lus**	je **lirai**	je **lirais**	que je **lise**	**lisant**
tu **lus**	tu **liras**	tu **lirais**	que tu **lises**	
il **lut**	il **lira**	il **lirait**	qu'il **lise**	
nous **lûmes**	nous **lirons**	nous **lirions**	que nous **lisions**	
vous **lûtes**	vous **lirez**	vous **liriez**	que vous **lisiez**	
ils **lurent**	ils **liront**	ils **liraient**	qu'ils **lisent**	
je **mis**	je **mettrai**	je **mettrais**	que je **mette**	**mettant**
tu **mis**	tu **mettras**	tu **mettrais**	que tu **mettes**	
il **mit**	il **mettra**	il **mettrait**	qu'il **mette**	
nous **mîmes**	nous **mettrons**	nous **mettrions**	que nous **mettions**	
vous **mîtes**	vous **mettrez**	vous **mettriez**	que vous **mettiez**	
ils **mirent**	ils **mettront**	ils **mettraient**	qu'ils **mettent**	
je **mourus**	je **mourrai**	je **mourrais**	que je **meure**	**mourant**
tu **mourus**	tu **mourras**	tu **mourrais**	que tu **meures**	
il **mourut**	il **mourra**	il **mourrait**	qu'il **meure**	
nous **mourûmes**	nous **mourrons**	nous **mourrions**	que nous **mourions**	
vous **mourûtes**	vous **mourrez**	vous **mourriez**	que vous **mouriez**	
ils **moururent**	ils **mourront**	ils **mourraient**	qu'ils **meurent**	
je **naquis**	je **naîtrai**	je **naîtrais**	que je **naissse**	**naissant**
tu **naquis**	tu **naîtras**	tu **naîtrais**	que tu **naisses**	
il **naquit**	il **naîtra**	il **naîtrait**	qu'il **naisse**	
nous **naquîmes**	nous **naîtrons**	nous **naîtrions**	que nous **naissions**	
vous **naquîtes**	vous **naîtrez**	vous **naîtriez**	que vous **naissiez**	
ils **naquirent**	ils **naîtront**	ils **naîtraient**	qu'ils **naissent**	
j'**ouvris**	j'**ouvrirai**	j'**ouvrirais**	que j'**ouvre**	**ouvrant**
tu **ouvris**	tu **ouvriras**	tu **ourvrirais**	que tu **ouvres**	
il **ouvrit**	il **ouvrira**	il **ouvrirait**	qu'il **ouvre**	
nous **ouvrîmes**	nous **ouvrirons**	nous **ouvririons**	que nous **ouvrions**	
vous **ouvrîtes**	vous **ouvrirez**	vous **ouvririez**	que vous **ouvriez**	
ils **ouvrirent**	ils **ouvriront**	ils **ouvriraient**	qu'ils **ouvrent**	
je **plus**	je **plairai**	je **plairais**	que je **plaise**	**plaisant**
tu **plus**	tu **plairas**	tu **plairais**	que tu **plaises**	
il **plut**	il **plaira**	il **plairait**	qu'il **plaise**	
nous **plûmes**	nous **plairons**	nous **plairions**	que nous **plaisions**	
vous **plûtes**	vous **plairez**	vous **plairiez**	que vous **plaisiez**	
ils **plurent**	ils **plairont**	ils **plairaient**	qu'ils **plaisent**	
il **plut**	il **pleuvra**	il **pleuvrait**	qu'il **pleuve**	**pleuvant**
je **pus**	je **pourrai**	je **pourrais**	que je **puisse**	**pouvant**
tu **pus**	tu **pourras**	tu **pourrais**	que tu **puisses**	
il **put**	il **pourra**	il **pourrait**	qu'il **puisse**	
nous **pûmes**	nous **pourrons**	nous **pourrions**	que nous **puissions**	
vous **pûtes**	vous **pourrez**	vous **pourriez**	que vous **puissiez**	
ils **purent**	ils **pourront**	ils **pourraient**	qu'ils **puissent**	
je **pris**	je **prendrai**	je **prendrais**	que je **prenne**	**prenant**
tu **pris**	tu **prendras**	tu **prendrais**	que tu **prennes**	
il **prit**	il **prendra**	il **prendrait**	qu'il **prenne**	
nous **prîmes**	nous **prendrons**	nous **prendrions**	que nous **prenions**	
vous **prîtes**	vous **prendrez**	vous **prendriez**	que vous **preniez**	
ils **prirent**	ils **prendront**	ils **prendraient**	qu'ils **prennent**	

INFINITIF	PRÉSENT	IMPÉRATIF	PASSÉ COMPOSÉ	IMPARFAIT
34. **recevoir** *(to receive, get)*	je **reçois** tu **reçois** il **reçoit** nous **recevons** vous **recevez** ils **reçoivent**	**reçois** **recevons** **recevez**	j'ai **reçu** tu as **reçu** il a **reçu** nous avons **reçu** vous avez **reçu** ils ont **reçu**	je **recevais** tu **recevais** il **recevait** nous **recevions** vous **receviez** ils **recevaient**
35. **résoudre** *(to resolve, solve)*	je **résous** tu **résous** il **résout** nous **résolvons** vous **résolvez** ils **résolvent**	**résous** **résolvons** **résolvez**	j'ai **résolu** tu as **résolu** il a **résolu** nous avons **résolu** vous avez **résolu** ils ont **résolu**	je **résolvais** tu **résolvais** il **résolvait** nous **résolvions** vous **résolviez** ils **résolvaient**
36. **rire** *(to laugh)*	je **ris** tu **ris** il **rit** nous **rions** vous **riez** ils **rient**	**ris** **rions** **riez**	j'ai **ri** tu as **ri** il a **ri** nous avons **ri** vous avez **ri** ils ont **ri**	je **riais** tu **riais** il **riait** nous **riions** vous **riiez** ils **riaient**
37. **savoir** *(to know)*	je **sais** tu **sais** il **sait** nous **savons** vous **savez** ils **savent**	**sache** **sachons** **sachez**	j'ai **su** tu as **su** il a **su** nous avons **su** vous avez **su** ils ont **su**	je **savais** tu **savais** il **savait** nous **savions** vous **saviez** ils **savaient**
38. **sortir** *(to go out)*	je **sors** tu **sors** il **sort** nous **sortons** vous **sortez** ils **sortent**	**sors** **sortons** **sortez**	je suis **sorti(e)** tu es **sorti(e)** il/elle est **sorti(e)** nous sommes **sorti(e)s** vous êtes **sorti(e)(s)** ils/elles sont **sorti(e)s**	je **sortais** tu **sortais** il **sortait** nous **sortions** vous **sortiez** ils **sortaient**
39. **suivre** *(to follow)*	je **suis** tu **suis** il **suit** nous **suivons** vous **suivez** ils **suivent**	**suis** **suivons** **suivez**	j'ai **suivi** tu as **suivi** il a **suivi** nous avons **suivi** vous avez **suivi** ils ont **suivi**	je **suivais** tu **suivais** il **suivait** nous **suivions** vous **suiviez** ils **suivaient**
40. **se taire** *(to be quiet)*	je me **tais** tu te **tais** il se **tait** nous **nous taisons** vous **vous taisez** ils se **taisent**	**tais-toi** **taisons-nous** **taisez-vous**	je me suis **tu(e)** tu t'es **tu(e)** il/elle s'est **tu(e)** nous **nous sommes tu(e)s** vous **vous êtes tu(e)(s)** ils/elles se sont **tu(e)s**	je me **taisais** tu tu **taisais** il se **taisait** nous **nous taisions** vous **vous taisiez** ils se **taisaient**
41. **vaincre** *(to conquer)*	je **vaincs** tu **vaincs** il **vainc** nous **vainquons** vous **vainquez** ils **vainquent**	**vaincs** **vainquons** **vainquez**	j'ai **vaincu** tu as **vaincu** il a **vaincu** nous avons **vaincu** vous avez **vaincu** ils ont **vaincu**	je **vainquais** tu **vainquais** il **vainquait** nous **vainquions** vous **vainquiez** ils **vainquaient**
42. **valoir** *(to be worth;* *to deserve, merit)*	je **vaux** tu **vaux** il **vaut** nous **valons** vous **valez** ils **valent**	**vaux** **valons** **valez**	j'ai **valu** tu as **valu** il a **valu** nous avons **valu** vous avez **valu** ils ont **valu**	je **valais** tu **valais** il **valait** nous **valions** vous **valiez** ils **valaient**

PASSÉ SIMPLE	FUTUR	CONDITIONNEL	SUBJONCTIF	PARTICIPE PRÉSENT
je **reçus**	je **recevrai**	je **recevrais**	que je **reçoive**	**recevant**
tu **reçus**	tu **recevras**	tu **recevrais**	que tu **reçoives**	
il **reçut**	il **recevra**	il **recevrait**	qu'il **reçoive**	
nous **reçûmes**	nous **recevrons**	nous **recevrions**	que nous **recevions**	
vous **reçûtes**	vous **recevrez**	vous **recevriez**	que vous **receviez**	
ils **reçurent**	ils **recevront**	ils **recevraient**	qu'ils **reçoivent**	
je **résolus**	je **résoudrai**	je **résoudrais**	que je **résolve**	**résolvant**
tu **résolus**	tu **résoudras**	tu **résoudrais**	que tu **résolves**	
il **résolut**	il **résoudra**	il **résoudrait**	qu'il **résolve**	
nous **résolûmes**	nous **résoudrons**	nous **résoudrions**	que nous **résolvions**	
vous **résolûtes**	vous **résoudrez**	vous **résoudriez**	que vous **résolviez**	
ils **résolurent**	ils **résoudront**	ils **résoudraient**	qu'ils **résolvent**	
je **ris**	je **rirai**	je **rirais**	que je **rie**	**riant**
tu **ris**	tu **riras**	tu **rirais**	que tu **ries**	
il **rit**	il **rira**	il **rirait**	qu'il **rie**	
nous **rîmes**	nous **rirons**	nous **ririons**	que nous **riions**	
vous **rîtes**	vous **rirez**	vous **ririez**	que vous **riiez**	
ils **rirent**	ils **riront**	ils **riraient**	qu'ils **rient**	
je **sus**	je **saurai**	je **saurais**	que je **sache**	**sachant**
tu **sus**	tu **sauras**	tu **saurais**	que tu **saches**	
il **sut**	il **saura**	il **saurait**	qu'il **sache**	
nous **sûmes**	nous **saurons**	nous **saurions**	que nous **sachions**	
vous **sûtes**	vous **saurez**	vous **sauriez**	que vous **sachiez**	
ils **surent**	ils **sauront**	ils **sauraient**	qu'ils **sachent**	
je **sortis**	je **sortirai**	je **sortirais**	que je **sorte**	**sortant**
tu **sortis**	tu **sortiras**	tu **sortirais**	que tu **sortes**	
il **sortit**	il **sortira**	il **sortirait**	qu'il **sorte**	
nous **sortîmes**	nous **sortirons**	nous **sortirions**	que nous **sortions**	
vous **sortîtes**	vous **sortirez**	vous **sortiriez**	que vous **sortiez**	
ils **sortirent**	ils **sortiront**	ils **sortiraient**	qu'ils **sortent**	
je **suivis**	je **suivrai**	je **suivrais**	que je **suive**	**suivant**
tu **suivis**	tu **suivras**	tu **suivrais**	que tu **suives**	
il **suivit**	il **suivra**	il **suivrait**	qu'il **suive**	
nous **suivîmes**	nous **suivrons**	nous **suivrions**	que nous **suivions**	
vous **suivîtes**	vous **suivrez**	vous **suivriez**	que vous **suiviez**	
ils **suivirent**	ils **suivront**	ils **suivraient**	qu'ils **suivent**	
je **me tus**	je **me tairai**	je **me tairais**	que je **me taise**	**se taisant**
tu **te tus**	tu **te tairas**	tu **te tairais**	que tu **te taises**	
il **se tut**	il **se taira**	il **se tairait**	qu'il **se taise**	
nous **nous tûmes**	nous **nous tairons**	nous **nous tairions**	que nous **nous taisions**	
vous **vous tûtes**	vous **vous tairez**	vous **vous tairiez**	que vous **vous taisiez**	
ils **se turent**	ils **se tairont**	ils **se tairaient**	qu'ils **se taisent**	
je **vainquis**	je **vaincrai**	je **vaincrais**	que je **vainque**	**vainquant**
tu **vainquis**	tu **vaincras**	tu **vaincrais**	que tu **vainques**	
il **vainquit**	il **vaincra**	il **vaincrait**	qu'il **vainque**	
nous **vainquîmes**	nous **vaincrons**	nous **vaincrions**	que nous **vainquions**	
vous **vainquîtes**	vous **vaincrez**	vous **vaincriez**	que vous **vainquiez**	
ils **vainquirent**	ils **vaincront**	ils **vaincraient**	qu'ils **vainquent**	
je **valus**	je **vaudrai**	je **vaudrais**	que je **vaille**	**valant**
tu **valus**	tu **vaudras**	tu **vaudrais**	que tu **vailles**	
il **valut**	il **vaudra**	il **vaudrait**	qu'il **vaille**	
nous **valûmes**	nous **vaudrons**	nous **vaudrions**	que nous **valions**	
vous **valûtes**	vous **vaudrez**	vous **vaudriez**	que vous **valiez**	
ils **valurent**	ils **vaudront**	ils **vaudraient**	qu'ils **vaillent**	

INFINITIF	PRÉSENT	IMPÉRATIF	PASSÉ COMPOSÉ	IMPARFAIT
43. **venir** *(to come)*	je **viens** tu **viens** il **vient** nous **venons** vous **venez** ils **viennent**	**viens** **venons** **venez**	je **suis venu(e)** tu **es venu(e)** il/elle **est venu(e)** nous **sommes venu(e)s** vous **êtes venu(e)(s)** ils/elles **sont venu(e)s**	je **venais** tu **venais** il **venait** nous **venions** vous **veniez** ils **venaient**
44. **vivre** *(to live)*	je **vis** tu **vis** il **vit** nous **vivons** vous **vivez** ils **vivent**	**vis** **vivons** **vivez**	j'**ai vécu** tu **as vécu** il **a vécu** nous **avons vécu** vous **avez vécu** ils **ont vécu**	je **vivais** tu **vivais** il **vivait** nous **vivions** vous **viviez** ils **vivaient**
45. **voir** *(to see)*	je **vois** tu **vois** il **voit** nous **voyons** vous **voyez** ils **voient**	**vois** **voyons** **voyez**	j'**ai vu** tu **as vu** il **a vu** nous **avons vu** vous **avez vu** ils **ont vu**	je **voyais** tu **voyais** il **voyait** nous **voyions** vous **voyiez** ils **voyaient**
46. **vouloir** *(to wish, want)*	je **veux** tu **veux** il **veut** nous **voulons** vous **voulez** ils **veulent**	**veuille** **veuillons** **veuillez**	j'**ai voulu** tu **as voulu** il **a voulu** nous **avons voulu** vous **avez voulu** ils **ont voulu**	je **voulais** tu **voulais** il **voulait** nous **voulions** vous **vouliez** ils **voulaient**

PASSÉ SIMPLE	FUTUR	CONDITIONNEL	SUBJONCTIF	PARTICIPE PRÉSENT
je **vins**	je **viendrai**	je **viendrais**	que je **vienne**	**venant**
tu **vins**	tu **viendras**	tu **viendrais**	que tu **viennes**	
il **vint**	il **viendra**	il **viendrait**	qu'il **vienne**	
nous **vînmes**	nous **viendrons**	nous **viendrions**	que nous **venions**	
vous **vîntes**	vous **viendrez**	vous **viendriez**	que vous **veniez**	
ils **vinrent**	ils **viendront**	ils **viendraient**	qu'ils **viennent**	
je **vécus**	je **vivrai**	je **vivrais**	que je **vive**	**vivant**
tu **vécus**	tu **vivras**	tu **vivrais**	que tu **vives**	
il **vécut**	il **vivra**	il **vivrait**	qu'il **vive**	
nous **vécûmes**	nous **vivrons**	nous **vivrions**	que nous **vivions**	
vous **vécûtes**	vous **vivrez**	vous **vivriez**	que vous **viviez**	
ils **vécurent**	ils **vivront**	ils **vivraient**	qu'ils **vivent**	
je **vis**	je **verrai**	je **verrais**	que je **voie**	**voyant**
tu **vis**	tu **verras**	tu **verrais**	que tu **voies**	
il **vit**	il **verra**	il **verrait**	qu'il **voie**	
nous **vîmes**	nous **verrons**	nous **verrions**	que nous **voyions**	
vous **vîtes**	vous **verrez**	vous **verriez**	que vous **voyiez**	
ils **virent**	ils **verront**	ils **verraient**	qu'ils **voient**	
je **voulus**	je **voudrai**	je **voudrais**	que je **veuille**	**voulant**
tu **voulus**	tu **voudras**	tu **voudrais**	que tu **veuilles**	
il **voulut**	il **voudra**	il **voudrait**	qu'il **veuille**	
nous **voulûmes**	nous **voudrons**	nous **voudrions**	que nous **voulions**	
vous **voulûtes**	vous **voudrez**	vous **voudriez**	que vous **vouliez**	
ils **voulurent**	ils **voudront**	ils **voudraient**	qu'ils **veuillent**	

A

abîmer to ruin
abonnement *m* subscription
abonner: s'— à to subscribe to (a magazine)
absolument absolutely
abord: d' first; at first; first of all
abordable affordable
aborder to reach; to arrive at
aboutir à to reach
aboyer to bark
abri *m* shelter
abriter to shelter
accord *m* agreement; **d'—** o.k., agreed!
accouchement *m* childbirth, delivery
accoutumer: s'— à to get used to
accrochages: avoir de petits — to disagree with
accrocher to run into; to hang
accroître to increase
accueil *m* welcome; **—lant(e)** welcoming, friendly
accueillir to welcome, greet
accumuler to accumulate
acheter à crédit to buy on credit
acier *m* steel; **être en —** to be made of steel
acquérir (*pp* **acquis**) to acquire
acteur/actrice *m, f* actor/actress
action: faire une bonne — to do a good deed
actualités *f pl* current events, news (in the press, but especially on television)
actuellement at the moment; at present
aérien(ne) aerial
affaire: avoir — à to be faced with
affaires *f pl* business
affectueux(-euse) affectionate
affiche *f* poster
afficher to put up; to display
affrontement *m* confrontation
afin que/pour que in order that, so that
agacer to annoy, provoke
âge *m* age; **ne pas faire son —** to not look one's age; **le troisième —** old age; **— d'or** golden age
agence de voyages *f* travel agency
agenda *m* engagement calendar
agent *m* **immobilier** real estate agent
aggraver to aggravate; **s'—** to worsen
agir to act; **s'— de** to be about
aide *f* help, aid; **appeler quelqu'un à l'—** to call someone for help
aide *m* helper
ailleurs someplace else; **d'—** moreover, besides; **par —** furthermore

aimer to like, love
aîné(e) *m, f* elder, eldest
ainsi in this way, thus
air *m* air; **avoir l'— en forme** to look in good shape
aisé(e) easy; well-off
alentours *m pl* surroundings
allée *f* driveway
alléguer to put forward
aller to go; **— de mal en pis** to go from bad to worse; **il lui va bien** it looks good on him/her; **s'en —** to go away
aller-retour *m* round-trip
allocation *f* **de chômage** unemployment benefits
allumer to turn on
allumette *f* match
allusion: faire — à to allude to
alors then
amateur de musique music lover
ambiance *f* atmosphere
améliorer to improve
aménager to move in
amener to bring; **— quelqu'un** to bring someone over (along)
amical(e) friendly; **amicalement** best wishes; kind regards
amoureux(-euse): tomber — de quelqu'un to fall in love with someone
ampoulé(e) pompous
amuse-gueule *m* appetizer, snack
amuser: s'— to have fun
anchois anchovies
ancien(ne) former; ancient
animateur/animatrice *m, f* announcer
annonce *f* announcement, notification; **les petites —s** classified announcements
annuler to void, cancel
anxieux(-euse) anxious
apercevoir (*pp* **aperçu**) to notice, see; **s'—** to realize
apéritif *m* before-dinner drink; **apéro** (*fam*)
apparaître (*pp* **apparu**) to appear; to come into view; to become evident
appareil *m* apparatus, machine; **— ménager** household appliance; **— photo** camera
apparition éclair *f* quick appearance (cameo)
appartement de location *f* rental apartment
appeler to call; **— quelqu'un à l'aide** to call for help
aplatir (*pp* **aplati**) to flatten
approfondir to deepen
appuyer to press, push (a key)

après after; **— que** when
après-demain the day after tomorrow
arabe Arab; Arabic
argent *m* silver; money; **— de poche** pocket money; **être en —** to be made of silver
argot *m* slang
armature *f* framework
armée *f* army
armes *f pl* arms, weapons
armoire *f* wardrobe, armoire
arracher de to grab from
arranger to arrange; **s'—** to work things out
arrestation *f* arrest
arrêter: s'— to stop
arrière-grand-parent great-grandparent
arrivée *f* arrival
arriver to arriver; **— premier** to finish first; **— à** to happen
artichaut *m* **bougeoir** artichoke candlestick
artisan(e) *m, f* artisan; craftsman
ascenseur *m* elevator
asperge *f* asparagus
assaisonné(e) seasoned
asseoir: s'— to sit (down)
assez rather, quite; **— de** enough; **en avoir —** (*fam*) to be fed up
assis(e) seated
assiette *f* plate; **— de charcuterie** plate of coldcuts
assister à to attend
assurance-maladie *f* health insurance
assuré(e): être — to be insured
atelier *m* workshop; artist's studio
attaquer to attack
atteindre to reach; to arrive at
attendre to wait (for); **en attendant que** waiting for; **s'—** to expect
attendrissant(e) touching
attentat *m* attack
attente *f* wait
atterrir to land
attirer to attract
aucun(e) no; none
auditeur/auditrice *m, f* listener; member of (listening) audience; **assister en tant qu'— /auditrice libre** to audit (a course)
au fait in fact
au fur et à mesure as; at the same time as
augmentation *f* **de salaire** pay raise
augmenter: — le son to turn up the volume; **— la température** to raise the temperature
auparavant before
auquel = à + lequel to, at, in which one
aussi also; as

aussitôt soon; — **que** as soon as
autant (de) as much, as many, so much
autoroute f highway
auto-stop: faire de l'— to hitchhike
autrefois in the past, formerly
autrement otherwise; — **dit** in other words
autrui m others
avant (de, que) before
avantageux(se) advantageous
avant-hier the day before yesterday
avant-veille f two nights before
avec with
avenir m future
avertir to alert; to notify
avis m opinon; **changer d'**— to change one's mind
avocat(e) m, f lawyer
avoir (pp **eu**) to have; — **à** to have to; — **l'air** to look, have the appearance of; **en** — **assez** to have had enough; **n'en** — **que pour quelques minutes** to be only a few minutes
avortement m abortion, miscarriage
avouer to admit

B

bac m (fam) high school diploma: **le baccalauréat**
bague f ring
baguette f stick; bread
baisser to lower; to decrease
balance f scale
balancer to swing
balayer to sweep
baleine f whale
banal(e) trite
bande dessinée f comic strip
banlieue f suburbs
banlieusard(e) m, f suburb dweller
banque f bank
banquette f (booth) seat
banquier/banquière banker
barbe f beard; **ça me** — (fam) that bores me
barque f small boat
bas m pl stockings
bas(se) short; low
bassin m pelvis
bataille f battle
bâtiment m building
batterie f car battery
battre to beat, break
bavarder to chat
beau-frère/beau-père brother-/father-in-law or stepbrother/-father
beignet m doughnut
belle-sœur/belle-mère sister-/mother-in-law or stepsister/-mother
bénéfices m pl profits; benefits

bête f beast; animal
bête stupid
beurre m butter; — **de cacahouète** peanut butter
bibliothèque f library
bien well; **faire du** — **à quelqu'un** to do someone some good; — **que** although
bienveillance: avec — kindly
bière f beer
bijou(x) m jewel(s)
billet m ticket; — **(aller) simple** one-way ticket
bi-mensuel m bimonthly publication
bise f kiss; **faire la** —(fam) to kiss
biscuit m cookie
bistrot m pub; cafe
blanc m blank
blessé(e) hurt; wounded
blesser to hurt
blindage m screening; plating
blouson m **de cuir** leather jacket
boire (pp **bu**) to drink; — **quelque chose ensemble** to have a drink together
bois m wood; **avoir la gueule de** — to have a hangover
boisson f drink; — **alcoolisée** alcoholic drink; — **gazeuse** f carbonated drink; — **non-alcoolisée** soft drink
boîte: aller en — (fam) to go to a nightclub
bon(ne) good
bon marché cheap; inexpensive
bonhomme: le petit — (term of endearment) little man
bonté f goodness
bord m **à bord** on board (a ship)
bosser (un examen) (fam) to cram (for a test)
botte f boot
bouc émissaire m scapegoat, fall guy
boucle f buckle; — **s d'oreilles** earrings
bouillir: faire — to boil
boulanger(ère) baker
bouleversé(e) shocked, distressed
boulot m (fam) work
bourse f: — **d'études** scholarship, grant
bousculer bump into
bout de chou m (fam) little darling
boutique f shop, small store
bracelet m bracelet
brancher to plug in; **se** — to connect; to be connected
brasserie f bar; brewery
brochure f pamphlet
bronzer: se faire — to get a tan
brouiller: se — to become confused, mixed-up
brouillon m draft
browser m browser
bruit m noise

brûler to burn
bruit m noise; **faire beaucoup de** — to make a great fuss about
brun(e) dark brown (hair)
bruyant(e) noisy
budget m budget
buffet chaud m warm dishes
buffet froid m cold dishes
bureau m office; desk
but m goal

C

cacher to hide; **se** — to hide oneself
cadeau m gift
cadet(te) m, f younger, youngest
cadre m, f manager; executive; frame; setting
café brûlot m coffee mixed with whiskey
cahier m notebook
caillou(x) m pebble(s), stone(s)
cambrioleur m burglar
caméscope m camcorder
camoufler to camouflage
campagne f country; campaign; — **électorale** election campaign
candidat(e) m, f candidate; **être** — **(à la présidence)** to run (for president)
cantine f cafeteria; dining hall
capacité f capacity; ability
car m bus (traveling between towns)
carnaval m carnival
carnet m **de chèques** checkbook; — **d'adresses** address book
carré(e) square
carrière f career
cartable m school bag
carte de crédit f credit card
carte électronique f automatic teller card
cas m case; **en** — **d'urgence** in case of emergency; **un** — **d'urgence** emergency
casser to break; — **la croûte** to break bread
casserole f (sauce)pan
cauchemar m nightmare
causer to chat; to talk
causerie f talk show
cédérom m CD-ROM
ceci this
céder (à) to give up; to give in
ceinture f belt; — **de sécurité** seatbelt
cela (ça) that
célèbre famous
célibataire single
censé(e) supposed (to do something)
central téléphonique m telephone exchange
cependant however
certain(e) certain, particular; sure
chacun(e) each one

chaîne *f* channel

chaleur *f* heat;　**chaleureux** warm

chambre *f* (bed)room;　**— à deux lits** double room (room with two beds); **— avec douche/salle de bains** room with a shower/bathroom;　**— de bonne** room for rent (formerly maid's quarters)

champignon *m* mushroom

chance *f* luck;　**avoir de la —** to be lucky

chandail *m* sweater

chandelle *f* candle

changer de l'argent to change money

chanson *f* song

chanter to sing

chanteur/chanteuse singer

chantilly *f* whipped cream

chapelet *m* rosary

chaque each

charges *f pl* fees (for heat and maintenance of an apartment or condominium)

chasser to chase; to hunt

châtain chestnut (color);　**— clair** light brown;　**— foncé** dark brown

chaud(e) hot;　**on a eu —** *(fam)* that was a narrow escape

chauffage *m* heat; heating

chaussettes *f pl* socks

chaussure *f* shoe;　**—s à hautes talons/à talons plats** high-heeled shoes/low-heeled shoes

chauve bald

chef *m* **(de bureau, d'atelier, d'équipe)** leader (manager) of office, workshop, team;　**— de rayon** departmental supervisor;　**— de service** service supervisor

chef d'œuvre *m* masterpiece

chemise *f* man's shirt

chemisier *m* woman's blouse

chêne *m* oak

chenil *m* kennel

chèque *m* check;　**— de voyage** *m* traveler's check;　**— sans provision** bounced check

chèquier *m* checkbook

cher/chère *m, f* dear; expensive

chercher to look for;　**aller — quelqu'un** to pick someone up

chevauchement *m* overlapping

cheville *f* ankle

chèvre *m* goat's milk cheese

chez with; at the home of

chiffon *m* rag;　**—s** *(fam)* clothes

chiffre *m* number; figure

choc *m* shock

chocolat chaud *m* hot chocolate

choisir to choose

chômage *m* unemployment;　**être au —** to be unemployed

chômeur/chômeuse *m, f* unemployed person

choqué(e) shocked

choquer to shock

chou(x) *m* cabbage(s)

choucroute *f* sauerkraut

chouette *(fam)* great, nice, cute

chrétien(ne) Christian

chute *f* fall; waterfall

ciel *m* sky

cinéaste *m* filmmaker

cinéma *m* movie theater;　**aller au —** to go to a movie

cire *f* wax

circulation *f* traffic

ciseaux *m pl* scissors

Cité-U(niversitaire) résidence universitaire *f* student residence hall(s)

citoyen(ne) *m, f* citizen

citron pressé *m* fresh lemonade

classement *m* ranking

claustrophobe claustrophobic

clavier *m* keyboard

clé or **clef** *f* key

cliquer sur to click (on computer)

client(e) *m, f* guest, client, customer

clôture *f* fence

clou(s) *m* nail(s)

cœur *m* heart

coiffure *f* hairstyle

coin *m* area, corner

coincé(e): être — to be stuck

colère *f* anger;　**se mettre en —** to lose one's temper

collant *m* pantyhose;　**—s** tights

collègue *m, f* fellow worker;　**— de bureau** fellow office worker

coller to stick

collier *m* necklace

combat *m* combat, fight;　**les —** fighting

comédie *f* comedy

comédien(ne) comedian; actor

comique comical; funny

commander to order

commandes *f, pl* commands;　**exécuter/effectuer des —** to execute commands

commerçant(e) *m, f* shopkeeper

commerce *m* business

commissariat (de police) *m* police station

commission *f* errand

comparaison *f* comparison

compatible compatible

compétent(e) qualified, competent

complet(-ète) complete; sold out (movie, show)

compliqué(e) complicated

comportement *m* behavior

comprendre (*pp* **compris**) to understand;　**mal —** to misunderstand

compromis *m* compromise;　**aboutir à un —** to come to or reach a compromise

comptabilité *f* accounting; bookkeeping

comptable *m, f* accountant

compte *m* account;　**— chèques** checking account;　**en fin de —** taking everything into account;　**ouvrir un —** to open an account;　**— rendu** review (of film, play, book);　**tenir ses —** to keep one's accounts

compter to count; to intend;　**— sur** to plan on, count on, expect

concert *m* concert;　**aller à un —** to go to a concert

concevoir (*pp* **conçu**) conceive, design, plan

concierge *m, f* caretaker/manager (of building or hotel)

concurrence *f* competition

concurrent(e) *m, f* contestant

concurrer to compete

condition: à — que on the condition that

conduire (*pp* **conduit**) to drive

conduite *f* driving; conduct

confection industrielle *f* clothing business

conférence *f* lecture

confisquer to confiscate

conflit *m* conflict

confort *f* comfort;　**— ménager** household conveniences

confus(e) confused

congé *m* holiday, vacation, leave;　**— de maladie** sick leave;　**—s payés** paid vacation;　**prendre — de** to take leave of

congélateur *m* freezer

congrès *m* conference

connaissance *f* acquaintance;　**faire la — (de)** to meet, to make the acquaintance (of);　**—s** knowledge

connaître (*pp* **connu**) to know; to be acquainted with, be familiar with;　**se —** to meet, get acquainted with

connecter à l'Internet to connect to the Internet

Conseil *m* Council; Board

conseil *m* piece of advice;　**des —s** guidance

conseiller to advise

consentir à to consent to

conserves *f* canned goods

consommation *f* consumption

constat *m* certified report

construire (*pp* **construit**) to construct

comptabilité *f* accounting

contenir to contain

content(e) content

contraste *m* contrast;　**par — avec** in contrast with

contravention *f* ticket, fine

contre against

contrebande: faire de la — to smuggle goods

contrefaçon *f* counterfeiting
contremaître *m* factory supervisor
contrôle *m* test
convaincre (*pp* **convaincu**) to convince;
    — quelqu'un de faire quelque chose to
    persuade someone to do something
copain/copine *m, f* a friend
copropriété *f* condominium
Coran *m* the Koran
cordon-bleu: un vrai — gourmet cook
costume *m* man's suit
côte *f* chop; **— d'agneau** lamb chop;
    sur la — on the coast
côté *m* side; **chacun de son —** each on
    his/her own side
côtelette *f* chop; **— de porc** pork chop;
    — de veau veal chop
cotisation *f* contribution (money)
couche *f* bed, couch, level; **—s de la so-**
    ciété social levels; **— moyennes**
    salariées middle salary levels
couchette *f* cot, train bed
couloir *m* hallway
coup *m* hit, blow; **— de foudre** love at
    first sight; **— de soleil** sunburn;
    donner un — de main à quelqu'un
    (fam) to help someone; **frapper les**
    trois —s to announce the start of a per-
    formance; **passer un — de fil (de télé-**
    phone) to give a (telephone) call
coupe *f* cut (clothing, hair); **— de fruits** *f*
    fruit salad; **sous —** saucer
couper: se — to cut oneself; to disconnect
    (telephone, gas, electricity, cable)
courageux(euse) brave; courageous
couramment fluently
courant *m* current; standard; **être au —**
    to know about
courant(e) running; **eau —** running
    water
courbatures: avoir des — to be sore
coureur(-euse) *m, f* runner, cyclist
courrier électronique *m* electronic mail;
    l'e-mail e-mail
courir (*pp* **couru**) to run
course *f* errand; race; job; **faire**
    des —s to do errands, go shopping
courtisan(e) flatterer
courtois(e) courteous
coussin *m* cushion, pillow
coûter to cost
couture *f* sewing; fashion; **haute —** high
    fashion
couturier/couturière seamstress; fashion
    designer
couvercle *m* lid
couvre-lit *m* bedspread
craindre (*pp* **craint**) to fear
crainte *f* fear
crèche *f* day-care center
créer to create

crème de cassis *f* black currant liqueur
crêpe *f* pancake
crever to burst; **pneu crevé** flat tire
crier to yell out
crise *f* crisis; **— de nerfs** fit of hysterics
critique *f* criticism
critique *m, f* critic; **un(e) — de cinéma**
    movie critic; **un(e) — de théâtre** the-
    ater critic
croire (*pp* **cru**) to believe
croisière *f* cruise
croissant *m* crescent
croissant(e) increasing, growing
cru(e) raw
crudité *f* raw vegetables
cuire (*pp* **cuit**) to cook; **trop cuit**
    overcooked
cuisiner to cook
cuisinière *f* stove
cuivre *m* copper
cure-dents *f* toothpick
curieux(-euse) curious, odd
curriculum vitae (le C.V.) *m* résumé, CV
cybernaute one who enjoys the Web

D

d'abord first, at first
davantage (que) more (than)
débarrasser to get rid of
débarquer to land
débat *m* debate
débile idiotic; **— mental(e)** mental idiot
débitant *m* tobacco dealer
débordé(e) de travail swamped with work
déborder to overflow; overwhelm
debout standing; **se tenir —** to stand
débrancher to disconnect, unplug (radio,
    television)
débrouiller: se — to manage, get along
débutant(e) *m, f* beginner
décalage *m* gap; interval; discrepancy
déception *f* disappointment
décevoir (*pp* **déçu**) to disappoint
décider to decide; **se — (à faire quelque**
    chose) to make up one's mind (to do
    something)
décision: prendre une — to make a
    decision
déclarer (ses achats) to declare (one's
    purchases)
décocher to shoot; to fire
déconcerté(e) confused, muddled
décoré(e) decorated
décupler to increase tenfold
dedans inside
défaite *f* defeat, loss
défavorisé(e) disadvantaged,
    underprivileged
défendre de to forbid; to defend
défendu(e) forbidden
défense *f* defense

défi *m* challenge
défouler: se — to let off steam
dégager to make way
dégoût *m* disgust
dégraisser to take grease marks out; to
    dry clean
dehors outside
déjà already
déjeuner *m* lunch; **petit —**
    breakfast
déjeuner to have lunch
demande *f* **d'emploi** application for em-
    ployment; **remplir une —** to fill out
    an application
demander to ask (for); **se —** to wonder
démarrer to start (car); to get moving
déménager to move
déminage *m* minesweeping
demi-tarif *m* half-fare
démolir destroy
dénouement *m* ending
dépanner to repair a breakdown; **nous**
    — to help us out
départ *m* departure
dépit: en — de in spite of
déplacement *m* travel expenses
déplacer to move
déplaire (*pp* **déplu**) to displease
dépliant *m* leaflet
déposer to put down; to deposit (a check)
déranger to bother, disturb
dernier(-ière) final; last
dérouler: se — to take place
désaccord *m* disagreement
dès from; since; **— l'enfance** since child-
    hood; **— que** as soon as
descendre to go down; to bring down;
    — dans un hôtel to stay in a hotel;
    — de (la voiture, etc.) to get out of (the
    car, etc.)
descente *f* downhill skiing
déshabiller: se — to get undressed
désigner to appoint
désolé(e): être — to be sorry
désorienté(e) confused, muddled
dès que as soon as
deserrer to loosen
desservi(e) served
dessin *m* design; **— animé** cartoon
dessous underneath; **ci- —** below
dessus on top; **ci- —** above; **prendre le**
    — to get the upper hand
détail *m* detail
détendu stretched-out (material)
détendre: se — to relax
détester to dislike
détruire (*pp* **détruit**) to destroy
deuil *m* sorrow; grief
deuxième second
dévancer to get ahead of
développement *m* development

devenir (*pp* **devenu**) to become; **qu'est-ce qu'il devient?** *(fam)* what's become of him?

déverser to pour out

dévisager stare, look hard at

devoir *m* duty; homework

devoir (*pp* **du**) to have to; to owe

diapositive *f* (photographic) slide

diffuser to broadcast

dîner to have dinner; **le —** dinner

dire (*pp* **dit**) to say, tell

directeur/directrice manager (company, business)

direction *f* management

diriger to direct; to manage (business)

discours *m* speech

discrètement discreetly

discuter (de) to discuss; **— de choses et d'autres** to talk about this and that

disparaître (*pp* **disparu**) to disappear

disponible available

dispute *f* argument, quarrel

disputer: **se —** to argue; **— un match** to play a match

disque dur *m* hard (disk) drive

disquette *f* floppy disk; **— à double densité** double-density disk; **— à haute densité** high-density disk

dissertation *f* term paper

distributeur automatique *m* de billets automatic teller machine

divertir to divert; to entertain

divertissement *m* entertainment; diversion

documentaire *m* documentary

domaine *m* domain; area

dommage: **c'est —** it's too bad

donc therefore, so

donjon *m* dungeon

données *f pl* data

dont whose; of which; of whom

dorer: **faire —** to brown

dormir to sleep

douane *f* customs

douanier(-ière) *m, f* customs officer

doubler: pass (another car); to dub (a film)

douche *f* shower

doué(e) gifted

douleur *f* pain

doute *m* doubt; **sans —** probably

douter to doubt; **se — de** to suspect

douteux(-euse) doubtful

douzaine *f* dozen

doux/douce soft; sweet

dramaturge *m* playwright

dresser to train

droit *m* law

dru: **tomber —** to fall thickly (snow)

duquel = de + lequel of, about, from which one

dur(e) hard

E

ébattre: **s'—** to frolic

ébloui(e) bedazzled

écart *m* distance; space; gap

échelle *f* ladder; scale (figurative)

échouer à to fail

éclairage *m* lighting

éclairer to enlighten

éclatement *m* blow-out

éclater to explode

économie *f* de marché market economy

économies: **faire des —** save money

écouter to listen to

écran *m* screen

écrivain *m* writer

effacer to erase

efforcer: **s'— de** to force oneself to; to try hard, try one's best

effrayer to frighten

égard *m* consideration; **à l'— de** with regard to

électeur/électrice voter

élection *f* election; **perdre les —s** to lose the election

électricien(ne) *m, f* electrician

élevé(e) high; **bien/mal —** well/badly brought up

élire (*pp* **élu**) to elect

éloge *m* eulogy, praise; **faire des —s** to praise

embarquer to go on board

embêter to bother

embouteillage *m* traffic tie-up/jam

embrasser to kiss; **s'—** to kiss each other

embrouiller: **s'—** to become confused

émeute *f* riot

émission *f* television show, radio broadcast

emmener to bring; **— quelqu'un** to take someone (somewhere)

émouvant(e) moving

émouvoir (*pp* **ému**) to move (emotionally)

empêcher de to impede; to prevent from

empirer to worsen

emploi *m* job; **trouver un —** to find a job

employé(e) *m, f* employee

employeur *m* employer

empoigner to grab

empreinte *f* mark; impression

emprunt *m* loan

emprunter to borrow

encaisser to cash (a check)

enceinte: **être —** to be pregnant

encore again, still

endommagé(e) damaged

énerver to unnerve

enfant *m* child

enfer *m* hell

enfermer to close; **s'—** to close oneself up

enfin finally

enfoncer insert

enlever to take something out, off, down; to remove

ennuyer to bore, annoy, bother, worry; **s'—** to be bored, get bored

ennuyeux(-euse) boring, tedious, annoying

enquête *f* poll

enraciner to implant; **s'—** to take root

enregistrer to record

enseignement *m* teaching, education

ensemble: **dans l'—** for the most part

ensuite then; next

entendre to hear; **— dire** to hear it said; **j'entends par là** I mean by this; **s'— avec** to get along with

entourer to surround

entracte *m* intermission

entraîner to lead; **s'—** to train

entraîneur/entraîneuse coach

entrée *f* entrance; first course (of a meal)

entrepôt *m* warehouse

entreprise *f* business

entretien *m*/entrevue *f* interview

entrouvrir (*pp* **entrouvert**) to half open

envahir invade

envie: **avoir — de** to feel like

envier to envy

environnement *m* environment

envisager to imagine

envoyer to send

épaule *f* shoulder

épice *f* spice

épinard *m* spinach

épingle *f* pin

époux/épouse spouse

épouvantable horrible

épouvante: **film d'—** horror film

épreuve (athlétique) *f* athletic event, test

éprouvant(e) nerve-racking

épuisant(e) grueling, exhausting

équilibre *m* balance

équipe rédactionnelle *f* editorial team

ère *f* era

erreur *f* misunderstanding

escalade *f* rock-climbing

escarmouche *f* skirmish

espèces: **payer en —** to pay cash

espérer to hope

espionnage *m* spying; **film d'—** spy movie

esprit *m* spirit; mind; **l'— ouvert** open mind

essayer to try; to try on

essence *f* gasoline; **être en panne d'—** to be out of gas

essentiel(le) essential

établir to establish

établissement *m* establishment

étagère *f* shelf, shelves

étalage *m* display (in store)
étaler to spread out
étendard *m* standard
étage *m* floor; story
étape *f* stage; phase
état *m* state; federal government; **en bon/ mauvais —** in good/bad condition
été *m* summer
éteindre to turn off/out; **— la lumière** to turn off the light
étendre: s'— to spread
ethnologique ethnological
étonner to surprise, astonish
étouffer to suffocate; to cramp one's style
étrange strange
étranger: aller à l'— to go abroad
être (*pp* **été**) to be; **— à** to belong to (someone); **— d'un certain âge** to be middle-aged; **— en forme** to be in good shape; **vous y êtes?** do you understand? do you get it?
étroit(e) narrow
étude: en — in study hall
éveiller: s'— to awaken
événement *m* event
évidemment obviously
examen *m* test; exam
exaucer to fulfill; to grant
exigeant(e) demanding
exigence *f* demand
exhaler to exhale
exiger to demand
exode *m* exodus
exporter to export
exposition *f* exhibit
exprès on purpose
extra *(fam)* great

F

fabricant(e) *m, f* manufacturer
fabrication *f* manufacture
fâcher: se — contre to get angry with
façon *f* way; **la même —** the same way
facultatif(-ve) elective; optional
faculté *f* department (in university)
faible weak
faiblesse *f* weakness
faillir (**+ infinitive**) to almost (do something)
faim *m* hunger; **avoir —** to be hungry
faire (*pp* **fait**) to do, make; **je vous le fais** I'll give (sell) it to you; **s'en —** to be worried
fait: au — by the way, come to think of it; **ça ne te — rien** it does not bother you; **en —** in fact
falloir (*pp* **fallu**) to be necessary; **il faut** it's necessary; we must
fana de sport *m, f* sports enthusiast, fan
fantasme *m* fantasy; dream
fatigué(e) tired

fauché(e) *(fam)* broke (out of money)
fauve the color tawny; musky; **les Fauvistes** School of French painters
faux/fausse false
favori/favorite favorite
favoris *m pl* sideburns
femme *f* woman; wife; spouse; **— d'affaires** businesswoman
fête *f* party
feu: avoir du — to have a light
feuilleton *m* serial; soap opera
féliciter to congratulate
fenêtre *f* window
fête *f* feast; party; holiday; name-day
fiançailles *f pl* engagement (to be married)
fiancer: se — to get engaged
figurer: se — to imagine; **figurez-vous** *(slang)* believe you me, believe it or not
fil *m* line; wire; **passer un coup de — à quelqu'un** to give someone a call
filet *m* net; **monter au —** to come to the net
fille *f* girl; daughter; **— unique** only child
film *m* movie; **— d'amour** love story; **— d'aventures** adventure film; **— dépouvante** horror movie; **— d'espionnage** spy movie; **— de guerre** war movie; **— policier** police story; **— western** western
fils *m* son; **— unique** only child
finir to finish; **— par** to end up
flâner to stroll
flanquer: se — to fall flat
flic *m* cop
fonctionnaire *m, f* civil servant
fond: au — basically; **rester en — de court** to stay on the base line
fondre: faire — to melt
forces *f pl* forces
fôret *f* forest
forger to forge
forgeron *m* blacksmith
formater to format
formation *f* training, education; **— professionnelle** professional education, training
forme: être en — to be in good shape
formidable: c'est — that's fantastic
fort(e) strong; heavy/big/stout; high; loud
fossé *m* ditch; gap
fou/folle crazy; insane
fouiller les bagages/les valises to search, go through baggage/luggage
four *m* oven; flop; **— à micro-ondes** *m* microwave oven
fournir to furnish
foyer *m* household; **homme/femme au — househusband/housewife**
frais *m pl* costs, charges; **— d'annulation** cancellation fees; **— d'inscription** registration fees

frais/fraîche fresh
franchise *f* candor; frankness
francophone French-speaking; **le monde —** the French-speaking world
frappé(e) chilled (wine)
fréquemment frequently
fréquenter: — quelqu'un to go steady with someone
frigo *m (fam)* fridge, refrigerator
fringues *f (fam)* clothing
friperie *f* second-hand clothing store
frire: faire — to fry
frisé(e) curly
froideur *f* cold; coldness
froisser to crush; to hurt
fromage *m* cheese
front *m* front; front lines; forehead
frontière *f* border
fumer to smoke
fumeur/fumeuse smoker; **une place non—** a non-smoking seat
furieux(-euse) furious
fusée spaciale *f* space rocket

G

gâcher to spoil
gaffe: faire — (à) *(fam)* to be careful, watch out
gagner to win
garder to keep; **— un enfant** to baby-sit
gare *f* train station
garer to park; **— la voiture** to park the car
gaspiller to waste
gastronomie *f* the art of good cooking
gâté(e) spoiled (person)
gauche left; awkward
gauffre *f* waffle
gazeux(se) carbonated; **une boisson —** a carbonated drink
gêner to bother
générations: au fil des — with the passing generations
génial(e) super
géni(e) *m, f* genius
genou(x) *m* knee(s)
genre *m* gender; kind, type
gentil(le) nice, kind
gentillesse *f* kindness
géographie *f* geography
gérant(e) *m, f* manager (restaurant, hotel, shop)
geste *m* gesture
gestion *f* management
glace *f* ice cream
glaçon *m* ice cube
globalement globally
gorgée *f* mouthful
gosse *m, f (fam)* kid
gourde *f* flask

gourmand(e) one who loves to eat and will eat anything, especially sweets
gourmandise *f* gluttony; delicacy
gourmet *m* epicure, one who enjoys eating but eats only high-quality food
goût *m* taste
goûter to taste
goûter *m* snack around 4 P.M.
goutte *f* drop;   **c'est la — d'eau qui fait déborder le vase** that's the last straw
grand(e) great; big, tall
grand-mère *f* grandmother
grand-père *m* grandfather
graphiques *m pl* graphics
gras *m* grease
grasse-matinée *f:* **faire la —** to sleep in
gratte-ciel *m* skyscraper
gratuit(e) free, at no cost
grave serious
grève *f* strike;   **être en —** to be on strike;   **faire la —** to go on strike
gréviste *m, f* striker
grignoter to snack
grille-pain *m* toaster
griller: faire — to toast (bread); to grill (meat, fish)
gros(se) big; fat
grossesse *f* pregnancy
grossier(-ière) rude
grossir/prendre des kilos to put on weight
guère hardly
guérille *m* guerilla
guérir to cure
guérisseur(-euse) *m, f* healer
guerre *f* war
gueule *f* mouth (of animal)
guichet *m* ticket window, office; counter;   **jouer à — s fermés** to play to sold-out performances
guindé(e) stilted

H

habiller to dress;   **s'—** to get dressed
habitude *f* habit;   **d'—** usually
habituer: s'— à to get used to
haïr (*pp* **haï[e]**) to hate
haleine *f* breath;   **reprendre —** to get one's breath back;   **tenir quelqu'un en —** to hold someone spellbound
hampe *f* pole
hareng *m* herring
haricots verts *m* green beans
hausse *f* rise;   **être en —** to be on the rise
hausser to raise
haut(e) tall; high
hautain(e) haughty
hauteur *f* height
hasard *m* coincidence; chance;   **par —** by chance

hebdomadaire *m* weekly publication
hébergement *m* accommodations
herbe *f* grass
heure *f* hour;   **dans une —** in an hour;   **— de pointe** rush hour
heureusement fortunately
heureux(-euse) happy
hibou(x) *m* owl(s)
hier yesterday
histoire *f* history; story
HLM *f* **(habitation à loyer modéré)** moderate income housing
homme *m* man;   **— d'affaires** businessman
honnête honest
honnêteté *f* honesty
honte *f* shame
honteux(-euse) shameful;   **c'est —** it's a disgrace; shameful
hôpital *m* hospital
hoquet *m* hiccup
horaire *m* schedule
horloge *f* clock
huile *f* oil;   **— solaire** suntan oil;   **— d'olive** olive oil
humeur *f* mood;   **être de bonne/mauvaise —** to be in a good/bad mood
humour *m* humor

I

illégitime illegitimate
imaginer to imagine;   **je t'imagine bien** I can just see you
immeuble *m* apartment building
immigrant(e) *m, f* newly arrived immigrant
immigré(e) *m, f* an established immigrant
immobilier *m* real estate business;   **une agence immobilière** real estate agency;   **un agent immobilier** real estate agent
impeccable perfect; fautless
imperméable *m* raincoat
importance *f* significance, importance
importer to import
impôts *m pl* taxes
imprévu(e) unexpected
imprimante *f* printer;   **— à laser** laser;   **— matricielle** dot matrix
inacceptable unacceptable
inadmissable inadmissable
inattendu(e) unexpected
incendie *m* fire
inciter to incite
inconnu(e) unknown
inconvénient *m* inconvenience; disadvantage
incrédule incredulous
indécis(e) **(sur)** indecisive; undecided (about)
indiquer to show, direct, indicate

industrie *f* **du livre** publishing business
infirmier(-ière) *m, f* nurse
informaticien(ne) *m, f* computer expert
informatique *f* computer science; data processing;   **être dans l'—** to be in the computer field
ingénieur *m* engineer
ingrat(e) *m, f* ungrateful (person); thankless (job)
initiative *f* drive
inlassable tireless
inquiet(-ète) worried
inquiéter: s'— (de) to worry, be anxious (about);   **ne vous inquiétez pas** don't worry
inquiétude *f* worry, anxiety
inscrire (*pp* **inscrit**): **se faire —** to sign up; to register (to vote)
insensé(e) insane
insister to insist
installer: s'— to get settled
insupportable intolerable, unbearable
intégrer to integrate
interdire (*pp* **interdit**) to prohibit;   **— à quelqu'un de faire quelque chose** to forbid (someone to do something)
intéresser: s'— à to be interested in
intérêt *m* interest;   **t'as — à** you'd better
interprète *m, f* actor/actress;   **—s** *m, f pl* the cast
interro *f* quiz
interrompre **to** interrupt
intrigue *f* plot
introuvable cannot be found
ivre drunk

J

jamais never
jardin *m* garden; yard
jeu *m* game;   **—x d'argent/de hasard** gambling;   **— télévisé** *m* game show
joindre (*pp* **joint**) to join; to enclose
joli(e) pretty
joue *f* cheek
jouer to play;   **— aux durs** to act tough
joujou(x) *m* toy(s)
jour *m* day
journal *m* newspaper;   **— télévisé** *m* television news
journée *f* day
juif(-ve) Jewish
jumeau(-elle) *m, f* twin
jurer to swear
jusqu'à ce que until
juste correct; fair
justement exactly

L

là-bas over there
laid(e) ugly

laine *f* wool; **être en —** to be made of wool

laisser to leave; **— quelqu'un partir** to let someone go; **— quelqu'un tranquille** to leave someone alone

lait *m* milk

laiterie *f* dairy

lambeaux *m pl* tatters

lancer to throw; to launch

lapin *m* rabbit; **poser un — à quelqu'un** *(fam)* to stand someone up

large wide

larme *f* tear

lavable washable

lave-linge *m* washing machine

lave-vaisselle *m* dishwasher

laver to wash

leçon *f* lesson; **— particulière** private lesson

lecteur(-trice) *m, f* reader

lecteur *m:* **— de disquettes** disk drive; **— de vidéodisques** video disk reader; **— de CD**

lecture *f* reading

léger(-ère) light

légitime legitimate

légume *m* vegetable

lentille *f* lentil; contact lens; **porter des —** to wear contact lenses

lenteur *f* slowness

lequel/laquelle which one, which

léser to injure, wrong

lessive *f* laundry

libérer to free

libraire *f* bookstore

license *f* degree (academic)

licencier: **se faire —** to get laid off

lien *m* link, tie; **— de parenté** family tie

lieu *m* place; **avoir —** to take place

ligue *f* league (baseball)

lire *f* a lira, Italian currency

lire to read

lit *m* bed; **grand —** double bed

livre *m* book

livre *f* pound

livrer to deliver

livret *m* **d'épargne** savings account book (bank book)

locataire *m, f* tenant

logement *m* housing; accommodations; **— en copropriété** condominium

logiciel *m* software

loisir *m* leisure, spare time; **—s** leisure activities

long(ue) long

longtemps long, a long time

lors de at the time of, during

lorsque when

loterie *f* lottery

lotion solaire *f* suntan lotion

louer to rent

lourd(e) heavy

loyauté *f* loyalty

loyer *m* rent

lumière *f* light

lune de miel *f* honeymoon

lunettes *f pl* glasses; **porter des —** to wear glasses

lutte *f* struggle; wrestle

lutter to struggle, wrestle, fight

lycée *m* high school

lycéen(-enne) *m, f* high-school student

M

mâcher to chew

machine à laver (le linge) *f* washing machine

mâchoire *f* jaw

maçon *m* stonemason

magasin *m* store; **grand —** department store

magazine *m* magazine

maghrébin(e) *m, f* North African; from the Maghreb

magistrat *m* judge

maillot de bain *m* swimsuit

magnétoscope *m* videocassette recorder (VCR)

main d'œuvre *f* labor

maintenant now

mairie *f* city hall

mais but

maison *f* house; firm, company; **— d'édition** *f* publishing company

maître d'hôtel *m* head waiter

mal *m* evil, ill, wrong; **avoir du — à** to have difficulty with; **avoir le — du pays** to be homesick

maladroit(e) clumsy

malentendu *m* misunderstanding

malgré in spite of

malheur *m* misfortune

malheureusement unfortunately

malhonnête dishonest

malhonnêteté *f* dishonesty

malin/maligne clever; shrewd

malsain(e) unhealthy

manche *f* sleeve; inning

mandat *m* term of office

manifestation *f* demonstration, protest (organized)

manifester to protest; to demonstrate; **se —** to arise; to emerge

manette *f* joystick

mannequin *m* model; **— de cire** mannequin (in store)

manque *m* lack; **— de communication** communication gap

manquer to miss; **— le train** to miss the train; **il manque un bouton** it's miss-ing a button; **se — de quelqu'un** to miss someone

maquette *f* model

marais *m* swamp; **le Marais** 4th district of Paris

marchander to bargain (haggle)

marché *m* market; **— aux puces** flea market; **— conclu** it's a deal

marcher to work; to walk; to run, work (machine); **faire —** to make something work

mardi *m* Tuesday; **Mardi gras** Fat Tuesday

mari *m* husband, spouse

mariée *f* bride

marier: **se —** to get married

marmite *f* large cooking pot

marocain(e) Moroccan

marque *f* brand

marrant(e) *(slang)* funny, strange

marre: **en avoir —** *(fam)* to be fed up

marron chestnut; brown

Marseillaise *f* French national anthem

match nul *m* tied game

matière *f* subject, course

matinée *f* morning; **faire la grasse —** to sleep late

mécanique mechanical

méchant(e) mean; naughty

mécontent(e) discontented; displeased

médecin *m* doctor

médecine *f* medicine; **la —** the field of medicine

médias *f pl* the media

médiatisation *f* mediatization; promotion through media

médicament *m* medicine, drug

méfait *m* wrongdoing

méfier: **se — de** to be wary, suspicious

mélange *m* mixture

mélanger to mix

même same; even

mémoire *f* memory

menace *f* threat

menacer to threaten

ménager to save; to be sparing of; **— la chèvre et le chou** to sit on the fence

mensuel *m* monthly publication

menthe *f* mint; **thé à la —** mint tea

mentir (*pp* menti) to lie

menteur(euse) liar

menu *m* menu

méprise *f* misunderstanding, mistake

mépriser to despise

méprisant(e) contemptuous

mère *f* mother; **belle- —** mother-in-law; stepmother; **— célibataire** single mother

merveilleux(-euse) marvelous, fantastic

métier *m* job, profession

métro-boulot-dodo *m* daily grind of commuting, working, sleeping

metteur en scène *m* stage director

mettre to put, place; **se — à** to begin; **— la 3, 6, etc.** to put on channel 3, 6, etc.

meubles *m* furniture

micro-onde *f* microwave; **un four à —** a microwave oven

micro-ordinateur *m* desk-top computer

mieux better

mignon(ne) cute; **super —** very cute

mijoter: faire — to simmer

mine *f* mine; **avoir bonne/mauvaise —** to look good/bad

minuscule tiny

mise en scène *f* staging

moche *(fam)* ugly, ghastly

mode *f* fashion; style; **— d'emploi** user's manual

moine *m* monk

moins less; **à — que** unless

mois *m* month

monde *m:* **du —** people

mondial(e) world-wide

monter to climb, go up; **— dans (une voiture/un bus/un taxi/un avion/un train)** to get into (a car/bus/taxi/plane/train); to bring up (luggage)

montre *f* watch

montrer le passeport to show one's passport

moquer: se — de to make fun of

morceau *m* piece

mort *f* death; **les —s** *m pl* the dead

mosquée *f* mosque

motivé(e) motivated

mou (mol)/molle soft

moyen(ne) medium; average; **moyens** means

mouche *f* fly

moucher: se — to blow one's nose

moules *f pl* mussels

moulin *m* mill

moulinets *f pl:* **faire des — avec les bras** whirl one's arms around

mourir *(pp* **mort)** to die

muet(te) mute

mulâtre mulatto

musée *m* museum

music-hall *m* musical

musulman(e) Islamic

muter to transfer

mutuelle *f* mutual benefit insurance company

N

nanti(e) affluent, well off

nappe *f* tablecloth

narine *f* nostril

natal(e) native

natation *f* swimming

nature: une omelette — plain omelette

naturel(le) natural, native

navet *m* third-rate film, novel

navette spatiale *f* space shuttle

navré(e) sorry (formal)

néanmoins nevertheless

nécessaire necessary

Néerlandais(e) Dutch

négligé(e) neglected; slipshod

négliger to neglect

négotiation *f* negotiation

nerveux(-euse) high strung

nettoyage à sec *m* dry cleaning

nettoyer to clean

neuf/neuve new

neutre neutral

noir(e) black

nombreux(-euse) numerous

normal(e) normal, regular

notamment notably; in particular

note *f* grade; **—s de classe** class notes

nounours *m* teddy bear

nourrice *f* babysitter

nourriture *f* food; nutrition

nouveau: à — again, anew

nouvelles *f pl* printed news; news in general; **vous allez avoir de mes —** you're going to hear from me

noyer: se — to drown

nulle part not anywhere

numéro *m* number; issue (of a periodical)

O

obéir to obey

obéissant(e) obedient

objet *m* object

obligatoire required

obliger to obligate

obsèques *f pl* funeral

obtenir to obtain; to get

occasion *f* opportunity; chance; **d'—** second hand

occuper to occupy; **s'— de** to take care of, handle

œil: mon — you can't fool me

œuf *m* egg; **— dur** hard-boiled egg

œuvre *f* work (of art)

offre *f* **d'emploi** opening, available position; **— de mariage** marriage proposal

offrir *(pp* **offert)** to offer

ombre *f* shade; shadow

ondulé(e) wavy

ongle *m* nail (of finger or toe); **se ronger les —s** to bite one's fingernails

opposition *f* opposition

orchestration *f* instrumentation

ordinateur *m* computer

oreiller *m* pillow

orner to decorate

otage *m* hostage; **prendre en —** to take hostage

oublier to forget

ouragan *m* hurricane

outil *m* tool

outre: en — besides

ouvert(e) open

ouvrage *m* work; piece of work

ouvreur(-euse) *m, f* attendant, usher

ouvrier(-ière) *m, f* worker

ouvrir *(pp* **ouvert)** to open

P

pain *m* **de mie** sandwich bread

pair: jeune homme/jeune fille au — one who works in exchange for room and board

paix *f* peace

palier *m* landing

panaché *m* mixed-flavor drink (often beer and lemon juice)

panier à linge *m* laundry basket

panne *f* breakdown; **être/tomber en — d'essence** to run out of gas

panneau board; sign; **— d'affichage** bulletin board

Pâques *f pl* Easter

paquet *m* package

paraître *(pp* **paru)** to appear, to seem; to come out; **il paraît que** it seems that; they say that

parapluie *m* umbrella

par contre on the other hand

parcourir to travel up and down

pardessus *m* overcoat

par-dessus on top of that

pareil(le) similar, alike; **une vie —** such a life

parent(e) *m, f* parent, relative

paresseux(euse) lazy

parfois at times

parier to bet

parole *f* word; **—s** lyrics

particulier(ère) particular; **une leçon —** a private lesson

partir: laisser — quelqu'un to let someone go

partout everywhere

parvis *m* square (in front of church)

pas du tout not at all

pas mal quite a few

passager/passagère passenger

passe: et j'en — *(slang)* and that's not all

passer to pass; to go by; to spend; **— à la douane** to go through customs; **— au beurre** to sauté briefly in butter; **— un examen** to take an exam; **se — de** to do without

passionné(e) impassioned

passionant(e) exciting

pâte *f* dough; crust (of cheese)

pâtes *f pl* noodles, pasta

patience: avoir de la — to have patience, be patient

patrimoine *m* heritage

patron(ne) *m, f* boss

paumé(e) lost, misfit

paupière *f* eyelid

pauvre poor; unfortunate

payer to pay; — par carte de crédit to pay by credit card; — avec chèques de voyage to pay with travelers' checks; — des droits to pay duty/tax; — en espèces to pay in cash

paysage landscape, countryside

PDG *m* président directeur général CEO

peigner: se — to comb one's hair

peine *f* trouble; à — scarcely; ce n'est pas la — it's not worth the trouble; don't bother; — de mort death penalty; faire de la — to cause pain

peintre *m* painter; — impressionniste impressionist painter

péniche *f* barge

penser to think

pension *f* de retraite retirement pension

peinture *f* painting; paints

pellicule *f* film (cartridge)

perdre: se — to get lost

percer to pierce

père *m* father; beau- — father-in-law; stepfather; — célibataire single father

permettre (*pp* permis) to permit

personnage *m* character; — principal main character

personne no one

personnel *m* personnel

persuader (*pp* persuadé[e]) to persuade

perte *f* loss

petites annonces *f pl* classified advertisements

petits pois *m pl* peas

peur *f* fear; avoir — to be afraid; de — que/de crainte que for fear that

peut-être possibly

pièce *f* room; play; — de rechange spare part

piège *m* trap

piger (*fam*) to understand; to "get it"

pilier *m* pillar

pinceau *m* paintbrush

piquer (*slang*) to steal

pire/pis worse; le — the worst

piste *f* slope; trail; run

pitié *f* pity; mercy

placard *m* cupboard; closet

place *f* square; une — de libre unoccupied seat; la place des Vosges (Paris)

plafond *m* ceiling

plage *f* beach

plaindre (*pp* plaint) to pity; se — (de quelque chose à quelqu'un) to complain (to someone about something)

plainte *f* complaint

plaire (*pp* plu) to please

plaisanter to joke

plancher *m* floor

plat *m* dish (container); dish (part of meal), course; — à micro-ondes microwave dish

plat(e) flat

platine *f*: — laser compact disc player; — à cassettes cassette deck

plein(e) full; — de (*fam*) a lot of; faire le — to fill up (gas tank); être en — air to be outside

pleuvoir (*pp* plu) to rain

plombier *m* plumber

plonger to dive

plupart: la — (de) *f* most (of)

plus more; de — besides, furthermore; en — besides

plusieurs several

plutôt rather

pneu *m* tire; — crevé flat tire

poêle *f* frying pan

poêle *m* stove

poids *m* weight

poignée *f* handle

point *m* sharp pain; — de vue point of view

pointu(e) pointed

poisson *m* fish

poivron vert *m* green pepper

poli(e) polite

politesse *f* politeness

politique *f* politics; policy; — étrangère foreign policy; — intérieure internal policy

pop-corn *m pl* popcorn

portable *m* portable computer

porte *f* door; aux —s de Paris on the outskirts of Paris; — d'embarquement departure gate

porte-bagages *m* suitcase rack

portée: à la — de within reach

portefeuille *m* wallet, billfold; portfolio

poser to ask (a question)

poste *f* post office

poste *m* job, radio, television set; occuper un — to have a job

poster to mail (a letter)

pot: prendre un — (*fam*) to have a drink

pote *m* (*fam*) friend

pou(x) *m* louse (lice)

poubelle *f* trash can; sortir les —s to take out the garbage

pouce *m* 2.5 centimeters (1 inch)

poudreuse *f* powder

poumon *m* lung

pourparlers *m pl*: les — talks; negotiations

pour que/afin que in order that, so that

pourboire *m* tip (restaurant)

pourtant however

pourvu(e) de equipped with

pourvu que provided that

poussière *f* dust

pouvoir (*pp* pu) to be able to; n'en plus — to be at the end of one's rope; to have had it

précoce early; premature

prélever to levy (a tax)

prendre (*pp* pris) to take; — congé de to take leave; — fin to end; — position to take a stand; s'y — bien/mal to do it the right/wrong way; — un verre/un pot (*fam*) to have a drink

préoccuper: se — de to be concerned with

près (de) near, close to; à peu — more or less

présenter to introduce; se — to present oneself, to appear

presque almost

pressing *m* dry cleaner's

pression *f* pressure; une — a (glass of) draft beer

prêt *m* loan

prêt-à-porter *m* ready to wear

prétendant(e) suitor

prêter to lend

prévenir (*pp* prévenu) to warn

prévoir (*pp* prévu) to plan; to foresee

prévu: quelque chose/rien de — something/nothing planned

prier to pray; to beg; je t'en/je vous en prie you're welcome; je te/vous prie (de faire quelque chose) will you please (do something)

prime *f* premium; free gift, bonus; subsidy

printemps *m* spring

prise *f* catch

pris(e): être — to be busy (not available)

prise *f* de courant outlet

privatiser to take intro private hands

prix *m* price; prize; au — fort at a high price; dans ses — in one's price range

prochain(e) next time (in a series); next (one coming); à la —e until next time

proches *m pl* close friends, relatives

producteur *m* producer (who finances)

produire (*pp* produit): se — to happen, take place

produit *m* product; —s d'entretien cleaning products

profaner to desecrate, violate

professions libérales *f pl* liberal professions

profiter to profit; — de to take advantage of; en — to enjoy life

programme *m* program listing; — électoral platform

programmer des menus to program (create) menus

progrès *m* progress

proie *f* prey

projeter de to plan on

projets *m pl* plans;   **faire des —** to make plans

prolixe wordy

promenade *f* walk

promettre to promise

promotion *f* promotion

propos: à — by the way

propre own; clean

propriété *f* property; ownership

propriétaire *m, f* owner; householder

prouesse *f* feat

prouver: se — to prove oneself

provoquer to cause

publicité *f* advertisement

pudeur *f* modesty

puissant(e) powerful

purement purely

Q

quai *m* (train) platform

qualifié(e) qualified, competent

qualité proche courrier *f* near letter quality

quand when;   **— même** nonetheless, even so

quartier défavorisé *m* slum

quel(le) what, which

quelque chose (de) something

quelquefois sometimes

quelque part somewhere

quelques a few, some, several

quelques-un(e)s some, a few

quelconque some; any

quelqu'un someone, somebody

queue: faire la — to wait in line

quincaillerie *f* hardware store

quoi what

quoique although

quoi que ce soit anything whatsoever

quotidien *m* daily

R

racisme *m* racism

raciste racist

raconter to tell (a story)

raccrocher to hang up (telephone)

raffiné(e) refined

raffiner to refine

raide straight (hair)

raisin *m* grape;   **— sec** raisin

raison *f* reason

raisonnable sensible

ralenti: travailler au — to work at a slow pace; to experience slowdowns

ramasser to pick up; to clean up

rame *f* subway train

ramener to bring someone (something) back; to drive someone home

rançon *f* ransom

randonnée pédestre *f* sport walking (power walking)

ranger to put away

râpé(e) threadbare, worn

rappel *m* curtain call

rappeler: se — to remember

rapport *m* relationship;   **avoir de bons/mauvais —s** have a good/bad relationship

rare rare, exceptional, unusual

rater to flunk; to miss

rationnement *m* ration;   **carte de —** ration card

rattraper to catch up;   **se —** to make up for

ravi(e) delighted, pleased

rayon *m* department (in store)

réagir to react

réalisateur(-trice) *m, f* director;   **— de télévision** television producer

réalisation *f* production

réalité: en — actually

réception *f* front desk

réceptionniste *m, f* hotel desk clerk

recette *f* recipe

recevoir (*pp* **reçu**) to receive; to entertain

recherche *f* search;   **—s** research;   **faire des —s** to do research

réclamation *f* complaint;   **faire une —** to make a complaint

recommander to recommend

reconnaissant(e) grateful, thankful

record du monde *m* world record

récréation *f* recreation; recess

rectitude *f* uprightness

reculer to backspace

redoubler to redouble; to reiterate   **— un examen/cours** to repeat a test/course

réduction *f* discount

réfléchir to reflect, think

réfrigérateur *m* refrigerator

refroidir to cool down

refuser to refuse

régal *m* treat, pleasure

regarder to look at

règle *f* rule

régler to regulate, arrange, adjust;   **— la note** to pay, settle the bill

règne *m* reign

regretter to be sorry

rejoindre (*pp* **rejoint**) to meet;   **se —** to meet (by prior arrangement)

réjouir to delight, gladden;   **se — à l'idée** to look forward (to)

remarquable remarkable, spectacular

remarquer to notice

remboursement *m* refund

rembourser to reimburse

remercier de to thank someone

remettre (*pp* **remis**) to hand in

remords: avoir des — to have (feel) remorse

rencontrer to meet (by chance), to run into;   **se —** to meet at a set time

rendement *m* productivity

rendez-vous *m* meeting;   **— avec un(e) inconnu(e)** blind date;   **se donner — avec quelqu'un** to make an appointment with someone

rendre to return, give back; to make, render;   **se — compte de** to account for; to realize;   **— service** to do a favor; render a service

renommée *f* fame

renoncer à to give up

rénover to renovate

renouveau *m* revival

renseignements *m pl* information

renseigner to inform;   **se —** to get information

rentrée *f* start of new school year

rentrer to go home, come home; to put away;   **— en retard** to get home late

renvoyer to send back

réparer to repair

repas *m* meal

repassage *m* ironing

répartition *f* dividing-up; distribution

repérer: se — to find one's place

répéter to repeat

répit *m* respite, rest

réplique *f* response

répondeur télélphonique *m* answering machine

reportage *m* newspaper report; live news or sports commentary

reposer: se — to rest

représentant(e) *m, f* **de commerce** sales rep

représentation *f* performance

représenter to represent;   **se —** to run again (for office)

reprocher to reproach, criticize

requin *m* shark

réseau *m* network

réserver une chambre to reserve a room

résolu(e) resolved

résoudre to resolve, solve

respectif(ive) respective

respectueux(se) respectful

respirer à fond to take a deep breath

responsabilités *f pl* duties

resservir to offer a second helping

restaurant *m* restaurant;   **— du cœur** soup kitchen;   **— universitaire** cafeteria

rester to remain; to stay;   **— en bas de l'échelle** to remain at the bottom of the ladder or financial scale

retard *m* lateness; **avoir du —** to be late; **partir en —** to get a late start

retenir (*pp* **retenu**) to hold back; to retain; to reserve (a room); **être retenu(e)** to be held up (late)

réticence *f* hesitation

retirer to withdraw; **— de l'argent** to make a withdrawal

retordre: donner du fil à — to give someone trouble

retoucher to retouch; to alter

retour *m* return; **— en arrière** flashback

retourner to go back; to turn again; to turn over

retraite *f* retirement; **être à la —** to be retired; **prendre sa —** to retire

retrouver to find again; **se —** to meet (by prior arrangement); **s'y —** to find one's way

réunion *f* meeting

réunir to gather; **se —** to get together

réussi(e) successful, well executed

réussir to succeed; **— à un examen** to pass an exam

réussite *f* success

revanche: en — on the other hand

réveiller to wake; **se —** to wake up

révéler to reveal; **se —** to prove to be

rêver to dream

revirement *m* turnaround

réviser (**pour**) to review (for)

revoir (*pp* **revu**) to review, look over; **se —** to see again; **au —** goodbye

révolter to revolt, shock

revue *f* magazine (sophisticated, glossy)

rez-de-chaussée *m* ground floor

rideau *m* curtain

rien *m* nothing; **ça ne fait —** it's nothing; **ne —** nothing; **n'avoir — à voir avec** to have nothing to do with

rigoler to laugh

rire (*pp* **ri**) to laugh

rive *f* bank

robe *f* dress

rôder to loiter

roman *m* novel

rompre (*pp* **rompu**): **— avec quelqu'un** to break up with someone

rond(e) round

rondelle *f* slice

rosace *f* rose window (in cathedral)

rôtir: faire — to roast

rouer quelqu'un de coups to beat someone black and blue

rouler to roll; **— à grande vitesse** to drive fast

rouspéter (*fam*) to groan, moan

route: être en — to be on the way

roux/rousse *m, f* redhead; **avoir les cheveaux —** to have red hair

rubrique *f* heading, item; column

S

sabbatique sabbatical

sac *m* bag; **— à dos** *m* backpack

saigner to bleed

saisissant(e) gripping; startling

salades composées *f pl* salads

salaire *m* pay (in general)

sale dirty

salé(e) salty

salir to make dirty, soil

saluer to greet

samedi *m* Saturday

sanctionner to sanction

sanglant(e) bloody

sans without; **les —-abri** homeless; **— blague** (*fam*) no kidding

santé *f* health; **à votre (ta) —** (**à la vôtre/à la tienne**) to your health; **se refaire la —** to recover one's health

santiags *m pl* cowboy boots

sapes *f pl* clothing

sarcasme *m* sarcasm

saumon *m* salmon; **— fumé** smoked salmon

sauter: faire — to sauté (brown or fry gently in butter)

sauvegarder to save

savoir (*pp* **su**) to know from memory or from study; to know how to do something; to be aware of

scandaleux(se) scandalous

scénariste *m, f* scriptwriter

sec/sèche dry

sèche-linge *m* clothes dryer

sécher to dry; **— un cours** (*fam*) to cut a class

secours *m* help; **au —** help

secrétaire *m, f* secretary

secrétariat *m* position or office of secretary

sécurité *f* **de l'emploi** job security

séduire (*pp* **séduit**) to seduce; to charm; to bribe

séisme *m* earthquake

séjour *m* stay; visit

sel *m* salt

selon according to

semaine *f* week; **chaque —** every week

semblable similar

sembler to seem

sens *m* meaning

sensationnel(le) fabulous

sensible sensitive

sentir to feel (an object); to smell; **se —** to feel (an emotion)

série *f* series

serment *m* sermon

serrer to press; **serré(e)** tight, closely fought

serrurerie *f* locksmithing

serrurier *m* locksmith

service *m* service; **— d'étage** room service; **— du personnel** personnel services; **— compris** tip included

servir to serve; **ne — à rien** to do no good; **se — de** to use

seul(e) only; solitary

seulement only

si if; yes (*fam*)

sidérer to stagger

s'il te plaît please (*fam*)

siècle *m* century

siège *m*: **— -bébé** infant (car) seat; **— -voiture** car seat

sieste *f* nap; **faire la —** to take a nap

sigle *m* abbreviation

signaler to point out

signification *f* signification, meaning

signifier to mean

sino- Asian; **—américain** Asian-American

sirop *m* **d'érable** maple syrup

soif *m* thirst; **avoir —** to be thirsty

soins médicaux *m pl* medical care and treatment

soirée: aller à une — to go to a party

solde: en — on sale; **une —** a sale

soleil *m* sun

son *m* sound

sondage *m* opinion poll

sorbet *m* sherbet

sorte *f* kind; type; **toutes —s** all kinds

sortie *f* exit; outing; release (of a film or song)

sortir (*pp* **sorti**) to go out; to take out; **— un revolver** to pull out a gun

sou: être sans le — to be without a penny

souci *m* worry; **se faire du —** to worry

soucoupe *f* soucer; **— volante** flying saucer

soudain(e) sudden

souffrir (*pp* **souffert**) to suffer

souhait *m* wish

souhaiter to wish

soulagement *m* relief

soulager to relieve

soulèvement *m* spontaneous uprising

soulever to lift (up)

souligner to underline

sourcil *m* eyebrow

sourdine: mettre en — to turn on mute

sourire (*pp* **souri**) to smile

souris *f* mouse

sous under

souscrire to contribute, subscribe to

sous-titre *m* subtitle; (**avec**) **—s** (with) subtitles

sous-vêtements *m pl* underwear

soutenir to support

soutien *m* support

souvenir *m* memory, souvenir

souvenir (*pp* **souvenu**): se — **de** to remember
souvent often
spécialiser: se — **en** to major in
spectacle *m* show
spectaculaire remarkable, spectacular
spectateurs/spectatrices *pl* studio audience
sportif(-ive) athletic, fond of sports
spot publicitaire *m* television commercial
squelette *m* skeleton
station *f* (television, radio) station; — -**service** gas station
stationnement *m* parking
statut *m* status
statut quo *m* status quo
steak-frites *m* steak with fries
stimulant(e) challenging
studio *m* efficiency apartment
submerger submerge
suffire (*pp* **suffi**): to be sufficient; **il suffit** it is enough
suffisant(e) sufficient; enough
suggérer to suggest
suite *f* series; **de** — in a row, in succession
suivant(e) following; next
suivre (*pp* **suivi**) to follow; **à** — to be continued; — **un cours** to take a course
super *(fam)* super
supplément *m* supplement; **payer un** — **pour excès de bagages** to pay extra for excess luggage
supporter to put up with, endure
supprimer to do away with; to take out
sûr(e) sure
surface: grande — huge discount store
surprenant(e) surprising
surpris(e) surprised
survecu(e) survived
surveillance *f* supervision
survenu(e) intervening
survivre (à) (*pp* **survécu**) to survive
survoler to fly over
sympa *(fam)* nice; friendly
syndicat *m* union; — **d'initiative** tourist bureau

T
tabagisme *m* use of tobacco
tableau *m* chart; — **noir** blackboard
tache *f* spot
tâche *f* task
tâcher de to try
taille *f* size; waist; **être de petite** — to be short; **être de** — **moyenne** to be of average height
tailleur *m* woman's tailored suit
taire (*pp* **tu**): se — to be quiet
talon *m* heel

tandis que while; whereas
tant (de) so much
taper to type; **retaper** to retype
tapis *m* rug, carpet
tapisserie *f* tapestry
taquiner to tease
tare *f* defect
tarif *m* fare, rate
tarte *f* **aux pommes** apple pie
tas *m* pile, heap; **un** — **de** a lot of
taux *m* rate; — **de chômage** rate of unemployment; — **d'intérêt** interest rate; — **da natalité** birth rate
tchin-tchin *(fam)* cheers
teinturerie *f* such, such a
télécommande *f* remote control
téléphoner to telephone; — **à quelqu'un** to telephone someone
télésiège *m* chairlift
téléspectateur/téléspectatrice television viewer
télélevision par câble *f* cable television
tellement so much, so; really
témoignage *m* testimony; witnessing
témoin *m* witness
temps time; **le bon vieux** — **temps** time; **le bon vieux** the good old days
tendre to tense
tendu(e) tense
tenir à to really want, to insist on
tenter to tempt; to try; **je me laisse** — I'll give in to temptation
tenue habillée *f* dressy clothes
termes: être en mauvais — to be angry with, on bad terms
terminer to finish
ternir to tarnish
terrain *m* **de camping** campground
terrine *f* pâté
terrorisme *m* terrorism
têtu(e) stubborn
TGV *m* **train à grande vitesse** high-speed train
théâtre *m* theater; **aller au** — to go to the theater
thé glacé *m* iced tea
thème *m* theme
thèse *f* **de doctorat** doctoral thesis, dissertation
thon *m* tuna
tirage *m* circulation
tirer to pull
tiroir *m* drawer
tissu *m* fabric
titre *m* title headline
toilette *f* toilet; **les** —**s** bathroom; washroom; **faire sa** — to have a wash; **être à sa** — to be dressing
tomber to fall; — **en panne** break down
toqué: t'es — *(fam)* you're nuts
tort *m* wrong; **avoir** — to be wrong

touche *f* key
toujours always; still; — **est-il que** it remains that, nevertheless
tour *m* trip; **c'est à qui le** —? whose turn is it? (who's next?)
tour *f* tower
tourner to turn; to shoot (a film)
tournoi *m* tournament
tout, tous, toute, toutes all; — **à fait** absolutely; — **de même** in any case; — **de suite** right away; **tous les jours** every day; — **à fait** completely
trac: avoir le — to have stage fright
trahir to betray
train *m*: **être en** — **de** to be in the proces of (doing something)
traitement *m* treatment; — **de texte** word processing; — **mensuel** monthly salary
traiter to treat, deal with
tranche *f* slice
tranquille calm; **laisser quelqu'un** — to leave someone alone
transmettre to broadcast
transporter to transport; — **d'urgence à** to rush to
travail *m* work
travaux ménagers *m pl* chores
travers à — across; **de** — crooked
traverser to cross
trentaine: avoir la — to be in one's 30s
trésor *m* treasure
tricher to cheat
triste sad
tristesse *f* sadness
tromper to deceive; to cheat on; **se** — to be mistaken; **se** — **de train** to take the wrong train
trompeur(-euse) deceptive
trottoir *m* sidewalk
trou *m* hole
troupe *f* cast
trouvaille *f* great find
troué(e) with holes
trouver to find; **se** — to be located
truc *m* *(fam)* thing; trick
tube *m* *(fam)* hit (music)
tuer to kill
tutoyer to use «tu»

U
une: la — **des journaux** front page
université *f* university
urgence *f* emergency
usine *f* factory
utile useful
utilité *f* usefulness

V
vacances *f pl* vacation; **être en** — to be on vacation; **passer des** —

magnifiques/épouvantables to spend a magnificent/horrible vacation

vachement *(fam)* very

vague *f* wave

vaisselle *f* dishes; **faire la —** wash the dishes

valable valid

valoir *(pp* **valu)** to be worth; **— la peine** to be worth the trouble

vanter: se — to boast, brag

veau *m* veal

vedette *f* star

vendeur/euse salesman/woman

vendre to sell

vendu(e) en solde sold at a reduced price, on sale

vénerie *f* venery (hunting on horseback)

venir to come; **— de** to have just

vente *f* sale

vergogne: sans — shameless; shamelessly

vérifier to verify, check

véritable real; genuine

verre *m* glass; **en —** made of glass; **prendre un —** *(fam)* to have a drink

verres *m pl* **de contact** contact lenses; **porter des —** to wear contact lenses

verrière *f* glass roof

verrouiller to lock

verser to pour; to pay a deposit or down payment

version originale (v.o.) in the original language

vertu *f* virtue

verve *f*: **plein de —** racy

veste (de sport) *f* (sports) jacket

vêtements *m pl* clothing; **ce (vêtement) lui va bien** this (piece of clothing) looks good on her/him; **changer de —** to change clothes; **— d'occasion** second-hand clothes; **enlever (un vêtement)** to take off (a piece of clothing); **essayer (un vêtement)** to try on (a piece of clothing); **mettre (un vêtement)** to put on (a piece of clothing)

veuf(veuve) widower; widow

veuillez please

victoire *f* win, vitory

vidéo-clip *m* music video

vidéomaniaque video fans

vie *f* life; **— de famille** home life

vigoureux(euse) impressive

vieux (vieil)/vieille old; **mon —** old man

villa *f* summer or country house

vingtaine: avoir la — to be in one's 20s

violent(e) fierce

violer to violate

visage *m* face

vis à vis with regard to

visite *f* visit; **rendre — à quelqu'un** to visit (someone)

visiter (un endroit) to vist (a place)

vitesse *f* speed

vitrerie *f* glazery

vivant(e) lively

vivifiant(e) invigorating

vivifier to invigorate

vivre *(pp* **vécu)** to live

vœu *(pl* **vœux)** *m* wish

voir to see; **aller — quelqu'un** to visit someone; **avoir (beaucoup) à — avec** to have (a lot) to do with

voisin(e) *m, f* **(d'à côté)** (next-door) neighbor

voiture *f* car; **accident de —** automobile accident

vol *m* flight; robbery; **faire du — libre** to go hang-gliding

voler to steal; **se faire —** to be robbed

volontaire *m* volunteer

volontiers gladly, willingly

volupté *f* delight; pleasure

voter to vote

vouloir *(pp* **voulu)** to want; **en — à quelqu'un** to hold a grudge against someone

voûte *f* vault (cathedral); **en —** vaulted

vouvoyer to use «vous»

voyage *m* **d'affaires** business trip

voyager to travel

voyant(e) *m, f* fortune teller, clairvoyant

voyou *m (fam)* hoodlum

X

xénophobie *f* xenophobia (fear/hatred of foreigners)

Y

yaourt *m* yogurt

yeux *m pl* eyes

Z

zapping *m* switching channels repeatedly **(zapper)**

«Expressions typiques pour... »

Indice B

«Mots et expressions utiles»

Indice C

Credits

Text/Realia Credits

p. 11, Offices de Tourisme de la Communauté Francophone de Belgique; **p. 17,** Air France; **p. 18,** Société Nationale du Chemin de Fer (SNCF); **p. 36,** Michelin Guide, *France Hôtels et Restaurants,* édition 1997, Pneu Michelin, Services de Tourisme: © MICHELIN, d'après Guide FRANCE (1997); **p. 36,** Gisèle Halimi, *Le lait de l'oranger* (Paris: Editions Gallimard, 1988, p. 69); **p. 39,** Jacques Prévert, «Le Cancre» in *Paroles* (Paris: Editions Gallimard, 1949); **p. 45,** Restaurant Chez Paul; **p. 48,** Université de Paris-Sorbonne; **p. 53,** Gérard Mermet, *Francoscopie 1997* (Paris: Libraire Larousse, 1996), p. 203; **p. 77,** Union Nationale des Etudiants Français; **p. 81,** Académie de Paris-Sorbonne; **p. 81,** Léon Damas, *Pigments* (Paris: Présence Africaine, 1972); **p. 88,** La Barben Continent Sauvage, Aventures Canoë, Vitré-Physic-Forme; **p. 97,** Gérard Mermet, *Francoscopie 1997* (Paris: Libraire Larousse, 1996), p. 141; **p. 98,** Gérard Mermet, *Francoscopie 1997* (Paris: Libraire Larousse, 1996), pp. 191, 192; **p. 104,** Gérard Mermet, *Francoscopie 1995* (Paris: Libraire Larousse, 1994), pp. 140–141; **p. 115,** UAP Assurance; **p. 122,** Mariama Bâ, *Une si longue lettre* (Dakar: Les Nouvelles Editions Africaines, 1979); **p. 128,** Château Royal de Blois; **p. 131,** *Journal de Québec;* **p. 132,** *Journal français d'Amérique,* 23 décembre 1994–19 janvier 1995 (p. 12), *Quid 1996,* p. 1920 a, b (Paris: Editions Robert Laffont); **p. 133,** Offices du Tourisme de la Martinique; **p. 135,** Université de Québec *(Journal français d'Amérique);* **p. 141,** Air Afrique; **p. 146,** Gérard Mermet, *Francoscopie 1997* (Paris: Libraire Larousse, 1996), pp. 415, 423, 425; **p. 148,** Gérard Mermet, *Francoscopie 1997* (Paris: Libraire Larousse, 1996), p. 191; **p. 153,** Chamberlain & Steele, *Guide pratique de la communication* (Editions Dider, 1985, p. 114; **p. 155,** Hôtel Alliance; **p. 157,** Les Hôtels Meliá Salam; **pp. 161–164,** Comité Départemental de Tourisme, Orléans; **p. 166,** Jacques Brel, *La Fanette,* copyright G. Meys, 1963, Productions Musicales «Alleluia»; **p. 170,** Téléstar, 12 août, 1996 cover; **pp. 174–175,** *(realia) Téléstar,* 12 août, 1996, pp. 24–25, *(text)* Gérard Mermet, *Francoscopie 1997* (Paris: Libraire Larousse, 1996), pp. 363–368; **p. 177,** *Téléstar,* 12 août, 1996, p. 54; **p. 180,** *France-Magazine,* Fall 1996, p. 47; **p. 185,** Gérard Mermet, *Francoscopie 1997* (Paris: Libraire Larousse, 1996), p. 64; **p. 188,** Gérard Mermet, *Francoscopie 1995* (Paris: Libraire Larousse, 1994), pp. 80–81, and *Francoscopie 1997* (Paris: Libraire Larousse, 1996), p. 64; **p. 195,** *Le Pélerin/Sofres,* novembre 1993; **p. 198,** Gérard Mermet, *Francoscopie 1997* (Paris: Libraire Larousse, 1996), pp. 386–388; **p. 205,** Marcel Pagnol, *Topaze,* éditeur Bernard de Fallois (Collection Fortunio, 1988); **p. 212,** *Quid 1996,* p. 1002c (Paris: Editions Robert Laffont); **p. 229,** France Miniature, Elancourt; **p. 235,** *Le Monde,* 15–16 septembre 1996, p. 1, no. 16061, et *l'Express,* 19 septembre 1996, p. 25; **p. 239,** *Le Monde,* avril, mai, juin 1988; Gérard Mermet, *Francoscopie 1997* (Paris: Libraire Larousse, 1996), p. 207 / *Libération,* 16 septembre 1996, p. 1 / *Quid 1996,* pp. 877, 885 (Paris: Editions Robert Laffont); **p. 247,** Gabrielle Roy, *Bonheur d'occasion* (Montréal: Fonds Gabrielle Roy, 1945, 1977); **p. 252,** Sempé, *Je serai bref... ,* copyright © Galerie Martine Gossieaux; **p. 254,** «Le nouveau paysage», INSEE; **p. 261,** Université de Nantes; **p. 267,** Société Générale; **p. 270,** *l'Express,* 1er mars 1985, p. 28, et Gérard Mermet, *Francoscopie 1995* (Paris: Libraire Larousse, 1994), pp. 307–311; **p. 271,** Société Générale; **p. 279,** *Ouest-France,* septembre 1996; **p. 280,** d'Amécourt, *Savoir-Vivre Aujourd'hui* (Paris: Bordas, 1983, pp. 59–61) et Polly Platt, *French or Foe* (Skokie, IL: Culture Crossings, Ltd., 1995, pp. 41–42, 44–51); **p. 284,** *Le Nouvel Observateur* nº 1683, 6–12 février, 1997, p. 39; **pp. 284–286,** Laurence Wylie et Jean-François Brière, *Les Français* (Englewood Cliffs: Prentice Hall, 1995, pp. 192–213); **p. 287,** Jules Romains, *Knock* (Paris: Editions Gallimard, 1924); **p. 298,** Laurence Wylie et Jean-François Brière, *Les Français* (Englewood Cliffs: Prentice Hall, 1995, pp. 95, 99); **p. 303,** Sempé, *Il ne sait pas encore... ,* copyright © Galerie Martine Gossieaux; **p. 309,** *(cartoon)* Jacques Faizant, *Réponses pertinentes... ,* copyright © Galerie Martine Gossieaux, *(text)* le Figaro, le 31 mai 1995, pp. 2-B, 12-B; **p. 321,** Point de presse, Québec; **pp. 328–329,** *France-Magazine,* Winter 1993–94, p. 46; **p. 330,** Ferdinand Oyono, *Une vie de boy* (Paris: Editions Julliard, 1956); **p. 357,** *(text)* Gérard Mermet, *Francoscopie 1995* (Paris: Libraire Larousse, 1994), pp. 287–288, et Henry Morny, «L'avenir passe par le téléphone» *(France-Amérique,* 22–28 mars, 1997, p. 239), *(chart)* Ministère de l'Emploi et de la Solidarité; **p. 358,** Marie Cordier, *Bretagne Economique;* **p. 360,** *Le budget des ménages,* INSEE; **p. 365,** La Comtesse du Barry, Avignon; **pp. 371–372,** *Les coulisses de la haute couture,* site Web du Ministère des Affaires Etrangères, dossier nº 23, mars 1996; **p. 373,** Emile Zola, *Au Bonheur des dames* (Paris: Fasquelle, 1966); **p. 381,** Laurence Wylie et Jean-François Brière, *Les Français* (Englewood Cliffs: Prentice Hall, 1995, p. 55), et *Sociéte et culture de la France contemporaine,* Georges Santoni, ed. (Albany: State University of New York, 1981, pp. 59–60); **p. 395,** Gérard Mermet, *Francoscopie 1997* (Paris: Libraire Larousse, 1996), pp. 396–401; **p. 401,** *Journal Français d'Amérique,* 15–28 novembre 1991, p. 1; **p. 402,** *le Figaro,* le 23 juin 1995, p. 26, le 26 décembre 1994, p. 21, et le 23 juin 1995, p. 28B / *l'Annuaire statistique de la France,* INSEE, édition 1996, pp. 289–290 / *le Monde,* le 11 février 1997, p. 25; **p. 409,** Michelin Guide, *France Hôtels et Restaurants,* édition 1997, Pneu Michelin, Services de Tourisme: © MICHELIN, d'après Guide FRANCE (1997); **pp. 409–410,** *l'Express,* nº 2390, avril 24–30, 1997, pp. 110–111; **p. 412,** Antoine de Saint-Exupéry, *Terre des hommes* (Paris: Editions Gallimard, 1986).

Photo Credits

Unless specified below, all photos in this text were selected from the Heinle & Heinle Image Resource Bank. The Image Resource Bank is Heinle & Heinle's proprietary collection of tens of thousands of photographs related to the study of foreign language and culture.

p. 22, © Owen Franken/Stock Boston; **p. 33,** Robert Fried/Stock Boston; **p. 37,** *(bottom)* © Barbara Alper/Stock Boston; **p. 57,** © Owen Franken/Stock Boston; **p. 62,** Mike Mazzaschi/Stock Boston; **p. 78,** *(top)* © Owen Franken/Stock Boston; **p. 79,** Owen Franken/Stock Boston; **p. 84,** © Charles D. Winters/Stock Boston; **p. 85,** © Peter Menzel/Stock Boston; **p. 119,** Giraudon/Art Resource, NY; **p. 124,** © Goodsmith/The Image Works; **p. 126,** © Robert Fried/Stock Boston; **p. 140,** © Bob Abraham/The Stock Market; **p. 144,** Bill Wassman/The Stock Market; **p. 146,** © David Simson/Stock Boston; **p. 153,** © Mark Antman/The Image Works; **p. 164,** © Lee Snider/The Image Works; **p. 191,** *(top left)* © Owen Franken/Stock Boston, *(bottom right)* © R. Lucas/The Image Works; **p. 200,** Nicholas Raducanu; **p. 202,** Gamma-Liaison; **p. 204,** © Topham/The Image Works; **p. 217,** © Spencer Grant/Stock Boston; **p. 225,** *(top left, bottom left, bottom right)* Scala/Art Resource, NY; **p. 231,** *(top)* © Charles Kennard/Stock Boston; **p. 239,** © Gonzalez/The Image Works; **p. 244,** *(top and bottom)* © Erich Lessing/Art Resource, NY; **p. 245,** Musée des Beaux-Arts, Tournai, Belgium/Giraudon, Paris/SuperStock; **p. 268,** *(left)* © Bill Bachmann/Stock Boston; **p. 283,** *Le Nouvel Observateur,* n° 1683; **p. 291,** Owen Franken/Stock Boston; **p. 296,** © P. Gontier/The Image Works; **p. 328,** Superstock; **p. 332,** © Goodsmith/The Image Works; **p. 337,** David Simson/Stock Boston; **p. 342,** *(left)* © T. Savino/The Image Works; *(top middle)* © P. Gontier/The Image Works, *(right)* © Michael Grecco/Stock Boston; **p. 345,** © Bob Daemmrich/Stock Boston; **p. 357,** © Bill Bachmann/Stock Boston; **p. 359,** © Bob Daemmrich/Stock Boston; **p. 364,** © R. Lucas/The Image Works; **p. 380,** © Robert Fried/Stock Boston; **p. 411,** A. Ernovlt/Gamma-Liaison.

Student Notes

Student Notes

Student Notes

Student Notes